RIAN MALAN

MEIN VERRÄTER HERZ

MORDLAND SÜDAFRIKA

ROWOHLT

Die Originalausgabe ist 1990 als A Morgan Entrekin Book im Verlag The Atlantic Monthly Press, New York, unter dem Titel *My Traitor's Heart. A South African Exile Returns to Face His Country, His Tribe, And His Conscience* erschienen.

Schutzumschlag- und Einbandgestaltung Nina Rothfos
(Foto: Alon Reininger / FOCUS)

Übersetzung aus dem Englischen: Büro Dr. Ulrich Mihr, Tübingen
Redaktion: Harald R. Fabian

1. Auflage August 1990

Satz Sabon (Linotronic 500)
Gesamtherstellung Clausen & Bosse, Leck
Printed in Germany
ISBN 3 498 04332 3

Für die vergessenen Legionen der südafrikanischen Mitte, für meine Eltern und für Creina, die das ungeheure Risiko auf sich nahm, mir zu vertrauen.

Buch I

LEBEN IN DIESEM SELTSAMEN LAND

How do I live in this strange place?

Bernoldus Niemand in dem burischen
Reggae-Song
«Reggae Vibes Is Cool»

Ich bin ausgebrannt und am Verhungern. Deshalb bürde ich dies alles Ihnen auf und vertraue auf Ihre Vorstellungskraft. Denn der Gesamtzusammenhang, wie er nun einmal ist, wird für Sie schwer zu durchschauen sein. Bestimmt interessieren Sie sich für meine Vorfahren, und so sollte ich wohl an dem Punkt beginnen, an dem alles anfing.

Ich bin ein Malan, Nachkomme von Jacques Malan, einem Hugenotten, der dem Frankreich Ludwigs XIV. entfloh, um der Enthauptung wegen seines protestantischen Glaubens zu entgehen. Jacques suchte Zuflucht bei den Holländern – mit dem Ergebnis, daß er 1688 auf ein Schiff verfrachtet und zum Dunklen Kontinent geschickt wurde, in die primitive holländische Kolonie am Kap der Guten Hoffnung. Jacques der Hugenotte war der erste Malan in Afrika. In den folgenden Jahrhunderten war bei allen großen Dramen und Wendepunkten in der Geschichte der Afrikaaner stets ein Malan dabei.

Jacques kultivierte das Land am Kap und legte Weinberge an. Seine Söhne bauten im Windschatten des Tafelbergs prächtige Giebelhäuser. Sein Enkel Dawid der Jüngere floh 1788 über die wilde Grenze, kämpfte gegen die barbarischen Xhosa und nahm in Slagtersnek am ersten Aufstand der Buren gegen die Briten teil.

Hercules, der Sohn Dawids des Jüngeren, führte den dritten Zug der Voortrekker ins Herz von Afrika. Im Februar 1838 saß er im Kraal des großen Zulu-Königs Dingaan und sah zu, wie ein riesiges Zulu-Heer auf der Ebene in geschlossener Formation Schwenks vollführte und hin- und herwogte. Tausende von Speeren blitzten in der Sonne. Füße stampften in donnerndem Gleichklang. Staubwolken stiegen in den Himmel. Und dann schrie Dingaan: «Tötet die Hexer!» Hercules und seine siebzig Gefährten wurden niedergemetzelt – Pfähle wurden ihnen in den After getrieben, Steine zerschmetterten ihre Schädel, und die Leichen wurden auf einem Hügel den Geiern überlassen.

Nach dem Massaker setzte sich Dingaans Armee auf ein Zeichen des Königs eilig nach Norden in Marsch. Die Krieger rannten den ganzen Tag und fast die ganze Nacht. Es war noch dunkel, als sie über den Haupttreck der Buren herfielen. Der Angriff kam unerwartet. Männern wurde der Bauch aufgeschlitzt, Frauen wurden verstümmelt, die Schädel kleiner Kinder an Wagenrädern zertrümmert. 530 Treckburen starben damals im Morgengrauen, an dem Ort, den wir heute noch Weenen nennen, Ort des Weinens.

Zehn Monate später errichteten die Überlebenden an einem namenlosen Fluß eine Wagenburg und machten sich bereit zur letzten Schlacht. Am Abend vor der Entscheidung legten sie ihre Hände auf die Bibel und besiegelten durch Schwur einen feierlichen Pakt mit Jehova: Wenn er ihnen zum Sieg über die Heiden verhalf, wollten sie ihm in ewiger Treue auf all seinen Wegen folgen. Ein Malan war dabei – Jacob Jacobus Malan, Bruder des ermordeten Hercules. Als am 16. Dezember die Sonne aufging, sah er etwas Verblüffendes: Bataillone von Zulu-Kriegern in Reih und Glied, lautlos am Boden kauernd und darauf wartend, daß sich die Dämmerung hob. Zwei Stunden später war der Fluß rot vom Blut der Schwarzen und hatte einen Namen: Blood River. Auf dem Schlachtfeld türmten sich die Leichen der Zulu, aber kein einziger Bure war gefallen. Es war zweifellos ein Wunder, ein Zeichen, daß Gottes Wille unser war.

Wir gedenken Jacob Jacobus Malans noch heute und halten sein feierliches Gelübde in Ehren. Wir gedenken auch seiner Söhne Jacobus und Hercules, die die Zulu-Kriege überlebten, mit ihren Planwagen über die Berge zogen und die schwarzen Stämme auf der Hochebene vernichtend schlugen. Dort, auf erobertem Land, gründeten sie Burenrepubliken, in denen Weiße freie Hand hatten, gemäß ihrem festen Bündnis mit Jehova über die Schwarzen zu herrschen.

1881 beobachtete Hercules Malan der Zweite von einem Hügel in Afrika ein anderes geschichtsträchtiges Ereignis in der blutigen Saga der weißen Stämme: die Schlacht von Majuba, Wendepunkt in unserem ersten Krieg gegen die Briten. Kommandant Malans Truppe war ein undisziplinierter Haufen von Farmerjungen und Graubärten, aber diese Soldaten trafen einen Springbock aus tausend Meter Entfernung, und jede Kugel zählte. Die Rotröcke wurden aufgerieben, und die Briten zogen sich zurück, um ihre Wunden zu lecken. Als man freilich wenige Jahre später Gold in unserem Land fand, machten sie Ernst. Im nächsten Krieg, dem Zweiten Unabhängigkeitskrieg, stand unseren Streitkräften eine neunfache Übermacht gegenüber. Die größte Armee, die die Erde bis dahin gesehen hatte, flutete über unsere Grenzen und besetzte unsere Städte. Dennoch kämpften wir weiter. Wieder war ein Malan dabei: General Wynand Malan, der Tapferste der Tapferen, Anführer einer Guerillatruppe, die tief in feindliches Territorium vordrang. Um den Widerstand zu brechen, verwüsteten die Briten das Land und steckten die Frauen und Kinder der Afrikaaner in Konzentrationslager, aber General Malan kämpfte bis zum bitteren Ende. Am letzten Kriegstag traf ihn eine Kugel.

In der Folgezeit verkümmerten wir zu einem rückständigen, von unseren britischen Bossen und Vorgesetzten verachteten Bauernvolk. Aber wir richteten uns wieder auf, auch diesmal mit einem Malan an der Spitze – Daniel François Malan. Seine burische Nationale Partei kam 1948 mit dem Versprechen an die Macht, das imperialistische Joch der Briten abzuschütteln und einen Plan zur endgültigen Lösung der «Eingeborenen-Frage» vorzulegen. Diese endgültige Lösung war die Apartheid, ein Gitterwerk von über hundert Gesetzen, darauf angelegt, Weiße und Schwarze für immer zu trennen und obendrein zu garantieren, daß Schwarze für immer und ewig auf ihren gottgewollten Plätzen als Holzhacker und Wasserträger blieben.

Für die Schwarzen war dieses Los unannehmbar, und so kam es 1976 zum Aufstand gegen uns, zu einer Rebellion, die bis heute andauert. Auch heute liegt das Schicksal der Buren in den Händen eines Malan – des Verteidigungsministers General Magnus Malan. Für manche ist er es, der in Wahrheit das Land kontrolliert, gestützt auf die beängstigende Schlagkraft des weißen Militärs und ein geheimes Netz paramilitärischer Einheiten, der Joint Management Centers. In diesen unruhigen Zeiten fällt der Name Malan häufig unter schwarzen Kampfgefährten: in der Litanei der Namen jener, die sterben werden, sobald der Tag gekommen ist. Bei Massenaufläufen in den Townships sehe ich Schwarze zu Abertausenden in dichtem Verband hin und her rennen. Ihre Füße stampfen in donnerndem Gleichklang. Ihre Gesichter glänzen vor Schweiß und Erregung. Staub wirbelt hoch. Sie wiegen imaginäre AK-47 in den Armen und singen: «*Voetsek*, Malan!» Hau ab, Malan! Verpiß dich! Und dann schwenken sie geschlossen herum und donnern zur gegenüberliegenden Seite des staubigen Township-Stadions. Ich bleibe zurück mit dem bangen Gefühl, auf einem Scheitelpunkt der Geschichte zu balancieren.

Sehen Sie, hier findet ein einziger Krieg statt: Es gab ihn, es gibt ihn, und er wird weitergehen. Ich weiß nicht, wie er enden wird, aber ich weiß, wann und wo er angefangen hat. Er begann in den achtziger Jahren des 18. Jahrhunderts an der Ostgrenze der alten Kapkolonie, und natürlich war ein Malan dabei.

Ich fand ihn im Nationalarchiv in Kapstadt, verborgen unter einem rätselhaften «M». Der Eintrag bezog sich auf einen Prozeß im Jahre 1788. Der Verbrecher wurde nicht namentlich genannt. Er war einfach nur «M». Es war der einzige Eintrag dieser Art. Ich vermutete ein Geheimnis hinter dem Kürzel, eine seit langem verschleierte Wahrheit, und verlangte Einsicht in die Akten dieses Prozesses, der zweihundert Jahre zurücklag. Zum Vorschein kam ein fleischgewordener Mythos, das Schicksal einer Nation, verdichtet im Verhängnis eines einzelnen Mannes.

An einer vierspurigen Schnellstraße am Stadtrand von Kapstadt stehen zwei weißgetünchte Säulen mit einem imposanten schmiedeeisernen Tor dazwischen. Hinter dem Tor, in einem Hain aus Eichen und Roßkastanien, liegt der Landsitz Vergelegen, eines der am besten erhaltenen Beispiele kapholländischer Architektur. Das Haus ist blendend schön, eine Symphonie aus weißgetünchten Mauern, geschwungenen Giebeln, dunklem Strohdach, hölzernen Fensterläden und gewaltigen Türen aus gelbem Holz, die in das kühle Dunkel gekachelter Innenräume führen. Vor zweihundert Jahren war dies das Haus Dawid Malans, des Mannes hinter dem «M».

Dawid Malan wurde 1750 als Sohn Dawids des Älteren und Enkel Jacques' des Patriarchen geboren. Mit vierundzwanzig Jahren wurde er durch die kluge Heirat mit seiner Cousine Elizabeth zum Herrn von Vergelegen, damals das vornehmste Landgut der ganzen Kapkolonie. Es lag am Fuß der Hottentots-Holland-Berge, einen Tagesritt von der Tafelbucht entfernt.

Zu Dawids Zeit war das Kap bereits eine friedliche, zivilisierte Gegend. Löwen und Elefanten gab es nur noch in der Erinnerung der Menschen, und die Stämme der gelbhäutigen Hottentotten, die vor der Ankunft der Weißen dort gelebt hatten, waren längst vertrieben oder zu Dienstboten und Viehhirten gemacht worden. Vom Dach seines Hauses hatte Dawid einen atemberaubenden Blick auf Weinberge, goldene Weizenfelder, weiße Farmhäuser und purpurrote Berge. In der Ferne, am Fuß des Tafelbergs, erhoben sich die Mauern eines Kastells, über dem die Flagge der Vereinigten Ostindischen Kompanie, der mächtigen niederländischen Handelsgesellschaft, flatterte. Im Schutz der Festungswälle lag ein betriebsamer Hafen, wo Kaufleute vor der Weiterreise zu den Molukken, den Gewürzinseln des Orients, frische Lebensmittel, Süßwasser und Wein an Bord nahmen.

An den Berghängen oberhalb des Kastells breitete sich eine Stadt von beeindruckender Schönheit aus. Erstaunt vermerkte ein zeitgenössischer Besucher, Kapstadt sei ein Ort mit «eleganten und geräumigen Häusern», bewohnt von Leuten mit «umfassender Bildung und kultivierten Manieren». Reisende waren ausnahmslos verblüfft, in einer so wenig ansprechenden Gegend solch eine bezaubernde und zivilisierte Siedlung zu finden. In Kapstadt trugen die vornehmen Bürger Perücken und tanzten Menuett im Ballsaal des Kastells. Sie bauten Schulen und Kirchen und beschäftigten gelehrte Pfarrer und Pädagogen. Sie hatten von Rousseau und Voltaire gehört, und es gab sogar Freidenker unter ihnen. Kapstadt war ein winziger Vorposten Europas, eine Enklave der Aufklärung an der südlichen Spitze des Dunklen Kontinents.

Im Jahr 1788 war Dawid der Jüngere ein sehr vermögender Bürger dieser Gemeinde. Als Herr von Vergelegen war er Besitzer von zwanzig Sklaven, doppelt so vielen Pferden und über fünfzigtausend Rebstöcken. Sein Vater kandidierte für einen Sitz im Stadtrat, der den holländischen Gouverneur in politischen Fragen beriet. Sein Onkel war Gemeindeältester in der Niederländisch-Reformierten Kirche. Dawid selbst war Oberst bei der Bürgermiliz, den Burger Dragoons. Er hatte eine gesunde Frau, vier kleine Kinder und einen Nachbarn namens Jürgen Radijn.

Radijn war Deutscher, ein Söldner, der vor kurzem den Dienst bei der Vereinigten Ostindischen Kompanie quittiert und sich auf dem Landgut Harmonie angesiedelt hatte. Zu Radijns umfangreichem Besitz gehörte das Sklavenmädchen Sara, das 1788 einen Sohn zur Welt brachte. Normalerweise hätte sich Saras Herr über den Zuwachs in seiner Menschenherde gefreut. Aber dieses Kind war ein Halbblut, und das bedeutete für ihn verlorenes Geld: Kinder von Sklaven und Christen mußten getauft, zur Schule geschickt und schließlich freigelassen werden. Und Saras Kind, das sah man gleich, hatte zweifellos einen Christen zum Vater. Radijn tobte. Jemand hatte ihm gewissermaßen in die Aufzucht seiner Sklaven gepfuscht. Er wollte von Sara den Namen des Mannes wissen. Sara verweigerte die Auskunft und schwor, sie werde als Mann verkleidet fliehen, wenn man Hand an sie lege. Dann wandte sie sich ab. Radijn blieb unter diesen Umständen nichts anderes übrig, als das gestrauchelte Mädchen im Auge zu behalten, um weitere Fehltritte zu verhindern.

Eines Nachts wurde Radijns Frau von Hundegebell geweckt. Sie sah hinaus und bemerkte einen Schatten, der unter ihrem Fenster über den Hof huschte. Sie wartete ab. Wenig später tauchten zwei Gestalten aus dem Dunkel auf und verschwanden im Sklavenhaus. Auf diesen Augenblick hatte Mutter Radijn gewartet. Sie raffte ihr Nachthemd und schlich auf Zehenspitzen hinterher. Im Quartier der Sklaven zündete sie eine Kerze an und hielt sie hoch. Sara lag in ihrem Bett und tat, als ob sie schlief. Mutter Radijn ließ sich nicht täuschen. Sie forderte den Eindringling auf, aus seinem Versteck zu kommen. Daraufhin kroch ein Weißer unter Saras Bett hervor und stand auf. Er war nackt bis auf die Strümpfe. Es war Dawid Malan, Herr über Vergelegen. «Mutter Radijn», sagte er lahm, «es ist nicht so, wie Sie denken.»

Daß weiße Herren mit Sklavinnen schliefen, war nicht unbekannt, aber das geschah heimlich und diskret. Es war ein Verrat an der eigenen Kaste und, was noch schlimmer war, ein Verstoß gegen die calvinistische Moral. Als Malans Techtelmechtel ans Licht kam, gab es einen kleinen Skandal, der jedoch harmlos war im Vergleich zu dem, was noch folgen sollte. Dawid schien besessen von dem Sklavenmädchen und weigerte sich, es aufzugeben. Er schlich ständig um Harmonie herum und versuchte, einen flüchtigen Blick von Sara zu erhaschen. Auf den Feldern paßte er Radijns Sklaven ab und bat sie, ihr geheime Botschaften zu überbringen. Es war eine Schande. Als dieses Treiben später im Prozeß enthüllt wurde, trat ein Zeuge nach dem anderen vor und berichtete, wie schockiert man über Malans Verhalten gewesen sei und wie eindringlich man ihn vor der Strafe Gottes gewarnt habe. Dawid schlug alle Warnungen in den Wind, und sein Benehmen wurde zum Gesprächsthema der ganzen Kolonie. Seine Frau verbannte ihn aus ihrem Bett, die Kirche ächtete ihn als Ehebrecher. In einem letzten Versuch, der schändlichen Affäre ein Ende zu bereiten, nahm Radijn Sara das Kind weg und schickte die Mutter zu Jan de Vos, einem Zöllner an einem entfernten Bergpaß. De Vos wurde aufgetragen, Sara stets im Haus und Dawid Malan in Schach zu halten.

Der Zöllner gab sich Mühe, aber ab und zu mußte er aus dem Haus. Eines Tages teilte ihm ein Sklave mit, während seiner Abwesenheit habe sich etwas Merkwürdiges ereignet. Ein weißer Mann sei ins Haus geschlüpft, habe mit Sara gesprochen und sich dann lautlos davongemacht. Wer der Mann war? Der Sklave hatte keine Ahnung.

In der Nacht des 11. August stand Dawid Malan auf und schlich zu den Ställen von Vergelegen. Er sattelte zwei Pferde und belud sie mit Proviant, Pulver und Schrot. Dann ritt er in die Nacht, zu dem Paß hinauf, der über die Hottentots-Holland-Berge führte, weg von Kapstadt. Die Paßstraße war damals kaum mehr als ein Trampelpfad, der sich den Berg hinaufwand. Herden wandernder Antilopen hatten ihn in den Jahrhunderten davor ausgetreten. Am Steinhaus des Zöllners ahmte Malan den Schrei eines Vogels nach, und eine Frau tauchte aus dem Dunkel auf. Sara stieg auf Malans zweites Pferd und ritt hinter ihm zum Paß hinauf.

Es war ein langer, zermürbender Aufstieg. Wahrscheinlich dämmerte es schon, als sie den Kamm erreichten. Wenn Dawid gute Augen hatte, dürfte ihm das aufgeregte Hin und Her weit unten zwischen den winzigen Farmhäusern nicht entgangen sein.

Als Elizabeth Malan entdeckte, daß zwei Pferde fehlten, stürzte sie ins Schlafzimmer ihres Mannes und fand sein Bett unbenutzt. Elizabeth galoppierte tränenüberströmt nach Harmonie und informierte Radijn, der unverzüglich einen Reiter losschickte, um zu klären, wo Sara steckte. Auch sie war verschwunden; ihr Aufpasser de Vos war bereits mit seinem Steinschloßgewehr und seinen Hunden in den Bergen und suchte nach Saras Fährte. Hastig ritt Radijns Bote zurück und schlug Alarm. Dawid und Sara mußten sich beeilen.

Vor ihnen erstreckte sich die rauhe Hochebene Overberg, das «Land jenseits der Berge». Sie ritten so schnell sie konnten. Am dritten Tag ihrer Flucht trafen sie auf einen Milizsoldaten, der unbequeme Fragen stellte, und Malan war gezwungen, einen falschen Namen anzugeben. Er behauptete, Jan Nortjé aus Kapstadt zu sein, und stellte seine dunkelhäutige Begleiterin als seine Frau vor. Danach mieden sie Farmen und Siedlungen. Dennoch fielen sie einer scharfäugigen Witwe auf, als sie den Stadtrand von Goudini streiften. Hinter Goudini floß der Breede River. Das holländische *breede* bedeutet «breit», und man konnte diesen Fluß nur mit der Fähre überqueren.

Der Fährmann, ein gewisser Abraham Finnerholm, wunderte sich, einen gut berittenen weißen Gentleman an seiner Anlegestelle zu sehen. So feine Leute kamen hier nur selten vorbei. Finnerholm konnte es sich nicht verkneifen, nach dem Namen zu fragen. «Ich bin Jan Nortjé», antwortete der Fremde. Der Fährmann erkundigte sich nach seinem Beruf, erhielt aber keine Antwort. All das war höchst ungewöhnlich, so daß sich dem Fährmann jede Einzelheit einprägte. Als einige Tage später die Verfolger im Galopp an der Anlegestelle eintrafen, konnte er ihnen Dawid Malan und das vermißte Sklavenmädchen genau beschreiben.

Am anderen Ufer ließen Dawid und Sara die liebliche Kaplandschaft immer weiter hinter sich. Sie durchquerten dürre, karge Gegenden, wo es statt sattgrünen Grases nur noch Staub und Felsen und Dornbüsche gab. Auf den Gebirgskämmen über ihnen ragten mannshohe dornige Aloen wie Wächter in den Himmel. Sie kamen der Grenze und Afrika immer näher. Sie begegneten kaum einer Menschenseele, dauerhafte Siedlungen gab es nicht. Nach einem anstrengenden Ritt von ungefähr zwei Wochen erreichten sie eine wilde Schlucht, die ein schlammigbrauner Fluß tief in die Erde gewaschen hatte. Es war der Great Fish River, die äußerste Grenze der Kapkolonie. Vor ihnen lag die schauerliche Wildnis, voller wilder Tiere und feindlicher Wilder; hinter ihnen der sichere Tod: für Malan auf dem Schafott, für seine Geliebte als entlaufener Sklavin durch den Strang.

Dawid ließ sein bisheriges Leben hinter sich. Er muß gewußt haben, daß er nie mehr zum Kap zurückkehren konnte. Die Dragonermiliz war ihm auf den Fersen und würde in Kapstadt berichten, daß sie ihn bis zur Grenze verfolgt hatte. Man würde ihm in Abwesenheit den Prozeß machen und ihn des Sklavenraubs schuldig sprechen. Das Gericht würde ihn per Dekret für immer aus der holländischen Kolonie verbannen, sein kompromittierter Vater würde ihn enterben, die Obrigkeit würde ihn aus der Bürgermiliz ausstoßen, und seine verbitterte Frau würde alles versuchen, ihn für tot erklären zu lassen. Malan hatte der Liebe zu einer Schwarzen alles geopfert.

Für mich war es eine überraschende Entdeckung: ein Malan, der für eine schwarze Sklavin alle Geburtsrechte und seinen Besitz aufgibt – geradezu verblüffend vor dem Hintergrund der Erniedrigungen, die Dawid Malans Nachkommen ihren halbblütigen Brüdern und Schwestern zugefügt haben. In einem späteren Jahrhundert sollten die Buren behaupten, sogenannte *coloureds*, Mischlinge, würden nur von weißem Seefahrerpack in Hafenbordellen gezeugt, mit Sicherheit aber nicht von Malans und deren calvinistischer Sippschaft. Es war ein Malan, der sittenstrenge, kalte Daniel François Malan, der im Parlament die Gesetze verkündete, nach denen es für Schwarze ein Verbrechen war, mit Weißen zu schlafen oder sie zu heiraten. Der gleiche Malan sprach den farbigen Nachfahren von Dawid und Sara das Wahlrecht ab und verbannte sie aus weißen Vororten und weißen Schulen. Kein Wunder, daß die Geschichte des Prozesses gegen Dawid Malan in den Archiven vergraben und durch das rätselhafte «M» verschleiert worden war. Der ehrenwerte Daniel François war mit den Farbigen, die er zutiefst verachtete, durch Blut und sogar durch Liebe verbunden.

Aus den stockfleckigen Gerichtsprotokollen ging hervor, daß Dawids Gefühl für Sara mehr war als sinnliche Begierde. Dawid war ein gebildeter Mensch. Er kannte das Gesetz. Er kalkulierte den Verlust aller seiner Güter ein, als er die Pferde sattelte und mit der schwarzen Geliebten floh. Bewußt nahm er eine ungewisse Zukunft in einem an Gefahren reichen Land in Kauf. Er muß Sara wirklich geliebt haben, und wahrscheinlich hat ihn diese Liebe auch anderen Schwarzen gegenüber aufgeschlossen gemacht. Man darf Dawid Malan deshalb zu der Zeit, als er das Kap verließ, einen in Rassenfragen aufgeklärten Menschen nennen. Als er den Great Fish River überquerte und in Afrika verschwand, vollzog sich in ihm die gleiche Wandlung wie bei jedem Weißen, der seinen Fuß dorthin setzte.

Ich werde darauf noch näher eingehen. Zunächst will ich die Wildnis beschreiben, in die Dawid und Sara flohen. Zeitgenössische Karten zeigen das Gebiet jenseits des Great Fish River als weiße Fläche. Niemand wußte damals, was es dort außer wilden Tieren, Eingeborenen und verwilderten, mit Fellen bekleideten Weißen gab. Es war eine alptraumhafte Ödnis, heiß und trocken, mit kargen, dünnen Böden, und an manchen Stellen war das Gras so bitter, daß das Vieh es verschmähte. Löwen und Leoparden machten die Gegend unsicher, und in regelmäßigen Abständen herrschte Dürre oder gingen Hagelschauer nieder. Riesige Heuschreckenschwärme verdunkelten den Himmel und überquerten Flüsse auf den Rücken toter Tiere aus den eigenen Reihen. Antilopen zogen in so großen Herden durch das Land, daß es Tage dauerte, bis die letzten am Horizont auftauchten.

Die Weißen an und hinter der Grenze lebten wie Nomaden. War das Weideland abgegrast, zogen sie weiter. Sie waren einfältig bis zur Idiotie und benannten ihre Umgebung nach charakteristischen Merkmalen: Großer Fischfluß, Breiter Fluß, Schneeberge und Elefantenfluß. Sie waren hoffnungslos arm, gingen in Lumpen und konnten zumeist weder lesen noch schreiben. Ihr Holländisch verkam zu jenem vulgären Dialekt, den man später Afrikaans nannte. Sie lebten mit dem Gewehr in der Hand und nach den Geboten des Alten Testaments. Die biblischen Geschichten von Stämmen, die durch die Wüste zogen, sprachen sie ebenso an wie die Vorstellungen der Vergeltung Auge um Auge und Zahn um Zahn.

Diese nomadisierenden Buren hatten viele Zähne ausgeschlagen, seit sie im Jahrhundert davor aus der holländisch regierten Kolonie ausgewandert waren. Das Land, in das sie kamen, war anfangs noch von gelbhäutigen Rassen bevölkert, die freilich mit dem Vorrücken der Weißen untergingen. Die Hottentotten fielen entweder den Pocken zum Opfer oder gerieten in Sklaverei. Die steinzeitlichen Buschmänner galten den Buren als gefährliches Ungeziefer, denn sie kannten keinen Unterschied zwischen domestiziertem Vieh und freilebendem Wild und machten Jagd auf beides. Die Weißen jagten die Buschmänner deshalb wie streunende Hunde und schlachteten jeden ab, den sie erwischten. Verschont blieben nur Frauen und Kinder, sofern man sie zähmen und als Leibeigene arbeiten lassen konnte. Das war grausam, aber die Buschmänner waren selbst grausam wie wilde Tiere. Sie hackten lebenden Kühen ein Bein ab und verzehrten es vor den Augen der brüllenden Kreatur. Und kaum hatten sie die Vergeltung der Weißen zu spüren bekommen, schlugen sie mit gleicher Härte zurück. Ein Bure mußte jede Gelegenheit nutzen, einen Buschmann zu töten; andernfalls lief er Gefahr, von einem vergifteten Pfeil aus dem Hinterhalt durchbohrt zu werden oder seine Familie abgeschlachtet vorzufinden, wenn er von der Jagd nach Hause kam.

So waren die Buschmänner fast am Aussterben, und sie zogen sich in die Wüsten und Berge zurück. An ihrem traurigen Schicksal waren allerdings nicht nur die Weißen schuld. Verfolgt wurden sie auch von den Xhosa, einem furchteinflößenden, kriegerischen afrikanischen Stamm, der langsam die Ostküste zum Kap hinabwanderte, während die Buren ihnen von dort entgegenzogen. Wie die Buren hatten die Xhosa alle Schwächeren vor sich her getrieben, und kein Gegner war stark genug gewesen, um sie aufhalten zu können. 1778 standen sich Buren und Xhosa am Great Fish River Auge in Auge gegenüber. Beide Stämme besaßen riesige Viehherden, und schon deshalb war eine Konfrontation unvermeidlich. Daß die Xhosa in den Augen der Weißen Wilde und Heiden waren, machte es den Weißen um so leichter, sie zu töten.

Die Xhosa hatten keine Schrift und nur wenige Werkzeuge; sogar das Rad war ihnen unbekannt. Ihre unverständliche Sprache ist voller seltsamer Schnalzlaute. Sie waren nackt bis auf Perlenketten und Umhänge aus Fell. Ihre Körper beschmierten sie mit roter Tonerde, und sie tauschten Vieh gegen Frauen. Sie trieben einen Ahnenkult und machten für Krankheit und Unglück Hexen verantwortlich, die sie regelmäßig aufspürten und auf bestialische Weise umbrachten. Sie ließen ihre Alten einsam im Busch sterben und beschnitten die jungen Mädchen. Kränklichen Kindern drehten sie Dornzweige in den Mastdarm, damit das schlechte Blut ausfließen konnte. Nach den Worten eines Engländers namens Steadman, der im frühen 19. Jahrhundert jenseits der Grenze jagte und forschte, bewirkte der bloße Anblick eines Xhosa bei einem Weißen «höchstes Entsetzen».

Andererseits fällten Reisende jener Zeit über die Buren in dem unerforschten Gebiet jenseits des Great Fish River selten ein besseres Urteil. Die meisten waren der Ansicht, daß die Buren mit jeder Generation tiefer in die Barbarei zurückfielen. Wenn ein Fremder zu ihnen kam, umringten sie ihn wie neugierige Wilde, befingerten seine europäischen Kleider, bestaunten ehrfürchtig seine modernen Gewehre und Geräte und stellten ihm kindische Fragen. Die Buren, schrieb der Botaniker Lichtenstein, seien wegen «ihrer Ignoranz und ihrer primitiven Vorstellungen... ebenso lächerlich wie gefährlich». Was die Buren von Lichtenstein hielten, ist nicht überliefert: Die wenigsten konnten schreiben und lesen.

Schließlich gingen die Weißen zum Angriff gegen die Schwarzafrikaner über. Der Krieg begann 1779 – ein endloser Krieg, der immer noch andauert. Die Xhosa stahlen Vieh, und die blutigen Vergeltungsakte der Buren arteten in regelrechte Raubzüge aus. Vieh der Xhosa zu stehlen, vermerkte ein Grenzbure, sei bequemer, als eigenes zu züchten. Auf beiden Seiten fielen die Männer scharenweise, aber die Berge schwarzer Leichen türmten sich stets höher: Die Weißen hatten Gewehre. Ihre Strategie bestand darin, bis auf Schußweite auf die Xhosa zuzureiten, eine Salve abzufeuern und davonzugaloppieren, bevor die heranstürmenden Krieger so nahe waren, daß sie ihre Speere schleudern konnten. Es war eine höchst unfaire Art der Kriegführung, aber die Buren konnten sich Verluste nicht leisten. In den achtziger Jahren des 18. Jahrhunderts gab es an der Grenze gerade fünfhundert kriegstaugliche weiße Männer und Jungen, denen hunderttausend Xhosa gegenüberstanden. Da keine der beiden Seiten stark genug für einen wirklichen Sieg war, schob sich die Front jahrzehntelang über den Great Fish River hinweg vor und zurück.

Es gab damals viele hart umkämpfte Grenzen in der Welt, aber diese war anders als die meisten. Die Holländer beanspruchten von Afrika nicht mehr als das Land, das sie von den Zinnen des Kastells in Kapstadt überblicken konnten. Sie hatten nicht den Ehrgeiz, zu einer Großmacht aufzusteigen, und auch kein Interesse am Innern des Kontinents. Die holländischen Gouverneure entsandten nur selten Militärexpeditionen zum Entsatz belagerter Grenzburen. Statt dessen schickten sie Beamte, die Steuern für erlegte Löwen und Leoparden und den Pachtzins für das Farmland eintreiben sollten. Da es den Buren widerstrebte, Steuern an eine Regierung zu zahlen, von der sie keine oder fast keine Hilfe erhielten, kehrten die Steuereintreiber regelmäßig mit leeren Händen nach Kapstadt zurück. Eine Zeitlang erwog man, Truppen zu entsenden, um die Grenzburen zur Räson zu bringen und die Steuern einzutreiben. Doch dazu kam es nicht. Der Gouverneur wurde gewarnt: Die Buren wollten die Hälfte der Soldaten töten, die Leichen einpökeln und mit den Überlebenden zurückschicken, «als Vorgeschmack auf ihre Antwort an jede Behörde, die es wagen sollte, sie zu belästigen».

Die Grenzburen kämpften allein weiter. 1793 vertrieben sie die Xhosa aus dem Zuurveld, einer Pufferzone zwischen Weißen und Schwarzen. Zwei Jahre später lief eine britische Flotte in die Simon's Bay ein, eroberte das Kastell von Kapstadt und hißte die britische Flagge über der Kapkolonie. Die Xhosa schlugen Kapital aus dem darauffolgenden Durcheinander, überschritten in Scharen die Grenze und zogen plündernd und brandschatzend fast fünfhundert Kilometer nach Süden bis zur Mossel Bay. Über die Hälfte der Farmhäuser an der Grenze wurde aufgegeben oder zerstört. Im folgenden Jahrzehnt sorgten die Buren dafür, daß die Front wieder hinter dem Great Fish River verlief. 1811 besetzten die Xhosa erneut die Pufferzone. So ging es noch fast sechzig Jahre hin und her.

In diesen Malstrom der Geschichte gerieten Dawid Malan und Sara, als sie im August 1788 verschwanden. In anderen Teilen der

Erde vollzogen sich gewaltige Umbrüche. Neue Gesellschaftsordnungen entstanden. Die amerikanische Demokratie war zwölf Jahre alt. Die Franzosen begehrten im Namen von Freiheit, Gleichheit und Brüderlichkeit gegen das Ancien régime auf und sollten wenige Jahre später Ludwig XVI. stürzen. Das Licht der Aufklärung erstrahlte überall, aber Dawid und Sara schienen im Dunkel zu verschwinden.

Ich brachte Monate in den Archiven von Kapstadt zu, las vergilbte Annalen aus jener Zeit und suchte nach Anhaltspunkten für das weitere Schicksal der beiden. Zunächst fand ich nichts als Zeugnisse von Gewalt und Gegengewalt, von Überfällen, Vergeltungsmaßnahmen und Blutvergießen. Dann stieß ich auf die Chroniken der Rebellion von Slagtersnek, des ersten Aufstands der Buren gegen die Briten. Um 1806 setzten die Briten im Grenzgebiet einen Richter ein, der dem Gesetz Geltung verschaffen sollte. Für die Briten standen alle Menschen, nicht nur Weiße, unter dem Schutz des Gesetzes. Den Buren war schon der Gedanke daran zuwider. Sie regelten die Beziehungen zwischen Herren und Knechten, Christen und Heiden auf ihre Art und beriefen sich dabei auf die strengsten und unversöhnlichsten Stellen des Alten Testaments. Anhand ausgewählter Passagen des Alten Testaments rechtfertigten sie ihre Lebensart und die grausame Unterdrückung dunkelhäutiger Heiden als gottgewollt: «Dem Roß eine Peitsche und dem Esel einen Zaum und dem Toren eine Rute auf den Rücken!» Sie fühlten sich bestärkt durch solche alttestamentarischen Imperative. Das Neue Testament sagte ihnen weniger zu, und einige Buren schienen überhaupt nur die Bibelpassagen zu beachten, in denen von strenger Züchtigung die Rede war.

Ein Grenzbure dieses Schlags war Frederik Bezuidenhout, ein schamloser Ehebrecher. Er hatte eine weiße Frau, eine schwarze Konkubine und das Haus voller Mischlingskinder. Wie viele Nachbarn war auch Bezuidenhout alles andere als ein frommer Calvinist. Er war ein Geschöpf Afrikas, und in Afrika fraßen die Starken die Schwachen – oder verprügelten sie. Im Jahre 1815 schlug Bezuidenhout seinen Schafhirten Booi, einen Hottentotten, mit der Peitsche. Der mißhandelte Booi packte seine Habe zusammen und verschwand. Einige Wochen später erschien ein Reiter bei Bezuidenhout und überbrachte ihm eine gerichtliche Vorladung: Booi war zum britischen Richter in Graaff-Reinet gegangen und hatte seinen weißen Herrn angezeigt.

Die Buren gestanden Dienstboten, Heiden und Schwarzen im allgemeinen nicht das Recht zu einem solchen Schritt zu. Als Bezuidenhout erfuhr, warum der Reiter gekommen war, «fuhr er hoch, fuchtelte mit den Fäusten» und stieß «Flüche und Beschimpfungen» aus. Er erklärte, eher wolle er sterben als solch einer Vorladung nachkommen. Daraufhin ordnete der britische Richter seine Verhaftung an, aber das war leichter gesagt als getan. Bezuidenhout flößte vielen gemäßigteren Weißen eine «allgemeine Furcht» ein, und die *veldkornets*, die Gendarmen des Richters, wagten es nicht, sein Land zu betreten. Das Patt dauerte Monate, und das mächtige Britische Empire erwies sich als lächerlich ineffektiv. Schließlich schickte der Richter Truppen aus, die Bezuidenhout hinter Schloß und Riegel bringen sollten.

Bezuidenhout machte seine Drohung wahr, verschanzte sich mit einer Flinte in einer Höhle und eröffnete das Feuer auf die Rotröcke. Beim anschließenden Schußwechsel traf eine Kugel ihn ins Herz. An seinem Tod entzündeten sich die schwelenden antibritischen Ressentiments der Grenzburen. Aus ihrer Sicht ergriffen die britischen Missionare und Verwaltungsbeamten Partei für den Feind. Die Briten nahmen den Buren das Recht, die dunkelhäutigen Heiden zu bestrafen und gegebenenfalls zu töten. An Bezuidenhouts Sarg schworen die Grenzburen fürchterliche Rache. Der folgende Aufstand war zugleich der Auftakt zu einem weiteren Krieg, der bis in unsere Tage andauert – einem Krieg der Worte und gegenseitigen moralischen Vorwürfe zwischen Buren und anderen Weißen. Militärisch gesehen war die Rebellion von Slagtersnek ein unbedeutendes Scharmützel, das die britischen Truppen bald für sich entschieden hatten. Die Rädelsführer wurden ergriffen und in der Stadt Uitenhage vor Gericht gestellt.

Genau dort tauchte Dawid Malan wieder auf – auf der Anklagebank neben anderen rassistischen Weißen, die des Hochverrats beschuldigt wurden. Der Mann, der wegen einer Schwarzen auf seine Geburtsrechte verzichtet hatte, war zu einem Verfechter der weißen Vorherrschaft geworden; er starb lieber, als daß er den Schwarzen

Gleichheit vor dem Gesetz zugestanden hätte. Dem Gericht lagen Beweise vor, daß Malan die unverschämten Pamphlete der Aufständischen verfaßt hatte: Malan hatte das Papier auf einen Pferdesattel gelegt und mit einem Federkiel beschrieben; war er fertig, sah ihm das analphabetische Burengesindel über die Schulter und fragte, ob er auch alles richtig niedergeschrieben habe. Als gebildeter Mann war Dawid Malan eine einflußreiche Figur unter den Rebellen. Der Ankläger beschrieb ihn denn auch als einen Mann «der gefährlichsten Sorte», als Mitglied eines Triumvirats weißer Barbaren, «die sich noch nie einer Autorität unterworfen und den größten Teil ihres Lebens unter Wilden gelebt haben, Menschen mit den verderbtesten Sitten».

Ich weiß nicht, was in den siebenundzwanzig Jahren, die inzwischen verstrichen waren, aus Sara wurde. Sie wird in keinem Dokument mehr erwähnt. Als Malan wieder auf der Bildfläche erschien, hatte er eine weiße Frau und mehrere gesunde weiße Söhne an seiner Seite. Auch der Grund für Dawid Malans Gesinnungswandel ist mir unklar. Ich weiß nur, daß er über den Great Fish River nach Afrika geflohen ist und als völlig veränderter Mensch von dort zurückkam. Seine vollkommene Wandlung spiegelte die seines ganzen «Stamms» wider, denn ein Stamm waren die Buren in der Isolation geworden. Sie waren jetzt Afrikaaner, der weiße Stamm Afrikas, überheblich, fremdenfeindlich und «voller Blut», wie die Zulu über Tyrannen sagen. Die Buren hatten eine eigene Sprache, eigene Bräuche, eigene Traditionen und einen Mythos, von dem sie sich leiten ließen: Sie fühlten sich zu einer mystischen christlichen Mission auf dem Dunklen Kontinent berufen. Sie bezeichneten sich als Überbringer des Lichts, aber in ihrem Geist war es finster, und sie wußten es. Sie wollten es so.

Die Afrikaaner lebten isoliert, aber über Deserteure, Geächtete und Missionare drang dennoch gerüchteweise und bruchstückhaft etwas vom Denken der Außenwelt zu ihnen. Sie hörten von der Amerikanischen Revolution und von den neuen Philosophien, die in Europa Furore machten: von der jakobinischen Lehre von Freiheit, Gleichheit und Brüderlichkeit, von Rousseaus «edlem Wilden», von der Aufklärung und vom neuen humanistischen Bibelverständnis, auf dem alles andere beruhte. Was die Buren da hörten, gefiel ihnen nicht. In ihren Augen verleiteten solche Ideen zu moralischer Introspektion, die den Menschen schwächte und Zweifel in ihm aufkommen ließ. An der Grenze galt das ewige Gesetz Auge um Auge, Zahn um Zahn, Hand um Hand, Fuß um Fuß. Daran glaubten die Buren, und wer wollte behaupten, sie seien im Irrtum gewesen? Nichts in der von Expansion und Eroberung geprägten Geschichte der Xhosa läßt darauf schließen, daß ihnen an Nächstenliebe mehr lag als den Weißen. Die Devise *Bloed roep om wraak. Siyabiza igazi wetho* galt diesseits wie jenseits der Grenze: Vergossenes Blut schreit nach Rache. Ein schwacher und von Zweifeln geplagter Mensch hatte in diesem Land keine Überlebenschance. Zumindest glaubten das die Buren.

Als aufklärerische Ideen in die Wildnis drangen, griffen die Buren zur Bibel, fragten ihre Prediger um Rat und kamen schließlich alle zum gleichen Schluß: Die neuen Gedanken bedrohten ihr Überleben. Sie mußten unterdrückt werden, und das nicht nur draußen in der Welt, sondern auch im eigenen Herzen. Bald nannten sich viele Afrikaaner *doppers* – wie die Metallhütchen, mit denen man Kerzenflammen löscht. Denn sie erstickten das Licht der Aufklärung in der wohlüberlegten Absicht, im Dunkel tun zu können, was sie tun mußten.

Keine Eigenschaft der Afrikaaner ist so charakteristisch und tritt so deutlich hervor wie dieser Wille zur Selbsttäuschung. Ich glaube, wir haben den bedeutendsten Akt in unserer Geschichte vollzogen, als wir uns selbst Scheuklappen anlegten. In diesem Sinne waren die Menschen, die Dawid Malans Generation angehörten, die ersten echten Afrikaaner. Sie waren der Stempel, der alle folgenden Generationen prägte. Seit sie das Licht ausbliesen, leben wir alle in der Dunkelheit. Wir spucken auf die Altäre der westlichen Aufklärung und trotzen ihren Hohepriestern, die uns ein Leben nach ihren moralischen Grundsätzen verordnen wollen. So war es, und so ist es heute noch.

Dawid Malan entging dem Galgen. Er starb im Jahre 1824, aber sein Geist wirkte fort. Der Große Treck, an dem sein Sohn 1838 teilnahm, war im wesentlichen eine Flucht vor dem Licht, vor der aufklärerischen Politik der Briten. Die Voortrekker zogen ins Herz des Dunklen Kontinents, wohin kein Licht drang. Dort eroberten sie Land und errichteten Burenrepubliken, in denen sie nach den Prinzipien der Doppers über die Schwarzen herrschten. In diesen Republiken gab es bereits die Apartheid unter anderem Namen, und auf den britischen Besitzungen gab es so etwas Ähnliches. Als Daniel François Malan 1948 an die Macht kam, wurde es ernst mit der Apartheid – aber etwas wirklich Neues war sie nicht. Es waren die alten Prinzipien der Doppers, eingebettet in die Sprache und durchgesetzt mit den Strategien eines totalitären Staats des 20. Jahrhunderts.

Wenn ich zurückschaue in die Vergangenheit, bekomme ich den Eindruck, daß die ganze südafrikanische Misere in Dawid Malans Akt der Selbstverblendung wurzelt. Der Geist der Doppers überdauerte die Jahrhunderte und kam in der Apartheid zur Blüte. Bis heute essen wir seine giftigen Früchte. Der Geist manifestiert sich in allem, was mein Stamm den dunkelhäutigen Menschen angetan hat und antut: in Repression und Zensur, in den Paßgesetzen und den Arbeitsplatzbeschränkungen, in der Entrechtung unserer farbigen Brüder und dem Abbruch des Sechsten Distrikts in Kapstadt, im Massaker von Sharpeville und im blutigen Aufstand von Soweto, im Polizeigewahrsam ohne Gerichtsverfahren und in der Folter bei Verhören, im Tod Steve Bikos und in der Gefangenschaft Nelson Mandelas und 1985 schließlich im Einsatz von Schußwaffen gegen Schulkinder in den Straßen der Townships. All das geht letztlich zurück auf Dawid Malan und ein Gebot, das vor zweihundert Jahren jenseits des Great Fish River formuliert wurde: Du mußt den schwarzen Mann zu Boden zwingen und den Fuß auf seinen Nacken setzen, damit er für immer unten bleibt; sonst springt er auf und schneidet dir die weiße Kehle durch.

Was soll ich sagen? Daß ich die Apartheid für verwerflich halte? Ich halte sie für verwerflich. Daß ich mich schäme? Ich schäme mich. Daß ich anders bin als die anderen? Hätte man mich das vor ein paar Jahren in einer Bar in London oder New York gefragt – ich hätte zugestimmt. Ich hätte gesagt, daß von meinem ganzen blinden Clan und Stamm nur ich Augen hatte zu sehen und daß mich erschüttert hat, was ich sah. Ich hätte gesagt, ich sei aus politischen Gründen im Exil, ich sei ein Aufgeklärter, der mit schwarzen

Frauen ins Bett geht und seinem Land den Rücken gekehrt hat, weil er nicht für die verhaßte Lehre von der weißen Vorherrschaft zum Gewehr greifen wollte. Man hätte mir wahrscheinlich geglaubt. Ich hätte mir selbst fast geglaubt. Aber in Wirklichkeit war ich immer einer von ihnen. Ich bin als Weißer in Afrika geboren, und daher rührt alles.

Der Sozialismus hat der Menschheit und nicht zuletzt auch dem Christentum einen unschätzbaren Dienst erwiesen, weil er die Übel des bestehenden Systems ins Licht gerückt hat. Wir hoffen und beten, Christentum und Sozialismus mögen sich in Zukunft so weiterentwickeln, daß die tiefe Sehnsucht unserer Zeit, die widersprüchlichen Strömungen und auch der Zorn und die Gewalt am Ende nichts anderes sind als Geburtswehen einer besseren Gesellschaft.
Daniel François Malan, Architekt der Apartheid

Ich wurde 1954 als Mitglied jenes Stammes geboren, der Dawid Malans Erbe verteidigte. Ich war Bürger des Landes, das im Sinne dieses Erbes regiert wird, und Sohn eines Mannes, der an all das glaubte. Mein Vater hätte sich freilich gegen den Vorwurf verwahrt, er lebe in dem simplen Glauben, man müsse Schwarze unterdrücken, damit sie sich nicht erheben und den Weißen die Kehlen durchschneiden. Er hätte gesagt, er glaube an eine «große Apartheid», eine weitgespannte Ideologie mit dem Ziel, die weißen Südafrikaner und die neun unterworfenen afrikanischen Stämme auf verschiedene Nationalstaaten zu verteilen, in denen sie sich «getrennt, aber gleichberechtigt» entwickeln könnten. Er hätte dieses Ziel mit raffinierten Argumenten verteidigt: Die Macht einer Weltanschauung mit ethnischem Vorzeichen sei ungebrochen, die integrative Lösung der Rassenfrage dagegen habe überall, von Irland bis Armenien und von Chicago bis Nigeria, versagt. Mein Vater hatte die geradezu unheimliche Gabe, der Apartheid eine moralische Grundlage unterzuschieben. Zu seiner Rechtfertigung muß man sagen, daß die Apartheid anfangs tatsächlich eine moralische Grundlage hatte, daß diese im Jahr meiner Geburt aber verraten wurde.

Kurz nachdem die Regierung Malan 1948 an die Macht gekommen war, setzte sie die sogenannte Tomlinson-Kommission ein, die darüber nachdenken sollte, wie die bettelarmen und überfüllten Homelands der südafrikanischen Stämme in freie und wirtschaftlich lebensfähige Bantustans, «Heimatländer» der Bantus, umgewandelt werden konnten. Die Tomlinson-Kommission legte ihren Bericht 1955 auf den Tisch, eine niederschmetternde Lektüre für alle, die ernsthaft an eine moralisch fundierte Apartheid geglaubt hatten. Dem Bericht zufolge hätten riesige Flächen Farmland im Besitz der Weißen enteignet und an Schwarze vergeben werden müssen. Der Bericht forderte zudem massive Investitionen in Infrastruktur, Bildungswesen und Industrie. Er kam zu dem Schluß, daß im folgenden Jahrzehnt mindestens eine Milliarde englische Pfund aufgewandt werden müßten, wenn man eine Apartheid im ursprünglichen Sinn durchführen wolle – zehnmal mehr, als die Regierung Malan eingeplant hatte. Das war natürlich ein viel zu hoher Preis für die guten Absichten: Der Tomlinson-Report verschwand in der Versenkung. Die Devise «Getrennt, aber gleichberechtigt» wurde zur leeren Phrase, aus der Apartheid wurde eine neue Variante der alten Buren-Doktrin von der Unterdrückung der Schwarzen.

Von alldem wußte ich im Jahr meiner Geburt natürlich noch nichts. Meinen ersten Eindrücken haftete nichts Ungewöhnliches an: Ich wohnte in einem mehrstöckigen Haus neben ähnlichen Häusern in einer Vorstadt, die aussah wie alle Vorstädte der westlichen Welt. Mein Vater war bei der französischen Ölgesellschaft Total beschäftigt, meine Mutter unterrichtete an einer Schule für geistig Behinderte. Unser Nachbar Mr. Prior arbeitete bei Volkswagen, Mrs. Pretorius von gegenüber war Rektorin einer Grundschule. Unser Haus hatte drei Stockwerke. Meine Mutter, mein Vater, mein Bruder und ich bewohnten die beiden oberen Etagen. Unten im Erdgeschoß, neben der Garage, wohnten die schwarzen Dienstboten. Meine Großmütter lebten beide noch. Meine Großväter, deren Fotografien an der Wand hingen, waren tot. Einer von ihnen trug auf dem Foto eine festliche, breite Schärpe und einen Mantel und zwirbelte mit den Fingern an seinem Schnauzbart. Der andere Großvater saß in Gedanken versunken an einem Schreibpult und rauchte. Er hieß Stephanus Jacobus Malan und war im gleichen Jahr gestorben, in dem ich geboren wurde.

Stephanus Jacobus Malan galt als Melancholiker. Er verfügte über eine gewisse Bildung, was zu seiner Zeit bei einem Afrikaaner selten war. Er war bekannt dafür, daß er Shakespeare zitieren konnte und Opernmelodien sang, wenn er besonders guter Laune war. Aber die meiste Zeit war er schwermütig. Wenn er von der Arbeit kam, setzte er sich regelmäßig mit einem Glas Brandy in sein Arbeitszimmer und las. In seinem Mund steckte immer eine Zigarette. Er zog nicht an ihr, sondern ließ sie langsam zwischen den Lippen verglimmen. Der Rauch stieg an seiner Wange empor und vorbei am Auge, das er zusammengekniffen hatte. Nach fünfzig Jahren hatte sich auf seinem Gesicht schließlich ein nikotingelber Streifen gebildet, der sich nicht mehr entfernen ließ. Auf dem Foto sah das aus, als habe ihm jemand mit einem Messer die Backe aufgeschlitzt.

Stephanus war Buchhalter in Calvinia, einer staubigen, von Schafzüchtern bewohnten Stadt in der Halbwüste Great Karroo, fünfhundert Kilometer nördlich von Kapstadt und südlich vom Nichts. In Calvinia gab es keine Schwarzen, nur Afrikaaner, burische Juden, Hottentotten, Schafe, Staub und Wanderheuschrecken. Mein Großvater heiratete eine Steenkamp. Sie war die Tochter von Piet Steenkamp, dessen Farm fast so groß war wie manche europäische Länder. Mein Großvater und seine Frau hatten fünf Kinder. Mein Vater, der 1920 geboren wurde, war das zweitälteste.

Mein Großvater Stephanus war ein SAP, ein Anhänger der South African Party, der Südafrikanischen Partei von General Jan Smuts. Die SAP war damals an der Macht. General Smuts war einer der wenigen vernünftigen Afrikaaner, Internationalist und Philosoph. Natürlich war auch er ein Verfechter von Rassentrennung und weißer Vorherrschaft. Das war jeder Weiße. Selbst die Kommunistische Partei zehrte von Dawid Malans Erbe und organisierte sich unter dem Slogan «Arbeiter der Welt, kämpft und vereinigt euch für ein weißes Südafrika». Mein Großvater war also ein SAP, aber Calvinia war keine Stadt der SAP. Die Stadt gehörte zum Wahlkreis von Dr. Daniel François Malan, dem Führer der burischen Nationalen Partei.

Dr. Malan gab sich als Vollblutafrikaaner und Nationalist, aber seine Referenzen waren zweifelhaft. Während des Burenkriegs hatte er in Holland studiert. Später kehrte er nach Südafrika zurück, den Kopf voller bizarrer philosophischer Ideen. Malan war in vielerlei Hinsicht der klassische Intellektuelle des frühen 20. Jahrhunderts. Er war ein Vorkämpfer des utopischen Sozialismus, den er als «leidenschaftliche und zwingende Forderung nach Gerechtigkeit» und als eine «moralische Kraft» verstand, die für ihn stärker war als «das Toben des Sturms». Malan war zugleich Calvinist. Wenn Marx und Gott sich nicht vereinen ließen, entschied er sich für Gott. Er endete als nationaler Sozialist typisch burischen Zuschnitts.

Nach seiner Rückkehr aus Europa wurde Daniel François Malan Pfarrer der Niederländisch-Reformierten Kirche und ging dann in die Politik. Er hatte eine zarte weiße Haut, zarte Hände und sanft blickende Augen. Wie die meisten Menschen, die sich zur Gestaltung der Gesellschaft berufen fühlen, war Malan ein nüchterner und kalter Denker, der mit Büchern und Theorien besser zurechtkam als mit Menschen. Soviel ich weiß, blieb er bis über die Lebensmitte hinaus ledig und heiratete dann zunächst M. M. Van Tonder und später Maria Louw, eine Nichte meiner Großmutter. Zyniker meinen, er habe seine beiden späten Ehen weniger aus Liebe geschlossen als aus der Notwendigkeit heraus, im Wahlkampf eine gute Figur auf der Rednertribüne zu machen. Malans Nationale Partei war fest entschlossen, General Smuts und seine englischsprechenden Parteifreunde von der Macht zu verdrängen, und Malan selbst hatte seinen gewaltigen Verstand auf die «wissenschaftliche» und endgültige Lösung der Rassenfrage angesetzt.

Malans Wahlkampf im Jahr 1938 führte zur Spaltung seiner Verwandtschaft in Calvinia. Malan war ein Blutsverwandter meines Großvaters Stephanus – er war sein Vetter zweiten Grades, und seine Frau war die Nichte meiner Großmutter –, aber das konnte das Urteil meines Großvaters über ihn nicht beeinflussen: Malan war für ihn ein Hanswurst. Mein Vater Adriaan, der damals noch zur Schule ging, dachte anders. Er war schon in Kapstadt gewesen und hatte dort den Sechsten Distrikt gesehen, das planlos wachsende Elendsviertel an den Docks. Der Sechste Distrikt galt als

Tummelplatz der Huren, betrunkenen Matrosen und Messerstecher. Schon der Gedanke, sich dort hineinzuwagen, hatte ihn erschauern lassen und zu der Einsicht gebracht, daß die Rassentrennung eine sehr gute Idee sei. Da sie ein wichtiger Punkt im Programm der Nationalen Partei war, stand Adriaan Malan – der ganzen übrigen Familie zum Trotz – auf der Seite von Daniel François Malan.

Die Nats, Anhänger der Nationalen Partei, traten für Rassentrennung ein, aber das tat Smuts' SAP auch. Weil es in dieser Hinsicht keinen wirklichen Unterschied zwischen den Parteien gab, sollte nach gut burischer Tradition die Gewalt entscheiden. Es wurde ein rauher Wahlkampf. Zum Auftakt lösten die Nats eine Wahlveranstaltung der SAP mit den Fäusten auf. Als Vergeltungsmaßnahme beschloß die SAP, daß Dr. Malan nie mehr in Calvinia reden durfte. Die Nats nahmen die Herausforderung an und organisierten eine Wahlveranstaltung im Rathaus von Calvinia. Als Dr. Malan den Saal betrat, brach ein Tumult aus. Er mußte einen strategischen Rückzug antreten und sich im Haus eines gewissen Schalk Pienaar verschanzen. Die SAPs nahmen die Verfolgung auf. Malans Anhänger bewaffneten sich mit Stöcken und zogen den Verfolgern hinterher, um ihren Kandidaten zu verteidigen.

Zur gleichen Zeit öffnete die Schule unter Glockengebimmel die Tore. Mein damals achtzehnjähriger Vater und seine Kameraden rannten barfuß auf die staubige Straße. Als sie am Schauplatz des Geschehens eintrafen, hatte sich die Situation dramatisch zugespitzt. Die SAPs trugen ihren Kandidaten Dr. Loek auf den Schultern und paradierten vor Pienaars Haus auf und ab. Dr. Loek schwang ein Plakat mit dem Foto eines prominenten Führers der Nats. Dieser wurde auf dem Bild von einigen Schwarzen wie ein Held auf den Schultern getragen – ein Beweis für die laxe Politik der Nats gegenüber den Schwarzen. Wie konnten es die Nats mit der Rassentrennung ernst meinen, wenn sie so begeisterte Anhänger unter den Schwarzen hatten?

«Die Nats sind *kafferboeties*!» schrie Dr. Loek von der SAP. Ein *kafferboetie* war ein «Bruder der Schwarzen», ein «Neger-Liebhaber». Das war eine üble Beleidigung. Dabei war Dr. Loeks Gesichtsfarbe so gelb, daß man ihn für einen hellhäutigen Schwarzen hätte halten können. Eine Dame aus den Reihen der Nats zeigte wütend mit dem Finger auf ihn. «Wer sind Sie eigentlich, daß Sie das Maul so aufreißen», schrie sie, «Sie abessinischer Neger!»

Nach diesem Wortgefecht waren Tätlichkeiten unvermeidlich, und die Nats und SAPs traten in die Schranken. Im folgenden Handgemenge brach mein Vater seine erste Lanze für die Nationale Partei. Einer seiner Freunde entdeckte Blut auf seinen Schuhen und stellte fest, daß er eine Stichwunde in der Gesäßbacke hatte. Die Schlacht endete unentschieden. Dr. Malan war freilich über die von der SAP demonstrierte Gewalt so erschüttert, daß er in einem sichereren Wahlbezirk kandidierte, wo er ohne Zwischenfälle wiedergewählt wurde. Zehn Jahre später war er Premierminister und begann mit der Umsetzung seiner Politik der Apartheid. Er quartierte Schwarze um, wie man auf einer Baustelle Zement verteilt.

Ich erzähle diese Geschichte, weil sie das Kernstück dessen ist, was ich an burischem Erbe mitbekommen habe. Mein Vater war ein wortkarger Mensch. Er wurde besonders einsilbig, wenn er sich mit einem kleinen Jungen auf einen philosophischen Disput einlassen sollte. Als ich für politische Themen alt genug war, fragte ich ihn oft, wie er zu seinen Anschauungen gekommen sei und warum er für die Apartheid eintrete. Seine Antwort lautete stets gleich: «Wir haben keine Wahl. Wir müssen sie durchsetzen.» Als ich ihn eines Tages aber in einer redseligeren Stimmung antraf, gab er obige Geschichte zum besten. Ich war verblüfft. Das Ganze kam mir vor wie eine Farce. Ich konnte mir meinen Alten Herrn schlecht als militanten Nat vorstellen, der sich mit den SAPs eine Straßenschlacht liefert. Sein ganzes leidenschaftliches Engagement blieb mir unverständlich.

In der Jugend meines Vaters, in den zwanziger und dreißiger Jahren, war die Rassenfrage nicht das vordringliche Problem der weißen Politiker Südafrikas. Zentrales Ziel der Afrikaaner seiner Generation war nicht, die Schwarzen auf ihrem Platz zu halten, sondern den Union Jack herunterzureißen, die untergegangenen Burenrepubliken wiedererstehen zu lassen und das Volk der Buren aus seinem weißen Elend zu führen. Mein Vater sah in meinem Großvater eine Art Kollaborateur, einen Lakaien des englischen Königs. Er wußte keine Shakespeare-Zitate und hatte für das Britische Empire nichts übrig. Immerhin waren es die Briten gewesen, die das Konzentrationslager erfunden und eingesetzt hatten, um den Widerstand der Afrikaaner zu brechen. An diesen Krieg erinnerte man sich noch immer mit großer Verbitterung.

Im Jahre 1939 ging Adriaan Malan an die Universität Stellenbosch, eine Brutstätte des burischen Nationalismus. Auf dem Campus blühte der Radikalismus. Die nationalistischen Studenten wollten mit dem Krieg, der über Europa heraufzog, nichts zu schaffen haben. Als er schließlich ausbrach, traten viele der *Ossewa Brandwag* bei, einer Organisation, deren Namen an die nächtlichen Brandwachen zur Zeit des Großen Trecks erinnerte. Aus der einstigen «Ochsenwagen-Wache» war eine extremistische Sekte geworden, die heftig gegen den Eintritt Südafrikas in den Zweiten Weltkrieg an der Seite der Briten opponierte. Mein Vater schloß sich der Organisation an. Einige dramatische Wochen lebte er wie ein regelrechter Terrorist, der sich zu mitternächtlichen Treffen auf die Rugbyfelder der Universität schlich oder «wie ein Pavian» in die umliegenden Berge kletterte. Dort bereitete man Sabotageaktionen gegen die britischen Kriegstreiber vor und probte den Guerillakampf gegen den Verräter Smuts.

In Stellenbosch sprachen die burischen Rebellenkader lediglich von solchen Aktionen. Ihre Kommilitonen in Johannesburg führten sie dagegen durch. Sie sprengten Polizeiwachen und Hochspannungsmasten in die Luft. Die *Ossewa Brandwag* trat immer offener mit faschistischen und prodeutschen Parolen auf und geriet so sehr in Verruf, daß selbst Dr. Malan sie verurteilte. Mein Vater trat daraufhin aus der Organisation aus und beendete seine Karriere als Terrorist. Er zog sich aus der aktiven Politik mehr oder weniger zurück, sympathisierte aber noch immer mit der völkischen Bewegung der Buren, abonnierte Zeitungen und Zeitschriften in Afrikaans und wählte weiterhin die Nationale Partei.

Nach dem Abschluß in Stellenbosch unterrichtete mein Vater Mathematik an einer High-School in Queenstown. Dort lernte er meine Mutter kennen, eine hockeybegeisterte Schulsprecherin und ein aufgewecktes Mädchen und die beste Turnerin der Schule dazu. Es war eine höchst ungewöhnliche Liebschaft. Meine Mutter war englischsprachig, während mein Vater als waschechter Afrikaaner das britische Idiom nur mühsam radebrechte. Nach dem Sprachgebrauch heutiger Zeitungen waren sie ein «gemischtrassiges Paar», aber sie liebten sich und heirateten. Da der erbitterte Konflikt zwischen Buren und Briten noch immer andauerte, kam die Hochzeit auf beiden Seiten einem Stammesverrat gleich. Nach der Eheschließung kehrte mein Vater nach Stellenbosch zurück, erwarb einen weiteren akademischen Grad und wurde Personalchef bei einem Unternehmen. Mein Bruder Neil kam 1952 zur Welt, ich wurde 1954 geboren. Wir wohnten in einem dreistöckigen Haus in der Penelope Avenue im Johannesburger Vorort Blairgowrie.

Da mein Vater eine englische Frau geheiratet hatte, konvertierte er notgedrungen zum «broader South Africanism», einer Lehre, nach der Engländer und Afrikaaner die Vergangenheit auf sich beruhen lassen sollten. Mein Bruder und ich wuchsen in einem zweisprachigen Haus auf. Wir sprachen in der Schule Englisch und zu Hause Afrikaans. Das Essen begann mit einem Tischgebet und endete mit der Lesung einer Bibelstelle. Sonntag morgens strich mein Bruder mir mit Pomade das Haar glatt und knotete mir mein Davy Crockett-Halstuch. Dann gingen wir zum Gottesdienst auf afrikaans in die Niederländisch-Reformierte Kirche, wo trübsinnige Predigten gehalten und traurige Lieder angestimmt wurden. Nach der Kirche gingen wir zur Sonntagsschule und studierten das *katkisasieboek*, ein dickes, grau eingebundenes Buch mit dem calvinistischen Katechismus. In dem Buch wimmelte es von eindringlichen Warnungen vor dem götzendienerischen Katholizismus und dem heidnischen Judentum. Vor der *swart gevaar*, der schwarzen Gefahr, wurde dagegen nicht gewarnt. Das war nicht nötig. Dawid Malans Erbe wurde als selbstverständlich vorausgesetzt.

Wir lebten in der Stadt, pilgerten aber fast jedes Jahr einmal ins Kernland der Afrikaaner. Wir reisten zunächst nach Calvinia zum Altersheim meiner Großmutter, der Witwe von Stephanus Jacobus. Mein Vater hatte sie von den SAPs zu den Nats bekehrt. Sie war auf ihre alten Tage eine treue Anhängerin der Nationalen Partei geworden und buk auf deren Versammlungen stets Pfannkuchen für die Anhänger der Apartheid. Meine Großmutter war eine herzliche alte Dame. Sie bettete meinen Kopf an den bauschigen, nach Lavendel duftenden Stoff über ihrer großen Brust und fütterte mich mit Lekkereien: Pfannkuchen mit Zucker und Zimt und *koeksisters*, frittierten Krapfen, die mit goldgelbem Sirup aus Rohrzuckersaft gefüllt waren.

Von Calvinia zogen wir weiter zum Sandveld. Dort züchtete mein Onkel Ben an der Küste des kalten grauen Ozeans Schafe. Das Sandveld war eine einsame, öde Gegend, in der finstere und bedrohliche Kräfte am Werk schienen. Bens Farmhaus stand allein inmitten einer wüsten, graubraunen Landschaft. Die Fensterläden waren zum Schutz vor grellem Licht, Hitze und Flugsand immer geschlossen, und im Haus war es dunkel und trist. Die wuchtigen viktorianischen Möbel waren wegen des Staubs mit gespenstischen weißen Laken bedeckt, die nur dann heruntergenommen wurden, wenn der calvinistische *dominee* zu Besuch kam. Bei Einbruch der Dunkelheit humpelte ein altes Weib in einem langen, schwarzen Kleid über die Sanddünen herbei und nahm an der Küchentür Essen entgegen. Sie gehörte zu den *bywoners*, Onkel Bens weißem Gesinde. Da sie zum Arbeiten inzwischen zu alt war, erhielt sie von ihrem Herrn das Gnadenbrot. Sie hieß Tannie Jeannette und machte mir entsetzliche angst. Wegen ihrer behaarten Warzen im Gesicht und ihrem Buckel, hielt ich sie für eine Hexe. Irgendwann kaufte sie bei einem jüdischen Hausierer, der die abgelegenen Farmhäuser abklapperte, ein Kofferradio. Als der Hausierer Monate später wiederkam, hätte ihm Tannie Jeannette fast die Augen ausgekratzt. Sie schrie ihn an, er habe ihr ein Radio verkauft, das nur Englisch spreche. Sie hatte noch nie ein Radio besessen und wußte nicht, daß man auch andere Sender empfangen konnte.

Das war typisch. Drei oder vier Generationen vor uns waren fast alle Buren so rückständig. Auf Onkel Bens Farm hatten alle etwas Atavistisches an sich. Die mongolischen Wangenknochen der braunhäutigen Schafhirten erinnerten an die Hottentotten, die schon lange ausgerottet waren. Ben sprach noch immer das *brei*, das rollende R des älteren Französisch, das in Südafrika seit fast zweihundert Jahren nicht mehr gesprochen wurde. Seine *bywoners* sprachen einen archaischen Dialekt, das sogenannte Hochniederländisch.

Sie waren selbst lebende Anachronismen. Es gab nur noch drei von ihnen: Tannie Jeannette und die beiden Männer Nic und Evert.

Sie waren anders als alle anderen Weißen, denen ich je begegnet bin. Theoretisch waren sie ebenso Leibeigene ihres Herrn wie die braunen Schafhirten. Sie hausten in kahlen Räumen, deren weißgetünchte Wände mit Fellen behangen waren. Die Männer gingen oft barfuß, trugen Bärte bis auf die Brust und schlachteten im Hof des Farmhauses Schafe. Sie drückten die zappelnden Tiere auf den Stumpf eines blauen Gummibaums und schnitten ihnen die Kehle durch. Onkel Bens *bywoners* waren die Letzten ihrer Art. Und auch Bens Lebensstil starb langsam aus. Da es auf dem Sandveld selten regnete, trank er brackiges Wasser aus einem Ziehbrunnen. Seine Frau kochte noch auf einem gußeisernen Herd mit kugeligen Klauenfüßen, und die Beleuchtung des Hauses bestand aus Paraffinlampen. Nachts schliefen mein Onkel und meine Tante unter Decken aus Schakalfell.

Ich glaube, Onkel Ben fühlte sich wohl in seinem 19. Jahrhundert. Seine Frau Millicent strebte dagegen nach Besserem. Sie wollte ein gekacheltes Badezimmer, einen automatischen Toaster, einen elektrischen Backofen auf Augenhöhe und den anderen Schnickschnack der weißen Zivilisation. Sie war die jüngste Schwester meines Vaters, wunderschön, mit rabenschwarzem Haar und der dunklen Haut einer Spanierin. Die strenge und fromme Frau hatte häufig Wutausbrüche und schrie dann die Kinder, Ben und die zerlumpten farbigen Mädchen an, die sich am gußeisernen Herd in der Küche abrackerten. Ben war dagegen ein ruhiger, gutmütiger Kerl, der Pfeife rauchte und khakifarbene Shorts trug. Von der Arbeit draußen im grellen Sonnenlicht hatte er tiefe Runzeln um die Augen. Er hatte nur selten das Bedürfnis, etwas zu sagen.

An seiner großen Farm kam selten jemand vorbei. Ben fuhr einen Vorläufer des heutigen Strandbuggy, einen alten Wagen, an dem er bis auf den Motor und das nackte Stahlskelett alles abmontiert hatte. Um vom einen Ende der Farm zum anderen zu fahren, brauchte er einen halben Tag. Er nahm immer seine Büchse mit für den Fall, daß ihm ein Springbock für den Kochtopf oder ein Luchs über den Weg lief. Da Luchse seine Lämmer rissen, schoß Ben auf jeden Luchs, den er sah. In einem entlegenen Winkel seines Landes lag ein Sumpf, in dem eine der größten afrikanischen Flamingokolonien brütete. Wenn wir an das Brutgebiet heranfuhren, schreckte der Motorenlärm die Vögel auf. Dann zogen sich rosa und graue Streifen über den Himmel, als gehe mittags die Sonne auf.

Gegen Abend fuhren wir meist über die Sanddünen an die Küste und sahen den graugrünen Brechern zu, die über den menschenleeren, windgepeitschten Strand rollten. Am Strand war es immer stürmisch. Der Wind wirbelte den Sand auf und blies ihn uns so heftig gegen die Beine, daß sie vor Schmerz brannten und ich am liebsten geweint hätte. Manchmal flog ein Aufklärer vom Typ Shakleton in Haushöhe an uns vorbei. Er hielt Ausschau nach Russen. Ben wußte, daß die Russen draußen auf dem Meer auf der Lauer lagen. Die Strömung hatte eines Tages eine russische Schwimmweste an den Strand gespült. Die Russen waren der Feind. Das wußte man schon. Bens einziger Sohn wurde Berufssoldat und zog in den Kampf gegen die Kubaner, die Stellvertreter der Russen im schwärzesten Afrika. Auch seine Tochter ging zur Armee und heiratete einen berühmten südafrikanischen Soldaten, Captain Wynand du Toit. Er wurde 1985 beim Versuch, Anlagen der Gulf Oil in Angola in die Luft zu sprengen, von Kubanern angeschossen und gefangengenommen.

Wenn wir am späten Abend zum Farmhaus zurückkehrten, standen die braunen Schafhirten mit Blechbechern Schlange, um ihr «Schlückchen», ihre tägliche Ration *vaaljapie* entgegenzunehmen. *Vaaljapie* war ein halbvergorener Weißwein, der aus einer Stadt zwei Autostunden südlich der Farm geholt wurde. Ben lagerte ihn in lecken alten Holzfässern, die er in einem Schuppen aufeinandergestapelt hatte. Seit Generationen war der sandige Boden des Schuppens feucht vom Wein. Wenn die Tür geöffnet wurde und der stechende Geruch von *vaaljapie* auf den Hof drang, hob sich die Stimmung. Die müden Schafhirten zapften ihren täglichen Becher, ließen sich an der Außenwand des Schuppens nieder und unterhielten sich leise. Ich setzte mich manchmal zu ihnen. Die Wand hinter meinem Rücken war noch immer aufgeheizt von der Sonne, und die Luft, in der goldener Staub schwebte, war erfüllt vom berauschenden Aroma dieses Fusels. Das war die schönste Zeit auf der Farm. Als ich zwanzig Jahre später zurückkehrte, lag das Farmhaus öde und verlassen da, und die Läden klapperten im Wind. Ben war tot, seine Frau in eine Eigentumswohnung gezogen, und die *bywoners* und braunen Schafhirten waren verschwunden. Aber als ich in dem alten Lagerraum eine Handvoll Sand aufhob und an die Nase hielt, roch es noch immer nach *vaaljapie*.

Vom Sandveld reisten wir ins Landesinnere nach Nieuwoudtville weiter. Dort wohnte Tannie Aletta, die ältere Schwester meines Vaters. Ihr Mann Jooste war Sergeant bei der südafrikanischen Polizei, und die beiden wohnten in der Polizeistation, einem Haus aus Stein. Wenn wir sie besuchten, brachten sie uns im angrenzenden Gefängnistrakt in den Zellen für Weiße unter. Wir schliefen auf nackten Holzpritschen und deckten uns mit einfachen Wolldecken zu. Ich fand das sehr aufregend. Beim Gedanken, daß auf meiner Pritsche vielleicht ein Mörder oder Bankräuber geschlafen hatte, lief mir ein wohliger Schauder den Rücken hinunter. Einmal fragte ich meine Tante, ob das der Fall sein konnte. «Aber nein», sagte sie, «hier ist es völlig ruhig. Es hat hier noch nie einen Mord gegeben. Nur die Mischlinge bringen einander um.»

Nieuvoudtville lag am Fuß der hohen, trockenen Bokkeveld-Berge, wo es nachts bitter kalt sein konnte. Durch die Gitterstäbe meiner Zelle sah ich eine staubige Straße, ein Postamt, eine Gemischtwarenhandlung, eine Kirche und in der Ferne Berge. Die Stadt lag einer kleinen Insel gleich mitten in einem riesigen Ozean aus dürrem Gestrüpp und Staub. Die Öde machte mir angst, aber noch mehr angst machten mir meine Vettern, zähe kleine Kerle mit Bürstenschnitt, die barfuß über Dornen liefen und auf staubigen, steinigen Feldern Rugby spielten. Sie nannten mich *Rooi Jan* oder «roter Rian», eine spöttische Anspielung auf die burische Bezeichnung «Rotnacken» für einen Ausländer, der sich unter der sengenden afrikanischen Sonne einen Sonnenbrand geholt hat. Sie waren barbarische kleine Stammesgenossen. Ich war jedesmal erleichtert, wenn wir ins südlicher gelegene Clanwilliam weiterzogen, wo mein Onkel Étienne in einem Dorfinternat die Söhne von Farmern unterrichtete.

Onkel Étienne war ein geselliger Mensch, ein dunkler, gutaussehender Typ. Wenn er lächelte, und das tat er oft, blitzte in seinem Mund ein Goldzahn auf. Als ich Jahrzehnte später in einem Buch mit dem Titel *The Super-Afrikaners* blätterte, stieß ich auf seinen Namen. In dem Buch wurden sogar beide Brüder meines Vaters erwähnt. Denn sie waren *broederbonders*, Mitglieder des Bruderbunds, einer Geheimorganisation von Calvinisten und Apartheid-Fanatikern, die das Rückgrat des burischen Machtapparats bildete. Der Premierminister, sein Kabinett, fast alle burischen Mitglieder des Parlaments und alle höheren Beamten gehörten ihr an. Sie kontrollierte mit unsichtbarer Hand den staatlichen Rundfunk, die Zensurbehörde, die Polizei, das Bildungswesen und wahrscheinlich auch die Armee. Der ominöse Bruderbund strebte unermüdlich danach, die Macht der Afrikaaner zu stärken und Südafrikanern die reine Lehre einzutrichtern.

Auch im Rückblick erscheint mein Oom Étienne als ungewöhnlicher «Bruder», denn ihm fehlten die üblichen Attribute: Er besaß weder einen Mercedes mit getönten Scheiben, noch hatte er lukrative Aufträge von der Regierung. Soweit ich weiß, hatte er auch keine Geheimkonten, auf die fette Gewinne aus dubiosen Geschäften mit Grund und Boden flossen. Und mein Oom Étienne hatte Sinn für Humor, was bei den Bruderbündlern selten war. Er besaß einen Filmprojektor, und wenn wir ihn besuchten, zeigte er uns «Dick und Doof»-Filme oder Al Debbos verrückte Burenstreiche. Er schwärmte leidenschaftlich für Rugby, das ihn mehr begeisterte als die Apartheid. In meiner Gegenwart hat er das Wort Apartheid jedenfalls nie in den Mund genommen.

Das war für mich die Welt der Afrikaaner. Unsere Pilgerfahrten prägten mich, aber sie machten aus mir keinen echten Afrikaaner. Darin versagte sogar mein Vater. Ich blieb skeptisch und schätzte alles gering, was den Afrikaanern besonders am Herzen lag. Ich starrte meistens ins Gebälk der Kirche, wenn der *dominee* die Predigt herunterleierte, und fragte mich, wie Gott soviel Langeweile auf Erden zulassen konnte. Ich zitterte, wenn die Burenjungen mit dem Bürstenschnitt auf dem Rugbyfeld zum Angriff übergingen, und wenn ich in die bedrückende calvinistische Atmosphäre bei ihnen zu Hause eintauchte, war mir die Kehle wie zugeschnürt. Ich fürchtete mich vor der grenzenlosen Weite ihrer Heimat, und ich war entsetzt, wenn sie die wilden Tiere niederknallten, die dort lebten.

Als wir einmal im Buggy über Onkel Bens Farm fuhren, huschte vor uns ein verschrecktes Erdferkel über die sonnenverbrannte

Ebene. Erdferkel sind harmlos. Aber da ihre Erdhöhlen schon mehrere Achsenbrüche am Buggy verursacht hatten, nahm Ben die Verfolgung auf. Das Tier verschwand in einem Erdloch. Ben sprang mit der Büchse in der Hand aus dem Buggy. Das Erdferkel grub sich in panischer Angst tiefer in das Loch. Ben schoß ihm ein oder zwei Kugeln in das zappelnde Hinterteil, bevor es um eine Biegung verschwand. Dann stieg er achselzuckend wieder ein. Ich litt noch wochenlang bei dem Gedanken an das verwundete Tier, das in seinem finsteren Grab langsam verendete. Für einen Buren wären solche Gefühlsregungen beschämend gewesen, aber ich hatte mit einem Buren ja auch nicht viel gemein.

Ich hatte nicht einmal Spaß an den Kriegsspielen meiner Vettern mit dem Bürstenschnitt. Sie spielten immer Burenkrieg und pirschten sich an imaginäre britische Invasoren heran, die sich in den Ställen und Scheunen der Farm herumtrieben. Ich hielt ihr Spiel für dumm und rückständig, denn schließlich war ich aus Johannesburg, und meine Phantasie war ausländischen Einflüssen ausgesetzt. In Jo'burg kämpften wir gegen die Japse und die Sauerkrautfresser, wie die Helden in den Filmen aus Hollywood und in den importierten Kriegscomics.

Johannesburg lag in Afrika, aber das war eigentlich nebensächlich. In Johannesburg gab es Wolkenkratzer, elegante Geschäfte, Kinos und Theater. Es war Teil einer größeren Welt. In meiner Kindheit gab es in Südafrika noch kein Fernsehen, weil der Bruderbund davon nichts hielt. Er befürchtete das, was Mao als «geistige Verschmutzung» bezeichnete. Immerhin gab es das Radio. Alle Helden der Fortsetzungssendungen, die wir Jungs hörten, waren Briten oder Amerikaner. Randy Stone, der rasende Reporter, streifte nachts durch amerikanische Städte. Ricky Roper, der Juniordetektiv, wohnte an einem nicht näher bestimmten Ort, an dem alle mit dem Akzent der BBC sprachen. Chuck fuhr Taxi in Brooklyn. Mark Saxon war ein Außerirdischer, aber seine Welt stand mir immer noch näher als die der Afrikaaner.

Jedenfalls war ich mindestens schon zehn Jahre alt, als ich merkte, daß *Reader's Digest* ein ausländisches Magazin war. An das Massaker von Sharpeville, bei dem neunundsechzig Schwarze während eines Protestmarschs gegen die Paßgesetze erschossen wurden, erinnere ich mich überhaupt nicht, an Nelson Mandelas Prozeß und Inhaftierung nur ganz vage. Aber der Tag, an dem John F. Kennedy ermordet wurde, ist mir noch lebhaft in Erinnerung. In Südafrika war damals Samstag morgen. Ich half meinem Vater im Garten, als Mrs. Pretorius über die Straße zu uns kam und sagte, Präsident Kennedy sei erschossen worden, sie habe es eben im Radio gehört. Meine Mutter holte tief Luft, schlug die Hand vor den Mund und sagte: «Schande.» Mein Vater, der Afrikaaner, schüttelte bedauernd den Kopf.

In gewisser Weise war auch er seinem Stamm entfremdet – durch seine Erziehung, durch das Leben in der Stadt und vielleicht auch durch seine natürliche Veranlagung. Dem Mythos vom Buren entsprach er nur durch seine bäuerliche Physiognomie und seinen Drang, Gewächse zu pflanzen. Er war burischer Nationalist und Anhänger der Apartheid, vor allem aber Personalchef, und seine dringlichsten Sorgen galten der Versicherung, der Hypothek, dem Garten, dem Wagen, der Familie und dem Job. Die Regale in seinem Arbeitszimmer standen voll mit amerikanischen Büchern über Management und Motivation. Er kaufte sogar das Buch *I'm O.K., You're O.K.*, weil er hoffte, es werde ihm bei seiner Arbeit nützen. Natürlich abonnierte er *Die Huisgenoot*, aber auch *Time, Life* und *National Geographic*. In diesen amerikanischen Zeitschriften las ich Neuigkeiten aus einer Welt, die mir unendlich viel interessanter vorkam als meine. Aus einer Welt, in der junge Leute, kaum älter als ich, ihre Haare lang wachsen ließen, haschten und die Straßen unsicher machten.

Um 1967 brachte *Life* einen Bericht über den Franzosen Régis Debray, der mit einem gewissen Che Guevara nach Bolivien gegangen war, um die unterdrückten Indios in ihrem Freiheitskampf zu unterstützen. Dem Text entnahm ich, daß Che «Kommunist» war, offenbar etwas Anrüchiges. Aber auf den Bildern machte er eine verdammt gute Figur mit den langen Haaren, den Kampfstiefeln, dem Bart und dem Barett. Ich sagte mir: Kommunismus – das ist genau das richtige für dich. Das Elend der bolivianischen Indios erinnerte mich stark an das erbärmliche Los der Schwarzen bei uns. Ich zählte zwei und zwei zusammen, und schon war ich der gerechte weiße Mann, der Held der Unterdrückten, ein eingeschworener

Gegner des Rassismus und ein glühender Verfechter des Kommunismus, was auch immer das sein mochte.

Nein, so banal war das natürlich nicht; dahinter steckte mehr. Ich kehre besser zum Anfang zurück und versuche, alles ans Licht zu fördern.

In meiner Kindheit waren immer Schwarzafrikaner um uns herum. Wir nannten sie *natives*, Eingeborene. Sie hausten in kalten, dunklen Räumen mit winzigen Fenstern. Ihre Betten standen auf so hohen Stapeln von Backsteinen, daß die Matratze in Hüfthöhe eines ausgewachsenen Mannes lag. So schützten sie sich vor *tokoloshe*, einem kriechenden Kobold, der nachts sein Unwesen trieb. Die Quartiere dieser Schwarzen rochen nach Lifebouy-Seife, nach rotem Fußbodenreiniger und nach *putu*, dem zähen Maisbrei, der Afrikas Hauptnahrungsmittel ist. Schwarze kochten für mich, putzten meine Schuhe, machten mein Bett, mähten den Rasen, stutzten die Hecken und gruben auf Anweisung meines Vaters Löcher im Garten. Sie aßen von emaillierten Tellern und tranken aus angeschlagenen Tassen ohne Henkel, die wir *boy's cup* oder *girl's cup* nannten und die getrennt vom übrigen Geschirr aufbewahrt wurden. Sie sprachen gebrochen Englisch oder Afrikaans, trugen alte Kleider und hatten weder Geld noch Nachnamen. Das war alles, was man von ihnen wissen mußte.

Am Donnerstag, ihrem freien Tag, staffierten sich viele Eingeborene mit blauen oder grünen Gewändern aus wie Kreuzfahrer und banden sich weiße Schärpen um die Brust. Sie nahmen ihre Stöcke und Hirtenstäbe, zogen zum nächsten unbebauten Stück Land, wo sie im Kreis um Feuer tanzten und sangen. In der Nähe unseres Hauses lag ein Tal mit Namen Dip, das die Vororte Victory Park und Parkhurst voneinander trennte. Wenn man am Donnerstagnachmittag die steilen Böschungen des Tals hinunterblickte, sah man mindestens ein Dutzend Rauchsäulen und ebenso viele Kreise von Zionisten, Anhängern der schwarzafrikanischen religiösen Bewegung, die um die Feuer tanzten. Afrikas Trommeln dröhnten mitten im Vorstadt-Einerlei der Weißen, aber als Kind berührte mich das absolut nicht. Ich fragte die Zionisten nie, zu wem sie beteten und warum. Ich war nie neugierig, wie *tokoloshe* aussah und ob er womöglich auch mich holen könnte. Die Schwarzen stellten ihre Betten auf Backsteine, donnerstags tanzten die Zionisten, und wenn es ein Unwetter gab, schwemmte der Regen rote afrikanische Erde auf die Straßen. Das waren die Zeichen Afrikas, aber fast alle von uns waren blind dafür.

Einige Schwarze wohnten in den Hinterhöfen der Weißen, andere anderswo: jenseits der Hügel, hinter den Abraumhalden der Minen, auf unbebautem Land hinter den Industriezonen oder im elenden, trostlosen Soweto. An Winterabenden zog der beißende Qualm ihrer Herdfeuer bis zu uns herüber. Ohne ihn hätte man gar nicht gewußt, daß in Soweto eine Million Schwarze lebten. Sie wohnten in schachtelförmigen Häusern aus Zement an schnurgeraden Straßen, die in allen Himmelsrichtungen über den Horizont hinausführten.

Einige unserer Dienstboten hatten Haus und Familie in Soweto, und an manchen Samstagnachmittagen setzten wir sie dort ab. Ursprünglich kamen sie aber aus anderen Gegenden, von irgendwo weit weg, wo die Schwarzen in Lehmhütten wohnten und Vieh hielten. Durch solche Orte kamen wir, wenn wir in die Ferien fuhren. Im Wagen sangen wir *She'll Be Coming 'Round the Mountain* oder Lieder auf afrikaans, die von Pavianen oder wütenden Farmern handelten. Wir fuhren an Lehmhütten, an Vieh und an Kindern vorbei, die für ein paar Münzen am staubigen Straßenrand tanzten. Meine Mutter winkte jedem Kind zu, das sie sah, und sie ermunterte auch uns dazu. Die Schwarzen winkten immer zurück.

Meine Mutter mochte die Schwarzen, zumindest die guten: Menschen mit strahlenden Gesichtern, offenem Blick und freundlichem Lächeln. Mischlinge mochte sie nicht besonders, und über Griechen, Portugiesen und Afrikaaner sagte sie manchmal boshafte Sachen. Gelegentlich wurde sie auch in ihrem Urteil über die Schwarzen unsicher. «Wenn wir nicht wären, würden die noch in Lehmhütten leben», sagte sie dann schnippisch. «Was haben sie getan, um das Land aufzubauen? Nur gegraben, wenn wir gesagt haben: Grabt!» Aber so etwas sagte sie nur, wenn sie auf die Schwarzen böse war oder wenn ich während meiner kommunistischen Phase über deren erbärmliches Los schwadronierte. Meistens mochte meine Mutter die Schwarzen, und die Schwarzen mochten sie.

Wenn meine Mutter und unser Hausmädchen Lena am Spülbekken standen, unterhielten sie sich in Fanagalo, einer Sprache, die sich aus Zulu und Pidgin-Englisch zusammensetzte. Sie tauschten sich teilnahmsvoll über die Krankheiten ihrer Kinder aus und tratschten über die Nachbarn. Lena erzählte von einer Weißen, die ihrem Mädchen nur zehn Rand im Monat zahlte, oder von einer anderen, die keinen bezahlten Urlaub gab. «Schande», sagte meine Mutter dann, oder sie schnalzte mißbilligend mit der Zunge. Was mein Vater von den Schwarzen hielt, kann ich dagegen nur schwer einschätzen. Er war ein bedächtiger, ernster und recht scheuer Mensch, der in Gedanken oft abwesend war. Im Umgang mit Schwarzen war er ziemlich unbeholfen und förmlich, als wisse er nicht genau, wie er sie behandeln solle. Aber so war er zu fast allen Menschen. Mein alter Herr war weder gesprächig noch witzig. Einmal sagte er, daß er nie unter einem Schwarzen arbeiten wolle. Obwohl seine Ansichten in Rassenfragen ansonsten eher gemäßigt waren, glaubte er unerschütterlich an die Devise «Getrennt, aber gleichberechtigt». Das Wort «Kaffer» durfte in seinem Haus nicht ausgesprochen werden, und wenn mein Bruder und ich von den Dienstboten etwas wollten, mußten wir «bitte» sagen.

Neben unseren eigenen Hausangestellten zählten die von Onkel John zu den Schwarzen, die ich am besten kannte. Onkel John war der Bruder meiner Mutter. Er wohnte in Parys, einer Kleinstadt im Oranje-Freistaat. Für mich war Parys eine Stadt wie aus einem Roman von Mark Twain. Ringsum erhoben sich flache Hügel, und mitten hindurch floß ein träger, brauner Fluß, von Weiden gesäumt, voller Fische, die man fangen, und voller Inseln, die man erkunden konnte. Die Häuser in den älteren Teilen von Parys lagen direkt an der Straße und gaben der Stadt ein fast europäisches Flair. Bei Sonnenuntergang traten mürrische alte Buren mit Schlapphüten aus den Häusern, setzten sich in der kühlen Abendluft auf die Veranda, schwatzten über den Burenkrieg und beobachteten die Sperber, die am Himmel über ihnen kreisten. Einmal die Woche floß Wasser durch die Straßenrinnen. Meine Oma leitete es in ihren Garten hinter dem Haus und bewässerte damit Mais, Tomaten und Pfirsiche. Sie baute all das in großen Mengen an, machte die Früchte ein und lagerte die Konserven dann in ihrer duftenden Vorratskammer. Wenn nachts der Regen wild auf das Blechdach trommelte und ich warm eingepackt in meinem Bett lag, war hier für mich der schönste Ort auf der Welt.

Mein Onkel John war ein Kriegsheld. Er hatte im Zweiten Weltkrieg in der Wüste im Westen gekämpft und konnte das mit einer Narbe am Knie beweisen. Sein ganzes Haus war voller spektakulärer Beutestücke: ein Eisernes Kreuz, ein deutscher Stahlhelm, die geflochtene Reitpeitsche eines deutschen Offiziers. Neben dem Kamin hatte er leere Kartuschen aufgereiht, und auf dem Sims standen Patronenhülsen eines leichten Maschinengewehrs. Er hatte auch eine Schallplatte mit schottischer Militärmusik. Sie trug den Titel *Tartan on the Veld*. Ich entwickelte eine zutiefst unloyale, landesverräterische Leidenschaft für diese Platte. Sie begann mit dem Lärm des Artillerie-Sperrfeuers in der Schlacht von El-Alamein. Man hörte Kanonendonner und das Rattern der Maschinengewehre und dann das leise Quäken von Dudelsäcken, die der Infanterie das Zeichen zum Angriff gaben; dabei liefen einem heroische Schauder den Rücken runter.

Mein Onkel hatte einen Laden und beschäftigte mehrere Boys. Der Chefboy hieß Paul, wurde aber «Poul» gerufen, denn die Schwarzen in Parys sprachen Afrikaans. Paul war groß und kräftig und hatte ein offenes, ehrliches Gesicht mit vielen Lachfalten. Er gehörte zu den guten Schwarzen. Anders Mathibes: Er machte immer ein finsteres Gesicht, trank zuviel und galt als aufsässig. Aber er war geschickt mit den Händen und konnte schweißen, löten und an der Kasse richtig rausgeben. Deshalb fand man sich mit seinen Schwächen ab und respektierte ihn sogar.

Samstagmorgens nahm mein Onkel einige Scheine aus der Registrierkasse mit der Handkurbel und schickte mich zum Metzger. Ich kaufte *boerewors*, eine lange, gekringelte Wurst, die in blutiges braunes Papier gewickelt wurde. Um ein Uhr mittags rief mein Onkel «*chila*», das afrikaanische Wort für Feierabend. Wenn die Boys die Türen abgeschlossen hatten, gingen wir zusammen in den Hof hinter dem Laden, in dem überall Maschinen und ausgeschlachtete alte Lastwagen standen. Die Boys machten Feuer, und wir legten die Wurst auf eine verrostete alte Pflugschar. Während sie brutzelte, überreichte mein Onkel jedem Boy eine Flasche Bier der Marke Castle und die Lohntüte. Dann stellten wir uns um das Feuer und aßen die Wurst mit den Fingern. Mein Onkel war nicht unbedingt ein Liberaler, aber er kam mit den Schwarzen gut zurecht. Er verstand ein paar Brocken ihrer Sprache, scherzte mit ihnen und schüttelte ihnen die Hand – er nahm sie wahr, was die meisten Weißen nicht taten. Deshalb wurde an unserem Feuer immer gelacht, und die Stimmung war gut. Nur Mathibes blickte finster drein und machte zynische Bemerkungen, aber selbst er meinte es nicht so. Wenn ich ihn freundlich bat, gab er mir manchmal sogar einen Schluck von seinem Bier, und ich fühlte mich schon als richtiger Mann. Verdammt – wenn ich an diese Samstage zurückdenke, könnte ich heulen. Damals war alles noch so einfach.

Wenn *wors* und Bier verzehrt waren, beluden wir den Lastwagen mit großen Propangasflaschen. Mein Onkel und Paul stiegen vorn ein, mein Bruder und ich kletterten hinten mit den Boys auf die Ladepritsche. Wir bogen nach links in die Dolf Street ein, fuhren am Bahnhof vorbei und über die Brücke zum Wohnviertel der Schwarzen. Hier und da sah man Fassaden mit geometrischen Stammeszeichen, aber die meisten Gebäude hatten die Farbe der ausgefahrenen Straßen: Sie waren grau wie der Schlamm im Oranje-Freistaat. Wir fuhren kreuz und quer durch das ganze Viertel, setzten die Boys einzeln bei ihren Häusern ab und lieferten das Gas an die Kunden meines Onkels aus. Ich stand hinter dem Fahrerhaus und ließ mir den Fahrtwind ins Gesicht blasen. Viele der Schwarzen, an denen wir vorbeifuhren, kannten meinen Onkel. Sie lachten, winkten und schrien: «Baas John! Baas John!» Ich winkte und schrie zurück. Ich fühlte mich wie ein Kriegsheld, wie ein kleiner weißer Prinz.

Vielleicht war es nur die Liebe eines Prinzen zu seinen loyalen Untertanen, eine Liebe, die ganz von ihrer Loyalität und Unterwürfigkeit abhing – jedenfalls liebte ich die Schwarzen. Der erste, den ich liebte, war Johannes. Er war Gärtnerjunge bei uns, als ich noch nicht zur Schule ging, und paßte auf mich auf, während meine Mutter außer Haus unterrichtete. Ich folgte ihm auf Schritt und Tritt. Wenn er müde war, ließ ich ihn ins Haus kommen und im Armsessel meines Vaters Platz nehmen. Ich ließ ihn seine Füße hochlegen und servierte ihm Tee. Ich «ließ» – eine entlarvende Wortwahl. Ich war gerade fünf Jahre alt und erteilte schon Befehle. Johannes hatte die Gesten meiner Zuneigung zu akzeptieren. Ob ich für ihn mehr war als ein herrschsüchtiges weißes Kind? Ich weiß es nicht. Johannes verließ uns, oder wir zogen fort. Danach nahm James seinen Platz ein. James brachte mir bei, wie man auf einer Wandergitarre der Zulu spielt. Dann ging auch er, und Piet kam.

Piet war ein untersetzter, häßlicher Tswana. Er trank und rauchte *zol*, Haschisch, aber er hatte Unternehmungsgeist und immer große Flausen im Kopf. Einmal kaufte er Kaninchen und baute ihnen auf dem Komposthaufen hinter dem Schuppen einen Stall. Sie sollten sich vermehren, und dann wollte er sie schlachten und verkaufen. Vor meinem Vater hielt er seinen Plan geheim, aber mich weihte er ein. Als eines Tages unser Hund in den Stall einbrach, war es mit der Kaninchenzucht vorbei. Ein anderes Mal kaufte Piet einen jener dreirädrigen Kastenwagen, den die schwarzen Lieferanten fahren. Er wollte ihn reparieren und dann mit Kleintransporten für Schwarze in Pietersburg Geschäfte machen. Aber er brachte den Wagen nie in Gang.

Piet und ich lagen im Garten meines Vaters stundenlang auf der Erde unter den Pfirsichbäumen und schossen mit meinem Luftgewehr auf die Ratten in der Hecke. Er kaufte Bier für mich, als ich legal noch keinen Alkohol trinken durfte. Er war es auch, der mir den ersten *zol* beschaffte. Als Phillip Nel und seine Bande über mich herfielen und mich verprügelten, war Piet Maribatse es, der mich befreite. Piet war ein guter Freund. Was soll ich noch sagen? Ich mochte ihn einfach.

Ich mochte sie alle, ohne Unterschied: Lena, Johannes, Piet, James, Betty, Miriam, Miriams Kinder und ihre vielen Enkel, den anderen Piet, der bei den Nachbarn arbeitete, die Kellner im Hotel am Ende der Straße und Johns Boys. Ich mochte sie alle. Und das zahlte sich aus. Diese Erfahrung machte ich von Anfang an, und sie gilt noch immer. Wenn man freundlich zu den Schwarzen war, dann hellten sich ihre Mienen auf, und sie lachten und erwiderten die Zuneigung hundertfach. Damals war es für mich leicht und völlig normal, sie zu lieben. Vielleicht geht es allen Weißen am Anfang so. Vielleicht entwachsen wir dem ganz einfach, oder man bringt uns später etwas anderes bei. Als ich etwas älter war, fiel mir auf, daß viele Weiße in meiner Umgebung Schwarzen gegenüber anders empfanden.

Damals lebten wir in Linden, einem Vorort von Johannesburg, in dem vorwiegend Afrikaaner wohnten. In Linden waren alle Häuser vierkantig und hatten ein Blechdach. Jedes stand genau in der Mitte eines viertausend Quadratmeter großen Grundstücks, hatte eine Garage zur Seite, Rasen vor der Vorderfront und ein paar Obstbäume im Rücken. In Linden wimmelte es von *broederbonders* und Pfarrern der Niederländisch-Reformierten Kirche, aber das war nicht der Grund, warum mein Vater sich dort wohl fühlte. Er mochte das Leben in Linden, weil der Garten so groß war und ein reiches Betätigungsfeld bot. In diesem Garten hielt sich mein Alter Herr am liebsten auf, wühlte er in kurzen Hosen und mit einem ulkigen Hut auf dem Kopf bis zu den Ellenbogen im Dreck. Hinter dem Haus hob er eine Grube aus und baute einen Swimmingpool hinein. Im Vorgarten legte er fein säuberlich Blumenbeete an. Es war ein burischer Garten wie aus dem Bilderbuch.

In Linden lebten rechts von uns, links von uns und uns gegenüber Afrikaaner. Am interessantesten waren die von gegenüber. Sie hießen alle Smit, eine ganze Häuserreihe lang Smit. An der Ecke wohnte eine schlampige Frau, deren Sohn Stoffel manchmal mit mir spielte. Neben Stoffel wohnte Smit der Sportler, der mehrmals in der Woche zum Pferderennen ging. Noch ein Haus weiter wohnte Richter Smit vom Obersten Gerichtshof. Richter Smit war unter anderem deshalb berühmt, weil er den Vorsitz im Prozeß gegen John Harris geführt hatte. Harris, ein weißer Idealist, hatte in den frühen sechziger Jahren den Bahnhof von Johannesburg in die Luft gesprengt. Richter Smit hatte ihn und viele andere zum Tod durch den Strang verurteilt.

Richter Smit hatte einige merkwürdige Angewohnheiten. Hin und wieder goß er sich einen Brandy oder ein Glas Bier hinter die Binde und ließ einen seiner halbstarken, tätowierten Neffen kommen. Mit diesem schmierigen Kerl fuhr er dann zu einem tristen Industrieviertel südlich der Stadt. Die beiden parkten am Ufer eines träge dahinfließenden, mit schmutzigem Schaum bedeckten Flusses. Mit Blick auf den Fluß und die Rauchfahne eines Stahlwerks betranken sie sich, bis sie nicht mehr aufrecht sitzen konnten; so hat Stoffel es mir jedenfalls erzählt. Zu Smits Entschuldigung sei gesagt, daß er sich meist dann betrank, wenn er jemanden zum Tode verurteilt hatte. Trotzdem war dieses Verhalten typisch für die Smits. Sie alle waren *goms* oder Rotnacken – gewöhnliche Leute, wie meine viktorianisch strenge Mutter fand. Die Smits betranken sich jeden Freitagabend. Dann heulten auf der Straße die großen Motoren von Wagen mit pelzbesetzten Armaturenbrettern auf; Frauen kreischten, Männer fluchten, und Schüsse knallten.

Auf jeden Fall sprangen manche Smits mit den *natives* nicht gerade freundlich um. Wenn sie etwas von einem Schwarzen wollten, brüllten sie «Komm her», in einem Ton, in dem man vielleicht einen Hund ruft. Oder eine der Frauen steckte ihren wasserstoffblonden Kopf zur Tür heraus und schrie: *«Stoffel, waar's die boy? Laat die boy die kar skoonmaak!»* (Stoffel, wo ist der Boy? Sag ihm, er soll den Wagen waschen!) Und dann stolzierte der gerade erst zwölf Jahre alte Stoffel zum Boy und befahl ihm, den Wagen zu waschen, und zwar blitzblank. Der Boy war ein ausgewachsener Mann, aber er war ein Eingeborener, und so blieb ihm nichts anderes übrig, als finster den Kopf zu senken und zu gehorchen.

So etwas war mir unangenehm, und ich geriet unvermittelt in Konflikt mit mir selbst. Ich fand es unverschämt, daß man einen Boy mit «Boy» ansprach. Ich beschloß, schwarze Dienstboten, die ich nicht kannte, künftig mit «Sir» anzureden. Ich mochte Stoffels Art nicht, mit Boys zu sprechen, und ich mochte auch Stoffel nicht besonders. Als wir eines Tages im Garten spielten, sagte er: «Diese Kaffern müssen alle zurück ins Kaffernland.» Ich sagte: «Dies ist Kaffernland.» Er war genauso verblüfft wie ich. Woher kam dieser Unterschied?

Stoffel und seine Sippe also gehörten zu den anderen, zu den Niederträchtigen im weißen Südafrika. Dazu zählten auch Mr. Greyvenstein, von dem es hieß, daß er seinen Gärtner schikaniere, und Mrs. Greef, die ihre Vorratsschränke verschloß, damit ihr das Mädchen ja keinen Zucker stehlen konnte. Bis zu einem gewissen Grad waren freilich fast alle Weißen niederträchtig. Nicht, daß sie Schwarze geschlagen oder gepeitscht hätten; es war die Art, wie sie mit ihnen sprachen. Etliche Jahre später, als ich in Los Angeles wohnte, fiel mir bei den Polizeibeamten der gleiche barsche Befehlston auf, die gleiche Körpersprache. Ein Polizist erklärte mir, das gehöre zum wirkungsvollen Auftreten und werde auf der Polizeischule gelehrt. Es war ein Ton, der sofortigen und bedingungslosen Gehorsam forderte.

In Linden war das der übliche Umgangston zwischen Weißen und Schwarzen. Der Portugiese im Obst- und Gemüseladen an der Ecke benutzte ihn ebenso wie der griechische Besitzer der Eisdiele in der Ladenpassage. Als ich eines Nachmittags in der Eisdiele herumlungerte, kam ein Bantu-Albino herein. Der Grieche sagte hämisch: «Du bist ein weißer Kaffer, was? Ein weißer Kaffer bist du!» Der Albino war verletzt und fühlte sich gedemütigt, aber er ließ sich nichts anmerken, klatschte mit der flachen Hand seine Münze auf die Theke und wollte bedient werden. Der Grieche lachte nur und spottete weiter. Ich fühlte mich persönlich gekränkt und sah den Griechen schnaufend vor Empörung an. «Der weiße Kaffer bist du!» zischte ich. Dann drehte ich mich um und rannte hinaus, denn ich fürchtete, er werde mich verprügeln.

Nein, das ist gelogen. Ich brauche nicht mehr zu lügen. In Wirklichkeit sah ich stumm zu, und die scharfe Erwiderung ging mir durch den Kopf. Sag es, dachte ich, sprich es aus! Aber ich tat es nicht. Ich hatte Angst. Ich stand nur da und schäumte innerlich vor Wut.

Ich versuche zu erklären, warum ich «Kommunist» wurde. All dies spielte dabei eine Rolle. Es wäre sicher wirkungsvoller, wenn ich als Zeuge grausamer und blutiger Repressalien gegen Schwarze auftreten könnte. Aber in Linden gab es so etwas nicht. Von Greueln der Apartheid las man dort nur in englischsprachigen Zeitungen, die den Eindruck vermittelten, daß der Staat in den Händen durch und durch verworfener Männer war. Belege dafür gab es in Fülle. Betrunkene Weiße schlugen einen «aufsässigen» Schwarzen tot und bekamen dafür ganze sechs Monate auf Bewährung. Ein blasses kleines Schulmädchen mit verdächtig krausem Haar wurde vor eine Kommission von Apartheidsexperten zitiert, als Halbblut eingestuft und aus der Schule für Weiße ausgeschlossen. Mehrere Fischer, Mischlinge, ertranken im Sturm, weil sie nicht wagten, an einem Strand für Weiße an Land zu gehen. Ein- oder zweimal in meiner Kindheit zog die Polizei mitten in der Nacht durch Linden und hämmerte gegen die Türen der Unterkünfte für Dienstboten. Die Beamten waren auf der Jagd nach Schwarzen ohne Paß. Wenn sie einen oder eine erwischten, wurde der oder die Betreffende auf einem Lastwagen der Polizei abtransportiert und normalerweise für einen Monat ins Gefängnis gesteckt. Bei unseren *natives* kam das allerdings nie vor, und daß ein Schwarzer körperlich mißhandelt wurde, erlebte ich auch nur ein einziges Mal.

Auf dem Heimweg von der Schule hörte ich eines Nachmittags entferntes Geschrei. Ein schwarzer Jugendlicher rannte einen Hügel herunter auf mich zu. Mehrere Weiße und eine schimpfende Frau waren ihm auf den Fersen. Offenbar hatte der Flüchtige ihr die Geldbörse gestohlen. Keine zehn Meter vor mir stolperte er und stürzte auf das Pflaster. Einen Augenblick später hatten die Weißen ihn zu fassen. Sie zerrten ihn auf die Füße, schlugen ihm zweimal mit der Faust ins Gesicht und schleppten ihn dann zum Polizeirevier.

Das war das erste Mal, daß ich Zeuge einer solchen Gewaltszene wurde. Ich hatte schon so manchen Freitagabend erlebt, an dem sich weiße Halbstarke vor der Bar des «Linden Hotel» gegenseitig ins Gesicht schlugen, während ihre toupierten Frauen und Freundinnen kreischend im Auto saßen. Aber daß ein Schwarzer geschlagen wurde, hatte ich bis dahin noch nicht gesehen. Ich reagierte wie ein guter Liberaler und war empört. Meine ganze Sympathie war auf der Seite des Schwarzen, weil er der Unterlegene war. So war ich: ein sentimentaler kleiner Bursche, der die *natives* mochte und mit ihnen fühlte, weil sie so arm waren und so viele Weiße sie schlecht behandelten. In ihrem Elend waren sie den bolivianischen Indios in der Zeitschrift *Life* ziemlich ähnlich. Ich dachte, was Che kann, kann ich auch, und wurde «Kommunist». Nach der Schule träumte ich in meinem Zimmer vor mich hin, hielt imaginäre Ansprachen an die Vereinten Nationen oder schrieb Leserbriefe über das Elend der Schwarzen Südafrikas.

Als ich in der neunten oder zehnten Klasse war, «stürzte» ein indischer Revolutionär namens Ahmed Timol während des Verhörs durch die Geheimpolizei aus einem Fenster im zehnten Stock in den Tod. Ahmed Timol war der zwölfte Gefangene, der auf mysteriöse Weise im Polizeigewahrsam ums Leben kam. Einige Zeit zuvor war ein islamischer Imam «eine Treppenflucht hinabgestürzt», und etwas später starb Steve Biko, nachdem er sich bei einem «Kampf» mit Vernehmungsbeamten den Kopf «an einer Bank aufgeschlagen» hatte. Ich fand, daß an der Sache etwas faul war, und schrieb einen Leserbrief an den *Star*, die bedeutendste Tageszeitung von Johannesburg. Ich drückte meine Bestürzung als Bure über die Umstände von Timols Tod aus und verlangte mit burischem Nachdruck eine gründliche und unparteiische Untersuchung.

Zu jener Zeit war ein Afrikaaner mit Gewissen noch etwas Neues, selbst wenn er erst vierzehn Jahre alt war. Ein oder zwei Tage später erschien mein Brief ganz oben auf der Seite mit den Leserzuschriften. Darüber stand in riesigen Lettern: «Ein Afrikaaner macht sich Luft». Unter dem Leserbrief stand fettgedruckt: «Rian Malan, Linden».

Der Tag war für mich ein gewaltiger Triumph. Man hatte meiner kindischen Kritzelei so viel Gewicht und Würde beigemessen wie dem Leserbrief eines Erwachsenen. Unsere Nachbarin Mrs. Pretorius rief an und gratulierte mir. Zwei Lehrer aus der Schule telefonierten mit mir und lobten mich. Onkel John rief aus Parys an und gluckste: «Hoho, was wird das denn?»

Abends kam mein Vater nach Hause. Er goß sich einen Whisky ein und setzte sich, um die Zeitungen vom Nachmittag zu lesen. Mein Vater war ein gemäßigter Anhänger der Apartheid und hatte gegen gemäßigte Kritik an ihr nichts einzuwenden. In seinen Augen war Apartheid eine vernünftige Lösung in einem vielrassigen Staat – und die einzige. Sie war nicht perfekt, aber man konnte die Dinge schließlich nicht über Nacht ändern. Er glaubte aufrichtig an die zentrale Lüge der Apartheid: das Versprechen, eine Welt zu schaffen, in der Schwarze und Weiße getrennt, aber gleichberechtigt nebeneinander lebten. Mein Vater konnte sich das Leid, das die Apartheid bis dahin verursachen mußte, einfach nicht vorstellen. In mancher Hinsicht war er ein verständiger und mitfühlender Mensch – so verständig, daß er einige Jahre später einen meiner Freunde durch ein Gespräch vom LSD-Horrortrip herunterbrachte –, in anderer Hinsicht war er jedoch vollkommen blind. Mir erschien das sehr seltsam.

Mein Vater blätterte den *Star* durch, überflog die Schlagzeilen im Nachrichten- und im Wirtschaftsteil und kam schließlich zu den

Leserbriefen. Er las meinen Brief, ließ die Zeitung in den Schoß sinken, nahm die Brille ab und sah mich böse an. Ich erwartete, daß er mit seinen üblichen Argumenten kommen würde: Die Geheimpolizei wisse mehr als ich; sie habe ihre Gründe, wenn sie jemanden festhalte; wenn sie angebe, Timol sei «gestürzt», dann sei das mit Sicherheit so gewesen. Aber das sagte mein Vater nicht. Er sagte nur: «Was gibt dir das Recht, dich Afrikaaner zu nennen?» Dann griff er wieder zur Zeitung und blätterte zum Sportteil weiter.

Eines Nachts im Sommer, einige Jahre nach meiner Bekehrung zum «Kommunismus», zog ich mir dunkle Sachen an und schlich mich aus dem Haus meines schlafenden Vaters, um bei einem Anschlag auf die Apartheid mitzumachen. Meine Mitverschworenen warteten am Emmarentia-Staudamm auf mich. Anton trug eine Brille à la John Lennon, las Dostojewski und fühlte sich dem Rest von uns geistig überlegen. Er war bei unserer nächtlichen Eskapade der führende Kopf. Robin hatte lockiges, schulterlanges Haar, und die Mädchen fanden, daß er aussah wie der englische Rockstar Marc Bolan. Ich war sechzehn, hatte Pickel und Angst. Ich schlug vor, unsere Gesichter mit Schlamm zu schwärzen, damit wir unerkannt durch die schlafenden Vorstädte schleichen konnten. Anton erhob Einspruch. Er wollte nicht am Ufer des Stausees herumklettern und sich die neuen Cowboystiefel schmutzig machen. Wir verzichteten also auf die Vorsichtsmaßnahme und zogen los, wie wir waren. Die Waffe hatte Anton unter seiner Jeansjacke versteckt.

Das war 1971, elf Jahre nach dem Massaker von Sharpeville, acht Jahre nach Mandelas Einkerkerung, fünf Jahre nach dem Amtsantritt Balthazar Johannes Vorsters, unseres strengen calvinistischen Herrschers. Die Ära der Apartheid war auf ihrem Gipfel. Überall im Land fuhren Lastwagen der Regierung durch die sogenannten *Black Spots*, Siedlungen von Schwarzen im «weißen», für Schwarze verbotenen Südafrika. Der Anblick dieser «schwarzen Flecken» beleidigte die Augen der wildgewordenen Apartheid-Gelehrten. Die Schwarzen mußten verschwinden. Sie wurden auf die Lastwagen verfrachtet und über die Grenze zum nächsten Bantustan gebracht, wo sie «getrennt, aber gleich» sein durften. Drei Millionen Schwarze wurden auf diese Art deportiert, in unfruchtbare

Homelands abgeschoben und dort oft dem Hungertod preisgegeben. Es war der glanzvolle Höhepunkt von Daniel François Malans kalt berechnender Logik.

Wir wußten vage von diesen Zwangsumsiedlungen, dachten in jener Nacht aber nicht an sie. Soweit ich mich erinnere, sprachen wir über Ufos. Unser Freund John hatte behauptet, genau über unserem Teil der Stadt ein Ufo gesichtet zu haben, und wir hielten Ausschau nach weiteren. Es war eine milde Nacht, und wir waren wie gewöhnlich high. So machte es uns nichts aus, daß wir erst um zwei Uhr morgens auf eine gewaltige Straßenböschung aus jungfräulichem Beton stießen, auf dem die Tat in angemessener Größenordnung ausgeführt werden konnte. Robin stand auf der Fußgängerbrücke Schmiere, ich an der Straßenecke für den Fall, daß die Bullen aus der Richtung kommen sollten. Anton machte sich mit der Spraydose ans Werk. Unser subversiver Spruch war der Titel eines amerikanischen Soulhits von James Brown. Das Lied selbst hatten wir noch nie gehört. Der Bruderbund hätte es nie zugelassen, daß man bei uns ein Lied mit dem Titel *Say It Out Loud. I'm Black & I'm Proud* hören konnte. Den Titel kannten wir aus der Zeitschrift *Time*.

Wäre an diesem Morgen zufällig jemand vorbeigekommen und hätte gefragt, was wir da täten, hätten wir wahrscheinlich geantwortet, daß wir für den gerechten Krieg seien und den Kampf des Volkes gegen die Tyrannei der Afrikaanerärsche unterstützten. Ich war zwar auch Afrikaaner, aber ich gehörte zu der Unterart *krantz athletes*. Diese «Akrobaten auf dem Kraterrand» waren liberale oder ähnlich gesinnte Buren, die sich ihrer Stammeskultur entfremdet hatten und gegen die Apartheid kämpften. Ich glaube kaum, daß der Titel des Songs von James Brown, den wir auf eine Wand in einer rein weißen Wohngegend sprühten, den Apartheid-Fanatikern etwas anhaben konnte, aber das war uns auch gar nicht wichtig. Wir hielten die Apartheid für dumm und verwerflich. Aber wir glaubten auch, daß wir sie bereits unterhöhlten, wenn wir uns die Haare lang wachsen ließen. Wir hielten Tolkiens Bücher über die «Hobbits» für die Quellen reiner Weisheit und glaubten, daß Drogen den Intelligenzquotienten erhöhten.

Als rebellische Teenager zählten wir uns zu den Unterdrückten

Südafrikas. Wenn man uns nach den Motiven unserer Tat gefragt hätte, hätten wir wahrscheinlich von der Schule angefangen. Robin ging auf eine Privatschule, aber Anton und ich waren Schüler an einer staatlichen Schule für Weiße. In den unteren Klassen ließ man uns Bilder von Dirkie Uys ausmalen, einem zwölfjährigen Voortrekker, der 1838 in einer heldenhaften Schlacht gegen die Zulu vergeblich versucht hatte, seinen Vater zu retten, und dabei selbst ums Leben gekommen war. Später lehrte man uns, daß die Geschichte 1488 mit einem portugiesischen Seefahrer beginne, der als erster das Kap umsegelte. Wir führten solche Dinge gern als Beweise dafür an, daß uns die Afrikaanerärsche in der Schule Lügen auftischten und versuchten, uns mittels Gehirnwäsche ihren «christlichen Nationalismus» einzutrichtern.

Diese Kritik war in gewisser Weise berechtigt, aber wir hatten näherliegende Gründe für unseren Haß auf das System. Wir haßten es, weil wir gezwungen wurden, uns die Koteletten abzurasieren; weil wir mit dem Stock geschlagen wurden, wenn wir uns nicht ordentlich benahmen; und weil wir freitags in der ersten Schulstunde, in eine Militäruniform gezwängt, über das Rugbyfeld laufen mußten, was Teil einer sogenannten «Jugendbereitschaft» sein sollte. Zu unserer Kadettenuniform gehörten khakifarbene Shorts und eine alberne Mütze, die einen bei den Mädchen lächerlich machte. Die Mädchen hatten es allerdings auch nicht leicht. Während wir marschierten, kontrollierten die Lehrerinnen, ob die Röcke züchtige Knielänge hatten und die Unterwäsche den Vorschriften entsprach. In unseren Augen bestand ein unverkennbarer Zusammenhang zwischen dieser faschistischen Gängelei und den größeren Auswirkungen der Apartheid; zwischen einem Haarschnitt mit sauber ausrasierter Ohren- und Nackenpartie und den Razzien auf Schwarze ohne Pässe; zwischen dem Verbot des *Playboy* und den Zwangsumsiedlungen; zwischen Stockschlägen und dem mysteriösen Tod inhaftierter schwarzer Dissidenten. Die totalitären Bastarde schreckten vor nichts zurück. Sie verboten den Sport am Sonntag und das Kino am Samstag. Und im staatlichen Rundfunk durften nicht einmal mehr die Beatles gespielt werden, seit John Lennon behauptet hatte, er sei populärer als Jesus Christus. Deshalb mußten die Afrikaanerärsche gestürzt werden.

Wir waren folglich für Vorsters Sturz, aber auch für die Beendigung des Vietnamkriegs und die Abschaffung des Militärdienstes. Wir wußten, was lief und was *cool* war, weil wir *Time* und *Life* lasen. Carlos Castañeda war cool, und Tolkien, Hermann Hesse, *The Greening of America*, Campusrevolten und die Black Panther waren es auch. Unsere Köpfe waren vollgestopft mit den vorgefertigten Ideen der großen weißen Mutterkultur, Ideen, die wir aus ausländischen Büchern, Filmen und Zeitschriften übernahmen wie andere Teenager modische Frisuren oder Kleider. Ich hatte ein Poster von Che an der Wand, daneben eines von Frank Zappa und eines von Daniel Cohn-Bendit vom Mai 1968, das den «roten Danny» dabei zeigte, wie er die Pariser Bereitschaftspolizei mit Pflastersteinen bewarf. Am meisten bewunderte ich jedoch Antons älteren Bruder Leon, einen linken Studenten in der Tradition des SDS. Leon trug immer einen Dufflecoat und war umgeben von der Aura des Konspirativen. Er demonstrierte auf der Jan Smuts Avenue gegen die Apartheid und besaß eine zerfledderte Ausgabe des *Rolling Stone*, die einzige, die ich je sah. Er war zudem eng mit Franco befreundet, einem politischen Karikaturisten, dessen umstürzlerische Zeichnungen in einer lokalen Studentenzeitung erschienen. Francos bekannteste Karikatur zeigt ein kleines Kind, das in eine Kloschüssel starrt und fragt: «Sind Sie der Premierminister?»

Die meisten meiner Mitschüler standen auf Beatles und Kaugummi, aber mein Zirkel hatte dank Leons kultivierendem Einfluß einen feineren Geschmack. Leon bekehrte uns zu Bob Dylan. Ich kaufte alle alten Dylan-Platten und malte seinen Namen in psychedelischen Lettern auf meine Schultasche. Ich kannte sämtliche Texte seiner Protestsongs: *The Lonesome Death of Hattie Carroll, Oxford Town, The Times They Are A-Changin', Only a Pawn in Their Game* und *Masters of War*. Auch die Texte von *We Shall Overcome* und von *Marchin' to the Freedom Band* konnte ich auswendig. Andererseits glaube ich nicht, daß auch nur einer von uns die Melodie von *Nkosi Sikalel' iAfrika*, «Gott segne Afrika», summen konnte, der Hymne Schwarzafrikas. Das heißt freilich nicht, daß wir nicht auf schwarze Kultur standen. Sie interessierte uns sogar sehr. Wir fuhren auf Soul, Reggae und Blues ab und rauchten

Dope, was bei uns als überwiegend unter Schwarzen verbreitete Angewohnheit galt.

Ich war dreißig, als ich schließlich feststellte, daß viele Schwarzafrikaner Doperaucher für Versager und Arschlöcher hielten. Als ich noch ein Teenager war, behaupteten alle, daß die «Afs» Dope rauchten. Darum waren sie auch so weise. Sie stiegen auf die Berge, kifften, sahen die Sonne auf- und untergehen, waren cool und hatten den direkten Kontakt zur Natur. Wir waren aus Plastik, sie waren echt. Überall im Westen kursierten damals alberne Ideen, und wir taten unser Bestes, da mitzuhalten. Die Amerikaner und Europäer hatten ihre Hindu-Gurus; wir hatten unsere weisen alten «Afs». Als ich einmal mit Freunden einen Campingtrip in die Drakensberge machte, begegneten wir zufällig einem dieser weisen Männer. Der alte, gelbäugige *kehla* verkaufte uns *zol* und lud uns ein, das Zeug vor seiner Hütte zu rauchen. Es war ein bedeutungsschwerer, fast religiöser Augenblick. Wir hatten alle Mühe, die Pfeife richtig zu halten und den Husten zu unterdrücken, als wir den beißenden heißen Rauch in die Lungen zogen. Ein richtiger Afrikaner hustete nicht, wenn er eine Pfeife durchzog; das wußte jeder.

Da hockten wir, high, die weißen Söhne von Personalchefs, Kunsthändlern und Hirnchirurgen, und wir vergaßen den Schmutz und das Elend um uns herum, wiegten den Oberkörper und sinnierten vor uns hin. So war das also, einer von ihnen zu sein: echt cool. Natürlich konnten wir uns mit dem alten Mann nicht unterhalten, denn in der Schule lernten wir nur nutzlose Sprachen wie Deutsch oder tote wie Latein. Aber wir kommunizierten schweigend. Schon an den Vibrationen des alten Mannes erkannten wir, daß er ein «Oberhaupt» war, wie wir gesagt hätten.

Vibrationen sind zwar eine wenig artikulierte Sprache, aber das spielte für uns keine Rolle. Unsere Begegnung hatte symbolische Bedeutung. Es war schick, in schwarzer Kultur zu machen, also fanden wir sie gut, wie wir auch ausgestellte Jeans gut fanden. Im weißen Johannesburg trug schwarze Kultur vor allem die Namen James Brown und James Baldwin, und es war nicht die Kultur dieses alten Schwarzen in den Bergen oder der Schwarzen in unseren Hinterhöfen. Die zählten nicht, denn sie waren unberechenbare Schwarzafrikaner und – was noch schlimmer war – «Ortsansässige». Fast alles, was aus Südafrika selbst kam, war Tand und drittklassig, imaginäre edle Wilde ausgenommen und vielleicht auch noch Herman Charles Bosman, der witzige Kurzgeschichten über naive burische Hinterwäldler schrieb. Leute aus «Übersee» wurden gefeiert, weil sie aus Übersee kamen. Die Kultur kam ebenfalls aus Übersee, auch wenn sie uns auf den Umweg über Salisbury in Rhodesien erreichte.

Als ich dreizehn war, kam die erste Blues-Band, die je in Südafrika zu hören war, aus dem Norden zu uns. Es waren langhaarige weiße Jungs aus der Rebellenkolonie Rhodesien, wo Ian Smith auf eine tausendjährige Herrschaft der Weißen aus war. Die Gruppe nannte sich Otis Waygood Blues Band. Ich hörte sie, und es war wie eine Erleuchtung. Ich rackerte mich in einer Bäckerei ab und faltete Schachteln, bis ich das Geld für eine elektrische Gitarre zusammen hatte. Dann gründeten wir unsere eigene Blues-Band. Ferreira blies die Blues-Mundharmonika, Malan versuchte, der Gitarre Töne à la B. B. King zu entlocken, und Van de Vyfer spielte Rhythmusgitarre. Wir beschafften uns einen Bassisten und einen Schlagzeuger, lernten ein paar Songs von Howlin' Wolf und einige Stücke von Sunny Boy Williamson – und fertig waren die «Boerboys», die auf Garagenparties in den abgeschotteten weißen Vorstädten von John Vorsters Südafrika über die Sorgen und das Leid des Schwarzen jammerten und wehklagten. Und niemand lachte uns aus.

Ist das nicht absurd? Niemand lachte. Wir bekamen die Ironie unserer Situation überhaupt nicht mit, aber das war bezeichnend für die bourgeoisen englischsprachigen Vorstädte im Norden: Sie lagen in Südafrika, aber irgendwie gehörten sie nicht dazu. Im Rest des Landes herrschten rassistische Calvinisten, aber die nördlichen Vorstädte waren liberal und tolerant und geprägt von den orthodoxen Werten der westlichen Welt.

Mrs. Hunter, meine Englischlehrerin in der neunten Klasse, hatte in *Harper's* oder im *Atlantic Monthly* eine Kurzgeschichte veröffentlicht und las die Geschichte der Klasse vor. Sie handelte von einem jungen Schwarzen, der auf einer Straße in Johannesburg von weißen Rowdies zusammengeschlagen wird; sie halten ihn für einen Taschendieb. Als Mrs. Hunter die Geschichte beendet hatte, fragte sie: «Was ist die höchste Tugend der Zivilisation?» Ich hob die Hand.

«Toleranz», sagte ich.

«Sehr gut, Rian», antwortete sie.

Ich mochte Mrs. Hunter und setzte alles daran, ihr zu gefallen. In meinen Aufsätzen trug ich dick auf. Einmal stellte ich mir vor, auf einer Mission in Bolivien zu sein, und schilderte meinen Kampf für die Befreiung der Indios. «Ich war», schrieb ich, «erfüllt von revolutionärer Leidenschaft, vom glühenden Wunsch, gegen Imperialismus, Kolonialismus und viele andere Übel zu kämpfen.» Mrs. Hunter gab mir eine gute Note und schrieb unter den Aufsatz: «Gute Gedanken, gut ausgedrückt.»

Und das war eine staatliche Schule, nach unserem vernichtenden Urteil «Nazi-Jugendlager». Ungefähr ein Jahr später überredete ich meinen konservativen Vater, mich auf die liberale Privatschule Woodmead zu schicken. Ich versprach ihm, mich zu bessern und hart zu arbeiten. In Wirklichkeit wollte ich mir die Haare lang wachsen lassen. Der Schulleiter Mr. Krige war ein Anhänger der progressiven Theorien des Schotten A. S. Neill, des Begründers des antiautoritären Internats Summerhill, und ein Anhänger der fortschrittlichen Politik von Alan Patons aufgelöster Liberaler Partei, die für eine Demokratie nach dem Prinzip «Ein Mann, eine Stimme» eintrat. Mr. Krige lud Schulleiter aus Soweto ein und ließ sie vor der Schülerschaft reden. Uns ließ er gegen eine schwarze Schule in Swaziland Kricket spielen. Einige Jahre später nahm er als erster Rektor gegen das Gesetz auch Schwarze in seiner Schule auf.

In Woodmead hatten alle Schüler reiche Eltern mit linksliberalen Ansichten. Hugos Mutter Nadine Gordimer schrieb Romane über die Schrecken der Apartheid, Brendas Vater David Goldblatt fotografierte sie. Davids Vater Dr. Neville Proctor entlarvte später die Lügen der Behörden im Untersuchungsbericht über Steve Bikos Tod. Als Vorsitzender des Schülerrates organisierte ich Spendensammlungen für die Ausbildung von Schwarzen und schloß aus Solidarität mit Reverend Barry Wrankmore, der aus Protest gegen die Apartheid in den Hungerstreik getreten war, die Cafeteria der Schule. In den nördlichen Vorstädten von Johannesburg brauchte man für solche Aktionen nicht unbedingt moralische Standhaftigkeit und Zivilcourage. Wir sahen uns zwar gern als tapfere Widerstandskämpfer gegen die Tyrannei, aber die Geheimpolizei interessierte sich nicht für uns. In Wirklichkeit hatte ich am meisten Angst davor, daß jemand eine linkere Position als ich vertreten oder etwas Radikaleres tun könnte. Das war mit ein Grund, warum ich im Alter von sechzehn mit einer schwarzen Frau schlief.

Es war ein Donnerstagabend, einer der Abende, an denen die Dienstmädchen in den weißen Vorstädten Ausgang hatten. Mein Freund Ivan wohnte in Saxonwold, der Vorstadt der Börsenmakler, wo jedes zweite Haus im Pseudo-Tudorstil erbaut war und die Straßen nach den Wäldern des alten England benannt waren. Unsere Band übte jeden Donnerstagabend in Ivans Garage. Von überall her kamen schwarze Hausangestellte, um etwas zu trinken und zu unserer Musik zu tanzen. Manchmal ging es laut und wild zu, aber Ivans Eltern war das egal. Sie waren «Progs», Anhänger der winzigen pro-schwarzen Progressiven Partei, die im Parlament einen Sitz hatte und demokratische Prinzipien vertrat.

An diesem Donnerstagabend fand eine Schwarze, die zum Tanzen gekommen war, Gefallen an mir. Sie stellte sich vor mich hin und wiegte sich betrunken in den Hüften. Sie trug die Uniform eines Hausmädchens, ein schlichtes blaues Hauskleid und ein *doek*, ein Kopftuch. Sie hatte einen massigen Hintern und baumstarke Oberschenkel und wirkte auf mich sehr alt, mindestens fünfundzwanzig, wenn nicht älter. Als wir eine Zigarettenpause einlegten, kam Ivans Gärtner zu uns und sagte: «Die Frau will was von dem Großen.» Das war ich.

Ich hatte noch nie mit einer Frau geschlafen, aber wer gab das schon gerne zu. Man mußte so tun, als habe man bereits reiche Erfahrung gesammelt, wenn man das Gesicht nicht verlieren wollte. Ich konnte unmöglich zugeben, daß ich es noch nie gemacht hatte. Und natürlich durfte ich dem Gärtner auch nicht sagen: «Bist du verrückt? Die ist doch schwarz!» Das dachte ich zwar, konnte es aber nicht aussprechen, denn ich war doch so etwas wie ein Sozialdemokrat. Ich druckste eine Weile herum, zog männlich an meiner Zigarette und sagte schließlich: «Nein, danke, heute abend ist mir nicht danach.» Meine Kumpel spotteten daraufhin, ich hätte wohl die Hosen voll. Ich mußte das Gesicht wahren, zuckte die Achseln und machte ein Treffen ab.

Nach der Probe ging ich die Abbotswold Road hinunter, getrieben von einer Bande kichernder und johlender junger Kerle. Jedesmal wenn ich stehenblieb, rissen sie Witze und spotteten, bis ich weiterging. Wir kamen zu einem großen weißen Haus. Meine Kumpel blieben draußen unter einer Straßenlaterne stehen und machten sich dann aus dem Staub. Ich schlich durch die dunkle Allee, die zu den Unterkünften der Dienstboten führte. Ich ging auf Zehenspitzen, denn ich war mir bewußt, daß ich etwas Ungesetzliches vorhatte.

Ich klopfte an eine Eisentür, und die Schwarze machte mir in einem Nachthemd aus Satin auf. Im Zimmer hinter ihr brannte eine Kerze. Der Zementfußboden war nackt, und der einzige Wandschmuck war ein blonder Jesus mit treuherzigen blauen Augen voller Mitleid. Neben dem Bett stand ein Tisch mit Spitzendecke, darauf ein Spiegel, umrahmt von billigem Modeschmuck und einer Flasche mit einer Creme zum Bleichen der Haut. Der Raum roch nach allem, was ich mit Dienstboten in Verbindung brachte – nach rotem Fußbodenreiniger, *putu* und Lifebuoy-Seife. Auch hier stand das Bett zum Schutz vor *tokoloshe* hüfthoch auf Backsteinen. Ich zog mich aus und kletterte hinein. Dann lag ich in ihren Armen, überwältigt von ihrem Geruch und zitternd vor Angst. Ich konnte nicht mit ihr sprechen, denn ich verstand nur wenige Worte ihrer Sprache. Ich wußte nicht, was ich tun sollte. Mir schauderte bei dem Gedanken an einen Zungenkuß, aber dann küßte ich sie doch, denn ich war Sozialdemokrat und wollte sie nicht beleidigen. Dann zog ich ihr das Nachthemd hoch, und einige Augenblicke später war es vorbei. Ich rollte mich beiseite und fragte: «War ich gut? Habe ich es dir gut besorgt?» Sie bejahte. Sie war sehr freundlich.

Jahrelang führte ich diesen Zwischenfall als unanfechtbaren Beweis meiner aufrichtigen Anti-Apartheid-Gesinnung und meines Triumphs über meine burische Sozialisation an. Die Wirklichkeit sah ganz anders aus. Ich kam zwar lässig lachend aus ihrem Zimmer, wurde aber im Innersten von Schuldgefühlen geplagt. Tief in mir hatte ich rassistische Vorurteile. Ich war fest davon überzeugt, daß die Schwarze mich mit Syphilis angesteckt oder bei der Polizei verpfiffen hatte. Es war ein Alptraum, aber ich wagte nicht, das laut zu sagen. Statt dessen streute ich am nächsten Tag in der Schule, ich hätte mir eine schwarze Geliebte genommen. Meine Kameraden waren beeindruckt. Das war eine schallende Ohrfeige für die Tyrannei der Afrikaanerärsche. Ich lächelte bescheiden und betete, daß mich keiner nach dem Namen der Schwarzen fragen möge. Den wußte ich nämlich nicht.

Die einzige Schwarze, die ich mit sechzehn wirklich gut kannte, war unser Hausmädchen, Mrs. Miriam Tshabalala. Lena hatte sich zur Ruhe gesetzt, und mein Freund Piet Maribatse war tot. Er hatte eine andere Gärtnerstelle angenommen und dort Bäume fällen müssen. Ein Baum hatte ihn am Kopf erwischt. Piet war auf sein Zimmer gegangen, hatte über Kopfschmerzen geklagt und war nicht mehr lebend herausgekommen. Seither war Miriam die einzige Schwarze in meinem Leben. Sie hatte keine Ahnung, wann sie geboren worden war. Aber sie war schon alt, als sie zur Arbeit bei uns antrat. Sie trug beim Stricken und Nähen eine Brille, und ihr krauses, nach Art der Bantu frisiertes Haar war schon graumeliert; das fiel mir bei den seltenen Gelegenheiten auf, bei denen sie kein Kopftuch trug. Miriam konnte weder lesen noch schreiben und sprach nur wenig Englisch. Wenn sie sich über etwas freute, klatschte sie in die Hände und sagte: «Happy-happy.» Wenn sie böse wurde, stampfte sie mit dem Fuß auf und sagte: «Hau!» Sie war mollig und plump, hatte einen watschelnden Gang, und mit ihren hängenden Schultern und ihren nach unten gezogenen Mundwinkeln sah sie immer so aus, als sacke sie gleich in sich zusammen. Sie war nicht verbittert, nur resigniert. Hinter ihr lag ein hartes Leben. Sie hatte durchgehalten.

Miriam war Katholikin, aber sie fürchtete sich noch immer vor *tokoloshe* und hatte ihr Bett deshalb auf Backsteine gestellt. Wenn es in ihrer Familie ein Unglück oder einen Krankheitsfall gab, vermutete sie stets Hexerei dahinter. Die Hexen mußten sehr aktiv gewesen sein, denn Miriams Leben war voll unsäglichen Leids. Sie brachte fünf Kinder zur Welt, aber nur zwei erreichten das Erwachsenenalter. Da ihr Mann sie im Stich gelassen hatte, mußte sie Elizabeth und Ephraim allein großziehen. Ephraim bekam epileptische Anfälle und war für immer arbeitsunfähig. In Soweto galten Epileptiker oft als von Dämonen Besessene. Immer wenn Ephraim «hinfiel», wie Miriam es ausdrückte, warfen die Leute, die dabei waren, mit Steinen auf ihn; das sollte die dämonischen Mächte bannen und seine Krämpfe lösen. Als Ephraim in unser Leben trat, war er so entstellt, daß man Angst hatte, ihn anzusehen. Er zog ein Bein nach und konnte kaum sprechen. Sein Gesicht war völlig asymmetrisch, da die Steine viele Knochen zertrümmert hatten.

Elizabeth heiratete einen Halunken, der sie mit sechs kleinen Kindern sitzenließ und keine Alimente zahlte. Obwohl Miriam und Elizabeth ihr Bestes gaben, machten sie schwere Zeiten durch. Die Jungen schwänzten die Schule. Als die älteste Tochter dreizehn war, bekam sie einen runden Bauch und gebar ein Kind. Ihre Schwestern brachten, ebenfalls noch als Schulmädchen und ohne zu begreifen, was ihnen geschah, weitere Kinder zur Welt, alle gezeugt von Herzensbrechern, die sich nach vollbrachter Tat aus dem Staub machten. Die Kinder wurden in eine Familie hineingeboren, in der es wenig zu essen, kaum Geld und keinerlei Hoffnung gab. Die Situation von Miriam und ihrer Familie besserte sich nie. Im Gegenteil, sie versackten immer tiefer im Dreck.

Miriams Sippe lebte in Soweto, kam am Wochenende aber öfters zu Besuch in unser weißes Viertel. Diese Wochenenden gehören zu den schönsten Erinnerungen meiner Kindheit. Ich schob Miriams Enkel und Urenkel auf einer Schubkarre durch unseren Garten. In unserem Swimmingpool brachte ich ihnen das Schwimmen bei, und ich stand Pate bei ihren ersten Fahrversuchen auf meinem Rad. Ich führte eine Horde lebhafter kleiner Schwarzer zum Laden an der Ecke und kaufte von meinem Taschengeld riesige Mengen an Süßigkeiten und Kuchen.

Ich mochte Miriam und ihre Familie, und ich glaube, sie mochten mich auch. Für mich war unsere Beziehung eine Art Symbiose: Sie waren die Opfer, ich durfte ihr Retter sein. Ich hielt stundenlang Vorträge über die Übel der Apartheid, die Miriam doch selbst viel besser kannte. Ich sagte ihr, daß ich mit der ganzen Kraft meiner Jugend für sie kämpfen wolle. Miriam beeindruckten diese Vorträge wenig, aber mir gaben sie das Gefühl, ein guter Mensch zu sein.

Eines Nachmittags zeigte ich Miriam unter dem Siegel der Verschwiegenheit die Titelseite des *Rapport*, eines Sonntagsblatts in

Afrikaans. Darauf war die Fotografie einer befestigten Straßenböschung zu sehen. Das monumentale Graffito auf der Mauer war fast zwei Meter hoch und vierzig Meter lang, und es wurde eingerahmt von – man stelle sich vor! – Hammer und Sichel. Da Miriam Analphabetin war, las ich ihr den Spruch vor: *Say It Out Loud, I'm Black & I'm Proud*. Stolz strahlte ich sie an. Vielleicht erwartete ich sogar, daß sie sich bedankte. Aber sie sagte nur böse «Ach, *suka*» und ging.

Suka heißt soviel wie «Hau ab!».

Vielleicht hatte sie den Spruch nicht verstanden. Vielleicht hatte sie aber auch alles nur zu gut durchschaut.

Das alles klingt vielleicht zynisch, aber ich will kein Zyniker sein. Es ist nur so, daß ich mich durch die jahrhundertealten Wucherungen des Mythos von der Welt, in der ich aufwuchs, nach oben zu graben versuche. Hatte ich eine afrikanische Kindheit? Eine burische Kindheit? Ich glaube nicht. Wenn ich auf meine Kindheit in Afrika zurückblicke, scheint mir das Seltsamste an ihr, daß sie mit Afrika eigentlich überhaupt nichts zu tun hatte. Ich erlebte eine mehr oder weniger typisch westliche Kindheit in den typischen weißen Vorstädten Südafrikas, wo fast jeder *Life* und *Reader's Digest* abonniert hatte und sich mit dem westlichen Gedankengut dieser Zeitschriften identifizierte. Wir wandten unsere Köpfe nach Norden, wie Blumen sich der Sonne zuwenden, denn im Norden lag unsere große weiße Mutterkultur. Unsere ganze Vorstellungswelt hatte ihre Wurzeln dort, nicht hier, in diesem fremdartigen Boden, wo donnerstags die Zionisten tanzten und wo der Regen die rote Erde Afrikas auf die Straßen wusch.

In unserer Vorstellung begingen wir einen subversiven Akt, wenn wir *I'm Black & I'm Proud* an eine Wand sprühten. Im realen Südafrika war das bedeutungslos. Die Straßenböschung lag in einer rein weißen Gegend, wo nur wenige Schwarze den Spruch sehen und noch weniger ihn lesen konnten. Nach ein oder zwei Tagen wurde die Wand mit einem Sandstrahlgebläse gereinigt, und die unerbittliche Maschinerie der Apartheid arbeitete weiter, als sei nichts geschehen. Im Ergebnis waren wir nur noch selbstgerechter als zuvor.

Die meisten politischen Aktionen, die in den vorwiegend englischen und liberalen Vorstädten im Norden Johannesburgs durchgeführt wurden, verpufften ähnlich wirkungslos. Die meisten Weißen der nördlichen Vorstädte waren gegen die Apartheid und konnten das auch mehr oder weniger offen sagen. Die Intelligenz prangerte die Apartheid an, die englischsprachigen Zeitungen verdammten sie, und die meisten Menschen – mein burischer Vater und einige andere ausgenommen – stimmten bei den Wahlen gegen sie. Aber die Machthaber unseres Landes ignorierten uns einfach: Wir hatten zahlenmäßig keine Bedeutung. Die Vorstädte im Norden waren wie Schiffe mit gläsernen Rümpfen, die durch ein unbekanntes, stürmisches Meer trieben. Durch den Boden der Schiffe sahen wir in die Tiefe und entdeckten dort seltsame Lebewesen: im moralischen Korsett gefangene Calvinisten, kaltblütige Apartheid-Fanatiker, tanzende Zionisten und leidende, unergründliche Afrikaner. Wir waren nur Zuschauer, Touristen, die warm und sicher in ihren bequemen Kojen lagen. Solange wir in unseren Kabinen blieben, ließen uns die Machthaber gewähren. Erst wenn wir uns anschickten, das Schiff zu verlassen, wurde es gefährlich. Unten lauerten die Haie.

Es war schwer zu sagen, wo genau die Grenze lag, die nicht überschritten werden durfte, aber wir waren offenbar zu weit gegangen, als wir einen Songtitel von James Brown an eine Wand in einer rein weißen Vorstadt gesprüht hatten. Im *Rapport* stand unter der Fotografie unseres Graffitos, daß die Sicherheitspolizei gegen die Täter ermittle. Nicht das Dezernat für Jugendkriminalität oder für Vandalismus, sondern gleich die politische Ordnungsmacht Nummer eins. Es war absurd. Kein Wunder, daß man sich dann einbildete, man könne die öffentliche Ordnung untergraben, indem man sich die Haare lang wachsen ließ. Meine verschiedenen «Anschläge» auf die Apartheid mögen Akte eines kindischen Geltungsbedürfnisses gewesen sein, aber um die Machthaber des Landes war es weit schlimmer bestellt. Sie waren grausam und verlogen, und eines wußte ich sicher: Für sie würde ich kein Gewehr in die Hand nehmen.

Von jungen Weißen wurde erwartet, daß sie sich nach Abschluß der High School zum Militärdienst meldeten. Es war der gefürchtetste Abschnitt im Leben eines jungen Weißen. Ich fürchtete ihn nicht, denn für mich stand fest, daß die Armee mich nicht kriegen würde. Die *South African Defence Force* wurde von engstirnigen Afrikaanerärschen geführt, die die Soldaten darauf drillten, Schwarze unten zu halten. Sie zwangen die Rekruten, auf dem Bauch durch endlose Ebenen zu robben oder Telefonmasten durch die namibische Wüste zu schleppen – das sogenannte «Mast-Training», eine berüchtigte Schikane.

Für solche Erniedrigungen war ich mir natürlich zu schade, aber nach außen begründete ich meine Verweigerung politisch. Ich sei ein weißer Linker, und weiße Linke dienten nicht in der Armee der Apartheid, schon gar nicht im Jahr 1975. In Portugal hatte es im April des Vorjahrs eine Revolution gegeben, und die neue Regierung war im Begriff, ihre afrikanischen Kolonien in die Unabhängigkeit zu entlassen. Das Schreckgespenst feindlicher, marxistisch orientierter schwarzer Regierungen in den Nachbarstaaten Angola und Moçambique ging um – und damit die Angst vor einem regionalen Konflikt. Falls es zum Krieg kommen sollte, wußte ich, auf welcher Seite ich kämpfen würde: auf der anderen.

Indes, ich mußte Rücksicht auf meine Eltern nehmen. Ich nahm hier und da Gelegenheitsjobs an, besuchte einige Seminare an der Universität, spielte in Rock 'n' Roll-Bands und schürfte eine Zeitlang Kupfer in Namibia. Aber all das bot keine Perspektive für die Zukunft. Da meine Eltern verzweifelt auf mich einredeten, doch einen soliden Beruf zu ergreifen, bewarb ich mich um einen Job bei einer Zeitung.

Neben dem Untergrund war der Journalismus für einen weißen Linken ein sehr ehrenvolles Betätigungsfeld. Außerdem überschnitten sich beide Bereiche: Als Journalist konnte man für seine politischen Ideale Propaganda machen und sich nebenher ein bißchen mit Revolution beschäftigen. Schon damals entpuppten sich Weiße, die wegen Waffenschmuggels oder Teilnahme an einer kommunistischen Verschwörung verhaftet wurden, regelmäßig als ehemalige Zeitungsreporter. Ich bewarb mich bei der *Rand Daily Mail*, der großspurigen Morgenzeitung von Johannesburg, aber die stellte keine neuen Leute ein. Also versuchte ich es beim *Star*. Der erschien nachmittags und war die größte Tageszeitung Afrikas.

Man bestellte mich zu einem Test. Ich beantwortete einen Fragebogen zur Allgemeinbildung und schrieb einen fingierten Bericht über einen Terroranschlag im Krüger-Nationalpark. Mein Geschreibsel kam offenbar gut an, denn ich wurde zum Vorstellungsgespräch eingeladen und von einer Kommission weißer Redakteure an einem Konferenztisch ins Kreuzverhör genommen. Sie horchten mich gründlich aus und wollten schließlich wissen, ob ich schon einmal einen Leserbrief geschrieben hätte. Ich verwies auf den Brief, in dem ich gegen den Tod Ahmed Timols protestiert hatte. Die Redakteure tauschten vielsagende Blicke aus: Ich war ihr Mann. Ich glaube, daß sie mich wegen dieses Leserbriefs genommen haben. Jedenfalls schickten sie mich nach dem Gespräch einen Stock höher zur Journalistenschule der Argus Group.

Die Argus Group war die bedeutendste Pressegruppe in Südafrika. Sie besaß Tageszeitungen in Johannesburg, Durban, Kapstadt, Bloemfontein und Pretoria, dazu die Wochenzeitung *Sunday Tribune*. Das waren die Blätter für Weiße. Außerdem gehörten der Gruppe *The World*, die Tageszeitung von Soweto, *Cape Herald*, eine zweimal wöchentlich erscheinende Zeitung für Mischlinge, und *The Post*, eine Zeitung für Inder. Einmal jährlich rekrutierten die Außenstellen des weitverzweigten Imperiums je einen oder zwei Volontäre und schickten sie nach Johannesburg. Dort lernten sie Maschinenschreiben, Steno und die Kunst, prägnante Prosa zu verfassen.

Von meiner Abschlußklasse gibt es ein Foto. Im Vordergrund stehe ich. Derjenige, der mir die Hand schüttelt, ist René de Villiers, der große alte Mann des liberalen Journalismus in Südafrika, damals schon im Ruhestand. Das Interessante an dem Foto ist jedoch der Hintergrund: Unter meinen Mitschülern sind vier weiße Männer, vier weiße Frauen und vier Nicht-Weiße – zwei Schwarzafrikaner, ein Inder und ein Mischling. Auf einen Außenstehenden wirkt das Foto mit dem ausgewogenen Verhältnis von Rassen und Geschlechtern vielleicht wie ein Gruppenbild mit Leuten, die alle am gleichen Strang ziehen. Die Argus Group war ein liberales Presseimperium, das den westlichen Idealen der Chancengleichheit und des gemeinschaftlichen Handelns gleichberechtigter Bürger zutiefst verpflichtet war.

Aber wir waren in Südafrika. Hier gab es damals um die siebzehn Millionen Schwarze, zwei Millionen Mischlinge und 750000 Inder. Hätte man ihnen allen die gleichen Chancen eingeräumt, sie hätten die weißen Liberalen bald aus ihren Positionen verdrängt. Dieser Preis war auch den Liberalsten zu hoch, deshalb machten sie die Tür nur einen Spalt auf. Andernfalls hätten in unserer zwölfköpfigen Klasse mindestens acht Schwarzafrikaner sitzen müssen. Trotzdem war ich schon dankbar, daß Mthobi und Mike dabei waren. Ich hatte über ein Jahrzehnt mit Schwarzen zusammengelebt, aber Mthobi und Mike waren die ersten «wirklichen» Schwarzen, die ich kennenlernte. «Wirkliche» Schwarze erfüllten aus meiner Sicht drei wichtige Voraussetzungen: sie sprachen perfekt Englisch; sie sahen mir in die Augen und sagten mir, wann ich den Mund halten und wann ich etwas noch einmal überdenken sollte; und sie luden mich ab und zu auf ein Bier ein.

Tatsächlich verdankte ich dem *Star* sehr viel: die Bekanntschaft mit «echten» Schwarzen; die Erkenntnis, was ich wirklich wollte; einen tiefen Einblick in die Mechanismen unseres Landes; die Zurückstellung vom Militärdienst für zwei Jahre; schließlich auch ein Einkommen – allerdings ein sehr bescheidenes. Es lag bei hundertzwanzig Dollar im Monat. Dafür konnte ich mir immerhin eine eigene Wohnung leisten. Meine belgische Freundin Joji und ich zogen in einen Häuserblock namens Sandringham im Vorort Berea. In dieser tristen Wohnung wimmelte es von Ungeziefer. Der Putz bröckelte von den Wänden, und von der Decke blätterte die Farbe. Grünes, schlammiges Wasser tropfte aus den antiquierten Hähnen und quoll aus dem Abfluß der Dusche. Die Miete betrug fünfzehn Dollar im Monat.

In den Augen meiner schockierten Eltern war die Wohnung eine *krot*, eine Höhle. In meinen Kreisen war es eine schicke Adresse und so etwas wie eine «befreite Zone». Fast alle Bewohner von Sandringham waren sozial oder politisch Andersdenkende. In Nr. 2 wohnte ich, in Nr. 1 ein Reporter der *Rand Daily Mail* und in Nr. 3 ein Mann, der später Filme gegen die Apartheid drehte. Über mir wohnte ein Gebannter. Er hieß Garth und hatte Gewerkschaftsveranstaltungen organisiert, bis die Geheimpolizei ihn zum Schweigen brachte. Er durfte weder politisch aktiv sein noch in den Medien zitiert werden, und er durfte an keiner Versammlung von mehr als zwei oder drei Personen teilnehmen. Genaueres über seine Auflagen weiß ich nicht mehr, jedenfalls machte sich Garth meistens aus dem Staub, wenn er sich mit jemandem unterhielt und eine Dreier- oder Vierergruppe dazustieß. Sicher war sicher. Man konnte nie wissen, ob unter den anderen nicht ein Spitzel war.

Garth hatte eine Frau und ein kleines Kind. Seine Schwester Faye wohnte mit ihrem Freund Blair in einem Häuschen im Hinterhof. Faye gehört heute dem militanten Flügel des African National Congress an. Damals war sie nur eine radikale Feministin mit großen Ideen. Blair gehörte zu jenen verzweifelt ernsten, von Skrupeln gequälten Weißen, die sich mit Südafrika überhaupt nicht arrangieren konnten. Als ihm die Einberufung ins Haus flatterte, floh er nach Europa und schloß sich dort dem externen Flügel der Swapo an – der Southwest African People's Organization. Die Swapo wurde von den südafrikanischen Behörden als terroristische Vereinigung eingestuft. Es stellte sich heraus, daß Blair im Exil nicht zurechtkam. Er kehrte zurück, fiel der Militärpolizei in die Hände, wurde ins Straflager gesteckt und landete schließlich auf der Station 30 des Militärhospitals Voortrekkerhoogte. Von dieser Station hatte ich schon viel gehört. Es war die Psychiatrie. Mehrere meiner Freunde kamen dorthin, als sie versuchten, der Uniform zu entgehen. Station 30 war voller schwerer Fälle von Busch-Koller, voller tobsüchtiger Schwuler, durchgedrehter LSD-Opfer und suizidgefährdeter Liberaler. Blair war nicht verrückt, aber er kannte bald alle Tricks. Nachdem er als unheilbar geisteskrank entlassen worden war, wurde er Journalist. Auch Faye ging zur Zeitung.

Ich war mit Blair und Faye gut befreundet und sollte sogar ihr Trauzeuge werden. Dann blies Faye die Hochzeit ab. Sie sagte, sie habe erkannt, daß die Ehe kapitalistisch-patriarchalische Strukturen zementiere. Blair schien das wenig auszumachen. Er war ein Schwärmer, ein marxistischer Visionär mit wildem Bart und Augen voller Qual, die tief in ihren Höhlen brannten. Wir saßen endlose Abende beisammen und kauten immer wieder das gleiche Thema durch: Was sollten wir tun?

Natürlich waren wir alle Sozialisten. In einem Land wie Südafrika mit seinem drastischen Wohlstandsgefälle war der Sozialismus so zwangsläufig wie die Schwerkraft. Für uns waren alle Menschen, die an die gute Sache glaubten, Sozialisten. Die kapitalistische Demokratie war eine Geißel der Menschheit. Das Kapital verdammte sich selbst durch sein schamloses Profitstreben. Der Wohlstand der westlichen Industrienationen beruhte auf neokolonialistischer Ausbeutung der Dritten Welt. Das weiße Südafrika, wo Habgier und Rassismus wüteten, mußte zerschlagen werden. Zu diesem Zweck wollte Blair eine marxistische Studiengruppe gründen. Tatsächlich geschah nicht mehr, als daß wir uns mit rotem Fusel betranken und der bolschewistischen Tradition der freien Liebe huldigten, indem jeder mit der Freundin des anderen schlief. Nein, das stimmt nicht ganz: Einmal besuchten wir die rotchinesische Botschaft in Botswana, in der Hoffnung auf eine Anstellung. Man bot uns nicht einmal Tee an.

Blair arbeitete ebenfalls für den *Star*. Der Wahlspruch der Zeitung – «Der *Star* sagt, wie es ist» – prangte auf Reklametafeln und an Bushaltestellen in der ganzen Stadt. Ich glaube, daß die Zeitung ihn auch tatsächlich zu verwirklichen suchte. Die Leitartikel kritisierten die Apartheid, und viele Schwarze fühlten sich vom *Star* vertreten. In der Lobby saßen, in Decken gehüllt, schwarze Frauen, die stumm vor sich hin litten und auf die Gelegenheit warteten, einem weißen Reporter ihr Leid zu klagen; vielleicht konnte er ihnen ja helfen. Ein schwarzer Familienvater mochte gestorben sein, und seine Hinterbliebenen waren aus ihrem Haus in Township ausgewiesen und ins Homeland zurückgeschickt worden. Ein schwarzer Ehemann war ohne Paß aufgegriffen worden und verschwunden. Der *Baas* hatte sie beim Lohn betrogen, oder sie hatten Ratenverträge für eine Wohnzimmergarnitur unterschrieben, die sie sich überhaupt nicht leisten konnten. Letzteres kam häufig vor, und honorige weiße Geschäftsleute machten Vermögen, indem sie Schwarzen Anzahlungen entlockten; wenn eine Rate ausblieb, was oft unvermeidlich war, forderten sie die Ware ersatzlos zurück und verkauften sie weiter. Manchmal konnten Schwarze auch die Schulbücher oder das Schulgeld nicht bezahlen, oder sie hatten einfach Hunger, waren arbeitslos und glaubten, wir könnten helfen.

Zu Beginn meiner Laufbahn beim *Star* war ich Prozeßberichterstatter beim Amtsgericht, das nur einen Fußmarsch von der Redaktion entfernt im westlichen Teil der City lag. Das Gerichtsgebäude war ein imposanter Steinbau mit breiten Korridoren aus Marmor, aber die Richter verhandelten meist nur über unbedeutende Fälle: Auto- und Ladendiebstähle, Drogenvergehen, Schlägereien, Straßenüberfälle, Prostitution und Einbrüche.

Ein Reporter beim Amtsgericht kam mit seinen Artikeln selten auf die Titelseite. Trotzdem hatte diese Aufgabe auch etwas für sich. Südafrika hatte bekanntlich die höchste Kriminalitätsrate in der «freien Welt», und auf der Anklagebank saßen meistens Schwarze. Für mich als Sozialisten waren Eigentumsdelikte nur gerechte Akte der Umverteilung. Angesichts der vielen Fälle von Kleinkriminalität in Johannesburg mußte der *Star* notgedrungen eine Auswahl treffen. Gerichtsverhandlungen waren für die Redaktion nur dann interessant, wenn sie einen außergewöhnlichen Aspekt hatten, was in der Regel bedeutete, daß Weiße in den Fall verwickelt waren. In unseren Berichten hoben wir deshalb die Rasse der Beteiligten mit Großbuchstaben hervor. Wurde einer Weißen von einem Schwarzen die Handtasche gestohlen, war der Fall für eine Meldung zu alltäglich. Ein weißer Einbrecher war einen Artikel wert, ein schwarzer Einbrecher aber nur dann, wenn er der Kopf eines Einbrecherrings war.

Ich setzte mich oft auch an ruhigen Tagen in den Gerichtssaal, weil mich die Prozesse gegen Schwarze interessierten. Kapitalverbrecher bekamen vom Staat einen Verteidiger gestellt, andere mittellose Schwarze mußten sich selbst verteidigen und hatten kaum eine Chance. Einige konnten nicht lesen und setzten ein Kreuz unter schriftliche Erklärungen, deren Inhalt sie gar nicht kannten. Andere sprachen weder Englisch noch Afrikaans und waren auf Dolmetscher angewiesen, um der Verhandlung einigermaßen folgen zu können. Sie verstanden nicht richtig, was die Zeugen gegen sie vorbrachten, und umgekehrt konnten die weißen Richter den Angeklagen kaum folgen, wenn die sich gegen die Vorwürfe verteidigten. Manchmal hielten die Schwarzen selbst ein langes, leidenschaftliches Plädoyer, das der schwarze Dolmetscher dann schlicht mit den Worten zusammenfaßte: «Er sagt, er war es nicht, Euer Ehren.» Viele der schwarzen Angeklagten waren eindeutig schuldig. Viele andere konnten ihre Unschuld nicht beweisen. Sie wurden mit hängenden Köpfen aus dem Gerichtssaal geführt und saßen ihre Strafe ab. Ich habe nie begriffen, warum Justitia so oft mit verbundenen Augen dargestellt wurde. Sie sollte doch einen klaren Blick haben. In diesem Gericht war sie tatsächlich blind und deshalb oft ungerecht.

Ich verbrachte täglich acht Stunden im Amtsgericht. Nachts gab ich mich dem Vergnügen hin. Ich habe über den Alltag bei uns bisher nur wenig berichtet. Es ist merkwürdig, daß sich bei uns Südafrikanern fast alles nur um die Rasse dreht. Wahrscheinlich ist jetzt der Eindruck entstanden, daß das Leben in Südafrika nur um eine einzige Frage kreist: ob man schwarz oder weiß ist und wie man damit fertig wird. Aber ganz so war es nicht. Die Apartheid war für mich zwar ein zentrales Problem, aber Akne oder eine vorzeitige Ejakulation beschäftigten mich nicht minder. Die unlösbare Rassenfrage saß mir manchmal wie eine böse Krake im Hirn, aber dann war sie auch wieder weit weg – so weit wie das nächste Erdbeben für die Einwohner von Los Angeles. Wir wußten alle, daß die Katastrophe kommen würde, aber wann, das wußten wir nicht. In der Zwischenzeit aßen und tranken wir und waren fröhlich.

Diese Art von Fröhlichkeit bezeichnete man in Südafrika mit dem wichtigen Wort *jol.* Gemeint war die verzweifelte Ausgelassenheit beim Tanz auf dem Vulkan. Das Wort kommt aus der Gassensprache der Mischlinge, wurde aber von allen Rassen benutzt und gehörte zu den erbärmlich wenigen Dingen, die wir miteinander teilten. Wir lebten in einem zerrissenen Land, aber alle waren wir fröhlich. Die Schwarzen vergaßen darüber die bedrückende Gegenwart, die Weißen ihre unsichere Zukunft. Das Wort läßt sich nicht übersetzen, aber jeder tätowierte Gangster aus den Slums der Mischlinge konnte aufzählen, was damit gemeint war: *drank, dagga, dobbel en vok* – saufen, kiffen, würfeln und vögeln.

Jol machte den größten Teil meiner Jugend aus. Das Wort wird als Verb und als Substantiv gebraucht und kann verschiedene Dinge ausdrücken, den riskanten Ausflug zu einer illegalen Schnapsbude in Soweto ebenso wie den Rausch, den man sich dort holt. Es bedeutet auch «einen Ausflug machen». Wir benutzten das Wort, wenn wir am Sonntag nachmittag zum Zoo Lake gingen, dort auf dem Rasen faulenzten und Schwarzen dabei zusahen, wie sie zu

Musik aus dem Transistorradio Jive tanzten. Unter *jol* verstanden wir auch unsere Ausflüge nach Swasiland. Das war ein freies Land von Schwarzen, sechs Autostunden östlich von Johannesburg. Dieses friedliche Stammesreich wurde von König Sobhuza regiert, einem absoluten Monarchen. In Swasiland gab es keine Spannungen zwischen den Rassen. Die Landschaft war grün und fruchtbar, die Menschen gut ernährt und freundlich. Wenn man die Grenze passierte, schien ein riesiger dunkler Schatten von einem zu weichen. Swasiland war Balsam für das vom Rassenhaß gemarterte Gemüt des Südafrikaners. Sobald ich seinen Boden betreten hatte, ging ich wie auf Wolken, und das kam nicht nur vom *zol*. In Swasiland konnte man es an fast jedem Straßenrand kaufen. Ein kleines Paket kostete zehn Cent, ein großes fünf Rand. Es war ein sehr starker Stoff. Wir stopften ihn in einen abgeschlagenen Flaschenhals und rauchten ihn auf afrikanische Art, indem wir beide Hände um den Hals dieser improvisierten Pfeife legten und den dicken Rauch tief in unsere Lungen sogen. Dann spielten wir eine Kassette von Dollar Brand und gingen in meinem alten grünen Peugeot auf Entdeckungsfahrt. Dollar war ein schwarzer Jazzpianist aus Kapstadt, und sein *Mannenberg* war damals der Hit: zweiundzwanzig berauschende Minuten mit klagenden afrikanischen Saxophonen und wechselnden Township-Rhythmen.

Die Landstraßen von Swasiland waren holprig, und mein Wagen blieb oft stehen. Aber es war ein so freundliches Land, daß wir am Ende immer nur lachen konnten. Eines Nachmittags fuhr ich den Peugeot mit der Schnauze in einen Graben. Wir schoben den Wagen heraus, aber beim Zurücksetzen stellte ich mich dann so dumm an, daß ich mit dem Heck im gegenüberliegenden Graben landete. In diesem Augenblick kam lachend ein Schwarzer aus dem Busch und zitierte Yeats: «Die Dinge fallen auseinander; die Mitte hält sie nicht.» Der Junge arbeitete auf einer Missionsstation und sprach bestes BBC-Englisch. Der Peugeot saß im Graben fest, aber wir setzten uns auf den Boden, lachten und stopften uns noch eine Pfeife. Ich holte meine Gitarre aus dem Wagen und brachte unserem schwarzen Samariter *Da-Doo-Ron-Ron* bei. Dann sangen und tanzten wir am Rand einer staubigen afrikanischen Straße – mehrere Buren, ein Swasi, ein Moslem vom Kap und zwei Mädchen. Es waren Augenblicke blinder Ausgelassenheit, und sie wurden noch kostbarer dadurch, daß sie so selten vorkamen, so verdammt selten.

Solche Erlebnisse hatte ich vor allem dann, wenn ich high war. Ich fühlte mich dann ganz plötzlich frei von allen Sorgen, und es war auf einmal nicht mehr wichtig, ob man sich mit den Schwarzen verständigen konnte oder nicht. Wir lachten einfach miteinander und fühlten uns wohl. Wir kamen am besten zurecht, wenn wir eine Pfeife zusammen rauchten. Und tatsächlich war das Ritual beim Kauf des Stoffs eine der wenigen Gelegenheiten, bei denen man Schwarze als ebenbürtige Menschen behandeln mußte. Da schwarze Dealer weißen Kunden gegenüber mißtrauisch waren, mußte man mit ihnen in *tsotsi-taal* verhandeln, einem zur Hälfte aus Afrikaans bestehenden Slang. Man mußte mit der Hand das Teufelszeichen machen und sagen: «*Level with the gravel, ek sê.*» Wenn der Dealer dann lächelte, hatte man einen schwarzen Bruder und Mitverschworenen, mit dem einen die Angst vor der Polizei verband. Dieses Gefühl dauerte nur eine oder zwei Minuten an, aber es war seinen Preis wert.

Bevor ich Journalist wurde, waren die flüchtigen Begegnungen mit solchen *skollies* in dunklen Gassen fast meine einzigen Kontakte mit Schwarzen, von Dienstboten abgesehen. Ich hatte den Kopf voller großartiger politischer Theorien über Schwarze und meine vermeintliche Bruderschaft mit ihnen, aber ich hatte keinen einzigen schwarzen Freund. Ich sehnte mich nach schwarzen Freunden, um meine Theorien verwirklichen zu können, und schließlich bekam ich sie. Sie hießen Mike, Fanyana, Khulu und Langa und waren Reporter für die Soweto-Ausgabe des *Star*. Fanyana war eine majestätische Erscheinung, groß, breit und muskulös, ein Riese mit dem sanften, runden Gesicht und den Kulleraugen eines Kindes. Er sah blendend aus. Langa war älter und ein Veteran unter den Reportern. Sein Bart war schon angegraut, und er hatte Leberbeschwerden. Mike war eine Art Mafioso, immer makellos gekleidet und im Denken und Handeln so flink wie ein Kartenhai. Ich mochte Mike, weil ihn nichts aus der Ruhe bringen konnte. Er war ein entschiedener Nihilist und bildete sich auf nichts etwas ein, am allerwenigsten auf seinen ehrenwerten, gut bezahlten Job. Er sei hier doch nur der Boy, pflegte er zu sagen, womit er so etwas wie einen

Gärtner- oder Küchenjungen meinte. Dabei starrte er uns weiße Liberale an, als wolle er uns zum Widerspruch herausfordern.

Ich widersprach nicht, und wahrscheinlich kamen wir deshalb so gut miteinander aus. Zwischen uns war alles sonnenklar und unsentimental. Es gab eine stillschweigende Übereinkunft, nach der wir nicht über Politik sprechen durften, höchstens in Form zynischer Witze. Wir redeten über Boxkämpfe, Fußball, unsere Bosse, Musik, Sex, Saufen und Gangster, aber nie über Politik. Hätten wir darüber gesprochen, wäre ich zu Kreuze gekrochen und hätte um Vergebung gebettelt für das, was mein Volk den Schwarzen antat. Ich wäre zu einem elenden Wurm geworden und Mike zum Krüppel und Opfer. Deshalb blieben wir hart und ließen keine Sentimentalitäten aufkommen. Er nannte mich *boertjie*, «kleiner Bure». Ich hütete mich, ihn «Kaffer» zu nennen und steckte seine Beleidigungen mit einem Grinsen weg. Hätte ich ihn «Kaffer» genannt, wäre er wohl in schallendes Gelächter ausgebrochen. Wie die meisten politisierten Schwarzen dieser Zeit war er ein Anhänger Bikos, ein Mann mit schwarzem Bewußtsein und schwarzem Stolz. Vielleicht war er deshalb so unbestechlich und hart, so entschlossen, sich weder bedauern noch beherrschen zu lassen. Ich weiß es nicht. Wir sprachen nicht darüber.

Mike war mein Freund, aber er traute mir nicht einen Zoll über den Weg. Alles, was ich über ihn und seine Familie wußte, hatte ich zufällig aufgeschnappt. Er sprach davon nur am Rande, aber ich prägte mir jedes Detail ein, ohne daß sich die Einzelheiten je zu einem Bild zusammenfügten. Mikes Großvater war Hilfsarbeiter auf einer Farm im Oranje-Freistaat, sein Vater Fahrer in Johannesburg. Mike hatte alle möglichen Auszeichnungen an der Orlando High School in Soweto erhalten. Sein Bruder Martin hatte irgendwie mit dem Untergrund zu tun und war eines Tages über die Grenze ins Exil geflohen. Etwa eine Woche nach der Flucht war bei Mikes Vater in Orlando West die Geheimpolizei aufgetaucht. Die Beamten hatten die Tür eingetreten und auf der Suche nach dem flüchtigen Bruder das Haus auf den Kopf gestellt. Mike spielte mir die Szene einmal vor. Er schoß kreuz und quer durch die Küche seines Vaters, gackerte wie ein Wahnsinniger und spielte bald einen brutalen weißen Bullen, bald sich selbst. Dann stand er starr vor

Schreck in einer Ecke stramm und sagte wie ein kleiner Schuljunge: «Ja, Sir. Nein, Sir.» Ein Bulle hatte den Geschirrschrank durchsucht und die Tassen und Teller durch die Küche geworfen. Als er merkte, daß Mike ihn schweigend beobachtete, hatte er gebrüllt: «Starr mich nicht so an! Ich knall dich ab! Starr mich nicht an!»

Mikes Vater war ein überaus würdevoller alter Mann, der weiße Besucher mit Gleichmut behandelte. Ich wünschte, ich könnte das gleiche von meinen Eltern behaupten. Einmal brachte ich Mike mit nach Hause. Wir hatten gerade eine Tante zu Besuch. Für sie und meine Eltern war es ein großes Ereignis, einen gebildeten Schwarzen kennenzulernen. Sie wollten unbedingt einen guten Eindruck machen und ließen Mike auf der Chaiselongue Platz nehmen. Meine Mutter holte das beste Porzellan aus dem Schrank und setzte den Teekessel auf, während ich nach oben in mein früheres Zimmer ging, um etwas zu holen. Als ich herunterkam, saß meine Tante stocksteif auf der äußersten Kante ihres Sessels und redete mit Mike in Pidgin-Englisch – in dem kindischen Englisch schwarzer Dienstboten, die weder lesen noch schreiben können! Das hörte sich bei meiner Tante etwa so an: «Du wollen Zucker? Wieviel Löffel Zukker du wollen?» Als ich hereinkam, sah sie mich blöd lächelnd an und sagte: «Möchte der Boy vielleicht einen Keks?»

Unter diesen Umständen war es doch das beste, wenn wir uns auf neutralem Boden trafen. Aber wo? Nach der Arbeit verschwanden die meisten weißen Reporter in der Bar des «Elizabeth Hotel». Wir konnten das nicht. Einmal hatten der weiße Mike, auch Reporter, Langa und ich, es versucht, doch der Inhaber war an unseren Tisch gekommen. Er werde seine Lizenz verlieren, wir mögen doch bitte gehen. Von da an spazierten wir nach Redaktionsschluß zu Solly Kramers Spirituosenladen, kauften Whisky und ein paar Sechserpacks Lion oder Castle und gingen zum *Star* zurück. In einem unbenutzten Kantinenraum im vierten Stock setzten wir uns an einen Kunststofftisch, tranken im Neonlicht aus Pappbechern unsere Getränke und rauchten Lexingtons, bis wir den Raum eingenebelt hatten. Wenn wir knobelten, bliesen wir beschwörend auf die Würfel und sagten Zaubersprüche auf wie *«Lucky five, staying alive, lucky seven, going to heaven»*. Dann knallten wir den Würfelbecher mit Wucht und einem lauten «Tsa!» auf den Tisch.

Manchmal zerbrachen wir uns die Köpfe darüber, wer wohl der Spitzel in unserer Redaktion war. Daß die Geheimpolizei in unserer Zeitung einen Spitzel hatte, war so gut wie sicher. Vielleicht war es sogar einer von uns. Ich als Malan war einerseits natürlich besonders verdächtig, aber andererseits konnten selbst die Buren doch nicht so dumm sein, ausgerechnet mich auszuwählen. Oder doch? Man konnte nie wissen. Vielleicht waren sie sogar so raffiniert, einen Mann wie Don Mattera einzusetzen. Don Mattera war Mischling und Dichter, der in einem nigerianischen Dialekt schrieb und Bra Zinga genannt werden wollte. So hatte er geheißen, als er noch eine Verschwörergruppe im Township leitete. Don war mit einem «Bann» belegt, redete aber so offen über Revolution, daß man sich manchmal fragte, ob er einen nicht auf die indirekte Tour aushorchen wollte.

Oder war Harry Mashabela ein Spitzel? Kaum. Mashabela war schon einmal vom Regime benutzt und wieder ausgespuckt worden. Er war im Prozeß um ein subversives Flugblatt Zeuge der Anklage gewesen. Jetzt konnte er keinem mehr in die Augen sehen. Er trug gleichsam ein Schild um den Hals, auf dem stand, daß man ihn zu seiner Aussage gezwungen habe. War es John Horak, der in Safari-Shorts herumwieselte und seine Nase in brisante Dinge steckte? Möglich. Vielleicht war es auch einer an unserem Tisch, ein Schwarzer, der Frau und Kinder zu versorgen hatte und immer knapp bei Kasse war, weil er sein Gehalt in Schnapsbuden versoff. So jemand konnte einen kleinen Nebenverdienst gut brauchen. Wenn ich das zu bedenken gab, blickte jeder nachdenklich über den Rand seiner Bierdose in die Runde. Aber dann fing einer an zu lachen, worauf alle lachten, und alles war wieder in Ordnung.

Und so saßen wir da bis spät in die Nacht. Bei sinkendem Pegel in den Flaschen fiel es uns zunehmend leichter, uns wie richtige Brüder zu fühlen. Dies war die zweite empirisch nachprüfbare Eigenheit der Spannungen zwischen den Rassen: sie verflüchtigten sich nicht nur im Haschischrauch, sondern waren auch in Alkohol löslich.

Da nur wenige meiner schwarzen Kollegen einen Wagen besaßen, fuhr ich sie manchmal heim nach Soweto. Sie baten mich ins Haus und stellten mir ihre Frauen vor, die uns im Nachthemd, mit

Creme im Gesicht und spürbarer Verärgerung empfingen. Sie gossen mir einen Drink für unterwegs ein, schüttelten mir brüderlich die Hand und umarmten mich zum Abschied. Ich kehrte zu meinem zerbeulten Peugeot zurück, fuhr nach Hause und dachte, daß ein System, das aus meinen Brüdern «Kaffern» machte, ein äußerst beschissenes System sei. Zum Teufel mit den weißen Südafrikanern und allem, was sie hervorgebracht hatten! Zum Teufel mit ihrer Armee! Seit ich achtzehn war, hatte ich mich um den Militärdienst herumgedrückt. Für dieses System würde ich kein Gewehr tragen. Lieber wollte ich fliehen, zur Gegenseite überlaufen und zurückkommen, um sie alle in die Luft zu jagen.

Es war zwei oder drei Uhr morgens. Wir standen in einem dunklen Garten und lauschten angestrengt. Meine Begleiterin war eine Weiße, eine nervöse Kettenraucherin im Nachthemd und mit Lokkenwicklern im Haar. Sie wohnte in einem Arbeiterviertel im Süden Johannesburgs gegenüber den verrußten alten Mauern eines Polizeireviers. Sie war gerade zu Bett gegangen, als sie den Schrei zum erstenmal gehört hatte: einen gellenden Schrei, der in ersticktes Wimmern überging. Dann war Stille. Fünf Minuten später wieder ein Schrei und nach weiteren fünf noch einer. Die Frau hatte sich zunächst nur über die Störung geärgert, die sie am Einschlafen hinderte. Doch nach einer Stunde war sie mit den Nerven am Ende. Sie wollte wissen, woher die Schreie kamen, und rief beim *Star* an. Ich hatte Nachtdienst und fuhr los, um der Sache nachzugehen. Jetzt standen wir vor dem Polizeirevier und warteten.

In regelmäßigen Abständen wiederholte sich der Schrei. Er kam direkt aus dem Revier. Es hörte sich an, als quäle man jemanden langsam zu Tode. Am liebsten hätte ich mir die Ohren zugehalten, aber die Frau schlug die Hand vor den Mund und starrte mich verstört an. Sie erwartete von mir, daß ich etwas unternahm. Ich ging zum Eingang des Reviers auf der anderen Seite, wo ein fahles, blaues Licht brannte, und trommelte gegen die Tür. Niemand antwortete. Ich rief. Niemand öffnete. Ich drückte die Klinke runter. Die Tür war verschlossen. Soweit ich sehen konnte, brannte im Gebäude kein Licht. Ich konnte nichts tun. Die Frau und ich rauchten noch einige Zigaretten zusammen. Als die Schreie nach einer Weile verstummten, fuhr ich zurück in die Redaktion. Ich hinterließ eine Nachricht für meine Ablösung. Sie sollte sich um den Fall kümmern. Aber damit wollte ich nur mein Gewissen beruhigen, denn das war keine Story. Das war südafrikanischer Alltag.

Nach einem halben Jahr beim Amtsgericht setzte mich der *Star* auf Kriminalfälle an. Dafür waren nur Reporter geeignet, die nicht auffielen, weil sie fließend Afrikaans sprachen. Etwas Afrikaans konnten die meisten englischsprachigen Südafrikaner, aber ihr Akzent verriet sie als *soutpiels*, als «Salzschwänze». Gemeint waren damit Engländer, die mit einem Bein in Südafrika und mit dem anderen in England standen – ein so extremer Spagat, daß ihnen dabei der Schwanz ins Meer hing. Die meisten Polizisten waren *rocks*, Afrikaaner. Sie mochten die *soutpiels* nicht besonders, schon gar nicht, wenn sie Reporter der kritischen englischsprachigen Presse waren. Wenn also über ein Verbrechen berichtet werden mußte, wurden meist Leute wie ich herangezogen, Afrikaanerärsche, die die Sprache beherrschten und bis zu einem gewissen Grad auch mit kulturellen Eigenheiten der Buren vertraut waren. Wenn burische Polizisten zum Beispiel an ihre bäuerlichen Vorfahren zurückdachten, wurden sie sentimental, und selbst wenn sie in Wolkenkratzern arbeiteten und auf Asphalt und Beton blickten, redeten sie gern über Regen, Rugby und die Ernteaussichten.

Am Telefon ging ich meist noch als waschechter Bure durch, aber Auge in Auge wirkte ich weniger überzeugend. Die Bullen sahen es mir an, daß ich in Wahrheit nicht zu ihnen gehörte. Fast täglich gab es Momente, in denen meine Augen mich zu verraten drohten. Trotzdem knüpfte ich gute Kontakte zum sogenannten Geisterkommando von Zivilbeamten, die auf der Suche nach Taschendieben und Messerstechern durch die Johannesburger City streiften. Sie beschatteten verdächtige Schwarze, die sie in der Regel erschossen, wenn sie sie auf frischer Tat ertappten. Wenn mein Informant vom Geisterkommando jemanden getötet hatte, rief er mich meistens gleich an, in der Hoffnung, wir würden uns sofort auf den Weg machen und ihn wie einen Jäger mit Jagdtrophäe fotografieren, am besten mit einem Fuß auf der Leiche. Was hätte ich tun sollen? Hätte ich ihn als blutrünstiges Schwein beschimpft, hätte er mich nicht mehr angerufen. Wenn er mit seiner Heldentat prahlte, hörte ich einfach weg und hoffte, daß er mir meine Gedanken nicht ansah.

Südafrikanische Polizisten waren im allgemeinen überzeugte Anhänger der Regierung und der Politik der Apartheid. Außer über Rugby und Regen diskutierten sie am liebsten über die ungerechte, verlogene Welt, die geschlossen gegen Südafrika und die Apartheid Front machte. Da ich es mir nicht leisten konnte, sie vor den Kopf zu stoßen, seufzte ich dann immer, schüttelte den Kopf und sagte «*Ja-nee*». Diese burische Version von «Jein» bietet sich an, wenn einem sonst nichts mehr einfällt. Und Artikel, in denen ich die Polizei kritisierte, erschienen ohne meinen Namen.

Einmal spielte mir jemand ein «ethnographisches» Handbuch zu, das auf der Polizeischule als Lehrbuch benutzt wurde. Das niederträchtige kleine Machwerk war voll von grotesken, böswilligen Charakterisierungen der Rassen. Danach wußten Arier sich von Natur aus zu benehmen; waren Inder dagegen «die Vorhut jener Länder, die ihren Bevölkerungsüberschuß loszuwerden versuchen» und obendrein eine «Bedrohung für die Gesundheit»; waren Juden hinterhältig und gerissen und neigten zu «Täuschung, Unterschlagung und Betrug»; begingen die heißblütigen Griechen und Portugiesen im Affekt häufig Verbrechen. Und Bantu waren schlicht «Primitive», die bei der geringsten Provokation gewalttätig wurden. «Sie können nicht abstrakt denken», hieß es im Handbuch. «Dies spiegelt sich in ihrer Zählweise wider. Ihr Denken ist voller Widersprüche, und ihre Redeweise entbehrt jeder Logik.» Ein Schwarzer sei wie ein Kind und bedürfe der festen, wenngleich freundlichen Führung eines weißen «Vormunds und Vorgesetzten». In meinem Artikel gab ich diese Behauptungen wieder und fragte unschuldig, ob sie womöglich ein Grund für die unterkühlten Beziehungen zwischen Polizei und Schwarzen seien.

In der Ära Vorster wurde eine derartige Unverschämtheit nicht geduldet. Die Reaktion des Polizeichefs war typisch. Weder verteidigte er das Buch, noch entschuldigte er sich dafür, und er versprach auch nicht, eine Untersuchung einzuleiten oder es aus dem Verkehr zu ziehen. Er forderte den Kopf des Verräters. Vom *Star* verlangte er den Namen des verantwortlichen Journalisten, um gegen ihn vorgehen zu können. Der Chefredakteur blieb standhaft.

Wie sich herausstellte, war dieser Artikel einer der wenigen Schläge, die ich dem Apartheid-System in meiner Zeit als Polizeireporter des *Star* verpassen konnte. Meistens war ich zu sehr damit beschäftigt, Schritt zu halten mit dem unaufhörlich rotierenden Umverteilungskarussell – mit den Banküberfällen, den Straßenräubereien und den Raubmorden. Um Ostern 1976 herum schrieb ich eine Serie, die ein wenig aus dem Rahmen fiel. Es ging um die Paten des illegalen Glücksspiels und ihre guten Kontakte zur Sittenpolizei. Da die Serie gut ankam, erhielt ich von der Redaktion den Auftrag, einen Bericht über homosexuelle Prostitution von Minderjährigen zu recherchieren. Für das puritanische Südafrika war dieses Sittendelikt etwas Neues; außerdem war es ein Delikt von Weißen. Das machte die Story brandheiß und mindestens so interessant wie alles, was damals in Soweto geschah.

Im selben Jahr waren in Soweto die Schüler mehrerer Schulen in einen Proteststreik gegen die selbstherrliche Regierung der Afrikaaner getreten. Bei den Schwarzen in den Städten galt Afrikaans als die Sprache der Unterdrücker. Die meisten schwarzen Schulen entschieden sich deshalb für Englisch als Unterrichtssprache. Die Regierung Vorster fühlte sich dadurch brüskiert. Sie wollte die Anglisierung ihrer Bantu-Untertanen verhindern und gab einen Erlaß heraus, nach dem einige Schulfächer in Afrikaans gelehrt werden mußten. Daß viele Lehrer und Schüler kaum Afrikaans sprachen und die Lehrbücher auf englisch geschrieben waren, interessierte die Regierung nicht. Sie ignorierte alle Petitionen und wies Schülerdelegationen einfach ab. Schließlich wurde der Streik ausgerufen. Und wie reagierte der *Star*? Der Streik war ein Schwarzen-Thema, nichts für die Titelseite. Die weißen Leser brannten vermutlich viel mehr darauf, etwas über das nächtliche perverse Treiben in der riesigen Bahnhofshalle von Johannesburg zu lesen.

Nach Mitternacht war der Bahnhof menschenleer. Die wenigen Schwulen auf der Suche nach käuflichen Jungen warfen im Flutlicht lange Schatten. Anfang Juni 1976 lag ich dort nächtelang auf der Lauer, beobachtete das Ritual der Freier und versorgte heruntergekommene junge Ausreißer mit Kaffee und Krapfen. In der Redaktion brauchte ich erst am Vormittag zu erscheinen. Am 16. Juni traf ich um 10.30 Uhr dort ein, eben noch rechtzeitig, um den Hausdiener mit dem Teewagen bei seiner Vormittagsrunde zu erwischen. Ich schlürfte gerade meine erste Tasse Tee und las die Morgenzeitungen, als Harry Mashabela zur Tür hereinstürzte und das Ende einer Ära verkündete.

Harry war schwarz, aber in diesem Moment war sein Gesicht aschfahl, und sein weißes Hemd war mit Blut bespritzt. Harry war in Soweto gewesen, um über eine Demonstration zu berichten. Schüler der High School waren mit Plakaten durch die Straßen gezogen und hatten gegen den Unterricht in Afrikaans protestiert. Als die ersten Steine flogen, eröffnete die Polizei das Feuer. Drei Jungen wurden getötet, unzählige verwundet. Harry lud Verletzte in seinen Dienstwagen und raste mit ihnen zum Baragwanath Hospital am Stadtrand. Als er Soweto verließ, war dort schon die Hölle los. Schulen und Regierungseinrichtungen wurden zuerst verwüstet. Dann richtete sich der Zorn der Massen gegen alles, was mit der Wirtschaft der Weißen verbunden wurde. Last- und Lieferwagen, Geschäfte und Banken gingen in Flammen auf. Seit Generationen hatte sich in Südafrika politischer Sprengstoff angesammelt. Jetzt flog das Pulverfaß in die Luft.

Ich hing den ganzen Tag am Telefon und versuchte, die neuesten Zahlen der Todesopfer herauszubekommen. Es war unmöglich. In Soweto herrschte Chaos. Die Polizisten saßen in ihren Revieren in der Falle, während der Mob Zufahrtsstraßen blockierte und Barrikaden aus brennenden Autoreifen errichtete. Alles war in Flammen. Als ich gegen Sonnenuntergang durch die Straßen der Johannesburger City ging, herrschte apokalyptische Stille. Keine Menschen, keine Autos, kein Großstadtlärm. Kaum hatte sich die Nachricht vom Aufstand verbreitet, waren die schwarzen Arbeiter überstürzt heimwärts nach Soweto gefahren. Die Weißen hatten sich in ihren Häusern verkrochen und warteten hinter verrammelten Türen ab. Wir hatten es alle kommen sehen, es in unseren Knochen gespürt. Eines Tages würden die Schwarzen sich erheben und durch die Stadt branden; und wir würden auf den Dächern unserer brennenden Häuser mit den Zwischengeschossen sitzen und die rasende Menge um Gnade bitten.

Sechsunddreißig Stunden lang hing alles in der Schwebe. Die Polizei war überrumpelt worden. Aber es gelang ihr, das Ruder herumzureißen, schwerbewaffnete Verstärkungen mit Panzerfahrzeugen in die Townships zu schicken und den Aufstand niederzuschlagen. Die Zahl der Opfer war entsetzlich hoch. Als Monate später endlich die letzten Flammen erloschen waren, hatten mindestens vierhundert Schwarze ihr Leben verloren, vielleicht auch fünfhundert oder siebenhundert. Die Polizei hatte das Land wieder völlig unter Kontrolle, und die Zeitungen verkündeten, die Lage habe sich normalisiert. Aber Normalität gab es von da an nicht mehr. Das psychische Klima Südafrikas war jetzt ein anderes. Die Schwarzen hatten erfahren, daß sie die weißen Machtstrukturen bis in die Grundfesten erschüttern konnten. Das gab ihnen Hoffnung. Die Geschichte nahm von da an einen anderen Lauf.

Nach dem 16. Juni kam täglich ein Dutzend schwarzer Bittsteller an meinen Schreibtisch. Sie drückten mir zerknitterte Papierfetzen in die Hand, die sie aus linierten Schulheften gerissen hatten. Darauf stand der Name einer vermißten Person; meist war es ein Sohn. Ich sollte helfen, ihn zu finden. Aber ich konnte nichts tun. Ich schrieb ein paar Worte auf ein Blatt Papier mit dem Briefkopf der Zeitung und schickte die Schwarzen auf die übliche Irrfahrt: vom Polizeipräsidium über das Diepkloof-Gefängnis zum Modder-B-Gefängnis und schließlich zum Leichenschauhaus, wo sie häufig fanden, was sie suchten. Manchmal kamen die Eltern aufgelöst wieder zu mir und berichteten, der Vermißte sei bei seiner Verhaftung kerngesund und kräftig gewesen, aber jetzt fehlten ihm die Nasenflügel, Knochen seien gebrochen und der ganze Körper mit blauen Flecken übersät. Wie das kam? Ich konnte es ihnen nicht sagen. Ich wußte es nicht. Ich konnte es auch nicht herausfinden. Aber ich konnte auch nicht umhin, darüber nachzugrübeln, wenn ich meine Runde im *Blue Hotel* machte.

Das *Blue Hotel* war das Polizeipräsidium, ein blaugestrichenes Bürogebäude, das nach John Vorster benannt war. Etwa alle zwei Wochen parkte ich meinen Wagen davor, ging um das Gebäude herum zur Rückseite und zu einer Tiefgarage hinunter. In einer Ecke der Garage befand sich ein Fahrstuhl, eine Spezialanfertigung mit gepolsterten Innenwänden und einem einzigen Bedienungsknopf. Wenn man ihn drückte, fuhr man ohne Zwischenstopp direkt in den zehnten Stock zum Hauptquartier der Witwatersrand

Division, einer Abteilung der Sicherheits- und Geheimpolizei. Oben angekommen, wurde man von einem Mann in einer Kabine aus kugelsicherem Glas gemustert. Mit einem Knopfdruck setzte er ein stählernes Drehkreuz in Bewegung. Ich passierte das Kreuz und ging durch einen neonhellen Korridor, um dem Oberst der Abteilung einen Höflichkeitsbesuch abzustatten. Hier und da standen Bürotüren offen, und gelegentlich fiel mein Blick auf einen angsterfüllten schwarzen Delinquenten, der mit Handschellen an eine Bank gefesselt war. Manchmal trafen sich unsere Blicke, aber nie für lange, denn im Grunde wollte ich nichts sehen, und außerdem war Sentimentalität an diesem Ort nicht gefragt. Hier hausten Kannibalen. Es war das Stockwerk, aus dem Ahmed Timol in den Tod «gestürzt» war, und der Arbeitsplatz des berüchtigten «Nails» van Zyl, der den Spitznamen «Nägel» trug, weil er renitenten Verdächtigen zum Verhör angeblich die Vorhaut an den Schreibtisch nagelte. Hier wurden rebellische Schwarze geprügelt, mit Elektroschocks traktiert, in Säcken aus nassem Segeltuch halb erstickt und gezwungen, tagelang nackt auf Backsteinen zu stehen.

Bei einem dieser Besuche hatte ich gerade den Geheimaufzug betreten, als ein Wagen vor die Tür fuhr. Drei Männer stiegen aus. Zwei waren weiße Polizisten in Zivil mit kurzem Haar und gepflegtem Schnurrbart. Ihre Jacketts wirkten billig und klafften über dem Bauch auseinander, und ihre Hosen waren viel zu kurz. Der dritte Mann war ein Schwarzer und hatte eine schwarze Kapuze über dem Kopf. Die Polizisten stießen ihn zum Fahrstuhl. Sie zuckten zusammen, als sie mich entdeckten, aber zur Umkehr war es zu spät, also stellten sie sich zu mir. Die Tür ging zu. Wir fuhren nach oben. Die Hemdbrust des Schwarzen war blutgetränkt. Mir fiel nichts ein, was ich hätte sagen können. Die weißen Beamten mieden meinen Blick. Man hörte kein Geräusch außer dem Gurgeln des Bluts im zerschlagenen Mund des Gefangenen. Im zehnten Stock öffnete sich die Tür, das Kreuz drehte sich, und die Polizisten drängten den Mann in ein Zimmer. Damit verschwand er aus meinem Leben. Nein, auch das war keine Story. Auch das war nur südafrikanischer Alltag.

Damals leitete Oberst Coetzee die Witwatersrand Division der Sicherheitspolizei, später enttarnt als der große Spionagechef der

Buren, der seine Agenten in die Führungskader der Befreiungsbewegungen im Exil eingeschleust hatte. Coetzee war ein beleibter, jovialer Zeitgenosse, der in seinen teuren dunklen Anzügen sehr elegant wirkte. Er trug einen Schnurrbart à la Clark Gable zur Schau und hielt sich offenbar für einen Frauenliebling und gebildeten, geistreichen Plauderer. Ein Glasschrank in seinem Büro war vollgestopft mit verbotenen Büchern von Marx, Engels, Althusser und anderen linken Philosophen. Der Oberst interessierte sich speziell für Trotzki, über den er gerade eine Doktorarbeit schrieb. In mir vermutete er einen Linken, vielleicht weil ich für die englische Presse arbeitete, vielleicht auch deshalb, weil er das Protokoll meiner eigenen «Vernehmung» gelesen hatte.

Der Geheimpolizei war ein Brief an meinen Freund Robin in London in die Hände gefallen. Ich hatte mich darin lang und breit darüber ausgelassen, wie sehr ich meinen Job haßte und was für brutale Schweine die Polizisten seien. Das schien die Polizei freilich nicht zu kümmern. Sie interessierte sich nur für einen Satz aus meinem Brief: «Inzwischen machen die maoistischen Zellen im Untergrund Ernst mit der Verschwörung.» Ich wurde gefragt, was ich damit sagen wollte und was ich sonst noch wisse. Ich erklärte, die Bemerkung sei sarkastisch gewesen. Daraufhin durfte ich gehen.

Oberst Coetzee legte es stets darauf an, mich in ideologische Debatten zu verwickeln, aus welchen Gründen auch immer. Für ein Land, in dem fast jeder Gegner der Apartheid als Kommunist galt, vertrat er einen sehr differenzierten Standpunkt. «Die Marxisten behaupten doch, sie kämpften für die Freiheit», sagte er. «Aber welche Freiheit ist unter der Diktatur des Proletariats möglich?» Er hoffte wohl, mich mit solchen Äußerungen zum Widerspruch provozieren zu können, aber ich war so nervös, daß ich ihm immer und in allem recht gab. Ich wollte nichts als weg, bevor meine Augen mich verrieten. Sicher habe ich ihn schrecklich enttäuscht.

Gelegentlich läutete Oberst Coetzee eine Glocke, worauf ein schwarzer Polizist mit einem Teetablett erschien. Eines Nachmittags öffnete sich die Tür zum Nebenraum. Oberst Swanepoel kam herein und leistete uns beim Tee Gesellschaft. Swanepoel trug seine grauen Haare kurzgeschoren wie ein preußischer Kommißhengst. Weil sein Gesicht von den vielen geplatzten Äderchen blutrot war, hatte er den Spitznamen *Rooi Rus*, Roter Russe. Swanepoel war ein Mann, der ständig unter Volldampf stand. Seine Bewegungen waren hastig und fahrig, und er hämmerte einem die Worte ins Gesicht. Er mußte stets um Beherrschung kämpfen und stand politisch so weit rechts, daß er sogar die südafrikanische Regierung, die rechteste der Welt, für rot unterwandert hielt.

Oberst Swanepoel war außerdem weltberühmt. Mit seinen Heldentaten als Verhör-Chef der Sicherheitspolizei hatten sich die Vereinten Nationen befaßt. Die Grausamkeiten, die ihm zugeschrieben wurden, hatten ihn schließlich zu einer Belastung werden lassen, und seine Vorgesetzten hatten ihn ins Büro neben Coetzee versetzt, wo er sich mit Gott weiß was beschäftigte. Bald nach unserer Begegnung schickte man ihn an die Grenze. Dort mehrte er seinen traurigen Ruhm als Mitglied einer berüchtigten Anti-Terror-Einheit namens *Koevoet*, Brechstange. Sie wurde später beschuldigt, als Swapo-Mitglieder verdächtigten Schwarzen an den rotglühenden Auspuffrohren von Panzerfahrzeugen das Fleisch von den Knochen zu brennen. Aber das war erst später. Vorerst trank der «Rote Russe» mit Oberst Coetzee und einem Vertreter der verhaßten liberalen englischen Presse Tee.

Das war zur Zeit der Church-Hearings in den USA, unmittelbar nach dem Fall Südvietnams. Senator Churchs Enthüllungen über vergiftete Zigarren für Fidel Castro und andere Anschläge der CIA machten Furore, und Präsident Carter bemühte sich redlich, den Geheimdienst besser in den Griff zu bekommen. Der britische Geheimdienst MI5 war laut Swanepoel seit langem von linksgerichteten Schwulen unterwandert, und jetzt bekam auch die CIA die Zähne gezogen. Nach Meinung des Obersts war das ein Beweis mehr für die Dekadenz des Westens. «Der Westen ist verbraucht», knurrte er, «er hat keinen Saft mehr.» Das traf für ihn auf alle weißen Nationen außer Afrikaaner und Israelis zu. Sie würden in Kürze auf dem Müllhaufen der Geschichte landen, prophezeite er.

Über Jimmy Carter und die Church-Hearings ereiferte sich Swanepoel besonders. Man meinte fast, es in ihm brodeln zu hören. Er bebte so sehr vor Zorn, daß sein Tee auf die Untertasse schwappte, und sein Gesicht rötete sich noch mehr. «Die schneiden sich doch selbst die Eier ab!» brüllte er und starrte mich an, als sei ich daran schuld. Ich saß nickend auf meinem Stuhl, stimmte ihm verzweifelt zu und goß mir vor Schreck etwas Tee in den Schoß. «*Ja-nee*, Oberst», sagte ich. «Da ist sicher was dran, Oberst.»

In solchen Augenblicken mußte ich die Augen schließen, und ich dachte: «Dies ist nicht *mein* Leben.» Es war zu absurd, um wahr zu sein. War ich das wirklich, dieser Afrikaaner, der nickend vor einem gefühlskalten Oberst saß? Und wenn es so war – wer hatte dann am Tag zuvor mit seinen schwarzen Brüdern angestoßen? Und war ich es, der vorletzte Nacht in einer Wohnung in einem weißen Slum auf LSD-Trip gegangen war? Die Maserung der Fußbodendielen hatte sich in eine Revolutionsarmee verwandelt, die auf einer dämmerigen Ebene kämpfte, während Dollar Brand auf einer Schallplatte Saxophon spielte und Faye mit geschlossenen Augen, von bärtigen Guerilla-Kriegern träumend, um mich herumtanzte.

Das englische Wort *yaw* fällt mir ein. Ich glaube, in der Luftfahrt bezeichnet es das Rütteln eines Flugzeugs, das in einem für seine Bauart zu steilen Winkel zu schnell absackt und sich schließlich in seine Einzelteile zerlegt. Genauso fühlte ich mich damals oft. Mir war, als werde ich mit rasender Geschwindigkeit von einer Welt in eine andere katapultiert. Sandringham und das *Blue Hotel* lagen Lichtjahre voneinander entfernt, und genauso weit auseinander waren die Kantine, die mir und meinen schwarzen Brüdern als Stammkneipe diente, und das Haus meines burischen Vaters. Mein Vater erwartete von mir, daß ich meine Pflicht tat, die Uniform anzog und meinem Land diente. Ich hatte den Militärdienst seit meinem achtzehnten Lebensjahr immer wieder hinausgeschoben. Jetzt war ich zweiundzwanzig und konnte ihn nicht mehr umgehen. Ich sollte im Juni zur Infanterie in Walvis Bay. Diesmal gab es kein Entrinnen. Ich mußte mich entweder zum Dienst melden oder Südafrika für immer verlassen. Die Entscheidung war nicht leicht. Statt darüber nachzudenken, betrank ich mich nachts lieber, legte mich unter die nackte Glühbirne in meinem Schlafzimmer, beobachtete die Schattenspiele an der Wand und horchte auf Schritte draußen auf der Straße. Ich wartete darauf, daß etwas geschehe.

1977 brannten in Sandringham Nr. 2 fast jede Nacht die Lichter, und eine abgespielte Schallplatte drehte sich endlos auf dem Teller. Malan lag wie besinnungslos in voller Kleidung auf seiner Matratze auf dem Boden des Schlafzimmers. Er muß völlig verwahrlost ausgesehen haben, Hände und Gesicht beschmiert mit Kugelschreibertinte, die Hose voller Zigarettenasche. Mit ziemlicher Sicherheit trug er die braune Lederjacke, deren Taschenfutter zerrissen war vom Lauf der Pistole, die er neuerdings mit sich herumtrug. Auch ein Messer hatte er sich zugelegt. Es lag in Reichweite unter den Fußbodendielen am Kopfende der Matratze, für den Fall, daß er aus einem seiner quälenden Alpträume erwachte und feststellte, daß die Apokalypse bevorstand.

Was waren das für Alpträume? Früher hätte ich sie nicht erzählt, aber jetzt kommt es darauf auch nicht mehr an.

Vielleicht hätte ich nie Journalist werden sollen, vor allem kein Polizeireporter. Vielleicht hätte ich, wie meine Mutter es wollte, Zahnarzt werden, in den weißen Vorstädten bleiben, meine Illusionen pflegen und mich, wie die anderen weißen Liberalen, blind zum Licht vortasten sollen. Dann hätte ich Südafrika nie verlassen. Stattdessen nahm ich einen Job an, der mich in Kontakt mit Leuten brachte, denen die meisten weißen Liberalen nie begegneten, und der mich an Orte führte, die sie nie zu Gesicht bekamen. Viele dieser Orte waren Schauplätze von Verbrechen, und oft handelte es sich dabei um Mord. Das also war meine Arbeit. Ich watete sozusagen knöcheltief im Blut. Fast jeden Tag zog ich mit einem Spiralblock in der Tasche los, um festzuhalten, wie Südafrikaner sich gegenseitig umbrachten.

In anderen Ländern war Mord nur ein Sonderfall der normalen sozialen Beziehungen. In den meisten Fällen kannten die Mörder ihre Opfer – es waren ihre Ehefrauen, Chefs, Stammtischbrüder, Rivalen im Beruf oder in der Liebe. In Südafrika war das anders. Wenn ein Schwarzer hier nichts Böses ahnend eine Straße entlanging, konnte es passieren, daß weißes Gesindel von einem vorbeifahrenden Lieferwagen sprang und ihm den Schädel einschlug, nur weil seine Hautfarbe schwarz war.

Umgekehrt konnte es passieren, daß ein Weißer im Bett sein Nachtgebet sprach, derweil ein Schwarzer durchs Fenster stieg und ihm ein Messer zwischen die Rippen stieß – nicht unbedingt, weil das Opfer weiß war, sondern weil es etwas besaß, das der besitzlose

Schwarze nicht hatte, aber haben wollte. Der Mord geschah also nicht direkt aus rassischen Motiven, aber das Elend, das dazu führte, hing ursächlich vor allem mit der Hautfarbe des Täters zusammen. Für mich als Sozialisten sprachen solche Morde für die Gültigkeit marxistischer Thesen. Sie waren die ersten Vorgefechte des großen Klassenkampfs. Ich hatte mir eine Theorie zur Einordnung solcher Morde zurechtgelegt, aber es gab noch eine dritte Kategorie von aufsehenerregenden Mordfällen, bei der meine Theorie völlig versagte.

Nehmen wir nur mal dieses Zeitungsfoto, aufgenommen im Innern eines gewöhnlichen Hauses, eigentlich mehr einer Behausung aus Zement mit Asbestdach und drei winzigen Räumen im Bezirk Naledi von Soweto. Auf dem Foto sind drei Personen zu sehen: Mrs. Christina Ramathlape, eine ältere, in eine Decke gehüllte Frau, und ihre beiden Enkel. Auf dem Bild deutet Mrs. Ramathlape auf die eingeschlagene Tür eines Kleiderschranks und erklärt einem unsichtbaren Reporter, wie es dazu gekommen ist.

Die Geschichte dahinter begann damit, daß aus einem vor Christinas Haus parkenden Wagen die Batterie gestohlen wurde. Der Verdacht fiel auf ihren Sohn Jeremiah. Der Junge hatte mit dem Diebstahl nichts zu tun, aber niemand glaubte ihm. Eines Nachts hämmerten der Besitzer des Wagens und einige seiner Freunde mit den Fäusten gegen Christinas Tür. Sie suchten ihren Sohn. Als sie ins Haus stürmten, kroch der Junge in einen Kleiderschrank und zog von innen die Tür zu. Die Männer spürten ihn trotzdem auf und schlugen die Tür mit einer Axt ein. Sie zerrten Jeremiah heraus, schnallten ihm einen Ledergürtel um den Hals und schleppten den weinenden Jungen fort.

Sie schleiften ihn zu einem Haus auf der anderen Straßenseite. Christina folgte ihnen. Sie stand draußen im Dunkeln und horchte auf die Schreie ihres Sohnes. Sie warf Steine auf das Dach des Hauses, wagte aber nicht hineinzugehen. Die Polizei konnte sie nicht alarmieren: In Soweto gab es kein Telefon. Als die Schreie nach einer Weile verstummten, ging sie heim und hoffte, daß man den Jungen nach einer Tracht Prügel ohne größere Verletzungen freilassen würde. Aber Jeremiah tauchte weder am nächsten noch am übernächsten Tag auf. Christina sah ihn nach seiner Verschleppung nicht wieder. Schließlich warf sie sich eine Decke über und gesellte sich zur Schar der Opfer und Bittsteller im Warteraum des *Star*. Eigentlich war auch diese Entführung nur ein Stück südafrikanischer Alltag. Dennoch hatte sie einen ungewöhnlichen Aspekt. Mrs. Ramathlape behauptete, die Kidnapper seien *Makgotla* gewesen – Mitglieder einer Art Stammesbürgerwehr, die in den Townships seit kurzem brutale Selbstjustiz übte: Sie hatte mutmaßliche Diebe und untreue Ehefrauen öffentlich auspeitschen lassen. Das machte die Geschichte interessant. Ich fuhr zum Tatort, sah mir die zertrümmerte Tür des Kleiderschranks an und suchte nach weiteren Indizien. Nachdem ich mir Einzelheiten notiert hatte, fuhr ich zum nächsten Polizeirevier und berichtete dem weißen Chef von der Entführung. Er versprach sofortige Ermittlungen.

Eine Woche später fuhr ich wieder nach Soweto, um zu hören, was daraus geworden war. Es war mitten am Nachmittag, aber Mrs. Ramathlapes Haus war fest verschlossen, und alle Vorhänge waren zugezogen. Ich klopfte an die Tür. Jemand lugte hinter einem Vorhang hervor, und kurz darauf hörte ich, wie schwere Gegenstände und Möbel über den Boden gerückt wurden. Die Tür öffnete sich einen Spalt, und ich zwängte mich hindurch. Drinnen war es dunkel, und es stank nach Kot und Urin. Die gute Mrs. Ramathlape und ihre Enkel hatten sich vor einer knappen Woche in ihrem Haus verbarrikadiert. Am Tag nach meinem ersten Besuch waren Ermittlungsbeamte durch die Nachbarschaft gezogen und hatten Fragen nach ihrem vermißten Sohn gestellt. Als sie schließlich gegangen waren, hatte eine Menschenmenge ihr Haus umstellt und versucht, die Tür aufzubrechen. Da sie aus Stahl war und dem Ansturm standhielt, goß der Pöbel Heizöl unten durch die Ritze und zündete es an. Mrs. Ramathlape konnte die Flammen löschen, bevor sie ernsthaften Schaden anrichteten. Nach Einbruch der Dunkelheit versuchte sie zu fliehen, aber das Haus wurde überwacht. Seither harrte sie mit den Kindern im verbarrikadierten Haus aus, ohne Wasser, ohne Nahrung und ohne Toilette.

Ich führte die Kinder zu meinem Wagen. Sie klammerten sich mit ihren winzigen Händen an mir fest, und ihre Augen waren weit vor Angst. Ich ging zum Haus zurück und half ihrer Großmutter, ein paar Habseligkeiten zusammenzupacken. Inzwischen versammelten sich auf der anderen Straßenseite mehrere Schwarze. Einige Männer hatten sich mit Schlagstöcken und *sjamboks*, Schlagruten, bewaffnet. Bei ihrem Anblick zogen sich mir vor Angst die Eingeweide zusammen. Als wir das Haus verließen, umstellten sie den Wagen.

Ihr Anführer, ein drahtiger Kerl mit gelben Augen, kam auf mich zu und sagte: «Du kannst diese Frau nicht mitnehmen.» Die Frau sei eine *skaberash*, eine versoffene Hure. «Gib sie raus», sagte er. «Her mit ihr!» Ich nannte ihn mit honigsüßem Lächeln meinen Bruder und sagte, es sei nicht nett, eine Frau mit Kindern zu belästigen. Es half nichts. Ich konnte seine Sprache nicht, und er verstand meine kaum. Außerdem wäre er für einen Vortrag über Gerechtigkeit und Fairness wohl kaum empfänglich gewesen. Wenn er Mrs. Ramathlape auch nur ansah, verlor er die Beherrschung. Er brüllte, fuchtelte mit den Armen und versuchte, mich beiseite zu drängen und mit der Rute auf die Frau einzuschlagen. Die Kinder fingen an zu schreien. Ich schob ihre Großmutter in den Wagen, schloß die Tür hinter ihr ab und sprang auf den Fahrersitz. Als ich den Motor startete, pflanzte sich der Anführer des Pöbels vor dem Wagen auf und vollführte eine Art Kriegstanz. Er drehte sich im Kreis, stieß grunzende Laute aus und peitschte mit seiner Schlagrute den staubigen Boden. Ich ließ zur Warnung den Motor aufheulen. Er sprang zur Seite und blieb wie erstarrt mit hoch erhobenem *sjambok* in der Hocke sitzen. Er sah aus wie ein Wasserspeier. Nur seine unergründlichen gelben Augen folgten uns, als wir die Straße entlangfuhren.

Solche Zwischenfälle ließen mich Schlimmes befürchten. Böse Ahnungen gehörten zu meinem Leben wie Soweto zu den Verbrechen, über die ich berichtete. Fast jeden Tag schrieb oder stolperte ich über etwas, das Anlaß zu Befürchtungen gab. Für den *Star* zählten Verbrechen von Schwarzen an Schwarzen zum südafrikanischen Alltag. Es war üblich, die Verbrechen in Soweto in einem einzigen, mehr oder weniger statistischen Bericht zusammenzufassen. Als Einstieg für solch einen Bericht schrieb ich einmal: «Das Wochenende verlief nach Aussagen der Polizei von Soweto ruhig. Nur zwölf Personen wurden ermordet und neunzehn durch Messerstiche verletzt.» Ein Redakteur hatte genug Taktgefühl, um die Passage mit blauer Tinte zu streichen.

Zwar wurden die schauerlichen Details der Morde nicht gedruckt, aber mich stießen die weißen Polizisten genüßlich mit der Nase mitten hinein. Als Vertreter der liberalen englischsprachigen Presse hatte ich ihrer Meinung nach wohl besonders starke Dosen brutaler Wirklichkeit nötig. Wann immer ich ein Polizeirevier in Soweto besuchte, verabreichten sie mir eine. Dann hieß es etwa: «Ah, da ist ja Malan. Kommen Sie rein, Malan. Ich habe einen netten Fall für Sie. Neun Männer haben diese Frau vergewaltigt. Dann hat sich ein zehnter vorgedrängelt, und sie haben ihm einen Dolch in den Rücken gestoßen, während er auf der Frau lag. Anschließend sind sie alle mit Messern aufeinander losgegangen. Jetzt haben wir also einen Mord, neun Fälle von Vergewaltigung und sechs Fälle von Körperverletzung am Hals.» Oder: «Kommen Sie mit ins Leichenschauhaus, Malan. Wir müssen Ihnen was zeigen.» Einmal präsentierten sie mir dort die Leiche eines zehnjährigen Schwarzen, der Opfer eines Ritualmordes geworden war, eines Voodoo-Mordes, wie es in den Schlagzeilen der Zeitungen hieß. Man hatte dem Junger Finger, Augen, Leber, Herz und Genitalien ab- oder herausgeschnitten und daraus einen Zaubertrank gebraut. «Wie gefällt Ihnen das?» fragte einer meiner Begleiter, platzend vor Vergnügen. «So benehmen sich Ihre schwarzen Freunde.»

Morde dieser Art kamen ziemlich häufig vor, aber dies war das erste Mal, daß ich eines der Opfer vor mir hatte. Die leeren Augenhöhlen verfolgten mich in meinen Träumen noch monatelang. In meiner Vorstellung ähnelte Soweto immer mehr dem Europa des Mittelalters, einer Sphäre, in der das einfache Volk bei Einbruch der Dunkelheit die Türen verriegelte und nachts zitternd die Werwölfe heulen hörte. Solche Vorstellungen waren nicht völlig aus der Luft gegriffen. Soweto war ein Leichenhaus. Die Mordrate lag hier vier- bis fünfmal höher als in New York. Die Vorortzüge wurden von *tsotsis*, jugendlichen Gangstern, unsicher gemacht. Sie spießten ihren Opfern angespitzte Fahrradspeichen in die Oberschenkel, damit sie sich unbehelligt mit Bargeld oder Gepäck aus dem Staub machen konnten. An Freitagen, den Zahltagen, warteten die Banden wie Wolfsrudel am Bahnhof auf die einfahrenden Züge. Sie überfielen die Familienväter auf dem Heimweg und raubten ihnen die Lohntüten.

Immer wieder schickten weiße Liberale oder Akademiker Leserbriefe an die Redaktion, in denen sie die hohe Kriminalität der Schwarzen auf widrige soziale Lebensumstände zurückführten. Auch ich schrieb entsprechende Artikel. In einem griff ich eine kriminalistische Studie auf und zerpflückte die rassistische Behauptung, den Schwarzen sei die Neigung zum Verbrechen angeboren. Die hohe Kriminalitätsrate in Soweto führte ich auf die Verelendung der Schwarzen infolge der Apartheid, auf Übervölkerung, Frustration und Nihilismus zurück. In Soweto herrsche ein drastischer Mangel an Wohnraum und Schulen. Es gebe weder Kinos noch Bars oder Hotels, keine modernen Einkaufszentren, nur wenige Freizeiteinrichtungen und nicht einmal Strom. Soweto sei eine gigantische Kaserne für Arbeitskräfte, abstoßend utilitaristisch und bewußt so angelegt. Die verrückten Konstrukteure der Apartheid *wollten*, daß es den Schwarzen in den Städten schlechtging. Sie wollten sie aus dem weißen Südafrika in die Homelands zurücktreiben. Soweto sei ein Paradebeispiel für die Abscheulichkeit der Apartheid. Daß ich dies schrieb und daran glaubte, änderte nichts an den Beklemmungen, die mich jedesmal beim Betreten dieser bedrohlichen schwarzen Stadt befielen.

In der Erinnerung sehe ich Soweto immer im Winter vor mir. Die untergehende Sonne steht als kalter orangeroter Ball am grauen Himmel. Grauer Rauch zieht über eine öde graue Landschaft. Auch die Häuser sind grau und haben graue Asbestdächer. Der Schutt auf den Abraumhalden ist mit einer grauen Schicht aus Asche bedeckt. In den Straßen drängen sich verbitterte Menschen, die in zerschlissenen grauen Mänteln vom Bahnhof zu ihren grauen Häusern strömen. Wenn ich an ihnen vorbeifahre und sie meine weiße Haut bemerken, formen ihre Münder lautlos Worte, und in ihre Augen tritt ein eigentümlicher Ausdruck – vielleicht nur, weil sie mich als Weißen erkennen, vielleicht aus einem anderen Grund. Man war nie sicher. In solchen Momenten erschrak ich und dankte Gott, daß ich im stählernen Gehäuse eines schnellen Wagens saß.

Nach Einbruch der Dunkelheit war es noch schlimmer. Die Nacht schien voll finsterer Schatten. Man verfuhr sich leicht, und noch leichter landete man im Straßengraben. Einmal geriet ich spät in der Nacht in den schlammigen Morast, der sich um eine öffentliche Wasserstelle gebildet hatte. Der Wagen saß fest. Das Aufheulen des Motors und das Mahlen der Räder lockten eine Menschenmenge an. Ehe ich mich versah, umringten *tsotsis* meinen Wagen. Sie trugen ausgebeulte Baumwolljacken, und über die kahlrasierten Köpfe zogen sich glänzende Narben. Ich bekam Angst. Einer pochte ans Seitenfenster. Ich kurbelte es herunter, mein honigsüßes Lächeln auf den Lippen. «Ich will wissen», sagte der *tsotsi* spöttisch, «was der *baas* mir gibt.»

«Ein paar nette Worte?» fragte ich. «Eine kleine Aufmunterung?» Er lachte. «Deine Jacke gefällt mir», sagte er. «Wenn ich deine Jacke will, kriege ich sie auch.»

Das war sicher richtig. Er sah seine Kameraden vielsagend an. Ich trat das Gaspedal durch. Diesmal griffen die Räder, und der Wagen rutschte schlingernd aus dem Morast. Ich war naß von Schweiß und schwach vor Erleichterung.

Ich war immer erleichtert, wenn ich Soweto verließ und vor mir die Lichter des weißen Johannesburg leuchten sah. Sobald ich wieder in die Welt des Lichts eintauchte, verflog meine Angst, und ich schämte mich für die rassistischen Hirngespinste, die in meinem Kopf herumspukten. Aber jedesmal, wenn ich nach Soweto zurückfuhr, packte mich wieder die Angst. Sie folgte mir wie ein Schatten. Ich mochte Schwarze, aber ich hatte Angst vor ihnen. Ich hatte Angst vor ihnen, und doch mochte ich sie. Dieses Paradox bestimmte mein Leben. Im einen Augenblick quälten mich Schuldgefühle, und mir blutete das Herz beim Gedanken an das Leid der schwarzen Brüder. Im nächsten Augenblick erstarrte ich vor Schreck über das, was sie taten, und über die grausamen Instinkte, die in ihnen zu lauern schienen. Ich war hin- und hergerissen zwischen zwei Extremen, die zuweilen innerhalb einer Viertelstunde in ihr Gegenteil umschlugen.

Eines Mittags rief mich mein Informant vom Geisterkommando aus einer Telefonzelle in der City an. Es war kurz nach den Unruhen vom Juni 1976. In Johannesburg war die Stimmung zum Zerreißen gespannt. Die Schwarzen in Soweto hatten bereits mehrere hundert Märtyrer zu beklagen, und ein politischer Gefangener namens Wellington Tshazibane hatte sich soeben im Gefängnis der Geheimpolizei erhängt, wie es hieß. In den weißen Vorstädten sah man die

Götterdämmerung heraufziehen. Einige Weiße hatten gehört, daß am nächsten Tag ein Blutbad unter den Weißen angerichtet werden sollte. Andere wußten aus sicherer Quelle, daß schwarze Dienstmädchen dazu angehalten wurden, den Morgentee ihrer Herrschaft zu vergiften. Wenn bei mir das Telefon klingelte, hatte ich jedesmal einen verschreckten Weißen mit einem neuen Gerücht an der Leitung. Kinder sollten auf dem Weg zur Schule niedergemetzelt werden. Eine Horde Schwarzer marschierte angeblich in Richtung Roodepoort. Terroristen sollten Rosebank in die Luft gesprengt haben. Dann, gegen Mittag, klingelte das Telefon wieder, und eine Stimme sagte: «Ein Kaffer läuft auf der Straße Amok. Er schreit ‹Afrika! Afrika!› und schlägt Weißen mit der Axt den Schädel ein.» Diesmal stimmte es. Der Mann mit der Axt rächte die unschuldigen Opfer von Soweto.

Der Fotograf Noel Watson und ich hechteten in einen Wagen und rasten zum Schauplatz. Als wir ankamen, lagen mehrere Weiße blutüberströmt auf dem Pflaster, Pensionäre, die nicht mehr schnell genug weglaufen konnten. Zivilbeamte hatten einen verdächtigen Schwarzen umringt und zerrten ihn in einen Wagen. Noel schoß ein paar Fotos, dann fuhren wir der Polizei hinterher. So ist das, dachte ich, und so wird es immer sein. Wenn man weiß war und zufällig einem solchen Amokläufer begegnete, dann halfen weder gute Absichten noch gute Taten. Entweder wir oder sie, dachte ich, das ist das eherne Gesetz.

Ich war noch in Gedanken versunken, als wir vor dem *Blue Hotel* aus dem Wagen stiegen. Und dann fiel ein Schwarzer vom Himmel. Er war durch eine Fensterscheibe im fünften Stock geflogen und schlug in einem Regen von Glassplittern nicht weit von uns auf. Er lag da wie eine Schildkröte auf dem Rücken und bewegte nur noch schwach die Arme. Ich lief zu ihm und kniete neben ihm nieder. Ich wußte nicht, was ich tun sollte. Der Körper war völlig zerschmettert, Blut quoll aus dem Mund. Ich wagte nicht, ihn zu berühren. Im gleichen Augenblick schob sich ein blanker schwarzer Stiefel in mein Gesichtsfeld. Als ich aufsah, stand neben mir der Polizeichef persönlich, Brigadegeneral Visser. Er steckte in einer Uniform mit goldenen Schulterklappen, und auf den Lippen unter dem gepflegten Schnurrbart lag die Andeutung eines Lächelns. Er tippte den

Schwarzen mit der Stiefelspitze an und sagte: «Tja, das ist der Bantu, der mit der Axt die Leute erschlagen hat. Er ist eben aus dem Fenster gesprungen.»

«*Ja-nee*, General», sagte ich. «Jein.»

Was konnte man nach einem Tag wie diesem noch tun? Man kaufte bei Solly Kramer eine Flasche Whisky und setzte sich mit den Brüdern in die Kantine im vierten Stock, um das Paradox zu ersäufen. Doch manchmal wollte das einfach nicht klappen. Als wir am Abend nach dem Amoklauf um unseren Kunststofftisch saßen, war die Luft schwer von unausgesprochenen und unaussprechlichen Gedanken. Wie hätte ich sagen sollen: «Hört mal, Brüder, nach dem, was heute passiert ist, denke ich, daß die Buren vielleicht gar nicht so unrecht haben. Vielleicht müssen wir die Schwarzen wirklich unten halten, weil sie sonst alle ‹Afrika! Afrika!› brüllen und mit Äxten über uns herfallen.» Aber auch die Brüder mußten ihre Gefühle verbergen. Natürlich versetzten sie sich in den Mann mit der Axt. Selbst ich als Weißer konnte vage nachvollziehen, was in ihm vorgegangen sein mußte, als er Weißen mit der Axt den Schädel einschlug. War ich wirklich auf ihrer Seite? Waren sie auf meiner? Oder begegneten wir uns im Niemandsland wie Soldaten, die Zigaretten austauschen und sich zu Weihnachten die Hände schütteln? Manchmal dachte ich das. Wenn wir den Whisky hinuntergeschüttet hatten, zogen wir uns wieder in unsere seelischen Schützengräben zurück, in unsere weit auseinanderliegenden und wahrscheinlich unversöhnlichen Welten: Mike in sein Einzelzimmer in Soweto, ich in mein Elendsquartier, wo ich mich in desolater Stimmung auf meine Matratze legte, um über alles nachzudenken.

Ich dachte oft über die Unruhen vom Juni 1976 nach und auch über Dr. Melville Edelstein. Er war der einzige weiße Zivilist, der bei den Unruhen ums Leben gekommen war. Edelstein war Soziologe und hatte erst kurz zuvor ein Buch veröffentlicht. Es trug den Titel *What Young Africans Think*. Edelstein sympathisierte mit den Ansichten der Schwarzen und war sehr weitsichtig. Sein Buch warnte vor der wachsenden Aggressivität der schwarzen Jugend und prophezeite den heraufziehenden Sturm. Er sah sehr vieles klar voraus. Daß der Sturm auch ihn das Leben kosten würde, ahnte er nicht. Am Morgen des 16. Juni recherchierte Edelstein in einem

Krankenhaus in Soweto. Als die Unruhen ausbrachen, forderte die Polizei alle Weißen auf, die Stadt zu verlassen. Edelstein blieb mit seinem Begleiter. Er hatte keine Angst, weil er wußte, auf wessen Seite er stand. Als der Mob vor dem Krankenhaus auftauchte, ging er hinaus, um die Menge zu begrüßen. Er wurde zu Tode getrampelt. Er war ein Weißer.

Als sein Begleiter das sah, glaubte er, auch ihm habe die letzte Stunde geschlagen. Er verschanzte sich in einem winzigen Vorratsraum. Er setzte sich mit dem Rücken zur Wand auf den Boden, stemmte die Füße gegen die Tür und machte sich auf alles gefaßt. Die johlende Menge rannte gegen die Tür an, aber die hielt stand. Über ihm wurde ein Fenster eingeworfen, Glassplitter regneten auf ihn nieder. Schwarze Arme griffen wie Fangarme von Kraken durch das Fenster nach seinem Gesicht. Als er sich schon aufgegeben hatte, hörte er Helikopter dröhnen und Maschinengewehre rattern. Dann verlor er das Bewußtsein.

So manches war zerbrochen in diesen drei blutigen Tagen, aber was ich – aus ganz egoistischen Gründen – am meisten beklagte, war der Verlust der Illusion von mir als dem gerechten Weißen, der die Schwarzen auf die Barrikaden führt. In den Augen der Schwarzen hatte ich in jenen Tagen wenig außer blinder Wut und Nihilismus entdecken können. Ich fürchtete, sie könnten auch mich vernichten.

Es gab so viele von ihnen. Sie waren so arm und hungrig, so primitiv, verletzt und zornig. Ihre Zahl wuchs explosionsartig, ihre Wut steigerte sich, und ihre Forderungen wurden lauter. Es fiel immer schwerer, sie zu beschwichtigen. Oft beobachtete ich die mürrische, finster blickende Menge, die um fünf Uhr am Fenster meines Büros vorbei zum Busbahnhof in der End Street strömte, das endlose Gedränge einer grauen Armee von Schwarzen. Alles schien nur eine Frage der Zeit. Ich wußte, auf wen ich wartete, wenn ich betrunken auf meiner Matratze lag. Ich wußte, welche Träume mich erwarteten, wenn ich einschlief.

Eines Nachts träumte ich, daß meine ganze Familie, alle Malans, die es je gegeben hatte, auf einem kahlen Baum am Ufer eines breiten Stroms lebte. Der Baum stand inmitten einer weiten, trockenen Ebene, flach und eintönig wie die Karroo-Wüste. Über der Ebene lag drohend das unentrinnbare Verhängnis, und Angst lastete auf ihr. Die Welt stand kurz vor dem Ende. Bald würde der Strom in drei riesigen Flutwellen über die Ufer treten und die letzten Spuren unserer Welt tilgen.

Der Himmel war in unheilverkündendes Gelb getaucht. Als ich flußaufwärts blickte, wo sich der Strom in Mäandern zum flimmernden Horizont wand, sah ich vereinzelte winzige Boote auf der Suche nach Schutz. Die Flut kam. Noch während ich den Strom beobachtete, schwoll am Horizont eine riesige braune Welle empor und wälzte sich mit donnerndem Getöse langsam, aber gewaltig wie ein Gebirgsmassiv über die Ebene auf uns zu. Dann brach die Hölle los. Als die Welle über uns hinwegrollte, klammerten wir uns tief unten im dunklen Wasser verzweifelt an unseren Ästen fest. Nach einer Ewigkeit sank das Wasser, und wir konnten wieder den Himmel sehen. Eine Tante und einige Cousins mit Bürstenschnitt waren von ihren Zweigen gerissen und fortgespült worden.

Die zweite Welle riß meine Großmutter fort. Danach war unsere Lage hoffnungslos. Die tosenden Fluten hatten die Ebene in einen schlammigen Morast verwandelt und am Fuß des Baumes ein tiefes Loch ausgespült. Ein Teil der Wurzel hing frei in der Luft. Wenn wir gegen die dritte Flutwelle nicht einen Deich errichteten, waren wir alle mit Sicherheit verloren. Mein Vater und ich schlitterten durch den Schlamm und griffen mit bloßen Händen hinein. Aber er war zu schwer und zu zäh, gab unter unseren Füßen nach und klebte an unseren Fingern fest. So verzweifelt wir auch gruben, wir kamen mit unserer Arbeit nicht voran. Es war hoffnungslos.

Der Fluß wurde unruhig, toste immer lauter, schwoll an, wogte und gischtete. Es war zu spät. Ich sah meinen Vater an, den Buren. Er starrte mit resigniertem Blick flußaufwärts. Auch meine Mutter starrte dorthin. Sie stand hoch über mir auf einem Ast. Ihr Gesicht glomm im unheilverkündenden gelben Licht, ihr graues Haar flatterte im Wind des heraufziehenden Sturms. Die letzte Welle nahte. Wir waren kurz davor, ausgelöscht zu werden.

Wir werden verraten durch das, was falsch in uns ist.
George Meredith

Und deshalb lief ich davon. Ich lief davon, weil ich Angst vor den kommenden Veränderungen hatte und Angst vor den Folgen, wenn sich nichts änderte. Ich lief davon, weil ich die Apartheid nicht mit dem Gewehr in der Hand verteidigen und weil ich sie nicht mit dem Gewehr in der Hand bekämpfen wollte. Ich lief davon, weil ich Afrikaaner haßte und Schwarze liebte. Ich lief davon, weil ich Afrikaaner war und Schwarze fürchtete. Ich glaube, es war eine Flucht vor diesem Paradox.

Wie beschreibt man ein Paradox? Ich finde keine Worte dafür, aber es sitzt in meinem Kopf. Am Strand nahe dem Ort, wo ich heute wohne, liegt ein Felsvorsprung mit stumpfer, rechteckiger Front zum Meer. Bei Flut donnert manchmal eine hohe Welle gegen diese Klippe, schäumt bis zur Hälfte hinauf und rollt dann wieder ins Meer zurück. Zwanzig Meter draußen trifft sie auf die nachfolgende Welle, worauf beide in einer hoch aufschießenden Gischtfontäne zerbersten und zusammenfallen. Für kurze Zeit liegt das Meer spiegelglatt da und zischt. Diesen Zustand der Lähmung versuche ich zu beschreiben, aber ich kriege ihn nicht auf den Punkt. Ich kann ihn nur spüren.

So war es mein Leben lang, von dem Augenblick an, als ich die Augen öffnete. Sogar einem kleinen Jungen war klar, daß Schwarze gewalttätig und unberechenbar waren. Und doch mochte ich sie. Ebenso klar war, daß sie tüchtig, freundlich und großzügig waren. Und doch hatte ich Angst vor ihnen. Das Paradox war Teil meines Lebens und gehörte zur natürlichen Ordnung der Dinge. Erst später, als ich alt genug war, um das Geschehen um mich herum bewußt wahrzunehmen, begann diese Widersinnigkeit an mir zu zehren. Ich war hineingeboren worden in eine quälende Zerrissenheit, und ich fühlte, daß ich mich so oder so kompromittieren mußte. Ich konnte nicht einfach wie gelähmt in diesem Zwiespalt verharren.

Deshalb betonte ich immer, wie gern ich Schwarze hatte. Ich ergriff Partei für sie gegen mein eigenes Volk und war bemüht, auch entsprechend zu handeln. Aber in Wahrheit nagten Zweifel an mir. In dem Augenblick, als ich über Lippenbekenntnisse hinausging und mit einer Schwarzen ins Bett ging, war mir, als hätte ich ein Naturgesetz gebrochen. Und noch während ich das dachte, empfand ich Scham und Abscheu über mich selbst. Ich kam mir wie ein Verräter vor und schämte mich, daß ich solcher Gedanken fähig war. Ich liebte die Schwarzen doch aufrichtig.

Wo ich während der Aufstände der Schwarzen wirklich stand? Ein Foto in *Die Vaderland*, einer Tageszeitung in Afrikaans, gibt darüber Aufschluß: Der Mann, der die Arme ausstreckt und von dessen Gesicht man nur noch die Wangenknochen sieht, weil der Layouter den oberen Teil des Kopfs weggeschnitten hat, dieser Mann bin ich. Das Foto wurde im Juli oder August 1976 aufgenommen, unmittelbar nach den Aufständen vom Juni. Schüler aus Soweto hatten sich mit dem Zug ins weiße Johannesburg gewagt und dort mit ihren Plakaten in den Straßen demonstriert. Die Buren fielen natürlich über sie her. Man sieht einen zähnefletschenden Verkehrspolizisten, der mit einer Schlagrute in der Hand versucht, den schwarzen Jugendlichen in der linken Bildecke zu erwischen. Ich stehe mit meinem Notizbuch zwischen den Zähnen in der Mitte des Bildes und versuche mit ausgestreckten Armen, die beiden auseinanderzuhalten und Schlimmeres zu verhindern. Genau das war meine Position: Ich stand zwischen den Polen, mitten im Paradox. Diese Position war blödsinnig und ließ sich auf Dauer nicht halten. In Südafrika konnte man nur eindeutig für die eine oder für die andere Sache Partei ergreifen. Ich gehörte zu keiner, und deshalb lief ich davon.

Als ich mich von Mike verabschiedete, sagte er: «Du überläßt uns also der Willkür der Buren, *boertjie*?» Langa sagte: «Du tust das Richtige. Komm nicht zurück.» Miriam brachte unter Tränen hervor: «Warum gehst du? Du bist doch einer der Guten!» Am Flughafen sagte mein burischer Vater: «Du hast diesem Land nichts gegeben. Du hast nur genommen, und jetzt nimmst du Reißaus.»

Dann stieg ich ins Flugzeug und flog davon.

Ich hatte mir geschworen, meinem leidgeprüften Vater nicht noch mehr Schande zu bereiten, indem ich als Kriegsdienstverweigerer politisches Asyl beantragte. So streunte ich einige Jahre durch Europa, immer wieder abgeschoben von den unerbittlichen Ausländerbehörden in einem halben Dutzend Länder. Da man mich in Kanada auch nicht wollte, landete ich 1979 schließlich in den Vereinigten Staaten, ohne Geld und Arbeitspapiere. Ich war Tellerwäscher und Erntehelfer, ich verkaufte mein Blut und fuhr in Güterzügen und Greyhound-Bussen durchs Land. Während der Fahrtpausen verkroch ich mich aus Angst vor der Einwanderungsbehörde auf den Toiletten der Busstationen. Aber ich will nicht klagen. Für mich war es ein großes Abenteuer. Im übrigen betrachtete ich mich ja als Sozialisten und hatte endlich einmal Gelegenheit, den Stiefel, der der Arbeiterklasse im Nacken saß, von unten zu sehen. Ich war so weit unten, wie man es nur sein kann. Irgendwann stand ich ohne einen Cent in der Tasche am Rand eines Highways in den Cascade-Bergen im Staat Washington. Ich war mutterseelenallein in einem Kontinent, in dem ich niemanden kannte. Ich hatte kein Dach über dem Kopf und kaum Hoffnung, vor Einbruch der Dunkelheit noch eines zu finden...

Aber meine kleine Nebenrolle im großen Drama der Einwanderung in Amerika steht hier nicht zur Debatte. Es genügt, wenn ich sage, daß ich schließlich in Los Angeles landete und dort einen Job ergatterte: Ich schrieb für eine kleine Musikzeitschrift über Rockkonzerte. Da ich illegal eingewandert war und mich vor der Polizei in acht nehmen mußte, veröffentlichte ich meine Kritiken unter einem Pseudonym. Ich, Rian Malan, ein Afrikaaner, der sich selbst immer wieder bei rassistischen Gedanken ertappte, nannte mich Nelson Mandela. Es war als Huldigung gedacht, blieb aber eine Unverschämtheit, an der indes niemand Anstoß nahm. Die Leute von der Ostküste, denen die Zeitschrift gehörte, wußten zwar, woher ich stammte, mißverstanden den Namen aber als Mandala. Wenn ich mich nach dem fernöstlichen Meditationssymbol nennen wollte, dann war ihnen das auch recht. Die einzigen Menschen in Los Angeles, die 1979 schon von Nelson Mandela gehört hatten, waren Mitglieder der Revolutionären Kommunistischen Partei. Sie riefen mich an und luden mich zu einem Bier ein, weil sie mich für einen Gleichgesinnten hielten. Tatsächlich war ich das auch, selbst wenn mich ihre sektiererische Begeisterung für Albanien etwas verwirrte.

Tatsächlich war mir als Sozialisten in Amerika vieles ein Rätsel. Die USA waren das am weitesten entwickelte kapitalistische Land der Welt, und doch schien es dort weder Klassen noch Klassenbewußtsein zu geben. Nach ungefähr einem Jahr dämmerte mir, daß Marx sich in einem oder zwei Punkten geirrt haben mußte. Ich hielt es mit den vielen Russen, Chinesen und Osteuropäern, die sich von Marx' Traum enttäuscht und desillusioniert abwandten. Ich war mit der Vorstellung nach Amerika gekommen, daß mich dort die schlimmsten Verhältnisse erwarteten und ich sozusagen im Bauch des kapitalistischen Ungeheuers sitzen würde, aber am Ende wurde ich selbst eine Art Amerikaner. Ich erhielt die grüne Karte, eine Aufenthaltsgenehmigung, und kam einigen guten Stories auf die Spur. Ich fand einen gewissen Geschmack am Flitterglanz der amerikanischen Demokratie und entdeckte in den Mechanismen der freien Marktwirtschaft eine wohltuend klare Logik. Schließlich hatte ich sogar einen amerikanischen Akzent. Bei alldem hörte ich aber nie auf, mich nach Südafrika zurückzusehnen oder mich mit der Frage zu quälen, wen ich letztendlich verraten hatte.

Mehrere Kandidaten traten anklagend vor mein Gewissen. Ich hatte das Andenken meines toten Freundes Piet verraten und alle Versprechungen an Miriam und ihren Enkelkindern gebrochen. Ich hatte Verrat begangen am brüderlichen Geist in unserer Kantine im vierten Stock des *Star*. Ich hatte den Stamm verraten, dessen Blut in meinen Adern floß, und mit ihm meinen burischen Vater. Schließlich hatte ich auch mich selbst verraten.

Nach ein paar Jahren im Exil ging mir auf, daß ich etwas sehr Kostbares weggeworfen hatte, als ich aus Südafrika geflohen war. Vielleicht war es nur Nostalgie, aber in der Erinnerung erhielt mein früheres Leben plötzlich Bedeutung. Jeder Tag war eine Schlacht gegen moralische Widrigkeiten gewesen. Ich hatte in einer Welt gelebt, in der das Gute und das Böse offen miteinander kämpften. Zugleich war es eine Welt voller Mysterien und Magie: In den Unterkünften der Dienstboten gab es Medizinmänner, und vom Fenster aus sah man Zionisten um Feuer tanzen. Nichts in Amerika hielt dem Vergleich mit solch gewaltigen, berauschenden Eindrükken stand. In Amerika verdorrte meine Seele. Hier konnte ich nichts anderes tun als mich betrinken, mit Frauen schlafen und Geld verdienen, ohne die Hoffnung, daß sich je etwas ändern würde. Auf Parties lehnte ich meist zutiefst deprimiert an einer Wand und fragte Amerikaner, was ihnen das Wichtigste war, welch tieferen Sinn sie in ihrem Leben sahen. Sie wußten nur selten eine Antwort.

Ich begann mich nach Südafrika zurückzusehnen. Ich sehnte mich nach seiner unbekümmerten Fröhlichkeit, seinen zerfurchten, schmutzigen Straßen und seinen einsamen Farmhäusern; nach dem Geklapper einer Windmühle, dem Klang des Afrikaans und den Wolkentürmen über der Karroo-Wüste, nach dem besonderen, grellen, alles durchdringenden Licht Afrikas und dem Geruch und dem Anblick Johannesburgs nach einem Regenguß. Mit einem Stich im Herzen dachte ich an Onkel Bens Farm, an die unheilschwangere Einsamkeit, die sie umgab, und an die sonnenverbrannte Ebene, auf der sie stand. Ich sehnte mich nach Wicks-Kaugummi, nach den Radiosendungen, nach Mrs. H. S. Balls hausgemachtem Chutney und nach *biltong*, dem in Streifen geschnittenen Dörrfleisch, nach Lion-Bier, einer Pfeife Marihuana der Güteklasse *Durban poison*, nach dem Bikini-Mädchen auf der Rückseite der *Sunday Times*, jenem Mädchen, das mir sonntags nachmittags in der erdrückenden calvinistischen Stille Johannesburgs als Wichsvorlage gedient hatte. Ich sehnte mich nach Parys mit dem träge dahinfließenden, braunen Fluß, den geheimnisvollen Inseln und dem Wohngebiet der Schwarzen, durch das ich wie ein weißer Prinz gefahren war. Ich sehnte mich sogar nach dem quälenden, endlosen Warten. Ich sehnte mich nach den von Skrupeln geplagten Sozialisten, mit denen ich in den kalten Küchen ihrer elenden Behausungen bei einer Tasse Tee politisiert hatte. In Südafrika fand das Leben, auch wenn es einem wirklich dreckig ging, auf einer größeren Bühne statt, und man spielte die Rolle, die einem zugeteilt war. Ich wünschte mir oft, ich wäre zu Hause geblieben oder könnte zurückkehren. Aber ich konnte nicht. Man hätte mich wegen Fahnenflucht ins Gefängnis geworfen. Alles, was ich tun konnte, war, zum nächsten südafrikanischen Konsulat zu pilgern und dort ein Exemplar des *Star* zu lesen.

Mit den Jahren näherte sich der südafrikanische Konflikt unaufhaltsam dem Ende, das der Schriftsteller Alan Paton dreißig Jahre zuvor hatte kommen sehen. «Bis wir uns der Liebe zuwenden», hatte er gesagt, «haben sie sich dem Haß zugewandt.» Vier Monate nach meiner Flucht starb Steve Biko im Gewahrsam der Geheimpolizei. Das Netz des Black Consciousness Movement, deren Organisationen «schwarzes Bewußtsein» fördern wollten, wurde zerschlagen, alle ihre Führer wurden verbannt oder eingesperrt. Zwei Zeitungen, die Biko unterstützt hatten, mußten ihre Arbeit einstellen. Die Zeit des schwarzen Hasses rückte näher.

Dann kam Pieter Willem Botha an die Macht. Ich will Botha nicht als den großen Freund der Schwarzen hinstellen, aber er war sicher vernünftiger als alle seine Vorgänger. Kaum im Amt, gab er das Ziel der Großen Apartheid auf, wonach zuletzt alle Schwarzen aus dem weißen Südafrika vertrieben werden sollten. Er erkannte Schwarze als ständige Einwohner weißer Städte an und sprach ihnen das Recht auf Haus- und Grundbesitz in den Townships zu. Er ließ eine echte schwarze Opposition zu und erlaubte regierungsfeindlichen Gewerkschaften, sich offen zu organisieren. Seine Vorgänger hatten Stanley Kramers Film *Rat mal, wer zum Essen kommt* verboten, weil die Schwarzen darin zu wohlwollend dargestellt wurden; Botha brachte Filme und Serien mit dem schwarzen amerikanischen Schauspieler Bill Cosby ins staatliche Fernsehen. Er hob einige der verhaßtesten Apartheidsgesetze auf und bot den Mischlingen und Indern eine Art Wahlrecht an, mit dem er sie im Kampf gegen die Schwarzen als Verbündete zu gewinnen hoffte. Er steckte Geld in schwarze Bildungseinrichtungen und lockerte die Beschränkungen für schwarze Unternehmen. Er wollte damit eine schwarze Mittelklasse schaffen, die als Bollwerk gegen die Revolution dienen konnte. Um das alles finanzieren zu können, belegte er das weiße Südafrika mit gewaltigen Steuern. In den ersten Jahren seiner Regierung verfünffachte sich das Einkommen der Schwarzen, während das weiße Einkommen gerade mit der Inflationsrate Schritt hielt. Weißen, die sich beklagten, begegnete Botha mit dem Satz: «Paßt euch an oder sterbt.»

Paßt euch an oder sterbt: Das war der seltsamste Satz, den ich je aus dem Mund eines amtierenden Politikers gehört hatte. Eher als zu seinen Wählern sagt man so etwas zu seinem Todfeind, wenn man ihm das Messer an die Kehle setzt. Auf jemanden, der unter der eisernen calvinistischen Diktatur eines Verwoerd oder Vorster aufgewachsen war, wirkte Botha wie ein Liberaler. Für die *Los Angeles Times* blieb er ein Verfechter der weißen Vorherrschaft. Die Zeitung hatte sicher recht, aber Bothas liberale Tendenzen waren nicht zu leugnen. Revolutionen brechen nicht in Zeiten schlimmster Unterdrückung aus. Sie ereignen sich in Perioden der Reform und Liberalisierung. P. W. Botha gewährte den schwarzen Südafrikanern in sehr bescheidenem Umfang Meinungs-, Versammlungs- und Handlungsfreiheit. Sie reagierten nach dem Gesetz der Revolution: Sobald er ihnen eine Bresche geschlagen hatte, sprangen sie ihm an die Kehle.

Das erste Township, das explodierte, war Sebokeng. Das war im September 1984. Botha mußte Soldaten hinschicken, um den Aufstand niederzuschlagen. Trotzdem breiteten sich die Unruhen auf benachbarte Townships aus. Bald flackerten in allen Townships im industrialisierten Vaal-Dreieck Aufstände auf, die auf den Osten der Kap-Provinz, auf die Städte Port Elizabeth und Uitenhage und auf die ländlichen Bezirke übergriffen. Relativ geringfügige Anlässe wie Mieterhöhungen oder die Prügelstrafe in Schulen lösten Massendemonstrationen aus, die zu Straßenschlachten zwischen schwarzen Jugendlichen und der Polizei führten. Die Polizisten griffen mit eiserner Hand durch, nach der Devise, daß man die Massen am besten in Schach hält, indem man einigen Menschen eine Kugel zwischen die Augen verpaßt. Die Märtyrer wurden in Massentrauerfeiern beigesetzt, die wiederum zu Demonstrationen wurden. Es kam zu weiteren Ausschreitungen, weiteren Massentrauerfeiern und weiterem Blutvergießen. Aus den Aufständen wurde ein Feuersturm, ein Orkan der Gewalt, in dem das ganze Land unterzugehen drohte.

Die Agonie Südafrikas wurde zum Thriller. Schwarze Jugendliche tanzten wie Derwische vor einer Kulisse aus Rauch und Feuer. Eine alptraumhafte Kriegsmaschinerie wälzte sich über den Horizont und spuckte waffenstarrende, behelmte Polizisten aus. Jeder sah sie im Fernsehen: die zischenden Schlagruten, die haßverzerrten weißen Gesichter, die blutenden Striemen auf schwarzer Haut, die Schrotflinten, aus denen wilde Salven gefeuert wurden, die zusammengekrümmten schwarzen Leichen auf den Straßen. All das sah man in den Abendnachrichten, Tag für Tag, Monat für Monat. Die Zahl der Märtyrer stieg in die Hunderte, dann in die Tausende, und Südafrika war plötzlich ein brandaktuelles Thema. Rockstars und Berühmtheiten protestierten an den Polizeisperren vor der südafrikanischen Botschaft in Washington. Die Apartheid wurde zum Gegenstand von Talk-Shows. Überall in Amerika entstanden symbolische Sowetos auf dem Gelände von Colleges. Weltweit waren dreißig Filme gegen die Apartheid in Produktion.

Als die zunächst noch begrenzte Erhebung an Stoßkraft gewann, erschienen in den Anzeigenteilen südafrikanischer Zeitungen diskrete kleine Inserate, in denen Unterstützung bei der Beschaffung von Visa oder die Dienste internationaler Umzugsunternehmen angeboten wurden. 1985 erlebten diese Branchen in Südafrika einen Boom. Mehrere amerikanische Anwälte, die sich auf Probleme bei der Einwanderung spezialisiert hatten, eröffneten Kanzleien in den nördlichen Vorstädten von Johannesburg. Wer sich ihre Dienste nicht leisten konnte, hatte mehrere Taschenbuch-Bestseller mit Titeln wie *Leaving South Africa* zur Auswahl – Südafrika zu verlassen, war ein Gedanke, mit dem sich viele Weiße trugen. Die Macht der Weißen war erschüttert, in den Townships wüteten Aufstände. Die Wirtschaft krankte. Der Goldpreis fiel. Fast über Nacht verlor der Rand zwei Drittel an Wert. Die militanten schwarzen Gewerkschaften verlangten horrende Lohnerhöhungen, und wenn sie sie nicht bekamen, riefen sie den Streik aus. Im Ausland sprach man über Sanktionen. Jeder wußte, daß die gute alte Zeit vorbei war. Es war an der Zeit, das sinkende Schiff zu verlassen.

Bald konnte man überall in den schöneren Wohngegenden von Los Angeles, in den weißesten der weißen Viertel, wo die Mittelklasse wohnte, den Johannesburger Akzent hören – das klagende Genäsel von Highland North und das klangvolle, vollendete Englisch aus Saxonwold. Weiße Südafrikaner zogen mit Vorliebe nach Los Angeles. Die Stadt hatte ein sonniges Klima, und ihre eintönigen Vororte unterschieden sich kaum von denen, die die Emigranten hinter sich gelassen hatten. Viele ließen sich in Beverly Hills oder im Westen der Stadt nieder. Sie schwammen im Geld und sprachen ständig von ihrem Kampf gegen die Apartheid und davon, wie sehr sie die Schwarzen mochten und wie sie sich gegen die Tyrannei der Afrikaaner aufgelehnt hätten, bis es nicht mehr ging. Ich sah sie an und erschrak: So war ich selbst vor acht Jahren gewesen, das Blaue vom Himmel lügend.

Aber ich war noch immer derselbe. Man konnte auf Malan zählen, wenn man eine wortreiche Verurteilung der Apartheid hören wollte oder eine beißende Anekdote über einen unverbesserlichen Rassisten. Jetzt, da jeder wußte, was ein Township war und was dort passierte, stand die Meinung eines Südafrikaners hoch im Kurs. Es war eine merkwürdige Parodie meiner Jugend, daß Südafrikaner, nur weil sie aus Südafrika kamen, fast schon Berühmtheiten waren. Man wurde von Zeitschriften gebeten, über den Aufstand zu schreiben. Alle wollten ein persönliches Urteil hören. Wildfremde Menschen luden einen sogar zum Abendessen ein, nur damit man ihnen über Südafrika berichtete.

Ostern 1985 nahm ich in New York an einer solchen Dinnerparty teil. Der Gastgeber war ein linksliberaler Anwalt, der vor Liebe zu den Sandinisten in Nicaragua verging und sich für das Einfrieren der Atomwaffenarsenale begeisterte. Seine politischen Ansichten waren so untadelig wie die seiner Gäste. Am Vorabend war der südafrikanische Außenminister Roelof «Pik» Botha im Fernsehen zu sehen gewesen. Botha hatte über das nebulöse Konzept einer Beteiligung an der Macht gesprochen, das seine Regierung den schwarzen Untertanen anbiete. Er warnte vor den Folgen im Fall einer Ablehnung des Angebots. «Wir werden bis zum letzten Blutstropfen kämpfen», schwor er. Sein unverblümt harter Ton hatte meine amerikanischen Tischgenossen schockiert. Als unser Gastgeber zwischen zwei Gängen fragte, was das für ein Mensch sei, war ich mit dem Auftritt dran, mit dem ich mir das Abendessen verdiente.

Ich hätte die Wahrheit sagen können, aber nackte Fakten waren für Amerikaner so bedeutungslos und irrelevant wie die Tatsache, daß die Schwerkraft Lichtstrahlen krümmt. Für sie war Südafrika ein ferner Ort, wo alles ganz klar auf der Hand lag: Es war ein vom

Rest des afrikanischen Kontinents abgeschnittenes Land, bevölkert von grotesken weißen Bösewichtern und schwarzen Opfern. Für sie waren die Kämpfe in Südafrika eine Neuauflage ihrer eigenen Bürgerrechtsbewegung. Hätte ich ihnen diese Illusionen nehmen sollen? Ich tat es nicht. Ich sagte, was einleuchtend und offensichtlich war und was sie gern hören wollten. Ich erzählte ihnen von burischen Obersten, die beim Gedanken an Jimmy Carter ins Geifern gerieten. Ich berichtete, daß kleine Mädchen mit verdächtig krausem Haar aus weißen Schulen ausgeschlossen wurden. Als ich fertig war, schüttelten sie über so viel rückständigen Rassismus in Südafrika weise die Köpfe, und ich zählte meine dreißig Silberlinge.

Ich sagte nicht, was ich wirklich dachte, weil ich nicht konnte. Was ich dachte, hatte mit Politik nichts zu tun. Es hatte mit Afrika zu tun und mit alten Geheimnissen der Rasse, mit jenen seltsamen Kräften, die mich dazu getrieben hatten, mit Pistole und Messer bewaffnet ins Bett zu gehen und mein Land schließlich zu verlassen wie ein Feigling. Aber dieser Komplex war derart tabu, daß ich noch in meinen Träumen zum Schweigen verurteilt war.

Einmal träumte ich, ich sei auf einem festlichen Bankett in einer großen Hauptstadt. Der Saal war voller Diplomaten, Botschafter, hoher Regierungsbeamter und renommierter Zeitungskorrespondenten. Sie hielten Reden über mein Land und über das viele Blutvergießen. Auch ich brannte darauf, etwas zu sagen. Es war sehr wichtig. Ich wußte, warum diese schrecklichen Dinge geschahen, und ich kannte das Gegenmittel, die Formel für Verständigung und Genesung: Sie war mir wie durch ein Wunder plötzlich eingefallen. Als schließlich jemand fragte, ob ein Vertreter des ANC, des African National Congress, anwesend sei, hob ich, ein Bure, die Hand. Zitternd vor Aufregung schritt ich zum Podium, beugte mich über das Mikrophon und öffnete den Mund. Dann war mein Kopf auf einmal ganz leer, und mir fiel nichts ein, was ich hätte sagen können. Es gab für das, was ich sagen wollte, keine Worte. Meine Gedanken durften nicht ausgesprochen werden, sie waren mit einem Verdikt belegt und verboten. Wer hatte sie verboten? Die Hohepriester der westlichen Kultur. Was bedeutete dieser Traum?

Im Lauf des Jahres 1985 wurden die Bilder aus Südafrika, die über meinen Bildschirm flimmerten, immer grausamer, und ich träumte immer öfter. An einem Abend verprügelten im Fernsehen burische Polizisten schwarze Schulkinder, und ich fühlte mich mitschuldig. Am nächsten Abend verbrannten in meinem Wohnzimmer aufgebrachte schwarze Jugendliche einen Verräter bei lebendigem Leibe; ich dankte Gott, daß ich am anderen Ende des Erdballs lebte. Erneut stiegen die bösen Ahnungen von früher in mir auf, und in meinem Kopf entbrannte wieder der frühere Kleinkrieg. Ich beschimpfte mich selbst als krankhaften Rassisten, hielt gleich darauf aber dagegen, daß ich doch nur Realist war. Gerade zu dieser Zeit erhielt ich einen Brief aus Soweto, verfaßt in kindlicher Handschrift. Er kam von unserem lieben Hausmädchen Miriam Tshabalala. Sie konnte weder lesen noch schreiben und hatte ihn wahrscheinlich einem ihrer Kinder diktiert. Miriam war inzwischen im Ruhestand und wohnte in Diepkloof in einem Haus, das mein Vater für sie gekauft hatte. Diepkloof gehörte zu den Stadtteilen von Soweto, in denen der Rassenkrieg am schlimmsten tobte. Sie ließ mir folgendes sagen: «Ich sehe jetzt, daß das Ende der Welt kommt. Nachts kann man nicht hinaus. Ungefähr ab acht Uhr müssen wir Angst haben, daß Soldaten auf uns schießen. Ich kann Ihnen gar nicht sagen, wie das ist. Schon so lange habe ich Angst, aber das Wichtigste ist, daß Gott mit uns ist. Beten Sie zu Gott. Vergessen Sie es nicht, wenn Sie zu Bett gehen.»

Ja-nee, Südafrika, *ja-nee*. Seit acht Jahren war ich auf der Flucht, ich war bis ans Ende der Welt geflohen, aber dem Paradox war ich nicht entkommen. Es hielt mich noch immer in den Klauen. Ich war mein Leben lang davongelaufen, und jede Flucht hatte mich noch mehr geschwächt und mir noch mehr an Würde und Selbstachtung genommen. Jedesmal wenn ich den Mund auftat und über Südafrika sprach, beging ich einen weiteren Verrat an mir. Ich sagte immer, was auf der Hand lag und leicht gesagt war. Ich spielte den burischen Dissidenten, der zu anständig ist, um für die Apartheid ein Gewehr in die Hand zu nehmen. Für mein politisches Prestige wirkte das Wunder, den Millionen von Miriams brachte es gar nichts. Ich hatte keine Ehre: weder als Afrikaaner noch als Liberaler, weder als Reporter noch als Mensch.

Außenstehende können das sicher kaum verstehen, aber Südafrika hat die Psyche seiner Landeskinder so fest im Griff, daß ein

Entrinnen fast unmöglich ist. Wir alle waren in ein rätselhaftes, packendes Drama der Geschichte gestürzt worden, aber ich war von der Bühne desertiert. Ich wußte nicht, welche Rolle ich spielen sollte, und doch fühlte ich, daß ich ein halber Mensch blieb, solange ich es nicht herausgefunden hatte. Wenn ich in Los Angeles blieb, würde man mir nach meinem Tod einen Grabstein mit der Aufschrift setzen: «Er ist davongelaufen». Die Leute würden fragen, wer Malan gewesen sei. Sie würden überrascht sein, wenn sie erfuhren, daß er Südafrikaner gewesen sei. Auf welcher Seite er denn gestanden habe? Das wußte er selbst nicht.

Wenn ich auf mein bisheriges Leben zurückblickte, so schien es mir in dem Augenblick aus den Fugen geraten zu sein, als ich Polizeireporter wurde. Das war bei der Zeitung die niedrigste Aufgabe, aber sie führte mich an ungewöhnliche Orte: zu einem Polizeirevier, aus dem tief in der Nacht Schreie gellten; zum gemeinsamen Tee mit einem kaltblütigen Oberst; ins Leichenschauhaus zu einem ermordeten schwarzen Kind mit ausgestochenen Augen; auf eine Straße, auf der ein Schwarzer mit einer Axt Amok lief und dazu schrie: «Afrika! Afrika!» Nicht durch das Leben in den weißen Vorstädten Südafrikas wurde ich mit dem Paradox konfrontiert. Das geschah erst durch die Arbeit als Polizeireporter. Erst dann konnte ich die richtigen Fragen stellen, Fragen, die bis zum dunklen Kern der Sache vorstießen. Ich war zu feige, die Antworten abzuwarten. Statt dessen lief ich davon.

Ich hätte in meine Heimat zurückkehren sollen, selbst wenn ich meinen Unterhalt als Grundstücksmakler hätte verdienen müssen. Aber ich tat es nicht. Ich setzte mich an die Schreibmaschine, tippte ein Exposé für ein Buch und schickte es einem New Yorker Verleger. Ich schob meine Rückkehr mehrere Monate hinaus, aus Angst, als Fahnenflüchtiger eingesperrt zu werden. Schließlich überließ ich mein Schicksal dem Zufall und stieg in ein Flugzeug. Ich hoffte, daß man mich vergessen hatte. «Um in Afrika zu leben», hat Hemingway gesagt, «muß man wissen, was es heißt, in Afrika zu sterben.» Das sagte mir etwas. Ich flog in die Heimat zurück, um wieder als Polizeireporter zu arbeiten. Um darüber zu schreiben, wie wir uns gegenseitig umbrachten, und so eine Lösung für das Paradox zu suchen, das meine südafrikanische Existenz bestimmte.

Buch II

GESCHICHTEN VOM ALLTÄGLICHEN MORD

Und Sie kennen ja das Kulturgesetz: Zwei Zivilisationen können einander nicht wirklich gut kennen und verstehen. Sie werden zunehmend taub und blind. Sie fühlen sich in Ihrer eigenen, von einer Hecke geschützten Zivilisation wohl, und die Signale der anderen Zivilisation werden für Sie immer schwerer verständlich, als kämen sie von Bewohnern der Venus. Wenn Sie Lust verspürten, könnten Sie in Ihrem eigenen Land sogar zum Entdecker werden. Herr Kolumbus, Magellan, Livingstone. Aber ich bezweifle, daß Sie das reizen würde. Solche Expeditionen sind gefährlich, und Sie sind ja schließlich kein Narr.
Ryszard Kapuściński, *König der Könige*

Ein Gefühl ließ mich nicht los, das ich selbst nicht begriff. Ich mußte immer daran denken, wie sonderbar das Land roch. Es war der Geruch von Blut, als sei die Erde mit Blut getränkt.
C. G. Jung über seine Ankunft in Afrika

Es ist schön, aus dem Exil heimzukehren, selbst wenn man aus einem krisengeschüttelten Land wie Südafrika stammt – oder vielleicht gerade deshalb. Dort liegt etwas in der Luft, das der burische Dichter Breyten Breytenbach den «Herzschlag und die Gefahr der Schönheit» nannte. In einer Weise, die ich nicht richtig ausdrücken kann, sind in diesem Etwas all der Haß und Schrecken enthalten, all die gebrochenen Herzen und das blinde Vertrauen auf Heilung irgendwann, eines unbestimmten Tages. Es heißt, Junkies nähmen manchmal die Schweißausbrüche und die Übelkeit beim Entzug in Kauf, nur um nachher wieder von vorn anfangen und den ekstatischen Rausch genießen zu können, als sei es das erste Mal. So war es, wieder nach Hause zu kommen.

Das erste, was ich sah, als ich bei einer kurzen Zwischenlandung in Johannesburg aus dem Flugzeug stieg, waren einige Schwarze, die mit Kofferkulis Gepäck beförderten. Es waren ganz gewöhnliche schwarze Arbeiter mit ausdruckslosen, unergründlichen Gesichtern. Ich konnte ihre Sprache nicht verstehen, doch bei ihrem Anblick war ich wie verwandelt. Ich starrte sie nur an und fluchte innerlich über die Tränen, die mir über die Wangen liefen. Es war so dumm. Die absurdesten Dinge überwältigten mich, der Klang des Afrikaans, der Anblick eines Buren im Safarianzug mit einem Kamm im Strumpf, das Konterfei Jan van Riebeecks auf einer südafrikanischen Banknote. Durch einen Schleier von Tränen sah ich den Tafelberg, an dessen Fuß sich vor drei Jahrhunderten der erste Malan niedergelassen hatte, und ich weinte in das Fell der beiden kläffenden Promenadenmischungen hinein, die meine Mutter mitgebracht hatte, als sie mich vom D. F. Malan Airport in Kapstadt abholte. Ich weinte sogar über meinen Alten Herrn, der an diesem ersten Abend in seinem Sessel saß und mir in seiner aufrechten, christlichen Art erklärte, daß die Verfassungsreform von 1984 immer noch aktuell sei, egal was in den Zeitungen stehe, und daß sich am Ende alles zum Guten wenden werde.

Soviel ich wußte, hatte er vollkommen recht. Als ich aus dem Fenster sah, war es neblig und goß in Strömen. Ich war gegen Ende des Winters nach Hause zurückgekehrt. Ein kalter Wind wehte vom Südatlantik herüber und brachte Nebel und Regen. Hohe Wellen schlugen über dem Wellenbrecher vor dem Hafen von Kapstadt zusammen. Es sah ziemlich schlimm aus, aber es sollte noch schlimmer kommen. Während das übrige Land in Flammen stand und von Krawallen und Auseinandersetzungen in der Bevölkerung erschüttert wurde, war es in Kapstadt noch relativ friedlich. Am fünften Tag nach meiner Rückkehr klarte es auf. Am siebten Tag rief Reverend Allan Boesak von der Vereinigten Demokratischen Front, der legalen Anti-Apartheid-Bewegung, zu einem Marsch nach Pollsmoor auf, wo Nelson Mandela inhaftiert war. Die Polizei sperrte die Straße mit Panzerfahrzeugen ab. Ein paar Jugendliche warfen Steine. Die Polizei eröffnete das Feuer. Menschen wurden getötet, und explosionsartig entlud sich die in den Townships von Kapstadt aufgestaute Aggression.

Nach diesem siebten Tag gab es jeden Tag neues Blutvergießen. Wenn ich auf dem Rasen vor dem Haus meines Vaters stand und nach Süden blickte, sah ich über den Schlachtfeldern Rauch aufsteigen, über den trostlosen, vom Wind gepeitschten salzigen Ebenen, wo die Schwarzen lebten und wo sich nur wenige Weiße hinwagten. Am nächsten Morgen würden Bilder davon auf der Titelseite der *Cape Times* erscheinen, große Farbfotos voller schrecklicher Details: Panzer, die wie mittelalterliche Streitwagen über die Schlachtfelder rollen und so hoch aufragen, daß sie den halben Himmel verdunkeln; maskierte schwarze Jugendliche, die Molotowcocktails werfen; eine aufgebrachte Menge von Schwarzen, die unaufhaltsam und unkontrollierbar durch die Straßen drängt, und am Himmel über ihnen Flammen und schwarzer Rauch. Die weiße Bevölkerung der Stadt wurde von Furcht und böser Vorahnung erfaßt. Wenn ich durch die Straßen ging, fiel es mir schwer, Schwarzen in die Augen zu sehen. Vielleicht bildete ich es mir nur ein, aber es hatte den Anschein, als hielten die Weißen am Himmel ständig Ausschau nach Flammen, Rauch oder sonstigen unheilverkündenden Zeichen und als suchten sie den Horizont nach den tobenden Massen ab, auf die sie schon so lange warteten.

Zwar hatte ich all das schon 1976 erlebt, doch nun war mir, als sähe ich es zum erstenmal, als begriffe ich endlich die Auswirkungen der Krawalle auf die Psyche der Weißen. Die Weißen schienen sich ängstlich in sich zurückzuziehen, sich gegenüber Afrika zu verschließen und das Elend in den Behausungen der Schwarzen einfach zu ignorieren. Früher, als Marxist, hätte ich gesagt, Ursache dieser peristaltischen Krämpfe sei der Klassenkampf, das weltweite Drama von Haben, Nichthaben und Wollen. Aber jetzt erschien mir diese Erklärung völlig unzureichend, viel zu trivial und nüchtern, um die furchtbare Macht der weißen Unterdrückung zu beschreiben. Damit war zum Beispiel das Foto eines Zwölfjährigen in der *Cape Times* nicht zu erklären: Der Junge stand mit dem nackten Rücken zur Kamera, auf seiner braunen Haut waren die Striemen von einer Schlagrute zu sehen. Warum hatten sie das getan? Um ihre Klasseninteressen zu fördern? Quatsch. Sie taten es, weil der Junge schwarz war und unterdrückt werden mußte. Sie taten es, weil sie Angst vor ihm hatten. Das war das Gesetz und das Vermächtnis Dawid Malans. Wir unterdrückten die Schwarzen aus Furcht, sie könnten sich auf uns stürzen und uns die Kehlen durchschneiden.

Als ich Kapstadt verließ, waren gepanzerte Fahrzeuge auf dem Highway. Ich nahm eine Route, auf der Weiße nach Einbruch der Dunkelheit nur selten fuhren, weil sie Angst hatten, ihnen könnte ein Ziegelstein durch die Windschutzscheibe fliegen. Ich fuhr einen alten Mercedes, einen richtigen Panzer. Ich hatte ihn ausgesucht, weil er billig war und Steine ihm nichts anhaben konnten. Ich trug eine Sonnenbrille und hörte über Kopfhörer die amerikanische Popgruppe Art of Noise. Meine Schuhe kamen aus Italien, meine Lederjacke stammte aus New York. Man hätte mich für einen modernen Menschen halten können, aber in meinem Herzen waren immer noch einige uralte Dinge lebendig.

Außerhalb der Stadt kam ich an dem hohen, weißen Tor von Vergelegen vorbei, dem einstigen Besitz Dawid Malans. Das alte Haus im kapholländischen Stil stand immer noch, auch der Stall, wo er am Abend des 11. August 1788 die Pferde sattelte. Ein paar Kilometer weiter führte der vierspurige Highway in die Berge, hinauf zu Dawid Malans Paß. Ein Steinhaufen am Berghang markierte die Stelle, wo das Häuschen stand, in dem er sich mit Sara getroffen hatte. Es war alles noch da, der sichtbare Beweis und das unsichtbare Vermächtnis.

Ich fuhr zum Paß hinauf, überquerte den Overberg und folgte Dawid Malans Spuren. Ich kam durch die Stadt, in der er Vorräte gekauft, und an den Fluß, den er auf einer Fähre überquert hatte. Dann entfernte auch ich mich vom Kap und drang in Afrika ein. Es war eine wilde Landschaft, und die Straße war mit rotem Staub bedeckt. Das Licht war grell und schmerzte in den Augen. Am Straßenrand sah ich Afrikaner, Schwarzafrikaner. Manchmal hoben sie den Daumen. Ich nahm eine schwarze Frau mit, deren Gesicht nach altem Brauch der Xhosa mit einer rötlichen Paste bestrichen war. Zu Zeiten Dawid Malans hätte sie sich roten Lehm aufs Gesicht geschmiert. Jetzt, 1986, bestand das Schönheitsmittel aus Instantkaffee. «Nescafé», sagte sie.

Es war sonderbar. Ich fuhr durch Gegenden, die von Landstraßen und Überlandleitungen durchzogen wurden. Die wind- und wettergegerbten Buren von damals trugen jetzt dunkle Brillen und fuhren japanische Pickups, und ihre Feinde, die Xhosa, waren größtenteils zu einem unterdrückten Proletariat geworden. Sie wohnten auf Betonböden unter Blechdächern und gingen in Jackett und Krawatte oder mit Schutzhelm zur Arbeit. Und doch hatte sich eigentlich seit Dawid Malans Zeiten nichts Wesentliches geändert. Am Ortsrand von Kirkwood, rund achtzig Kilometer vom Great Fish River entfernt und achtzig Kilometer südlich der Stelle, wo Dawid Malan begraben liegt, stieß ich auf eine Straßensperre der Armee. Die Soldaten zerrten Schwarze aus ihren Wagen und durchsuchten sie, aber mich winkten sie durch. Ich war weiß. Wie zu Zeiten Dawid Malans konnte man auch heute noch den Feind an seiner Hautfarbe erkennen.

Ich stieg im einzigen Hotel von Kirkwood ab und machte in der

Dämmerung noch einen Spaziergang. Der Wind wirbelte den Staub auf. Auf den Straßen war es still. Nur das Rascheln von Zeitungsfetzen und das Quietschen von Ladenschildern im Wind waren zu hören. Auf einem dieser Schilder las ich den Namen Salters, und die Geschichte von Jack Salters fiel mir wieder ein. Er war der einzige rechtschaffene Weiße in Kirkwood gewesen, ein britischer Einwanderer, der eine Farbige geheiratet hatte. Nach der Hochzeit weigerten sich viele Weiße, Salters' Gemischtwarenladen zu betreten. Sie behaupteten, der Laden verbreite einen *vuil Hotnotstink*, den «fauligen Gestank von Hottentotten». Auf der Straße schnitten sie Salters, und wenn er bei ihnen einkaufen wollte, hängten sie das Schild «Geschlossen» an die Tür. Schließlich entzogen ihm die Stadtältesten die Konzession für sein Geschäft. Jetzt war Jack Salters fort, wieder daheim in England, und die Hauptstraße war verlassen, abgesehen von mir und dem Dorftrottel, einem mongoloiden Jungen mit dem Körper eines Erwachsenen.

Während wir uns unterhielten, bemerkte ich, daß uns auf der gegenüberliegenden Straßenseite ein bärtiger Weißer in einem weißen Safarianzug beobachtete. Als ich weiterging, wechselte der Mann ein paar Worte mit dem Schwachsinnigen. Ich bog um eine Ecke, und der Fremde folgte mir. Ich machte eine Runde um den Block. Der Schwachsinnige stand immer noch an derselben Stelle und starrte in die Luft. «Wer ist der Mann?» fragte ich ihn. «Der Onkel ist Polizist», antwortete er. Das klang plausibel. Vor dem Hintergrund der überall herrschenden Paranoia war ich eine verdächtige Person. Meine Haare waren zu lang, meine Kleidung war ausländisch, und ich fuhr einen Wagen mit Johannesburger Nummernschild. Spaßeshalber ging ich weiter, bis ich das blaue Leuchtschild des Polizeireviers sah. Ich marschierte geradewegs in das Büro des örtlichen Polizeichefs, zückte meinen Presseausweis und stellte mich vor.

Der Polizeichef war ein schmächtiger, grauhaariger Mann. Er trug eine blitzsaubere blaue Uniform und hatte ein freundliches, faltiges Gesicht und unentschlossene blaue Augen. Zu seinen Füßen lag ein goldbrauner Cockerspaniel. An der Wand hinter ihm hingen Auszeichnungen für den Dienst im Grenzgebiet. Der Name auf den Urkunden kam mir bekannt vor. Leutnant William Fouche. Dann dämmerte mir, daß ich dem berüchtigten Schlächter von Langa gegenüberstand, jenem Offizier, der vor einigen Monaten der Polizei befohlen hatte, das Feuer auf eine unbewaffnete Menge von Schwarzen zu eröffnen. Der Vorfall wurde als Massaker von Langa bekannt. Neunzehn Schwarze wurden getötet, anderen Zählungen zufolge sogar dreiundzwanzig oder siebenundzwanzig. Bei der anschließenden gerichtlichen Untersuchung stellte sich heraus, daß einige von Fouches Leuten die Schwarzen verspottet und damit zum Steineschleudern provoziert hatten, bevor sie sie niedermähten.

Fouche mußte den Ausdruck auf meinem Gesicht bemerkt haben, denn er begann zu erzählen, daß er in Wirklichkeit nicht der Bösewicht sei, zu dem ihn die Presse gemacht habe. Er schwang auf seinem Stuhl herum und deutete auf eine der Urkunden an der Wand hinter ihm. Er hatte sie dafür erhalten, daß er hundertvier Schwarze aus den Fluten des Gamtoos River gerettet hatte. Und jetzt sollte er ein rassistischer Schlächter sein? Er beteuerte immer wieder, daß das nicht wahr sei. «Ich glaube an den Wandel», sagte er. «*Ons kannie met n ossewa en perd voortgaan nie* [Wir können nicht so weitermachen, mit Ochsenkarren und Pferden]. Wir brauchen die Veränderung. Ich habe nichts dagegen, mit einem Schwarzen Tür an Tür zu wohnen. Er muß sich nur benehmen.»

Überrascht, daß Fouche sich mit solchem Nachdruck gegen unausgesprochene Anschuldigungen zu rechtfertigen suchte, fragte ich ihn nach seiner Version der Ereignisse in Langa. Er habe in dem Township etwas Furchtbares erlebt, erzählte er, etwas, das ihn zutiefst erschüttert habe. Einmal waren er und sein Trupp losgeschickt worden, um einen der schwarzen «Mitarbeiter» in Langa vor einer tobenden Menge zu retten. Sie kamen zu spät. Als sie am Schauplatz erschienen, stand das Haus des Kollaborateurs bereits in Flammen, und seine ganze Familie war tot. Einen Sohn hatte der Vater selbst erschossen, weil er ihn davor bewahren wollte, lebendig verbrannt zu werden.

Danach, so Fouche, habe er gesehen, wie sich ein Mann von einer verkohlten Leiche ein Stück abschnitt und es aß. Ich schüttelte ungläubig den Kopf, aber Fouche schwor, die Wahrheit zu sagen. Später prüfte ich die Geschichte nach, und es stimmte alles, bis auf eins: Der Vorfall war in der allgemeinen Hysterie und Wut nach dem

Langa-Massaker passiert, nicht davor. Anscheinend war ich in ein Land zurückgekehrt, in dem alles möglich war, selbst der schlimmste Horror.

«Man hat leicht reden, wenn man nicht dabei war», fuhr Fouche fort. «Die Schwarzen wollten durch den weißen Teil der Stadt marschieren. Mein Befehl lautete, sie zur Umkehr zu veranlassen, aber sie wollten nicht hören. Was sollte ich tun? Was hätten Sie getan?»

Offenbar quälte ihn die Erinnerung, und ich wechselte das Thema. «Wie steht es mit der Sicherheit?» fragte ich.

In letzter Zeit sei es ruhig gewesen, meinte er, ruhiger als sonst. Ein paar Monate zuvor war es in Kirkwood zu einem Aufstand gekommen, einem unter tausend, die Presse hatte kaum Notiz davon genommen. Die Schwarzen brannten das Büro der verhaßten Bantu-Verwaltung des Townships nieder und zerstörten ein paar Busse und die Häuser von fünf schwarzen Polizisten. Die Polizei trieb die Menge mit Tränengas und Schrot auseinander, und viele Demonstranten wurden verletzt.

Ein oder zwei Wochen später wurde ein alter Bure auf seiner abgelegenen Farm dadurch wach, daß eine Horde von Mandela-Anhängern mit Äxten seine Küchentür zertrümmerte. Er schoß so lange durch die Tür, bis er keine Munition mehr hatte. Dann drangen die Schwarzen in das Haus ein, und das war das Ende des Buren und seiner Frau. In den Monaten seither wurden alle Weißen, deren Farmen an Kirkwoods schwarzes Township grenzten, durch Brandstiftung und Plünderung von ihrem Land vertrieben. Das einstige Grenzland war immer noch Grenzland.

Am Abend, bevor der Aufstand begonnen hatte, war ein handgeschriebenes Manifest an die Bürotür der Bantu-Verwaltung genagelt worden. Der Text lautete: «Kinder Afrikas, laßt uns um unser Leben kämpfen. Wir haben unsere Soldaten verloren, sie wurden von weißen Schweinen getötet. Holländer, Leute, die über das Meer kamen, etc. knallen uns ab wie Vögel, weil wir keine Waffen haben. Diese Blutsauger. Ich meine die weißen Schweine, die Buren, die weißen Hunde. Warum befreien wir unsere schwarze Nation nicht von dieser Unterdrückung? Sie sollen ihre Koffer packen und in ihre Heimat Holland zurückkehren. Wir erheben uns gegen die Regierung. Gott schütze euch. Soldatenkameraden aus Afrika.»

Soldaten aus Afrika gegen die Holländer. Es war eine Formel, die Dawid Malan sofort erkannt hätte. Nichts war vergessen und nichts vergeben.

Am nächsten Morgen überquerte ich den Great Fish River und fuhr in die heutige Transkei, das unabhängige Homeland der Xhosa. Durch die Scheiben eines fahrenden Autos sah die Transkei aus wie ein riesiger Billardtisch. Das grüne Gras war von den vielen Viehherden bis zur Narbe abgegrast, abgemäht wie ein Bowlingplatz. Auch das war ein Teil von Dawid Malans Vermächtnis, die unabänderliche Folge einer Politik, die Südafrikas schwarze Bevölkerungsmehrheit auf dreizehn Prozent der Landesfläche zusammenpferchte.

Auch hier war die politische Lage gespannt. Vor dem Eingang der Universität der Transkei waren Soldaten mit Gewehren postiert. Entlang der Straße standen schwarze Anhalter, ernste junge Männer mit Taschen, Koffern und Pappschildern, auf denen ihr Reiseziel angegeben war. Ich nahm einen mit. Er erzählte mir, die Schutztruppe der Transkei habe einfach den Campus besetzt, um einen Aufstand gegen die Regierung des Homelands zu verhindern.

Der Student hieß Mandla. Er war ein netter Junge, sehr religiös und ein leidenschaftlicher Idealist. Als er merkte, daß ich ihn verstand, begann er, über die «Handlanger» in der Führung des Homelands zu schimpfen, die er zutiefst verachtete. «Diese Bastarde», sagte er, «sie verkaufen uns, wie Judas Christus verkauft hat. Sie verkaufen uns für Geld. Das ist alles, was sie interessiert – das Geld, das sie von den Buren bekommen.» Sein Haß war nicht unbegründet. Einem kurz zuvor veröffentlichten Bericht zufolge wurden mindestens 175 Millionen Rand (85 Millionen Dollar) von der «Auslandshilfe» der Regierung Botha für die Stammesstaaten auf Privatkonten ihrer jeweiligen Führer umgeleitet. Noch verblüffender als die unterschlagene Summe war freilich die Reaktion der Regierung Botha auf den Bericht. In Afrika, erklärte ein Regierungssprecher, sei diese Art von Korruption ganz «natürlich». Mandla und ich mußten herzlich darüber lachen.

Tatsächlich artete das ganze Apartheidproblem in eine Tragikomödie aus, vor allem in der Republik Transkei. Kaiser Matanzima, das Staatsoberhaupt der Transkei, war vor kurzem von seinem Bruder George, dem Regierungschef, kaltgestellt worden. George hatte ein einnehmendes Wesen. Auf seinen Bankkonten hatte er unzählige Millionen gestohlener Rands, und in seinem Bürosafe bewahrte er einen Totenschädel auf. Wenig später sollte er von Stella Sigcau, «Afrikas erstem weiblichem Regierungschef», von seinem Posten verdrängt werden. Doch auch seiner Nachfolgerin war nur eine kurze Amtszeit beschieden: Bereits nach zwölf Wochen wurde sie durch einen Militärputsch gestürzt. Unterdessen gab es Gerüchte über einen Krieg zwischen der Transkei und der benachbarten Ciskei, einer weiteren Bananenrepublik der Apartheid, die von dem brutalen Demagogen Lennox Sebe regiert wurde. Sebe war wütend über die Entscheidung der Transkei, seinem Bruder Charles Asyl zu gewähren. Er beschuldigte seinen Bruder, gegen ihn zu intrigieren.

«Ich hasse diese Menschen!» rief Mandla. «Ich hasse sie!» Er brauchte Stunden, um seinem Haß auf das System in all seinen Ausformungen Luft zu machen. Als wir das tausendeinhundert Kilometer nördlich gelegene Elandsfontein erreichten, schimpfte er immer noch. Ich entschuldigte mich, weil ich ihn unterbrechen mußte, und ließ ihn am Stadtrand aussteigen. Ich hatte beruflich in Elandsfontein zu tun. Ich wollte das Grab eines gewissen Dennis Mosheshwe besuchen und herausfinden, warum er gestorben war.

Merle Beetge kam aus einem weißen Vorort von Johannesburg. Ihre Familie sprach Englisch und unterstützte die United Party, die bevorzugte Partei der Engländer, die insgeheim die Apartheid billigten, sich aber nicht auf die Seite der blutrünstigen Niederländer stellen wollten. Merle hätte vielleicht nicht genau mit dieser Auffassung übereingestimmt, aber damals hatte sie noch keine feste politische Meinung. Als junge Frau war sie viel mehr daran interessiert, von ihren Verehrern Blumen zu bekommen, mit ihnen auszugehen und die zahlreichen Heiratsanträge genau abzuwägen. Sie war sehr schön, eine zierliche Frau mit feinen Gesichtszügen, lebhaften blauen Augen und ausgeprägten Wangenknochen à la Katharine Hepburn. Im Jahr 1967 heiratete sie Jurie Beetge, einen Werbefachmann mit eigenem Büro in Johannesburgs Zentrum. Ihr Mann war auf einer Farm aufgewachsen und sehnte sich nach dem Landleben zurück, deshalb zogen sie hinaus nach Elandsfontein.

Elandsfontein ist nicht weit von Johannesburg und der Zivilisation entfernt, aber es ist eine andere Welt, eine Welt aus lauter Kleinfarmen. Alle Großstädte Südafrikas sind umgeben von einem Gürtel solcher kleiner Landparzellen, *plots* genannt und bewirtschaftet von portugiesischen Gemüsebauern, britischen Neubürgern, die einen Swimmingpool und Ponies auf ihrem Land haben und es «Landsitz» nennen, und von Afrikaanern der Arbeiterklasse. Draußen in den *plots* kann ein Bure, der sich keine richtige Farm leisten kann, die Phantasievorstellung von der ländlichen Vergangenheit seines Stamms ausleben. Er kann sich eine Kuh und ein paar Schafe halten und Mais anbauen. Er kann seinen Chevy aufbocken, die ganze Nacht den Motor aufheulen lassen und den Doppelvergaser einstellen. Er kann sich mit Brandy und Coca-Cola vollaufen lassen und hinter dem Haus auf Blechdosen schießen. Als Weißer konnte man in Elandsfontein ein angenehmes Leben führen. Für einen Schwarzen konnte es die Hölle sein.

Kurz nachdem die Beetges dorthin gezogen waren, klopfte es eines Abends an der Hintertür. Davor stand ein Schwarzer und bat um Hilfe. Ein zweiter Mann lag auf dem Rasen und hielt sich den Bauch. Er blutete stark, denn er war bei einer Messerstecherei verletzt worden. Mrs. Beetge rannte zum Telefon. Zuerst rief sie in Baragwanath an, dem großen staatlichen Krankenhaus in Soweto. Nicht unser Problem, lautete die Antwort, unsere Krankenwagen fahren nicht so weit raus. Also rief sie die Polizei an. Der diensthabende Beamte des nächstgelegenen Polizeireviers erklärte, er könne nichts tun, weil beide Wagen auf Streife seien. Ein Mann verblutete auf dem Rasen, aber es schien niemanden zu kümmern. Schließlich setzte Mrs. Beetge den Verletzten in ihren Wagen und fuhr ihn selbst ins Krankenhaus.

In Elandsfontein war dies ein ungewöhnlicher Akt der Nächstenliebe. Für Schwarze gab es in Elandsfontein keinerlei Dienstleistungen, und kein anderer Weißer wäre derart hilfsbereit gewesen. Die Nachricht von Mrs. Beetges guter Tat verbreitete sich im ganzen Bezirk, und bald mußte sie unzählige Schwarze mit verstümmelten Gliedern, Krankheiten, Verbrennungen und Prellungen von und nach Baragwanath transportieren. Sie fing an zu begreifen, was es hieß, in Elandsfontein ein schwarzer Farmarbeiter oder Siedler zu sein. «Wenn einer starb», sagte sie, «war das einfach grausam. Niemand kümmerte sich um ihn. Immer war gleich ein anderer Schwarzer da, um ihn zu ersetzen.»

Viele dieser potentiellen Ersatzleute lebten eben außer Sichtweite in einem schmutzigen Siedlercamp namens Weiler's Farm. Rund fünftausend schwarze Siedler waren dort untergebracht. Vierzig bis fünfundvierzig Prozent davon waren arbeitslos, und ebenso viele hatten keine Pässe, die es ihnen erlaubt hätten, in einem weißen Gebiet zu leben. Einmal die Woche, normalerweise Freitag abends, führte die Polizei im Camp eine Razzia durch. Jeder, den man ohne Paß erwischte, wurde zwei Minuten lang vor Gericht angehört und anschließend zu den üblichen dreißig Rand Geldstrafe oder zu dreißig Tagen Haft verurteilt. Die Schwarzen, die die Geldstrafe nicht bezahlen konnten, arbeiteten oft dreißig Tage lang als Gefangene auf weißen Farmen. Wenn sie zurückkamen, lächelten sie traurig und sagten: «*Ons is verkoop*. Man hat uns verkauft.» Verkauft, als seien sie Sklaven. Das Siedlercamp war ein Vulkan des Elends, und viele der unglücklichen Menschen, die er ausspuckte, klopften an Merle Beetges Tür.

Manchmal, wenn Merle von der Arbeit nach Hause kam, warteten schon zwanzig verzweifelte Menschen vor ihrer Tür und baten sie um Hilfe und Rat. Ein Kind hatte Ruhr, ein Ehemann Tuberkulose. Ein anderes Kind litt an Kwashiorkor, schwerem Proteinmangel, der Freund eines Mädchens hatte eine Stichwunde. Ein Vater war als Gefangener «verkauft» worden, seine Kinder hungerten. Andere hatten Probleme mit dem Paßamt oder dem weißen *baas*, dem weißen Herrn. In Elandsfontein war es nicht ungewöhnlich, daß sparsame Weiße einen schwarzen Arbeiter am Ende des Monats feuerten und sich weigerten, ihm seinen Lohn zu zahlen. Wenn der Arbeiter auf seinem Recht beharrte, trieb man ihm seine Überheblichkeit mit der Peitsche aus. «Wenn du zur Polizei gehst», erzählte mir ein Schwarzer, «bringt man dich einfach wieder zu deinem *baas*, und dann bekommst du noch mehr Schläge.» Deshalb gingen Schwarze nur selten zur Polizei. Statt dessen gingen sie zu Merle Beetge.

Im Jahr 1983 fuhr Merle wieder einen schwerverletzten Schwarzen ins Krankenhaus. Er hieß Daniel Molefe, und dies ist seine Geschichte. Er befand sich auf dem Heimweg und benutzte einen Pfad, der durch das Land der Viljoens führte, einer rohen Buren-Sippe, die als besonders schießwütig galt. Ortsansässige Schwarze nannten die Viljoens *Baas en Missies Skiethom*, «Herr und Frau Schütze». Damals wohnte bei den Viljoens ihr Enkel Tony, der sich vor der Einberufung zur Armee drückte und sich hier vor der Militärpolizei versteckte. Da Tony keinen Job annehmen konnte, vertrieb er sich die Zeit damit, mit dem Luftgewehr auf Schwarze zu ballern, die auf dem Fußweg vorbeikamen. Bei den Weißen dort galt das als Sport. Daniel Molefe wußte über die Viljoens Bescheid, doch er hatte es eilig, deshalb nahm er die Abkürzung über ihr Land. Er hatte die Gefahrenzone bereits zur Hälfte passiert, als Tony plötzlich vor ihm stand, ihn zu Boden schlug und mit Fußtritten traktierte. Der Schwarze war übel zugerichtet und klagte über unerträgliche Schmerzen in der Brust. Wie sich herausstellte, hatte Tony ihm mit seinem Stiefel die Rippen gebrochen, und eine Rippe hatte einen Lungenflügel durchbohrt. Als Mrs. Beetge ihn ins Krankenhaus brachte, atmete er schwer und verlor immer wieder das Bewußtsein. Fünf Stunden später war er tot.

Mrs. Beetge war außer sich. Sie war sonst eher vornehm zurückhaltend, aber wenn ihr Blut in Wallung geriet, ließ sie sich durch nichts beirren. Sie setzte Molefes Witwe in ihren Wagen, fuhr zum Polizeirevier und drohte mit einem Skandal, wenn nichts unternommen würde. Der diensthabende leitende Beamte war zufällig einer von der anständigen Sorte. Er fuhr sofort zu den Viljoens, legte Tony Handschellen an und verhaftete ihn wegen fahrlässiger Tötung. Tony wurde vor Gericht gestellt, für schuldig befunden und zu vier Jahren Gefängnis verurteilt. Was anderswo noch eine viel zu milde Strafe gewesen wäre, war hier ein Triumph der Gerechtigkeit. Soviel Merle Beetge wußte, war dies das erste Mal, daß ein Weißer aus Elandsfontein ins Gefängnis mußte, weil er einen Schwarzen angegriffen hatte.

Was die weißen Bewohner der *plots* anbelangte, sollte es allerdings auch das letzte Mal sein. Nach Tonys Verhandlung fielen sie rachedurstig über Merle Beetge her. Mitten in der Nacht erhielt sie anonyme Anrufe und Morddrohungen. Weiße Männer in Pickups beschatteten ihre Kinder auf dem Heimweg von der Schule. Eines Abends brach ein Weißer mit einem weißen Wagen durch ihr Gartentor und kurvte wild über den Rasen, um Merles Diener John Mqaba zu überfahren. John rettete sich mit einem Sprung über den Zaun, und der Wagen brauste davon. Mrs. Beetge nahm die Verfolgung auf.

Sie hatte den weißen Wagen schon fast eingeholt, als dessen Fahrer sie im Rückspiegel entdeckte. Er bremste, machte kehrt und fuhr geradewegs auf sie zu. Sie riß das Steuer herum, um einen Zusammenstoß zu vermeiden. Jetzt war sie die Gejagte. Der weiße Wagen jagte sie eine Stunde lang mit hoher Geschwindigkeit durch die Gegend. Zweimal rammte er ihren Renault von der Seite, um ihn von der Straße zu drängen.

Schließlich konnte Mrs. Beetge ihren Verfolger abschütteln. Erschöpft kehrte sie nach Hause zurück und rief die Polizei an. Gerade als die Beamten kamen, durchbrach der weiße Wagen erneut das Gartentor. Die Polizisten zerrten den Fahrer aus dem Auto. Er gehörte zum Viljoen-Clan und war ein Cousin des Jungen, den Mrs. Beetge ins Gefängnis gebracht hatte. Außerdem war er stockbesoffen. Die Polizisten drückten ein Auge zu und brachten ihn nach Hause, damit er seinen Rausch ausschlafen konnte. «Ich hatte den Eindruck», sagte Merle Beetge später, «sie gaben mir für alles die Schuld.»

Ein paar Tage später lauerten unbekannte Weiße in einem weißen Wagen ihrem Diener John Mqaba an einer einsamen Straße auf. Sie schlugen ihm den Schädel ein, brachen ihm beide Arme und ließen ihn bewußtlos am Straßenrand liegen.

So ging es zu in Elandsfontein. Mit den Jahren verbesserten sich die Lebensbedingungen der Schwarzen. Liberale weiße Organisationen gewannen an Einfluß und unterstützten Mrs. Beetge. Weiße Wohlfahrtseinrichtungen nahmen im schwarzen Siedlercamp ihre Arbeit auf, und in der Ära Botha war die Polizei etwas weniger parteiisch. Trotzdem, Elandsfontein blieb Elandsfontein. Wenn jemand an Merle Beetges Tür klopfte, bedeutete das meistens Ärger.

An einem Sonntagabend im Sommer 1985 fand Mrs. Beetge zwei schwarze Frauen vor ihrer Tür. Paulina Msimang war ein schlankes, hübsches Mädchen von zweiundzwanzig Jahren. Ihre Mutter Mavis war mittleren Alters und wie die meisten afrikanischen Frauen schon ziemlich abgestumpft. Beim Anblick der beiden Frauen seufzte Mrs. Beetge innerlich und dachte: Es ist also wieder soweit. Dennoch lächelte sie und bat die Frauen ins Haus.

Sie kannte Mavis Msimang ziemlich gut. Mavis und ihre Familie gehörten zu den vielen Klienten ihres privaten Wohlfahrtsdienstes. Sie war eigentlich ein bemitleidenswerter Mensch, klein, recht hübsch, vielleicht vierzig und nicht unintelligent, aber in mancherlei Hinsicht ein hoffnungsloser Fall. Sie trank viel und war zutiefst fatalistisch. Sie bekam ein Kind nach dem anderen, und jedes hatte einen anderen Vater. Sobald die Wehen einsetzten, kam sie zu Mrs. Beetge. Wenn Mrs. Beetge nicht da war, legte sich Mavis einfach auf den Rasen vor dem Haus und wartete darauf, daß «die gnädige Frau» nach Hause kam und sie ins Krankenhaus brachte. Nach der sechsten Fahrt weigerte sich Mrs. Beetge, Mavis nach Hause zu bringen, wenn sie sich nicht sterilisieren ließ.

Arme Mavis. Es mangelte ihr und ihrer Familie an allem – an Essen, Kleidung, Erziehung, Stolz, Besitz, sogar an Ausweispapieren. Zwar war es schwer vorstellbar, daß Schwarze jahrzehntelang ohne Pässe im weißen Südafrika überleben konnten, doch die Familie Msimang schaffte es. Sie hausten in so ärmlichen Verhältnissen, daß sie gar nicht zu existieren schienen. 1985 lebten die meisten Angehörigen der Familie von der Rente der alten Großmutter. Das Geld reichte selten genug, daher baten sie oft Mrs. Beetge um Hilfe. Als Paulina und Mavis an diesem Sonntagabend vor ihrer Tür standen, glaubte Mrs. Beetge, sie seien wieder in einer ernsten Notlage.

Diesmal waren sie jedoch aus einem anderen Grund gekommen. Sie wollten das Verschwinden von Dennis Mosheshwe melden, Paulinas Lebensgefährten. Paulina war überzeugt, daß Dennis tot war. Sie sagte, sie könne seine Stimme hören, deshalb müsse er in das Reich der Toten eingegangen sein. Sie beschrieb die Umstände seines Verschwindens. Mrs. Beetges Hoffnung sank. Sie rief bei Black Sash (Schwarze Schärpe) an, einer Anti-Apartheid-Organisation von Frauen, und bat um Unterstützung durch einen Anwalt. Aufgrund dessen, was sie gehört hatte, mußte sie Paulina zustimmen: Dennis war womöglich schon tot.

Dennis Mosheshwe kam aus Nancefield, Soweto, und war, zumindest in den Augen eines barfüßigen Mädchens wie Paulina, ein Mann von Welt. Er war ein schmächtiger Bursche mit übertriebenem Selbstbewußtsein, rauchte Consulate-Zigaretten und war gut gekleidet. Er las Zeitungen, ging ins Kino und verkehrte in den besseren Kneipen. Er hatte einen guten Job: Er arbeitete in einem weißen Hotel und träumte davon, eines Tages ein ganz Großer unter den Schwarzbrennern zu werden, ein König der Kneipen. Als Paulina ihn kennenlernte, war er ungefähr zweiundzwanzig, und er eroberte das Herz der damals Zwanzigjährigen im Sturm. Die Zuneigung beruhte auf Gegenseitigkeit, deshalb gab Dennis Paulinas Mutter hundert Rand als Anzahlung auf den Brautpreis und nahm sie mit nach Soweto.

Dennis war zwar ein erwachsener Mann, aber er wohnte immer noch bei seinen Eltern. Er hatte keine andere Wahl und seine Eltern auch nicht, denn in Soweto gab es nicht genügend Wohnungen. Die Verfechter der Apartheid wollten keine weiteren Schwarzen in Soweto. Die Schwarzen sollten in ihre Homelands zurückkehren, deshalb wurde nichts gegen die akute Wohnungsnot unternommen. Dennis' Familie wartete schon sechzehn Jahre auf eine Wohnung. In der Zwischenzeit mußten sie alle zusammen in einem Zimmer in einem Hinterhof hausen. Zehn Menschen lebten bereits in diesem Zimmer, und mit Dennis' junger Braut waren es elf. Wenn er und Paulina miteinander schlafen wollten, mußten sie die anderen bitten, nach draußen zu gehen. Oder sie mußten warten.

Paulina und Dennis hatten bescheidene Träume. Sie bewunderten die Weißen und beneideten sie um ihren Reichtum. Sie hatten Angst vor der Polizei und vor einer bestimmten Sorte von Weißen. Darüber hinaus hatten sie keinerlei politische Interessen. Sie wollten lediglich ein eigenes Zimmer und irgendwann einmal ein Haus und vielleicht sogar ein Auto. Wenn Dennis frei hatte, machten sie oft einen Schaufensterbummel in Johannesburg und suchten sich Dinge aus, die sie kaufen wollten, falls sie einmal zu Geld kamen. Eines Tages kaufte Dennis Paulina einen schicken Faltenrock. Es war das Schönste, das sie je besessen hatte. Und eines Abends sahen sie sich zusammen den Film *Rocky III* an, in dem ein weißer Boxer gegen einen schwarzen kämpft. Paulinas Augen leuchteten, als sie die Handlung des Films erzählte und die Kleidung und den Lebensstil der Personen beschrieb. Es war der erste Film gewesen, den sie gesehen hatte.

Dann verlor Dennis seinen Job. Paulina wußte nicht warum. In Wahrheit wußte sie nicht einmal ganz genau, um was für einen Job es sich gehandelt hatte. Sie wußte nur, daß Dennis ihn hatte und dann verlor. Daraufhin blieb er bei ihr zu Hause und fing an, *zol* zu rauchen. Wenn er high war, war er ein anderer Mensch, eifersüchtig und paranoid. Manchmal beschuldigte er Paulina, anderen Männern hinter seinem Rücken schöne Augen zu machen. Einmal verprügelte er sie so, daß sie eine Fehlgeburt hatte. Trotzdem liebte Paulina Dennis und dachte nicht im Traum daran, ihn zu verlassen. Sie glaubte, ihr Leben würde sich ändern, wenn sie erst eine eigene Wohnung hätten. Als sie hörte, daß ein Weißer namens Matthew Homan einen Dienstboten suchte, nutzte sie die Gelegenheit, um aus dem engen Zimmer herauszukommen.

Matthew Homan war siebenundzwanzig und von Beruf Schlosser und Dreher. Er war ein tüchtiger, 1,50 Meter großer Mann mit einem gepflegten Schnurrbart und einem freundlichen Lächeln. Seine Frau Rita war rundlich und immer fröhlich. Die beiden hatten sich in der Kirche kennengelernt. Sie waren Mitglieder der Apostolischen Kirche – *happy-clappies*, wie man in Südafrika sagte: Sie glaubten an Handauflegen, Gesundbeten und Zungenreden. Sie hatten zwei kleine Töchter und wohnten in einer weißen Arbeitergegend namens Turffontein. Mr. und Mrs. Homan fanden Gefallen an Paulina Msimang und stellten sie als Hausmädchen ein.

Als Mädchen bei den Homans mußte Paulina kochen, Staub wischen, abwaschen, Betten machen, Schuhe putzen, Fenster putzen, Böden schrubben und auf die Kinder aufpassen, wenn der *baas* und die *missies* bei der Arbeit waren. Sie selbst arbeitete von morgens um sieben bis nachmittags um fünf, sechs Tage in der Woche, und ihr Lohn betrug dreißig Dollar im Monat plus Kost und Logis. Manchmal schimpfte Mr. Homan mit Paulina, und sie mußte hart ran. Doch insgesamt war sie hochzufrieden. Mit dem Job bekam sie gleichzeitig ein Zimmer, eine Behausung aus Beton im Hinterhof der Homans, mit Ungeziefer und praktisch ohne Fenster, aber immerhin ein Ort, wo sie und Dennis allein sein konnten. Sie vernichteten das Ungeziefer, rissen die schäbige Tapete von den Wänden und strichen das Zimmer blau. Sie kauften sich ein Transistorradio. Abends lagen sie Arm in Arm im Bett und hörten Radio Südafrikas Sendungen in der Sprache der Sotho. Sie waren sehr glücklich.

Eines Samstags stiegen sie in Johannesburg mit Paketen beladen in einen Bus, um Paulinas Familie in Elandsfontein zu besuchen. Paulina hing sehr an ihrer Mutter und ganz besonders auch an ihrer Großmutter, der Witwe Sina Msimang, die sie mehr oder weniger großgezogen hatte.

Mrs. Sina Msimang hatte ein hartes Leben hinter sich. Früher hatte sie in Soweto im eigenen Haus gewohnt. Sie war stolze Mutter von sechs Kindern und hatte einen treusorgenden Ehemann. Im Jahr 1962 starb ihr Mann. Das war eine unvorstellbare Katastrophe, denn sein Tod bedeutete weit mehr als nur den Verlust eines geliebten Angehörigen und seines Einkommens. Der Job des Ehemanns garantierte seiner Familie Wohnrecht im weißen Südafrika. Wenn der Mann starb, mußte seine Familie «nach Hause» gehen in ein tristes Stammesgebiet, das sie oftmals nie zuvor gesehen hatte. Eines Tages kamen Beamte der Bantu-Verwaltung mit einem Räumungsbefehl zu Sina und forderten sie auf, ihr Haus zu verlassen. Sina lud ihren Herd, ihre Töpfe und Pfannen, ihre Decken und ihre sechs Kinder auf einen Eselskarren und treckte traurig aus Soweto hinaus.

Sie wußte nicht, wohin sie gehen sollte. Doch irgendwo jenseits des Horizonts erreichte sie offenes Farmland, wo es Arbeit gab, schwere Arbeit auf weißen Kleinfarmen. Sie war in Elandsfontein.

Die Witwe Msimang blieb dort und zog ihre Kinder groß. Sie zog von Farm zu Farm, von Job zu Job, von erbärmlichen Hütten in armselige Bruchbuden, und verdiente zwei bis vier Dollar im Monat plus Kost und Logis. Im Jahr 1985 war sie zu alt und krank, um noch länger arbeiten zu können. Sie wohnte in einer Baracke auf dem Grundstück eines senilen Letten namens Max Weiler.

In seinem Altersspleen glaubte Max Weiler, unter seinem Weideland befänden sich Diamanten. Daher erlaubte er Schwarzen, sich auf seinem Land anzusiedeln, wenn sie ihm beim Graben halfen. Natürlich fanden sie keine Diamanten, aber als Weiler das erkannte, waren seine Ställe und Pferche bereits in Notunterkünfte umgewandelt worden, und rund um sein Haus waren Hunderte von Wellblechbaracken aus dem Boden geschossen. Fast fünftausend illegale schwarze Siedler holten ihr Wasser an einer einzigen Pumpe und verrichteten ihre Notdurft in Gullys. Weiler dämmerte, daß da mehr herauszuholen war, mehr als mit der Milchwirtschaft und gewiß mehr als mit Diamanten. Er fing an, pro Baracke fünf Dollar Miete im Monat zu verlangen. Da es mehrere hundert Baracken waren, kam eine hübsche Summe zusammen.

Großmutter Sinas Baracke war kaum mehr als eine Höhle, ein Unterschlupf für Tiere. Wände und Dach waren rußgeschwärzt, und es stank nach ungewaschenen Leibern. Sina war durch eine Krankheit gelähmt, deren Namen sie nicht kannte. Seit Jahren lag sie nun schon über Ölfässern auf einem Holzbrett, in schmutzige Decken gehüllt und versorgt von ihren mürrischen, ständig betrunkenen Nachkommen.

Eines Samstagmorgens nun betraten ihre Enkelin Paulina und deren Mann Dennis dieses Dreckloch. Obwohl selbst arm, geriet Dennis beim Anblick von Großmutter Sinas trostlosem Elend aus der Fassung. Es war ihm so unerträglich, daß er sich, kaum angekommen, entschuldigte und nach Soweto fuhr. Zu Paulina sagte er, er wolle sich noch mit Freunden treffen und sei bei Einbruch der Dunkelheit wieder zurück.

Gegen Abend machte Paulina Feuer und bereitete ein Essen aus Reis und Fleisch zu, ein seltenes Festmahl für ihre gelähmte Großmutter. Dennis kam nicht. Nach dem Essen saß Paulina bei Kerzenschein am Fußende der provisorischen Lagerstatt ihrer Großmutter. Sie sprachen über Dennis und über Männer im allgemeinen. In Sinas Augen waren sie allesamt Dreckskerle. Als sie in die Wechseljahre gekommen war, hatte ihr verstorbener Mann sich eine zweite, junge Frau genommen. Immer wenn er mit seiner neuen Frau schlafen wollte, hatte er sie ausgesperrt, und sie mußte auf dem kalten, harten Boden schlafen. Sina riet ihrer Enkelin, das Beste aus ihrer Ehe zu machen, sich mit Dennis' Eskapaden abzufinden und zu beten.

Paulina betete und schlief ein. Als sie aufwachte, war von Dennis immer noch nichts zu sehen. Sie wusch die Kleider ihrer Großmutter in einem Eimer mit kaltem Wasser und hängte sie draußen zum Trocknen auf. Um die Mittagszeit war Dennis immer noch nicht zurück. Paulina beschloß, sich ein Fußballspiel anzusehen. Die Mannschaft von Elandsfontein, AmaZion, die Zionisten, genannt, spielte in der dritten oder vierten Liga. Das Stadion war ein schräg abfallendes Stück Buschland mit Holzstangen als Torpfosten an beiden Enden. Auf dem Rückweg zu ihrer Großmutter sah Paulina Dennis auf sich zukommen. Sie konnte schon von weitem erkennen, daß er wütend war und wieder *zol* geraucht, vielleicht auch die ganze Nacht getrunken hatte. Seine Augen waren blutunterlaufen. Als Paulina ihm gegenüberstand, schrie er: «Wo bist du gewesen? Wer hat dir gesagt, daß du zum Fußball gehen darfst?» Dann schlug er sie ins Gesicht; über ihrem rechten Auge öffnete sich eine zentimeterlange, tiefe Wunde. Paulina fiel zu Boden, blutete und heulte. Dennis zerrte sie hoch. «Ich bringe dich jetzt nach Hause», sagte er, «und dann verpasse ich dir eine Tracht Prügel.» Er packte sie am Handgelenk und zog sie auf dem Weg hinter sich her. Sie schrie und wehrte sich bei jedem Schritt.

Der Weg schlängelte sich durch das Buschland und führte an einem Haus vorbei, das Weißen gehörte. Das Haus stand inmitten eines Akazienwäldchens. Ein paar alte Autos rosteten im Pfirsichgarten vor sich hin, und in einem Schuppen neben dem Haus stand ein Traktor. Eine Windmühle deutete darauf hin, daß es ursprünglich einmal eine Farm gewesen sein mußte, aber jetzt war das Haus im maurischen oder spanischen Stil hergerichtet. Von der Straße her waren ein mit Kies bestreuter Parkplatz und dahinter ein Bogengang im spanischen Stil zu sehen, der in den Garten führte. Den

Torweg zierte ein Fries mit kleinen Eseln, Kaktusbäumen und Mexikanern, die unter Sombreros dösten.

Auf dem Parkplatz standen mehrere Autos, darunter ein grüner Volkswagen, den Paulina zu kennen glaubte: Sie hielt ihn für den Wagen ihres Herrn Matthew Homan. Aus dem Garten drangen Gelächter und Geplätscher, und Paulina meinte vertraute Stimmen zu hören. Sie war sich nicht ganz sicher, aber sie wollte lieber ihr Glück versuchen, als sich weiteren Schlägen aussetzen. Sie riß sich von Dennis los, rannte in den Torweg und schrie um Hilfe.

August de Koker war Stukkateur und das, was Südafrikaner einen geborenen Raufbold nennen. Er war zweiundvierzig, hatte ein derbes, gerötetes Gesicht, einen Bart und ein mörderisches Temperament. Bis vor kurzem hatte er noch in Roodeport gewohnt, einem weißen Arbeitervorort von Johannesburg. Er hatte zwei halbwüchsige Söhne und eine Frau, die er angeblich so lange geschlagen hatte, bis sie sich ihm demütig und zitternd in allem fügte. Jüngst hatte er sie wegen Kathy Pelser verlassen, einer Wasserstoffblondine, die halb so alt war wie er. Augie de Kokers ganzes Interesse galt schnellen Autos, schweren Motorrädern, dem Alkohol und dem Kampf. Zu seinen Gunsten ließe sich höchstens sagen, daß seine meist im Suff begangenen Gewalttaten sich gegen niemanden im besonderen richteten. Er verprügelte seine schwarzen *boys* ebenso wie Fremde in Bars. Einmal zertrümmerte er im Rausch einen Wagen mit einem Brecheisen. Vor nicht allzu langer Zeit hatte er seinen eigenen Bruder halb totgeschlagen. Wände und Boden des Zimmers, in dem er gewütet hatte, waren derart mit Blut besudelt gewesen, daß die afrikanischen Dienstboten glaubten, eine Kuh sei geschlachtet worden.

Nach der Trennung von seiner Frau zogen Augie und seine Freundin in ein Häuschen auf dem Land. Augie gefiel es dort. Die Luft war rein und der Horizont weit, und Johannesburg war nahe genug für feuchtfröhliche Feste. Samstagabends brauste er manchmal mit seinem *bakkie*, seinem Pickup, betrunken durch die Gegend und wilderte Kaninchen und Steinböcke. Wenn die Polizei seine Scheinwerfer sah und ihn verfolgte, brach er durch Zäune oder raste durch Bäche wie ein Stuntman in einem amerikanischen Film. Augie genoß sein neues Leben. Das Häuschen war behaglich eingerichtet, und wenn der Grundbesitzer fort war, hatte er freien Zutritt zu dessen großem Haus, dem Garten und dem Swimmingpool.

An dem Sonntag, als Paulina zu Besuch bei ihrer Großmutter war, hatte Augie einige Nachbarn zum *braaivleis* eingeladen, einem traditionellen Barbecue. Die ersten Gäste waren Matthew Homan und seine Familie. Sie kamen direkt von der Kirche. Homans Frau war die Tochter des Mannes, auf dessen Land Augies Häuschen stand. Sie kannte Onkel Augie seit ihrer Kindheit. Als nächste kamen Adriaan van Staden und seine Frau. Es war ein heißer Nachmittag, und alle sprangen in den Pool, um sich abzukühlen.

Das war das süße Leben im weißen Südafrika. Überall auf der Welt, außer vielleicht in den Vereinigten Staaten, würde sich ein Arbeiter glücklich schätzen, in einem idyllischen Garten unter heißem blauem Himmel auf dem Rücken im kühlen Wasser zu liegen. In Südafrika jedoch hatte ein Weißer praktisch von Geburt an ein Recht auf diesen Genuß. Die Apartheid hatte in fast jeder Beziehung versagt, aber das eine hatte sie bewirkt: Augie de Koker konnte an diesem Sonntagnachmittag in einem Swimmingpool baden.

Ein Hauptziel der Apartheid war es, armen Weißen wie de Koker ein angenehmes Leben zu ermöglichen. Jahrelang war es Schwarzen verboten, Augies einfachen Beruf auszuüben. *Job reservation*, die Arbeitsplatzreservierung für Weiße, nicht zuletzt für weiße Facharbeiter und Handwerker, schützte Augie vor schwarzer Konkurrenz und trieb den Preis für seine Dienstleistung künstlich nach oben. Gleichzeitig hielten die Paßgesetze die Lohnkosten für seine schwarzen Arbeiter künstlich niedrig, und Gesetze gegen Subversion hinderten die Schwarzen daran, Gewerkschaften zu gründen. Unter diesen Umständen blieb nur dem dümmsten Weißen der Erfolg versagt.

Ein Weißer mußte dafür nicht einmal hart arbeiten. Die schwere Arbeit wurde von Schwarzen verrichtet, und Augie de Kokers Arbeiter mußten wirklich schuften. Einer seiner *boys* erklärte mir, Augie sei ein grausamer *mlungu*, ein grausamer Weißer. Er trieb seine Arbeiter an, bis ihnen der Rücken weh tat, und wenn es mittags anfing zu regnen, zog er ihnen den vollen Tageslohn ab. Während Augies *boys* vierzig bis fünfzig Rand pro Woche verdienten, war er selbst ziemlich wohlhabend – jedenfalls wohlhabend genug, um seiner neuen Flamme einen nagelneuen Mazda 323 kaufen, sich mit Bier, Whisky und Fleisch eindecken, seine Freunde zum Barbecue einladen, unter blauem Himmel auf dem Rücken im Swimmingpool liegen und dank der Apartheid ein angenehmes Leben führen zu können.

Diese Idylle wurde gegen zwei Uhr nachmittags jäh von Geschrei unterbrochen. Sekunden später kam eine junge schwarze Frau mit blutüberströmtem Gesicht in den Garten gerannt. Es war Paulina, Matthew Homans *girl*. Sie schrie: «*Baas, baas, Dennis wil my doodmaak!* – Boss, Boss, Dennis will mich umbringen!» Dennis war ihr tatsächlich dicht auf den Fersen und schäumte vor Wut. Paulina suchte in Mrs. Homans Armen Schutz, und Dennis steuerte geradewegs auf sie zu. Homan schoß wie eine Rakete aus dem Wasser und schlug Dennis mit der Faust ins Gesicht. Dennis taumelte. «Was würden Sie tun», brüllte er, «wenn Sie Ihre Frau beim Rumvögeln erwischen?»

«He», rief van Staden, «rede gefälligst nicht so in Gegenwart meiner Frau!»

Van Staden verpaßte dem Schwarzen einen Faustschlag, und dann kam noch Augie dazu. Dennis ging unter einem Hagel von Schlägen zu Boden, rollte sich wie ein Baby zusammen und jammerte: «Nicht, Sir – bitte, Sir.» Nach einer Weile entschied Homan, daß der Junge genug hatte. Er riß ihn vom Boden hoch, packte ihn am Kragen und beförderte ihn auf die Straße. In sicherer Entfernung drehte Dennis sich noch einmal um und deutete mit dem Finger auf Paulina. «Du», schrie er, «wenn dein Boss bei der Arbeit ist, bring ich dich um.»

Diese Worte verfolgten Matthew Homan und bereiteten ihm Sorge. Dennis und Paulina wohnten im Hof hinter seinem Haus. Während der Geschäftszeit war Paulina mit seinen beiden kleinen Töchtern allein zu Hause. Homan stellte sich vor, wie Dennis Paulina in der Küche die Kehle durchschnitt und vielleicht auch seinen

Töchtern, wenn er schon dabei war. Je länger Homan darüber nachdachte, desto unruhiger wurde er. Seine Sorgen verstärkten sich noch, als er Paulina zur Baracke ihrer Großmutter brachte, damit sie ihre Sachen holen konnte. Dennis trieb sich in der Nähe herum. Er war unverschämt und grob. Er nannte Homan einen *vokken Boer*, einen «verdammten Buren». Er las sogar Steine auf, wie Homan später berichtete, und «bewarf mein Auto damit».

Homan kehrte zum Swimmingpool zurück und erzählte den anderen von seinen Sorgen. Die stimmten ihm zu. Man konnte bei diesen Schwarzen nie wissen. Man wußte nie, wie sie reagierten, wenn sie zusammengeschlagen wurden. Und Dennis Mosheshwe war obendrein dreist gewesen. Er hatte einen Weißen *vokken Boer* genannt. Das ging nun doch zu weit. «Du hättest diesen Jungen wieder mitbringen sollen», sagte Augie de Koker. «Ich hätte dir gezeigt, was ich mit so einem Kaffer mache.» Homan sagte, er werde ihn holen.

Als Paulina das hörte, lief es ihr kalt den Rücken runter, denn sie kannte die weißen Männer. Obwohl sie auf Dennis böse war, wollte sie nicht, daß ihm jemand etwas zuleide tat. Sie rannte durch den Busch, um Dennis zu suchen und ihn zu warnen. Doch die Weißen hatten ein Auto und kamen ihr zuvor. Als sie zur Baracke der Großmutter kam, sah sie, daß Homan und Dennis auf dem staubigen Boden miteinander kämpften. Homan hatte den Schwarzen zu Boden gedrückt und schrie seiner Frau zu, sie solle ein Seil holen. «Bring das Seil her, Engel», rief er. Schließlich wurde Dennis an Händen und Füßen gefesselt und auf den Rücksitz des Wagens gebunden. Homan erklärte, er bringe den Jungen zum Polizeirevier. Daraufhin quetschte sich auch Paulina in den Wagen. Aber Homan fuhr nicht zur Polizei. Er verließ die geteerte Straße und nahm den holprigen, schmutzigen Weg quer durch den Busch, der direkt zu Augie de Kokers Haus führte.

Ungefähr ein Jahr später machte ich mich in Begleitung eines Schwarzen namens Eugene auf die Suche nach Paulina. Eugene war ein umgänglicher, korpulenter Bursche Anfang Vierzig, der herzlich lachen konnte. Er fuhr einen sportlichen Fiat und trug mehrere Ringe an den Fingern. Er war wirklich ein feiner Herr aus Soweto und stand auf gutem Fuß mit den großen Tieren, den Stars des Showgeschäfts, den Oberbonzen und sogar mit den Gangstern. Er wußte, wo man für fünf Riesen bar auf die Hand und ohne langes Fragen einen nagelneuen BMW der Siebener-Reihe mit mehr oder weniger einwandfreien Papieren bekam. Er verfügte über ein Sortiment an nagelneuen Videorecordern, die von einem Lieferwagen gefallen waren, und es wurde sogar gemunkelt, daß er billig an ein paar Kisten mit edlem Scotch gekommen sei. Eugene war jedoch kein Krimineller. Er kam eben aus Soweto, aus einer Gegenkultur, wo das große Geschäft der Umverteilung ein ehrbarer Beruf war. Eugenes Metier war das Showgeschäft. Er spielte Klavier, produzierte Schallplatten und arbeitete hin und wieder beim Film. In diesem Monat hatte er eine Pause zwischen zwei Jobs, und so kam er mit nach Elandsfontein, um für mich als Übersetzer zu fungieren.

Wir machten bei Max Weilers Farm halt, um ein paar Fragen zu stellen. Jemand zeigte uns den Weg zu einer kleinen Farm in der Nähe, wo mehrere schwarze Familien im Hinterhof eines Weißen in einer verfallenen Baracke hausten. Paulina kam heraus und begrüßte uns. Sie war schlank, hellhäutig und sehr hübsch. Sie trug ein leichtes Sommerkleid, hatte keine Schuhe an und war sehr schüchtern. Sie holte eine Holzbank von drinnen und stellte sie in den Schatten eines Baumes. Sie und Eugene setzten sich auf die Bank, ich setzte mich daneben auf den Boden. Dann begann Paulina, ihre Geschichte zu erzählen, und Eugene übersetzte.

Am Nachmittag kehrte Matthew Homan mit seinem gefesselten schwarzen Gefangenen zu der Party zurück. Inzwischen waren alle Gäste eingetroffen, und der Swimmingpool war voller Kinder. Die Eltern der Kinder hatten ein Feuer gemacht und stellten Wodka, Whisky, kaltes Bier und Brötchen auf einen Picknicktisch. Sie warteten, bis die Flammen ein wenig schwächer wurden, damit sie das Fleisch auf die Kohlen legen und mit *braai* beginnen konnten. Augie de Koker war bereits bei seinem siebten Whisky und brannte auf einen Kampf. Seine wasserstoffblonde Freundin war genauso scharf darauf. Sie hatte damit geprahlt, daß Augie allen zeigen würde, wie man mit einem dreisten Bantu umsprang. Das weckte die Erwartungen der Partygäste, und als der grüne Volkswagen mit Dennis die staubige Straße entlanggeholpert kam, kletterten alle

Kinder aus dem Pool und folgten ihren Eltern auf dem Gartenweg unter dem spanischen Bogengang zu dem mit Kies bestreuten Parkplatz, wo Augie bereits wartete.

Matthew Homan öffnete die hintere Tür seines Autos. Dennis lag, an Händen und Füßen gefesselt, auf dem Sitz. Homan packte den Schwarzen an den Knöcheln und zog ihn heraus. Dennis lag mit dem Gesicht nach unten auf dem Kies, und um ihn herum stand etwa ein Dutzend Weiße, Männer in Shorts, Frauen in rückenfreien Oberteilen, Kinder in nassen Badeanzügen. Augies Freundin rief: «Zeig's ihm, Augie! Zeig's ihm!»

Daraufhin packte Augie den Schwarzen bei den Ohren und rieb dessen Gesicht in den Kies. Das tat er mit solcher Gewalt, daß Dennis' Ohren zum Teil vom Kopf abgetrennt und seine Nasenlöcher aufgerissen wurden. Dann drehte Augie Dennis auf den Rücken und beugte sich über das blutige Gesicht des Schwarzen.

«Einem, der das Maul so voll nimmt wie du, muß man es stopfen», sagte er.

Er hielt Dennis mit der Hand Nase und Mund zu, so daß dieser nicht atmen konnte. Dennis begann sich zu winden, und die weißen Kinder kreischten voller Erwartung.

Für das, was nun kommt, braucht man starke Nerven, denn es ist abscheulich. Paulina sprach durch Eugene zu mir. Satz für Satz erzählte sie ihre Geschichte. Nach ihrem nächsten Satz stand Eugene auf und lief in den Busch. Er vergrub sein Gesicht in den Händen und trat Grassoden in die Luft. Er hob einen Stein auf und schleuderte ihn zornig gegen einen Baum. Mit Tränen in den Augen starrte er in die Ferne. Schließlich nahm er sich zusammen, kam zurück und übersetzte die Worte des Mädchens: «Und dann begann der weiße Mann, Dennis in die Seite zu treten. Die weißen Frauen schrien, und die weißen Kinder hüpften auf und ab. Ich glaube, sie freuten sich.»

Paulina sprach weiter. Als sie geendet hatte, verschwand Eugene erneut im Busch. Dann riß er sich wieder zusammen, kam zurück und übersetzte. Das wiederholte sich nach jedem Satz, und es ging nur langsam voran, wie bei jener Wasser-Folter, bei der dem bewegungsunfähigen Opfer Tropfen auf Tropfen auf die Stirn fällt. Ein schrecklicher Satz folgte dem nächsten: «Und dann lachte der weiße Mann und sagte: ‹Die Kaffern haben harte Schädel, müßt ihr wissen.› Er sprang in die Luft und landete mit beiden Füßen auf Dennis' Kopf.»

«Dann sagten ein paar von den Weißen, er solle aufhören, aber eine Frau rief: ‹So ist es gut! Weiter so! Weiter so!›»

«Dann packten sie Dennis an den Füßen und am Hals und warfen ihn wie einen Sack Mais auf die Ladefläche des Kleinlasters. Er landete hart, und sein Kopf hing an der Seite herunter.»

«Sie hielten ihn fest, legten ihm eine schwere Kette um den Hals und fesselten ihn an den Laster, mit dem Gesicht zur Sonne.»

Augie grunzte zufrieden. *«Dis hoe jy'n kaffer vasmaak»*, sagte er. So fesselt man einen Kaffer.

Anschließend widmeten sich die Weißen wieder ihrem Barbecue, das ja erst begonnen hatte und noch keineswegs zu Ende war. Man muß wissen, daß ein *braaivleis* nicht einfach eine Grillparty ist. Es handelt sich vielmehr um ein regelrechtes Ritual, das an die Zeit erinnert, als die Afrikaaner über die weiten Ebenen ritten und eine Antilope mit einem einzigen Schuß erlegten. Danach machten sie Feuer und rösteten das Fleisch im Freien, unter dem blauen Himmel, der im ersten Vers unserer Nationalhymne besungen wird. Selbst ausländische Werbetexter haben die tiefere Bedeutung des Wortes *braaivleis* verstanden. In meiner Jugend startete Chevrolet in Südafrika eine außerordentlich erfolgreiche Werbekampagne mit dem Slogan: «*Braaivleis*, Rugby, blauer Himmel und Chevrolet.» Es war ein guter Slogan. Er beschwor die angenehmen Seiten des süßen weißen Lebens im Land der Apartheid. Der Slogan prangte auf riesigen Reklametafeln mit großen Fotos von Picknicks unter freiem Himmel, ähnlich dem Bild, das Augies Gartenparty bot.

Es ist ein in seiner Art einzigartiges, südafrikanisches Bild. Der Himmel ist blau und wolkenlos, das Buschland saftig und grün vom Regen. Die Sonne glitzert auf fernen Kirchtürmen. Man hört das einschläfernde Brummen des Verkehrs in der Ferne, das Brutzeln des Fleischs auf dem Grill und das gutgelaunte Geplänkel von weißen Männern mit Schnurrbärten. Ihre Bäuche hängen über die Gürtel ihrer Shorts, und in den Händen halten sie Gläser mit kaltem Bier. Ihre weißen Frauen und Freundinnen tragen Bikinis oder schulterfreie Oberteile, die Kinder Badeanzüge. Alle diese starken, sonnengebräunten Weißen stehen um ein Feuer und stopfen sich Fleisch in den Mund, während im Hintergrund ein gefesselter Schwarzer durch einen Schleier von Blut in die Sonne blinzelt und nach Wasser jammert.

Der Nachmittag verstrich, und Augie wurde immer betrunkener und aggressiver. Matthew Homan wollte Dennis gehen lassen, aber Augie fauchte: «Wenn du mich wirklich ärgern willst, dann binde ihn los.» Homan bekam es plötzlich mit der Angst zu tun. Er hatte das blutige Zimmer gesehen, in dem Augie seinen eigenen Bruder regelrecht niedergemetzelt hatte. Er wußte, wozu Augie nach ein paar Drinks fähig war. Homan gab klein bei und verbrachte den Rest der Party abseits von den übrigen Gästen.

In der Zwischenzeit hockte Paulina zusammengekauert im Trekkerschuppen. Die Weißen hatten ihr befohlen, dort zu bleiben, bis sie entschieden hatten, was mit ihrem Freund geschehen sollte. Sie hatte schreckliche Angst. Sie hörte das Klirren von Eiswürfeln in Gläsern und andere Partygeräusche. Und sie hörte Dennis stöhnen: «Wasser, Wasser.» Sie füllte eine Limonadenflasche an einem Wasserhahn im Garten. Doch als sie sie Dennis heimlich bringen wollte, sah Augie sie und rief: «He, ich habe dir doch gesagt, du sollst von dem Wagen wegbleiben!» Wenn der Kaffer einen Drink wollte, würde Augie ihn selbst servieren. Er holte einen Eimer Wasser und ging zu dem Pickup.

«Ich höre, du hast Durst», sagte er.

«Ja, *baas*», krächzte Dennis.

«Mach den Mund auf», sagte Augie.

«Ja, *baas*.»

«Schau nach oben.»

Der Schwarze gehorchte. Der Weiße kippte das Wasser über Dennis' Gesicht und ging lachend davon.

Matthew Homan hielt sich für einen guten Christen. Auf einmal kamen ihm Bedenken, ob solche Anblicke das richtige für seine Töchter waren. Er setzte seine Familie und Paulina, sein Hausmädchen, in den grünen Volkswagen und fuhr nach Hause. Dennis Mosheshwe ließ er in der Gewalt Augie de Kokers zurück.

Die Sorge um Dennis ließ Paulina in dieser Nacht keine Ruhe. Am nächsten Morgen beim Frühstück waren ihr *baas* und ihre *missies* seltsam angespannt. Sie sprachen nicht über Dennis. Schließlich nahm Paulina allen Mut zusammen und fragte, ob sie von ihm gehört hätten.

«Ach ja», sagte Mrs. Homan betont fröhlich, «ich habe vergessen, es dir zu sagen. Der andere *baas* hat gestern abend angerufen. Er sagte, er habe Dennis zur Polizei gebracht. Er meint, wir bräuchten uns wegen Dennis keine Sorgen mehr zu machen. Die Polizei hat ihn für immer eingesperrt.» Paulina war zwar ungebildet, aber nicht dumm. Sie wußte, wie das Gesetz funktionierte. Sie wußte, daß es eine gerichtliche Untersuchung geben mußte, mit Zeugenaussagen und allem Drum und Dran. Sie wußte, daß Mrs. Homan log. Sie wußte nur nicht warum. Sie war zu ängstlich, um zu fragen.

Die Homans gingen zur Arbeit und ließen ihre Töchter in Paulinas Obhut. Montag war Wasch- und Bügeltag. Paulina war gerade beim Bügeln und weinte still vor sich hin, als das Telefon klingelte. Eine von Homans Töchtern nahm den Hörer ab. «Mami», sagte sie, «Paulina weint.»

Paulina wurde an den Apparat gerufen und gefragt, was los sei.

«Es ist wegen Dennis», sagte sie.

«Was ist mit Dennis?» fragte Mrs. Homan.

«Ich höre seine Stimme. Sie sagt mir, ich soll zu seiner Mutter gehen und es ihr sagen.»

«Ihr was sagen?»

«Daß er tot ist.»

Am anderen Ende der Leitung schnappte jemand nach Luft, dann war es lange still. Schließlich sagte Mrs. Homan: «Laß ja meine Töchter nicht allein. Geh ja nirgendwohin, hörst du?» Sie knallte den Hörer auf.

Eine halbe Stunde später hielt ein Wagen in der Einfahrt. Mrs. Homan und ein Weißer, den Paulina nicht kannte, stiegen aus. Sie forderten Paulina auf, ihre Sachen zu packen. Beide waren offensichtlich am Rand einer Panik. Sie hatten es so eilig, daß sie Paulina sogar halfen, die Sachen zum Auto zu tragen und im Kofferraum zu verstauen. Dann setzten sie das schwarze Mädchen auf den Rücksitz, fuhren auf den Highway M 1 und rasten Richtung Süden nach

Elandsfontein. Sie setzten Paulina samt ihren Habseligkeiten in der Nähe der Baracke ihrer Großmutter am Straßenrand ab und fuhren ohne ein weiteres Wort davon.

Es war der Abend, an dem Paulina und ihre Mutter zu Mrs. Beetge gingen, um sie um Hilfe zu bitten. Mrs. Beetge gab ihnen einen Zehn-Rand-Schein und schickte sie mit einem Schreiben, in dem sie sich nach Dennis' Verbleib erkundigte, zum nächsten Polizeirevier. Kaum waren die beiden schwarzen Frauen gegangen, da klopfte es erneut an Mrs. Beetges Hintertür. Diesmal standen ein paar schwarze Jugendliche draußen. Sie waren gekommen, um einen Leichenfund zu melden. Mrs. Beetge nahm sie in ihren Wagen, und sie führten sie zu einem Dickicht unweit der Hauptstraße.

In den achtzehn Jahren, die Merle Beetge in Elandsfontein lebte, hatte sie schon viel Blut und Leid gesehen, aber so etwas hatte sie noch nie erlebt. Der Leichnam war eiskalt, stocksteif und zusammengekauert wie ein Fötus. Er war mit Sand bedeckt. Aus Nase und Ohren war Blut gelaufen. An den Fußsohlen war keine Haut mehr. Auf einer Seite waren die Rippen eingedrückt. Eine Hand war wie eine Klaue gebogen. Die Ohren waren zum Teil vom Kopf abgetrennt. Sie rollte den Leichnam vorsichtig herum. Das Gesicht glich einer Maske aus geronnenem Blut. Die Lippen waren geschwollen, die Nasenflügel von der Oberlippe gerissen.

Es war Dennis Mosheshwe.

Die Gerichtsverhandlung ergab, daß Augie de Kokers *braai* bis Sonnenuntergang gedauert hatte. Als Augie sich endlich satt gegessen und vollgetrunken hatte, erklärte er, daß es Zeit sei, den Gefangenen zur Polizei zu bringen, damit er wegen des tätlichen Angriffs auf Paulina vor Gericht gestellt werden konnte. Die Borman-Brüder, der achtzehnjährige Johan und der vierundzwanzigjährige Morne, sollten den Pickup fahren. Augie stieg mit einer Peitsche auf die Ladefläche. Als sie die holprige Landstraße entlangfuhren, lehnte er sich gegen das Fahrerhaus und fing an, mit der Peitsche auf seinen hilflosen schwarzen Gefangenen einzuschlagen.

Auf halbem Weg zum Polizeirevier befahl er den Bormans, von der Landstraße abzubiegen. Sie parkten den Wagen in besagtem Wäldchen. Augie zerrte Dennis von der Ladefläche und trampelte auf seinen Genitalien herum. Dann nahm er das Ersatzrad und schlug es Dennis auf den Kopf. Anschließend wollte er ihn lynchen, doch er war zu betrunken, um das Seil über einen Ast zu werfen. Außerdem war der Schwarze wahrscheinlich schon tot. Augie löste Dennis' Fesseln, weil es keinen Grund gab, ein gutes Seil einfach zu vergeuden, und ließ ihn, mit dem Gesicht nach unten, im Sand liegen.

Die Bormans erklärten, sie hätten nur zugesehen, und wurden daher nicht belangt. Matthew Homan hingegen mußte auf die Anklagebank. Er behauptete, es sei alles Augies Schuld, und kam mit drei Monaten Gefängnis, ersatzweise dreihundert Rand Geldstrafe, davon. De Koker brach weinend auf der Anklagebank zusammen und beteuerte, er habe den Jungen nicht umbringen, sondern ihm lediglich eine Lektion erteilen wollen. Dies sei «wegen der Kinder» notwendig gewesen.

Vermutlich hat der weiße Richter dies in Betracht gezogen, denn er befand, Dennis habe seinen qualvollen Tod selbst «herausgefordert». Außerdem wertete er die sieben Gläser Whisky, die de Koker getrunken hatte, als mildernden Umstand und verurteilte ihn nur wegen schwerer Körperverletzung.

Am gleichen Tag wie August de Koker wurde zufällig auch ein schwarzes Mitglied des geächteten African National Congress verurteilt. Bei dem ANC-Mann hatte man Pamphlete und Literatur gefunden, die die Ziele einer verbotenen Organisation darlegten. Das war sein einziges Verbrechen, während Augie de Koker einen Schwarzen zu Tode gequält hatte. Augie bekam sieben Jahre, das ANC-Mitglied zehn.

Auf der Heimfahrt von Elandsfontein unterhielten Eugene und ich uns über den Fall. Wir sprachen über den Richter und sein mildes Urteil und darüber, daß der Barbar de Koker immer noch gegen Kaution auf freiem Fuß war. Er wollte sogar Berufung gegen das Urteil einlegen, weil es ihm ungerechtfertigt hart erschien. Wir redeten auch über den ANC und wünschten, seine Mitglieder würden nicht mehr wahllos Bomben werfen und Tretminen legen, sondern nur ganz bestimmte Leute aus dem Weg räumen. Normalerweise bin ich nicht so blutrünstig, doch das schreckliche Bild, das im Zentrum von Paulinas Geschichte stand, hatte mich aus dem Gleichgewicht gebracht – dieses unverwechselbar südafrikanische Bild von *braaivleis*, Rugby, blauem Himmel und Folter. All das hatte eine so verdammt lange bedrückende Tradition. Dennis Mosheshwe starb einen für südafrikanische Verhältnisse völlig normalen Tod. In Afrikaans gibt es sogar ein Wort dafür: Er starb am *kafferpak*, einer brutalen Prügelstrafe, die Weiße an Schwarzen vollstrecken, seit sie den Kontinent betreten haben.

Auf dem Rückweg nach Johannesburg erzählte ich Eugene eine Geschichte, die ich in den Archivunterlagen aus den Tagen Dawid Malans gelesen hatte. Um das Jahr 1825 ritt ein britischer Verwaltungsbeamter über eine einsame afrikanische Ebene. Er begegnete einem burischen Reiter, und sie unterhielten sich über die Plage mit den Buschmännern. Der Bure erzählte von einer Jagd auf Buschmänner, an der er teilgenommen hatte. Er und seine weißen Nachbarn hatten eine Gruppe dieser steinzeitlichen Jäger aufgespürt und alle abgeschlachtet. Nur fünf Frauen ließen sie am Leben, weil sie robust genug aussahen, um gute Sklavinnen abzugeben. Die Buren machten sich auf den Heimweg und trieben ihre Gefangenen vor sich her. Doch die kleinen gelbhäutigen Geschöpfe konnten mit den Pferden nicht Schritt halten. Die Weißen beschlossen deshalb, sich ihrer zu entledigen. Einige wollten sie einfach laufen lassen, die anderen hatten jedoch etwas anderes im Sinn. Sie stiegen von den Pferden und luden ihre Gewehre.

Die Buschfrauen ahnten, was ihnen bevorstand, und warfen sich den Weißen an den Hals. Sie flehten um Gnade und klammerten sich verzweifelt an ihre Arme und Beine. Die Buren blieben hart. Sie lösten sich aus der Umklammerung und erschossen eine Frau nach der anderen. Als der Bure mit der Geschichte fertig war, schüttelte er reumütig den Kopf und sagte: «Möge Gott diesem Land vergeben.»

Als der aufgeklärte britische Verwaltungsbeamte diese Worte hörte, meinte er, endlich einmal einen gleichgesinnten Buren vor sich zu haben. Er begann, von Liebe und Gerechtigkeit zu sprechen, bis der Bure ihm heftig ins Wort fiel und ihm das Recht auf Kritik absprach. «Die Buschmänner töten ständig unser Vieh», sagte er. «Wahrscheinlich würden sie auch uns umbringen, wenn sie die Mittel und die Macht hätten.» Der Bure schien sagen zu wollen, sein

Volk habe keine andere Wahl, aber dann schreckte er davor zurück und schüttelte erneut den Kopf. «Rostpilze, Heuschrecken und Dürre hatten wir schon», meinte er traurig, «und vielleicht warten noch zehntausend andere Plagen auf uns, als Strafe für das Blut, das auf diesem Land lastet.»

Der alte Bure begriff, daß die Weißen einst für ihre Taten würden bezahlen müssen, doch er war nicht bereit oder nicht imstande, daraus die Konsequenzen zu ziehen. Noch hundertsechzig Jahre später vergossen seine Nachfahren soviel Blut wie eh und je, und Gottes Zorn war immer noch nicht auf sie niedergefahren. Eugene meinte, die Zahl der zu erwartenden Plagen habe seit 1825 wahrscheinlich noch zugenommen. «Ich kann nicht hassen», sagte er, «aber manchmal...» Seine Stimme versagte, und dann stellte er eine beunruhigende Frage: «Können Sie sich vorstellen, wie viele Menschen in diesem Land noch sterben werden?»

Die südafrikanische Polizei wacht über Recht und Ordnung. Trotz der heftigen und unfairen Kritik und der Fehler, die wir gemacht haben – auch wir sind nicht vollkommen und machen deshalb Fehler –, werden wir weiterhin entschlossen, aber auch fair und rücksichtsvoll für Recht und Ordnung sorgen. Chaos und Anarchie werden nicht geduldet. Friedliebende und gesetzestreue Bürger können sich auf den Schutz der südafrikanischen Polizei verlassen.
A. J. Vlok, Deputy Minister of Law and Order,
im Jahr 1985

Die Straße zu Samuel Mopes Haus ist ein sechsspuriger Highway. Er führt durch die nördlichen Vororte von Johannesburg und weiter durch offenes Land nach Pretoria. Unterwegs streift er einen riesigen Militärstützpunkt, der einen flüchtigen Eindruck von der militärischen Stärke des *volks* vermittelt: Armeelastwagen, Jeeps und gepanzerte Fahrzeuge in Reih und Glied unter der glühenden Sonne, so weit das Auge reicht. Ein Stück weiter ragt ein monolithischer grauer Block aus dem Busch. Er wächst und wächst, je näher man kommt, und schließlich steht man vor einem massigen, würfelförmigen und fast fünfzehn Stockwerke hohen grauen Granitklotz. Das ist das Voortrekker Monument, Symbol der fundamentalen Werte und des unerschütterlichen Willens der burischen Gründerväter. Jenseits des Monuments liegt die Hauptstadt Pretoria, eine zutiefst konservative Stadt in einem zutiefst konservativen Land.

Samuel Mope ist zwar schwarz und lebt in einem Township im Westen der Stadt, aber er ist ebenso konservativ wie jeder Bure im eigentlichen Pretoria. Er wurde 1925 in einem Bezirk namens Skoolberg geboren, einer Gegend mit kleinen Farmen, nicht weit von seinem jetzigen Heim entfernt. Sein Vater war Pächter auf dem Land eines Weißen und als solcher Angehöriger einer kleinen, relativ wohlhabenden Kaste. Er hatte zwar kein Geld, aber wenigstens gab es genug zu essen, und es waren immer Eier und Hühner übrig, um damit das Schulgeld für die Kinder zu bezahlen. So konnte der junge Samuel wenigstens sechs Jahre lang in die Schule gehen, und als er sich aufmachte, um in der weißen Stadt sein Glück zu machen, bekam er einen einigermaßen guten Job bei einer Baufirma. Innerhalb weniger Jahre arbeitete er sich zum Polier hoch. 1948 zahlte er den Brautpreis für seine erste Frau, die kurz darauf starb. Später heiratete er eine Nichte seiner ersten Frau. Insgesamt zeugte er neun Kinder.

Samuel Mope und seine Familie wohnen seit 1955 in einem Haus in der Chilwane Street im Township Atteridgeville. Es ist ein Township wie jedes andere, trist und dreckig. Als Mope einzog, war das Haus eine der genormten, vier Zimmer umfassenden Betonschachteln des staatlichen Wohnungsbaus. Aber im Laufe der Jahre baute Mope ein zusätzliches Schlafzimmer an und erweiterte das Wohn- und Eßzimmer. Den Außenabort verwandelte er in einen Schuppen, außerdem richtete er ein gekacheltes Badezimmer ein, zog einen Zaun um den Hof und legte im Vorgarten Blumenbeete an. Auf einem überdachten Stellplatz neben dem Haus steht ein gebrauchter Renault. Im Wohnzimmer steht ein großer Farbfernseher, und die Möbel sind neu und bequem. An den Wänden im Eßzimmer, wo wir uns unterhalten, hängen braunstichige Fotos von seinen beiden Hochzeiten. Die Männer und Frauen auf den Fotos tragen Smoking und Ballkleider; sie sehen so glücklich und zufrieden aus wie Statisten in Francis Ford Coppolas Film *Cotton Club*. Durch eine offene Tür fällt mein Blick auf ein Bett mit einer Decke aus Seidenplüsch. Darüber hängt an der Wand eine Nachbildung des Selbstladegewehrs R1 der südafrikanischen Armee. Einer von Mopes Söhnen ist Polizist. Das Gewehr hat er als Preis auf der Polizeischule gewonnen.

Samuel Mope spricht fließend Afrikaans. Er ist groß und kräftig, und seine dunklen Augen scheinen jeden, auf den ihr Blick fällt, streng unter die Lupe zu nehmen. Aufrecht und mit gestrafften Schultern sitzt er am Tisch, die großen Hände gefaltet: ein stolzer und gestrenger schwarzer Patriarch und ein rechtschaffener Mann.

Am Tag unserer ersten Begegnung war er heiser und hustete und trug einen Pyjama. Er hatte mit Bronchitis im Bett gelegen, war aber aufgestanden, um mit mir zu reden. Die Leute sollten wissen, wie sein Sohn gestorben war. Zuerst sprach er von der Kirche, denn die Kirche stand im Mittelpunkt der Geschichte.

«Der Junge wurde getötet, weil er in die Kirche ging», sagte er. «Das war sein einziges Vergehen.»

An der Wand über seinem Kopf hing das gerahmte Farbfoto eines gelehrt aussehenden Schwarzen mit Brille und Talar. Es war Bischof Lekhanyana, Prophet der Zionistisch-Christlichen Kirche, der größten Kirche des Landes mit über drei Millionen Anhängern. Samuel Mope war seit 1951 Mitglied dieser Kirche, die im Mittelpunkt des Lebens der ganzen Familie stand. Mope und seine Frau besuchten jeden Montag, Dienstag, Donnerstag und Freitag die Gebetsversammlungen. Nach der Gebetsstunde am Freitagabend fand für die Kinder und Jugendlichen eine Chorprobe statt. Sie begann gegen zehn Uhr und endete am nächsten Morgen bei Sonnenaufgang. Am Samstag ruhten die Gläubigen aus. Gegen zehn Uhr abends gingen sie zum Gottesdienst, der, mit Unterbrechungen für Mahlzeiten und Ruhepausen, bis Sonntagabend dauerte.

Solche Gottesdienst-Marathons sollten die Berührungen der Zionisten mit der sündhaften irdischen Welt einschränken: Ein strenggläubiger Zionist ging zur Arbeit oder zur Schule, aber ansonsten verbrachte er die meiste Zeit in der Kirche.

«Ich trinke und ich rauche nicht», sagte Mr. Mope. «Ich bin noch nie verhaftet worden, und ich war noch nie im Gefängnis.» Er deutete auf ein Veilchen in einer Vase auf dem Tisch. «Ich bin so rein wie diese Blume», erklärte er. «Ich mag sie, die Bibel.»

Samuel Mope hatte einen Sohn namens Moses. «Mein Jüngster», sagte er. Moses war dreizehn, als er starb, und ging in die sechste Klasse. «Er war ein guter Junge», sagte Samuel Mope. Er machte immer seine Hausaufgaben, und die Lehrer meinten, er habe später einmal gute Chancen. «Ich versprach, ihn Anwalt werden zu lassen, wenn er in der Schule fleißig war», erzählte Mr. Mope. Moses war wirklich in jeder Beziehung ein guter Junge. Er fegte den Hof, kümmerte sich um den Garten und war gegenüber seinem Vater oder seinen älteren Brüdern niemals ungehorsam.

«Meine Frau sagte immer, sie habe dieses Kind für andere geboren», fuhr Mr. Mope fort. «Immer hat er für die Nachbarn Besorgungen gemacht.» Moses spielte gern Fußball und sah sich Bibelgeschichten auf dem Fernsehkanal in der Sprache der Sotho an, aber das Höchste war für ihn nach Ansicht des Vaters der Kirchenchor.

Der Junge hatte immer noch eine hohe Stimme. Er war einer der Solisten des Chors, der «geheime» zionistische Musik vortrug – eine Musik, wie ich sie noch nie gehört hatte, entfernt verwandt mit den Trauermärschen aus New Orleans, nur schneller und kriegerischer. Zum Rasseln kleiner Trommeln und zum schrillen Klang von Holzblasinstrumenten sang der Chor afrikanische Tonleitern, die für westliche Ohren schaurig und faszinierend zugleich klangen. Man nannte die Musik «secret», weil Außenstehende sie nicht hören sollten, und sie wurde auch nie im Radio gespielt.

Jedenfalls zog Moses am Samstagabend seine Kirchenuniform an – gestärkte Khakihosen mit Jackett, dazu *manyattas*, handgefertigte weiße Schuhe – und machte sich auf, um im Gottesdienst, der die ganze Nacht dauerte, zu singen. An jenem letzten Samstag verließ er um halb acht das Haus. Sein Weg führte durch die dunklen Straßen des Townships. Auf den Straßen von Atteridgeville wimmelte es von *tsotsis*, und nach Einbruch der Dunkelheit war es dort gefährlich. In jener unruhigen Zeit war die Gefahr akuter denn je. Auch in Atteridgeville hatte es Straßenkämpfe gegeben. Anfang des Jahres war die Jugendorganisation von Atteridgeville aus Protest auf die Straße gegangen. Mindestens vier der Demonstranten wurden von der Polizei erschossen, Dutzende verletzt. Daraufhin sprühten Kameraden der Toten mit Farbe die Worte *Leave us in peace*, Laßt uns in Frieden, auf die Mauer des Fußballstadions am Ortseingang von Atteridgeville. Aber sie fanden keine Beachtung. Die Polizei war immer noch in Alarmbereitschaft und patrouillierte in gepanzerten Fahrzeugen durch die Straßen; niemand war wirklich sicher. Wenige Tage zuvor war ein Vierjähriger durch Tränengas getötet worden. Und davor war ein dreizehnjähriger Schulkamerad von Moses von einer verirrten Kugel tödlich getroffen worden, als er für seine Mutter Brot einkaufen wollte. Aber Samuel Mope vertraute auf Gott und hatte keine Angst um seinen Sohn. Er sagte ihm lediglich Lebewohl und ging dann zu Bett.

Kurz vor Mitternacht klopfte eine seiner Töchter an die Schlafzimmertür.

«Vater», sagte sie, «sie haben Moses gebracht.»

«Was meinst du damit, sie haben Moses gebracht?»

«Komm und sieh selbst.»

Samuel Mope zog sich einen Morgenmantel über und ging ins Wohnzimmer. Moses lag auf der Couch und blutete aus Mund und Nase. Mope schob das T-Shirt seines Sohns hoch. Der Junge hatte Hautabschürfungen am Brustkorb und eine Wunde am Kopf. Als Mope die Wunde vorsichtig berührte, zuckte der Junge zusammen. «Moses, wo tut es weh?» Der Junge stöhnte nur und verdrehte die Augen.

Samuel Mope nahm den schlaffen Körper seines Jüngsten in die Arme und fuhr mit ihm zum wenige Kilometer entfernten Kalafong Hospital. Es war Samstagabend, und um diese Zeit war immer viel los. In der Notaufnahme wimmelte es von Leuten mit Verbrennungen, Stich- und Schußwunden. Wie alle schwarzen Krankenhäuser war auch Kalafong personell unterbesetzt und überlaufen. Die Pfleger legten Moses auf eine Bahre und ließen ihn dort liegen. Nach einer Stunde nahm endlich jemand von dem Jungen Notiz. «Was ist mit dem?» fragte ein Pfleger eine Schwester. «Haben Sie ihn vergessen?» Moses wurde in die Röntgenabteilung gebracht. Nach einer Weile kam eine Schwester und sagte, sein Zustand sei sehr ernst: Er habe einen Schädelbruch und Blut im Gehirn.

Mope und seine Frau saßen im Wartezimmer und hielten sich bei den Händen. Ungefähr eine Stunde später sah Mope die Schwester den Flur entlangkommen. Ihr Blick drückte das übliche Mitgefühl aus. Die Schwester ergriff die Hand seiner Frau und suchte nach passenden Worten: «Bemühen Sie sich nicht», sagte Mope. «Ich weiß, daß mein Sohn tot ist.» Er und seine Frau weinten sich im Wartezimmer in den Schlaf. Als Samuel erwachte, war es bereits fünf Uhr morgens. Er weckte seine Frau, brachte sie nach Hause und machte sich anschließend auf den Weg in das dunkle Township, um herauszufinden, warum sein jüngster Sohn sterben mußte.

Die Leute, die Moses nach Hause brachten, hatten eine wirre Geschichte erzählt, derzufolge ein paar weiße Polizisten Moses grundlos zusammengeschlagen hatten. Samuel Mope konnte sich das nicht vorstellen. Warum sollten Polizisten seinen Sohn totschlagen? Moses war Zionist, und Zionisten hatten mit Politik, Straßenkampf und Steinewerfen nichts zu tun. «Ihr dürft nicht an politischen Aktionen teilnehmen», hatte der Bischof seiner Gemeinde eingeschärft. «Ihr dürft diese Worte nicht einmal in den Mund nehmen. Ihr müßt der Obrigkeit gehorchen.»

Samuel Mope und seine Familie hatten sich stets an dieses Gebot gehalten. «Ich wollte von Politik nichts hören», erzählte er mir. Manchmal, wenn er mit dem Zug zur Arbeit fuhr und die Fahrgäste um ihn herum vom Straßenkampf sprachen, steckte er sich die Finger in die Ohren, um sich vor subversiven Worten zu schützen. Einmal wurde ihm das vorgeworfen, und er mußte eine Ausrede erfinden, um nicht als Verräter abgestempelt zu werden. «Meine Ohren jucken», hatte er gesagt. «Ich glaube, ich muß zum Arzt.»

Es war gefährlich, als Verräter zu gelten. Es kam sogar die Zeit, wo es schon gefährlich war, Zionist zu sein. In einigen Townships hielten militante Linke Zionisten auf der Straße an und zwangen sie, den silbernen Stern hinunterzuschlucken, den sie auf der Brust trugen.

Als sich der Kampf verstärkte, wurde es für Zionisten immer schwieriger, neutral zu bleiben. 1985 wurde praktisch ganz Atteridgeville von jungen linken Genossen kontrolliert. Sie setzten «Volkstribunale» ein, um Kriminellen den Prozeß zu machen, und errichteten an sämtlichen Zufahrtswegen zum Township bemannte Straßensperren, um sicherzustellen, daß der Boykott weißer Geschäfte eingehalten wurde. In ihrer Freizeit starteten sie eine Aufräumaktion: Sie befreiten Plätze von Unrat und Müll und verwandelten sie in Parks – in Wallfahrtsstätten der Revolution mit Namen wie Biko Park, Mandela Park und Freedom Square. In jedem Park wurde eine symbolische Kanone aufgestellt, die auf Pretoria gerichtet war.

Samuel Mope beurteilte diese Entwicklung eher pessimistisch, doch er begriff, daß solche Aktionen für einen Dreizehnjährigen faszinierend und aufregend sein konnten. Deshalb hatte er Moses beiseite genommen und ihm ins Gewissen geredet. «Moses», hatte er gesagt, «ich will nicht, daß du dich mit diesen Leuten herumtreibst. Du gehst zur Schule, und danach kommst du gleich nach Hause und bleibst hier. Wenn du siehst, daß andere Kinder mit Steinen nach Polizisten werfen, dann machst du da nicht mit. Wir sind Zionisten. Wenn es Gottes Wille ist, daß eine andere Regierung an die Macht kommt, dann wird es geschehen. Unsere Aufgabe ist das nicht. Wir haben mit solchen irdischen Dingen nichts zu tun.»

Mope war überzeugt, daß sein Sohn seine Worte beherzigt hatte. Moses war ein guter Junge. Und dennoch behaupteten diese Leute, Polizisten hätten ihn totgeschlagen. Das konnte nicht sein, dachte Samuel Mope. Um Gottes willen, einer seiner eigenen Söhne war doch selbst Polizist, und der Pastor seiner Kirche war es auch. Mope selbst hatte in seinem Beruf die meiste Zeit Gefängnisse für das Apartheid-Regime gebaut. Er bewunderte die südafrikanische Polizei zwar nicht, aber er konnte sich auch nicht vorstellen, daß sie ohne Grund ein unschuldiges Kind tötete. Kurz vor Tagesanbruch betrat er aufgeregt die Kirche der Zionisten und unterbrach den Gottesdienst. «Ich will mit den Kindern sprechen, die mit meinem Sohn zum Chor gegangen sind!» brüllte er.

Es waren vier Kinder. Die Zwillinge Simon und Ntime Makgatholela waren zwölf. Sie waren schmächtige, rehgleiche Geschöpfe mit großen Kulleraugen, die vor Nervosität ein Bein um das andere schlangen. Ihr älterer Bruder Joshua war dreizehn und ungefähr einen Kopf größer, ihr Cousin Surprise ebenfalls dreizehn, aber erheblich dicker. Alle vier waren noch kleine Kinder, schüchterne kleine Schmutzfinken, zu ängstlich, um den Blick eines weißen Fremden zu erwidern, ganz zu schweigen von dem drohenden Blick eines stattlichen Schwarzen wie Samuel Mope. Samuel war froh, daß sie Angst hatten. Er wollte es so. Er ging mit ihnen hinaus, um sie zu befragen.

«Also», sagte er, «ihr kleinen Gauner habt Ärger gemacht, oder? Ihr habt Steine auf Polizisten geworfen!»

«Nein, Sir», riefen die Jungen. «Das haben wir nicht, Sir.»

«Lügt mich nicht an», brüllte Samuel Mope. «Ihr habt euch einen Spaß gemacht! Ihr habt die Polizei beschimpft!»

«Nein, Sir. Sie können uns aufhängen, wenn das wahr ist, Sir.»

«Na gut», sagte Samuel Mope. «Ich will jetzt die Wahrheit wissen, und ihr rückt besser damit raus, oder ich mache euch die Hölle heiß.»

Die Jungen erzählten, was geschehen war. Moses war am Abend

zuvor gegen acht zu ihnen gekommen. Sie hatten sich vor den Fernseher gesetzt und Kutteln und Haferbrei gegessen, nach afrikanischer Sitte mit den Fingern und aus einer gemeinsamen Schüssel. Danach wuschen sie sich die Hände und machten sich auf den Weg zu ihrem Freund Robert – fünf kleine Jungen, die sich über Mädchen und Fußball unterhielten. Robert wohnte ein paar Blocks weiter in der Tshabangu Street. Sein Vater, Mr. Komane, hatte einen Lieferwagen. Freitags und samstags abends lud er ihn mit Chorknaben der Zionisten voll und fuhr sie den Hügel hinauf zur Kirche.

An diesem Abend waren die Straßen dunkel, weil keine Straßenlampe brannte. Auf dem Höhepunkt der Rebellion ging in sämtlichen Townships des Landes die Straßenbeleuchtung aus. Die Behörden erklärten zwar, die Stromleitungen seien sabotiert worden, doch die Schwarzen waren überzeugt, daß der Strom abgeschaltet worden war, damit die Polizei ihre schmutzige Arbeit ungesehen verrichten konnte. Die Chorknaben hatten Geschichten über das «System» gehört und wie es einen nachts schnappen konnte, deshalb gingen sie ziemlich schnell. Sie erreichten Roberts Gartentor ohne Zwischenfall, blieben aber davor stehen, weil sie Angst vor Roberts Hund hatten. Sie riefen und pfiffen, um Robert auf sich aufmerksam zu machen.

In dem Moment bog ein brauner Toyota Corolla in die Tshabangu Street ein und kam langsam näher. Die Jungen schenkten ihm keine Beachtung; sicher war es ein ziviles Fahrzeug. Als der Toyota jedoch auf ihrer Höhe war, hielt er an. Jemand rief: «*Wat soek julle in die straat die tyd?* – Was zum Teufel macht ihr um diese Zeit noch auf der Straße?» Die Jungen drehten sich um. Als sie weiße Gesichter und blaue Polizeiuniformen sahen, gerieten sie in Panik. «Wir wußten, daß sie uns für Genossen hielten», sagte Joshua, der älteste der Jungen. Sie nahmen die Beine in die Hand, und die Bullen sprangen aus dem Wagen und rannten hinter ihnen her.

Joshua sprang über einen Zaun und konnte entkommen. Der kleine Simon rannte zum Haus Nr. 3 in der Tshabangu Street, verschwand in dem Abort im Garten und kauerte sich dort wimmernd vor Angst zusammen. Moses und die anderen waren langsamer und wurden von den Polizisten geschnappt. Was dann passiert war, wußten die Jungen nicht genau. Es war dunkel, sie hatten Angst, und sie hatten nicht genau hingesehen. Mr. Mope sollte besser die Lady von Nr. 3 fragen.

Besagte Lady war eine rundliche, energische Frau namens Rebecca Mvalo. In der Sprache der Townships war sie eine *shebeen queen* – Besitzerin einer illegalen Schnapsbude. Samuel Mope war schon oft an ihrem Haus vorbeigegangen und hatte auf der hellerleuchteten Veranda Männer sitzen sehen, die aus Literflaschen Lion- oder Castle-Bier tranken. Hineingegangen war er nie. Zionisten gingen nicht in *shebeens*. Mrs. Mvalo war ihm deshalb nicht böse. Im Gegenteil, sie respektierte Samuel Mope und seine strenge, enthaltsame Religion. Deshalb erfand sie jetzt eine Notlüge. Sie sagte, sie habe «einigen Freunden und Verwandten» gerade ein paar «kühle Drinks» serviert, als die Sache passierte.

Es war zehn vor zehn, sagte sie. Sie und ihre Gäste sahen sich gerade eine Fernsehsendung auf dem Tswana-Kanal an, als sie vor dem Fenster einen schrillen Schrei hörten. Mrs. Mvalo dachte zuerst an ihre Töchter, die irgendwo draußen waren. Sie lief zur Hintertür, riß sie auf und stand einem weißen Polizisten gegenüber, der zwei wimmernde Chorknaben der Zionisten am Genick gepackt hatte. Die Kinder befreiten sich aus seinem Griff und rannten zu Mrs. Mvalo. Doch das Schreien hörte nicht auf. Es kam von der Seite des Hauses.

Mrs. Mvalo lief an dem Polizisten vorbei, bog um die Ecke und betrat den Gartenweg zwischen ihrem und dem Nachbarhaus. Es war dunkel, aber der Mann auf dem Gartenweg vor ihr war eindeutig ein weißer Polizist. Mit der einen Hand stützte er sich gegen die Mauer, mit der anderen hielt er sich am Gartenzaun des Nachbarhauses fest, und er trampelte auf etwas herum – bei Gott, auf einem schreienden Kind! Mrs. Mvalo stürmte den Weg entlang und schrie: «He, was machen Sie denn da?»

Der weiße Polizist blickte überrascht auf. Soviel Mut war bei Schwarzen selten. Mrs. Mvalo bemerkte, daß er ein *skietyster*, ein «Schießeisen» oder einen Revolver, in der Hand hielt, aber sie hatte keine Angst. Sie schrie, so laut sie konnte.

«Wie können Sie so was mit einem Kind machen!» schrie sie. «Schämen Sie sich, Sie brutaler Kerl! Ein Kind zu treten! Und wenn es Ihr eigenes Kind wäre? He? Würde Ihnen das gefallen?»

Mit den Händen versetzte sie dem Polizisten einen Stoß vor die Brust. Er taumelte rückwärts, zertrümmerte dabei mit dem Revolver eine Fensterscheibe und fiel schließlich auf den Rücken. Das Kind stand auf und verschwand in der Dunkelheit. Der Polizist kam wieder auf die Beine. Er schwankte betrunken.

Die kleinen Chorknaben klammerten sich an Mrs. Mvalos Rock und riefen etwas in der Sprache der Tswana. «*Kereke!*» schrien sie. «*Kereke! Kereke!*» Der weiße Polizist wollte wissen, was das bedeutete. «Sie rufen ‹Kirche, Kirche›», sagte Mrs. Mvalo barsch. «Sie sind keine Genossen! Sie sind auf dem Weg zur Kirche!»

Der Polizist wurde plötzlich unsicher. «Sind das Ihre Kinder?» fragte er.

In diesem Moment zog jemand im Haus einen Vorhang auf und spähte aus dem Fenster, um zu sehen, was los war. Ein Lichtstrahl fiel in den Garten, und Mrs. Mvalo konnte den Polizisten genau sehen. Er war sehr jung, hatte kurze Haare und einen gepflegten Schnurrbart. Er trug einen Kampfanzug: graublaues Buschhemd, ausgebeulte Hosen, schwere Stiefel. Und er war so betrunken, daß er ihren Blick nur mit Mühe erwidern konnte. Dann kam der Polizist um die Ecke, dem Mrs. Mvalo vor der Küchentür begegnet war. Er schlug seinem Kollegen auf den Rücken und sagte: «Laß uns hier abhauen.»

Mrs. Mvalo folgte den Polizisten hinaus auf die Straße. Sie schrie immer noch, so laut sie konnte. Sie rief, jemand solle Papier und Bleistift holen und das Autokennzeichen dieser Bastarde notieren. Ihre Schwester kam aus dem Haus, stellte sich vor die Stoßstange des Toyota und schrieb die Nummer auf. Die Polizisten waren anscheinend zu betrunken, um sich darüber aufzuregen. «Du schreibst die Nummer auf?» spotteten sie. «Stell dich doch vor die Scheinwerfer, damit du sie auch richtig notierst! Schreib die hinteren auch gleich auf!»

Mrs. Mvalos empörtes Geschrei hatte eine große Menschenmenge angelockt, und die Polizisten hielten es für ratsam, sich aus dem Staub zu machen, bevor es wirklich Ärger gab. Sie waren zu viert – drei junge Männer, kaum dem Teenageralter entwachsen, und ein etwas älterer Mann. Zwei stiegen in den Toyota, zwei stellten sich in die offenen Türen. Der Wagen raste zum Ende des Häuserblocks, wendete und kam mit voller Geschwindigkeit auf die Menge zu. Die beiden Polizisten in den Türöffnungen klammerten sich waghalsig am Dach des Wagens fest. Die Menge lief auseinander. Der Wagen kam mit kreischenden Bremsen zum Stehen.

«Geht in die Häuser», riefen die Polizisten. «Geht von der Straße, oder wir schießen!»

Einer von ihnen zog seinen Revolver und feuerte zwei Warnschüsse in die Luft. Dann ließ der Fahrer den Motor an, und der Wagen schoß in einer Staubwolke davon. Eine leere Flasche flog aus dem Wagenfenster und zerschellte an einer Gartenmauer.

Als die Polizisten fort waren, sah sich Mrs. Mvalo nach dem verletzten Jungen um, aber er war nirgends zu finden. Moses hatte sich zu Robert Komanes Haus zurückgeschleppt und sich dabei an Gartenzäunen festgehalten, um nicht umzukippen. Mrs. Agnes Komane ließ ihn ein. Moses' Khaki-Anzug war mit schmutzigen Fußabdrücken übersät, sagte sie, und sein Haar war blutverklebt. Er bat um Papier und Bleistift, was ihr merkwürdig vorkam. Sie gab ihm beides, aber als er den Bleistift in der Hand hielt, wußte er anscheinend nicht mehr, was er damit hatte tun wollen. Dann spuckte er Blut. Mrs. Komane war entsetzt und brachte den Jungen so schnell wie möglich nach Hause.

Die Sonne war bereits aufgegangen, als Samuel Mope die Nachforschungen zum Tod seines jüngsten Sohnes abschloß. Mit schwerem Herzen fuhr er nach Hause. Er setzte sich an den Küchentisch, und seine Frau brachte ihm eine Tasse Tee. Er schüttelte den Kopf. «Ich will keinen Tee. Bring mir lieber einen Strick, damit ich mich aufhängen kann.» Noch heute schnürt es ihm die Kehle zu, wenn er aus dem Fenster in den Garten sieht, den Moses für ihn gepflegt hat.

Am darauffolgenden Nachmittag nahm ein Sonderkommando der Polizei unter Leitung von zwei Colonels, einem weißen und einem schwarzen, die Ermittlungen auf. Die Beamten machten Fotos vom Tatort und nahmen Zeugenaussagen auf. Die beiden Colonels versprachen Samuel Mope, daß der Gerechtigkeit Genüge getan werden solle. Es kam freilich anders. Ein zwanzigjähriger Polizeibeamter wurde wegen fahrlässiger Tötung vor Gericht gestellt, doch tauchten bei dem Prozeß krasse Widersprüche auf. Das passierte, wie man wußte, nicht selten, wenn Polizisten gegen einen Kollegen ermittelten und Aussagen in einer Sprache niederschrieben, die die schwarzen Zeugen weder lesen noch sprechen konnten. Außerdem benannten die Chorknaben und die Kneipenbesitzerin bei einer Gegenüberstellung unterschiedliche Männer als Täter. So wurde der Polizist auf der Anklagebank freigesprochen.

Wie um noch Salz in die Wunden zu streuen, störte die Polizei obendrein Moses' Begräbnis. Moses war der unpolitische Sohn eines unpolitischen Zionisten und der Bruder eines Polizisten, aber er war von Polizisten getötet worden, und das machte ihn zum Märtyrer des Kampfes der Schwarzen. Die Genossen von Atteridgeville übernahmen die Vorbereitungen für die Beerdigung fast vollständig. Sie hüllten Moses' Sarg in die schwarz-grün-goldene Fahne des ANC und sangen an seinem Grab Freiheitslieder.

Samuel Mope bat die Polizei, der Trauerfeier fernzubleiben. Ein hoher Beamter gab ihm sein Wort, aber es wurde gebrochen. Ein gepanzertes Fahrzeug tauchte beim Friedhof auf und folgte der singenden Trauergemeinde bis zu Samuel Mopes Haus. Die Polizisten parkten auf der gegenüberliegenden Straßenseite und warteten. In dem Fahrzeug saßen sechs Beamte. Die meisten waren jung, einige kauten Kaugummi und grinsten unverschämt unter ihren Sonnenbrillen. Jemand beschimpfte sie, und die Polizisten schossen Tränengaspatronen in die Trauergemeinde.

Als Samuel Mope das erzählte, hatte er Tränen in den Augen. «Ich habe eine Kuh für das Begräbnis gekauft. Sie hat mich vierhundertfünfzig Rand gekostet. Die Tische bogen sich unter den Speisen, und es waren Hunderte von Menschen da. Ich hatte die Polizei gebeten, der Trauerfeier fernzubleiben, aber sie kam trotzdem, und dann schossen sie mit Tränengas. Ich sage Ihnen, die Leute rollten herum wie Kürbisse. Alle Tische wurden umgeworfen, und das Essen fiel in den Dreck. Ich stand nur da. Was sollte ich tun?

Und dann wurde der Polizist nicht einmal verurteilt. Mein Sohn ist tot, aber nichts geschieht. Kein Weißer ist gekommen und hat gesagt: ‹Es tut mir leid, daß Ihr Sohn tot ist.› Kein einziger. Niemand kam und sagte: ‹Hier ist meine Hand, es tut mir leid.› Sie sind der erste.

Der Junge kam ums Leben, weil er zur Kirche ging. Das war sein einziges Verbrechen. Ich glaube immer noch: Hätte ich ihn nicht in die Kirche gehen lassen, er wäre noch am Leben. Aber wie hätte ich ihn davon abhalten sollen? Die Kirche ist unser Leben. Wir beten zu Gott, und wir halten uns aus dieser Welt heraus. Und jetzt wird der Polizist nicht einmal verurteilt. Wenn ich darüber nachdenke, schnürt es mir die Kehle zu. Aber ich bin schwarz, und er ist weiß. Was kann ich tun? Ich habe keine Macht, einen Dreck habe ich. Ich kann nur beten. Ich kann nur sagen: ‹Halleluja, es ist alles vorbei. Das Gefäß ist zerbrochen, und das Wasser ist ausgelaufen.›»

Und so wurde Moses Mope am 15. Oktober 1985 als einer von 750 schwarzen Zivilisten, die in den ersten dreizehn Monaten des großen Aufstands durch politische Gewalt ihr Leben lassen mußten, in die Statistik aufgenommen. Er steht für die zahllosen unschuldigen schwarzen Opfer: die an Tränengas erstickten Babies, die von Panzerfahrzeugen überrollten Kleinkinder, die kleinen Jungen, die auf dem Weg zum Einkaufen erschossen wurden, und die unschuldigen Passanten, die von «verirrten Kugeln» getroffen wurden. Moses steht auch für die große Zahl jener Genossen, die zu Märtyrern wurden: Ein schwarzer Junge, der einem gepanzerten Fahrzeug nur mit einem Stein in der Hand und Zorn im Herzen gegenübertritt, hat etwas Unschuldiges an sich. Moses Mope steht auch für die vielen Tausende, die durch Gummigeschosse und Schrot verletzt wurden, für Zehntausende, die ausgepeitscht wurden, und für Hunderttausende, gegen die man mit Tränengas vorging, weil sie sich nicht länger mit Dreck zufriedengeben wollten, wie Samuel Mope es ausdrückte.

Samuel Mope war ein anständiger Mann, von strenger Moral, gesetzestreu und gottesfürchtig. Er war ein Onkel Tom, einer jener Schwarzen, für die die Regierung Botha Gott in ihren abendlichen Gebeten dankte, einer der gemäßigten Mehrheit, geduldig wie ein Esel und mit unendlich viel Respekt vor der weißen Autorität. Ich möchte ihn damit keineswegs herabsetzen. Samuel Mope war ein Mann von großer Würde und Selbstbeherrschung. Er erzählte seine Geschichte ernst und unvoreingenommen bis zum Schluß, als sein Gesicht sich plötzlich verzerrte, seine Augen sich mit Tränen füllten und er sagte: «*Ek het vokol.* Ich bin schwarz, und ich habe keine Macht. Einen Scheißdreck habe ich.» Aus seinem Mund waren diese Worte wie ein Faustschlag in mein weißes Gesicht.

Und so stellt sich eine Frage: Wenn die Mörder von Moses Mope und Dennis Mosheshwe auf der einen Seite standen, mußte dann nicht jeder, der kein Monster war, auf der anderen Seite stehen?

Was sollen wir also tun?
Leo Tolstoi

Im Oktober 1985 wohnte ich in Kapstadt auf einem Hügel über dem Hafen. An dem Tag, als Moses Mope starb, stand ich wie jeden Morgen auf und ging zu Mr. Alis Eckcafé hinunter, wo ich die Morgenzeitungen kaufte. Ich war erst seit knapp zwei Monaten wieder zu Hause, und doch schien sich in dieser kurzen Zeit die politische Lage drastisch verschlechtert zu haben. Demonstrationen, Krawalle und Schußwaffeneinsätze der Polizei waren so häufig geworden, daß die liberale *Cape Times* aus Platzmangel gar nicht mehr über alles berichten konnte. Statt dessen veröffentlichte sie auf Seite zwei eine Karte, eine Art politischer Wetterkarte, auf der man die Ausbreitung der Gewalt über das ganze Land und die Verschiebungen der Fronten ablesen konnte.

Auf dieser Karte war jeder Ausbruch politischer Gewalt mit einem numerierten Stern gekennzeichnet. Die Nummer verwies auf eine kleingedruckte Legende mit spärlichen Angaben über anonyme schwarze Opfer an obskuren Orten, von denen die meisten Weißen noch nie gehört hatten. An manchen Tagen gab es so viel Gewalt, daß die Sterne sich überlagerten und die Druckerschwärze zu einem einzigen Fleck zusammenlief. Die Karte sah dann aus wie die Klecksographie in einem Rorschach-Test. Den übrigen Nachrichtenteil nahmen Artikel über die politische Krise und deren blutige Folgen ein. Es war schrecklich, und doch konnte man, wenn man wollte, weiß war und in einem weißen Vorort wohnte, einfach zum Sportteil weiterblättern und alles andere ignorieren. Ich stand oft auf dem Balkon meines Apartments, starrte zu den Townships hinüber, wo die Schwarzen lebten, und erwartete, Rauchsäulen über den Schlachtfeldern aufsteigen zu sehen. Doch ich sah nichts.

Der Ort des Geschehens war zu weit weg, er lag in einer anderen Welt.

Ich hatte Los Angeles unter anderem deshalb verlassen, weil ich nicht länger an einem Ort leben wollte, wo ich von den Kämpfen in meinem Land nur aus der Zeitung erfuhr. Ich kehrte also nach Südafrika zurück. Doch im weißen Südafrika erfuhr ich auch nur aus der Zeitung von den Krawallen. Letztlich war das noch schlimmer, denn was man in südafrikanischen Zeitungen über Südafrika las, hatte manchmal nichts mit dem zu tun, was man auf der Straße sah und hörte. In den Zeitungen hieß es, das Rassenproblem verschärfe sich und der Graben werde immer tiefer, aber es gab Zeiten, da hätte ich schwören mögen, daß eher das Gegenteil der Fall war. Äußerlich boten die südafrikanischen Großstädte das trügerische Bild einer Rassenintegration, wie sie einem aus Amerika vertraut war. Es gab Schwarze in Bars, in Bussen und an Universitäten, Schwarze zum Vorzeigen bei Konferenzen und in Chefetagen, schwarze Ansager im weißen Fernsehen, kleine schwarze Kricketspieler auf den Sportplätzen teurer Privatschulen und sogar Schwarze am Lunch-Tresen bei Woolworth. Selbst in den städtischen Schwimmbädern Kapstadts waren Schwarze anzutreffen. Es mutete an wie eine Fata Morgana: Schwarze planschten in den heiligen Wassern am Sea Point Pavilion.

Ich war zu einer Zeit nach Hause zurückgekehrt, als in Südafrika so etwas wie ein «Prager Frühling» herrschte oder wenigstens in seiner Endphase war. Die Rede- und Handlungsfreiheit war erstaunlich. Die *Cape Times* war gnadenlos in ihren Angriffen gegen die Regierung Botha, viel aggressiver als die *New York Times*. Die *Cape Times* veröffentlichte politisch explosive Artikel über Folter in Gefängnissen, setzte sich über das Verbot hinweg, im Exil lebende Vertreter von Befreiungsbewegungen zu zitieren, und beschuldigte die Polizei offen der schamlosesten Lügen und der Verdrehung von Tatsachen. Sie berichtete von zahlreichen Demonstrationen und Protestveranstaltungen gegen die Regierung und wurde trotzdem immer noch allmorgendlich auf den Straßen verteilt. Damals war es noch möglich, solche Veranstaltungen öffentlich abzuhalten. Einige davon waren regelrechte Kriegsräte.

Kurz nach meiner Rückkehr wurde eine Versammlung in einem

Township mit dem Absingen der schwarzen Hymne *Nkosi Sikalel' iAfrika* eröffnet. Anschließend trat einer der Organisatoren ans Mikrophon und stimmte die Menge auf die Redner ein.

«Es lebe der Sozialismus!» rief er.

«Hoch!» brüllte die Menge.

«Es lebe der Kommunismus!»

«Hoch!»

«Es lebe der ANC!» schloß der Einpeitscher.

«Hoch!» donnerte es als Antwort. Ich drehte mich um und erwartete, daß jeden Moment die Geheimpolizei auftauchen würde, aber nichts geschah. Es war verblüffend. In der Ära Vorster hatte man kaum gewagt, seinen engsten Freunden solche Ansichten zuzuflüstern. Jetzt wurden sie bei Massenversammlungen vom Podium verkündet. Linke Schriften, die einst ihre Besitzer und Verfasser ins Gefängnis gebracht hätten, wurden jetzt offen in Buchläden verkauft. In Kinos liefen Filme, die noch vor zehn Jahren nicht durch die Zensur gekommen wären, und an den Bühnen waren die Spielpläne vollgestopft mit Inszenierungen des schwarzen Volkstheaters von Kapstadt, Stücken wie *Woza Albert* und *Asínamali*.

Ich hatte beide Stücke in Amerika gesehen und war tief beeindruckt gewesen. Sie waren brutal, packend und vom Inhalt her ausgesprochen revolutionär. Sie rüttelten das amerikanische Publikum auf und hinterließen bei den Kritikern einen nachhaltigen Eindruck. Ich glaubte der *Los Angeles Times* aufs Wort, als sie erklärte, die Autoren dieser Stücke würden wahrscheinlich «eingesperrt und gefoltert», wenn sie es wagen sollten, ihre Meinung auf den Straßen Südafrikas zu verkünden. Das paßte zu meinen Erinnerungen an das Land, in dem ich aufgewachsen war. Und dann kam ich nach Hause und mußte feststellen, daß die Stücke der Schwarzen in den strahlenden Tempeln der weißen Kultur gezeigt wurden, vor den bewundernden Augen weißer Liberaler in Smoking und Festschmuck, die zehn Dollar zahlten, um sich Gemeinheiten und Verleumdungen an den Kopf werfen zu lassen. Wenn der Vorhang fiel, reagierten die Zuschauer in Südafrika genauso wie in Amerika: Sie erhoben sich von den Plätzen und belohnten ihre schwarzen Peiniger mit stehenden Ovationen. Ich wußte nicht, ob ich lachen oder weinen sollte. Anscheinend war ich vom anderen Ende des Planeten nach Hause zurückgekehrt, nur um mich in einem Vorort von Los Angeles wiederzufinden.

Wenn ich von meiner neuen Wohnung im Vorort Greenpoint am Meer entlang nach Süden ging, kam ich zu einem Ort, der mich auf geradezu unheimliche Weise an mein früheres Zuhause in Los Angeles erinnerte. Sea Point war vulgär und protzig und wimmelte von schamlosen Sonnenanbetern, die goldene Ketten und goldene Bräune zur Schau trugen. Die Handelskammer verteilte Reklamezettel, deren Text von Schlagworten wie «international» und «weltoffen» strotzte. Sea Point gab sich nicht damit zufrieden, ein weißer Vorort am Fuß eines gewaltigen Berges am südlichen Zipfel Afrikas zu sein. Der Ort plusterte sich auf zur «südafrikanischen Riviera», und selbst das war eine falsche Bezeichnung, denn dort war so gut wie nichts südafrikanisch. Die Restaurants waren französisch, italienisch, griechisch, indisch oder amerikanisch wie die «Seven Spurs Steak Ranch» und «The Drug Store» oder zwittrig wie «American Croissants».

Der Mode- und Jeansladen hieß «The Mafia», die Disco nannte sich «Charlie Parker's», und das israelische Lokal am Ende der Main Street hieß «Kazablan». Dort konnte man draußen sitzen, einen Espresso trinken und das flotte Hochglanzmagazin *Style* lesen, das von einem durchschnittlichen amerikanischen Großstadt-Magazin praktisch nicht zu unterscheiden war, oder die *Weekly Mail*, das Sprachrohr der weißen Linken. Die *Mail* las sich eher wie die New Yorker *Village Voice*. Sie war von vorn bis hinten voll von Berichten über Greueltaten des Apartheid-Regimes, abgesehen von ein paar Spalten im hinteren Teil, wo der Filmkritiker *Rambo* einer marxistischen Analyse unterzog und ein Kunstkritiker sich dafür entschuldigte, daß ihm Skulpturen gefielen, denen eine klare Aussage gegen die Apartheid fehlte. Der Ton der *Mail* war manchmal schwärzer als schwarz, doch die Inserenten wußten, wen sie damit erreichten. Ein Bauträger versuchte in einer Anzeige, weißen Yuppies restaurierte Häuser in einer halbproletarischen Gegend aufzuschwatzen, indem er ihnen die verlockende Aussicht vorgaukelte, «Schulter an Schulter mit Bürgerrechtsanwälten, alternativen Verlegern, alternativen Medizinern und subversiven Akademikern» zu wohnen. Das war nun aus dem Kampf gegen die Apartheid geworden – ein Vehikel, das manchen Weißen dazu diente, trendbewußten weißen Liberalen Immobilien zu verkaufen.

Weiter vorn habe ich die überwiegend englischsprachigen und wohlhabenden weißen Vororte meiner Kindheit mit Schiffen verglichen, die gläserne Rümpfe haben und auf einem stürmischen, unberechenbaren Meer treiben. So war es immer noch, nur die Besatzung schien sich geändert zu haben; sie war kultivierter und weltoffener geworden. Die Weißen, denen ich auf der Straße begegnete, sahen aus wie die Weißen in Amerika: die gleichen Frisuren, die gleiche Kleidung, die gleichen blendend weißen Zähne und ähnliche kulturelle und politische Ansichten.

An Bord des Traumschiffs waren auch Buren – Hunderttausende. Sie nannten sich Neue Afrikaaner und legten größten Wert auf Kultur. Sie machten Urlaub in Europa, sammelten Kunst, tranken erlesene Kapweine und schätzten gute Bücher, insbesondere die Werke Breyten Breytenbachs, des bösen Buben der burischen Literatur. Der große Buren-Poet hatte in den sechziger Jahren in Paris im Exil gelebt und saß in den siebziger Jahren die meiste Zeit in einem südafrikanischen Gefängnis, weil er an einem bizarren «Terroranschlag» teilgenommen hatte. In den achtziger Jahren wurde Breytenbach der bedeutendste südafrikanische Literaturpreis zuerkannt, und er kehrte aus dem Exil zurück, um ihn entgegenzunehmen. Fünfhundert Mitglieder des südafrikanischen Establishments wohnten der Zeremonie bei. Breytenbach erklärte ihnen, sie seien widerlich. Er könne den üblen Geruch moralischer Arroganz in Südafrika nicht ertragen. Das Wort «Afrikaaner», fügte er hinzu, sei gleichbedeutend mit «geistiger Rückständigkeit, ethischem Zerfall, Grausamkeit, Entmenschlichung und bewaffnetem Verbrechen» und behaftet mit dem «Stigma brutaler Gewalt». Die anwesenden Afrikaaner belohnten auch diese Schimpfkanonade verblüffenderweise mit stürmischem Beifall.

Bei einer Dinnerparty traf ich zufällig meinen alten Schulfreund Anthony. In den zehn Jahren, seit ich ihn das letzte Mal gesehen hatte, war aus ihm ein perfekter Werbefachmann geworden. Seine Werbung für BMW etwa übertraf die entsprechende amerikanische Werbung noch an Raffinesse und Geschick. Anthony lud mich zur Party in eine feudale Eigentumswohnung am Meer ein. Dort lernte ich ein *Cosmo*-Girl namens Penny kennen. Sie war allerdings kein typisches *Cosmo*-Girl; sie war hübsch und intelligent. Penny hatte an einer weißen Universität studiert und arbeitete jetzt im Südafrika-Büro der Zeitschrift *Cosmopolitan*. Sie fügte Zitate südafrikanischer Experten und Persönlichkeiten in die Artikel der amerikanischen Ausgabe ein. Ihre Wertbegriffe waren die von *Cosmo*, und sie entsprachen auch denen des weißen Vororts, in dem sie wohnte. Selbst ihre radikalen politischen Ansichten drückte sie in Worten aus, die dem damenhaft gewählten Stil der Zeitschrift angemessen waren. «Ja», sagte sie einmal zu mir, «ein bißchen Rache wäre wirklich nicht schlecht.» Sie hatte ein persönliches Interesse an Rache, denn sie war zufällig schwarz – vielmehr ein Mischling, um genau zu sein.

Penny war schwarz, und ich war weiß, aber das spielte jetzt in Kapstadt kaum noch eine Rolle. Ich verabredete mich mit ihr. Danach gingen wir eine Weile zusammen. In vielerlei Hinsicht war meine Freundschaft zu Penny nichts weiter als eine flüchtige Begegnung mit einem Girl in Pumps und schwarzen Strümpfen. Im weißen Kapstadt wirkte die Apartheid oft wie eine ferne, kaum spürbare Bedrohung. Wenn man wollte, konnte man sie ignorieren. Wir aßen in Restaurants, tranken in Bars, sahen uns Theaterstücke und Filme an, und niemand behelligte uns. Wir hätten ebensogut in New York sein können. Manchmal blieben wir zu Hause und sahen fern. Die meisten Sendungen kamen aus Amerika: *Hill Street Blues, Dallas, Denver-Clan, Mork & Mindy* und auch die mit Bill Cosby, dessen eine TV-Tochter entfernte Ähnlichkeit mit Penny hatte.

Ultrarechte Weiße haßten Cosby. Sie nannten ihn *daardie lelike ding met die uitpeul oë* – dieses häßliche Geschöpf mit den vorstehenden Augen –, und sie behaupteten, er sei ein Propagandawerkzeug in den Händen des Verräters Botha. Laut Eugene Terre'-Blanche, dem Führer der faschistischen Afrikaaner-Widerstandsbewegung, wollte Botha die Weißen glauben machen, die meisten Schwarzen seien in Wirklichkeit umgängliche und liebenswürdige Menschen. Die weiße Rechte hielt das alles für äußerst subversiv, und sie hatte recht. Was immer man von amerikanischen Situationskomödien halten mochte, die besseren von ihnen warben erfolgreich für traditionelle amerikanische Werte wie Toleranz, Fairness und Gleichheit der Geschlechter und Rassen. Offensichtlich hatten sie in das verschlossene, calvinistische Herz der Afrikaaner eine Menge Licht gebracht.

Eine der meistverkauften Zeitschriften des Landes war das in Afrikaans erscheinende Wochenblatt *Die Huisgenoot*. In meiner Kindheit war es ein Verdummungsorgan des orthodoxen Calvinismus gewesen, das für Sauberkeit, Frömmigkeit, Patriotismus und Gehorsam eintrat und Front machte gegen Sex, Ehebruch, Popmusik und entartete ausländische Kultur. Bei meiner Rückkehr veröffentlichte es sogar Artikel über Boy George. Während meiner Abwesenheit war es zu umwälzenden Veränderungen gekommen: Die Niederländisch-Reformierte Kirche gab der Apartheid nicht mehr ihren Segen, man hatte den großen Plan eines ausschließlich weißen Südafrika fallengelassen, und die Afrikaaner hatten sich in einen rechten und einen ultrarechten Flügel gespalten. All das war erstaunlich genug, verblaßte aber neben dem Wandel, der sich in diesem burischen Wochenblatt vollzogen hatte. Wenn man mir mit zweiundzwanzig gesagt hätte, daß *Die Huisgenoot* eines Tages über einen langhaarigen, heroinsüchtigen britischen Popstar mit fragwürdiger Moral berichten würde, hätte ich über diesen Schwachsinn lauthals gelacht.

Wie gesagt, hatte das Unterhaltungsprogramm des staatlichen Fernsehens auch seine positiven Seiten. Bei den Nachrichten war es allerdings ganz anders. Die South African Broadcasting Corporation (SABC) schwelgte in Berichten über Bombenanschläge von Terroristen in Paris, Pogrome in Sri Lanka und IRA-Terroristen, die ihren Opfern in die Knie schossen, gleichsam als wolle sie sagen: Es geht überall rauh zu. Über das fortwährende Chaos in den Townships hörte man von der SABC jedoch nur wenig. Wenn das Thema überhaupt angeschnitten wurde, dann nur, um kommunistische Agitatoren anzuprangern, weil sie angeblich Kinder, die noch gar nicht wissen konnten, was sie taten, aufhetzten, sich in sinnlosen Akten der Brandstiftung und Gewalt zu opfern.

Nach der Verleihung des Friedensnobelpreises an Bischof Desmond Tutu im Dezember 1984 war es unmöglich geworden, ihn völlig zu ignorieren. So bemühte man sich bei der SABC, auch ihn als Agitator hinzustellen. Angesichts der eher zurückhaltenden Art des Bischofs war das ziemlich schwierig. Die Kameraleute der SABC taten ihr Bestes, ihn mit Sonnenbrille abzulichten, weil er dann mehr wie ein Terrorist aussah, um ihn mit Formulierungen aufzunehmen, die als umstürzlerisch ausgelegt werden konnten. Um die Zitate zu bekommen, die sie haben wollten, mußten sie ihm oft mitten im Satz das Wort abschneiden. Entweder ließen sie den guten Bischof dann mitten in einer subversiven Formulierung einfach vom Bildschirm verschwinden, oder sie drehten den Ton ab, so daß sich nur noch seine Lippen bewegten wie bei einem Goldfisch im Glas.

Die Nachrichtensendungen der SABC waren miserabel. Die aufschlußreichste politische Berichterstattung im staatlichen Fernsehen bot die amerikanische Science-fiction-Serie *V*; sie handelte von außerirdischen Wesen, die in Los Angeles einfielen. Die siegreichen Eindringlinge konnten menschliche Gestalt annehmen, aber in Wirklichkeit waren sie kaltblütige Reptilien, die die Einheimischen auf grausame und hinterhältige Weise unterdrückten. Die Parallelen zu Südafrika blieben den schwarzen Jugendlichen nicht verborgen: Auf Mauern in den Townships sah man nicht selten ein aufgesprühtes V.

Wie in allen anderen Lebensbereichen im Land der Apartheid gab es auch beim Fernsehen weiße und schwarze Programme. Auf dem Bantu-Kanal in Kapstadt wurde Xhosa gesprochen, eine Sprache mit zungenbrecherischen Schnalzlauten, die Reisende zur Zeit Dawid Malans so verblüfft hatte. Ich schaute mir stundenlang das Xhosa-Programm an in der Hoffnung, etwas zu verstehen und davon zu profitieren, doch die einzige Sendung, der ich folgen konnte, war *Spiderman*. Bei anderen Sendungen verstand ich nie, warum die Leute lachten und worum es überhaupt ging. Ich kapierte nicht einmal die Regeln der Unterhaltungssendung, die samstags abends um sechs ausgestrahlt wurde. Die Bühne sah aus wie ein Spielplatz für Erwachsene, voller knallbunter Plastikrampen, Trichter und Tunnel. Schwarze Kandidaten in orangefarbenen Overalls und mit Sturzhelmen schoben einander auf dieser Hindernisbahn in einer Art Golfwagen herum. Der Showmaster war ein Schwarzer namens Chuck Barris, ein großer Spaßvogel. Über Mikrophon feuerte er die Mitspieler in seiner unverständlichen Sprache an. Die Zuschauer im Studio kugelten sich vor Lachen. Von Zeit zu Zeit kletterten die Kandidaten mit den Sturzhelmen aus dem Golfwagen und ließen unter brausendem Hohngelächter des Publikums die Köpfe hängen. Dann gingen sie, und es kamen neue Mitspieler auf die Bühne, die die gleichen Possen vollführten.

Ich sah mir diese Show wochenlang genau an, aber ich kapierte sie nie. Penny übrigens auch nicht. In mancherlei Hinsicht war sie mir sehr ähnlich. Zwar war sie schwarz und ich weiß, aber jeder von uns hatte mit dem anderen mehr gemein als mit der rätselhaften afrikanischen Welt von TV 2. Selbst die Wettervorhersage war schwer zu verstehen, weil auf der Karte alle bekannten Ortsnamen fehlten. Da gab es kein Johannesburg, kein Durban und kein Pretoria. Statt dessen hatten die Städte afrikanische Namen: *eGoli, Pitoli, Tegwini.* Es war wie die Karte eines fremden Landes, und so schalteten wir auf den weißen Kanal um und sahen uns *Love Boat, Hill Street Blues* oder etwas Ähnliches an. Jedesmal wenn ich einen mir bekannten Ort sah, schrie ich aufgeregt: «Da bin ich gewesen!» Manchmal schien das der auffälligste Unterschied zwischen uns zu sein: Ich war dort gewesen, während Penny vor Ort geblieben war.

Eines Abends sahen wir uns im Kino *Kuß der Spinnenfrau* an, einen Film über zwei Männer, die eine Zelle in einem südamerikanischen Gefängnis teilen. Der eine ist ein politischer Gefangener, der andere ein Transvestit. In gewisser Weise ist es ein Film über politische Moral. Der Transvestit ist apathisch und fügsam, der politische Gefangene ist Idealist. Als der Transvestit den Idealisten fragte, warum er sich engagiert, antwortet dieser: «Ein richtiger Mann läßt nicht zu, daß jemand in seiner Umgebung erniedrigt wird.»

Diese Worte blieben mir im Gedächtnis, und später, als Penny und ich nebeneinander auf dem Sofa saßen und fernsahen, bekam ich auf einmal wieder Gewissensbisse. Plötzlich wurde mir bewußt, wie grotesk unsere Situation war. Penny war schwarz, und ich war weiß, und trotz aller Veränderungen der letzten Zeit war das Lichtermeer da draußen nicht New York oder London, sondern Kapstadt in Südafrika. Da draußen gab es immer noch Schilder mit der Aufschrift «Nur für Weiße». In den staatlichen Schulen herrschte immer noch Rassentrennung, und dasselbe galt für die Vororte, zumindest theoretisch. Farbige wie Penny mußten bei Wahlen, die ausschließlich Farbigen vorbehalten waren, für ein machtloses Scheinparlament stimmen, in dem ausschließlich Farbige saßen. Penny war ein Mensch wie ich, und doch war sie im Zeichen der Apartheid als Bürger zweiter Klasse geboren worden, und nach den Buchstaben von wenigstens einem Dutzend diskriminierender Gesetze, die noch immer in Kraft waren, würde sie das auch weiterhin sein. Dabei hatte Penny noch Glück.

Irgendwo da draußen, in irgendeinem dunklen Township, wurde in diesem Augenblick ein Schwarzer von weißen Soldaten totgeschlagen oder auf einen Stuhl gebunden und mit Elektroschocks gefoltert. Irgendwo da draußen schafften tollkühne schwarze Jungen und Männer Gewehre von einem Ort zum anderen, bastelten Benzinbomben, errichteten Straßenbarrikaden aus Autoreifen oder setzten Regierungsgebäude in Brand. Sie wollten sich nicht mehr mit *vokol*, mit Dreck, begnügen, und ein paar von ihnen würden deshalb sterben müssen. In dem Augenblick, in dem wir hier saßen, starb irgendwo da draußen irgend jemand, und in ein oder zwei Tagen würde der unbekannte Tote als weiterer Stern auf der Karte auf Seite zwei der *Cape Times* erscheinen.

Und daraus ergab sich die Frage: Wenn die Mörder von Moses Mope auf der einen Seite standen, konnte es da noch einen Zweifel geben, auf welcher Seite Malan stand?

Vielleicht ist es noch zu früh, davon zu sprechen, aber die weiße südafrikanische Politik beruht im Kern auf nichts anderem als Glauben, vorzugsweise blindem Glauben. Wer ihn hat, dem geht es gut, wer ihn nicht hat... na ja, seine Lage ähnelt manchmal jener Situation, die Tolstoi in *Meine Beichte*, einer Abhandlung über religiöse Qualen, beschrieben hat. Nach Tolstoi folgten die Angehörigen der russischen Aristokratie, mit der er verkehrte, jeweils einem von vier Lebenspfaden: Einige waren zu dumm, um über den Sinn des Lebens nachzudenken; einige hielten das Problem für deprimierend und unlösbar und ertränkten es in Ausschweifungen und Alkohol; einige dachten lange über den Sinn des Lebens nach, stellten dann fest, daß es keinen gab, und begingen Selbstmord; und schließlich gab es noch diejenigen, die zum selben Schluß gelangten, aber zu feige waren, um daraus die Konsequenzen zu ziehen. Zu letzteren zählte sich Tolstoi. Er hatte erkannt, daß das Leben ohne Glauben unmöglich war, und doch glaubte er an nichts. Die Logik verlangte, daß er sich umbrachte, aber dazu fehlte ihm der Mut. «Meine Lage war schrecklich», sagte er.

Leo Tolstoi hätte es in Südafrika gefallen. Als Weißer in Südafrika hätte er Mitte der achtziger Jahre gleichfalls vier Wege zur Auswahl gehabt. Der erste lag am weitesten rechts und war der Weg der ewigen, absoluten und kompromißlosen weißen Vorherrschaft, der direkt in die Arme der neofaschistischen weißen Rechten führte. Es gab zwei «respektable» politische Parteien sowie eine wachsende Zahl fanatischer, paramilitärischer Sekten. In der Kommandozentrale einer solchen Sekte, der mächtigen Afrikaaner-Widerstandsbewegung, sah ich ein Gemälde, das vage an Hieronymus Bosch erinnerte und eindrucksvoll die Überzeugungen der weißen Rechten zusammenfaßte. Mitten auf einer finsteren Ebene stand ein gefesselter weißer Christ und hielt das Kreuz der Erkenntnis in die Höhe. Wie Gulliver in Lilliput war er umgeben von ameisenhaften Wesen – in diesem Fall Schwarze –, die an seinen Stricken zerrten und versuchten, ihn in die Knie zu zwingen. Zwei Marionetten, Jimmy Carter und Andrew Young, flogen auf einem Zauberteppich vorbei. Die Fäden an ihren Gelenken führten hinauf in die Wolken und zu den Händen Leonid Breschnews, der als riesenhafter, höhnisch grinsender Marionettenspieler dargestellt war. Unheimliche blauschwarze Gewitterwolken zogen heran und verwandelten sich beim Näherkommen in einen Kampfverband schwarzer Krieger, die mit Hammer und Sichel bewaffnet waren. Ein einzelner Sonnenstrahl fiel durch die dunklen Wolken und erhellte das Antlitz des gefesselten Weißen. Sein stählerner Blick verriet Entschlossenheit. Er schien zu sagen: «Nur über meine Leiche.»

Der zweite Weg war der von P. W. Bothas Nationaler Partei, der Weg einer schrittweisen Reform, die zu Gott weiß was führte. Diesen Weg wählten die meisten Weißen, auch meine Familie, die dabei vor allem an eine solide Regierung und einen konservativen gesunden Menschenverstand dachte. Bei meiner Rückkehr aus den Vereinigten Staaten gab mein Bruder Neil mir einen Klaps auf den Rükken und fragte: «Wie geht's meinem Freund Ronnie?» Mein Bruder war stets zu Scherzen aufgelegt. Er war Beamter, gläubiger Christ und ein großer Bewunderer Ronald Reagans. Als er hörte, daß ich auf meiner Heimreise über London gekommen war, gab er mir noch einen Klaps und fragte: «Wie geht's meiner Freundin Maggie?» In seinen Augen gehörten Ronnie, Maggie und P. W. Botha zusammen.

Die politischen Ansichten meines Vaters hatten sich insoweit geändert, als er gelegentlich farbige Kollegen zum Dinner einlud, mitleidig den Kopf schüttelte über die Dummheit, an Eingängen und Fahrstühlen Schilder mit der Aufschrift «Nur für Weiße» anzubringen, und seine Schwester ausschimpfte, wenn sie die Nase rümpfte über Schwarze, die in ihre Kirche kamen. Abends saß er mit einem Whisky in der Hand und den Tageszeitungen auf dem Schoß in seinem Sessel und erzählte mir, was sich verändert hatte oder sich noch ändern würde. Präsident Botha hatte das Verbot des Geschlechtsverkehrs und der Heirat zwischen Schwarzen und Weißen aufgehoben. Er hatte angeboten, politische Gefangene, die Gewalt ablehnten, freizulassen, und er hatte versprochen, die Probleme des Landes «gerecht und friedlich» zu lösen. «Wenn Nelson Mandela aus dem Gefängnis kommt», sagte mein Vater, «wird es für ihn nichts mehr zu tun geben.»

Das war eine schöne, aber ziemlich naive Vorstellung. Mein Vater glaubte wie die Amerikaner, es gehe bei der Demontage der Apartheid in erster Linie darum, den Schwarzen im Bus auch die vorderen Plätze zugänglich zu machen und ihnen zu erlauben, die Trinkbrunnen zu benutzen und an der Theke neben Weißen zu sitzen. Er begriff nicht, daß es einzig und allein um Macht ging. Die Regierung Botha hatte angekündigt, im Rahmen einer nebulösen neuen Verfassung die Macht mit den Schwarzen teilen zu wollen. Graphische Darstellungen dieser neuen Verfassung erinnerten stets an Spinnweben. Pfeile, die das Mitspracherecht der Schwarzen markierten, kreuzten punktierte Linien, die die beratenden Funktionen der Schwarzen kennzeichneten. Die zahllosen Fäden liefen jedoch immer in einem Kästchen mit der Aufschrift «Staatspräsident» zusammen. Neben diesen graphischen Darstellungen bedienten sich Bothas Verfassungstheoretiker einer nicht zu enträtselnden, bewußt irreführenden Sprache. Zumindest eines wurde daraus deutlich. Die Nationale Partei war zwar zu Kompromissen bereit, aber sie würde niemals kapitulieren. Die Macht sollte zu den Bedingungen der Weißen verteilt werden, die Entscheidungsgewalt in den Händen der Weißen bleiben. Mit anderen Worten, Bothas Politik war lediglich eine neue, etwas umgänglichere Variante der alten burischen Doktrin, daß man die Schwarzen am Boden halten muß.

Der dritte Weg war der des weißen Liberalismus, der in die Arme der Progressive Federal Party (PFP) führte, der Elitepartei im Schiff mit dem gläsernen Rumpf. Die PFP trat ein für Demokratie nach westlichem Vorbild, freie Märkte und Lösungen auf dem Verhandlungswege – Ziele, für die man außerhalb der städtischen Enklaven der englischsprechenden oberen Mittelschicht nur unter Mühen Unterstützung erhielt. Die meisten Afrikaaner fanden die PFP widerwärtig, und die Schwarzen dachten ebenso. Seit den Tagen Dawid Malans standen die weißen, englischsprachigen Liberalen im Abseits, rangen die Hände, pflegten ihre feinen humanistischen Prinzipien und baten die Schwarzen laufend um noch etwas Geduld. Im Jahr 1985 war der weiße Liberalismus unglaubwürdig und kraftlos geworden. Ich glaubte an alles, wofür die PFP eintrat, aber es fiel mir schwer, an die Partei selbst zu glauben. Tatsächlich hatte die PFP selbst den Glauben an sich verloren. Kurz nach meiner Rückkehr trat ihr Führer Frederik van Zyl Slabbert zurück. Er erklärte, er habe angefangen, sich selbst als selbstverständlich zu betrachten. In einer Presseerklärung verglich er sich mit «einer dieser Spieluhren auf dem Kaminsims, die man von Zeit zu Zeit abstaubt und denen man mit einer seltsamen Wehmut lauscht». Unter diesen Umständen erschien die PFP eher als Verlegenheitslösung denn als wählbare Alternative.

Damit blieb nur noch die Linke übrig, ein Weg, der sich gabelte. Da war zum einen Steve Bikos Black Consciousness Movement. Die meisten meiner schwarzen Kollegen beim *Star* waren schon seit langem Gefolgsleute Bikos, aber für einen Weißen war das unmöglich. Die Black Consciousness-Bewegung nahm keine weißen Mitglieder auf.

Einem Weißen blieb als einzige Rettung der Glaube an die *Freedom Charter*, seit Mitte der fünfziger Jahre das Credo des 1960 verbotenen und vom Exil aus operierenden Afrikanischen Nationalkongresses sowie seines Flügels im Land, der Vereinigten Demokratischen Front. Das Freiheitsmanifest war eine stimmungsvolle Erklärung, die nahezu jede Interpretation zuließ. Der einleitende Satz lautete: «Das Volk soll regieren!» Weiter wurde verkündet, die Pforten der Gelehrsamkeit sollten weit aufgestoßen werden, das Land solle unter denen aufgeteilt werden, die es bearbeiteten, und die Erträge der Goldminen sollten an die fallen, die das Gold abbauten. Die Liberalen hielten es für ein liberales Manifest, die Sozialdemokraten sahen ihr Programm darin ausgedrückt, und überzeugte Marxisten-Leninisten konnten darin nichts entdecken, was ihrem Standpunkt widersprach. Der gemeinsame Nenner all dieser Interpretationen war etwa: Nelson Mandela ist «unser Vater», der ANC ist unsere Organisation, und wir treten für eine schwarze Herrschaft in einer Art sozialistischem Staat ein.

Die Freunde aus meiner Jugend, die im Land geblieben waren, standen zum größten Teil hinter dem Freiheitsmanifest. Susie war Ärztin in der Klinik eines Townships. Sie und ihr Mann waren Gründungsmitglieder der linksgerichteten National Medical and Dental Association. Sie wollten «die Mediziner direkt in den Befreiungskampf einbeziehen». In der Praxis hieß das, daß man schwarzen Jugendlichen Schrotkugeln aus dem Körper entfernte, ohne es der Polizei zu melden. Vasi war ein Bürgerrechtsanwalt geworden und brachte Bullen vor Gericht, die Inhaftierte mißhandelten. Die meisten anderen waren Journalisten. Sie waren mit Notizblock und Kamera unterwegs, um über Greueltaten der Polizei zu berichten. Nur eine Frau hatte buchstäblich den Bleistift mit dem Schwert vertauscht und sich dem militanten Flügel des verbotenen ANC angeschlossen. Es war Faye, die radikale Feministin aus jener Zeit, als ich für den *Star* über Verbrechen berichtete. Sie wartete in einem Nachbarland auf ihren Prozeß wegen widerrechtlichen Besitzes sowjetischer Munition.

Eine andere wichtige Person aus dieser Zeit war die Belgierin Joji, mit der ich einst meine Wohnung im Slumviertel geteilt hatte. Sie war erst kürzlich aus Europa zurückgekommen und kümmerte sich um die «Volksbildung», eine wichtige Aufgabe innerhalb des Freiheitskampfes. Joji war fast so lange fort gewesen wie ich. Sie hatte sieben Jahre in Europa verbracht und an der Freien Universität Brüssel in Philosophie promoviert. In Europa war sie Anhängerin der Grünen gewesen, und wenn es auf dem Stimmzettel keinen Kandidaten der Grünen gab, hatte sie die Kommunisten gewählt. Sie arbeitete für eine der Erziehung gewidmete Organisation namens SACHED, den South African Council for Higher Education. Ihr Boss, Neville Alexander, war Trotzkist und ehemaliger politischer Gefangener. Wenn seine linke Splittergruppe die Wahl gewann, wollte er Erziehungsminister werden. Er bereitete sich auf diesen Tag vor, indem er alternative Lehrpläne entwarf, die frei waren von rassistischer Indoktrination und einer kapitalistisch entstellten Geschichtsschreibung. Joji gehörte zu einem Team von Wissenschaftlern und Autoren, die an diesem Projekt arbeiteten.

Sie bezeichnete sich selbst als weiße Radikale, doch ihre politischen Ansichten waren eher von Emotionen als von Erkenntnis geprägt. Sie haßte die Afrikaanerärsche, sie haßte die Apartheid, und sie hatte «einen guten Draht zu den Schwarzen». Sie erzählte mir, wenn sie Schwarzen auf der Straße begegne, sehe sie ihnen an den Augen an, daß sie freundlich, nett, erdverbunden und natürlich seien, Eigenschaften, die sie ungemein bewunderte. Sie liebte den Tanz und den Alkohol und umgab sich selbst mit einer Aura ursprünglicher Weiblichkeit, die sie, zumindest in ihren Augen, zu einer natürlichen Verbündeten der Schwarzen machte: Auch die Schwarzen waren frei von den Zwängen weißer bürgerlicher Konventionen.

Joji wohnte in Tamboerskloof, einem alten Vorort von Kapstadt, wo die Mieten niedrig waren und die Atmosphäre entfernt an ein Künstlerviertel erinnerte. Sie teilte sich mit einem Mitbewohner ein Apartment. Zwar hatte sie nur ein Zimmer für sich, aber es war ein freundliches Zimmer, voller Blumen, Gräser und Muscheln und mit Blick auf die grauen Hänge des Tafelbergs. Sie schlief auf dem Boden auf einer Matratze, auf der eine *kikoi* lag, eine bunte Decke aus Ostafrika. Eine zweite *kikoi* schmückte die Decke des Zimmers. Joji hatte eine riesige Sammlung afrikanischer Musik auf Band und tanzte wie die Schwarzen mit gebeugten Knien, steifem Oberkörper und heftigen Bewegungen in Hüften und Gesäß. Mit ihren afrikanischen Perlen, den klimpernden Armreifen, ihrer sonnengebräunten Haut, den geschlossenen Augen, die eigentlich grün waren, und dem sich zum hypnotisierenden Rhythmus der Musik bewegenden

Körper sah sie fast aus wie eine Schwarze. Tatsächlich erklärte sie mir einmal, in einem Winkel ihres Herzens sei sie eine Schwarze. Das grelle Licht der afrikanischen Sonne sei ihr ins Blut gedrungen.

Dieses Gefühl war in dem Kreis, in dem ich verkehrte, ziemlich häufig. Es war noch immer derselbe Kreis von bürgerlichen Linken aus weißen Vororten. Es war «in», sich als weißen Afrikaner zu bezeichnen und einen afrikanischen Vornamen anzunehmen. *Kikois* aus Ostafrika waren ebenso «in» wie Sandalen aus Autoreifen, afrikanische Musik, afrikanischer Schmuck, schwarze Politiker und die richtige Aussprache des Wortes Afrika selbst, nämlich «Aah-frie-kah» statt «Ääh-fri-kah» wie im Englischen. Mir kam das wie ein geheimnisvoller Ritus vor, von Weißen vollzogen in der Hoffnung, daß sie dann weniger weiß waren und nicht mitschuldig am Unglück der Schwarzen. Es mochte kindisch sein, aber dahinter steckte viel mehr als bloß Heuchelei. Jetzt, da sich die Lage von Tag zu Tag zuspitzte und Schwarze in den Townships in Massen niedergemetzelt wurden, war es schwerer denn je, weiß zu sein und aufgeklärt. Viele junge Weiße sehnten sich aufrichtig danach, ihre weiße Hautfarbe und die damit verbundene unerträgliche Last von Schmutz und Schuld abstreifen zu können.

Es gab so viele weiße Afrikaner, daß sie sogar eine eigene Zeitschrift hatten, eine Art *Rolling Stone* auf Provinzniveau mit dem Titel *Vula*. Die Philosophie dieser Zeitschrift ließ sich etwa so zusammenfassen: Scheißt auf die Apartheid, laßt uns tanzen und Spaß haben. Die Zeitschrift war eine seltsame Mixtur aus Rock und Politik. Sie neigte dazu, die neuen schwarzen Helden in den Himmel zu heben und über politische Versammlungen zu berichten, als handle es sich um Rockkonzerte. Einmal beschrieb ein junger weißer Autor seine Gefühle, als er bei einer Versammlung den Genossen beim Tanzen zusah: Auf den schwarzen Gesichtern glänzte der Schweiß, die Füße stampften im Takt, und die Schwarzen sangen die Litanei der erfolgreichsten ANC-Anschläge gegen das weiße System. «Ich wünschte mir, schwarz zu sein», schrieb er. «Ich wünschte es mir so sehr, daß ich am ganzen Körper zitterte.» Doch als die Euphorie vorbei war und die Musik erstarb, war er noch immer weiß und dazu verdammt, bei der Revolution eine Nebenrolle zu spielen.

Für viele weiße Afrikaner bedeutete diese Rolle künstlerische Aktivität. Sie gingen davon aus, daß Kunst subversiv sein sollte und Künstlern im Kampf eine wichtige Aufgabe zukam. Dazu gab meine Freundin Joji ihr Amen. Sie war Mitglied von «Teenage Botha», einer Avantgarde-Rockband, über die hin und wieder in *Vula* berichtet wurde. In den Songs der Band wimmelte es von kryptischen Anspielungen auf das «gewaltsame Rätsel» des Lebens in einem Land, das als «Penis des Westens» bezeichnet wurde, was immer das heißen mochte. An einer Stelle ihrer Show forderte die Band das Publikum auf, auf die Bühne zu kommen und unanständige Worte ins Mikrophon zu sagen. Weiße Jugendliche in schwarzer Lederkleidung sprangen auf und zitierten Äußerungen oder lediglich die Namen burischer Kabinettsmitglieder, und der Sieger bekam als Preis einen lustigen Hut aufgesetzt. Obwohl solche Aktionen als subversiv galten, war die Geheimpolizei ihnen gegenüber ziemlich tolerant. «Teenage Botha» mußte nur einmal ein Konzert abbrechen, als ein Nachbar die Polizei rief und sich über den Lärm beschwerte.

Auch Joji konnte also ausflippen, aber montags morgens kehrte sie mit ernstem Gesicht an den Platz zurück, auf dem sie am Kampf der Schwarzen teilnehmen wollte. Fairerweise sei gesagt, daß sie sich ein nobles Ziel gesetzt hatte. In einigen Geschichtsbüchern südafrikanischer High Schools war die Apartheid immer noch die «endgültige Lösung» auf der Grundlage «der christlichen Prinzipien von Recht und Gerechtigkeit». Wer dagegen allzu heftig protestierte, mußte nach wie vor damit rechnen, daß bald die Geheimpolizei hinter ihm her war, aber diese Hürde übersprang Joji mit Leichtigkeit. Sie war eine kampferprobte Aktivistin. Während ihrer Studentenzeit in Brüssel hatte ihre Organisation ein Gebäude auf dem Campus der Universität besetzt und zu einer «Architekturschule des Volkes» erklärt. Das Gebäude wurde monatelang besetzt gehalten, und Joji stand in vorderster Front und kratzte den Bereitschaftspolizisten die Augen aus oder etwas Ähnliches. Ihre Freunde in Europa verstanden nicht, warum sie in Südafrika nicht auch auf die Barrikaden ging und dasselbe machte. Sie hatte immer wieder verkündet, wie sehr sie das Apartheid-System hasse, und doch sah man sie im Fernsehen nie unter den schwarzen Demonstranten und Aufrührern, und in ihren Briefen erwähnte sie mit keinem Wort, daß sie an «direkten Aktionen» gegen das System teilgenommen habe. Wie kam das? War sie eine sanfte Taube geworden?

Einem Außenstehenden war das schwer zu erklären, vor allem wenn er Sozialist war und an die befreiende Gewalt und die historische Notwendigkeit einer Revolution glaubte. Alle Widerstandsgruppen gegen die Apartheid waren im wesentlichen sozialistisch orientiert, aber die Weißen nahmen es mit dem Dogma und der Reinheit der Lehre am genauesten. Das mag seltsam klingen, denn die Weißen hatten bei einer sozialistischen Umverteilung am meisten zu verlieren, aber für einen weißen Südafrikaner klang es völlig plausibel. Weiße, die ihre Ansprüche auf Klassenprivilegien aufgaben, bekamen dafür etwas weitaus Wertvolleres: die Befreiung von der Schuld der Mittäterschaft, die wie ein Alpdruck auf ihnen lastete.

Es war unmöglich, die Hautfarbe zu wechseln und fast sinnlos, ein Liberaler zu sein. In ihrer Haltung zum schwarzen Widerstand waren liberale Demokraten wie Helen Suzman und Rassisten wie P. W. Botha nur verschiedene Zähne im selben weißen Mund. «Sie zerkauen die Nahrung für dieselbe Kehle», schrieb das ANC-Magazin *Sechaba*. Es gab nur einen einzigen Ausweg aus diesem schrecklichen Dilemma, und der führte in die Arme des Sozialismus.

Der erste Schritt zur Rettung war, sich selbst davon zu überzeugen, daß Südafrika durch einen Klassenkampf und nicht durch einen Rassenkrieg gespalten war. Als nächstes mußte man sich mit der schwarzen Arbeiterklasse und ihrer selbsternannten Führung zusammenschließen, dem an keine Rasse gebundenen, sozialistischen ANC. Das kam einer Neugeburt gleich. Südafrika wurde so zu einem Land, in dem Feinde durch Klassenzugehörigkeit, nicht durch Rasse, definiert wurden, und wenn man sich mit dem schwarzen Proletariat verbündete, spielte die weiße Hautfarbe theoretisch keine Rolle mehr – ein ungeheuer tröstlicher Gedanke angesichts der quälenden Polarisierung der Rassen. In den achtziger Jahren war der Sozialismus für die jüngeren und gebildeteren Angehörigen der weißen Vorstadtaristokratie Südafrikas die bevorzugte politische Religion, eine Art Opium, das einen so lange betäubte, wie man das Schiff mit dem gläsernen Boden nicht verließ.

Als die politische Mitte zerfiel und die weißen Liberalen sich lächerlich machten, machte das Schiff eine scharfe Linkswendung. In gewisser Weise war das außerordentlich ermutigend. In meiner Jugend hatte ich für eine politische Neuorientierung gebetet: Die Rassenschranken sollten wegfallen, und Weiße sollten in großer Zahl auf die Seite der Schwarzen überwechseln. Das hätte die Probleme Südafrikas zwar nicht gelöst, aber es hätte den Kampf wenigstens auf die politische Ebene verlagert. Die Alternative war, wie der verstorbene Staatspräsident Vorster in einem seltenen Moment der Klarsicht festgestellt hatte, zu schrecklich, um sie auch nur in Erwägung zu ziehen: ein Krieg, in dem die Rassen sich gegenseitig umbrachten. In den ersten Monaten nach meiner Rückkehr schien mir, als sei eine friedliche Neuorientierung tatsächlich möglich. In meinem Bekanntenkreis jedenfalls war alles in euphorischer Aufbruchsstimmung. Eigentlich hätte ich mich freuen sollen, aber ich fühlte mich wie ein Atheist auf einer Erweckungsversammlung. Ich hätte zu gern mitgemacht, aber ich war von Zweifeln gelähmt. Um gerettet zu werden, hätte ich nur zu rufen brauchen: «Ich bin gerettet! Halleluja! Nieder mit der Apartheid! Es lebe der Sozialismus!»

Ich versuchte es ein paarmal, aber es funktionierte nicht. Ich nahm sogar an dem erfolglosen Marsch der vereinigten Demokratischen Front zum Pollsmoor-Gefängnis teil, durch den Nelson Mandela eine Botschaft übermittelt werden sollte. Die schwarzen Teilnehmer des Marsches lieferten sich mit der Polizei eine blutige Straßenschlacht. Der Marsch der Weißen endete kläglich. Ein paar tausend verängstigte und unentschlossene Studenten versammelten sich zunächst in der Aula der efeubewachsenen liberalen Universität von Kapstadt. Vom Podium herab wurde viel vom «Aufbau des Sozialismus» und von «Solidarität mit den Massen» geredet. Anschließend machten wir uns auf den Weg. Zuvor waren wir übereingekommen, umzukehren, wenn die Polizei uns dazu aufforderte, und in diesem Fall den Aufbau des Sozialismus auf ein andermal zu verschieben. Halbherzig sangen wir ein paar Freiheitslieder, aber auf englisch klangen sie ein wenig albern, und aus weißen Kehlen überzeugten sie nicht. Außerdem kannte kaum jemand den Text.

So marschierten wir halblaut vor uns hin singend und ohne rechte Überzeugung zum Highway. Ein höherer Polizeibeamter und einige Polizisten erwarteten uns vor der Universität und warnten uns, ja keinen Ärger zu machen. Also kehrten wir um und marschierten wieder hangaufwärts. Nach dem Mittagessen beschloß eine Gruppe von Dickschädeln, allein mit einigen Plakaten auf der Straße am Rand des Campus zu demonstrieren. Solche Demonstrationen waren im weißen Kapstadt alte Studententradition, ein ritualisierter Pas de deux, bei dem man sich darauf verlassen konnte, daß sich beide Seiten an die festgelegte Schrittfolge halten würden. Die Studenten stellten sich auf die eine Seite des De Waal Drive auf, die Bullen auf der anderen. Manchmal zerstreute die Polizei die Demonstranten mit Schlagstöcken, aber das war nicht immer der Fall, und nie wurde dabei jemand ernstlich verletzt. Südafrikanische Polizisten brachten keine weißen Studenten um, und weiße Studenten versuchten nie, Polizisten zu töten.

Die Demonstration an diesem Nachmittag verlief wie geplant. Wir schwenkten unsere Transparente, und die Bullen warfen uns von der gegenüberliegenden Straßenseite finstere Blicke zu. Als wir uns weigerten, die Demonstration aufzulösen, belohnten sie uns mit Tränengas, und das war dann das Ende. Die weiße Linke war gegen die Apartheid zu Felde gezogen, und nun konnten wir wieder nach Hause gehen und unsere Hälse in Richtung der Townships recken, auf der Suche nach Rauch, den wir nie zu sehen bekamen. Wir alle verabscheuten das System der Apartheid, doch wenn es hart auf hart ging, wenn es auf den Straßen der Townships zu Tumulten kam und das Morden begann, standen keine Weißen mehr hinter den Barrikaden, auf der Seite der Schwarzen. Kein einziger. Nicht ein einziges Mal.

Es war Samstag in Kapstadt, und wir waren im Einsatz. «Heute geht's ins Gefecht», sagten die Reporter dazu, und das erinnerte mich immer an einen Kriegsfilm mit John Wayne, obwohl ich nicht wußte, an welchen. Diesmal waren wir losgezogen, um über die Trauerfeier für die Sieben von Guguletu zu berichten, sieben Schwarze, die ungefähr zehn Tage zuvor bei einer Schießerei getötet worden waren. Die südafrikanische Polizei hatte offenbar Wind davon bekommen, daß ein ANC-Kommando einen Lastwagen überfallen wollte, der schwarze Polizisten vom Schichtdienst nach Hause brachte. Die Polizei legte nun ihrerseits einen Hinterhalt für das Kommando. Beim darauffolgenden Schußwechsel wurden sieben

Schwarze getötet oder schwer verletzt, und ein weißer Bulle wurde von den Splittern einer sowjetischen Granate zerfetzt.

Hinterher behaupteten Zeugen, sie hätten gesehen, wie weiße Polizisten zu zwei Verwundeten gingen und sie kaltblütig erschossen. Schlimmer noch war nach Ansicht der *Cape Times*, daß mindestens zwei unschuldige Zuschauer in das Kreuzfeuer geraten waren. Einer der getöteten Schwarzen war geistig behindert, ein anderer ein friedliebender Rastafari, der nie auch nur das geringste Interesse am Kampf der Schwarzen gezeigt hatte. Die Polizei dagegen behauptete, alle sieben getöteten Männer seien geschulte Terroristen gewesen, aber auf das, was die Polizei sagte, war nie Verlaß. Die oppositionelle Presse machte viel Wirbel um den Mord an Unschuldigen, und man rechnete damit, daß mindestens fünfundzwanzigtausend zornige Schwarze kommen würden, um ihre Märtyrer zu begraben.

Es war schwer vorauszusagen, wie der Tag ablaufen würde. Ein paar Monate früher wäre das überhaupt keine Frage gewesen: Die Trauerfeier hätte in einem weiteren Blutbad geendet. Vor der Beerdigung von Märtyrern wurde normalerweise vierundzwanzig Stunden lang getrauert und gesungen, und es wurden Reden gehalten. Wenn der fahnengeschmückte Sarg dann ins Grab hinabgelassen wurde, waren die Genossen auf, den Kampf vorbereitet, und man konnte sich fast immer darauf verlassen, daß die Polizei für Provokationen sorgte. Entweder feuerte sie Tränengas in die Menge, oder sie forderte die Trauernden auf, auseinanderzugehen. Auf dem Höhepunkt des Konflikts stürzte sich die unbewaffnete Menge meist in selbstmörderischer Wut, in die sich Trauer und Verbitterung mischten, auf die gepanzerten Wagen. Bei solchen Gelegenheiten wurde weiße Hautfarbe in den Townships zu einer schweren Belastung.

Die einzigen weißen Zivilisten, die bei diesen Krawallen nicht sofort verschwanden, waren Reporter und Kameraleute. Sie planten ihre Einsätze wie journalistische Kommandounternehmen und fuhren schnelle Autos, vorzugsweise Mietwagen. Das beliebteste Modell war ein BMW mit Schiebedach. In einem solchen BMW konnte ein weißer Reporter Fotos und Filmaufnahmen machen, ohne das schwarze Südafrika zu betreten, und gegebenenfalls schnell wieder verschwinden.

Einige Nachrichtenteams klebten Schilder mit der Aufschrift «Foreign Press», Auslandspresse, auf ihre Wagen und trugen T-Shirts mit der gleichen Aufschrift in Englisch und zwei afrikanischen Sprachen. Aber das war riskant, weil die Bereitschaftspolizei des Apartheid-Regimes die ausländische Presse haßte und bei der Vorstellung in Verzückung geriet, ein paar ausländische Korrespondenten könnten von verirrten Kugeln getroffen werden. Aber es war immer noch besser, die Gefahr auf dieser Seite herauszufordern, als sich auf Gedeih und Verderb dem Mob auszuliefern. Die Aufkleber sollten signalisieren: Wir stehen auf eurer Seite; wir sind hier, um euren Ruf nach Freiheit zu verbreiten und euer furchtbares Leid zu dokumentieren. Manchmal kam die Botschaft freilich nicht an. Auf dem Höhepunkt der Unruhen in Kapstadt, im September 1985, fuhr man einen Wagen selten länger als einen Tag. Am Abend brachte man ihn zerbeult zurück, morgens mietete man einen neuen. Es war so schlimm, daß einige Autoverleiher keine Wagen mehr an Nachrichtenteams vermieteten. «Vom Ort des Geschehens berichten» hieß in diesen schrecklichen Zeiten soviel wie Kopf und Kragen riskieren.

In den darauffolgenden Monaten hatte sich die Spannung ein wenig gelegt, aber man konnte nie sicher sein. Vor einigen Tagen war ein Fernsehteam der BBC in einem Township namens Duncan Village in eine Straßensperre aus Pflastersteinen und Ölfässern geraten. Etwa fünfhundert schwarze Kinder riegelten die Straße im Rücken des Teams ab und näherten sich dem eingeschlossenen Wagen. Und dann begann der Steinhagel. Sämtliche Fenster des Wagens gingen zu Bruch. Die Reporter kamen mit Schnittwunden und Beulen davon, aber wieder war ein Mietwagen schrottreif.

Mein Begleiter auf diese Fahrt an die Front war Victor Mallet, Korrespondent der Nachrichtenagentur Reuter in Kapstadt. Mallet war ein dunkelhaariger, fünfundzwanzigjähriger Engländer mit rosigen Wangen, Oxford-Absolvent und Sproß einer Familie, die seit Generationen im auswärtigen Dienst beschäftigt war. Unterwegs unterhielten wir uns über die Risiken unseres Berufs in Südafrika und darüber, was uns wohl bevorstand. Ich hatte erst ein paarmal Steine abbekommen, aber Victor war in dieser Hinsicht ein Veteran. Seit Beginn des Aufstands war er stets an den Brennpunkten des Geschehens, und schon öfter war er nur mit knapper Not entkommen. Nach dem Massaker von Langa, zum Beispiel, hatte er sich im Kofferraum eines Wagens seiner Agentur durch eine Straßensperre der Polizei geschmuggelt. Im brodelnden Kessel des Townships geriet der Wagen in die Gewalt der tobenden Menge. Victors schwarzer Fahrer floh, und der Mob schaukelte den Wagen hin und her und setzte ihn nach diesem Vorspiel in Brand. Victor sprang aus dem Kofferraum, lächelte nervös und schwenkte seinen Presseausweis. Die Schwarzen waren nicht sonderlich beeindruckt. Sie packten Victor am Kragen und überlegten gerade, was sie mit ihm machen sollten, als ihm ein vorbeikommender schwarzer Reporter zu Hilfe eilte. «Jetzt», erklärte Victor, «gehe ich nur noch ins Gefecht, wenn es unbedingt nötig ist.»

Mittlerweile durchquerten wir die Pufferzone, den Streifen Ödland zwischen dem schwarzen Guguletu und dem weißen Kapstadt. Ich wünschte im stillen, Victor hätte mir diese Geschichte nicht erzählt. Das moderne Niemandsland war übersät mit Abfällen und rostigen Autowracks, aber es erfüllte genau die gleiche Funktion wie die Pufferzone, die zu Zeiten Dawid Malans die Buren und die Xhosa voneinander getrennt hatte. Als wir uns dem Township näherten, spürte ich wieder die alte Angst, und in meinen Eingeweiden begann es unangenehm zu rumoren. Als wir das Township erreichten, zündete ich mir am Stummel meiner Zigarette gleich die nächste an.

Die Vorzeichen schienen allerdings günstig. An diesem Morgen war es auf den Straßen von Guguletu ruhig: keine aufgebrachte Menge, kein Rauch am Himmel, keine Barrikaden aus brennenden Autoreifen. Langsam fuhren wir durch das Labyrinth der schachtelförmigen Häuser zum Fußballstadion, wo die Trauerfeier stattfinden sollte. Sie begann erst in ein bis zwei Stunden, und so gesellten Victor und ich uns zu der Gruppe weißer Reporter und Kameraleute, die vor den Toren des Stadions herumlungerten. Die *Washington Post* und die BBC waren vertreten, die *Libération* und der *Miami Herald*, die Agentur Reuter und eine deutsche Nachrichtenagentur, ITN, die *Cape Times* und der *Cape Argus*. Außerdem war da etwa ein Dutzend Journalisten, die ich nicht kannte.

CBS News war durch Allen Pizzey vertreten, einen liebenswürdigen Kanadier, der seit fünfzehn Jahren in Südafrika lebte. Zu meiner Zeit als kleiner Polizeireporter hatte er eine glänzende Stellung im Afrika-Nachrichtendienst des *Star* gehabt. Ich hatte Allen Pizzey nicht vergessen. Im letzten Jahr meines amerikanischen Exils sah ich ihn fast jeden Abend in Dan Rathers Nachrichtensendung. Er sprach über die jüngsten Greueltaten des Apartheid-Regimes und über das schreckliche Unrecht, das den Schwarzen widerfuhr. Pizzey und ich standen eine Weile beieinander, redeten über alte Zeiten und beobachteten das Treiben.

Schwarze strömten ins Stadion. Einer von ihnen, ein alter Mann, löste sich aus der Menge und näherte sich unserer Gruppe. Fünf Meter vor uns blieb er stehen und begann zu schimpfen. «Wir sind nicht dumm!» rief er. «Wir wissen genau, wie ihr lebt, ihr mit euren Autos, euren großen Häusern und euren Swimmingpools!» Andere Schwarze blieben stehen, und plötzlich starrten uns einige hundert schwarze Gesichter an. Die weißen Journalisten verstummten. «Ihr tut mir leid», schrie der alte Mann. «Ihr werdet sterben! Ihr tut mir leid!» Er schwankte, trunken von Alkohol und Haß. Die weiße Presse starrte abwechselnd in den Staub, auf ihre Schuhe, in den Himmel und auf die Uhr. Es war eine kritische, ungemein südafrikanische Situation. Es wäre unklug gewesen, dem zornigen Blick des alten Mannes zu begegnen oder etwas zu sagen. Schließlich kam uns ein Ordnungshüter zu Hilfe und führte unseren Peiniger ab.

Der Tag kam in Schwung, und die Menschenmenge wurde immer größer. Die schwarz-grün-goldenen Farben des verbotenen Afrikanischen Nationalkongresses waren überall: auf wehenden Fahnen, auf Transparenten, auf Halstüchern, auf Anstecknadeln und auf den Epauletten der schwarzen Ordnungshüter, die mit ihren schwarzen Baskenmützen und khakifarbenen Drillichanzügen aussahen wie lauter Che Guevaras. Im Stadion wirbelte eine Armee von jungen Genossen Staub auf. Sie tanzten *toi*, den Kriegstanz der Townships, wobei sie auf der Stelle traten und mit den Füßen in donnerndem Gleichklang auf den Boden stampften. Sie taten so, als hielten sie Mörser, Bazookas und AK-47 in den Händen, und sie sangen Kriegslieder von Soldaten, die kamen, um sie zu befreien. Ein kleiner schwarzer Knirps spielte den Einpeitscher, und die anderen antworteten im Chor. In Amerika hätte sich ein Junge wie er mit

Videospielen beschäftigt, aber hier war er schon Soldat, hob seine kleinen Fäuste zum Himmel, blies die Wangen auf und ratterte los wie ein Maschinengewehr: «Harrrrrrrrr.»

Man hätte ein Herz aus Stein haben müssen, um von einer derartigen Menschenmenge, ihrer Leidenschaft und ihrem unerschütterlichen Glauben an die eigene Sache unberührt zu bleiben. Ich war bewegt, ja – aber mehr noch verwirrt. Ein Teil meines Herzens fühlte mit ihnen, doch in der Litanei, in der die Namen derer aufgezählt wurden, die eines Tages sterben würden, tauchte immer wieder mein Familienname auf. Gemeint war General Magnus Malan, der Verteidigungsminister, aber ein anderes Lied schloß auch mich mit ein. Der Refrain lautete: «*Gibela pezul qwenthlu abatchela, Jabula mani shaya amaBunu* – Ich klettere auf das Dach und rufe es laut hinaus: Meine Mutter ist glücklich, wenn ich einen Buren umlege.» Mich verließ stets der Mut, wenn ich dieses Lied hörte.

Ich unterhielt mich immer noch mit Pizzey, als eine Gruppe tanzender und singender schwarzer Frauen um die Ecke bog und auf uns zusteuerte. Es handelte sich um eine Abordnung des United Woman's Congress (Vereinigter Frauenkongreß). Die Frauen trugen Uniformen und Baskenmützen und bildeten eine geschlossene Formation. Neben ihnen lief eine schlaksige weiße Frau, die wie eine Studentin aussah. Sie trug Jeans und eine Brille mit dicken Gläsern, und die Haare hatte sie im Nacken zu einem dicken Knoten zusammengesteckt. Sie versuchte, sich in die dichten Reihen der schwarzen Frauen hineinzudrängen. Sie lächelte nervös, reckte die Faust zum Himmel und ging im Gleichschritt mit den schwarzen Frauen, doch in der Gruppe war kein Platz für sie. Pizzey und ich starrten sie an. «Oh, Baby», kicherte der Korrespondent von CBS News, «wenn der Tag kommt, wirst du immer noch weiß sein.»

Wenn der Tag kommt, wirst du immer noch weiß sein: Das waren schöne Aussichten. Im Geist hörte ich Dan Rather sagen: «Einige Weiße in Südafrika sind dumm genug, an Bürgerrechte und Demokratie zu glauben und zu meinen, bei einem Rassenkrieg könnten sie die Seiten wechseln. Allen Pizzey berichtet.» Die Vorstellung war so absurd, daß ich wie der kanadische Reporter loskicherte. Ich mußte ihm recht geben: Die junge Frau machte sich lächerlich. Egal, was für politische Ansichten sie hatte, sobald es hart auf hart ging, würde sie immer eine Weiße sein. Deshalb waren auch nie Weiße hinter den brennenden Barrikaden zu finden. Wenn man als Weißer zum falschen Zeitpunkt am falschen Ort war, war man eine Zielscheibe.

In Anbetracht meiner einschlägig belasteten weißen Vorfahren und der rassistischen Irrlehren, die immer noch in mir steckten, schien es vollkommen angemessen, daß die Genossen mich steinigten. Die meisten anderen Opfer ihres Zorns hätten allerdings etwas Besseres verdient. Es waren nie die Schurken, die Augie de Kokers, die in den Townships Ärger bekamen. Fast immer traf es ein Mitglied jener verschwindend kleinen Minderheit von Weißen, die bereit waren, die ungeschriebenen Gesetze zu brechen, von denen alle anderen sich leiten ließen. Ein idealistischer ausländischer Arzt, der nach Südafrika kam, um in einem schwarzen Krankenhaus zu arbeiten, wurde in Soweto von einer mit Stahlstangen bewaffneten Menge vom Motorrad gezerrt und zusammengeschlagen. Eine freundliche weiße Frau, die ihren Diener nach Hause ins Township Sebokeng brachte, geriet mit ihrem Wagen in eine wütende Menge. Ein Ziegelstein flog durchs Fenster und tötete ihr Baby. In Kapstadt mußte ein Bauunternehmer die Bereitschaft, seinen schwarzen Arbeitern den langen Heimweg zu Fuß zu ersparen, mit dem Leben bezahlen – sein Kleintransporter brach unter einem Steinhagel zusammen, und die aufgebrachte Menge schlug den Mann tot. Und ein Besuch im Township einer Kleinstadt namens Parys im Oranje-Freistaat kostete meinem Onkel John eine feste Überzeugung.

Onkel John war überzeugt, daß die Schwarzen ihn mochten. Wie man sich erinnern wird, gehörte er in meiner Kindheit zu den wenigen erwachsenen Weißen, die Schwarze tatsächlich wahrnahmen, ihnen die Hand gaben und sie wie Menschen behandelten. Mein Onkel war inzwischen ein alter Mann, aber er hatte immer noch den Laden in der Dolf Street, seine *boys* und seine schwarzen Freunde. Was sich geändert hatte, war sein Händedruck. Wenn Schwarze in den Laden kamen, um etwas zu kaufen oder hallo zu sagen, begrüßte Onkel John sie mit dem Klatsch auf die flache Hand, der zum Symbol von Black Power und Solidarität geworden war. Er stimmte immer noch für Botha, und wahrscheinlich wußte er nicht, daß der Händeklatsch einen subversiven Beigeschmack hatte. Er war kein Linker, sondern einfach ein grundanständiger alter Mann, der sich nicht aus Furcht in seinen Ansichten beirren ließ, auch nicht, als der Aufstand begann und es jenseits der Eisenbahngleise im Township zu Unruhen kam. Er fuhr weiterhin über die Brücke, um seinen schwarzen Kunden Gas zu liefern oder mit Schwarzen zu sprechen, die im Zweiten Weltkrieg Seite an Seite mit ihm in der südafrikanischen Armee gedient hatten. Auch sie waren alt geworden. Die Regierung bewilligte ihnen manchmal nur zögernd ihre Veteranen-Pensionen, deshalb ging mein Onkel oft ins Township, um einem alten Kriegskameraden beim Ausfüllen des Dienstnachweises zu helfen.

Bei einem dieser Ausflüge ins Township sah er plötzlich auf der Straße vor sich eine Gruppe schwarzer Schüler in Uniform. Sie schienen ihm zuzuwinken. Er war es gewohnt, daß man ihn anhielt, um ein wenig mit ihm zu plaudern, deshalb bremste er, kurbelte das Fenster herunter und lehnte sich hinaus, um sie zu begrüßen. Die Steine trafen ihn mitten ins Gesicht.

Mein Onkel hatte Glück. Sein Gesicht und seine Stirn waren schlimm zugerichtet, und sämtliche Scheiben seines Lieferwagens waren zerbrochen, aber er überlebte. Am nächsten Morgen klopften in aller Frühe Schwarze an seine Haustür, um ihm zu sagen, wie leid es ihnen tue. Am Abend hatte sich mein Onkel schon wieder einigermaßen erholt, aber ich war über den Vorfall zutiefst bestürzt.

Absolut niemand war vom Gesetz der Mitschuld durch die Geburt als Weißer ausgenommen, nicht einmal ausländische Würdenträger. Etwa zu der Zeit statteten der damalige sozialistische Premierminister Frankreichs, Laurent Fabius, und Kulturminister Jack Lang Südafrika auf Einladung Bischof Tutus einen Besuch ab. Sie waren gekommen, wie Fabius sagte, «um den Kampf gegen die Apartheid zu unterstützen». Doch das war leichter gesagt als getan. In Johannesburg war es im Township Alexandra für Weiße so gefährlich, daß die Franzosen es nicht betreten konnten. In Kapstadt jedoch riskierten sie es, ein Township zu besuchen. Unglücklicherweise erkannten die Genossen von Old Crossroads die prominenten Sozialisten nicht sofort. Sie sahen nur Weiße in einem Wagen, also warfen sie mit Steinen. Später standen Fabius und Lang mitgenommen neben dem zertrümmerten Wagen und bedankten sich. «Ich bin froh, daß ich diese Erfahrung machen durfte», erklärte Fabius der Presse, «weil ich jetzt die Verbitterung und den Zorn in diesem Land verstehen kann.» Anschließend bestiegen die Franzosen ein Flugzeug und flogen davon, im Gepäck die üblichen hochtrabenden Erklärungen gegen die Apartheid.

Ich hatte den Eindruck, daß sie eine quälende Frage unbeantwortet gelassen hatten: Wie sollte man die Apartheid bekämpfen und eine gerechte Gesellschaft aufbauen, wenn die Menschen, für die man es tat, mit Steinen auf einen warfen, nur weil man weiß war? Weiße *Charterists*, Befürworter der *Freedom Charter* des ANC, sahen mich an, als sei ich verrückt, wenn ich diese Frage stellte und auch noch auf dem Thema beharrte. Aber ich konnte nicht anders. Es ging um ein Kernproblem des politischen Lebens. Die Weißen klammerten sich an die Macht, weil sie von den Schwarzen das Schlimmste befürchteten, und Ereignisse wie das Steinewerfen auf Fabius bestätigten und verstärkten derartige Ängste noch. Die meisten Weißen hatten so große Angst vor Schwarzen, daß sie sich niemals auch nur in die Nähe eines Townships wagten, nicht einmal in Friedenszeiten. Sie wechselten die Straßenseite, wenn ihnen Schwarze entgegenkamen, und sie verriegelten die Autotüren. Sie hatten solche Angst, daß sie nicht einmal Fußballspiele im sicheren Zentrum von Johannesburg besuchten, weil sie wußten, daß auch viele Schwarze dasein würden. Die Anhänger des Freiheitsmanifests machten sich über solche ängstlichen Leute lustig und verachteten sie, doch wenn es darauf ankam, verhielten sie sich nicht anders. Sie blieben den brennenden Barrikaden fern, weil auch sie Angst hatten.

Diese Einsicht kostete mich mehrere Freunde, darunter auch eine ehemalige Freundin. Sie hieß Jill und war eine ziemlich fanatische weiße Radikale. Wenn die Widerstandsbewegung zum Streik aufrief, blieb sie der Arbeit fern, und wenn zum Boykott weißer Geschäfte aufgerufen wurde, fuhr sie kilometerweit, um in indischen Läden einzukaufen. Mein Gerede von der Mitschuld aufgrund der Abstammung brachte sie in Rage. «Du bringst keine Argumente», sagte sie. «Du trampelst nur auf unseren Blumen herum.» Sie hatte natürlich recht. Ich hielt ihre «Blumen» für Unkraut. Für mich widersprach die willkürliche Steinigung von Weißen, nur weil sie weiß waren, dem jeden Rassismus verurteilenden Freiheitsmanifest, und außerdem hatte ich den Glauben an den Sozialismus verloren. «Du bist einer von ihnen geworden», sagte Jill einmal zu mir. Sie meinte, ich sei Amerikaner geworden. In Kreisen des südafrikanischen Widerstands war das die schlimmste Beleidigung, die man sich denken konnte.

Die endlosen Streitereien vergifteten unsere Beziehung, deshalb fuhren wir eines Wochenendes zum Zelten, um herauszufinden, was von unserer Beziehung noch zu retten war. Leider nicht mehr viel. Wir stritten das ganze Wochenende und noch auf der Heimfahrt. Was bedeutete unsere weiße Hautfarbe im Zusammenhang mit dem Freiheitskampf in Südafrika? Nichts, meinte Jill. Alles, sagte ich. Es war Sonntagabend, und wir fuhren über die dunklen Ebenen des Kaplands. In der Ferne konnten wir den in Flutlicht getauchten Tafelberg und die Lichter der an seinem Fuße liegenden weißen Stadt erkennen. Um uns herum war finstere Nacht, bis auf die flackernden Lagerfeuer der Siedler – der Schwarzafrikaner, die trotz der Zuzugsbeschränkungen in die Stadt gekommen waren und sich im dichten Busch auf den Ebenen Hütten gebaut hatten. Es war kein menschenwürdiges Leben, aber diese Menschen hatten keine andere Wahl. Unter anderem aus diesem Grund war die Straße bei Nacht nicht mehr sicher. Die Zeitungen hatten von Schwarzen berichtet, die aus dem Busch kamen, um vorbeifahrende Autos mit Steinen zu bewerfen oder Ziegelsteine von Brücken fallen zu lassen. Ein Ziegelstein, der bei einer Geschwindigkeit von hundert Stundenkilometern durch die Windschutzscheibe flog, konnte einen töten, deshalb waren Jill und ich nervös.

Wir hatten die Ebene bereits zur Hälfte hinter uns, als im Scheinwerferlicht am Straßenrand eine seltsame Erscheinung auftauchte. Auf den ersten Blick sah sie aus wie eine überdimensionale Wasserwanze, die in der Dunkelheit auf dem Seitenstreifen der Schnellstraße entlangruderte. Beim zweiten Hinsehen erkannte ich einen schwarzen Krüppel, der auf einem einzelnen Rollschuh dahinsauste und seine Krücken wie Ruder benutzte. Er ruderte buchstäblich Richtung Kapstadt.

Als wir an ihm vorbeifuhren, sagte Jill scharf: «Du hältst nicht an!» Im Grunde wollte ich das auch gar nicht. Ich hätte lieber so getan, als hätten wir ihn überhaupt nicht gesehen, aber jetzt, da Jill ihn erwähnt hatte, fühlte ich mich verpflichtet, etwas zu tun. Ich trat also auf die Bremse und fuhr an die Seite.

Jill sagte nichts. Wir saßen stumm da und suchten in der Dunkelheit nach Anzeichen für einen Hinterhalt. Mich schauderte, und ich dankte Gott, daß der Wagen nicht hier draußen den Geist aufgegeben hatte. Es kam mir wie eine Ewigkeit vor, bis der Krüppel endlich neben unserem Wagen auftauchte. Dankbar nahm er unser Angebot an. Er warf seine Krücken auf den Rücksitz und zerrte an den Schnallen und Gurten, die kreuz und quer über seine Brust liefen. Einen Moment lang glaubte ich, er wolle seine Beine abschnallen und ich müsse mit einem sprechenden Rumpf auf dem Beifahrersitz nach Kapstadt fahren. Doch wie sich herausstellte, waren es nur Werkzeuge, die er in Beuteln nach Art eines Patronengurts um die Brust geschnallt trug. Er warf das Werkzeug zu den Krücken auf den Rücksitz und nahm zwischen Jill und mir auf dem Vordersitz Platz. Wir fuhren wieder auf die Schnellstraße.

Der Krüppel entpuppte sich als freundlicher Kerl. Er lachte und redete lauthals in der Sprache der Xhosa. Soweit ich verstand, verdiente er sich seinen Lebensunterhalt, indem er Öfen reparierte, und er wollte in das ein paar Kilometer entfernte Guguletu. Sonst verstand ich nichts. Ich lachte, wenn er lachte, aber ich hatte keine Ahnung, wovon er sprach.

Dann mischte Jill sich ein. Sie sprach über den Kopf des Krüppels hinweg, als sei er überhaupt nicht vorhanden, und das war er ja eigentlich auch nicht, bei dem bißchen Englisch, das er verstand. «Sag ihm, daß du ihn nicht nach Hause bringen kannst», sagte Jill. Sie meinte, ich sollte ihm verständlich machen, daß wir seinetwegen nicht in ein Township fuhren, auch wenn er ein Krüppel war. Aber das konnte sie natürlich nicht zugeben, deshalb sagte sie: «Sag ihm, du hast kein Benzin mehr.» Ich sah auf die Benzinanzeige. Der Tank war noch gut zur Hälfte voll. Mensch, dachte ich, wenn er nun die Benzinanzeige lesen kann und mich beim Lügen ertappt? Es mußte einen anderen Ausweg geben. Gerade wollte ich mir einen überlegen, als Jill dem Krüppel auf die Schulter klopfte und rief: «Benzin ist alle! Wir können Sie nicht nach Hause bringen! Benzin ist alle! Verstehen Sie?»

Es war keineswegs klar, ob er verstand. Er lachte, nickte mit dem Kopf und plapperte auf Xhosa weiter. Ich stöberte in meinem Gedächtnis und versuchte, ihm die schlechte Nachricht in Fangalo beizubringen, dem afrikanischen Esperanto, das in den Goldminen gesprochen wurde. «*iPetroli pelile*», erklärte ich – das Benzin sei alle. Er lachte lauter denn je, deutete auf die Benzinanzeige und nickte lebhaft mit dem Kopf. Scheiße, dachte ich, ich muß mir was Besseres einfallen lassen.

Ich dachte noch über eine Lösung nach, als ein leuchtendblaues Schild mit der Aufschrift «Guguletu» auftauchte. Ich betätigte den Blinker und wollte in die Ausfahrt einbiegen, die direkt in die Dunkelheit führte. Im letzten Moment beugte Jill sich über das Armaturenbrett und griff nach dem Lenkrad. «Wir fahren nicht hin!» zischte sie. Der Wagen schlingerte, während wir uns um das Lenkrad stritten. Als ich ihn wieder unter Kontrolle hatte und am Straßenrand hielt, lag die Abzweigung nach Guguletu bereits hundert Meter hinter uns, und ich mußte mich noch mehr entschuldigen.

Ich stieg aus, half dem Krüppel in sein Gurtwerk, schüttelte ihm die Hand und wollte ihm erklären, warum wir gehalten hatten. «Wir hätten Sie gern nach Hause gebracht», sagte ich, «aber wir haben Angst, daß man uns umbringt, wenn wir dorthin gehen.» Ich weiß nicht, ob er verstand und ob es überhaupt eine Rolle spielte. Als wir wegfuhren, lächelte er immer noch.

So war das also im weißen Südafrika auf dem Höhepunkt des großen schwarzen Aufstands. Manche von uns unterstützten die Apartheid und manche nicht, aber etwas hatten wir alle mit Dawid Malan gemein: Wir begegneten dem schwarzen Afrikaner mit Furcht und Beklommenheit, oder besser gesagt, wir begegneten Afrika überhaupt nicht. Ich glaube, das war unser Hauptproblem. Wir mußten noch lernen, Afrika zu akzeptieren, und das würde nicht leicht sein. Denn wie kann man etwas akzeptieren, das man nicht wirklich versteht?

Freitag ist der Sprache nicht mächtig und kann sich deshalb nicht wehren, wenn andere ihn täglich nach ihren Wünschen umformen. Ich sage, er ist ein Kannibale, und prompt ist er ein Kannibale; ich sage, er ist ein Wäschereiangestellter, und prompt ist er ein Wäschereiangestellter. Was ist Freitag wirklich?
J. M. Coetzee, aus dem Roman *Foe*

Es folgt eine weitere Geschichte vom alltäglichen Leben und vom nicht alltäglichen Tod in meinem Land. Diesmal führt der Weg von der Hafenstadt Durban am Indischen Ozean an der ausgedörrten Küstenebene entlang Richtung Norden, vorbei an schimmernden Villen am Meer, an palmengesäumten Seebädern und über den Tugela River ins Zulu-Land.

Vor etwas mehr als einem Jahrhundert überquerte eine britische Armee diesen schlammigen Fluß und besiegte den mächtigen Stamm der Zulu. Die Rotröcke haben dieses Land damals für weiße Siedler erschlossen. Aus der Luft sieht das Land der Weißen aus wie ein breiter Strom von saftgrünem Zuckerrohr, der im Norden mitten ins Zulu-Land führt. Hier und da steht auf einem kleinen Hügel ein großes weißes Haus mit kühlen Schieferböden. Die Balkontüren sind weit geöffnet, um die kühle Brise hereinzulassen, die am Spätnachmittag vom Indischen Ozean heraufkommt. Das Leben eines Zuckerbarons in Zulu-Land ist außerordentlich angenehm. Dort scheint immer die Sonne, es regnet nur selten, die Blumen blühen das ganze Jahr, und es sind immer genügend Zulu da, die das Zuckerrohr schneiden und am Abend einen Gin Tonic servieren.

Alle paar Kilometer entspringt in den Hügeln ein grüner Nebenfluß aus Zuckerrohr, der in den Hauptstrom dieses Landes der Weißen mündet. Folgt man einem dieser Nebenflüsse ins Landesinnere, in die Berge, so kommt man bald in eine andere Welt. Je tiefer man in das fruchtbare Tal vordringt, desto trockener wird der Boden und desto steiler werden die Hänge, und schließlich ist von Zuckerrohr nichts mehr zu sehen. Das Land jenseits der Plantagen ist zu trocken oder zu bergig, um es gewinnbringend bebauen zu können, und so wurde es den Zulu überlassen. Es ist eine öde Landschaft mit Getreidefeldern voller Unkraut und mit staubigen Straßen, Lehmhütten, Blechbaracken, baufälligen Schulen und zerfallenden Missionskirchen. Der Anblick tut dem Auge weh, deshalb kehrt man gern zu dem großen grünen Tal der Weißen zurück und begibt sich nach Norden.

Ungefähr 145 Kilometer nördlich von Durban, im Quellgebiet jenes grünen Stroms, liegt die Stadt Empangeni – ein für Südafrika passender Name, denn er geht auf das Zulu-Wort für Beute und Raub zurück. Empangeni wurde auf gestohlenem Land erbaut, auf fruchtbarem Boden, der vor einem Jahrhundert den Zulu gehörte. Die Stadt ragt wie eine Insel aus einem Meer von grünem Zuckerrohr, und der Himmel über ihr ist oft schwarz vom Rauch aus den Schornsteinen der Zuckerfabriken.

Der Zucker ist die Grundlage des Reichtums, der dem weißen Empangeni seinen strahlenden Glanz und das Aussehen einer blühenden Stadt im amerikanischen Süden verleiht. Die Stadt hat ein modernes Einkaufszentrum, dessen Architektur entfernt an den maurischen Stil erinnert, und ein paar mehrstöckige Bürokomplexe an der Hauptstraße. Die Parks sind sauber, die Schulen geräumig, und auf den Straßen und Zufahrtswegen wimmelt es von blitzenden neuen Toyotas, Hondas und BMWs. Eine Siedlung von Farmhäusern mit Zwischenstockwerken verunziert die Landschaft der Umgebung. In den Hinterhöfen der Weißen hängen schwarze Dienstmädchen Wäsche auf, schwarze Gärtner mit nacktem Oberkörper schneiden Hecken, und die weißen Damen...

Nun, Debbie Good sitzt auf einem bequemen Sofa in ihrem Wohnzimmer und trinkt Tee. Sie hat rötlichbraunes Haar mit Dauerwelle, ihre langen Fingernägel sind rot lackiert, und sie bevorzugt Hosen aus Polyester. Sie hat drei kleine Kinder und einen Mann namens Bennie, der in kurzen Hosen und Gummisandalen im Garten werkelt. Bennie ist ein gutmütiger Kerl mit blauen Augen und einem blonden Lockenschopf à la Shirley Temple. Die Haut im V-Ausschnitt seines offenen Hemdes ist knallrot von der Sonne.

Debbie und Bennie besitzen eine Farm am Rand von Empangeni, gleich hinter der letzten Reihe brandneuer Einzelhäuser nach amerikanischem Vorbild. Debbies Großeltern haben sich Anfang der zwanziger Jahre auf dem damals noch völlig unberührten Land niedergelassen. Debbies Großvater starb früh, und so mußte die Großmutter den morastigen Boden mit Maultieren umpflügen und Zuckerrohr pflanzen. Die Großmutter baute auch das geräumige Haus mit einer kühlen Veranda und pflanzte entlang des schmutzigen Zufahrtswegs Tannen, um sich ein bißchen mehr wie zu Hause zu fühlen. Zu Hause, das war natürlich England. Die ersten Siedler in dieser Gegend waren größtenteils Briten gewesen, Empire-Loyalisten und Kricketspieler. Sie nannten ihre Farmen Brandon Hill oder Briarley Grange und schickten ihre Söhne auf die «öffentliche» Schule Michaelhouse, wo man sie lehrte, den Kricketschläger richtig zu halten und sich nicht unterkriegen zu lassen.

Die Farm der Goods heißt Carsdale und ist nur eine von drei Farmen, die ihnen gehören. Sie haben eine zweite Zuckerrohrplantage weiter südlich und außerdem eine Schaffarm an einem Ort namens Mooi River. Auf den ersten Blick führen sie ein angenehmes Leben, doch der Schein trügt.

Debbie ist erst um die Dreißig, aber sie spricht bereits von den guten alten Zeiten, als die Zulu noch kindlich naiv, harmlos und unschuldig waren, unfähig zu List, Verschlagenheit und Neid. Sie erinnert sich noch, wie sie früher nach Parties an der High School mit einer Laterne nach Hause ging und überhaupt keine Angst hatte. Sie erinnert sich an warme Sommernächte, in denen man bei offenen Türen und Fenstern schlafen konnte und nur von Moskitos belästigt wurde. Damals waren die Zulu noch loyal, zuverlässig und gehorsam, und die Weißen belohnten sie dafür und liebten sie, wie man einen braven Hund liebt. Sie waren «unsere Zulus». Sie stahlen nicht und tranken nicht den Alkohol der Weißen; sie verlangten keine höheren Löhne, und sie streikten nicht.

Damals kannten die Zulu ihren Platz und benahmen sich entsprechend. Sie huschten unauffällig wie Schatten durch das Leben der Weißen, brachten Gin und Tonic, reagierten auf Klingelzeichen, schnitten Zuckerrohr und hüteten die Kinder. Auf der Farm oder in der Stadt lächelten die Zulu, wenn sie Weißen begegneten, und grüßten respektvoll. Aber heute... Debbie kann es zwar nicht genau erklären, doch sie weiß, daß sich etwas geändert hat. Als Kind hat sie sich immer bei den Hütten der schwarzen Plantagenarbeiter herumgetrieben und mit ihnen wilden Spinat und *putu* (Maismehl) gegessen, das sie in eisernen Töpfen auf offenem Feuer kochten. Ihrer sechsjährigen Tochter würde sie das heute nicht mehr erlauben. Sie traut den Zulu nicht mehr. «Man weiß nie, wie man mit ihnen dran ist», sagt sie.

Dabei haben die Zulu ihr nie etwas getan, sie klauen nur ab und zu ein Stück Zuckerrohr. Aber sie sind einfach «unverschämt» geworden. Sie geben freche Antworten. Sie grüßen die Weißen nicht mehr. Und es sind so viele. Beim Einkaufen müssen sich weiße Frauen durch eine Schar lärmender Schwarzer zum Ladentisch durchdrängeln. Bei den Münzfernsprechern vor der Post stehen immer schon zehn Schwarze Schlange. In der Drogerie auf der anderen Straßenseite sind die Regale voll mit Kosmetikartikeln für Schwarze, mit hautaufhellenden Cremes, die Hollywood, Kool Look oder Jet Set Four-in-One Lite Lotion heißen. Früher waren solche Artikel nur in Läden für «Kulis» in der Nähe des Bahnhofs erhältlich, jetzt gibt es sie überall – sogar die großen Warenhäuser und Supermärkte führen sie.

Natürlich hat Debbie nichts dagegen, daß die Zulu vorankommen, daß sie weltoffen und anspruchsvoll sind, Make-up und hochhackige Schuhe tragen, Auto fahren und all das. Sie ist keine Rassistin. Sie ist wirklich «nett» zu den *girls* und *boys*, die für sie und Bennie arbeiten. Sie wünscht ihnen alles Glück der Welt, aber sie möchte nicht, daß sie ihr zu nahe kommen. Sie mag sie, aber nicht so sehr, daß sie sie bei sich im Haus haben wollte. Worüber sollte sie sich auch mit einer Zulu-Frau unterhalten? Sie haben nichts miteinander gemein. Debbie weiß, daß man es als Schwarzer in Südafrika nicht leicht hat, aber sie wehrt sich, wenn jemand sagt, die Weißen seien an allem schuld. In ihren Augen wollen die Schwarzen alles, was die Weißen haben, aber sie sind nicht bereit, sich dafür anzustrengen und dafür zu arbeiten. «Sie wollen, daß man ihnen alles auf einem Tablett serviert», meint sie. «Deshalb sind sie so verbittert.»

Debbie sagt das, ohne die Verhältnisse in Ngwelezane, dem schwarzen Township von Empangeni, zu kennen. Von der Farm aus kann sie das Township, das sich im Osten am Rand eines Hügels entlangzieht, zwar sehen, doch sie betritt es nur selten. Die Regierung hat in Ngwelezane seit sechsundzwanzig Jahren keine neuen Häuser mehr bauen lassen, weil die Architekten der Apartheid in Pretoria im weißen Südafrika keine Schwarzen mehr haben wollen. Die Schwarzen sollen in den Bergen bleiben, im Reservat, und weiterhin der Aufsicht von KwaZulu, dem – nach offizieller südafrikanischer Lesart – Nationalstaat der Zulu, unterstellt sein. Es ist immer noch das alte Dilemma: Schwarze bekommen im weißen Südafrika ohne Wohnrecht in den Townships keine Arbeit, und ohne Arbeit erhalten sie kein Wohnrecht. Wer schlau genug ist, dieses Problem zu lösen, lebt mit zehn anderen auf engstem Raum in einem winzigen Haus. Die Schulen sind überfüllt, die Lehrer schlecht ausgebildet, das Krankenhaus hat zuwenig Personal und ist unzureichend ausgerüstet. In den vergangenen Monaten hat sich die Zahl der Arbeitslosen verdoppelt. In Ngwelezane ist das Leben ein harter Kampf ums Überleben.

Auf den Bergen außerhalb der Stadt, im Zulu-Homeland, ist das Leben noch härter. Fast vier Millionen schwarze Bauern leben dort in Lehmhütten und Blechbaracken und huldigen wie eh und je ihren Häuptlingen. Das Busunternehmen Washesha betreibt einen Liniendienst auf den ausgefahrenen Straßen, die das Reservat mit der Stadt verbinden. Jedes Jahr bringen die Busse eine Million schwarzer Fahrgäste zum Einkaufen oder zur Arbeitssuche in die Stadt. Es gibt keine Arbeit hier, aber draußen im Reservat gibt es erst recht nichts, nicht einmal Hoffnung. Fast vier Jahre hat es kaum geregnet. Das Vieh verdurstet, die Ernte verdorrt. Manche glauben, die Dürre sei die Strafe Gottes für die Apartheid. Andere glauben, das Ende der Welt sei nahe.

Tatsächlich hängt in diesem Spätwinter 1983 über dem ganzen Land eine schwarze Gewitterwolke. Die Unzufriedenheit unter den Schwarzen wächst. Die Regierung in Pretoria hat keine Wahl mehr: Auf einmal spricht sie von Reformen und Verhandlungen, von friedlicher Veränderung und Gewaltenteilung. Premierminister P. W. Botha hat eben den Entwurf einer neuen Verfassung vorgelegt, die so etwas Ähnliches wie ein Stimmrecht für Inder und Mischlinge vorsieht, die Schwarzen jedoch ignoriert. Viele Afrikaner betrachten dies als die schlimmste Beleidigung. Selbst Gemäßigte sind empört. Häuptling Gatsha Buthelezi, Ministerpräsident von KwaZulu, dem autonomen Zulu-Homeland, das an Empangeni angrenzt, hat Bothas Vorschläge als «Herausforderung der Gewalt» verurteilt. Die Beleidigung, die die neue Verfassung bedeute, werde zu einer verheerenden Explosion der Wut unter den Schwarzen führen. «Sie bringt uns», sagt er, «der Nacht der langen Messer näher.»

Debbie schaudert bei solchen Worten. So viele Weiße haben deswegen schon das Land verlassen. Sie haben ihre Familien nach Australien oder «heim» nach England gebracht, aus Angst, nachts im Bett abgeschlachtet zu werden. Manchmal fragt Debbie sich, ob diese Leute nicht recht haben, denn auch sie hat Angst, im Bett ermordet zu werden. Fast alle weißen Südafrikaner haben Angst. Das ist eine Tatsache. Sie alle warten auf die Nacht der langen Messer. Man weiß nicht, wann es soweit ist, fest steht nur, daß diese Nacht kommt.

Und dann eines Abends gehst du gegen zehn ins Bett. Du hörst den alten rothaarigen Setter draußen bellen, aber du hast keine Lust aufzustehen. Du nickst wieder ein, deshalb hörst du nicht, wie das Moskitogitter am Küchenfenster abgenommen wird und jemand leise ins Haus klettert. Du hörst nicht, wie er barfuß den Korridor entlanggeht und vorsichtig die Schlafzimmertür öffnet. Du erinnerst dich nur an den plötzlichen Schrecken, als du aufwachst. Bennie neben dir schlägt wie wild um sich, und eine dunkle Gestalt ragt vor dem Bett auf. Und dann trifft der Hammer deine Schläfe, und als nächstes denkst du, du seist in einem Horrorfilm. Blut tropft auf das Telefon, die Kinder schreien, und dein Mann torkelt blutüberströmt durchs Zimmer und sucht sein Gewehr. Du willst den Arzt rufen, aber du hast vergessen, wie man wählt.

Major Reginald Reynolds von der südafrikanischen Kriminalpolizei ist ein dunkelhaariger, gutaussehender Mann in den Vierzigern. Ein Sportsmann. Wer Major Reynolds besucht, findet ihn wahrscheinlich über einen Tisch gebeugt und damit beschäftigt, sorgfältig seine Handfeuerwaffen und Jagdgewehre zu reinigen und zu ölen. «Elf Monate im Jahr jage ich Menschen», erklärt er mit unbewegtem Gesicht. «Im zwölften jage ich Tiere.» Major Reynolds mag beide Arten seines blutigen Sports, aber Debbie und Bennie sind seine Freunde, deshalb ist er bestürzt, als er mitten in der Nacht zu ihrer Farm gerufen wird. Als er hinkommt, nimmt seine Bestürzung noch zu. Er sieht das alles nicht zum erstenmal. Der Täter geht immer auf dieselbe Weise vor, gelangt immer auf dem gleichen Weg ins Haus, und immer haben die Opfer am Kopf und im Gesicht kreisrunde Wunden.

Das erste Opfer war Peter Trollip, ein junger Bursche, der in einem der örtlichen Hotels arbeitete. Peter und seine Frau Wendy wohnen in einem der Halbgeschoßhäuser, die sich bis an den Rand der Goodschen Farm hinziehen. Vor drei Wochen hat sich ein Schwarzer in das Haus der Trollips geschlichen und den schlafenden Peter bewußtlos geschlagen. Als Wendy aufwachte, sah sie sich einer grauenhaften Erscheinung wie aus ihren schlimmsten Träumen gegenüber: Ein riesiger Schwarzer mit enormen Muskelwülsten stand mit einem blutigen Klauenhammer in der Hand am Fußende des Bettes. Er kam auf sie zu und flüsterte: «Sch, sch!» Wendy schrie: «Hol das Gewehr! Hol das Gewehr!» Es gab kein Gewehr, aber der Trick funktionierte. Der Schwarze kletterte aus dem Fenster und verschwand in der Dunkelheit.

Wer ist der Kerl? Reg Reynolds weiß nur, daß er schwarz ist, die Schuhe auszieht und seine Socken als Handschuhe benutzt, um keine Fingerabdrücke zu hinterlassen. Seine Waffe ist ein gewöhnlicher Klauenhammer, wie man ihn in jedem Eisenwarengeschäft kaufen kann. Er vergewaltigt keine Frauen und mißhandelt keine Kinder. Debbie Goods sechsjährige Tochter wachte während des Überfalls auf, lief durch den Flur zum Schlafzimmer ihrer Eltern und rief nach ihrer Mutter. Der Eindringling hörte sie, fing sie an der Schlafzimmertür ab, nahm sie bei der Hand und führte sie behutsam in ihr Zimmer zurück. Dann verschwand er. Major Reynolds versteht das nicht. Ein gewöhnlicher Krimineller hätte doch sicher auch dem Kind den Schädel eingeschlagen und das Haus gründlich auf den Kopf gestellt.

Der Krankenwagen kommt und bringt die Verletzten ins Krankenhaus. Bennie kommt auf die Intensivstation, Debbie muß wegen ihrer Kopfverletzung operiert werden. Sie haben beide Glück gehabt. Die Magaskills nicht.

Graham und Anna Magaskill sind Aufseher im Gefängnis von Empangeni. Sie wohnen mit ihrem kleinen Sohn in einem Haus auf dem Grundstück des Gefängnisses. Drei Monate nach dem Überfall auf die Goods lassen sie in einer stickigen warmen Nacht im Eßzimmer die Balkontür offen. Der Mann mit dem Hammer schleicht sich nach Mitternacht ins Haus. Er kniet sich zwischen dem schlafenden Ehepaar aufs Bett und schlägt abwechselnd auf ihre Köpfe und Gesichter sein. Er hat seine Technik vervollkommnet, diesmal treibt er den Hammer bis in Graham Magaskills Hirn. Er schlägt Mrs. Magaskills Kopf und Gesicht zu einer blutigen Masse. Er schlägt so lange auf sie ein, bis beide tot sind. Dann nimmt er etwas Kleingeld an sich und schleicht aus dem Haus, ohne den schlafenden Sohn zu wecken. Wieder gibt es keine Spuren, keine Fingerabdrücke, nichts.

Empangeni ist eine Kleinstadt. Im weißen Empangeni kennt fast jeder jeden. Wer die Magaskills nicht kannte, kannte die Goods oder die Trollips und fragte: Warum gerade sie? Wer ist der nächste? Vielleicht man selbst? Jetzt fängt der Terror richtig an.

Wer ist der Mann mit dem Hammer? Ist er ein Psychopath? Wenn er zuschlägt, nimmt er zwar mit, was gerade herumliegt, aber Diebstahl ist kaum ein hinreichendes Motiv. Er macht sich nicht die Mühe, alles systematisch zu durchsuchen. Tötet er, weil er Weiße haßt? Einige Schwarze sind dieser Meinung. Seine Waffe ist ein in Afrika gebräuchliches Werkzeug zum Schlachten von Schweinen. Die schwarze Zeitschrift *Pace* hält das für einen möglicherweise wichtigen Anhaltspunkt. Sie stellt außerdem die Vermutung an, der Mann mit dem Hammer könnte «ein verrückter Rebell aus dem Lager des ANC» sein oder aus dem des PAC, des Panafrikanischen Kongresses. Die Polizei bezweifelt das, weil der Täter zu barbarisch vorgeht. Aber sie denkt an die Mau-Mau, die kenianische Siedler mit langen Messern niedermetzelten, und an die Poqo, eine örtliche Bande von Terroristen, die Anfang der sechziger Jahre einige isoliert lebende weiße Farmerfamilien totgeschlagen haben. Die Polizei will nichts riskieren.

Sie startet die größte Polizeiaktion in der Geschichte der Provinz. Sie erklärt der Presse, sie sei dem Mann mit dem Hammer auf den Fersen, doch das ist gelogen. Es gibt keine Hinweise, keine Fingerabdrücke, und von Informanten ist auch nichts zu erfahren. Major Reynolds und seine Männer liegen nachts in den Gärten der weißen Viertel unter Büschen auf der Lauer und achten auf alles, was sich bewegt. Der Mann mit dem Hammer läßt sich jedoch nicht blicken. Aus Pretoria wird zur Verstärkung ein Aufgebot von Beamten der Mordkommission geschickt, unmenschliche Bullen, die vor nichts zurückschrecken, wenn es darum geht, einen Mann zu fassen. Jeder Afrikaner, der nach Einbruch der Dunkelheit auf der Straße angetroffen wird, wird angehalten, befragt, muß seinen Ausweis vorzeigen und mit einer groben Behandlung rechnen, wenn er nicht ehrlich antwortet. So etwas ist in Empangeni seit Jahren nicht mehr vorgekommen. Die Weißen wissen, daß ihr Verhältnis zu den Schwarzen darunter leidet, aber das ändert nichts. Sie haben Angst. Der Absatz von Gewehren verdoppelt sich; der von Alarmanlagen verdreifacht sich. Einige weiße Hardliner fordern ein Ausgangsverbot für Schwarze; sie wollen nachts alle Schwarzen von der Straße haben. Weiße gehen mit Schutzhelmen ins Bett und haben Pistolen unter den Kopfkissen.

Die Furcht wird durch wachsende politische Turbulenzen noch genährt und steigert sich zur Hysterie. Eines Tages erscheint in Empangeni das Boulevardblatt *Zululand Observer* mit der Schlagzeile «Blutbad!» auf der Titelseite. An der nahe gelegenen Universität von Zululand ist Krieg ausgebrochen. Sechs schwarze Studenten sind bei einem Zusammenstoß zwischen Gemäßigten und Radikalen getötet worden. Offensichtlich beginnt jetzt die Nacht der langen Messer. Der Mann mit dem Hammer ist noch immer auf freiem Fuß. Es geht das Gerücht um, er habe erneut zugeschlagen, und Meldungen über seine Untaten würden zurückgehalten, um Panik zu vermeiden. Der *Observer* veröffentlicht einen Artikel mit der Überschrift «Verfolgungswahn und angebliche Überfälle». Darin werden die weißen Leser vor Panik gewarnt und Gerüchte von «einem phantastischen Monster..., das Kinder verprügelt und junge Mädchen vergewaltigt» zerstreut.

Um eine solche Entwicklung zu verstehen, muß man sie in Zusammenhang sehen mit dem Zustand elementarer Schuld und Furcht, in dem weiße Südafrikaner leben. Die Morde des Mannes mit dem Hammer riefen das Schreckgespenst willkürlicher schwarzer Vergeltung wach; sie zwangen die Weißen, über ihr Leben und die Struktur ihrer Gesellschaft nachzudenken, und wenn Weiße das tun, sehen sie, daß sie um eine Mitschuld nicht herumkommen. Dadurch steigert sich die Furcht rasch zum Fieberwahn. Man hört den Mann mit dem Hammer im Garten herumschleichen; man sieht ihn hinter Büschen lauern; man hört seine Schritte auf dem Weg; sein Schatten fällt auf den Vorhang. Die Polizei kann sich vor falschen Alarmen kaum noch retten.

Ein Kolumnist schreibt im *Observer*: «Vielleicht beobachtet er heute unser Haus. Vielleicht weiß er schon, wo er beim nächstenmal zuschlagen wird. Es ist, als drängen Dunkelheit und Unsicherheit durch unsere Fenster... Die Angst ist zu einer ansteckenden Krankheit geworden... sie ist besonders nachts da, aber sie führt zu nichts. Wenn die Angst vor dem Mann mit dem Hammer verschwindet, wird eine neue Angst an ihre Stelle treten. Jeder neue Tag bringt neue Ängste, weil wir nichts wissen, und nichts wissen, heißt fast immer, Angst haben.»

Und damit sind wir beim Kern der Sache: Weiße wissen nichts von Schwarzen, sie können deren Protest nicht einschätzen. Für die meisten Weißen sind Schwarze unergründlich, sie können sich nicht mit ihnen unterhalten, und sie verstehen sie nicht. Schwarze sind für sie selten Menschen aus Fleisch und Blut. Schwarze sind nur schwarz. Sie sind wie eine Leinwand, auf die die Weißen ihre eigenen Ängste und Vorurteile projizieren.

Dr. Louis Fourie, zum Beispiel, Arzt in Empangeni, ist ein liebenswürdiger Mann. Er ist Kosmopolit und ein sogenannter «neuer Afrikaaner». Er wohnt in einem prächtigen Haus, macht seine Arztbesuche in einem weißen Toyota Land Cruiser und trägt einen blütenweißen Safarianzug. Er besitzt eine schöne Sammlung afrikanischer Kunst, und in seinem Keller lagern die besten Jahrgangsweine vom Kap. Seine elegante, blonde Frau Ronelle hat eine

Ausbildung als Konzertpianistin, Louis selbst ist leidenschaftlicher Ökologe. An einer Wand in seinem Arbeitszimmer hängt eine gerahmte Kopie von Häuptling Seattles bewegender Bitte an den weißen Mann, mit dem Raubbau an der Erde aufzuhören. Für südafrikanische Verhältnisse sind Louis und Ronelle Fourie ein fortschrittlich denkendes Ehepaar.

Die Fouries haben zwei kleine Töchter, die beide noch die Grundschule besuchen. Ihr Vater macht sich Sorgen um sie und trifft entsprechende Vorkehrungen. Er läßt die Alarmanlage überprüfen. In sein Tagebuch schreibt er, wie er sich weiter vor dem Mann mit dem Hammer schützen will. Er wird ein Fischnetz über das Ehebett spannen, um den Hammer abzufangen, wenn er niedersaust. Er und seine Frau werden künftig mit dem Kopf an entgegengesetzten Enden des Betts schlafen, beide mit einer Pistole in Reichweite. Nach Dr. Fouries Ansicht sind solche Vorsichtsmaßnahmen nur vernünftig.

Der Hausdiener der Fouries ist ein außerordentlich freundlicher und liebenswürdiger junger Zulu namens Emmanuel. Er ist ein altmodischer Zulu, ein Junge von der Mission. Er hat etwas von dem treuen Waffenträger in alten Trivialromanen über Afrika, der sich selbst opfert, um den *bwana* vor dem Löwen zu retten. Emmanuel sorgt sich so sehr um die Familie seines weißen Herrn, daß er im Garten Wache steht, wenn der Doktor nach Einbruch der Dunkelheit zu einem Patienten gerufen wird. Er tut das freiwillig, ohne seiner Herrin etwas davon zu sagen. Eines Abends schaut die Frau hinaus ins bedrohliche Dunkel und sieht den treuen schwarzen Gefolgsmann im Schatten stehen und das Haus beobachten. Ein Schauer läuft ihr den Rücken hinunter. Sie denkt: «Großer Gott, es ist Emmanuel! Er ist der Mann mit dem Hammer.» Sie steht furchtbare Angst aus, bis ihr Mann nach Hause kommt und alles aufklärt.

«Man weiß doch nie, was in ihnen vorgeht», erklärt sie später etwas kleinlaut.

Auch Justin Smith und Dave Brauteseth mißtrauen «dem Schwarzen». Sie sind unbeschwerte weiße Burschen aus Johannesburg, die sich gern mit Bier vollaufen lassen, und sie sind neu in der Stadt. Sie haben gerade erst den Pachtvertrag für das afrikanische Lokal am

Busbahnhof abgeschlossen, und das Geschäft läuft recht gut, Gott sei Dank. Die Busse setzen jede Woche achtzehntausend potentielle Gäste vor ihrer Tür ab, und es ist schon chaotisch, wie es in ihrer Kneipe zugeht. Sie verkaufen ganze Tankladungen iJuba Special, afrikanisches Hirse-Bier, und ganze Wagenladungen *palishi*, Maisbrei. Ein Inder besorgt die Buchhaltung, Schwarze verrichten die schwere Arbeit, und Dave und Justin – Jay – nehmen abwechselnd eine Woche frei, um auszuruhen oder fischen zu gehen.

Dave und Jay haben früher *zol* geraucht und viele Parties gefeiert, aber aus dem Alter sind sie heraus. Beide gehen auf die Dreißig zu und sind erst seit kurzem «freie Unternehmer». Jay hat Frau und zwei Kinder, Dave hat sich vor kurzem eine feste Freundin zugelegt. Zusammen bewohnen sie ein Haus am Stadtrand, eines der großen weißen Farmhäuser mit Swimmingpool und großen Fenstern, um die kühle Brise vom fernen Meer hereinzulassen. Sie sehen fast aus wie Australier mit ihren kurzen Hosen, den offenen Sandalen und der sonnengebräunten Haut. Sie mögen die «Afs», die Schwarzen, aber trotzdem sind sie ihnen gegenüber ein wenig mißtrauisch, weil – na ja, unter anderem wegen der lästigen Straßenhändler.

Dave und Jay haben hundertfünfzig Riesen Pacht bezahlt, und dann stellen diese Straßenhändler direkt vor der Tür ihres Lokals Tische auf und verkaufen von Fliegenlarven verseuchte Kutteln und gegrillte Innereien von Hühnern. Die Polizei jagt sie zwar fort, aber da es draußen im Reservat keine Arbeit, keine Nahrung, keinen Regen und keine Hoffnung gibt, sind sie am nächsten Tag wieder da. Dave schätzt, daß er durch sie pro Tag fünfhundert Gäste verliert, und so greift er zu traditionellen Mitteln. «Ich hab ihnen die Scheiße aus dem Leib geprügelt», sagt er.

Von den Schwarzen wird traditionsgemäß erwartet, daß sie sich ducken und davonlaufen, wenn der weiße Mann die Peitsche schwingt. Doch die Zeiten ändern sich. Eines Tages laufen die Straßenhändler nicht weg, und Dave sieht sich von einer drohenden schwarzen Menschenmenge umgeben. Es ist eine unangenehme Situation. Dave holt seinen Kumpel Roger, und beide holen ihre Gewehre. Dann gehen sie hinaus auf den Platz und drohen damit, ein paar frechen Schwarzen die Köpfe wegzupusten. «Das ist der einzige Weg», meint Dave.

Seit Dave auf diesem Weg ist, haben er und Jay Grund, wachsam zu sein. Jay schläft in Reichweite einer .32er, Dave hat eine Axt unter dem Bett. Sie müssen ständig an den Mann mit dem Hammer denken. Jeden Tag kommt ein «großer Neger» in ihr Lokal, setzt sich in eine Ecke und hält sich an einem Bier fest. Er ist ein Spitzel der Polizei und arbeitet am Fall des Hammermörders. Er wartet darauf, daß sich bei einem Besoffenen die Zunge löst und er plaudert. Und dann nimmt eines Tages noch ein anderer Dämon aus den Tiefen eines gestörten weißen Unterbewußtseins Gestalt an und steht plötzlich vor der Theke. «Ein Mann mit Augen wie Feuer», berichtet Dave dem *Zululand Observer*. Der Mann mit dem Hammer. Zumindest glaubt Dave das. Irgendwie sieht er dem Phantombild in den Zeitungen ähnlich. Dave ruft die Polizei an, aber als sie eintrifft, ist der Verdächtige verschwunden.

Nach diesem Besuch ist Dave und Jay etwas mulmig zumute. Ist der Mann mit dem Hammer hinter ihnen her? Hat ihm jemand erzählt, wie brutal sie mit den Straßenhändlern umspringen? Sie wollen kein Risiko eingehen. An diesem Abend legt Jay die .32er auf den Nachttisch, ehe er und seine junge Frau zu Bett gehen. Dave, der allein wohnt, geht noch aus. Er läßt sich im Rugby Club mit Bier vollaufen, kommt gegen 1.30 Uhr nach Hause und schläft im Auto ein. Als er aufwacht, geht die Sonne auf. Es ist bereits 5.30 Uhr, und sie hätten das Lokal schon vor einer halben Stunde aufmachen sollen. Wo zum Teufel ist Justin?

Dave schwankt ins Haus und platzt ins Schlafzimmer seines Kumpels. Jay lehnt zusammengesunken an der Wand, tot, im Schädel ein Dutzend Löcher von einem Hammer. Seine Frau liegt halbnackt auf dem Fußboden. Sie hat sich stundenlang im eigenen Blut gewälzt und vergeblich versucht aufzustehen. Ihr Schlüpfer ist voller Kot, Folge eines Reflexes im Todeskampf. Ihr Gesicht ist eine einzige blutige Masse, und jetzt ist auch sie tot.

Dave hört ein Wimmern, dreht sich um und sieht Jays kleine Tochter Leanne. Sie steht in ihrem Kinderbettchen und ruft nach ihrer Mutter. Dave nimmt sie auf den Arm, legt ihr die Hand auf die Augen und geht, um die Polizei zu rufen.

Wieder gibt es keine Spuren, keine Fingerabdrücke – nichts außer einem Tropfen Blut auf dem Pyjama eines der Smith-Kinder. In

Gedanken sieht Major Reynolds einen muskulösen Schwarzen in einem mondhellen Schlafzimmer stehen und dem leisen Atmen eines schlafenden weißen Kindes lauschen, während von seinem Klauenhammer Blut tropft. Verrückt. Wer ist dieser Mann? Reynolds ist erschöpft. Er ist abgemagert, sein Gesicht ist grau. Er arbeitet Tag und Nacht an dem Fall, weil er Angst hat, es könne seiner Karriere schaden, wenn die Bullen von der Mordkommission aus Pretoria den Fall vor ihm lösen. Er arbeitet so hart, daß seine Ehe darüber in die Brüche geht. Trotzdem ist er einer Festnahme keinen Schritt näher als nach dem Überfall auf Peter Trollip vor einem halben Jahr. Die einzige gute Nachricht ist für Major Reynolds, daß Jays .32er verschwunden ist. Reg Reynolds spürt es in den Knochen: Der Mann mit dem Hammer wird die Waffe benutzen, und wenn er es tut, wird er sich vielleicht verraten.

Zehn Tage später befindet sich Sergeant J. J. Myburgh von der Hundestaffel mit seinem treuen Schäferhund und einem ebenso treuen Bantu-Polizisten auf Streife. Über Funk wird eine Schießerei im Zulu-Reservat am Stadtrand gemeldet, also verlassen sie die geteerte Straße und steuern auf einer Sandpiste auf die Berge zu. Fünf Kilometer außerhalb der Stadt entdecken sie in einer Baracke einen Schwarzen, der sich unter einem Bett versteckt und aus mehreren Schußwunden blutet. Die Frau des Schwarzen, Mavis, schimpft aufgebracht. Sie erzählt der Polizei, ihr Moses habe mit seinem Stiefbruder Simon Streit gehabt, und Simon habe eine Waffe gezogen und auf Moses geschossen. Der Mann mit der Waffe ist offensichtlich in die weißen Vororte geflüchtet, wo seine Freundin als Hausangestellte arbeitet.

Als der Sergeant und sein Begleiter bei der angegebenen Adresse vorfahren, erscheint in der Tür der Dienstbotenunterkunft ein ungepflegter Schwarzer. Beim Anblick der Polizisten lächelt er matt und streckt die Hände aus. «Sie können mir gleich die Handschellen anlegen», sagt er auf afrikaans. Sergeant Myburgh ist ein abgestumpfter Bulle und hält nichts von Gefühlen. Trotzdem glaubt er an dem Verdächtigen einen Zustand «geistiger Erschöpfung» zu bemerken.

Der Name des Verdächtigen ist Simon Mpungose. Er ist fünfunddreißig. Auf der Polizeiwache erklärt er: «Ich bin der Mann mit dem Hammer.» Drei Stunden später führt Major Reynolds ihn dem Richter vor, nachdem er in aller Form vier Morde, vier Mordversuche und einen bewaffneten Raubüberfall gestanden hat, den er mit Justin Smiths .32er begangen hat. Simon beschreibt die Morde in allen Einzelheiten und schließt mit den rätselhaften Worten, daß er sie begangen habe, weil er sterben wolle. «Ich will nur an den Galgen», sagt er.

27. August 1984. Wir befinden uns im Gerichtsgebäude von Empangeni, einem einstöckigen Backsteinbau gleich neben dem Postamt. Richter John Broome führt den Vorsitz; er genießt hohes Ansehen. Er wirkt wie ein Asket, und seine Sprache ist ernst und präzis. Glenda Sanders, die Anwältin des Angeklagten, ist jung, blond und begabt. Sie hat in Cambridge studiert und einen Job bei einer großen amerikanischen Anwaltskanzlei in Aussicht. Staatsanwalt Dorian Paver ist Absolvent der liberalen Universität von Kapstadt. Mit Ausnahme des Dolmetschers sind alle Mitglieder des Gerichts weiß.

Nicht nur ihre Haut ist weiß, sie denken auch weiß. Es sind typische Weiße mit typischen westlichen Wertvorstellungen. Das Ritual der Gerechtigkeit, nach dem sie handeln wollen, ist weiß, westlich, altmodisch und fremd. Mit Afrika hat es nichts zu tun.

Afrika ist draußen. Man kann es durchs Fenster hören – eine lärmende Menge von mehreren hundert Zulu, die von Polizisten mit Hunden in Schach gehalten wird. Die Zulu klettern auf Bäume und nehmen einander auf die Schulter, um einen Blick von ihrem Helden der Stunde zu erhaschen, vom Mann mit dem Hammer.

Simon Mpungose ist untersetzt und muskulös. Seine Haut ist glatt, braun und glänzend. Er hat einen Schnurrbart und einen Spitzbart. Er trägt ein kurzärmliges Sporthemd, weiße Hosen und hat Ketten an den Füßen, die jedesmal rasseln, wenn er sich auf der Anklagebank bewegt. Seine dunklen Augen verraten Humor und Intelligenz, und sein Lächeln verleiht ihm sogar ein gewisses Charisma.

Simon lächelt oft. Genaugenommen hat er seit Verhandlungsbeginn an diesem Morgen fast nur gelächelt und gelacht. Obwohl es um sein Leben geht, scheint Simon glücklich zu sein. Seine Zulu-

Freunde beschreiben seinen Zustand mit Worten wie «voll», «high» oder sogar «verklärt». Sein Schicksal hat sich erfüllt: Er ist bereit zu sterben.

Er hat es abgelehnt, sich zu verteidigen. Als Richter Broome die Sitzung eröffnet, verlangt Simon den Abbruch der Verhandlung. Er habe die Morde begangen, erklärt er, und damit sei die Sache erledigt. Er wolle abgeführt und gehängt werden. Doch das Ritual weißer Gerechtigkeit muß seinen Lauf nehmen, und so befiehlt Richter Broome ihm, sich hinzusetzen und ruhig zu sein. Simon weist seine Anwältin an, den Prozeß in keiner Weise zu behindern. Dann lehnt er sich zurück und lächelt verständnisvoll, während die Zeugen ihre Aussagen machen.

Die Anklage geht davon aus, daß es sich bei dem Angeklagten um einen gewöhnlichen Kriminellen handelt. Dorian Paver argumentiert, Simon sei in Häuser von Weißen eingedrungen, weil er eine Waffe gebraucht habe, und er habe die weißen Bewohner umgebracht, weil er gefürchtet habe, sie könnten aufwachen und ihn angreifen. Ein eindeutiges Motiv nachzuweisen, kann die Anklage sich ersparen, weil der Angeklagte bereits alles gestanden hat. Dorian Pavers größtes Problem ist, den Lärm und das anhaltende Stimmengewirr zu übertönen, das von draußen durch die Fenster dringt.

Selbst Richter Broome findet den Lärm nervenaufreibend. «Ich mag Leute nicht, die durchs Fenster sehen», sagt er einmal. «Es stört die Konzentration, und es gehört sich nicht.»

Paver rollt den Fall weiter auf. Da ist Wendy Trollip, die blutüberströmt im Bett aufwacht. Da sind Debbie und Bennie Good, die auf der Intensivstation aufwachen, die Magaskills, die überhaupt nicht mehr aufwachen. Und schließlich ist da die Aussage Dave Brauteseths, der von jenem Morgen erzählt, als er Justin und Terri Smith tot in ihrem Schlafzimmer auffand. Damit ist Paver fertig, und jetzt ist Simon an der Reihe.

Er erhebt sich von der Anklagebank und geht schlurfend zum Zeugenstand. Die Eisen an seinen Füßen scheppern. Er legt die Hand auf die Bibel und schwört, die Wahrheit zu sagen. Der Zulu-Dolmetscher, ein gepflegter Mann in dunklem Anzug, steht neben ihm. Simon fängt an zu sprechen. Für einen Mann seiner Statur ist seine Stimme seltsam hoch. Er spricht Zulu, doch seine Worte werden in das merkwürdig viktorianische Englisch des Dolmetschers übertragen.

Zu Beginn stellt Glenda Sanders Simon ein paar Fragen, aber Simon möchte sich nicht führen lassen. Er weiß, daß er so gut wie verurteilt ist und daß dies seine letzten Worte in der Öffentlichkeit sind. Er möchte zu seinem Richter sprechen, von Mann zu Mann. Er möchte ihm sagen, was es heißt, ein Schwarzer in Südafrika zu sein.

«Alles, was heute geschieht», sagt er, «habe ich vorhergesehen. Ich habe es im Traum gesehen, im Gefängnis von Barberton.»

Die Geschichte, die Simon seinem Richter erzählte, war in vielerlei Hinsicht die Geschichte eines schwarzen Jedermann. Simon war ein Zulu. Sein Stamm wurde 1879 von den Weißen besiegt und der besten Teile seines Landes beraubt. Die Zulu wurden zuerst von den Briten unterdrückt und später von D. F. Malan, der in Simons Geburtsjahr an die Macht kam. Sein Geburtsrecht war die Unterwerfung, und auf sein Volk warteten weitere Schikanen.

In den Jahren, in denen Simon hätte zur Schule gehen sollen, wurde Südafrika von Dr. Hendrik Verwoerd regiert, einem ausgesprochenen Rassisten, der sich offen gegen die Ausbildung von Schwarzen aussprach. Sie seien vom Schicksal dazu bestimmt, Schaufeln zu schwingen, erklärte Verwoerd, warum sollte man ihnen also Lesen beibringen und in ihnen die Hoffnung wecken, sie dürften dereinst «die grünen Weiden der europäischen Gesellschaft» betreten? Aus diesem Grund sah Simon niemals eine Schule von innen. Seine Mutter starb, als er noch klein war, und er wurde zu Verwandten in Pflege gegeben, die ihn nicht haben wollten und ihn schlecht behandelten. Mit zwölf arbeitete er auf den Zuckerrohrfeldern der nahe gelegenen weißen Farmen oder spülte in den Küchen der Farmhäuser Geschirr. Das Geld, das er verdiente, reichte nie zum Leben. Simon bekam Ärger, weil er klaute. Er lief mit einem Freund weg und lebte im Busch am Rand einer Großstadt. Der südafrikanische Staat kümmerte sich wenig um solche Kinder, deshalb mußte Simon betteln und stehlen, um zu überleben. Sein Jugendstrafregister war mitleiderregend lang und ließ keinen Zweifel an seiner hoffnungslosen Lage. Einmal wurde er verprügelt, weil er zehn Cent gestohlen und ein paarmal, weil er Lebensmittel geklaut hatte.

Als Simon älter war, wurde er einem weißen Richter vorgeführt. Dieser warf einen Blick auf sein langes Strafregister und entschied, diesem Unsinn ein Ende zu machen. Simon hatte keinen Anwalt: Der Staat stellte Schwarzen nur bei Kapitalverbrechen einen Anwalt zur Verfügung. Simon war Analphabet und konnte kaum Englisch. Er wollte dem Gericht sagen, daß er nur gestohlen hatte, weil er hungrig war. Er wollte sagen, daß er nie jemand verletzt oder Gewalt angewendet hatte, aber er wurde gar nicht aufgefordert, sich zu verteidigen. In den Augen des Gerichts war Simon nur einer der zahlreichen schwarzen Diebe, und so wurde er zu sieben Jahren Gefängnis verurteilt. «Ich merkte», sagte er später, «daß sie mir die Tür vor der Nase zuschlugen und ‹Geschlossen› draufschrieben.» Simon war so verzweifelt, daß er sich erhängen wollte, doch das Seil riß, und er saß auf dem Boden seiner Einzelzelle und war einsamer denn je. Das war der erste von mehreren Selbstmordversuchen.

Als nächstes unternahm er einen waghalsigen Ausbruchsversuch, in der Hoffnung, auf der Flucht erschossen zu werden. Er entkam jedoch unverletzt und fing wieder an zu klauen. Nach einiger Zeit wurde er wieder erwischt. Diesmal lautete die Anklage auf Einbruchsdiebstahl. Simons Strafe wurde verlängert, und er kam nach Barberton.

Barberton ist eine Provinzstadt im Osten von Transvaal. Ein paar Kilometer außerhalb der Stadt liegt ein Straflager für Schwarze, ein Komplex aus niedrigen Gebäuden, Ackerland und Steinbrüchen, umgeben von Stacheldraht und Wachtürmen. Keines der schwarzen Gefängnisse Südafrikas war ein angenehmer Aufenthaltsort, doch Barberton war die Hölle. Es war das berüchtigste Gefängnis im ganzen Land. Am Tag der Ankunft wurden Simon und die übrigen Neuzugänge nackt ausgezogen und auf die übliche Weise willkommen geheißen. Ein weißer Leutnant machte sie mit der brutalen Realität bekannt. «Ihr seid jetzt in Barberton», sagte er. «In Barberton ist Endstation. Es gibt kein Zurück. Hier geht auch der Verstand vor die Hunde. Es gibt hier nur zwei Möglichkeiten: Tod oder Leben. Denkt an gar nichts; klopft nur Steine. Wenn ihr leben wollt, dürft ihr an nichts anderes denken.»

Dann begann der Aufnahmeritus, eine Art pervertiertes Ringelreihen. Etwa fünfzig Aufseher und Gefängniswärter bildeten einen Kreis, und die nackten Häftlinge rannten innerhalb des Kreises herum. Die Aufseher und Gefängniswärter waren mit langen Schläuchen bewaffnet und schlugen damit auf die vorbeilaufenden Häftlinge ein. Die Gefangenen rannten so lange im Kreis, bis sie umfielen. Simon war so schwer verletzt, daß er einen Monat lang nicht gehen konnte.

Als er sich erholt hatte, wurde er zu den anderen Häftlingen zurückgeschickt und mußte auf der Farm arbeiten. Es herrschte eine grausame Disziplin. Einmal beobachtete Simon, wie weiße Aufseher die Leiche eines schwarzen Häftlings, den sie totgeschlagen hatten, bügelten. Sie versuchten, die Striemen auf dem Körper unsichtbar zu machen, um unangenehme Fragen zu vermeiden. Ein andermal war er Zeuge einer Greueltat, die schlimmer war als alles, was man in Filmen über Sträflingskolonnen gezeigt bekam.

Es war der 19. Dezember 1982. Der weiße Gefängnisdirektor sah sich mit einem kleinen disziplinarischen Problem konfrontiert. Einige Häftlinge hatten den Wärtern freche Antworten gegeben, und man mußte ihnen eine Lektion erteilen. Sie wurden an Händen und Füßen gefesselt und auf die Felder geführt, wo sie schwerbeladene Schubkarren einen Hang rauf- und runterschieben mußten. Es war ein furchtbar heißer Tag. Einige der Schwarzen waren schon alt, einer war ein Krüppel, und ein anderer hatte gerade eine Operation hinter sich. Doch die Aufseher kannten kein Pardon. Sie trieben die gefesselten Häftlinge mit Peitschenhieben den Hügel rauf und runter, bis einer nach dem anderen zusammenbrach. Daraufhin schlugen sie so lange auf die Männer ein, bis sie wieder auf die Beine kamen.

Als der Gefängnisdirektor auf der Bildfläche erschien, bot sich ihm ein grauenhaftes Bild: Etwa zwanzig Gefangene lagen halb bewußtlos wie blutige Klumpen am Boden, der Rest taumelte wie betrunken herum, zu erschöpft, um auch nur zu schreien. Der Direktor war jedoch nicht gekommen, um der Sache ein Ende zu bereiten. Er hatte weitere Schwarze mitgebracht, die auch noch behandelt werden sollten. «*Slat die drie dood*», befahl er: Schlagt die drei tot. Dann ging er wieder. Am Abend lagen vierunddreißig Häftlinge mit

Hitzschlägen und Verletzungen im Krankenhaus, und drei Schwarze waren tot.

Schlagt sie tot, hatte der weiße Mann gesagt. Simon arbeitete im Steinbruch unter den Peitschen und Gewehren der weißen Aufseher. Den ganzen Tag klopfte er mit seinem Hammer Steine und dachte an das, was er gesehen hatte: «Ich mochte den weißen Mann», sagte Simon später, «aber es kam eine Zeit, da hörte ich auf, die Weißen zu fürchten. Ich ich liebte sie nicht mehr.» Die Steine, die Simon mit dem Hammer zertrümmerte, waren weiß. «Du hältst sie in der Hand», sagte Simon, «und schlägst sie einfach auseinander. Nicht lange, und die Steine sind die Köpfe der Weißen.»

In Barberton wurde Simon von einer Vision heimgesucht. Sein Körper schwoll an und wurde immer größer. Er spannte die Muskeln, und die Gefängnismauern um ihn herum fielen zusammen. Die weißen Aufseher eröffneten das Feuer, doch ihre Kugeln gingen durch ihn hindurch, ohne ihn zu verletzen. Simon zerquetschte die Aufseher wie Insekten, und dann brauste er wie ein Unwetter über das Land und vernichtete alle Weißen, die ihm in die Quere kamen.

Und dann begegnete er einer übermächtigen Gestalt. «Dieser Mensch», sagte er, «diese Person, mein Peiniger, hatte kein Gesicht. Sein Kopf sah aus wie einer der Steine, die ich mit dem Hammer zerschlug. Diese runden weißen Steine sehen oft aus wie Köpfe. Also tötete ich ihn. Und als ich ihn getötet hatte, brachten sie mich weg, und ich war wieder klein. Sie töteten mich, und die Qual hatte ein Ende.»

Ein Zulu kann solch einen Traum nicht einfach ignorieren, denn er ist eine Botschaft von seinen heiligen Vorfahren und offenbart ihm sein *isipiwo*, sein Schicksal. Simon drückte es so aus: «Der Traum war wie eine Stimme der Götter, ein Bote, den ich nicht abweisen durfte.» Wie Moses im Alten Testament zitterte er bei dem Gedanken an den Auftrag der Götter und wollte sich ihrem schrecklichen Befehl entziehen. Er konvertierte zum Christentum und betete zu dem neuen Gott, daß der ihn vor dem offenbarten Schicksal bewahren möge, aber der Gott der Weißen erhörte ihn nicht. Viele Jahre vergingen, aber der Traum blieb in seinem Herzen lebendig.

Im Jahr 1983 wurde Simon von der Gefängnisleitung davon unterrichtet, daß er bedingt entlassen werden sollte. Simon bat daraufhin um ein Gespräch mit dem weißen Direktor von Barberton. Er konnte einem Weißen nicht gut erklären, was wirklich in seinem Kopf vorging, also bat er statt dessen, aus Südafrika abgeschoben zu werden. Als ihm diese Bitte nicht erfüllt wurde, bat er den Major, ihm in den Goldminen von Johannesburg Arbeit zu besorgen. Dort wollte er in einem für Schwarze reservierten Lager leben und jeden Kontakt mit Weißen meiden. Er war sogar bereit, im Gefängnis zu bleiben, wenn das die einzige Alternative dazu war, nach Hause geschickt zu werden. Der weiße Mann lachte ihn nur aus. «Hau bloß ab von hier», sagte er. «Du bist ja verrückt.»

Im Juli 1983 erhielt Simon Mpungose fünfzehn Rand, einen schlechtsitzenden Anzug und einen Pappkoffer mit zwei Hemden und zwei Unterhosen. Anschließend brachten ihn die Aufseher zum Bahnhof und setzten ihn in den Zug nach Empangeni.

In Simons Erinnerung war Empangeni ein kleines Landstädtchen, das wie im Malaria-Fieber vor sich hin dämmerte und in dem man die Telefone noch mit der Handkurbel bediente. Der Mhlatuze River floß an dem Städtchen vorbei und mündete fünfundzwanzig Kilometer weiter in die Richard's Bay, in Simons Jugend ein Sumpf, in dem es von Krokodilen wimmelte. Sechzehn Jahre später waren die Krokodile immer noch da, doch jetzt färbte sich das Wasser, in dem sie lauerten, abends orangerot im Widerschein der Abgasfakkeln. Der Staat hatte die Gegend um Empangeni und Richard's Bay zum Industriestandort erklärt. Man hatte die Bucht in einen riesigen, mit Beton eingefaßten Hafen verwandelt. Aus dem sumpfigen Gelände war ein Eisenbahnterminal entstanden. Von hier wurde die Kohle zu den Lagerhäusern an den Kais transportiert, dann auf japanische Frachter verladen und ans andere Ende der Welt verschifft. Gewaltige Fabriken waren aus dem Sumpfland gewachsen. Dort, wo früher nichts gewesen war, lag jetzt eine weiße Stadt namens Richard's Bay, und aus Empangeni war eine Kleinstadt mit leuchtenden Neonreklamen und städtischen Lastern geworden. Wenn es dunkel wurde, zogen sich die Zulu-Mädchen hochhackige Schuhe an, schminkten sich und suchten die Straßen nach weißen

Freiern ab. Simon erkannte den Ort kaum wieder. Alles war anders, fremd. «Ich kam mir so naiv vor wie ein Baby», sagte er.

Endlich frei, wanderte er in die Berge, zu dem Ort, in dem er geboren war. Nichts war davon übrig, außer einem Haufen Trümmer und Grabsteine. Seine ganze Familie sei tot gewesen, sagte Simon. Er ging zurück zum Township Ngwelezane, wo die Menschen außer Mitleid wenig für ihn übrig hatten. Simon war allein auf der Welt. Er hatte fast kein Geld mehr, nichts zu essen und keine Bleibe. Er besaß nicht einmal einen Paß, also hatte er laut Gesetz nicht das Recht, in Ngwelezane zu arbeiten; er durfte sich nicht einmal dort aufhalten.

Für schwarze Südafrikaner war der Paßzwang die größte Schikane des verhaßten Überwachungssystems. Ein Schwarzer mußte seinen Paß immer bei sich tragen und ihn auf Verlangen vorzeigen. Wenn Name und Unterschrift des weißen Arbeitgebers nicht eingetragen waren, durfte der Schwarze sich nicht im weißen Südafrika aufhalten. Die Schwarzen haßten den Paß und den Zustand der Leibeigenschaft, den er symbolisierte.

Außerdem war es schwer, überhaupt an einen Paß zu kommen. Man mußte dazu entnervende bürokratische Prozeduren über sich ergehen lassen, und die Verwaltungsbeamten waren arrogant und wenig kooperativ. Man mußte den ganzen Tag in sengender Hitze vor dem Büro der Bantu-Verwaltung ausharren und warten, bis man an die Reihe kam. Als Simon schließlich den Schalter erreichte, sagte der Beamte: «Wo ist dein Paßfoto? Du brauchst ein Foto.» Doch ein Foto kostete drei Rand, und Simon hatte nicht einmal halb soviel Geld in der Tasche. Also erbettelte er sich den Rest, ließ sich fotografieren und reihte sich wieder in die endlose Schlange ein.

Diesmal wollte der Mann hinter dem Schalter die Unterschrift von Simons Stammeshäuptling sehen, die es ihm gestattete, seinen Heimatbezirk zu verlassen. Simons Häuptling hatte drei Krale, drei weit auseinanderliegende Wohnsitze draußen im Reservat. Es hätte Tage gedauert, sie alle aufzusuchen. Deshalb bat Simon um eine Ausnahmeregelung, und der Beamte stellte ihm widerwillig ein «Duplikat» aus, einen provisorischen Paß, der drei Monate gültig war.

Mit dem Paß in der Hand zog er durch die Straßen, bis er einen Job als Arbeiter auf einer Baustelle im weißen Empangeni bekam. Die Arbeit war sehr hart, und der Lohn war zu niedrig, um davon leben zu können. «Ja, ich wollte Geld haben», sagte Simon später. «Nein, nicht reich sein. Ich wollte nur genug zum Leben haben, wie andere Leute auch.» Viele schwarze Arbeiter dachten so, aber nur wenige besaßen die Kühnheit, sich deswegen zu beklagen. «Ich sagte dem weißen Mann, wie hoch meine Fahrtkosten waren und wieviel mich das Essen kostete. Es war einfach zu wenig zum Leben. Als ich dem weißen Mann das erklärte, merkte ich, wie sich sein Gesicht veränderte. Er sagte mir auf afrikaans, daß ihm nicht gefiel, was ich zu ihm gesagt hatte. Sein Gesicht sagte mir dasselbe.» Der Weiße schnappte sich Simons schwer erkämpften Paß und riß ihn vor dessen Augen in Stücke. «Jetzt versuche mal, Arbeit zu finden», sagte er barsch.

«Ich sah ihn an», erinnerte sich Simon, «und ich dachte, gut, der weiße Mann hat keine Ahnung. Er weiß nicht, was in meinem Kopf vorgeht. Er glaubt nicht, daß auch schwarze Verstand im Kopf haben und denken können.» Simon Mpungose konnte denken. Er dachte nach und beschloß, zur Polizei zu gehen. Schließlich war es eine strafbare Handlung, einen Paß zu zerreißen. Diese Lektion hatten viele schwarze Südafrikaner auf schlimme Weise gelernt: Sie waren eingesperrt worden, weil sie das verhaßte Dokument aus Protest verbrannt hatten. Als Simon jedoch seine Geschichte auf dem Polizeirevier erzählte, zuckten die diensthabenden Beamten nur die Achseln. Simon ging nach Empangeni, um die Angelegenheit der weißen Stadtverwaltung vorzutragen. Die weiße Stadtverwaltung verwies ihn an die Bantu-Verwaltung. Die Bantu-Verwaltung verwies ihn an die Polizei, und die Polizei lachte ihn nur aus.

Damit stand Simon wieder ganz am Anfang. Er war damals vierunddreißig und hatte nichts – keinen Paß, keine Arbeit und kein Geld in der Tasche. Er konnte den Gedanken nicht ertragen, wieder vor der Paßstelle Schlange zu stehen und anschließend durch die Straßen zu laufen und einen Job zu suchen, den er doch nicht bekam. «Es gab viele Leute, die Arbeit suchten», sagte er. «Ich lachte über mich selbst. Ich hatte versucht, ein ordentliches Leben zu führen und ein guter Bürger zu sein, aber ich mußte feststellen, daß ich ein Ausgestoßener war.» Er dachte ernsthaft über seine Situation nach und kam zu dem Schluß, daß er genug hatte. «Es hatte keinen Zweck, davonzulaufen», erklärte er seinem Richter. «Ich sah keine andere Möglichkeit, als den Schwalben zu folgen und in den Bergen zu verschwinden.»

«Den Schwalben folgen» ist eine Redensart der Zulu und bedeutet sterben, aber was wissen weiße Richter und Anwälte von solchen Dingen? Sie wären nur durcheinandergekommen. Deshalb erklärte der Dolmetscher, Simon habe beschlossen, «ein neues Leben zu beginnen», und ließ es dabei bewenden.

In seiner nächsten Aussage bediente sich Simon einer noch dunkleren, bäuerlichen Metapher der Zulu – der Metapher von der Akkerfurche, in der das Wasser des Lebens fließt. Simon sagte, er habe sich bemüht, eine Furche zu ziehen, damit das Wasser hineinströmen und ihn mitreißen konnte. Aber auch davon wußten die Weißen nichts, und noch weniger wußten sie von den verwirrenden Anspielungen auf Schicksal und Verhängnis, die darauf folgten. Die Worte des Gefangenen überforderten den Dolmetscher. Er bemühte sich redlich, aber alles, was dabei herauskam, war das Bild eines Mannes, der «eine tiefe Furche oder einen Graben» zieht. Für weiße Ohren klang es so, als habe Simon das alte Sprichwort von dem, der sich sein eigenes Grab schaufelt, falsch zitiert.

Während Simon der Übersetzung zuhörte, ging eine Veränderung mit ihm vor. Sein Lächeln verschwand. Er wandte das Gesicht vom Gericht ab, setzte sich auf den Rand des Zeugenstands und ließ den Kopf auf die Knie sinken. Ein tiefer Seufzer ging durch seinen Körper. Und dann fing er plötzlich an zu brüllen und zu heulen wie ein Mensch, der unerträgliche Schmerzen hat. Es waren qualvolle Schreie, die Schreie eines Stiers mit einem Schwert im Herzen, eines Tieres mit dem Fuß in der Falle. Der Richter erblaßte, im Saal wurde es still, und der Lärm draußen verstummte. Alle, die das Schreien hörten, waren erschüttert, denn es kam von einem Schwarzen, der durch die Apartheid unerträgliches Leid erfahren hatte. Schließlich verebbte der Schrei, und der Richter sagte: «Bitte, stehen Sie auf. Bitte, stehen Sie auf.»

Der Dolmetscher reichte Simon ein Papiertaschentuch, und dieser trocknete sich die Augen. Der Richter fragte, ob er eine kurze

Unterbrechung wünsche, um sich wieder zu beruhigen, doch Simon riß sich zusammen, holte tief Luft und fuhr mit seiner Rede fort. In den folgenden Minuten hielt er ein so bewegendes und beeindrukkendes Plädoyer gegen das weiße Südafrika, wie man es noch nicht gehört hatte.

«Ich weiß», sagte Simon, «daß ein Weißer auf dieser Erde, egal ob er ein Christ ist oder nicht, immer nur um ein langes und glückliches Leben bittet. Ein Weißer betet nicht zu Gott, er möge uns, unabhängig von der Hautfarbe, ein friedliches und harmonisches Leben schenken. Die Weißen reden immer vom Frieden, aber in Wirklichkeit praktizieren sie ihn nicht.

Früher hatte ich Angst vor den Weißen, Mylord. Ich habe sie auch geachtet und gemocht, Mylord. In meinem ganzen früheren Leben habe ich nie gegen einen anderen Menschen Gewalt angewendet. Wenn ich einem Weißen, einem Mischling oder einem Schwarzen begegnet bin, habe ich nie die Hand gegen ihn erhoben. Ich bin nur in Häuser eingebrochen und habe gestohlen, das war alles. Ich habe nie Gewalt angewendet. Aber als ich soweit war, daß ich den weißen Mann nicht mehr mochte, kam ich zu dem Schluß, daß ich Blut vergießen mußte – das Blut der Weißen. Im letzten August fing es an. Ich überfiel die Weißen nachts im Schlaf in ihren Häusern. Das war hier in der Stadt.

Ich dachte über noch etwas nach. Ich dachte an die Kinder und was ich mit ihnen machen sollte, wenn sie zufällig sahen, was mit ihren Eltern geschah, und wenn sie anfingen zu schreien. Mylord, ich möchte hier vor Gericht erklären, daß ich ein Christ bin. Ich gehöre dem Christentum an. Wenn ich das sagen darf, Mylord: Jedesmal, bevor ich jemanden überfiel, kniete ich nieder und betete. Ich beschloß, den Kindern nichts zu tun. Egal, was sie taten. Ich durfte ihnen nichts tun, denn die Kinder wissen nicht, was auf dieser Welt passiert. Den Kindern wird nichts geschehen.

Mylord, ich will keine Einzelheiten schildern. Das Gericht weiß, was geschah. Alles steht in den Unterlagen, die bei dieser Verhandlung vorgelegt wurden. Mylord, ich möchte ganz offen gestehen, daß mir all das, was ich getan habe, nicht leid tut. Mein Herz ist frei, und ich fühle mich erleichtert.

Den Weißen gefällt es, Schwarze auf viele Arten zu töten. Wenn der oder die Weiße dann vor Gericht steht, werden Sie feststellen, daß er oder sie einen Anwalt mit seiner oder ihrer Verteidigung beauftragt hat, um sein oder ihr Leben zu retten. Ich finde das nicht gut. Wenn jemand einen anderen getötet hat, muß er sich stellen und vor Gericht erklären: ‹Seht her, ich habe es getan, und deshalb muß ich mit dem Tode bestraft werden.› Ich sage das hier nicht, Mylord, um mich zu verteidigen oder irgendwelche Entschuldigungen dafür zu finden, warum ich es getan habe. Ich möchte nicht mehr leben, weil ich es getan habe.

Ich habe die Gründe genannt, weshalb ich so gehandelt habe. Ich habe es getan, weil ich miterlebt habe, was mit meinen schwarzen Brüdern und mir geschah und was uns die Weißen alles angetan haben. Es gibt keine Gerechtigkeit auf Erden. Man muß dieser Tatsache ins Auge sehen – ich habe in meinem Leben erfahren, daß es auf dieser Welt keine Gerechtigkeit gibt. So muß ich sterben, damit das, was ich 1972 geträumt habe, in Erfüllung geht.

Das ist alles, was ich sagen möchte.»

Simons Worte machten mich tief betroffen, trotz allem, was ich von ihm wußte. Simon war ein Mörder, und doch entfaltete sich seine Geschichte, wie ein Freund von mir es ausdrückte, wie die Geschichte eines Heiligen und war mit ihren biblischen Parallelen zutiefst beunruhigend. Ein Traum stellt Simon vor eine Aufgabe, aber er will sich nicht in das Unvermeidliche fügen. Er versucht immer wieder, seinem Schicksal auszuweichen. «Dann ging er noch ein paar Schritte weiter, warf sich nieder, das Gesicht zur Erde, und betete: ‹Mein Vater, wenn es möglich ist, laß diesen Leidenskelch an mir vorübergehen.›»

Aber Simon war ein Schwarzer im von Weißen regierten Südafrika, und sein Leben nahm unerbittlich seinen Lauf. Das Schicksal stellte ihm einen weißen Mann in den Weg, der seinen Paß in Stücke riß. «Auf dieser Welt», sagte Simon, «verwandeln sich manchmal die kleinen Dinge in etwas Großes.» Die Tat des weißen Mannes, dieser gewöhnliche Akt weißer Grausamkeit und Verachtung, löste tatsächlich etwas Großes aus. Vier Weiße starben unter Simons Hammer, drei andere wurden schwer verletzt, und Simon selbst wurde ins Zentralgefängnis im fernen Pretoria gebracht, wo er eine

Zelle im Todestrakt bekam und wo ihm ein Schreiber zur Verfügung gestellt wurde, um seine letzten Briefe niederzuschreiben. Und dann war es soweit. Die Gesänge seiner verurteilten Mitbrüder begleiteten ihn durch die Nacht, und als die Sonne aufging, wurde er zum Galgen geführt und gehängt.

Es war der 20. November 1985. Simons Tod war nur einer unter vielen. Die Apartheid forderte zu dieser Zeit viele weitere Opfer, Simons Tod wurde deshalb nur mit ein paar Zeilen im Innenteil der Zeitungen erwähnt. Für mich ist Simons Schicksal noch immer ein bemerkenswertes Gleichnis vom Leben in einem Land, in dem Schwarze unterdrückt werden, damit sie sich nicht erheben und den Weißen die Kehle durchschneiden. Das war Dawid Malans Gesetz, und es erfüllte seine eigene, schreckliche Prophezeiung: Wenn du einen Schwarzen so behandelst, wird er tatsächlich aufstehen und dir einen Hammer ins Hirn treiben. Das war Simons Botschaft. Ich hörte in seinen letzten Worten weder Haß noch Verzweiflung, nur Klarheit. Eine Klarheit, die er darbot, wie jemand ein Geschenk darbietet – das Geschenk des Verstehens, dachte ich, und eine Warnung. So ein Geschenk wird einem selten angeboten, und deshalb fuhr ich ein paar Monate nach Simons Hinrichtung nach Empangeni, um es anzunehmen.

Das erste, was ich sah, als ich in die Stadt kam, war eine gewaltige schwarze Faust, so groß wie eine Lokomotive, die auf einer Reklametafel die Preisbarriere zerschmetterte. Es war nur eine Reklame für eine Ladenkette, aber in dieser Zeit und an diesem Ort konnte man die Faust leicht als Symbol für den wachsenden Zorn der Schwarzen verstehen. Es war nicht schwer für mich, mir dabei Simon selbst vorzustellen. Ich sah ihn vor mir, einen Schwarzen, kaum sechs Jahre älter als ich. Sein Leben wurde von Einflüssen geprägt, die ich kannte und verstand: von D. F. Malans Apartheid, von Verwoerds Bantu-Erziehungspolitik und von Vorsters barbarischen Gefängnissen. Ich glaubte genau zu wissen, was Simon meinte, als er von einer Welt ohne Gerechtigkeit sprach. Ich glaubte genau zu wissen, was diese Reklametafel symbolisierte. Wie sich herausstellte, glaubte ich eine Menge.

Einen Menschen, der isoliert und allein ist, kann man mit einer abgelegten, nutzlosen Karte vergleichen. Er ist ein Mensch, den die Gemeinschaft ausgestoßen hat, und früher wäre ein solcher Mensch getötet worden. Ich will es so ausdrücken, und ich meine das sehr ernst: Es gibt nichts Schlimmeres, als isoliert zu sein.
Dinizulu, Häuptling der Zulu, um 1910

Der junge Mann am Steuer war ein weißer Zulu. Er hieß Rauri Alcock. Aufgewachsen war er in einer Lehmhütte am Ufer eines Flusses im Norden von Zululand, aber das ist eine andere Geschichte. Er sprach Zulu wie ein echter Zulu, und er sollte bei dieser Expedition als Vermittler zwischen mir und dem schwarzen Würdenträger fungieren, der mit ernster Miene auf dem Rücksitz des Wagens saß. Majozi Nxongo (gesprochen Nongo) trug einen zerlumpten, khakifarbenen Overall und hatte große Löcher in den Ohrläppchen, in die bei feierlichen Anlässen leuchtend bunte Scheiben gesteckt wurden. In den weißen Städten, wo Nxongo die meiste Zeit seines Lebens gearbeitet hatte, war er der *boy* irgendeines weißen Mannes gewesen. In seiner eigenen Welt jedoch hatte er großes Ansehen und großen Einfluß. Er war der oberste *induna* – oder Premierminister, wenn man so will – des Stammes der Thembu, der zum Volk der Zulu gehörte, und er war ein Hüter und Deuter der *mthetwa*, der Gesetze der Zulu.

Ich hatte Nxongo um Hilfe gebeten, weil ich bei meinen Nachforschungen über Simon auf eine Mauer des Schweigens gestoßen war. Es war mir nicht gelungen, jenen rücksichtslosen Afrikaaner ausfindig zu machen, der angeblich Simons Paß zerrissen hatte. Doch das war noch das geringste Problem meiner journalistischen Recherchen. Ich hatte nicht einmal Simon selbst finden können. Die Geschichte vom Mann mit dem Hammer hatte sich als eine Art Märchen erwiesen. Sie enthielt eine Menge Halbwahrheiten und mindestens eine glatte Lüge: Simon war kein Waisenkind. Er hatte eine Familie. Als er im Juli 1983 aus dem Gefängnis entlassen wurde, lebte sein Vater in Ngwelezane, wo er sich von einem Zauberdoktor wegen Tuberkulose behandeln ließ. Aus unerklärlichem Grund verleugnete Simon seinen Vater, sogar von Angesicht zu Angesicht. An dem Tag, als sie sich wiedersahen, sagte Simon: «Ich kenne dich nicht, Alter. Hau ab!»

Warum? Die schwarzen Anwälte und Geschäftsleute von Empangeni bekundeten lebhaft ihre Sympathie für Simon, obwohl nur wenige ihm je begegnet waren. Diejenigen, die ihn gekannt hatten – insbesondere seine Familie –, weigerten sich, Fragen zu beantworten. Einige wollten nicht einmal mit mir sprechen. Simons Cousin Sipho Mpungose zum Beispiel sagte nur: «Simon hatte ein geheimes Problem.» Dann ließ er mich stehen. Ein Mann, der mit Simon aufgewachsen war, bestritt, etwas über die Kindheit des Hammermörders zu wissen. Als ich nachhakte, meinte er: «Unsere Blicke trafen sich nie. Er war nie wie ein normaler Mensch.» Er weigerte sich, näher darauf einzugehen.

Es war wirklich merkwürdig. Es war, als sprächen sie von einer Unperson, einem lebenden Toten, und als ich bereits aufgehört hatte, darüber nachzudenken, fiel mir ein, daß Simon manchmal in ähnlicher Weise von sich gesprochen hatte. In den Gerichtsakten, psychiatrischen Gutachten und Polizeiprotokollen hatte er sich gelegentlich als Hund bezeichnet, als Ausgestoßenen, einen Mann, der «nirgendwo hinpaßte» und «nie sein konnte wie die anderen». Einem Psychiater erzählte er, er habe in seinem ganzen Leben nur einen Freund und eine Geliebte gehabt.

Warum? Keiner wollte es mir sagen. Wochenlang streifte ich ziellos durch Empangeni und die Umgebung und füllte ein Notizbuch nach dem anderen mit rätselhaften, ausweichenden Antworten. Anscheinend war ich auch nicht imstande, die Fragen zu formulieren, die die Wahrheit über Simon hätten ans Licht bringen können. Eines Tages jedoch hatte eine Zulu-Frau Mitleid mit mir, als sie meine Ratlosigkeit bemerkte, und sie vertraute mir ein Geheimnis an. Die Frau hieß Mavis Khumalo, und sie sagte: «Simon kam verkehrt auf die Welt.» Ihre Aussage war so verwirrend, daß ich anthropologische Bücher zu Hilfe nahm, um sie zu verstehen. Vergeblich. Schließlich wandte ich mich an Nxongo in seiner Eigenschaft als Hüter eines Glaubens, den ich schon längst für überholt gehalten hatte. «Irgend etwas verbirgt sich hinter dieser Geschichte», sagte er und erklärte sich bereit, mit mir in die Berge zu gehen und die Fragen zu stellen, die jenseits meines Horizonts lagen.

Jetzt kutschierten wir also in einem geliehenen Mercedes durch die saftgrünen Zuckerrohrfelder. Acht Kilometer außerhalb von Empangeni verließen wir die Teerstraße und fuhren zum Zulu-Reservat. Wir kamen an einem Denkmal für den großen, 1828 von seinem Halbbruder Dingaan ermordeten König Shaka und an einer alten lutherischen Mission vorbei. Ein paar Kilometer weiter hielten wir neben einem weißen Stein. Es war die Bushaltestelle Nr. 4, und sie lag in der Nähe von Simon Mpungoses Geburtsort.

So weit das Auge reichte, wellten sich grüne Hügel. Auf jeder Kuppe befand sich ein Kral, ein Runddorf aus Lehmhütten, und durch die Täler zwischen den Hügeln flossen gurgelnde Bäche. Es war kein Mensch zu sehen außer einem alten Mann, der allein auf einer Anhöhe über uns saß und Vieh hütete. Nxongo winkte ihm zu, und der Alte kam zu uns heruntergestolpert. Er trug eine zerschlissene Tweedjacke und einen Homburg mit einer flotten Feder. Er humpelte an einem Stock über die Straße und steckte den Kopf durch das Wagenfenster. Sein zahnloser Kiefer klapperte, und seine schwarzen Augen huschten neugierig hin und her.

«Wir suchen den Kral von Simon Mpungose», sagte Nxongo. Kaum war Simons Name gefallen, da begann der alte Mann vor Empörung zu kreischen und zu schreien. *«Mtagaat!»* rief er. «Hexer! Der Junge war ein Hexer! Er hat die weißen Männer getötet, die meine Götter sind! Ich bekomme eine Rente, und er tötet die Menschen, die mir meine Rente geben!» Der Alte fuchtelte mit seinem Stock in der Luft und hüpfte auf der Straße herum, gleichzeitig fluchend und lachend.

«Dann hast du Simon also gekannt», bemerkte Nxongo trocken.

«Ich heiße selbst Mpungose», sagte der Alte. «Ich bin der Cousin seines Vaters.»

Als Nxongo ihn jedoch bat, uns von Simon zu erzählen, begann er leise vor sich hin zu murmeln. Sein Gesicht verfinsterte sich, und er starrte in die Ferne. «Ich weiß nichts», sagte er. «Nein, ich kann darüber nichts sagen. Ich bin nicht das Oberhaupt der Familie. Wenn ihr etwas darüber wissen wollt, müßt ihr meinen älteren Bruder fragen.»

Es war kaum zu glauben, daß ein so alter Mann noch einen älteren Bruder hatte. «Wo ist dein Bruder?» fragte Nxongo.

«Dort», sagte der alte Mann und wies uns die Richtung.

Einige hundert Meter weiter entdeckten wir einen Mann, der am Straßenrand im hohen Gras auf dem Rücken lag. Ich bat Rauri, ihn mit dem Auto zu holen, aber der alte Mann wollte nicht im Auto fahren. Also mußten wir warten, während er auf wackligen Beinen zu uns kam. Als er schließlich keuchend bei uns anlangte, fragte Nxongo ihn, warum er vor Autos Angst habe. «Zu meiner Zeit gab es noch keine Autos», antwortete er. Er und Nxongo begannen mit dem komplizierten Begrüßungsritual, das das ländliche Zulu-Zeremoniell vorschreibt. Zu welchem Stamm gehörst du? Woher kommst du? Hat es dort geregnet? Ich lag auf dem Rücken im Gras und hörte zu. Ich konnte den Blick nicht von den nackten Füßen des alten Manns lassen. Sohlen und Fersen waren voller Schwielen. Die Füße erinnerten an verwittertes Gestein oder an die Hufe eines wilden Tieres.

Mittlerweile hatten wir Zuschauer angelockt. Auf den ersten Blick hatte die Gegend verlassen gewirkt, doch nun wuchsen auf einmal Menschen wie Pilze aus dem Boden und kamen aus allen Richtungen auf uns zu. Die ungewohnte Anwesenheit von Weißen zog sie an. Die älteren Männer setzten sich neben Nxongo, die jüngeren bildeten hinter uns eine Reihe. Die Frauen kamen nur so nahe heran, daß sie gerade noch mithören konnten, was gesprochen wurde; ansonsten schwiegen sie respektvoll. Ich rauchte noch zwei Zigaretten, bis Nxongo den Zeitpunkt für gekommen hielt, unser eigentliches Anliegen zur Sprache zu bringen. «Wir sind hier», sagte er schließlich, «um die ganze Geschichte von Simon Mpungose zu hören.»

Die Augen des älteren Bruders funkelten böse. «Von solchen Leuten sprechen wir nicht», sagte er barsch. «Sie sind der Abschaum der Familie Mpungose.» In Zulu gebrauchte er das Wort *nyala*, das soviel bedeutet wie «Ekel», «Schmutz», «Schande». Die Zuhörer schwiegen und warteten, wie Nxongo auf diese Abfuhr reagieren würde. Nxongo aber war ein Staatsmann. «Wir kennen das Geheimnis bereits», sagte er. «Wir sind nur gekommen, um herauszufinden, ob es auch wahr ist.» Der Alte fragte, woher wir es wußten. Es habe in den Gerichtsakten gestanden, sagte ich – eine weiße Lüge gewissermaßen, die den Alten aber immerhin von dem Stigma befreite, ein *impimpi* zu sein, einer, der Weißen Geheimnisse verrät.

«Ja», sagte er mit finsterem Gesicht, «was ihr gehört habt, stimmt. Es ist schrecklich. Ich werde antworten, aber ihr dürft nur fragen, was unbedingt notwendig ist.»

Zuerst hörten wir die Geschichte also aus dem Mund des alten Mannes, und dann hörten wir sie immer wieder in jenen Hügeln. Es war immer dieselbe Geschichte, auf die gleiche Art erzählt, von Anfang an, so wie alle Geschichten erzählt werden müssen. Alles begann «in den Jahren des Großen Krieges» – des Krieges von 1914 bis 1918 – im Kral von Bhaleni, einem Zulu vornehmer Abstammung. Genaugenommen war sein Name Bhaleni ka Gawozi ka Silwane, denn er war der Sohn des großen Kriegers und Häuptlings Gawozi und der Enkel Silwanes, einer legendären Gestalt in der Geschichte der Zulu. Silwane war einer der ersten Stammeshäuptlinge, die sich mit dem großen König Shaka verbündeten, als dieser Anfang des 19. Jahrhunderts die versprengten Zulu-Stämme zu einem mächtigen Volk vereinigte. Mit Silwane an seiner Seite führte Shaka einen Blitzkrieg gegen seine Nachbarn, verwüstete den halben Kontinent und verbreitete so großen Schrecken, daß manche Flüchtlinge vor seinem Zorn fast bis zum Äquator flohen. In Zululand spricht man noch heute mit Ehrfurcht von Shaka und Silwane.

Bhaleni Mpungoses Kral stand auf einem Hügel in der Nähe der Bushaltestelle Nr. 4. Bhaleni war schon sehr alt, als die Geschichte begann, und konnte sich nicht mehr bewegen. Morgens zogen ihn seine Frauen auf einer Ochsenhaut in die Sonne hinaus, und abends zogen sie ihn wieder in die Hütte zurück. Er hatte viele Frauen, eine Menge Vieh und unendlich viele Kinder. Die genaue Zahl ist nicht bekannt, man weiß nur, daß Bhalenis Lieblingstochter Musa hieß. Sie war zu Beginn der Geschichte ungefähr sechzehn und sehr schön.

Als Musa geboren wurde, war Bhaleni schon hochbetagt. Er

konnte sich noch an König Dingaan erinnern, der von 1828 bis 1840 geherrscht hatte. In jungen Jahren war Bhaleni ein gefürchteter Krieger gewesen. Er hatte 1879 bei Isandlwana gekämpft. Die blutige Schlacht wurde ein Jahrhundert später in dem Film *Letzte Offensive* rekonstruiert. Die Zulu töteten bei Isandlwana 858 britische Soldaten. Es war die schlimmste Niederlage, die mit Gewehren bewaffneten Weißen jemals von «Wilden» beigebracht wurde, aber auch die letzte Großtat der Zulu mit Speeren: Da sie keine Gewehre hatten, waren sie dem Untergang geweiht. Am Ende überquerten die Rotröcke den Tugela River, und das mächtige Volk der Zulu wurde vernichtend geschlagen.

Sein Stamm war zerbrochen, aber Bhaleni fand sich nicht mit der Niederlage ab. Er weigerte sich, die Sprache des weißen Mannes zu lernen oder die Kleidung der Sieger zu tragen. Bis zum Schluß – und er starb lange, nachdem der Ruhm der Zulu verblaßt war – trug Bhaleni den *beshu*, den Rock aus Schwänzen der Zibetkatze, und er blieb ein leidenschaftlicher Traditionalist. Bei dem vergeblichen Versuch, die Ausbreitung des Christentums unter seinem Volk aufzuhalten, schreckte er nicht einmal vor Mord zurück. Thomas Khanyile, einer der ersten bekehrten Zulu des Bezirks, verschwand spurlos. Man glaubte an ein Wunder und errichtete ein Denkmal an der Stelle, von der er vermeintlich in den Himmel geholt worden war. Die Polizei betrachtete solche Wunder allerdings mit Skepsis. Ihrer Ansicht nach war Khanyile in Wirklichkeit ermordet worden, und viele Zulu dachten ebenso. Sie wußten sogar, wer es getan hatte: Bhaleni.

Zur Zeit des Großen Krieges brach das größte Unglück über Bhalenis Kral herein. Es begann damit, daß seine Lieblingstochter von *ufufunyane* heimgesucht wurde, einem Leiden, das sich nach dem Sieg der Weißen unter den Zulu ausbreitete. Von dieser Krankheit wurden nur junge Mädchen befallen. Sie verloren die Kontrolle über sich selbst und liefen Amok. Sie schrien, keuchten und redeten wirres Zeug. Weiße Wissenschaftler sagen heute, daß sie an sexueller Hysterie litten, aber die Zulu glaubten, die Mädchen seien von Dämonen besessen, von den Geistern der Weißen oder der Inder, in schweren Fällen von mehreren hundert Geistern gleichzeitig. In diesem Zustand der Raserei wurde Musa mißbraucht, und sie wurde schwanger.

Das war ein Skandal. Bei den Zulu spielte die Moral eine große Rolle. Vorehelicher Geschlechtsverkehr war verboten. Junge Mädchen wurden regelmäßig von älteren Frauen untersucht, um sicherzustellen, daß sie noch unberührt waren. Bhaleni wollte wissen, wer seine Lieblingstochter geschändet hatte, aber Musa weigerte sich, den Namen des Schuldigen zu nennen. Zu gegebener Zeit gebar sie einen Sohn. Als das Kind entwöhnt war, wurde sie erneut schwanger, doch sie weigerte sich erneut, den Namen des Vaters preiszugeben. Diesmal aber setzten ihr die älteren Frauen hart zu. «Woher hast du deinen dicken Bauch?» schrien sie. «Woher?»

Musa ließ den Kopf hängen. Dann zeigte sie auf ihren «Bruder» Sonamuzi und sagte: «Er war es. Er ist der Vater meines Sohnes und des Kindes, das ich im Bauch trage.»

Über Sonamuzi gibt es nur wenig zu berichten. Ich weiß nicht einmal, wie er richtig hieß, denn er wurde unter einem anderen Namen geboren, über den nicht mehr gesprochen wird. Alles, was ich über ihn hörte, war, daß er schwarz gewesen sei und «niedriger als ein Hund», weil sich nur Hunde und andere Tiere mit ihren Müttern und Schwestern paaren. In Wirklichkeit war Musa gar nicht Sonamuzis Schwester. Die beiden nannten einander Bruder und Schwester, wie es Brauch war, aber eigentlich waren sie Cousin und Cousine. Für die Zulu ist dieser Unterschied belanglos. Inzest ist nicht nur wegen der Gefahr von Mißbildungen bei Kindern verboten, sondern auch, weil er die Vorfahren beleidigt.

Die Ahnen, *amaDlozi* in der Zulu-Sprache, stehen bei den Lebenden in hohem Ansehen. Fast alle Zulu beten zu ihren Vorfahren, auch heute noch. Für einen Zulu, der zum Chistentum konvertiert ist, ist der tote Vater der Vermittler zwischen ihm und Christus. Man betet zu ihm, als wäre er ein Heiliger oder ein Engel. Heidnische Zulu verehren die Vorfahren in der althergebrachten Weise. Auf die eine oder andere Art sind die Vorfahren immer präsent. Sie sind Wesen, die mit den Lebenden im selben Haus wohnen und ständig über sie wachen – sie helfen, erteilen Ratschläge und bestrafen. Manche Anthropologen nennen sie Schatten statt Götter; jeder Mensch wirft einen Schatten, der sich an seine Fersen heftet und ihm überallhin folgt. So nah, so allgegenwärtig sind die Ahnen der Zulu.

Die Schatten verlangen Gehorsam gegenüber den Traditionen und Stammesgesetzen. Eines dieser Gesetze besagt, daß man innerhalb des eigenen Clans nicht heiraten darf, auch wenn dieser Clan Zehntausende von Angehörigen hat. Man darf keine Frau heiraten, die mit dem Vater oder der Mutter blutsverwandt ist. Man darf kein Mitglied einer Familie heiraten, die in die eigene Familie eingeheiratet hat, und natürlich darf man nicht innerhalb der eigenen Familie heiraten. Für einen Zulu-Mann sind die Schwester und die Cousine ersten Grades mit dem strengsten Tabu belegt. Der Gedanke an eine sexuelle Beziehung zwischen einem Mann und einer Frau, die in solchen verwandtschaftlichen Verhältnissen zueinander stehen, ruft bei einem Zulu Entsetzen hervor, weil es dadurch in der Welt der Geister zu Aufruhr kommt.

Im Moment der Vereinigung von Mann und Frau strömen die Schatten zusammen in Erwartung einer neuen Geburt. Sie kommen, um ehrenwerte Schatten eines anderen Clans zu treffen und sich gegenseitig ihren Respekt zu bekunden. Gelangt der Samen jedoch in einen verbotenen Schoß, sehen die Schatten sich ihrer eigenen Sippe gegenüber, den Geistern ihrer eigenen Brüder, Väter und Großväter. Das darf nicht sein. Eine solche Begegnung treibt die Schatten zur Raserei; sie ringen miteinander, und ihr schrecklicher Zorn wendet sich auch gegen ihre lebenden Nachkommen, gegen diejenigen, die sie dieser entsetzlichen Demütigung ausgesetzt haben. Dabei besteht kaum Hoffnung auf Vergebung. Es heißt, die Schatten verfolgen die Schuldigen, bis sie mitsamt ihrer ganzen Blutsverwandtschaft ausgelöscht sind oder bis die Welt untergeht. «Diese Sünde», erklärte Nxongo, «ist die schlimmste aller Sünden. Man kann nicht sein eigenes Blut verleugnen. Man kann nicht einfach seinen Schatten ablegen. Auch wer sich vor den Schatten verstecken will, wird von ihnen vernichtet. Wenn in einer Familie diese Sünde begangen wurde, kann man nichts mehr tun. Es ist besser zu sterben.»

Zehn oder zwanzig Jahre zuvor wären Musa, Sonamuzi und das gemeinsame Kind auf der Stelle hingerichtet worden, um die Schatten zu besänftigen. Aber inzwischen wurde Zululand von Weißen regiert, und sie würden nicht verstehen, warum diese Art der Bestrafung notwendig war. Sie würden die Mörder einsperren und aufhängen. Bhaleni, so heißt es, war bereit zu sterben, um seine

Sippe von dieser Schande zu befreien. Aber er war zu alt, um aufzustehen, geschweige denn jemanden zu töten.

Freilich mußte irgend etwas geschehen. «Man konnte diese Sache nicht einfach auf sich beruhen lassen», sagte man mir. Der Fall wurde dem Häuptling vorgetragen und im Stammesrat erörtert. In der Zwischenzeit waren Bhaleni und sein gesamter Haushalt völlig isoliert. «Wir durften nichts essen, was im Kral von Bhaleni zubereitet worden war, wir durften uns dem Kral nicht einmal nähern. Es war, als sei dieser Kral eine Höhle mit wilden Tieren.» Das Verfahren zog sich monatelang hin, aber Häuptling Mbango und die Stammesältesten kamen zu keiner Einigung. Es gab keinen Präzedenzfall. Früher war es nie soweit gekommen, weil die Schuldigen einfach vom Angesicht der Erde getilgt worden wären. Schließlich erklärte der Häuptling, die Bestrafung des Verbrechens liege weder in seiner noch in irgendeines anderen Macht, da jetzt die Weißen das Sagen hätten. Er wusch seine Hände in Unschuld und überließ Bhaleni die endgültige Entscheidung.

Bhaleni rief den Vater des Kindes zu sich und gab ihm den neuen Namen Sonamuzi, das bedeutet «Sünde der Familie». Anschließend benannte Bhaleni auch seinen kleinen Enkel um, dessen weitere Existenz für die Schatten eine furchtbare Beleidigung darstellte. Fortan, entschied er, solle das Kind Mkhonyoza heißen, was soviel bedeutet wie «ringen» oder «mit aller Kraft drücken». Angeblich sollte der Namen alle, die dem Jungen begegneten, daran erinnern, daß er eigentlich bei der Geburt hätte erdrosselt werden sollen.

Dann verbannte Bhaleni alle drei für immer aus seinem Kral. Niedergeschlagen machte sich Sonamuzi mit seiner schwangeren Schwester und seinem ausgestoßenen Sohn auf den Weg ins Fegefeuer.

Nach ihrer Vertreibung wanderten Sonamuzi und Musa heimatlos und überall unerwünscht durch die Berge von Zululand. Sie sollen kurze Zeit in der Hauptstadt Mlhabatini gelebt haben, doch ihr Geheimnis wurde entdeckt, und sie wurden fortgejagt. Verschiedenen Berichten zufolge erging es ihnen genauso in Nkandla, Mtunzini und Umfolozi. Musa gebar einen zweiten Sohn, den sie Amon nannten, und noch einen dritten, der den Namen Jonas bekam. Sie und Sonamuzi wurden Christen und nahmen christliche Namen an. Vielleicht hofften sie, der Gott des weißen Mannes sei mächtig genug, um sie vor den Schatten zu beschützen. Das mochte wohl so sein, doch konnte sie der Gott der Christen nicht vor den lebenden Zulu schützen. Noch immer waren sie nirgends willkommen. «Bis zum Tag seines Todes hat Sonamuzi kein Haus gebaut», sagte man mir. «Bis zu seinem Tod wanderte er ziellos umher.»

In der Zwischenzeit hatte das Wissen um die Sünde seiner Tochter und den furchtbaren Zorn, den dieser Frevel in der Welt der Geister verursachte, Bhaleni zum Wahnsinn getrieben. Er muß verrückt gewesen sein, hieß es, sonst hätte er nie getan, was er tat. In seinem Schmerz redete sich Bhaleni ein, seine geliebte Musa sei rechtmäßig verheiratet. Nach dem Gesetz der Zulu bekommt der Vater der Braut vom Vater des Bräutigams Vieh als Brautpreis. Bhaleni rief also seinen eigenen Bruder, den Vater Sonamuzis, zu sich und verlangte von ihm sechzehn Rinder für Musas Hand. In den Augen der Zulu war dies nicht nur ungerechtfertigt, es war verrückt. Ein Mann konnte nicht die Tochter seines Bruders als Braut für seinen Sohn kaufen. Das verstieß gegen jedes Gesetz, gegen alle religiösen Grundsätze der Zulu. Es war eine weitere schreckliche Beleidigung der Schatten.

Trotzdem fand der Handel statt, und Bhaleni bekam seine sechzehn Rinder. Niemand wollte die Tiere berühren, weil sie angeblich verseucht waren, deshalb aß er all das Fleisch selbst. Als Bhaleni im Sterben lag, soll er erkannt haben, daß auch er eine furchtbare Sünde begangen hatte, die sein ganzes Haus dem Untergang weihte. Auf dem Totenbett vertraute der Mann, der einst einen zum Christentum bekehrten Zulu ermordet hatte, seine Seele Jesus an in der Hoffnung, in den Himmel der Christen zu kommen statt in das Totenreich der Zulu. Angeblich hatte Bhaleni Angst, den Schatten seiner vornehmen Vorfahren zu begegnen – denen des tapferen Gawozi und des grausamen Silwane. Ein Mann, der seinem Bruder die eigene Tochter verkauft hatte, mußte im Jenseits sicher unvorstellbare Qualen erdulden.

Viele Jahre nach Bhalenis Tod kehrten Sonamuzi, Musa und ihre Söhne zu den Hügeln in der Nähe der Bushaltestelle zurück. Inzwischen waren alle Stammesältesten tot, und Sonamuzi hoffte, seine

Freveltat sei vergessen. Aber er irrte sich. «Dieser Mann war sein Leben lang ein Schandfleck», sagte man mir. «Die Leute sahen ihn an und wußten nicht, was sie tun sollten. Hätten sie die Macht und die Stärke besessen, dann hätten sie ihn einfach fortgejagt oder getötet, aber sie konnten es nicht mehr. Ein Bruder und eine Schwester, die zusammenlebten? Keiner akzeptierte das. Aber was konnten wir tun?»

Sie konnten nur auf die Rache der Schatten warten. Jeder wußte, daß die Schatten zu gegebener Zeit handeln würden. Nach der Überlieferung sollte ein Mann, der Inzest begangen hatte, bei lebendigem Leibe verfaulen. Deshalb war niemand überrascht, als bekannt wurde, daß Sonamuzi sich in einer Hütte verkrochen hatte. Sein Fleisch verfiel, und sein Atem roch nach Fäulnis. Nach einiger Zeit starb er. «Er starb fast unbemerkt. Keiner war traurig.» Es gab keine Zeremonie für den Heimgang seiner Seele, weil niemand Sonamuzis Geist irgendwo in der Nähe haben wollte. Selbst die Lutheraner, zu denen Sonamuzi sich gezählt hatte, wollten ihn nicht auf ihrem Friedhof haben, deshalb wurde er auf einem entfernten Hügel begraben. Ein paar Jahre später wurde auch Musa von den Schatten vernichtet. Sie ging hinter einem Pferd her, das plötzlich mit beiden Hufen ausschlug und sie an der Stirn traf. Sie war auf der Stelle tot.

Sonamuzi und Musa waren tot, aber ihre drei Söhne lebten weiter. Der Jüngste, Jonas, verschwand, als er alt genug war, um für sich selbst zu sorgen. Der zweite Sohn, Amon, verlor als Jugendlicher auf mysteriöse Weise seine Stimme. Das war ein sicheres Zeichen dafür, daß die Schatten ihn auslöschen wollten. Amon war angeblich mit der «Krankheit» seiner Familie behaftet und begehrte nur Frauen aus seiner Verwandtschaft. Da sie für ihn unerreichbar waren, verschmähte er jeden Kontakt zu anderen Frauen und wurde «ein Sonderling».

In den fünfziger Jahren verschwand auch Amon, und als letzter Sohn blieb noch Mkhonyoza übrig, der Junge, der hätte erdrosselt werden sollen. Da er durch seinen Namen gebrandmarkt war, wurde er überall verachtet und verspottet. Die Leute aus der Nachbarschaft nannten ihn Mpungose *impela*, «reiner» Mpungose oder Mpungose «beiderseits». Es war so schlimm für ihn, daß er sich schließlich selbst zum Narren machte, indem er sich Fremden als «der unschuldige Mpungose» vorstellte und auf seine eigenen Kosten böse Witze riß. Er war ständig betrunken, hatte keinen festen Wohnsitz und arbeitete nur, um genug Geld zu verdienen, damit er sich wieder betrinken konnte. «Der Mann war nicht ganz richtig im Kopf», erzählte man mir. «Man sah ihm sofort an, daß er kein normaler Mensch war.»

Für solch einen Mann kam eine Heirat nicht in Frage. «Wenn Zulu sich begrüßen», erklärte mir ein Zulu, «fragen sie einander: ‹Woher kommt deine Mutter? Woher stammt dein Vater? Woher stammen deine Großeltern?› Wenn man jemandem den Hof macht, muß man diese Dinge wissen. Man muß die familiären Verhältnisse kennen.» Mkhonyoza war einmal verlobt, doch seine Auserwählte erfuhr von seinen «familiären Verhältnissen» und löste die Verlobung. Ende der vierziger Jahre lernte er eine Witwe namens Colinda Ngobeshe kennen. Sie hatte einen Sohn zu ernähren und war Trinkerin, deshalb ließ sie Mkhonyoza bei sich einziehen. Im Jahr 1948 brachte sie einen Sohn zur Welt und nannte ihn Simon. Das war sein christlicher Name. Auf zulu hieß er Mnotho, «Überfluß». Man sagte mir, er habe diesen Namen bekommen, weil das Leben im ersten Jahr der Apartheid gut war. «Die Flüsse trockneten nicht aus, die Kühe gaben immer Milch, und die Süßkartoffeln wurden nie knapp.»

Simons Name bedeutete zwar «Überfluß», aber seine Eltern besaßen fast nichts. Einem meiner Informanten zufolge wuchsen Simon und sein Halbbruder Moses «wie Tiere» auf. Ihre Eltern waren meistens betrunken, und der kleine Simon wurde von anderen Kindern und sogar von Erwachsenen verspottet. «Die Leute trieben ihre Späße mit ihm. Wirklich, der Junge hat viel gelitten!»

Die Mutter starb, als Simon ungefähr zehn war, und der Junge wurde bei den Khumalos untergebracht, entfernten Verwandten der Mutter. Sein Vater besuchte ihn nur selten und steuerte nichts zu seinem Unterhalt bei. Simon war im Kral der Verwandten nicht willkommen. Die Jungen, mit denen er aufwuchs, ließen ihn nie an den Zulu-Ritualen ihrer Knabenzeit teilnehmen – er durfte nie das Vieh hüten oder mit Stöcken kämpfen. Sie nannten ihn *umqola*, eine schlimme Beleidigung, die soviel bedeutete wie «alte Frau» oder «Hexe». In den Geschichten, die ich hörte, taucht immer wieder das Bild des jungen Simon auf, der allein in einer Ecke der Hütte sitzt, nicht spricht und auch nicht angesprochen wird. Ein Angehöriger des Khumalo-Clans hatte mir erzählt, daß er mit Simon aufgewachsen sei, aber nichts über ihn wisse, weil «unsere Blicke sich nie trafen». Es war gefährlich, zuviel mit einem wie Simon zu tun zu haben, weil sein «Unglück» auch einen selbst treffen konnte.

Man erwartete, daß Simon auf die schiefe Bahn geraten würde, und so war es auch. Als er noch klein war, überraschten ihn die Nachbarn dabei, wie er aus ihren Töpfen Essen stahl. Sie schlugen ihn, aber er war unverbesserlich. Die klügsten der Jungen kamen auf die Missionsschule am Ende der Straße, aber niemand kümmerte sich darum, was Simon machte. Er war sowieso verloren. Schon in jungen Jahren fing er an, auf benachbarten weißen Farmen zu klauen. Das Familienoberhaupt des Khumalo-Clans warf ihn aus dem Haus und erklärte: «Ich will dich hier nicht mehr sehen, denn du hast einen schlechten Einfluß auf meine Kinder.»

Der Entschluß des Familienoberhaupts kam jedoch zu spät. Als Simon wegging, nahm er einen der Söhne des Patriarchen mit, Mdadune, den Simon später den einzigen Freund nannte, den er je gehabt habe. Simon und Mdadune lebten zusammen im Busch, stahlen, um am Leben zu bleiben, und kamen ständig mit dem Gesetz in Konflikt. Mdadune war ungefähr sechzehn, als er auf der Flucht vor der Polizei erschossen wurde. Die Khumalos machten Simon dafür verantwortlich. «Wir schworen, daß wir ihn töten würden, wenn er uns jemals wieder über den Weg lief, weil unser Sohn nur wegen seines schlechten Einflusses tot ist.»

Die Leute aus der Umgebung der Bushaltestelle hatten Simon seither nicht mehr gesehen, aber sie hatten seinen Werdegang verfolgt. Sie wußten, daß er im Gefängnis gesessen und dort einen Selbstmordversuch unternommen hatte. «Wenn in der Familie so etwas passiert ist», meinten sie, «ist es besser, man hängt sich auf.» Sie waren nicht überrascht, als sie hörten, daß Simon gebeten hatte, in Barberton bleiben zu dürfen. «Wenn in der Familie so etwas passiert ist», sagten sie, «bleibt man gern im Gefängnis, weil dort niemand die Vergangenheit kennt.» Sie wußten, daß Simon sich eine fiktive Vergangenheit ausgedacht hatte und seinem Vater ins Gesicht gesagt hatte, er kenne ihn nicht. Sie wußten, daß er Weiße umgebracht hatte und daß seine ersten Worte bei seiner Festnahme waren: «Ich will nur noch am Galgen sterben.» Nichts davon überraschte sie. Natürlich wollte Simon sterben. Es war die einzige Möglichkeit, den zornigen Schatten zu entkommen.

Alle Nachkommen Bhalenis wurden von den Schatten verfolgt, erfuhr ich, und ich hörte immer mehr von dem Leid, das Simons Familie seit der schrecklichen Tat widerfahren war. Einige hatten all ihr Geld verloren, andere waren verrückt geworden. Einige waren homosexuell, für die meisten Zulu ein verabscheuungswürdiger Umstand, und, noch schlimmer, einer war Hermaphrodit. «Diese Dinge hängen alle zusammen», sagte man mir, «daran gibt es keinen Zweifel. Die Schatten werden wegen dieser Sache niemals Ruhe geben.»

Die alten Männer, die auf der Anhöhe oberhalb der Bushaltestelle wohnten, wußten noch nicht, daß Simon gehängt worden war, doch sie waren froh, als sie es erfuhren. «Das wurde Zeit», meinten sie.

Alle lachten.

Was war nun die Wahrheit über Simon? Am Anfang war ich mir so sicher. Als ich die erschütternde Aussage des Hammermörders vor Gericht las, sah ich Simon plötzlich lebendig vor mir, einen Menschen aus Fleisch und Blut, Opfer und Märtyrer, im Grunde vielleicht ein guter Mensch, den die Apartheid aber zum Monster werden ließ. Und dann fuhr ich hinaus zu den Hügeln, kroch in die Hütten von Simons Familie und fand mich in einer Welt wieder, die neben der der Weißen existierte, in einem Königreich ungebrochenen Selbstverständnisses, dem die Gewehre des weißen Mannes, seine verderbliche Kultur und sein grausamer missionarischer Glaube nichts anhaben konnten. In dieser Welt gab es keinen Simon. Nur den Jungen Mnotho, der nicht wie ein Mensch sein konnte. Wer war der Mann mit dem Hammer? Ich konnte die Frage nicht beantworten.

In Johannesburg traf ich jedoch einen Weißen, der den Mann mit dem Hammer persönlich kennengelernt hatte und zu wichtigen Erkenntnissen über ihn gekommen war. Bruce Gillmer praktizierte «politische forensische Psychologie», eine politisch nach links tendierende Wissenschaft, deren Anhänger behaupten, die Apartheid habe die Psyche der Schwarzen in einem Maß verrohen lassen, daß die Apartheid selbst für jedes Verbrechen der Schwarzen mildernde Umstände schaffe. Gegen Ende des Hammermörder-Prozesses erkannte Simons Anwältin, daß sie ihren Mandanten nur vor dem Galgen bewahren konnte, wenn sie den Richter davon überzeugte, daß Simon geisteskrank war. Sie hatte Bruce Gillmer hinzugezogen, damit er ein psychologisches Gutachten erstellte.

Wie die meisten Weißen, die mit dem Hammermörder zusammentrafen, war Gillmer von der Begegnung außerordentlich beeindruckt. Simon war kein gewöhnlicher Mann. Wie ein großer Romancier besaß er die Fähigkeit, Weiße in seinen schwarzen Alptraum mit hineinzuziehen, sie in Gefängniszellen voller Blut zu führen und ihnen den geschundenen Körper eines Gefangenen vor Augen zu führen, auf dem die Aufseher die Striemen der Peitschenschläge mit heißen Eisen wegbügelten. Wenn Simon von der Zeit in Barberton berichtete, spürte man am eigenen Körper, wie einem die Sonne auf den Nacken brannte und der Schweiß von der Stirn tropfte; man sah mit eigenen Augen, wie sich die Steine in die Köpfe der weißen Unterdrücker verwandelten und unter den Schlägen eines Vorschlaghammers zersprangen. Während er Simon zuhörte, kam es Bruce Gillmer vor, als könne er dem Mann in die Seele schauen und als begreife er endlich, was es hieß, als Schwarzer unter dem Apartheid-Regime zu leben. «Ich weiß, es klingt absurd», sagte er später zu mir, «aber dieses Gefühl hatte ich noch nie.»

Gillmer begriff rasch, daß er es mit einem außerordentlich intelligenten Mann zu tun hatte. Simon konnte logisch denken, war ein aufmerksamer Beobachter und konnte sich klar ausdrücken. Seine Erklärung, warum er Weiße haßte, war vollkommen einleuchtend. «Ich habe mein ganzes Leben für Dinge im Gefängnis gesessen», sagte Simon, «für die ich eigentlich nur ein paar Monate hätte bekommen dürfen.» Er sprach davon, wie er sich in Zuckerrohrfeldern versteckt hatte und durch Fenster in die hell erleuchtete Welt der Weißen eingedrungen war, aus der er ausgeschlossen war. Er beschrieb die Wut, die ihn in solchen Momenten überwältigte, und das Mitleid, das er später für die Opfer empfand. Tränen traten ihm in die Augen. «Ich weine nicht, weil ich Angst vor dem Tod habe», sagte er. «Ich will sterben. Aber wenn ich an all das denke, was passiert ist, tut es mir so leid. Sehen Sie, ich bin im Grunde kein schlechter Mensch.»

Auch Bruce Gillmer kam schließlich zu dieser Einschätzung. Am nächsten Tag rief er Simons Anwältin an und erklärte ihr, seiner Ansicht nach sei Simon völlig normal. Als politische Strategie ergebe die Ermordung weißer Zivilisten wenig Sinn, doch in Anbetracht der Erfahrungen, die Simon in seinem Leben gemacht habe, und in Anbetracht dessen, was er, Gillmer, in der Gefängniszelle gefühlt habe, erscheine sie völlig verständlich.

Gegen Ende seines Gesprächs mit dem Hammermörder sagte Gillmer: «Sie sind Christ. Haben Sie keine Angst, für das, was Sie getan haben, in die Hölle zu kommen?» Simon sah ihn an und lächelte: «Nichts könnte schlimmer sein als das.» Gillmer war absolut sicher, verstanden zu haben, was damit gemeint war: Simon sprach von der Hölle, in Südafrika ein Schwarzer zu sein.

Oder nicht?

Bruce Gillmer ist ein Weißer, der immer in der denkbar weitesten Entfernung von den Lehmhütten aus Simons Kindheit gelebt hat. Er ist sensibel, mitfühlend, politisch progressiv und vernünftig, und aus diesem Grund nahm er an, die alten Götter Afrikas seien tot. In der ganzen Literatur über Apartheid steht kaum etwas, das Licht auf Simons Geheimnis wirft. Wenn überhaupt, dann werden die alten Götter nur in Zusammenhang mit verlorengegangenen kulturellen Werten erwähnt. Das ist Ausdruck einer zivilisierten, fortschrittlichen Einstellung, und Bruce Gillmer ist ein zivilisierter Mensch. Es wäre ihm nie in den Sinn gekommen zu fragen, wie es zwischen Simon und seinen Schatten stand oder was Simon genau meinte, als er erklärte, er habe nie wie die anderen sein können. Gillmer wußte nichts über Simons Herkunft und sein Geheimnis, und als ich es zur Sprache brachte, meinte er, die Geschichte höre sich an wie ein «Märchen».

Genau das hätte ich früher auch gesagt, aber es war kein Märchen. Wie immer man über Simon urteilen mag, in den Augen seines Volks blieb er ein verabscheuungswürdiger Mensch: der Sohn eines Mannes, der bei der Geburt hätte erdrosselt werden sollen, und der Enkel eines Zulu-Kriegers, der einen Mord begangen hatte, um sein

Volk vor dem verderbten Christentum zu bewahren. Das waren Tatsachen, keine Märchen, obwohl ich die Bedeutung dieser Tatsachen nicht nachvollziehen konnte. Ich war taub gegenüber Simons Sprache und blind gegenüber seiner Kultur.

Das einzige, was ich am Ende wirklich verstand, war der furchtbare Schrei, den Simon ausstieß, als er auf der Anklagebank zusammenbrach. Ich verstand ihn, weil er in eine universale Sprache gekleidet war, in die des Schmerzes. Aber was bedeutete er? Das schriftliche Gerichtsprotokoll enthielt keinen eindeutigen Hinweis darauf, weshalb Simon gerade an dieser Stelle von Schmerz überwältigt wurde. Ich besorgte mir eine Kopie des offiziellen Tonbandprotokolls und ließ es Wort für Wort übersetzen.

Es war interessant, dem Band zu lauschen. Nach allem, was ich über Simon und die Welt, aus der er kam, erfahren hatte, erschien mir der Prozeß wie eine Farce – nicht unbedingt wie ein fehlerhaftes Verfahren, eher wie absurdes Theater. Das Gericht war so weiß, so westlich geprägt, und Simon war so schwarz, so afrikanisch. Der Psychiater, der als letzter Zeuge der Verteidigung aussagte, war ebenfalls «schwarz» und ein Opfer der Apartheid. Aber er war Inder, kein Afrikaner, und Simons Kultur war ihm ebenso fremd wie mir. Auch er hatte es nicht geschafft, die richtigen Fragen zu stellen. Er wertete Simons nachwirkende Träume als krankhafte Halluzinationen und betrachtete seine lebenslange Einsamkeit als Zeichen einer psychischen Störung. Was in aller Welt hätte ein Zulu, der nicht lesen und schreiben konnte, mit dem Wort *amaPsychopath* anfangen sollen? Ebensowenig, behaupte ich, wie ein weißer Richter mit Simons tatsächlichen Worten.

Simon saß zwar direkt vor ihm auf der Anklagebank, lachend, obwohl er den Tod vor Augen hatte, aber in mancher Hinsicht war er überhaupt nicht da. Er konnte nicht für sich selbst sprechen, und das wurde auch nicht von ihm erwartet. Er sprach durch einen Dolmetscher in Bildern, in einer Poesie und in Metaphern, die nicht leicht zu übersetzen waren und die den Weißen überhaupt nichts bedeutet hätten. Der Dolmetscher übertrug sie einfach in brauchbares Englisch, in Worte und Begriffe, die für Weiße verständlich waren. Auf diese Weise beraubte man Simon seiner Sprache wie dem schwarzen Freitag in Coetzees Roman.

Aber ich schweife ab. Ich hatte mir das Band besorgt, um herauszufinden, was genau in Simon vorging, als er zusammenbrach. Dies waren seine Worte: Er hatte dem Richter erklärt, er wolle «den Schwalben folgen», Verbrechen begehen, die seinen Tod herbeiführen würden, wie er es schon lange vorausgesehen hatte. Dann sagte er: «Und ich sah es! Nein! Ich muß jetzt anfangen, weil alles zu Ende geht... die Verwandten, die Ordnung der Dinge, ihre Kinder, und die letzten Pfennige, die ich noch hatte. Ich durfte mich nur auf das eine konzentrieren. Ich sah ein, daß ich nichts tun konnte, um es zu verhindern. Ich begann ein Leben, in dem ich Dinge und andere Menschen zerstörte, und ich wußte, es gab kein Zurück. Wohin ich auch gehe, ich muß eine Furche ziehen, so daß ich, wenn ich zurückblicke, nicht weiß, wie ich wieder herauskomme.»

Die Metapher mit der Furche bezieht sich auf eine ererbte Schwäche oder Anlage oder auf das Schicksal. Wenn ein Sohn auf die gleiche Weise stirbt wie sein Vater, sagen die Zulu: «Die Furche ist gezogen.»

«Die ganze Zeit», fuhr Simon fort, «war mir weh ums Herz, denn wenn ich an meine Vorfahren denke...»

An dieser Stelle brach der Mann mit dem Hammer zusammen. Es hatte ihm das Herz zerrissen, und das war es, was darin war.

Letzten Endes sind wir alle Brüder und Schwestern im Blut.
Breyten Breytenbach, *Wahre Bekenntnisse eines Albino-Terroristen*

Ich muß Simons Geschichte noch etwas hinzufügen. Vielleicht sollte ich mit einem Foto beginnen, einer Schwarzweißaufnahme, die Ende der fünfziger Jahre an einem ganz gewöhnlichen Sonntagnachmittag in einem ganz gewöhnlichen weißen Vorort von Johannesburg mit einer Brownie-Kamera gemacht wurde. Das Foto zeigt zwei weiße Jungen mit Zahnlücken in den Armen einer hübschen Afrikanerin. Das schwarze Gesicht ist halb von perlenverzierten Haaren verdeckt. Die Frau trägt Sandalen aus Ziegenleder und einen Rock aus steifem, ungegerbtem Leder. Sie hat Dutzende von Perlenschnüren und Totems um den Hals, und in einer Hand hält sie einen Fliegenwedel für rituelle Zwecke. Einer der kleinen weißen Jungen bin ich. Der andere ist mein Bruder Neil Stephanus. Die schwarze Frau ist Lena Sithole, *sangoma* oder Medizinfrau der Gegend.

Lena wohnte bei uns im Haus, in einem Zimmer neben der Garage. Am Tag wusch sie das Geschirr und machte die Betten. Nach der Arbeit und an den Wochenenden legte sie sich die Perlen um, flocht sich die Haare und empfing ihre Kunden in der Dienstbotenunterkunft. Ich habe keine Ahnung, was sich dort abspielte. Ich fragte nie. Einmal schlug ich im Garten mit meinem Springstock eine kleine Schlange tot, und Lena nahm sie mit, um einen *muti*, einen Zaubertrank daraus zu brauen. Ich fragte nicht, was ein *muti* genau war oder wozu man ihn brauchte. Meine Eltern fragten auch nicht. Lenas zweites Gewerbe war uns nicht unheimlich oder irgendwie mysteriös. Es waren eben Bräuche der Eingeborenen. Die

Eingeborenen tanzten ja auch in langen Gewändern ums Feuer und schliefen auf Ziegelsteinen aus Furcht vor dem nachts umgehenden *tokoloshe.*

Wir bekamen Lena nur selten in ihrer Aufmachung als *sangoma* zu Gesicht. An einem Sonntagnachmittag jedoch sah meine Mutter sie draußen vor ihrem Zimmer in der Sonne sitzen, mit Perlen und Totems behängt und mit dem Fliegenwedel auf dem Schoß. Meine Mutter war entzückt von dem malerischen und farbenprächtigen Anblick. Sie holte die Kamera, setzte meinen Bruder und mich auf Lenas Schoß und forderte uns auf, «cheese» zu sagen. Als sie auf den Auslöser drückte, lachten wir alle.

Wenn ich mir dieses Foto ansehe, kann ich gar nicht glauben, wie blind ich war, wie blind wir alle waren, wir Weißen. Bis zu meinem fünften Lebensjahr wurde ich von einem «weiblichen Medizinmann» großgezogen, von einer Frau, deren Schatten ihr in Träumen erschienen sein müssen, um ihr zu sagen, daß sie auserwählt sei, daß sie eine Fähigkeit besitze, die den meisten anderen versagt blieb, und daß sie jetzt lernen müsse, sie zu gebrauchen – die Fähigkeit zu heilen und zu weissagen, zu verzaubern und zu beschützen. Hinter Lenas dunklen Augen lag eine Welt unergründlicher Geheimnisse und tiefer religiöser Mystik, in die keiner von uns sehen konnte. Das ist das Schlimme mit den Weißen meines Landes. Unser Blick ist durch Vorurteile getrübt, die wir in unseren weißen Köpfen über Afrika und die Afrikaner haben. Manche Weiße sehen Gefahren, andere Barbarei, manche sehen Opfer und manche Helden einer Revolution. Nur sehr wenige sehen die Realität.

Nehmen wir zum Beispiel Joseph Lelyveld, Korrespondent der *New York Times* und Autor von *Move Your Shadow*, einen der eindrucksvollsten Berichte über die Apartheid, die je geschrieben wurden. In seinem Buch erzählt Lelyveld von einer Begegnung mit Credo Mutwa, einem berühmten *sangoma* und Schriftsteller, der früher in Soweto ein staatlich finanziertes Museum für Zauberei und Hexenkunst geleitet hatte. Für Lelyveld ist Mutwa ein Scharlatan und sein Museum ein bizarres Potemkinsches Dorf, errichtet von den herrschenden weißen Rassisten, um ausländische Touristen glauben zu machen, diese Menschen seien «anders», und zwar «in höherem Maße, als man sich vorstellen kann». Lelyveld zitiert ein paar seltsame Bemerkungen des Medizinmannes und verspottet ihn dann als Handelsvertreter, der seinen Markt genau kennt. «Ich möchte damit nicht andeuten», schreibt Lelyveld, «daß Mutwa nur gelegentlich weißen Vorurteilen Vorschub leistet. Ich möchte sagen, daß dies zu seinem eigentlichen Geschäft geworden ist, so daß sein Porträt von Afrika schließlich ein nahezu perfektes Abbild des Afrika war, das die Weißen sehen wollen.» Dann schreibt Lelyveld noch etwas von «kulturellen Wunden» und «verlorengegangenen Werten», als sei Mutwa das erbärmliche Relikt einer längst vergangenen Epoche.

Im Jahr 1985, als Lelyvelds Buch mit dem Pulitzer-Preis ausgezeichnet wurde, praktizierten im Großraum Johannesburg etwa zehntausend *sangomas* und *inyangas*. Sie wurden von fünfundachtzig Prozent aller schwarzen Haushalte konsultiert und von annähernd vierzigtausend Händlern mit Heil- und Zauberkräutern versorgt. Die afrikanische Traditional Healers Association, die Vereinigung traditioneller Heiler, zählte landesweit 179000 Mitglieder, zehnmal mehr, als es Ärzte gab. Die meisten der schneidigen Profi-Fußballmannschaften von Soweto hatten einen Medizinmann im Team, der Knochen warf, um den Sieg zu sichern, und Industriebosse stellten Wahrsager ein, die sie bei Transaktionen berieten. Im Anzeigenteil der Zeitungen von Soweto boten «traditionelle Heiler» oder «Kräuterheilkundige» an, Liebeskummer zu lindern, Häuser gegen böse Geister zu versiegeln, die Pläne von Feinden zu durchkreuzen und Krankheiten zu heilen. An Wochenenden wurden an den Straßen Sowetos behelfsmäßig Pferche für Ziegen aufgebaut, die dazu bestimmt waren, «Tiere zum Sprechen» zu werden. Sie wurden geopfert, um die Schatten zu wecken.

Die Zeitungen und Zeitschriften von Soweto brachten häufig Artikel über auferstandene Zombies, entlarvte Zauberer und Ritualmorde. Einmal wurde sogar eine High School geschlossen, weil alle Schüler unter Halluzinationen übernatürlichen Ursprungs litten. Das Thema tauchte von Zeit zu Zeit auch in politischen Artikeln auf. Einige militante schwarze Gewerkschaften in Soweto forderten, weiße Arbeitgeber sollten schwarzen Arbeitern das Recht einräumen, bei Krankheit bezahlten Urlaub zu nehmen, wenn ein *sangoma* oder *inyanga* dazu riet. Einige militante junge Genossen aus

Soweto griffen zu Zaubermitteln, um sich für den Kampf gegen die Polizei des Apartheid-Regimes Mut zu machen.

Das mußte nicht unbedingt heißen, daß sie keine Christen waren. In Wirklichkeit waren sie es wahrscheinlich. Die meisten schwarzen Südafrikaner sind Christen, doch für unterschiedliche Menschen hat der Glaube unterschiedliche Bedeutungen. Für Weiße basiert das Christentum auf den traditionellen Dogmen der westlichen Theologie. Für fast zehn Millionen Schwarze bedeutet es die Zugehörigkeit zu einer der zahllosen «zionistischen» oder «äthiopischen» Kirchen – Sekten, die die «verlorengegangenen Werte» der alten afrikanischen Religionen wie Einschlüsse im Bernstein des europäischen Christentums konservieren. Diese «freien» afrikanischen Kirchen – frei vom europäischen religiösen Imperialismus – huldigen zwar der Heiligen Dreifaltigkeit, glauben aber auch an Wahrsagerei und Zauberei sowie an Träume als Botschaften der Schatten.

Weitere Millionen Schwarzafrikaner sind einfach stolze Heiden, um dieses negativ besetzte Wort mangels eines neutraleren zu gebrauchen. Sie ehren ihre Vorfahren und halten am zentralen Glaubenssatz afrikanischer Religionen fest: Krankheit und Unglück resultieren aus «Verlust oder Beschädigung der Seele», verursacht durch Zauberei oder den Zorn der Schatten. In den Städten glauben dies fünfundvierzig Prozent der Afrikaner, in den ländlichen Gebieten sind es rund achtzig Prozent. Während erzürnte Schatten durch Opfer besänftigt werden können, werden böse Hexen zuweilen getötet. Im Jahr 1985 wurden allein im Norden von Transvaal vierundachtzig Hexen und Zauberer verbrannt oder zu Tode gesteinigt. Sie waren offenbar Opfer «verlorengegangener kultureller Werte».

In meinem Kreis der Hölle, dem Kreis der weißen Linksliberalen, sind Diskussionen über solche Dinge merkwürdig gefährlich. Anderswo auf der Welt sind Ehrfurcht und Respekt vor nichtwestlichen Kulturen quasi Markenzeichen des humanen und aufgeschlossenen Weißen. In Südafrika gilt das genaue Gegenteil. Ein Grundsatz der Apartheid lautet, daß es zwischen verschiedenen Rassen eindeutige und unveränderliche kulturelle Unterschiede gibt und daß es Gottes Wille ist, sie beizubehalten. Unter diesen

Umständen klingt jede Anerkennung unterschiedlicher kultureller Werte wie ein verstecktes Argument für Apartheid und ist damit eine Beleidigung der Afrikaner. Deshalb habe ich als rechtschaffener weißer junger Mann nie Schwarze gefragt, wie der nachts umgehende *tokoloshe* aussieht oder wem sie bei ihren Tänzen um das Feuer huldigen. Solche Fragen waren unhöflich, ja sogar rassistisch. Es war viel einfacher und schicker, von verlorengegangenen kulturellen Werten zu sprechen.

Bei meiner Rückkehr aus dem Exil war das leichter denn je. Millionen von schwarzen Südafrikanern waren endgültig in die «Erste Welt» übergesiedelt. Es gab schwarze Physiker, Manager, Ärzte, Systemanalytiker, Romanciers, Ingenieure und Zeitungsverleger. Einen Bezirk von Soweto hatte man Beverly Hills getauft. Dort standen Villen, die diesen Namen verdienten. Es gab ein schwarzes Hochglanzmagazin namens *Tribute*, voll mit Anzeigen für Chanel, Chivas Regal und BMW. Im Fernsehen war die Werbung ganz auf die aufstrebende schwarze Mittelklasse und deren Selbstverständnis ausgerichtet, das in der Regel an Amerika orientiert war: elegante schwarze Amerikaner in schwarzer amerikanischer Umgebung, die Soul oder Jazz hören und Produkte mit Namen wie Manhattan Lemon Sting konsumieren. Die Eltern schwarzer Schüler an meiner alten Privatschule dachten bereits westlicher als das weiße Südafrika. Als das Fach Zulu in den fortschrittlichen Lehrplan der Schule aufgenommen wurde, wollten die schwarzen Eltern es wieder streichen lassen. Sie wollten nicht, daß ihre Kinder eine afrikanische Sprache lernten.

Einer der bekanntesten Bürger dieses neuen Südafrika war der geachtete Doktor Nthatho Motlana aus Soweto. Wie viele Angehörige der schwarzen südafrikanischen Elite war Motlana auf einer christlichen Mission geboren worden und hatte, anders als die meisten Schwarzen, eine gute Erziehung genossen. In den fünfziger Jahren machte er seinen Doktor. Damals waren schwarze Ärzte immer noch eine Seltenheit. Seither praktizierte er in Soweto. Im Laufe der Jahre hatte er sich hohes Ansehen erworben, als Arzt, als Autorität in der Gemeinde, als unverblümter Gegner der Apartheid und als bekanntes Gesicht auf den Fernsehschirmen in aller Welt. Seine Praxis in Soweto war groß und modern eingerichtet, seine Sprechstundenhilfe hübsch und außerordentlich zuvorkommend. Im Zeitungsständer seines Wartezimmers lagen die Zeitungen *New Statesman* und *Manchester Guardian Weekly* – ungewöhnlicher Lesestoff in einem Land wie meinem. Als ich in seine Praxis kam, lag eine Mitteilung von BBC London auf dem Schreibtisch, und der Doktor selbst telefonierte gerade. Er nickte mir zu und gab mir durch einen Wink zu verstehen, daß ich Platz nehmen sollte.

In natura war Dr. Motlana ein gutaussehender, rüstiger Sechziger mit Lachfalten im Gesicht, lebhaften Augen und einem graumelierten Vollbart. «Geben Sie mir Joe», sagte er gerade barsch in den Hörer. Als Joe an den Apparat kam, begrüßte Motlana ihn in dem halbafrikaansen Slang, den man auf der Straße spricht – *«Hoe's my 'bra?»* –, und redete dann auf tswana weiter. Während des Gesprächs sprang er immer wieder von einer Sprache in die andere, dennoch konnte ich das Wesentliche verstehen. Es ging um einen intelligenten und begabten schwarzen Direktor, der irgendwo in Südafrika eine Klinik oder ein Krankenhaus leitete. Die weißen Geldgeber der Einrichtung waren von den Leistungen des Mannes derart beeindruckt, daß sie für diese «Schlüsselkraft» eine Lebensversicherung über zehn Millionen Rand abschließen wollten.

Als Direktor einer medizinischen Einrichtung war Dr. Motlana strikt dagegen. Anscheinend wollten die weißen Geldgeber damit andeuten, daß der betreffende Schwarze als einziger intelligent und unersetzlich sei, und Motlana empfand das als Beleidigung. Er schrie vor Empörung, hüpfte buchstäblich auf seinem Stuhl herum und kostete seinen Ärger nach Kräften aus. Bei jeder spitzen Bemerkung lachte er stillvergnügt in sich hinein und zwinkerte mir über den Schreibtisch verschwörerisch zu.

Nach ungefähr einer Viertelstunde legte Motlana den Hörer auf, setzte sein charismatisches Lächeln auf und sagte: «Nun, Mr. Malan, was kann ich für Sie tun?» Ich begann mit einer weitschweifigen, halb entschuldigenden Vorrede über unterschiedliche kulturelle Werte und ihre Bedeutung für das Leben in Südafrika. Ich tat mein Bestes, aber es hörte sich trotzdem an wie eine verschleierte Rechtfertigung der Apartheid und eine Beleidigung der Afrikaner. Der Doktor verstand, was ich meinte, und unterbrach mich, ehe ich fertig war. Er wirbelte auf seinem Stuhl herum und zog ein Buch aus dem Regal hinter ihm: William L. Shirers *Aufstieg und Fall des Dritten Reiches.*

«Kultur», sagte Dr. Motlana, «ist ein Wort, das durch Hitler in Verruf geraten ist, weil er Kultur mit Rasse gleichsetzte. Ich bin über den Mißbrauch dieses Wortes beunruhigt. Wir benutzen es, um die Menschheit zu spalten.» Für Dr. Motlana gab es keine «westliche Kultur als solche». Er machte ein paar kräftige Bemerkungen über «weiße Bastarde», die nicht zugeben wollten, daß ihr «sogenanntes westliches Erbe» unter anderem den Chinesen und Arabern eine Menge zu verdanken hatte, und zum Schluß sprach er von der Welt als Dorf. «Ich war in Japan», sagte er. «Ich war in Israel. Ich war in Europa. Ich war in Kanada. Ich war in Nigeria – ich war überall auf der Welt, und ich mußte feststellen, daß überall der Einfluß des amerikanischen Fernsehens, der amerikanischen Musik und des amerikanischen Films die Menschen zusammenbringt.»

Das bedeutete, daß in Südafrika ein ähnlicher Prozeß stattfand, und dennoch konnte aufgrund von Dr. Motlanas Aussage ebensogut das Gegenteil der Fall sein. Er führte eine Art Kreuzzug gegen die, wie er sich ausdrückte, «Tyrannei des Aberglaubens», den Einfluß der Zauberdoktoren und ihrer Verbündeten, der traditionellen Medizinmänner Afrikas. Als im benachbarten Moçambique Medizinmänner in Umerziehungslager gesteckt wurden, fand dies Dr. Motlanas Zustimmung, und er verlangte darüber hinaus fortwährend, die südafrikanischen Behörden sollten eigene Gesetze gegen Zauberei erlassen. Es war eine seltsame Kampagne, und das Merkwürdigste daran war, daß Dr. Motlana zu verlieren schien.

Vor kurzem hatte er in einer Rede erklärt, in seiner Nachbarschaft in Soweto würden derzeit «einige hundert» Medizinmänner praktizieren. Noch vor dreißig Jahren habe es dort keinen einzigen gegeben. Bei einem Besuch in seinem Geburtsort war er erstaunt, nachts die Trommeln Afrikas zu hören. In seiner Kindheit hatten die deutschen Missionare alle «heidnischen» Rituale strengstens untersagt. Ich machte Dr. Motlana auf diese Ungereimtheiten aufmerksam und fragte ihn, wie sie zu erklären seien.

Er beugte sich vor, schlug mit der flachen Hand auf den Schreibtisch und legte los: «Ich habe gestern abend mit zwei Mitgliedern meines Bürgervereins über ein ähnliches Thema gesprochen, geradezu als hätte ich diese Diskussion vorausgeahnt. Einer der jungen Männer sprach Pedi und kam aus dem Norden, wo man noch an die Macht des Blitzes glaubt und immer wieder Menschen als Hexen oder Zauberer verbrennt. Der Junge schien der Meinung zu sein, daß an dem ganzen Aberglauben doch etwas dran sei, und ich regte mich sehr auf. Da sagte er plötzlich ganz unschuldig zu mir: ‹Aber ist das nicht unsere Kultur?› Das brachte mich auf die Palme! Vor Wut ging ich fast an die Decke. Ich sagte: Meine Kultur ist nicht gleichzusetzen mit Aberglauben, Ignoranz und Ablehnung der Wissenschaften!» Dr. Motlana tobte wieder vor Entrüstung, und seine Stimme wurde immer schriller, je mehr er sich in das Thema hineinsteigerte: «Meine Antwort lautet: Zum Teufel mit dem alten Mief. Das ist meine Antwort!»

«Sie dürfen Kultur nicht mit dem Glauben an das Übernatürliche verwechseln», sagte er. «Afrikanische Kultur bedeutet zum Beispiel, das Alter zu achten, den eigenen Platz in der Gesellschaft zu kennen, vulgäre Sprache zu vermeiden, den Nächsten zu lieben und für Witwen und Waisen zu sorgen. Das ist meine Kultur, nicht dieser Unfug mit Blitzen oder Hauteinritzen und von Scharlatanen, die dir Kräuter geben, von denen du die ganze Nacht Durchfall hast, bevor du stirbst! Ich werde wütend, wenn Weiße diesen Unsinn romantisieren. Das ist geradezu wie eine Verschwörung, die uns auf Ignoranz und Aberglauben festnageln will. Verstehen Sie, was ich meine?»

Ich verstand ihn, aber ich hatte noch genug Mumm, um eine letzte Frage zu stellen: «Wenn Sie so reden, teilen dann viele Afrikaner Ihre Meinung?»

«Werde ich etwa von der schwarzen Gemeinde unterstützt?» sagte Dr. Motlana. Die Frage schien seinen Redefluß einzudämmen. Sein Zorn legte sich, und ein reumütiges Lächeln huschte über sein Gesicht. «O nein, im Gegenteil. Nur Protestgeschrei. Puh!» Er wischte sich imaginäre Schweißperlen von der Stirn, um anzuzeigen, wie sehr er in Wallung geraten war.

«Man antwortet Ihnen: Das ist unsere Kultur?»

«Genau!» erwiderte der Doktor. «Aber das ist doch Blödsinn, Mann! Völliger Blödsinn!»

War es das wirklich? Mein Freund Eugene wäre da anderer Meinung. Eugene war Promoter im Showgeschäft, Musiker und Filmregisseur in spe und arbeitete, wie man sich erinnern wird, gelegentlich für mich als Dolmetscher. Er tat das mehr zum Spaß als wegen des Geldes. Eugene kleidete sich modern und trug an mehreren Fingern Ringe. Bis vor kurzem hatte er in jenem Teil von Johannesburg gewohnt, den wir Bronx nannten – in einem Hochhausbezirk, in dem trotz der Reservierung für Weiße vierzigtausend Schwarze lebten. Eugene hatte erstaunlich viele Freunde und Bekannte: weiße Anwälte, schwule Aktivisten, schwarze Revolutionäre, Könige der Unterwelt, Pop- und Filmstars. Er war Kinofan, witzig und geistreich. Was seinen musikalischen Geschmack betraf, kam ich mir gegen ihn wie ein Spießer vor. Als ich ihn kennenlernte, produzierte er gerade ein Plattenalbum. Brian Enos und David Byrnes ungewöhnliche Experimente mit «found music» hatten ihn dazu inspiriert. Die Idee war, Bruchstücke aus Reden Bothas und Tutus zu sammeln und mit Funk-Musik zu unterlegen, um daraus eine akustische Persiflage der verzerrten politischen Realität Südafrikas zu machen.

Eines Abends sprach dieser afrikanische Renaissance-Mensch auf dem Heimweg von einem unserer Ausflüge in die Townships plötzlich über Zauberei und ihre Rolle in der Unterhaltungsindustrie. Es war, als hörte man einem Hansdampf aus Hollywood zu, der über Agenten tratscht, nur daß Eugene über *sangomas* und *inyangas* redete, über Zauberer und Medizinmänner. Sipho «Hotstix» Mabuse konsultierte einen bestimmten Zauberer, die Soul Brothers hatten einen anderen. Brenda Fasi von Brenda and the Big Dudes hatte überhaupt keinen *sangoma*; offensichtlich wollte sie unbedingt Ärger haben. Nach Eugenes Meinung war es praktisch unmöglich, im Showgeschäft an der Spitze zu bleiben, wenn einem kein erstklassiger Medizinmann zur Seite stand. Er machte das an einem Beispiel deutlich, an dem Aufstieg und Fall eines bekannten schwarzen Bühnenautors, den wir Phil nennen wollen.

Phils Mutter war eine Hexe, die Herrin über finstere Mächte. Sie gab ihrem Sohn ein «Ding», das ihn beschützen und seine Karriere vorantreiben sollte. Dieses «Ding» war eine weiße Frau, die ihm in den siebziger Jahren zu Ruhm und Reichtum verhalf. Dafür mußte Phil gewisse Regeln beachten. Er mußte häufig Opfer darbringen und durfte sein «Ding» niemandem zeigen. Eines Abends jedoch erhaschte die Frau, mit der er verheiratet war, einen flüchtigen Blick von der weißen Frau, die nackt vor einer Frisierkommode saß und sich die Haare kämmte. Damit begann Phils Abstieg. Bald darauf brachte er auch nicht mehr die erforderlichen Tieropfer, und mittlerweile war er ein Niemand. Seit Jahren hatte er kein Stück mehr geschrieben. Eugene schüttelte traurig den Kopf. «Das ist typisch», sagte er. «Er zieht das Große Los, und mit einemmal ist er sich zu gut dafür, Opfer zu bringen, weil danach immer das ganze Haus voller Blut ist und es wie in einem Schlachthof riecht.»

«Woher weißt du das», fragte ich. Ich war so verblüfft, daß mir keine andere Frage einfiel.

«Ach», sagte er, «ich opfere. So will es unsere Religion.»

Aber das war nur der Auftakt zu dem, was dann folgte: Eugene hatte gemerkt, daß sich sein Aufstieg an die Spitze in letzter Zeit verlangsamt hatte, deshalb wollte er nach Maputo in Moçambique pilgern und dort einen legendären Medizinmann aufsuchen. Da auf sein Auto kein Verlaß war, sollte ich ihn mit meinem Wagen hinbringen.

Ich fühlte mich außerordentlich geehrt, daß er mich als Begleiter auserkoren hatte. Schwarze ziehen Weiße in solchen Dingen nur selten ins Vertrauen. Obwohl es das letzte war, was ich von Eugene erwartet hätte, änderte es nicht meine Meinung über ihn. Nach acht Jahren in Los Angeles, wo es von Gurus, Gabelbiegern, Wahrsagern, Kartenlesern, Fernsehevangelisten und anderen Freaks nur so wimmelte, erschienen mir alle Aberglauben und Religionen ziemlich gleich. In Südafrika gab es zwischen ihnen jedoch Unterschiede, je nachdem, auf welcher Seite der Rassenschranke man stand.

Ich glaube, ich war mir dessen stets bewußt. Ich hatte die Zeichen Afrikas immer gesehen, aber sie waren wie Sterne am Himmel: Sie waren einfach da. Lena war eine Medizinfrau, Zionisten tanzten am Donnerstag, und Hexen wurden manchmal bei lebendigem Leib auf dem *bundu* verbrannt. Nach der Geschichte mit Simon dachte ich noch einmal über diese Dinge nach und kam mir vor wie Galilei: Der Himmel über mir hatte sich neu geordnet. Zu Galileis Lebzeiten glaubte der Mensch in seiner Überheblichkeit, der Himmel drehe sich um ihn. Zu meiner Zeit, in meinem Land, hielten sich die Weißen für den Mittelpunkt der schwarzen Welt. Sie bildeten sich ein, sie hätten neben den Körpern auch die Träume und die Seele der Afrikaner unterjocht. Aber das stimmte nicht. Simon hat mir das klargemacht.

Ich kann nicht sagen, was das alles bedeutet, aber ich weiß, daß Religion und Kultur gewaltige Kräfte sind und daß Völker durch gemeinsame Sprachen und gemeinsame religiöse und kulturelle Mythologien bis zu einem gewissen Grad zusammengeschweißt werden. Nachdem ich ein Jahr lang der Wahrheit über Simon nachgegangen war, war ich mir nicht mehr sicher, ob in Südafrika eine derartige Gemeinsamkeit existierte. Doch ich betete dafür, daß das der Fall sein und daß sie uns allen noch rechtzeitig bewußt werden möge. Ohne sie, so fürchtete ich, waren wir verloren.

Es gibt nichts im Menschen, was er nicht schon von Anfang an in sich trägt.
Afrikanisches Sprichwort über den Ursprung des Zorns

Dies ist die Geschichte eines Mannes, der an der Grenze zwischen rivalisierenden Königreichen des Bewußtseins starb, unter Umständen, die sowohl für Schwarze als auch für Weiße peinlich waren. Die Weißen waren über die Kaltblütigkeit des Mordes entsetzt, die Afrikaner über die Ereignisse, die dazu führten. Kaum jemand wollte später darüber sprechen. Der folgende Bericht ist daher aus zufälligen Informationen, hingeworfenen Bemerkungen und Fragmenten zusammengesetzt. Die Hauptfigur bleibt für mich ein Rätsel. Alles, was ich wirklich über Themba Ngwazi weiß, ist, daß er klein, untersetzt und neunundzwanzig Jahre alt war und daß er keine Angst vor dem Tod hatte.

Themba war ein Xhosa aus dem Bezirk Flagstaff in der nominell unabhängigen Transkei. Ich habe dort nach seiner Familie gesucht, nach seiner Frau, den beiden Kindern und dem verzweifelten Vater, der angeblich einen Buckel hatte und von königlichem Geblüt war. Aber ich konnte sie nicht finden. Alles, was ich fand, war ein Homeland, hinter dessen trügerisch grüner, freundlicher Fassade sich hoffnungsloses Elend verbarg. In Flagstaff waren die Rinder mager, die Felder kahl und die Menschen bitter arm. Immer wenn ich anhielt, um nach dem Weg zu fragen, umringten kleine Kinder meinen Wagen, rieben sich die Bäuche und riefen «Hunger! Hunger!» oder «Zehn Cent! Zehn Cent!»

In Flagstaff lebten nur wenige Erwachsene, weil es dort keine Arbeit gab. Wer in Flagstaff geboren worden war, ging in die fernen weißen Städte, um dort zu arbeiten. Oder er verließ, wie in Thembas Fall, Frau und Kinder, ging zum nächsten Büro von TEBA und verkaufte sich an die Minen. TEBA ist die Abkürzung für The Employment Bureau of Africa, die Arbeitsvermittlung und Anwerbestelle der Bergbaukammer in Johannesburg. In ihren Büros bekam man eine Nummer und einen Vertrag, und dann ging es mit dem Zug in die Stadt des Goldes, nach eGoli, wie die Schwarzen Johannesburg nennen.

In eGoli wurde man zum Krankenhaus der Bergbaukammer gebracht. Dort mußte man sich ausziehen und wurde in eine Klimakammer geschickt, einem riesigen türkischen Bad gleich, in dem es so unerträglich heiß und feucht war wie unter Tage. Hunderte von Bewerbern mußten sich vor kleinen Trittleitern aufstellen und dann stundenlang rauf- und runterklettern, während ihnen der Schweiß über die nackten Körper rann und weiße Männer in Laborkitteln zwischendurch mit Stethoskopen den Herzschlag abhörten oder die Hoden nach Brüchen abtasteten. Durch dieses demütigende Ritual sollte sichergestellt werden, daß die Anwärter später bei der Arbeit im Erdinneren nicht tot umfielen. Es ging tagelang so weiter. Wenn man robust genug war – und Themba war es –, so mußte man anschließend einen Ausbildungskurs absolvieren, dann wurde man in die Minen geschickt.

Joel Matlou beschrieb seinen ersten Tag im Schacht so: «Um 7.15 Uhr morgens brachte uns der Boss-Boy zum Aufzug. Als es abwärts ging, gingen mir die Ohren zu, und wenn wir an anderen Sohlen vorbeikamen, wurde es jeweils kurz hell. Der Aufzug hielt bei Sohle 28. Wir gaben dem Boss-Boy unsere Karten und marschierten eine Stunde bis zum Ende des Schachts. Im Schacht war es sehr heiß. Der Schweiß rann wie Wasser an mir herunter. Es gab drei Stollen. Die kleinen Grubenbahnen hatten hinten und vorne rote Lichter, die Gefahr anzeigten. Vor einer Sprengung wurden kleine Löcher in die Wände gebohrt, und ein Mann, den sie den Chessa-Boy nannten, legte Sprengstoff hinein. Nach der Explosion fanden wir kaputte Rohrleitungen, verbogene Schienen, eine rissig gewordene Wand und andere Schäden vor. Dann hatten wir schwere Arbeit. Alle Steine mußten auf die Loren der Grubenbahn geladen werden. Noch in einiger Entfernung vom Ort der Sprengung kann man Steine finden, die über zweihundert Kilo schwer sind. Wasser tropfte von den Wänden. Manchmal fielen kleine Steine auf uns herunter. Meine Stiefel waren voller Wasser. Ein Zulu aus King William's Town war gerade beim Graben, als ein Teil der Lüftungsanlage herunterfiel und sein linkes Bein unter sich begrub. Der Boss rief uns zusammen, und wir hoben den Ventilator an, um den Mann darunter hervorzuziehen. Das Bein war gebrochen und blutete...»

Und so weiter. Was für eine Mine zutrifft, muß nicht unbedingt auch für eine andere zutreffen. Die Goldmine, in der Themba arbeitete, war kühler und sicherer als die meisten, zumindest sagten mir das die weißen Angestellten dort. Die Mine hieß Randfontein Estates. Sie lag vierzig Kilometer südwestlich von Johannesburg über dem westlichen Arm der Goldader, die das weiße Südafrika reich machte. Es war ein weitläufiger Komplex mit einem Umfang von wenigstens fünfzehn Kilometern. Nach den Fördergerüsten zu urteilen, die aus dem Busch aufragten, gab es mindestens drei Schächte, außerdem wahrscheinlich vier getrennte Wohnblocks für die vierzehntausend schwarzen Arbeiter. Die Sicherheitsvorkehrungen waren sehr streng. Man konnte die Mine nicht einfach betreten und durfte sicher auch nicht einfahren, es sei denn, man war dazu eingeladen. Ich war nicht eingeladen.

Ich trieb mich vor dem Eingang der Mine herum und fing einen Weißen mit einem Schutzhelm ab. Ich sagte, die Minenleitung behaupte, diese Mine sei kühler und sicherer als die meisten anderen Minen. Er schien ein wenig überrascht. «Ich weiß nur, daß es da unten verdammt heiß ist», meinte er. Randfontein Estates sei so tief, daß man eine halbe Stunde brauche, um zu den tieferen Sohlen zu gelangen, und eine weitere halbe Stunde bis zum jeweiligen Streb. Drunten gehe es zu wie in einer Stadt oder einer riesigen unterirdischen Fabrik, es sei so laut, daß einem fast der Kopf platze. Grubenbahnen donnerten über die Schienen, Maschinen rasselten, Bohrer dröhnten, und die Druckwellen dumpfer Explosionen drängen aus den Tiefen finsterer Stollen, in denen man Platzangst bekomme. Es sei ein furchterregender Arbeitsplatz. Ein Kilometer Gestein trenne einen von der Sonne, und Einsturzgefahr bestehe immer. Darüber hinaus konnte der Mann sich jedoch nicht beklagen. Er war weiß, und weiße Bergleute verdienten recht gut.

Für Themba und andere Schwarze, die in Südafrikas Minen arbeiteten und Gold, Diamanten, Kohle und Platin ans Tageslicht beförderten – jene Schätze, die das weiße Südafrika reich machten –, traf das allerdings nicht zu. Ich fragte einmal einen Gewerkschaftsfunktionär, wie er das politische Bewußtsein der schwarzen Minenarbeiter wecke, und er sagte: «Ich beginne am Anfang. Ich sage: Die Weißen sind 1652 hierhergekommen, und seither geht es uns schlecht. Sie haben das Vieh und das Land unserer Väter gestohlen. Dann haben sie Gold gefunden, und jetzt stehlen sie unseren Vätern auch noch ihre Arbeitskraft.» Er sprach weiter über die Hütten-Steuer und die Vieh-Steuer, die den Afrikanern auf dem Land um die Jahrhundertwende auf Anordnung der Bergbau-Kapitalisten in Johannesburg auferlegt wurde. Dadurch sollten die schwarzen Stammesangehörigen von ihrem Land in die Lager der Minen getrieben werden, wo dringend billige Arbeitskräfte gebraucht wurden.

Die Minen Südafrikas waren die tiefsten der Welt – in einigen Fällen über drei Kilometer tief und der Hölle so nah, daß die Wände und Decken der Schächte manchmal zu heiß waren, um sie mit bloßen Händen zu berühren. Die Arbeitsbedingungen waren extrem schlecht, und jahrzehntelang verdienten schwarze Bergarbeiter dabei nur einen Hungerlohn; noch 1970 waren es nur 10,70 Rand im Monat. Deshalb warfen die südafrikanischen Goldminen einen so unverschämt hohen Profit ab, und deshalb zählten ihre Aktien über ein Jahrhundert lang zu den gewinnbringendsten Wertpapieren an den Börsen der Welt. Noch 1985 hörte ich, wie ein amerikanischer Kongreßabgeordneter im Kabelfernsehen mit Bezug auf die schwarzen Kumpel von «Sklavenarbeit» sprach.

Sicher hatte er nicht unrecht, aber die Bemerkung kam zur falschen Zeit. Denn 1985 ging es den Sklaven, die das Gold schürften, relativ gut. Themba Ngwazi zum Beispiel verdiente rund fünfhundert Rand im Monat plus freie Kost und Logis. Davon konnte man in Südafrika leben. Andererseits war es kaum ein Viertel von dem, was ein weißer Bergarbeiter bekam, und es war sehr schwer für Themba, mehr zu verdienen, egal wie intelligent oder geschickt er sich anstellte oder wie sehr er sich anstrengte. Er war schwarz, und alle hochqualifizierten und gutbezahlten Jobs in südafrikanischen Minen waren per Gesetz für Weiße reserviert.

Themba konnte beispielsweise nicht Sprengmeister werden. Nur ein Weißer durfte eine Sprenglizenz besitzen. Das war an sich schon demütigend und verletzend, aber unter Tage hatte es noch schlimmere Folgen: Weiße Bosse fühlten sich ermutigt, das Leben schwarzer Bergleute leichtfertig aufs Spiel zu setzen. Weiße Sprengmeister wurden danach bezahlt, wieviel Gestein sie brachen, deshalb gingen sie Risiken ein – oder besser gesagt, sie verlangten von Schwarzen wie Themba, Risiken einzugehen. Kamen dabei schwarze Bergleute um, dann war das eben Pech. «Es sind doch sowieso nur Paviane», erklärte Arrie Pollas, der Führer der reaktionären weißen Bergarbeitergewerkschaft.

Und so kamen Tausende schwarzer «Paviane» bei Grubenunglücken ums Leben – fünfzigtausend seit der Jahrhundertwende. In den siebziger Jahren verbesserten sich zwar die Sicherheitsbedingungen in den Minen, aber immer noch starben unverhältnismäßig viele Schwarze, unter anderem weil sie nicht das Recht hatten, die Arbeit an gefährlichen Stellen zu verweigern. Wenn der weiße Boss Themba einen Befehl gab, mußte Themba gehorchen. Sträubte er sich, riskierte er, gefeuert zu werden, und wenn er gefeuert wurde, setzte sich keine Gewerkschaft für ihn ein, jedenfalls nicht in den Jahren vor 1982.

Vor Bothas Reformen waren schwarze Gewerkschaften in Südafrika rechtlich nicht anerkannt. Schwarze Bergarbeiter setzten sich deshalb auf andere Weise zur Wehr, manchmal mit Hilfe von Sabotageakten. Sie warfen Schraubenschlüssel in Maschinen oder legten unter Tage Feuer. Hin und wieder machten sie ihrer Wut und Verbitterung auch über Tage Luft, und dann kam es in den Wohnlagern zu wilden Tumulten. Die Polizei wurde gerufen, um die Schwarzen zu bändigen, und dabei gab es oft Tote. Anschließend wurden die Unruhestifter gefeuert und durch neue Arbeiter ersetzt. Es war so einfach, einen schwarzen Bergarbeiter zu ersetzen. Draußen im Busch, in den Homelands und den umliegenden Gegenden wartete fast eine halbe Million Männer auf einen Job in den Minen Südafrikas.

Der Schriftsteller Joel Matlou hat beschrieben, wie er sich nach seiner ersten Schicht fühlte: «Es war Zeit, zum Ausstempeln zu gehen, und so folgten wir unserem Boss-Boy zurück zur Station. Als wir in der Schlange standen, drehten wir unsere Lampen aus, denn in der Station gab es elektrisches Licht. Wir waren naß wie Fische und dreckig wie Flußpferde. Einige setzten sich und ruhten sich mit leerem Magen aus. Nach zwanzig Minuten kam der Aufzug. Der Wachmann machte die Tür auf, und wir drängten hinein. Laut einem Schild an der Tür hatten nur zwanzig Leute im Aufzug Platz, aber wir standen zusammengepfercht wie die Ölsardinen.»

Über Tage lebten die schwarzen Bergleute in trostlosen Männerlagern, weit weg von zu Hause und von ihren Familien. Thembas Lager erinnerte mich eher an ein Gefängnis – ein Mustergefängnis natürlich, mit Sportplätzen und Freizeiteinrichtungen, und trotzdem war es nicht gerade ein schöner Ort zum Leben. Das Lager bestand aus neun einstöckigen, mit Ziegeln verblendeten Gebäuden, die halbmondartig über eine Rasenfläche verteilt waren. Den Mittelpunkt bildete ein riesiger Speisesaal, etwas abseits befand sich ein Freilufttheater, wo manchmal Filme gezeigt wurden. Der ganze Komplex war von einem hohen Zaun umgeben und hatte nur einen Zugang. Das schwere Tor war flankiert von Wachlokalen, in denen es von Sicherheitsbeamten wimmelte.

Die Unterkünfte der Sicherheitsbeamten lagen ein oder zwei Kilometer entfernt. Alles, was ich von draußen sehen konnte, waren einige auf dem Asphalt geparkte «Einsatzfahrzeuge», gepanzerte Toyota Land Cruiser. Nach und nach bekam ich heraus, daß sie mit ernst zu nehmenden Waffen bestückt waren: mit Wasserwerfern, einem Arsenal von halbautomatischen Feuerwaffen, Schrotflinten, Vorrichtungen zum Abfeuern von Tränengasgranaten oder Gummigeschossen und mit jeder Menge Stacheldraht. Irgendwo auf dem Grundstück gab es auch eine Schule für Wachhunde und sogar eine Art Geheimdienst, der ein Netz von Betriebsspionen unterhielt.

Weiße Minen-Manager wiesen den Verdacht weit von sich, hinter alldem stecke etwas Schlimmes. Sie beteuerten vielmehr, daß die Waffen und das Kriegsspielzeug notwendig seien, um das Gold zu bewachen und unter den Angehörigen verfeindeter Stämme den Frieden aufrechtzuerhalten. Das mochte schon stimmen, aber dann sagten sie noch, die Arbeiter seien ganz zufrieden, und in dieser Hinsicht war ich skeptisch. Laut Joel Matlou ging es den schwarzen Bergarbeitern schlecht: «Es war keine Zeit oder Gelegenheit zu zeigen, wer man war und was man wollte. Ich wusch weder meine Kleidung noch badete ich, weil ich keine Seife und keine Sachen zum Wechseln hatte. Alles, was ich tat, war essen und im Gras schlafen... Die Mine läßt einen die Familie, die Verwandten, die Freunde, ja, sogar die Freundin vergessen. Man denkt nur noch an die Arbeit unter Tage. Nach drei Wochen war ich ein Teil dieser Welt. Waschen, baden, Fingernägel schneiden, saubere Kleidung, Zeitung lesen – all das lag in weiter Ferne. Es hätte über eine Million Kilometer weit weg sein können. Das Leben war so schlimm; für mich war es wie ein kleiner Stein.»

Themba Ngwazi hatte als Erwachsener die meiste Zeit wie ein Stein gelebt, und er hatte das Leben endgültig satt. Eines kann ich mit Sicherheit sagen: Themba war ein zorniger Mann.

Dies ist ein Gleichnis über Arbeitsverhältnisse, über den Kampf der Arbeiter gegen die Bosse. Thembas Seite haben wir kennengelernt, jetzt müssen wir uns seinen Gegnern zuwenden. Wieder einmal weiß ich weniger über sie, als ich gern wissen würde, weil sie nach einem oder zwei Sondierungsgesprächen nicht mehr mit mir reden wollten. Trotzdem suchte ich ihre Zentrale auf, einen fensterlosen Betonklotz im Bankenviertel von Johannesburg mit riesigen Flächen aus reflektierendem Glas an der Außenseite und einer auffallend luxuriösen Innenausstattung. Die Eingangshalle war voller teurer Kunstgegenstände. In den Fahrstühlen wurden die Insassen von einer Geisterstimme daran erinnert, wohin sie fuhren, und die Stimme sagte ihnen auch, wann sie das gewünschte Stockwerk erreicht hatten. Die langen Korridore waren mit Plüschteppichen ausgelegt. Die Schreibtische waren breit und imposant, die weißen Angestellten dahinter gut gekleidet und wohlgenährt. Die ganze Atmosphäre erinnerte mich an Amerika. Es roch nach Geld und Macht, wie in einer großen Ölgesellschaft oder einem Versicherungsunternehmen.

Dies war die Zentrale der JCI, der Johannesburg Consolidated Investments, einer Bergbaugesellschaft mit einem Kapital von dreieinhalb Milliarden Rand und einem jährlichen Gewinn von 322 Millionen Rand. JCI war Eigentümerin von Randfontein Estates und eine Tochtergesellschaft von Anglo American, jenem gewaltigen Gold- und Diamanten-Trust, der viele der reichsten Minen Südafrikas besaß und außerdem noch vieles andere – der Konzern war unter anderem an rund sechzig Prozent der an der Johannesburger Börse registrierten Gesellschaften maßgeblich beteiligt. Die Anglo American Corporation verkörperte den südafrikanischen Kapitalismus.

In meiner Jugend, als ich mich zu den Linken zählte, hielt ich Unternehmen wie Anglo American und JCI für schlecht, aber jetzt war ich mir nicht mehr so sicher. Die Weißen an der Spitze dieses Imperiums waren Geschäftsleute und, vom moralischen Standpunkt aus betrachtet, nicht besser oder schlechter als ihre Kollegen anderswo. Die meisten waren Liberale im Sinne des englischsprachigen Südafrika, und sie arbeiteten mit dem Apartheid-Regime zusammen, solange das gut fürs Geschäft war. Im Jahr 1985 war die Apartheid jedoch zur Belastung geworden, und die liberalen Kapitalisten wandten sich gegen sie – nicht aus moralischen Gründen, sondern weil sie Unruhe und Instabilität bewirkte, den Profit bedrohte und die Ausweitung des Bolschewismus unter den immer aufsässiger werdenden schwarzen Arbeitern förderte. Die Kapitalisten erkannten, woher der Wind wehte, und sie begannen sich darauf einzustellen.

Im Jahr 1985 taten sie ihr Möglichstes, um sich bei den zornigen schwarzen Massen beliebt zu machen. Dazu gehörten unter anderem die Zusage erheblich höherer Löhne für schwarze Arbeiter und die hintersinnige Förderung des Gewerkschaftswesens in den Minen. Einige südafrikanische Kapitalisten waren außerordentlich raffiniert. Sie erkannten, daß es in ihrem eigenen Interesse lag, die aufstrebenden schwarzen Gewerkschaften zu fördern. Auf diese Weise konnten die Kapitalisten sie formen, mäßigen und in Organisationen verwandeln, mit denen sie auf lange Sicht zusammenarbeiten konnten. Als eine militante schwarze Gewerkschaft JCI davon unterrichtete, daß sie in Randfontein Estates eine Anwerbekampagne durchführen wolle, zeigte sich JCI entgegenkommend und lud die Gewerkschaft ein.

Bei dieser handelte es sich um die National Union of Mineworkers (NUM), die mächtige schwarze Nationale Gewerkschaft der Minenarbeiter unter der Führung eines charismatischen jungen Anwalts namens Cyril Ramaphosa. Obwohl NUM 1985 erst dreieinhalb Jahre existierte, war sie bereits die größte schwarze Gewerkschaft des Landes mit 230000 zahlenden Mitgliedern und einer soliden Basis in den Minen. NUM kümmerte sich einerseits um Löhne und Arbeitsbedingungen, andererseits war sie aber auch eine revolutionäre Kraft, die zu einer tiefgreifenden Umformung der südafrikanischen Gesellschaft entschlossen war. Die Gewerkschaft wählte Nelson Mandela zu ihrem Ehrenpräsidenten, sprach leidenschaftlich vom Sozialismus und knüpfte Verbindungen zum damals verbotenen ANC. All das war für die wendigen Kapitalisten von JCI zweifellos alarmierend, ließ aber in Umrissen auch die künftige Entwicklung erkennen. NUM war eine nicht zu unterschätzende Kraft, auch wenn man sie vielleicht durch Zugeständnisse beschwichtigen konnte.

Die «Zulassung» der Gewerkschaft in Randfontein Estates fand denn auch unter ziemlich großzügigen Bedingungen statt. NUM erhielt die Erlaubnis, auf dem Minengelände Versammlungen abzuhalten und Informationsmaterial zu verteilen. Die Gewerkschaft bekam sogar ein eigenes Büro zugewiesen. Die Vereinbarung galt ein Jahr. Es wurde festgelegt, daß JCI die Gewerkschaft anerkennen würde, wenn sie die Mehrheit der Arbeiter als Mitglieder gewonnen hatte. In Anbetracht der Größe der Belegschaft von Randfontein Estates handelte es sich um eine wichtige Kampagne, deshalb wählte NUM einen ihrer besten Männer aus, um sie zu leiten.

Der Mann hieß Blackie Mshotshiza, und er war gerade erst siebenundzwanzig. Er hatte eine Afro-Frisur, trug mit Vorliebe buntgemusterte, taillierte Hemden und bewohnte ein Apartment in einem einst nur von Weißen bewohnten Stadtteil von Johannesburg. Mshotshiza war ein ehemaliger Studenten-Aktivist aus einem der unabhängigen Homelands. Er war 1982 nach Johannesburg gekommen, hatte sich an einer privaten High School eingeschrieben und war dann geradewegs zu NUM gegangen. In den folgenden drei Jahren war er zum Bezirkssekretär aufgestiegen, und jetzt war er für die Aktivitäten von NUM in neun großen Minen westlich von Johannesburg verantwortlich.

Themba nahm gleich an der ersten Veranstaltung der Gewerkschaft in Randfontein Estates teil und fiel dem Funktionär sofort auf. «Er sang diese afrikanischen Lieder», erinnerte sich Blackie. «Er führte die Sänger und Tänzer an. Ich hörte, daß er von vornehmer Abstammung und sein Vater ein Häuptling oder so etwas war – deshalb war er so stark.» Themba konnte kaum lesen oder schreiben, aber er war keineswegs dumm. «Er verstand, was man sagte», erklärte Blackie. «Was seine politische Einstellung betraf, kann ich nur sagen, daß er die Weißen haßte. Das ist alles.»

Blackie fügte hinzu: «Ich mochte ihn von Anfang an.» Er mochte Themba sogar so sehr, daß er ihn zum Vertrauensmann von NUM und zum Leiter der Anwerbekampagne machte.

Trotz der großen Unzufriedenheit unter den schwarzen Minenarbeitern von Randfontein Estates hatte die Kampagne einen enttäuschenden Start. Viele schwarze Kumpel fürchteten ganz einfach, daß sie ihren Job verlieren würden, wenn sie sich der Gewerkschaft anschlossen. Andere kamen aus entlegenen Gegenden und hatten kaum eine Ausbildung genossen. Sie konnten sich unter einer Gewerkschaft nichts vorstellen und wollten keine Beiträge zahlen. Die Sache wurde noch dadurch kompliziert, daß ein wesentlicher Teil der Arbeiter von Randfontein Estates dem Stamm der Shangaan in Moçambique angehörten. Sie hatten schreckliche Angst davor, Ärger zu bekommen und nach Hause zurückgeschickt zu werden. Ihr Land wurde von Krieg und Hunger heimgesucht, und dort mußten sie wahrscheinlich verhungern.

NUM beschuldigte außerdem die Minenleitung, die Gewerkschaft bei jeder Gelegenheit zu behindern. Die weißen Bosse erwarteten von Blackie, daß er die Versammlungen in seinem Büro abhielt, nicht in den Unterkünften. Wenn er Flugblätter verteilen wollte, mußte er die Bosse um Erlaubnis bitten, und wenn er es nicht tat, wurde sein Material beschlagnahmt. Soweit es das Management betraf, entsprach alles dem Kleingedruckten in der Zulassungsvereinbarung. Die weißen Bosse sahen in dem stockenden Verlauf der Kampagne ihre eigene Einschätzung bestätigt, daß die schwarzen Arbeiter von Randfontein Estates im Grunde ganz zufrieden seien.

Ob das nun stimmte oder nicht – Blackie und Themba machten jedenfalls kaum Fortschritte. Im November 1985 kamen immer noch nur knapp hundert Anhänger zu den Gewerkschaftsversammlungen, und die Zulassung würde in Kürze ihre Gültigkeit verlieren. JCI war zwar bereit, die Zulassung zu verlängern, doch die Gewerkschaft hatte es eilig. Sie wollte alle 600 000 schwarzen Minenarbeiter Südafrikas anwerben und aus ihnen eine Waffe schmieden, mit der sie den Apartheid-Staat vernichten konnte. Es war keine Zeit zu verlieren. Die Townships brannten; Kinder kämpften und starben; die Zeit für den letzten, entscheidenden Aufstand war gekommen. Der Präsident von NUM, James Mahlatsi, erklärte, innerhalb eines Jahres werde Südafrika ein sozialistisches Land sein, doch selbst diese Aussicht konnte die Arbeiter von Randfontein Estates nicht mobilisieren. In der Mine blieb es ruhig. Für einige militante Gewerkschafter war das enttäuschend.

Am 13. November berief Blackie Mshotshiza eine Versammlung ein und nahm die gleichgültige Mehrheit der Minenarbeiter ins Gebet. Seine Rede zielte auf eine Änderung der Modalitäten beim Abschluß eines Arbeitsvertrags. Das bisherige Verfahren war unter den Bergleuten als *waya-waya*, als «Warum-warum» bekannt. Wanderarbeiter in den Minen hatten einst so etwas wie eine Arbeitsplatzgarantie gehabt. Nach Auslaufen eines Vertrages gingen sie mit einem Leistungsnachweis, in dem das Datum ihrer Rückkehr vermerkt war, nach Hause zu Frau und Vieh. Zum angegebenen Termin meldeten sie sich beim nächsten Vermittlungsbüro und wurden in einen Zug nach Johannesburg gesetzt. Inzwischen waren die Minen jedoch automatisiert, die Zahl der ungelernten Arbeitskräfte war eingeschränkt worden, und es wurden weniger Leute eingestellt. Viele Arbeiter erhielten deshalb einen Leistungsnachweis ohne Rückkehr-Datum. Die Bosse versprachen, man werde sie rufen, wenn sie gebraucht würden, aber manchmal kam diese Aufforderung nie. Die Arbeiter fragten: «Warum? Warum?» Warum mußte es so sein? Arbeiter in der nahe gelegenen Kloof-Mine wehrten sich gegen das «Warum-warum» und die Arbeiter von Vaal Reefs und Western Areas ebenfalls. Doch die Männer von Randfontein legten einfach die Hände in den Schoß. Blackie warf ihnen vor, sich wie «alte Frauen» zu verhalten und aus purer Angst der Gewerkschaft nicht beizutreten.

«Wacht endlich auf und kämpft!» sagte er.

Nach einiger Zeit kamen Blackies «emotionale und aggressive» Reden den weißen Minenbossen zu Ohren. Das geheime Nachrichtensystem in Randfontein war fast ebenso ausgeklügelt wie das staatliche. Schwarze mit Decknamen wie Foxtrott-Foxtrott, Delta-Delta oder Golf-Whisky wurden in die Unterkünfte eingeschleust, um subversive Strömungen aufzuspüren. In den Tagen nach Blakkies Rede wurden die Berichte der Spione immer alarmierender. Ein Spion bekam Wind von einem Plan, der vorsah, die Sicherheitsbeamten der Mine zu überfallen und «die weißen Hunde zu töten». Ein anderer hörte, wie jemand sagte: «Schwarzafrika gehört den Schwarzen. Die Weißen müssen aus dem Land getrieben werden.» Ein dritter berichtete von dem Plan, «die Hunde vom Sicherheitspersonal und von der Verwaltung der Wohnlager» vom Minengelände zu jagen. Besagte Hunde waren «Lakaien des Managements» – schwarze Aufseher.

Am 7. Dezember schien sich das Blatt zugunsten der Gewerkschaft zu wenden. Für diesen Tag war eine große Kundgebung geplant. NUM mietete Busse, die ihre Teilnehmer abholen sollten, aber die Minenleitung von Randfontein Estates weigerte sich, die Busse auf das Gelände zu lassen. Die Bosse wurden zunehmend nervös. Einige hundert unerschrockene Minenarbeiter kletterten über die Zäune, hoben Blackie auf ihre Schultern, stimmten Freiheitslieder an und drängten in die Busse.

Die Kundgebung muß ein ziemliches Erlebnis gewesen sein. Als die Minenarbeiter nach sechsunddreißig Stunden zurückkamen, waren sie völlig berauscht vom Geist der Freiheit und wollten endlich handeln. Ihre Forderung lautete: «Nie mehr Warum-warum!» Und um ihr Nachdruck zu verleihen, verhängten sie einen Boykott über die Kantinen, die von der Minenleitung eingerichteten Bierstuben, wo sich die Arbeiter bei einem Krug des afrikanischen Gebräus *tshwala* entspannen konnten. Als die Bierstuben dicht waren, wandten sich die militanten Gewerkschafter den sogenannten *Jew shops* zu, Geschäften, die Seife, Schuhcreme, Tabak und andere Dinge des täglichen Bedarfs verkauften. Auf dem Weg zu einem dieser Läden mußte eine Gruppe singender Minenarbeiter eine öffentliche Straße überqueren. An der Kreuzung stießen sie auf die Polizei. Steine wurden geschleudert, und die Bullen eröffneten das Feuer. Ein Minenarbeiter wurde getötet, dreizehn wurden verletzt und siebenunddreißig festgenommen.

Danach ging der Ärger erst richtig los. Als die Nachricht von der

Schießerei die Runde machte, legten die Kumpel die Arbeit nieder. Am Abend befanden sich mindestens tausend Arbeiter im Streik. Die Shangaan wollten sich nicht an dem Streik beteiligen und gingen wie gewohnt zur Arbeit. Militante Gewerkschafter fingen sie auf dem Weg zum Schacht ab, und einige wurden als Streikbrecher verprügelt. Am nächsten Morgen hielten es die Männer aus Moçambique für besser, auf ihren Zimmern zu bleiben, doch die militanten Gewerkschafter wollten nichts davon wissen. Sie drangen in die Quartiere der Shangaan ein, zerschlugen das Mobiliar und trieben die Feiglinge vor sich her nach draußen. Bald standen fast dreitausend Arbeiter auf dem viereckigen Innenhof. Sie tanzten, sangen und brüllten: «*Amandla! Amandla!* Macht! Macht!» Die Bosse waren über die Wut ihrer Arbeiter entsetzt. «Ich machte vor Angst in die Hose», sagte einer.

Die weißen Minenaufseher zogen sich in ihre Büros zurück und verfolgten die Revolution durch die Fenster. Tag und Nacht wurde getanzt, bis die Weißen vor Erschöpfung fast wahnsinnig waren. Nach achtundvierzig Stunden Streik war es soweit: Auch sie tanzten und riefen «Amandla». Ab und zu kam eine zornige Delegation zu Piet Rademeyer, dem für die Belange der Arbeiterschaft zuständigen Mann der Mine. Rademeyer war ein übertrieben gewissenhafter Afrikaaner und dem Ruf nach ein Lagerleiter alten Stils. Bis es in Randfontein zum Kampf kam, war seine Stellung in etwa mit der eines Kolonialbeamten zu vergleichen. Er konnte ohne Furcht durch die Lager der Schwarzen gehen. Sie nannten ihn *nkosi*, Herr, und plauderten mit ihm in Fanakalo, der Umgangssprache der südafrikanischen Minen, die sich zum Teil aus der Zulu-Sprache entwickelt hat. Piet Rademeyer hatte immer geglaubt, er sei bei den Schwarzen beliebt. Jetzt mußte er erkennen, daß dem nicht so war.

Eines Nachmittags kam Themba mit einer Delegation in Rademeyers Büro, um ihm neue Forderungen zu unterbreiten. Rademeyer hörte zunächst höflich zu, dann versuchte er, den Standpunkt der Minenleitung darzulegen. «Wir sind nicht beunruhigt...» begann er, doch Themba unterbrach ihn. «Worüber seid ihr nicht beunruhigt?» fuhr er ihn an. Der Rest der Delegation stimmte einen Sprechgesang in Fanakalo an: «Worüber seid ihr nicht beunruhigt! Worüber seid ihr nicht beunruhigt!» Themba erhob sich und fuchtelte

Rademeyer mit dem Finger vor der Nase herum. «Du, Piet!» schrie er. «Du willst zu clever sein! Halt den Mund!» Themba war ein außerordentlich zorniger Mann. Wenn es nach ihm ging, würde der Boss das Zimmer nicht verlassen, bis die Forderungen der Arbeiter erfüllt waren.

Wie sahen ihre Forderungen aus? Sie verlangten die Freilassung ihrer siebenunddreißig Genossen aus Polizeigewahrsam. Die Sicherheitstruppe der Mine sollte abgeschafft werden. Die *indunas*, die Boss-Boys, sollten gefeuert und durch «Arbeitervertreter» ersetzt werden. Und schließlich sollte es keine «Warum-warums» mehr geben. Die Arbeiter verlangten feste Rückkehr-Termine und eine Arbeitsplatzgarantie.

Laut Rademeyer war die Minenleitung zu Zugeständnissen bereit, aber man wußte nicht, an wen man sich wenden sollte. Mit Themba konnte man nicht ernsthaft reden. Er war ungebildet und sprach kaum Englisch. Und doch mußten die Bosse mit jemandem sprechen, weil die Situation allmählich außer Kontrolle geriet. Schließlich riefen sie Cyril Ramaphosa in der NUM-Zentrale an und baten ihn um Hilfe. Man kam überein, daß NUM Blackie Mshotshiza zur Mine schicken sollte.

Als Blackie dort ankam, war es fast Mitternacht. Es donnerte und blitzte, und die Streikenden warteten draußen im strömenden Regen. Den Berichten der Betriebsspione zufolge zeigte Blackie auf das Fördergerüst des nächstgelegenen Minenschachts und sagte: «Seht ihr die Räder? Sie stehen still. Mit vereinter Kraft haben wir diese Mine zum Stillstand gebracht. Jetzt seht ihr, daß die Mine den Schwarzen gehört. Wir haben die Manager da, wo wir sie haben wollen.» Die Minenarbeiter klatschten lautstark Beifall.

Der Tag werde kommen, fuhr Blackie fort, an dem die Gewerkschaft Piet Rademeyer auffordern werde, «seinen Hut zu nehmen und zu verschwinden», aber noch sei die Zeit nicht reif. Jetzt sollten sie erst einmal an ihre Arbeit zurückkehren. Die Minenarbeiter applaudierten erneut, setzten ihre Helme auf und fuhren in die Schächte ein.

Ein oder zwei Tage später, am 12. Dezember, betrat eine Delegation von führenden Gewerkschaftern und Minenarbeitern aus Randfontein das JCI-Gebäude und setzte sich mit den Minenbossen zusammen. Sie erreichten zumindest ein wichtiges Zugeständnis – die Abschaffung des «Warum-warum»-Systems – und erhielten die Zusage, daß noch mehr getan werde. Es war ein Triumph für die Gewerkschaft. NUM hatte die mächtige Minengesellschaft gedemütigt und die Kapitalisten in die Knie gezwungen.

Der Friede währte nur vierundzwanzig Stunden. Am 13. Dezember brachen erneut Unruhen aus. Diesmal ging es um ein Tor, eine massives, rotes Tor, das die Mine vom Township Bekkersdal trennte. Themba verlangte, man solle das Tor öffnen, aber die Minenleitung bestand darauf, daß es aus Sicherheitsgründen geschlossen blieb. Themba wollte das nicht ohne weiteres schlucken. In seinen Augen versuchte Rademeyer, den Bierstuben-Boykott zu brechen, indem er den Arbeitern das Recht verweigerte, außerhalb der Mine etwas trinken zu gehen. Als die Minenleitung es ablehnte, Thembas Forderungen zu erfüllen, trommelte er ein paar Arbeiter zusammen und inszenierte eine wilde Demonstration. Blackie tauchte gerade noch rechtzeitig auf, um einen Waffenstillstand auszuhandeln. Die Bosse gaben nach, das Tor wurde geöffnet, und Thembas Anhänger zerstreuten sich.

Als Themba vier Tage später aus dem Schacht kam, fand er das Tor wieder verschlossen. Die Bosse erklärten, schwarze Aufseher und Angestellte der Personalabteilung hätten darum gebeten, das Tor wieder zu schließen, weil sonst *tsotsis* aus dem Township hereinkämen und ihre Autos durchwühlten. Themba glaubte ihnen nicht. Er und seine Anhänger waren wütend. Sie hoben das gewaltige Tor mit bloßen Händen aus den Angeln und luden es vor der Tür des Lagerleiters ab. Dann sahen sie sich um und entdeckten in ungefähr hundert Meter Entfernung zwei Bosse. «Sie stürmten auf uns los wie ein Rugby-Team», erzählte mir einer der beiden. «Es war ein schrecklicher Anblick.» Die Weißen verschwanden in einem Büro und verriegelten die Tür. Hunderte von Arbeitern versammelten sich draußen auf dem Rasen und begannen wieder zu tanzen und zu singen. Vertrauensmänner von NUM tauchten auf, aber Thembas Leute schoben sie einfach zur Seite. Es wurde dunkel, die Spannung stieg, und die Situation wurde immer verworrener.

Fairerweise sei erwähnt, daß diese Schilderung zum Teil auf einem vertraulichen Dokument beruht, das mir von einem jener verärgerten Angestellten zugespielt wurde, wie es sie überall gibt. Es handelte sich um den internen Bericht der JCI über Thembas Aufstand. Darin wurden mehrere Leute genannt, die ich nicht persönlich kannte, unter ihnen Cyril Ramaphosa, Gründer und Führer von NUM. Als alles vorbei war, erklärte Ramaphosas Gewerkschaft Themba zu einem loyalen Vertrauensmann und zum Märtyrer für ihre Sache. Im Bericht der JCI hörte sich das etwas anders an. Ihm zufolge rief ein besorgter weißer Angestellter der Mine namens H. Fischer gegen acht Uhr abends bei der Gewerkschaftszentrale an und sprach mit Ramaphosa persönlich. «Hören Sie zu», sagte Fischer, «die Situation hier gerät außer Kontrolle, und Ihre Leute sind anscheinend nicht in der Lage, die Ordnung wiederherzustellen.» «O nein», soll Ramaphosa daraufhin gestöhnt haben. Er wolle sehen, was er tun könne.

Viel war das offenbar nicht. In den folgenden zehn Tagen schlitterte die Mine in die Anarchie. Es gab eine Flut wilder Streiks, die von Gott weiß wem ausgerufen wurden. Die Arbeiterschaft spaltete sich in Gruppen, von denen jede für sich in Anspruch nahm, die Gewerkschaft zu sein, und jede ihre eigenen Forderungen vorbrachte. Alle Forderungen schienen um das gleiche zu kreisen: um die weißen Bosse und die Macht, um die Privilegien und die Herrschaft der Weißen. Es kam so weit, daß niemand wußte, was überhaupt los war, nicht einmal der, der den geheimen Bericht für JCI verfaßte. Es gab vereinzelte Stammesfehden und mehrere gewaltsame Zusammenstöße zwischen militanten Gewerkschaftern und Sicherheitsbeamten. Weitere Streikbrecher wurden zusammengeschlagen. Dann waren die *indunas* an der Reihe. Die militanten Gewerkschafter verlangten ihre sofortige Entlassung. Das Leben der *indunas* war in Gefahr, deshalb wurden sie von der Minenleitung aus den Lagern evakuiert.

Nach Ansicht der militanten Gewerkschafter reichte das jedoch nicht aus. Eines Nachmittags marschierte ein führerloser Haufen von dreihundert Minenarbeitern zum Büro der Bosse und wollte wissen, weshalb sich immer noch *indunas* auf dem Gelände befänden. Ein neuer Streik wurde ausgerufen. Noch am selben Abend kam es erneut zu Auseinandersetzungen zwischen militanten Gewerkschaftern und den widerwilligen Shangaan. Das ging jetzt schon fast einen Monat so. Die Minenleitung beschloß, einzugreifen und den Unruhen ein Ende zu machen.

Die Kapitalisten hatten lange gezögert, Gewalt anzuwenden, weil sie vorausblickten und die Folgen ihrer Aktionen sorgfältig abwogen, aber als sie sich erst einmal entschlossen hatten, die Muskeln spielen zu lassen, gingen sie überlegt und tatkräftig vor. Die Sicherheitstruppe der Mine wurde mobilisiert. Von Anglo American lieh man sich einen Hubschrauber für die Einsatzleitung, von einer benachbarten Mine wurden zwei Hilfskommandos angefordert. Für alle Fälle bat man die südafrikanische Polizei, ebenfalls ein Sonderkommando bereitzustellen. Zwei Tage vor Weihnachten rückte diese Ad-hoc-Armee gegen die militanten Gewerkschafter vor; dem internen Bericht der Minenleitung zufolge standen ihr rund tausend Arbeiter gegenüber. Der Befehl lautete, nur Gummigeschosse abzufeuern und keine Todesopfer zu riskieren. Trotzdem lud einer sein Gewehr mit scharfer Munition und erschoß einen Minenarbeiter. Ein anderer wurde von einem Gummigeschoß am Kopf getroffen und erlag seiner Verletzung. Alles in allem mußten zweiundzwanzig Männer ins Krankenhaus eingeliefert werden. Danach verschärfte die Minenleitung die Sicherheitsvorkehrungen und verbot Versammlungen von mehr als zehn Männern auf dem Minengelände. Anscheinend war der Aufruhr nun endgültig vorbei.

Doch dann, an einem frühen Sonntagmorgen, bemerkte ein aufmerksamer Wachmann in einem Sumpfgebiet außerhalb des Minengeländes etwas Seltsames, und alles begann wieder von vorn.

Es ist Sonntag, der 19. Januar 1986, 8.30 Uhr. Ein Sommermorgen im Süden. Es hat ordentlich geregnet in dieser Saison. Das Gras ist saftig und feucht, und das Laub an den Zweigen der Weiden und Pappeln am Rande des Sumpfes, den Eric Magnus durch sein Fernglas beobachtet, ist von intensivem Grün. Eric Magnus ist weiß, Ende Dreißig. Er trägt Jeans und ein leichtes Sommerhemd und hat den bei den weißen Südafrikanern so beliebten Schnurrbart. Magnus und ein Schwarzer im Kampfanzug stehen neben einem Wagen auf einer Sandpiste und blicken in eine halbwegs ländliche Umgebung. Hinter ihnen ragt der Förderturm eines Minenschachts empor. Die Abraumhalden sind so gelb wie Sandstrände und so hoch wie Berge; teils liegen sie versteckt hinter Eukalyptusbäumen. Eine Reihe halbgeschossiger Häuser am Horizont markiert die Peripherie der Goldminen-Stadt Randfontein.

Eric Magnus ist ein Bulle. Ein Blick in sein derbes Gesicht genügt, und man weiß, daß er ein Bulle ist. Früher war er Leutnant bei der südafrikanischen Polizei, jetzt ist er Sicherheitschef von Randfontein Estates und Befehlshaber einer vierhundertsechzig Mann starken Privatarmee. Eigentlich hat Eric Magnus an diesem Tag frei, aber man hat ihn gebeten nachzusehen, was in dem Sumpfgebiet los ist. An manchen Stellen ist das Schilf zweieinhalb Meter hoch und so dicht, daß sich eine Armee darin verstecken könnte. Magnus steht nun schon seit einer Viertelstunde auf seinem Beobachtungsposten, aber er ist sich immer noch nicht ganz sicher, was er eigentlich sieht.

Zuerst hat er geglaubt, es seien Zionisten, afrikanische Zionisten, die in dem schmutzigen Bach, der durch das Schilf fließt, Taufen vornehmen. Da ist jedoch kein «Prophet» und kein Pastor in Robe zu sehen, der die Gläubigen in den Bach taucht, und es ist auch kein Händeklatschen oder Singen zu hören, das solche Zeremonien normalerweise begleitet. Magnus sieht vierzig bis fünfzig schwarze Männer. Einige tragen Unterhosen, einige sind splitternackt. Sie stehen einfach ohne Kleider in einem Sumpf herum, als sei das an einem frühen Sonntagmorgen das Normalste auf der Welt. Anscheinend wissen sie, daß Magnus sie beobachtet, und warten darauf, daß er verschwindet. Warum um alles in der Welt sind sie nackt? Sie schwimmen doch nicht. Eric Magnus wird daraus nicht schlau, aber er hat ein ungutes Gefühl.

Ein paar Gesichter kennt er. Einer ist ein gelbgesichtiger, ziemlich dicker Kerl mit den Narben seines Stammes auf den Wangen. Wie ist noch gleich sein Name? Ach ja, Themba. Und da ist auch Genosse Bala. Genosse Bala ist ein wirklich schwieriger Fall, ein zäher Bursche mit kräftigem Körper und durchdringenden, kohlschwarzen Augen. Ein heiliger Krieger. Was macht er dort unten? Eric Magnus ist beunruhigt. Noch etwas anderes macht ihm Sorgen: Einige der Männer brechen Zweige von den Bäumen und flechten daraus stabile, einen Meter lange Ruten; das ist exakt die Länge eines traditionellen Kampfstocks. Magnus gefällt das ganz und gar nicht.

Er schwenkt sein Fernglas zum Haus des weißen Farmers, auf dessen Grundstück die Versammlung stattfindet. Der Farmer ist draußen im Garten und beobachtet das Treiben ebenfalls durchs Fernglas. Als Magnus sich wieder der saftgrünen Landschaft zuwendet, erscheint ein neues Element auf der Bildfläche: Ein gelber Pickup der südafrikanischen Polizei verläßt die geteerte Straße und fährt auf der Sandpiste direkt auf ihn zu. Die Bullen halten an und sagen hallo. Einer der Polizisten zeigt mit dem Daumen in die Richtung der Schwarzen im Sumpf. «Was machen die Kerle da unten?» fragt er. Magnus zuckt die Achseln: «Verraten Sie es mir.»

Wie sich herausstellt, sind die Bullen dienstlich hier. Der weiße Farmer auf der anderen Seite des Sumpfes hat sie gebeten, die Eindringlinge von seinem Land zu vertreiben. Keiner der Bullen spricht eine afrikanische Sprache, deshalb bietet ihnen Magnus die Hilfe seines schwarzen Begleiters und seinen Lautsprecher an. Die Bullen erklären dem Schwarzen, was er sagen soll. Er schaltet das Mikrophon ein, räuspert sich und macht die Durchsage auf xhosa. «Achtung! Achtung! Ihr befindet euch auf Privatbesitz! Bitte verlaßt sofort das Grundstück!»

Daraufhin gerät das Schilf am Ufer des Baches in Bewegung, und einige hundert bis dahin unsichtbare Männer kommen aus ihren Verstecken. Manche sind nackt, manche sind mit Stöcken aus den Zweigen der umstehenden Bäume bewaffnet. Schweigend starren sie die Weißen an. Eric Magnus ist auf einmal recht unbehaglich zumute.

Aha, denkt er, jetzt gibt es Ärger.

Als Eric Magnus noch Beamter bei der südafrikanischen Polizei war, hatte er den Auftrag bekommen, die rechtsradikalen Terroristen aufzuspüren, die den Kindern des liberalen Zeitungsverlegers Donald Woods mit Säure imprägnierte T-Shirts geschickt hatten – ein Vorfall, der in dem Film *Schrei nach Freiheit* verewigt wurde. Gerade als er den Tätern auf der Spur war, wurde ihm der Fall vom Polizeichef entzogen. Magnus quittierte daraufhin verärgert den Dienst. Seitdem vermißt er die Truppe nur selten, außer in Momenten wie diesem. Wenn das jetzt eine Aktion der südafrikanischen Polizei wäre, könnte er direkt eingreifen, die Schwarzen einschüchtern und das Problem im Keim ersticken. Aber so darf er das nicht.

Eric Magnus ist jetzt Zivilist und muß sich gegenüber einem zivilen Boss verantworten. Der Vizepräsident von JCI hat einen Grundsatz aufgestellt: «Die Minenleitung ist bemüht, bei der Gewährleistung der Sicherheit Zurückhaltung zu wahren und gleichzeitig die völlige Kontrolle zu behalten.»

Was in aller Welt soll das in einer Situation wie dieser bedeuten? Magnus denkt darüber nach und kommt zu dem Schluß, daß der Vizepräsident von JCI wahrscheinlich von ihm erwartet, daß er in den Sumpf geht und freundlich mit den Arbeitern plaudert. Genau das tut er also. Er geht zu ihnen und grüßt mal nach hier, mal nach dort. «Ist euch nicht kalt?» fragt er diejenigen, die nackt sind. Die Minenarbeiter wirken etwas mürrisch und verärgert, aber zu diesem Zeitpunkt zeigen sie sich überhaupt nicht feindselig. Nach ein paar aufmunternden Worten des weißen Mannes ziehen sie ihre Kleider an und machen sich auf den Weg zur Mine.

Magnus stößt einen Seufzer der Erleichterung aus und steigt in seinen Wagen. Im Schneckentempo fährt er hinter der marschierenden Kolonne her, als er auf einmal etwas hört, das seinen Mut sinken läßt. Die Minenarbeiter singen. Ihr Lied ist unvergeßlich schön – «das schönste Lied, das ich je gehört habe», sagt Magnus später, aber in dem Moment hätte er es lieber nicht gehört. Es ist das Lied, das die Xhosa-Krieger singen, wenn sie in die Schlacht ziehen. Die Minenarbeiter fuchteln mit Stöcken und Zaunpfählen in der Luft herum. Einige bücken sich und heben Steine von der Straße auf. Ein Arm erhebt sich aus der Menge. Die Hand hält ein Messer.

Da taucht Piet Rademeyer auf. Er wirft einen Blick auf die Menge, wendet sich an Magnus und sagt: «Wir können sie mit diesen Waffen nicht hereinlassen.» Magnus fordert über Funk ein oder zwei Einsatzkommandos an – vierzig bis fünfzig Schwarze in Kampfstiefeln und mit Schutzhelmen, bewaffnet mit Schlagstökken, Schrotflinten und Tränengasgranaten. Als die Minenarbeiter das Lagertor erreichen, müssen sie feststellen, daß die anderen die besseren Waffen haben. Piet Rademeyer kommt heraus, um mit ihnen zu reden. «Wir wollen nicht noch einen Kampf», sagt er. «Legt eure Waffen nieder und kommt herein, und wir vergessen das Ganze.» Den Kumpeln scheint diese Lösung akzeptabel. Einer nach dem anderen geht durch das Tor.

Als sie hereinkommen, bemerkt der Minenangestellte Jan Oosthuizen etwas Seltsames. Die meisten Männer haben kleine Einschnitte in der Haut, zwei kleine parallele Einschnitte auf den Wangen, zwischen den Augen oder, bei denen, die noch kein Hemd tragen, zwischen den Schulterblättern. Auf den ersten Blick erscheint Oosthuizen das nicht ungewöhnlich. Man sieht oft auf Stammesriten zurückgehende Narben in den Gesichtern schwarzer Südafrikaner. Selbst Oliver Tambo, der Führer des ANC, hat welche. Das einzig Seltsame an diesen Narben ist, daß sie nichts mit Initiationsriten für junge Männer zu tun haben können. Sie sind frisch. Offensichtlich wurde eine dunkle, klebrige Substanz in die Narben eingerieben. Oosthuizen weiß nicht, was er davon halten soll, und er denkt nicht weiter darüber nach.

Jeder Minenarbeiter, der durch das Tor geht, wird von einem Sicherheitsbeamten nach Waffen abgetastet. Dann gesellt er sich zu einer Gruppe von Kameraden, die in fünfzig Meter Entfernung auf dem Rasen sitzen. Die Kameraden warten, um sicherzugehen, daß jeder unbeschadet durch die Absperrung der Sicherheitsbeamten kommt. Das ist der Fall. Sobald alle entwaffnet sind, greift jedoch die südafrikanische Polizei ein und nimmt zwei mutmaßliche Anführer fest, um sie zu verhören. Das ist Verrat. Rademeyer hatte sein Wort gegeben. Die Arbeiter fangen wütend an zu schreien. Die Bullen lassen die beiden Verdächtigen schnell wieder frei, aber es ist zu spät.

Die Minenarbeiter stürzen Bäume um und reißen Wäscheleinen herunter und machen Waffen daraus. Einige laufen in das nahe gelegene Lager, um Verstärkung zu holen. Rademeyer hört, wie die militanten Gewerkschafter mit unglaublichem Lärm durch die Gebäude laufen, mit Stöcken gegen Wände und Decken schlagen und die Furchtsamen vor sich her ins Freie treiben. Männer flüchten durch Türen und Fenster und springen über Zäune, um den militanten Kollegen zu entkommen. Die Menge am Tor wird immer größer und immer aufgebrachter. Eric Magnus schickt eines seiner gepanzerten Fahrzeuge auf den Rasenplatz. Über Lautsprecher wird die Menge aufgefordert, sich zu zerstreuen. Die Minenarbeiter werfen mit Steinen nach dem Fahrzeug. Rademeyer rennt zum Telefon und ruft den Generaldirektor der Mine an. «Hier gibt's wieder Ärger», sagt er. Der Generaldirektor billigt den Einsatz von Gewalt. Das Bereitschaftskommando der Mine geht gegen fünfhundert seltsam tanzende und Stöcke schwingende schwarze Bergleute in Kampfstellung, und die Auseinandersetzungen in Randfontein Estates haben wieder einmal einen Höhepunkt erreicht.

Die entscheidende Kraftprobe hat begonnen, aber Eric Magnus denkt immer noch an zurückhaltende Sicherheitsmaßnahmen und an eine Entschärfung der Lage. Er geht wieder ans Funkgerät und fordert seine Geheimwaffe an, ein Kriegsspielzeug, das er Ndlovu, Elefant, getauft hat. Ein oder zwei Minuten später taucht Ndlovu in der Ferne auf. Es ist eine unheimlich schimmernde, gepanzerte Maschine, rot wie ein Feuerwehrauto und mit einer Art Kanone auf einem Geschützturm. Ndlovu rollt am Zaun des Minengeländes entlang und biegt in das Lager ein. Die Arbeiter haben die Maschine noch nie gesehen. Sie schnappen entsetzt nach Luft, als die Kanone in ihre Richtung schwenkt, und die meisten weichen zurück. Dann eröffnet Ndlovu das Feuer – aus dem Geschützrohr kommt ein Wasserstrahl. Ndlovu ist ein Wasserwerfer.

Unter den Minenarbeitern gibt es ein großes Geschrei, und dann geschieht etwas Unerklärliches. Ein paar Männer werden vom Wasserstrahl von den Füßen gerissen, der Rest «wurde einfach verrückt», wie sich Eric Magnus ausdrückte. «Sie liefen weg, doch sobald der Wasserwerfer wieder eingesetzt wurde, kamen sie zurück und griffen uns an. Sie kamen direkt auf uns zu und warfen mit Steinen und Kohlestücken.» Nach Ansicht Oosthuizens, der den Kampf aus einiger Entfernung beobachtet, scheinen die Schwarzen in geradezu «übermütiger Stimmung». Sie weichen den Gummigeschossen aus und lachen sich kaputt. Offensichtlich haben sie überhaupt keine Angst. Die Sicherheitskräfte feuern eine Salve Gummigeschosse nach der anderen ab, und ein paar Geschosse treffen ihr Ziel. Immer mehr Arbeiter gehen zu Boden, schreien und umklammern ihre verwundeten Beine. Schließlich läßt die Wucht des Angriffs nach, und danach ist alles Routine – «ein schöner, sauberer Spaß», sagt Magnus. Die Menge löst sich auf, die Männer laufen davon, und innerhalb weniger Minuten ist alles vorbei.

In seinem Büro, das mit stecknadelübersäten Generalstabskarten seines Reviers tapeziert ist, denkt Magnus später über den seltsamen Mißerfolg der neuen Straßenkampfwaffe nach. Ndlovus Benutzerhandbuch liegt vor ihm auf dem Schreibtisch. Es wurde von einem amerikanischen Experten für die Bekämpfung von Revolten geschrieben. Seine Untersuchungen haben die Wirksamkeit des Wasserwerfers einwandfrei bewiesen. Um weiße Randalierer einzuschüchtern und abzuschrecken, wird dem Wasser grüner Farbstoff beigemengt. Sind die Aufrührer schwarz, muß das Wasser rot, genauer gesagt pupurfarben sein; schwarze Südafrikaner sagen dazu purpurner Regen. Magnus hat sich genau an das Buch gehalten, und trotzdem hat Ndlovu niemanden eingeschüchtert; im Gegenteil, sein Einsatz hat die Euphorie noch verstärkt.

Magnus grübelt gerade über dieses Rätsel nach, als ihm einer seiner Geheimagenten etwas Merkwürdiges berichtet. Er sagt, die Arbeiter, die sich heute morgen im Sumpf versammelt hätten, gehörten einer militanten Splittergruppe an, deren Anführer Themba sei. Die Gewerkschaft habe Themba gedrängt, sich zurückzuhalten und zu beruhigen, aber Themba sei zu zornig, um Vernunft anzunehmen. Er und andere Vertrauensleute hätten beschlossen, auf eigene Faust zu handeln. Sie seien nicht auf Blackies letzter Versammlung erschienen, und als der Funktionär jemanden zu ihnen geschickt habe, hätten sie dem Boten gesagt, er solle verschwinden.

Dem Geheimagenten zufolge will die Splittergruppe die weiße Minenleitung stürzen und Themba auf Piet Rademeyers Stuhl setzen. Zu diesem Zweck haben sie sich selbst eine Abgabe von zwei Rand pro Mann auferlegt, wodurch ein Gesamtbetrag von tausendachthundert Rand zusammengekommen ist. Mit dieser Summe haben sie einen Abgesandten in die Transkei geschickt, ins Homeland der Xhosa und Pondo, um einen berühmten *inyanga*, einen Medizinmann, zu Rate zu ziehen. Der *inyanga* hat ihnen mehrere Schuhcremedosen mit einer äußerst wirksamen Kampfmedizin namens *intsizi* zur Verfügung gestellt, die traditionell aus getrockneten Kräutern und Tierfett hergestellt wird. Die Salbe ist schwarz, und wenn man sich kleine Schnitte in die Haut ritzt – auf die Wangen, zwischen die Augen oder auf die Schultern – und die Stellen damit einreibt, verwandeln sich die Kugeln des weißen Mannes in Wasser. Das hat jedenfalls der Medizinmann behauptet. Am Freitag ist die Medizin in der Mine eingetroffen. Themba hat das ganze

Wochenende über geheime Versammlungen abgehalten und seinen Anhängern die Medizin verabreicht.

Magnus weiß nicht, was er davon halten soll. Er ist ein Weißer, deshalb klingt das alles für ihn unglaublich verrückt. Trotzdem würde es den schändlichen Mißerfolg des Wasserwerfers erklären. Gleichzeitig fragt er sich, was in den Köpfen der Minenarbeiter vorgegangen ist, die bei dem Aufruhr am Morgen von Gummigeschossen getroffen und verletzt worden sind. Er stellt sich vor, daß es ziemlich schwer fallen wird, sie davon zu überzeugen, die Kampfmedizin sei das Geld wert, das sie dafür bezahlt haben.

Es war tatsächlich schwer. Themba und seine Leute diskutierten am darauffolgenden Nachmittag darüber. Agent Victor-Victor war auch dabei. In seinem Bericht für die Direktion der Mine ist von einem lautstarken Murren über den verlogenen *inyanga* und seine wertlose Kampfmedizin die Rede. Der *inyanga* (oder sein Stellvertreter, Victor-Victor war sich in dieser Hinsicht nicht ganz sicher) erhob sich und erklärte, es liege ein Mißverständnis vor. Die Medizin wirke nicht am Tag ihrer Anwendung. Man müsse vielmehr drei Tage warten, ehe sie Wirkung zeige. Außerdem dürfe man in dieser Zeit weder baden noch mit einer Frau schlafen, sonst wirke die Medizin gar nicht. Abschließend belehrte er die Anwesenden, daß die Medizin nur die Krieger beschützen könne, die dem Feind das Gesicht zuwandten und den Angriff energisch durchführten. Feiglinge, die dem Feind den Rücken zukehrten, würden getötet. Die Bergleute nickten verständnisvoll und waren bereit, der Salbe eine zweite Chance zu geben. Sie machten allerdings deutlich, daß der *inyanga* ein toter Mann sei, wenn der Zauber auch am dritten Tag versage.

Victor-Victor bemerkt abschließend, daß Thembas Gruppe für den folgenden, den dritten, schicksalsschweren Tag eine Versammlung angesetzt habe. Dreihundert Kampfgenossen aus einem nahe gelegenen Township hätten geschworen, dort zu sein, und sie würden Gewehre mitbringen.

Das ist nicht der einzige alarmierende Bericht, der an diesem Abend auf Magnus' Schreibtisch landet. Golf-Whisky berichtet von einem Plan, das Lager Cooke 2 niederzubrennen. Foxtrott-Foxtrott meldet Gerüchte über einen drohenden Stammeskonflikt in

Cooke 3, wo Stammesangehörige der Xhosa und Pondo mit den Swasi und Basotho uneins sind. Aus einer benachbarten Mine wird von einem ominösen Flugblatt berichtet, das man in den Unterkünften entdeckt hat. Darin heißt es: «Wenn du keinen Mut hast und den Anblick von Blut nicht ertragen kannst, dann geh nach Hause.» Am alarmierendsten ist jedoch, daß konservativer gesinnte Minenarbeiter Randfontein Estates scharenweise verlassen. Obwohl sie oft Hunderte, ja sogar Tausende von Kilometern von zu Hause fort sind, packen sie ihre Koffer und verlassen die Mine. Das ist das sicherste Zeichen, daß neuer Ärger ins Haus steht. Magnus nimmt den Telefonhörer ab und ruft die südafrikanische Polizei an.

Johannes Bernoldus Eksteen ist ein munterer, knapp eineinhalb Meter großer Gartenzwerg mit rotblonden Haaren und vorstehenden Zähnen. Auch er ist ein ehemaliger Polizist und ungefähr zweiundzwanzig. Im Gegensatz zu Magnus vermißt Eksteen seinen alten Job – er vermißt ihn sogar so sehr, daß er in ein oder zwei Monaten wieder zur Polizei zurückgehen wird. Bis dahin will er kein Risiko eingehen. Er trägt eine Schrotflinte über der Schulter und hat einen Beutel Rehposten in der Tasche – ein grober Verstoß gegen die Vorschriften von JCI, nach denen Sicherheitsbeamte keine scharfe Munition bei sich tragen dürfen. Eksteen wird mit Sicherheit gefeuert, wenn Magnus den Rehposten findet, aber das kümmert ihn nicht. Wenn es einen Kampf gibt, will Johannes Bernoldus Eksteen unbedingt ein paar Gegner fertigmachen.

Heute sitzt er auf Anordnung von Eric Magnus auf einer aus grauen, zerkleinerten Felsbrocken errichteten Halde und preßt sein Fernglas an die Augen. Unter ihm und zu seiner Rechten liegt eines der Arbeiterlager von Randfontein Estates. Ein 1,80 Meter hoher Zaun markiert die äußere Grenze der Mine. Jenseits des Zauns befinden sich zwei Schlammdeponien mit Abraum, der bei der Goldgewinnung abfällt, dann kommt offenes Buschland, das jetzt nach dem Regen saftgrün ist. Jenseits des Buschlandes, ungefähr dreihundert Meter weiter, stehen viele kleine Häuser mit Asbestdächern – das Township Bekkersdal.

Eine ungepflasterte Straße führt am Lager vorbei und durch den

Zaun hinaus in den Busch. Eksteen beobachtet die Straße seit Mittag, als die Frühschicht aus dem Schacht gekommen ist. Schwarze verlassen grüppchenweise das Wohnheim. Sie gehen in den Busch hinaus und setzen sich in einem immer größer werdenden Kreis zusammen. Offensichtlich warten sie darauf, daß etwas passiert. Eksteen hat über sein Walkie-talkie ordnungsgemäß Meldung von diesen Vorgängen gemacht, und seine Berichte werden an die südafrikanische Polizei weitergeleitet. Bald taucht ein gelber Chevrolet mit Vierradantrieb und vergitterten Fenstern am Fuß von Eksteens Steinhaufen auf. Eksteen klettert herunter, um die Jungs in Blau zu begrüßen. Wie sich herausstellt, kennt er sie.

Sergeant Daniel Pretorius und Constable Frikkie Koekemoer gehören zur West Rand Reaction Unit, einer Elitetruppe der südafrikanischen Polizei zur Unterdrückung von Aufständen. Sie sind beide Afrikaaner. Sergeant Danie ist fünfundzwanzig und blond. Er trägt den üblichen Schnurrbart der weißen Südafrikaner und seinen Bierbauch stolz zur Schau. Sergeant Danie ist genaugenommen sogar ein berühmter Mann. Vor ein paar Monaten befand er sich auf *gatkruip patrollie*, auf «Arschkriech-Patrouille», in einem Township namens Tembisa. Die «Arschkriech-Patrouille» ist der Kern der Vorbeugung von Unruhen in Südafrika. Ein Fotograf hat Danie abgelichtet, wie er Süßigkeiten an schwarze Kinder in Schuluniform verteilt. Danie und die schwarzen Kinder lächeln in die Kamera und heben die Daumen. Das Foto erschien auf der Titelseite der *Sunday Times*. «Daumen hoch für die Erziehung», lautete die Überschrift.

Sergeant Danies musikalischer Geschmack geht in Richtung Fleetwood Mac und Van Halen. Deswegen gerät er manchmal mit seinem Partner, dem siebenundzwanzigjährigen Constable Frikkie Koekemoer, in Streit. Constable Frikkie sieht mit seinem langen, schlaksigen Körper und der Brille mit dem schwarzen Gestell aus wie Buddy Holly, aber er steht auf Polka-Rhythmus der *boeremusiek*, der traditionellen Ziehharmonika-Musik der Buren. Constable Frikkie und seine Frau Ria, die im achten Monat schwanger ist, sind ganz verrückt nach einer *boeremusiek*-Combo, die sich *Dolf en sy Dolfyne* nennt, Dolf und die Delphine. Früher sind Frikkie und Ria jeden Samstagabend zum Tanzen gegangen, jetzt gehen sie gar nicht mehr aus. Tatsächlich haben Frikkie und Danie seit Beginn des schwarzen Aufstands vor über einem Jahr praktisch keine Freizeit mehr gehabt. Beide sind völlig übermüdet. Früher konnte Frikkie allein und mit links eine ganze Flasche Brandy austrinken. Heute kippt er bereits nach zwei oder drei Brandy-Cola aus den Latschen.

Andererseits kann niemand sagen, Constable Frikkie Koekemoer liebe seinen Job nicht. Es war wie ein Söldnerspiel mit Säbelrasseln und allem, und außerdem gefällt es Frikkie, Schwarze zu unterdrücken. «Frikkie haßte die Kaffern», erzählte mir sein Stiefvater Danie van Zyl. Eines Abends, als van Zyl gerade nichts Besseres zu tun hatte, begleitete er Frikkie auf der Streife. Auf einer dunklen Straße sah er ein Fahrzeug, das sich verdächtig durch den vorausfahrenden Verkehr schlängelte. Frikkie stoppte den Wagen. Es war ein Zola Budd, ein zwölfsitziger Kleinbus, der als Taxi für Schwarze benutzt wurde. Frikkie zog den Zündschlüssel ab und warf ihn weg. Als sich der schwarze Fahrer beschwerte, entsicherte Frikkie eine Tränengasgranate, warf sie in den Bus und hielt die Tür von außen zu, so daß die schwarzen Insassen gefangen waren. «Sie sprangen herum, schrien und schlugen gegen das Wagendach», sagte van Zyl und lachte stillvergnügt in sich hinein. «Mann, Sie hätten die Kaffern sehen sollen, als wir sie rausließen!» Das war seine und Frikkies Auffassung von Spaß.

Frikkie und sein Sergeant sind seit Beginn des großen Aufstands immer dort, wo die Luft am dicksten ist. Sie waren in Sharpeville, Tembisa und Kagiso im Einsatz, in Orten, wo die Zahl der Opfer unter den schwarzen Demonstranten besonders hoch war. Möglicherweise haben sie dabei ein, zwei, fünf oder auch zehn Randalierer erschossen, und wenigstens bei einer Gelegenheit hätte es sie beinahe selbst erwischt. Vor genau zwei Wochen hat ein schwarzer Junge eine Benzinbombe in das Führerhaus ihres Chevrolet geworfen, und sie haben etwas von dem brennenden Benzin abbekommen. Sergeant Danies hohe Stirn ist seither noch etwas höher, Constable Frikkies Schnurrbart ist angesengt. Ihre Gesichter sind rot, als hätten sie einen Tag in der prallen Sonne gelegen.

Nach allem, was sie gesehen und erlebt haben, sind sie von dem, was der junge Eksteen ihnen zu zeigen hat, überhaupt nicht beeindruckt. Für sie sieht das alles ziemlich harmlos aus. Bloß ein Haufen Minenarbeiter, die friedlich im Gras sitzen; zu diesem Zeitpunkt sind es weniger als hundert. Eksteen erwähnt beiläufig, daß sich die Schwarzen Medizin besorgt haben, die Kugeln in Wasser verwandeln sollte. «Ihr hättet am Sonntag hier sein sollen», sagt er, «dann hättet ihr gesehen, wie dieses *muti* wirkte. Ihr glaubt nicht, wie schnell sie gerannt sind!» Sie amüsieren sich köstlich, dann fahren die beiden Bullen unbesorgt wieder weg. Sie versprechen, später noch einmal vorbeizuschauen, um zu sehen, ob sich inzwischen etwas Interessantes getan hat.

Sergeant Danie und Constable Frikkie wären wahrscheinlich weniger unbekümmert gewesen, wenn sie die Möglichkeit gehabt hätten, mit dem Spion Victor-Victor zu sprechen, der dort draußen mit den Minenarbeitern im Busch war. Die Menge wurde größer. Um 4.30 Uhr waren es vierhundert, um fünf Uhr schon über sechshundert. Die Reihen füllten sich, als noch eine Gruppe von Genossen aus dem Township Bekkersdal dazustieß. Später wird Victor-Victor in seinem Bericht schreiben, daß viele Schwarze dort draußen mit Stöcken, Eisenstangen und langen Messern mit breiten, gebogenen Klingen bewaffnet waren. Die Genossen aus Bekkersdal hatten einen Kanister Benzin, eine Menge Lumpen und einen Haufen leerer Flaschen dabei. Sie bastelten daraus Benzinbomben und versteckten sie im Gras. Und schließlich war da noch der Mann mit dem Kapuzenumhang. Seiner Waffe nach zu urteilen – ein sowjetisches AK-47-Sturmgewehr –, handelte es sich um einen militanten Angehörigen des ANC. Die Genossen aus Bekkersdal scharten sich um ihn wie Beamte vom Geheimdienst um einen amerikanischen Präsidenten: Keiner sollte ihm zu nahe kommen.

Laut Victor-Victor ging die Versammlung gegen fünf richtig los. Sie wurde von Themba und einem Mann geleitet, der nur als Hlangana bekannt ist. Obwohl Hlangana ein gelbes NUM-T-Shirt trug und Themba ein Vertrauensmann von NUM war, äußerten beide Männer sich abschätzig über die Gewerkschaft. «Der Kampf der Gewerkschaft geht zu langsam voran», sagte Themba. «Wir müssen selbst handeln.» Er forderte jeweils fünf Männer von jedem der anwesenden Stämme auf, vorzutreten und eine Delegation zu bilden, die den weißen Bossen die Forderungen der Arbeiter überbringen sollte. Falls die Männer verhaftet würden, werde man Schritte unternehmen, sie zu befreien, erklärte Themba.

Während dieser Plan diskutiert wurde, tauchte in der Ferne wieder der gelbe Chevrolet auf. Langsam holperte er durch den Busch. Etwa sechzig Meter von der Versammlung entfernt hielt das Polizeifahrzeug an, und Sergeant Daniel Pretorius nahm sein Megaphon. «Dies ist eine illegale Versammlung», sagte er auf afrikaans. «Sie haben fünf Minuten Zeit, um zu verschwinden.» Er wiederholte die Warnung auf englisch, dann lehnten er und Koekemoer sich im Wagen zurück und warteten. Die Minenarbeiter rührten sich nicht. Nach einer Weile holte Danie noch einmal das Megaphon und warnte sie ein zweites Mal. Er gab ihnen noch zwei Minuten. Themba wies seine Männer an, sich nicht vom Fleck zu rühren. Pretorius und Koekemoer stiegen aus dem Wagen; sie hatten Granatwerfer in der Hand. Die Menge wurde unruhig und begann zu murren, aber die Bullen hatten keine Angst. Sie hatten das schon so oft erlebt. Sie hoben ihre Waffen und feuerten.

Als die Tränengasgranaten zischend neben Hlangana auf den Boden fielen, sprang er auf und rief: «*Bulala amaBunu* – Tötet die Buren! Die Medizin ist stark!» Die versammelten Minenarbeiter brachen in Geschrei aus, standen auf und stürmten los. Sie kamen in der Ochsenhorn-Formation, die in der afrikanischen Kriegführung des 19. Jahrhunderts üblich war, aus der Wolke von Tränengas: Das Zentrum führte den Angriff, während die «Hörner» die Flanken des Feindes umfaßten und ihn von hinten einschlossen. Sergeant Pretorius nahm seine Schrotflinte von der Schulter und schoß einem der Angreifer in die Brust. Dem nächsten pustete er aus kürzester Entfernung das Hirn weg. Constable Koekemoer stand hinter der offenen Wagentür und schoß aus seiner Dienstpistole. Obwohl die Waffen direkt vor ihrer Nase losgingen, schienen die Minenarbeiter keinerlei Angst zu haben. Sie griffen weiter an.

Die Beobachter auf der Abraumhalde sahen, wie Pretorius taumelte, als ihm jemand von hinten einen Schlag auf den Kopf versetzte. Dann wurde er von einem Haufen Schwarzer überwältigt und unter ihnen begraben. Koekemoer feuerte so lange, bis seine

Pistole leer war, dann sprang er ins Fahrerhaus des Chevrolet. Er griff nach dem Funkgerät und schrie: «*Maak gou!* Schnell, Jungs, sie bringen uns um!» Dann packte ihn der Mob auch schon an den Beinen und zerrte ihn aus dem Fahrerhaus. Auch er wurde getreten, geschlagen und buchstäblich in Stücke getrampelt. Als die Bullen tot waren, zertrümmerte die wildgewordene Menge mit bloßen Händen den Wagen und kippte ihn auf Koekemoers Leiche. Dann ließen sie Benzin aus dem Tank ab und entzündeten auf dem Gesicht des Weißen ein Feuer, um ganz sicherzugehen, daß er tot war.

Später, bei der gerichtlichen Untersuchung, soll Eksteen bleich vor Schreck gewesen sein und so gezittert haben, daß er sich setzen mußte, als er seine Geschichte erzählte. Er hatte das Ganze von seinem Steinhaufen aus beobachtet, und seine Schilderung klang so unwahrscheinlich, als berichtete er über eine Episode aus einem Kriegsfilm oder einem billigen Western. Als der Rauch aufstieg, wußten alle, daß die weißen Polizisten tot waren. Eric Magnus fuhr los, um die Leichen zu holen, aber sein gepanzerter Wagen wurde durch einen Steinhagel zur Umkehr gezwungen. Deshalb ließ er seine Männer zwischen der Mine und dem Township eine Schützenlinie bilden und hielt die aufgebrachte Menge durch eine «Mauer aus Gummi» in Schach.

In diesem Moment holperte ein zweites Polizeifahrzeug auf das Schlachtfeld und fuhr direkt auf die Menge zu. Zwei weiße Bullen mit Schrotflinten sprangen aus dem Wagen und eröffneten aus kürzester Entfernung das Feuer. Die Menge wich nicht zurück. Die Schwarzen standen einfach da und warfen mit Steinen. Einer traf ins Schwarze. Einer der Polizisten taumelte zurück, Blut lief ihm übers Gesicht. Er und sein Kollege sprangen wieder in den Wagen und fuhren um ihr Leben. Der Wagen landete in einem Graben, bohrte sich mit der Schnauze in den Boden und blieb stecken. Das Fahrzeug war sofort von Schwarzen umringt, und noch zwei Bullen schienen dem Tod geweiht. Sie bekamen jedoch den Motor wieder in Gang und schossen sich den Weg durch die Menge frei. Kaum waren sie entkommen, da eröffnete der Mann mit der Kapuze aus der Deckung hinter einigen Eukalyptusbäumen das Feuer. Magnus' Männer warfen sich auf den Boden. Kugeln pfiffen über ihre Köpfe hinweg.

Und dann war ein fernes Dröhnen zu hören, und als die Schwarzen aufblickten, sahen sie etwas Schreckliches: Eine endlose Kolonne von Polizeifahrzeugen und gepanzerten Mannschaftswagen näherte sich dem Schauplatz des Geschehens. Es war das erste Mal seit Beginn des blutigen Aufstands, daß weiße Polizisten getötet worden waren, und ihre Kollegen waren außer sich. Jeder Polizeibeamte am West Rand schien Constable Koekemoers Todesschrei über Funk gehört zu haben, und nun kamen sie, um Rache zu üben. Der Mob flüchtete ins Township. Über vierzig Schwarze wurden verletzt, acht blieben tot oder sterbend auf dem Schlachtfeld zurück.

Eine halbe Stunde später kreisten Hubschrauber über Randfontein Estates. Konvois von Armeelastwagen rollten von nahe gelegenen Militärbasen heran. Ein grimmig dreinblickender Brigadier der Polizei stolzierte in Piet Rademeyers Büro und forderte ihn auf zu verschwinden. Er richtete in Rademeyers Diensträumen einen Befehlsstand ein und ließ die Mine und das angrenzende Township hermetisch abriegeln. Dann schickte er seine Jungs los, um aufzuräumen.

Es war eine schlimme Nacht in Bekkersdal. Die Polizisten traten alle Türen ein und durchsuchten jede Ecke und jeden Winkel. Sie verhafteten jeden, der Schnitte von einer Rasierklinge im Gesicht oder auf der Schulter hatte. Auf dem Minengelände postierte die Polizei ein Maschinengewehr auf dem Dach einer Unterkunft und befahl den schwarzen Arbeitern, sich auszuziehen und mit dem Gesicht nach unten auf den Rasen zu legen, so daß man ihre Körper nach den verräterischen Malen absuchen konnte. Bei Tagesanbruch hatten die Bullen 371 Schwarze festgenommen, darunter den Mann mit dem Kapuzenumhang. Zudem hatten sie sein Gewehr und sechs Handgranaten sichergestellt.

Als der Morgen graute, war auch Themba Ngwazi tot. Anscheinend hatten die Polizisten einige ihrer Gefangenen in die Mangel genommen und sie gefragt: «Wer hat euch angestiftet? Wer ist euer Führer?» Alle sagten: «Themba.» In dieser Nacht gab es aus Bekkersdal kein Entkommen. Das Netz der Polizei war eng, und Themba wurde darin gefangen. Offiziell hieß es, Themba habe zu fliehen versucht, aber es war dunkel, und niemand konnte richtig sehen. Der Gefangene trug Handschellen und Ketten an den Füßen, und um ihn herum standen schwerbewaffnete Bullen. Einige behaupten, er sei einfach losgerannt; andere sagen, man habe ihn dazu aufgefordert. Am Ende stand lediglich fest, daß Themba einfach losgehumpelt war. Er war noch nicht weit gekommen, als ihm ein Polizist eine Ladung Schrot in den Rücken schoß.

Eine neue Ära der Freiheit hat begonnen.
Staatspräsident P. W. Botha, April 1986

Es ist nun an der Zeit, einen nüchternen Blick auf die gesellschaftspolitische Bilanz zu werfen, wie sie sich am 12. Juni 1986 darbot. Dieses Datum markiert einen weiteren Wendepunkt in der Geschichte Südafrikas.

Der große Aufstand gegen die Apartheid war seit einundzwanzig Monaten im Gang. In seinem Verlauf hatte die Polizei gegen Hunderttausende von Schwarzen Tränengas eingesetzt, und mindestens zehntausend Schwarze waren durch Gummigeschosse, Peitschenhiebe oder Schrotkugeln verletzt worden. Ungefähr 650 Menschen waren tot. Insgesamt 11006 Menschen wurden wegen «öffentlicher Gewalt» und ähnlicher Vergehen im Zusammenhang mit dem Aufstand verhaftet; weitere 18500 wurden aufgrund verschiedener Notstands- und Sicherheitsbestimmungen auf ungewisse Zeit festgehalten.

Natürlich waren fast alle Inhaftierten schwarz, und man sprang nicht gerade zimperlich mit ihnen um. Im Bericht einer liberalen Universität hieß es, daß dreiundachtzig Prozent der Inhaftierten «in irgendeiner Form physisch mißhandelt» wurden. Die meisten wurden einfach nur verprügelt, aber einige wurden auch schwer gefoltert. Sie mußten sich ausziehen und auf Ziegelsteinen stehen, sie wurden tagelang wach gehalten oder mußten stundenlang auf fiktiven Stühlen sitzen. Manche mußten den «Hubschrauber» über sich ergehen lassen. Bei dieser raffinierten Foltermethode wurden Handgelenke und Knöchel mit Handschellen aneinandergekettet, der Häftling wurde mit Hilfe dieser Fesselung an einer Stange aufgehängt und hing so stundenlang in der Luft. Bei einigen Häftlingen befestigte man Elektroden an Brustwarzen oder Genitalien und verpaßte ihnen Elektroschocks. Das wurde sogar mit zehnjährigen Kindern gemacht.

Damals wurden die meisten Inhaftierten nach zwei Wochen wieder freigelassen und nach Hause in die Townships geschickt, die so ärmlich und übervölkert waren wie eh und je. Landesweit fehlten mittlerweile 487000 Wohnungen für Schwarze. Die Zahl der obdachlosen schwarzen Siedler in den Industriegebieten näherte sich der Millionengrenze. Im weißen Südafrika standen Schulen leer, im schwarzen Südafrika waren sie so überfüllt, daß Schüler abgewiesen werden mußten. In weißen Krankenhäusern gab es leere Betten, in schwarzen Krankenhäusern lagen die Patienten auf dem Boden und auf den Gängen. Selbst der Polizeiminister mußte zugeben, daß die «erschreckenden» Zustände in den Townships die Ursache des politischen Aufstands waren.

Die Arbeitslosenquote unter den Schwarzen betrug offiziell sieben Prozent, aber Wirtschaftsexperten der Universitäten erklärten, in Wirklichkeit sei die Zahl mindestens viermal so hoch und sie nehme rasch zu. Die Bevölkerung wuchs schneller als die Wirtschaft. Etwa fünfzig Prozent der Schwarzen waren unter zwanzig, und ein Wissenschaftler sagte voraus, daß bis zu vierundvierzig Prozent der jungen Leute keine Arbeit finden würden. Eine vom Staat finanzierte Studie über diese verlorene Generation schwarzer Jugendlicher stellte fest, daß jeder fünfte unter Depressionen litt. Bei einem Viertel waren die Depressionen so schlimm, daß die Jugendlichen sich mit Selbstmordgedanken trugen. Neun Prozent der Jugendlichen waren so zornig und frustriert, daß sie am liebsten «alles kurz und klein schlagen» würden, zwölf Prozent wollten sogar «verletzen und töten».

Und so hatte es denn auch bereits viele Verletzte und Tote gegeben. In den Townships hatten die Genossen 7700 Busse mit Benzinbomben in Brand gesetzt und 1447 Schulen und 985 Geschäfte von Schwarzen angezündet. Außerdem hatten sie 46 Kirchen, 26 Kliniken, 60 Versammlungssäle und 3920 Privathäuser niedergebrannt, dazu Hunderte von Kollaborateuren, Gegnern, Überläufern und Informanten getötet.

Die Rebellion hatte alle vier Provinzen des Landes erfaßt, und auch in mehreren Homelands war es zu politischen Gewalttaten gekommen. Viele schwarze Schüler und Studenten hatten in drei Jahren kaum ein Klassenzimmer von innen gesehen. Der weiße Handel wurde hart getroffen von Kampagnen, die regelmäßig zum Boykott weißer Läden aufriefen, und die weiße Industrie wurde durch Streiks erschüttert. In den ersten sechs Monaten des Jahres 1986 gab es über 400 Streiks, die insgesamt zu einem Verlust von rund 500000 Arbeitstagen und unzähligen Millionen Rand in der Produktion führten.

In vielen Townships bezahlten schwarze Haushalte die Rechnungen für Miete, Strom oder Wasser nicht mehr, und die Stadtverwaltungen standen am Rande des Bankrotts. In vielen Townships waren schwarze Stadtväter zurückgetreten oder als Kollaborateure ermordet und durch «Volkszellen» ersetzt worden. Diese kontrollierten nun die solchermaßen befreiten Bezirke, die in Kuba, in Rußland oder – nach dem Namen der schwarzen Nationalisten für Südafrika – in Azania umbenannt wurden. Die schwarzen Bürgermeister, die überlebt hatten, waren im Grunde Stadtkommandanten geworden. Sie hielten sich mit Hilfe ihrer Garden von «Totschlägern» oder «Grünschnäbeln» an der Macht, jungen uniformierten Schwarzen mit Gewehren und einer dreiwöchigen Ausbildung bei der Polizei, die das zusammenbrechende Staatsgefüge stützen sollten. Der Slogan des ANC und der Vereinigten Demokratischen Front für 1985 lautete: «Macht Südafrika unregierbar.» Er hatte beinahe Erfolg gehabt – zumindest in den Townships. Das weiße Südafrika verlor die Kontrolle über das schwarze Südafrika.

Dann kam 1986, für den verbotenen ANC das Jahr des bewaffneten Kampfes, der Großoffensive gegen den verhaßten Apartheid-Staat. Zum Jahreswechsel machte sich bei der Linken eine gewisse Euphorie breit, das Gefühl des nahen Sieges. Im Laufe des Jahres verstärkte sich der Kampf. Nach Angaben des staatlichen Informationsbüros kam es allein im Januar zu 1605 politischen Ausschreitungen. Dabei wurden 41 Menschen getötet. Im April erhöhte sich die Zahl der *unrest incidents*, der Tumulte, auf 2293, im Mai lag sie noch höher – bei 2645. Dabei starben 157 Menschen. Im gleichen Zeitraum erhöhte sich die Zahl der «Angriffe mit Steinen und Benzinbomben» gegen die weißen «Sicherheitskräfte» von 312 auf 744, und die Zahl der getöteten schwarzen Gemäßigten,

Verräter und Dissidenten stieg alarmierend an. In diesem südafrikanischen Herbst des Jahres 1986 starben 172 Schwarze in der «Halskrause», einem benzingetränkten, brennenden Autoreifen.

Und dann kam der Juni, der Schicksalsmonat für Südafrika. Das mag angesichts der eben genannten bitteren Zahlen fragwürdig klingen, aber Südafrika war am 11. Juni 1986 kein völlig totalitäres Land. In den Townships lief praktisch jeder Schwarze mit einem Stein in der Hand Gefahr, eine Polizeikugel in den Kopf zu bekommen, doch in anderen Lebensbereichen blieb noch ein gewisses Maß an Freiheit, vor allem, wenn man das Glück hatte, ein Weißer zu sein.

Roy zum Beispiel, mein Kumpel von der High School, war Kameramann bei dem Dokumentarfilm *Witness to Apartheid*, der international großes Aufsehen erregte und für einen «Oscar» nominiert werden sollte. Sharon Sopher aus New York schrieb das Drehbuch und führte Regie. Der Film war die leidenschaftlichste Verurteilung des Apartheid-Regimes dieser Zeit. Bei einer Stippvisite in Südafrika war Sharon Sopher ein oder zwei Stunden lang von den Sicherheitskräften in Soweto festgehalten worden. Auf einer Werbereise durch die USA und im Dokumentarfilm selbst baute sie ihr Erlebnis zu einer atemberaubenden, abenteuerlichen Geschichte aus. Danach hatte sie ihr Leben riskiert, um die Wahrheit herauszufinden, denn die brutalen Polizisten des Apartheid-Regimes standen immer mit ihren Gewehren bereit.

Meine amerikanischen Freunde waren durch solche Geschichten beunruhigt und fragten schriftlich bei mir an, ob «sie» auch hinter mir her seien. Nein, waren sie nicht. Sie kamen weder zu mir noch zu Roy, weder zu dem weißen Produzenten von Sharon Sophers Film noch zu sonst jemandem, den wir kannten. Sie waren draußen in den Townships und folterten vermutlich schwarze Radikale. Wir saßen an Roys Swimmingpool und vertranken den Gewinn des «Goldrauschs», wie wir unter uns dazu sagten: Es war eine goldene Zeit für Journalisten in Südafrika. Die Außenwelt hatte plötzlich ein unstillbares Verlangen nach Bildern schwarzen Leidens, und Weiße einer bestimmten sozialen Schicht und politischen Neigung setzten alles daran, solche Bilder zu liefern.

Besonders gefragt waren Fotos und Berichte von schwarzen Führern, die die Regierung Botha volltönend zur schlimmsten seit Hitlers Zeiten deklarierten. An solchen Aussagen war zwar etwas Wahres dran, aber jeder, der in Nazi-Deutschland etwas Derartiges gesagt hätte, wäre zusammen mit jedem Reporter, der ihn zu zitieren gewagt hätte, in einem Konzentrationslager gelandet. Hitler hätte auch die militanten Gewerkschaften verboten und die Zellen des schwarzen Widerstands ausgelöscht. Botha hatte nichts dergleichen getan, noch nicht. Ein paar Schlüsselfiguren unter den schwarzen Führern waren verhaftet und wegen «Terrorismus» oder «Verrat» vor Gericht gestellt worden, doch die wichtigsten Organe des Widerstands operierten immer noch mehr oder weniger ungehindert: UDF (United Democratic Front – Vereinigte Demokratische Front), National Forum, AZAPO (Azanian People's Organization, wie National Forum eine Organisation in der Nachfolge und Tradition des Black Consciousness Movement) und South African Council of Churches (Dachverband der englischsprachigen protestantischen Kirchen, dessen Generalsekretär Erzbischof Desmond Tutu früher war). Auch die Presse blieb relativ frei, war allerdings von einem Netz von Restriktionen umgeben, die jederzeit von den Gerichten, die ebenfalls mehr oder weniger freie Hand hatten, umgestoßen oder neu ausgelegt werden konnten. Diejenigen, die Botha mit Hitler verglichen, schlugen blinden Alarm. Aber wie das so ist – schließlich bewahrheiteten sich ihre Befürchtungen doch. Es war am 12. Juni 1986, vier Tage vor dem zehnten Jahrestag des blutigen Aufstandes von Soweto.

Am 12. Juni hielt Präsident Botha um sechs Uhr abends eine Ansprache im Fernsehen, in der er autoritär mit dem Zeigefinger drohte. Im Fernsehen ähnelte Botha keinem so sehr wie dem sowjetischen Staatschef Michail Gorbatschow. Beide hatten die gleichen blassen Wangen und die gleiche Glatze, und beide neigten dazu, drohend den Finger zu erheben und Strafpredigten zu halten. Beide hatten ideologisch überholte Regimes ererbt und ungeachtet des zähen Widerstands privilegierter Kreise und ideologischer Puristen vorsichtig Reformen eingeleitet.

Vielleicht gehöre ich mit dieser Ansicht zu einer Minderheit, aber ich glaubte wirklich, daß Botha es mit seinen Reformen ernst meinte. Zweifellos war er ein streitsüchtiger alter Fuchs, aber er hatte sich weit von seinen Anfängen entfernt, wenn man daran denkt, daß er noch bei D. F. Malan in die Schule gegangen war. Viele Veränderungen, die er vorgenommen hatte, waren rein kosmetischer Art, aber insgesamt war ihre Wirkung immens, wenn auch nur auf die Psyche der Weißen. «Paßt euch an oder sterbt», befahl er. «Zähmt eure Herzen mit eurem Verstand.» Botha signalisierte, daß die alten Zeiten und die alten Rezepte überholt waren. Er schien keine klare Vorstellung zu haben, was nun kommen sollte, aber er bastelte weiter halbherzig an dem Gesetzeswerk, das er in den ersten dreißig Jahren seiner Karriere auf den Weg gebracht hatte.

Schließlich hob er sogar die verhaßten Paßgesetze auf, ein Schritt, der das Ende des verrückten Traums der Buren von einem rein weißen Südafrika ankündigte. Kurz darauf veröffentlichte die Nationale Partei eine Reihe von Zeitungsanzeigen, in denen Botha die Schwarzen bat, seine Reformen ernst zu nehmen. «Ich bitte Sie von Herzen», erklärte der Staatspräsident, «an der Zukunft mitzuarbeiten.» Er beschwor das Bild «eines neuen Südafrika, in dem sich alle ehrbaren Menschen ohne Furcht oder Haß in die Augen blicken können», und er rief die Schwarzen auf, ihm bei der Verwirklichung zu helfen. «Eine neue Ära der Freiheit hat begonnen», erklärte er. Und als müsse er sich selbst davon überzeugen, fügte er einen kleinen, von einer theatralischen Handbewegung unterstrichenen Nachtrag hinzu: «Das ist die Realität!»

Doch die vorrangige Realität, die Realität, die allein zählte, sah anders aus: Bothas Initiative kam zu spät. Botha hatte mit seiner Politik die Voraussetzung für eine schwarze Rebellion geschaffen, und seine rücksichtslosen Versuche, den Aufstand zu unterdrücken, hatten in der übrigen Welt einen wilden Aufschrei der Empörung ausgelöst. Er hatte den Kampf um die Sympathie der Welt verloren und vermochte nicht, Sanktionen abzuwehren. Er verlor sogar den rechten Flügel seiner Partei. Widerspenstige Anhänger des rechten Flügels bildeten Selbstschutzgruppen, forderten Ausgangssperren, verbunden mit sofortigem Schußwaffeneinsatz bei Zuwiderhandlungen, und warfen Anhänger der Regierung bei stürmischen Debatten einfach durch Spiegelglasscheiben. Die weiße Rechte verlangte von der Regierung, die eiserne Faust zu zeigen und die

Schwarzen ein für allemal in die Schranken zu weisen. Vielleicht war Botha im Grunde seines Herzens mit ihnen einer Meinung; vielleicht zwangen sie ihn zu handeln. Wie dem auch sei, jedenfalls erschien Bothas vertrautes Gesicht am 12. Juni 1986 um sechs Uhr abends auf dem Bildschirm meines Fernsehers, um die bevorstehenden Veränderungen anzukündigen.

Die unheilvollen Kräfte der Revolution, erklärte Botha, hätten den kommenden Jahrestag des Aufstandes von Soweto als Datum der letzten und entscheidenden Rebellion festgelegt. «Es kommt eine Zeit», fuhr er fort, «in der eine Nation zwischen Krieg und einem unehrenhaften, furchtbaren Frieden wählen muß, und an diesem Punkt sind wir nun angelangt.» Botha sprach in Afrikaans zu Afrikaanern, so daß diese Worte der ausländischen Presse offenbar entgingen, aber mich trafen sie bis ins Mark. Der Staatspräsident hatte im Grunde den Krieg erklärt, und jetzt ging er zum Angriff über: Erneut wurde über das gesamte Land der Ausnahmezustand verhängt. Er trat sofort in Kraft. Noch während Botha sprach, drangen die Sicherheitskräfte mit zerstörerischer Gewalt in die Townships ein. Sie schnappten sich jeden Genossen, Aktivisten und Organisator, der ihnen unter die Finger kam. Bald waren 24 000 Schwarze verhaftet, darunter viele Schüler. Die Regierung griff auch bei der Presse brutal durch und verwies ein paar ausländische Korrespondenten des Landes. Allen anderen wurde untersagt, «Aktionen der Sicherheitskräfte» zu filmen oder zu fotografieren. Die Zeitungen durften die Namen von Inhaftierten nicht mehr veröffentlichen, sich nicht mehr für deren Freilassung einsetzen und nicht einmal mehr gerichtliche Zeugenaussagen über Folterungen bei Verhören zitieren. Am 16. Juni, dem mutmaßlichen Tag der Abrechnung, war es auf den Straßen des schwarzen Südafrika gespenstisch ruhig. Außer ein paar Panzerfahrzeugen rührte sich nichts, und niemand wagte, laut zu atmen.

Von da an kam die «Große Afrikaaner-Reform» der frühen achtziger Jahre knirschend zum Stillstand. Botha hetzte seine Hunde auf die Anhänger des Freiheitsmanifests, gab sein Werben um das Zentrum auf und konzentrierte sich ganz auf den meuternden rechten Flügel. Mit einemmal war kaum mehr die Rede von «Beteiligung an der Macht» oder «gerechten und friedlichen Lösungen».

Statt dessen erklärten Kabinettsmitglieder wie Frederik Willem de Klerk: «Rassenzugehörigkeit bleibt die Grundlage der Politik der Nationalen Partei, daran ist nicht zu rütteln.» Auch auf der anderen Seite des ideologischen Spektrums verhärteten sich die Standpunkte. In diesem gewaltigen Machtkampf waren die Todfeinde der Afrikaaner nicht die Schwarzen im allgemeinen, sondern die mächtige Bewegung der Anhänger des Freiheitsmanifests – die Achse UDF, ANC und Kommunistische Partei Südafrikas. Es war manchmal schwer zu sagen, wofür der ANC eigentlich stand, doch seine Zeitschrift *Sechaba* lieferte gelegentlich Anhaltspunkte. Im Februar 1985 veröffentlichte das Magazin ein außerordentlich bedeutsames Dokument: einen Aufsatz von Joe Slovo, dem einflußreichen weißen Kommunisten, der bis April 1987 gleichzeitig als Stabschef des militärischen ANC-Flügels, Umkhonto we Sizwe (Speer der Nation), fungierte. Es hat viel leeres Gerede darüber gegeben, welcher ANC-Führer welchen Hut trug, wer Kommunist war und wer nicht, aber für mich war das alles bedeutungslos. Der ANC und seine kommunistischen Verbündeten stimmten in fast allem völlig überein, und in Reden verwendete Genosse Slovo den Plural, wenn er vom revolutionären Bündnis sprach: «Wir, die Bewegung...»

In seinem Aufsatz gab Slovo zu, daß Bothas Reformen Auswirkungen auf das Leben der Schwarzen in Südafrika hätten und selbst die Gedanken einiger Genossen in der Befreiungsbewegung beeinflußten. Tatsächlich hätten einige «Freunde und Brüder» Bothas Gerede von «Verhandlungen» so ernst genommen, daß sie die Strategie des bewaffneten Kampfes in Frage stellten. Solche Männer, erklärte Slovo, hätten die wahren Ziele des ANC aus den Augen verloren: «In Südafrika dürfen wir den Kampf nicht auf das bourgeoise demokratische Konzept der Bürgerrechte oder anderer demokratischer Rechte beschränken.» Der Sieg wäre bedeutungslos, wenn nicht die Schaltzentralen der Wirtschaft von der Revolution erfaßt würden, und Slovo beharrte darauf, daß ein derartiger Angriff mit Waffengewalt durchgeführt werden müsse. Unter diesen Umständen sei das Gerede von Kompromissen und Verhandlungen «lediglich der Weg zu Unterwerfung und Kapitulation».

«Wir glauben nicht», schloß Genosse Slovo, «daß gesellschaftliche Klassen Selbstmord begehen.» Leider entging auch Slovos Erklärung der westlichen Presse. Es war das Gegenstück des ANC zu Bothas Kriegserklärung vom 12. Juni.

Die Rassenzugehörigkeit blieb also Grundlage der Regierungspolitik, und die Klassen begingen keinen Selbstmord. Einem Außenstehenden könnte es so vorkommen, als hätten F. W. de Klerk und Joe Slovo von verschiedenen Dingen gesprochen, doch in Südafrika ging der Unterschied letztlich verloren. Der Rassenkampf der Regierung Botha war gleichzeitig der Klassenkampf des ANC. Die wirtschaftlich wohlhabende Klasse, die keinen Selbstmord begehen würde, war das weiße Südafrika, und der «kommunistische» Feind des weißen Südafrika war die rebellische schwarze Bevölkerung in Bausch und Bogen.

Was sollten wir also tun? Mir fiel es schwer, die Behauptung des ANC zu akzeptieren, ich lebte immer noch in «der Epoche des Übergangs vom Kapitalismus zum Sozialismus», und es fiel mir noch schwerer zu glauben, kollektivistische Strategien könnten in Südafrika dafür sorgen, daß Millionen Hungernde zu essen und ein Dach über den Kopf bekämen. Schließlich schrieben wir das Jahr 1986, nicht 1916. Die Sowjetunion, Osteuropa und China tauchten aus ihrem marxistisch-leninistischen Dunkel auf, lechzten nach «bürgerlich-demokratischen» Freiheiten und griffen zu kapitalistischen Mitteln, um ihre darniederliegende Wirtschaft wieder in Gang zu bringen.

In einer solchen Zeit erschien Joe Slovos Politik ebenso absurd wie die Bothas. Es war schwer, ernst zu bleiben, wenn Bothas Regierung versuchte, sich als tapfere Verteidigerin «demokratischer Werte» und westlicher Lebensweise hinzustellen. Wenn die weißen Machthaber tatsächlich den «Ansturm der Kommunisten» verhindern wollten, warum luden sie dann nicht schwarze Demokraten wie Gatsha Buthelezi zu Gesprächen ein und machten Buthelezis Anhänger zu ihren Verbündeten? Warum schlossen sie weiterhin Schwarze von weißen Schulen und Wohngebieten aus und verbannten ihre vermeintlichen farbigen und indischen Verbündeten in gesonderte Parlamente, wo sie keine wirkliche Macht hatten? Als Gegenmittel gegen den Marxismus war dies das

Dümmste, was man sich vorstellen konnte, und es entlarvte den weißen Staat als das, was er wirklich war: ein Instrument der herrschenden, rassistischen Klasse. Am Ende verschmolzen alle Probleme Südafrikas zu einem einzigen – dem Rassenproblem. Ich war nach Hause zurückgekehrt, um mir über dieses Problem Klarheit zu verschaffen.

Mauern

Der Mensch ist
ein großer Mauerbauer
Die Berliner Mauer
Die Klagemauer in Jerusalem
Aber die Mauer
die unbezwinglich ist
hat einen Graben
übervoll von Angst
um sein Herz

Eine Mauer ohne Fenster
für den Geist

Eine Mauer
ohne Tür
für die Liebe.

Oswald Mtshali, Dichter aus Soweto

Diesmal war das Opfer ein burischer Traditionalist, Presbyter der Niederländisch-Reformierten Kirche und Anhänger von Dr. Andries Treurnichts Konservativer Partei, die sich für eine Rückkehr zur unbeugsamen, starren Apartheid der Ära Verwoerd und Vorster stark machte. Der Mann beging den Fehler, am falschen Tag in ein Township zu fahren. Ein Steinhagel prasselte auf seinen Pickup nieder, und eine aufgebrachte schwarze Menge zog ihn aus dem zerbeulten Wagen und trampelte ihn tot.

Einige Zeit danach klopfte ich an die Tür der Wohnung des Toten und stand seiner Witwe gegenüber. Sie war jung, schlank und bleich vor Kummer. Als ihre Kinder im Bett waren, bat ich sie, mir von ihrem Mann zu erzählen. Sie sagte, sie könne es nicht. Ihrer Familie würde das nicht gefallen. Sie sprach andeutungsweise von einem schrecklichen Geheimnis, das zu schlimm und zu schmerzlich sei, um publik gemacht zu werden. Ich drängte sie jedoch, und schließlich gab sie nach.

Sie sagte, bei ihrem Mann sei bereits der Hirntod eingetreten gewesen, als er ins Krankenhaus kam, und die Ärzte hätten ihr erklärt, es bestünde keine Hoffnung. Sie wollten die lebenserhaltenden Systeme abschalten und seine Organe dazu benutzen, anderen das Leben zu retten. Die Frau hielt das für eine gute Idee und gab ihre Zustimmung. Die Apparate wurden abgeschaltet, und ihr Mann durfte sterben.

Und dann wurde sein Herz verpflanzt – in den Körper eines Schwarzen. Die Witwe sah nichts Unrechtes darin, weil sie keinen Haß kannte, aber die Familie auf dem Land war entsetzt. Die Eltern konnten weder essen noch schlafen bei dem Gedanken, daß das Herz ihres weißen Sohnes jetzt im Körper eines Schwarzen schlug. Sie konnten diesen Gedanken einfach nicht ertragen: Sie wollten das Herz zurückhaben! Die Witwe sollte sich einen Anwalt nehmen und das Krankenhaus verklagen. Die Ärzte sollten gezwungen werden, die Brust des Schwarzen zu öffnen und den Angehörigen das Herz ihres Sohnes zurückzugeben, damit es mit ihm zusammen begraben werden konnte. Deshalb durfte die Witwe nicht mit mir sprechen. Ein solcher Streit gelangte besser nicht an die Öffentlichkeit.

Und so ging ich wieder, noch ganz im Bann der schrecklichen Geschichte, die ich eben gehört hatte. Sie wollten das Herz zurückhaben! Die Regale in meiner Wohnung waren voll von Büchern über Apartheid, von Dutzenden von Büchern, und in allen wurde die Rassenidee als biologisch unhaltbar, aus der dubiosen Pseudowissenschaft des 18. und 19. Jahrhunderts stammend abgelehnt. «Von Rasse zu sprechen», hieß es in der Zeitschrift *Critical Inquiry* verächtlich, «bedeutet... allgemein in Metaphern zu sprechen.» Soviel zur verbreiteten Lehrmeinung, doch damit ließ sich die Geschichte der Witwe nicht interpretieren. Mir fiel es schwer, ihre Geschichte als Metapher für irgend etwas zu sehen. In Südafrika war das Realität.

Ich habe einen klugen Freund in Johannesburg, der behauptet zu wissen, wo der Ursprung des Rassenproblems begraben liegt: «In deinem Herzen, aber so tief, daß du nie bis dahin vorstößt.» Das stimmt nicht ganz, Adriaan, nicht ganz. Ich bin dorthin vorgestoßen. Als ich aus dem Exil zurückkehrte, hatte ich plötzlich das Gefühl, Südafrika zum erstenmal richtig zu sehen. Die Armut, die Verzweiflung und die Ungerechtigkeit wurden mir, der ich gerade aus den Vereinigten Staaten zurückgekehrt war, besonders deutlich bewußt. Aber das war nicht der einzige Fluch, der mir durch die Entfremdung von meinem Zuhause auferlegt war. Ich war jetzt gewohnt, Englisch zu hören, weiße Gesichter zu sehen und in einer mehr oder weniger homogenen Kultur zu leben. Nach all den Jahren im Exil fühlte ich mich zu Hause durch und durch weiß. Mit vielen Afrikanern konnte ich nicht reden, und sich per Dolmetscher zu unterhalten, war schwierig. Berichte wurden verdreht, Gedichte verloren ihre Wirkung, und Erzählungen scheiterten an Mißverständnissen. Je mehr ich fragte, desto verwirrter wurde ich, vor allem im Hinblick auf die wichtigste aller Fragen: In welcher Beziehung stehen wir wirklich zueinander?

Eine Antwort darauf war in der gespenstischen Isolation weißer Vororte nicht zu finden, deshalb schloß ich mit mir einen Pakt: Wohin ich auch fuhr, ich wollte schwarze Anhalter mitnehmen. Vielleicht würde ich von ihnen mehr erfahren.

Am Anfang geriet ich jedesmal fast in Panik, wenn ich vor mir auf der Straße eine Gruppe schwarzer Anhalter stehen sah. Ich musterte ihre Kleidung und ihre Habseligkeiten nach Hinweisen, wer sie sein könnten, und versuchte, an ihren Augen abzulesen, ob sie gefährlich waren. In zwei oder drei Fällen kam ich zu dem Schluß, daß sie gefährlich waren, aber ich hielt trotzdem an, voller böser Ahnungen und Mordvisionen. Ich hielt also auf dem Seitenstreifen und wartete, bis sie beim Wagen waren. Sie rissen die Türen auf und stiegen ein, fünf oder sechs Schwarze auf einmal. Ich schluckte trocken und dachte: Scheiße, jetzt bin ich erledigt. Gut, dachte ich, wenn sie ihre Messer ziehen, stecke ich meine Hand in die Tasche und tue so, als hätte ich dort eine Waffe; vielleicht überlebe ich ja auch und habe etwas zu erzählen. Dann wurden die Türen zugeschlagen, und ich fuhr los. Der Schwarze auf dem Beifahrersitz wandte sich mir zu und sagte so etwas wie: «Was für eine Art Weißer sind Sie eigentlich, daß Sie wegen Schwarzen anhalten?» Oder: «Gott hat Sie uns geschickt, damit Sie uns helfen.» In solchen Momenten hatte ich

Gewissensbisse, weil ich so nette Leute in so übler Weise verdächtigt hatte.

Manchmal war es sogar noch schlimmer. Manchmal kamen die Anhalter überhaupt nicht, und wenn ich mich umdrehte und zurückschaute, sah ich, wie sie in den Busch verschwanden oder mich ängstlich aus der Deckung hinter einem Baum beobachteten. Ich war weiß, sie waren schwarz, und dies war eine einsame Landstraße. Sie glaubten, ich wolle sie erschießen oder ausrauben.

Allmählich lernte ich etwas ganz Wichtiges über Südafrika: Meine Angst vor Schwarzen trübte mein Verständnis für die Angst der Schwarzen vor meiner weißen Haut. Einmal hatte ich mich in einem Township im Osten der Kap-Provinz verfahren. In der Gegend herrschten Unruhen, und ich hatte Angst, aus dem Wagen zu steigen, aber mir blieb keine andere Wahl. Ich parkte vor einer Grundschule und ging in einen Hof, wo es von schwarzen Kindern wimmelte. Als sie mich sahen, wurde es totenstill. Es war eine unwirklich anmutende Situation. Zweihundert schwarze Schulkinder hörten bei meinem Anblick auf zu plappern und zu lachen. Ich lächelte, aber sie lächelten nicht zurück.

Ein Lehrer erschien, gab mir die Hand und entschuldigte sich für das seltsame Benehmen seiner Schüler: Die einzigen Weißen, die hierherkämen, seien Polizisten, und die Kinder hätten Angst vor ihnen. Der Lehrer war sehr freundlich. Er trug einem kleinen schwarzen Jungen in gestärktem weißem Hemd und kurzen Hosen auf, mir den Weg zu zeigen. Als wir gingen, riet mir der Lehrer, die weißen Soldaten zu meiden, die am Rand des Townships campierten. Erst am letzten Wochenende hätten sie zwei Jugendliche geschnappt und gezwungen, Benzin zu trinken.

Mein kleiner schwarzer Führer war wahrscheinlich mit solchen Geschichten groß geworden und glaubte jetzt offensichtlich, beim Teufel persönlich im Auto zu sitzen. Steif und sprachlos vor Schreck saß er auf dem Beifahrersitz. Hunderte kleiner Schweißperlen erschienen auf seinem Gesicht. So etwas hatte ich noch nie erlebt. Ich sagte ihm, er brauche keine Angst zu haben, aber er konnte kaum Englisch. Als ich zu ihm hinüberlangte und meinen Arm beruhigend um seine Schulter legen wollte, schrie er vor Angst und drückte sich in seine Ecke.

In Augenblicken wie diesem offenbarte sich mir die wahre Tragödie Südafrikas. In unserer Geschichte gibt es viele solcher Augenblicke. Im Jahr 1510 kam der Portugiese Francisco de Almeida, Vizekönig in Vorderindien, in friedlicher Absicht hierher, doch der Anblick seiner weißen Haut und des seltsamen Schiffes erschreckte die Hottentotten an den Ufern der Tafelbucht so sehr, daß sie ihn töteten. Seither bringen wir uns aus Angst gegenseitig um. Sechzig Jahre lang kämpften Dawid Malan und die Xhosa am Great Fish River gegeneinander. Dann zogen die Buren ins Landesinnere und stießen auf die mächtigen Zulu. Der Voortrekker-Führer Piet Retief näherte sich dem Zulu-König Dingaan mit einer weißen Flagge, aber Dingaan hatte Angst vor ihm und ermordete ihn und alle seine Leute. Die Afrikaaner vergaßen Dingaans Verrat nie. Seither schossen wir immer, noch bevor wir das Weiße in den Augen der Schwarzen sahen, und 1948 erfanden wir die Apartheid, um uns die Schwarzen so weit vom Leibe zu halten, daß wir sie überhaupt nicht mehr sehen konnten.

In den fünfziger Jahren war Nelson Mandelas ANC noch bereit, sich mit sechzig Sitzen im weißen Parlament zufriedenzugeben. Doch die Afrikaaner fürchteten eine schwarze Herrschaft und glaubten, sie könnten die Schwarzen für immer unter Kontrolle halten. Deshalb lehnten sie Mandelas bescheidene Forderung ab und versuchten, die Bewegung zu zerschlagen. Drei Jahrzehnte später überlegte Botha es sich anders und reichte den Schwarzen über die Rassenschranken hinweg zögernd die Hand zur Versöhnung. Aber inzwischen waren auch die Schwarzen von Angst und Haß angesteckt, und so wiesen sie seine Hand zurück, und wir bewegten uns weiter auf den Abgrund gegenseitiger Vernichtung zu. Wir mißverstehen uns immer wieder, jeder gefangen in seiner Kultur, die der andere nicht versteht, und in Angst, die uns blind macht.

Wie sehr die eigene Angst den Blick für die Angst des anderen vernebeln kann, zeigt eine Geschichte, die sich im Jahr 1906 in einer Kleinstadt namens Bulwer abgespielt hat. Es war das Jahr des Bambata-Aufstands, des letzten Aufstands der Zulu. Bulwer lag in der Nähe eines von Zulu bewohnten Gebietes, und die weißen Farmer des Distrikts fürchteten, die Zulu der Umgebung könnten sich Bambatas Rebellenarmee anschließen und ihre Herren im Bett ermorden. Deshalb beriefen sie eine Versammlung ein und schmiedeten einen Plan: Wenn die Zulu sich erhoben, sollten alle Weißen nach Bulwer eilen und sich dort im steinernen Gerichtsgebäude verbarrikadieren.

Ein paar Tage später schlug jemand blinden Alarm, und die Weißen gerieten in Panik. Sie luden Gewehre und Kinder auf Wagen und verließen ihre Farmen. Das Essen blieb auf dem Tisch stehen, und in den Ställen brüllten die Kühe, weil sie nicht gemolken wurden. Die Weißen verbarrikadierten sich im Gerichtsgebäude, luden die Gewehre, stellten Wachposten auf und warteten auf die Barbaren. Bald sahen sie in der Ferne eine Staubwolke. Die Farmer spähten durch Ritzen in der Barrikade, und was sie sahen, entsprach ihren schlimmsten Alpträumen: Eine Horde Zulu näherte sich zu Fuß. Ein paar hundert Meter vor dem Gericht blieben die Schwarzen stehen. Eine Abordnung kam auf das Gebäude zu. Die Zulu klopften an die Tür. Die argwöhnischen Weißen öffneten ein Fenster und erwarteten ein Ultimatum. Statt dessen fragten die Schwarzen: «Warum habt ihr uns im Stich gelassen? Es muß eine furchtbare Gefahr im Anzug sein, weil sich unsere Herren in dieses Fort geflüchtet haben, und wir haben Angst, denn wir wissen nicht, was für eine Gefahr das ist. Also sind wir hergekommen, um zu fragen, ob wir hereinkommen dürfen, damit die Gewehre unserer Herren uns beschützen.»

Nach einigen Monaten unterwegs auf der Straße wurde mir klar, daß ich mich genauso verhielt wie die Weißen in jenem Gerichtsgebäude. Immer wenn ich in eine afrikanische Hütte kroch, kam ich mir vor wie Kolumbus in der Neuen Welt. In den Ecken saßen Hühner auf der Stange, und unter den dunklen Dachbalken hingen Ziegenfelle zum Trocknen. An den Wänden lehnten Schwarze. Ich konnte nicht mit ihnen sprechen, und wenn ich ihnen in die Augen sah, war ich mir nicht sicher, was ich darin erblickte. Gewöhnlich drückte mir jemand eine Schale mit bitterem *tshwala* in die Hand. Dann wurde es still in der Hütte, und alle warteten, ob der ungebetene weiße Gast aus dem gemeinsam benutzten Gefäß trinken würde. Wenn ich es an meine Lippen setzte, murmelten sie anerkennend. Sie begannen, in einer Sprache mit mir zu reden, die ich nicht verstand. Einer schien zu sagen: «Ja, der ist in Ordnung. Mit dem können wir reden.» Anderen schien meine Gegenwart nicht zu behagen. Man wußte nie. Wir schrieben das Jahr 1986, aber ich fühlte mich, wie mein Vorfahr Hercules Malan sich 1838 bei seinem ersten Besuch in König Dingaans Kral gefühlt haben muß: fremd, nervös und paranoid. Trotzdem wurde ich auf der anderen Seite der Rassenschranke fast immer wie ein Bruder aufgenommen.

Es gibt eine alte afrikanische Tradition, *ubuntu* genannt, was soviel heißt wie «Größe des Geistes». *Ubuntu* verlangt, daß man Reisenden und Fremden Gastfreundschaft gewährt. Diese Tradition ist in einigen Teilen Afrikas, insbesondere auf dem Land, noch immer lebendig. Auf dem Land waren die Schwarzen nicht nur gastfreundlich, sie behandelten mich wie einen Würdenträger, der bei ihnen zu Besuch war. Der Hausherr schickte einen seiner Söhne in eine Hütte, um für den weißen Mann einen bequemen Stuhl zu holen, und ein anderer mußte Bier oder Cola besorgen, damit der Weiße seinen Durst stillen konnte. Die Schwarzen mochten noch so arm sein, sie boten mir oft etwas zu essen an.

Einmal interviewte ich einen Schwarzen vor seiner Lehmhütte in einem sehr armen, von Dürre heimgesuchten Homeland. Als ich hinkam, bemerkte ich, daß der Abfallhaufen neben seinem Haus nur aus Sand und Dreck bestand. Keine Plastikflaschen, keine leeren Konservendosen, keine abgenagten Knochen, keine Kürbisschalen, keine Reste vom Boden des Suppentopfs – nichts. Diese Schwarzen hatten nichts zum Wegwerfen, weil sie nahe am Verhungern waren. Doch mitten in unserem Gespräch erschien die zweite Frau des Zulu mit einer Schüssel Kutteln auf Maisbrei. Dieses Essen bedeutete für die Leute ein gewaltiges Opfer, und trotzdem boten sie es mir an, einem Weißen und noch dazu einem Buren. Die Kutteln waren grün, schlecht gewaschen und schwammen in Fett, aber ich aß sie, trotz des Kloßes in meinem Hals, bis zum letzten Bissen auf.

Ich trage die Erinnerung an viele solche Augenblicke in meinem Herzen. Besonders schön war meine Begegnung mit Spiderman und Halftime. Ich traf sie östlich vom Kap, in dem Township, wo mir der verängstigte kleine schwarze Junge den Weg zeigen sollte. Der Junge hatte die Anweisung erhalten, mich zur UDF zu bringen, zum Versteck der Genossen. Ich hatte nicht weniger Angst als er. In jenen

Zeiten ballten die Genossen die Fäuste, wenn sie in einem vorbeifahrenden Wagen ein weißes Gesicht entdeckten, und riefen: «*Tsa! Tsa, tsa!*» Jede Silbe war wie ein heftiger Schlag gegen die herrschende Klasse. Manchmal hoben sie Steine auf und warfen damit, und ich trat das Gaspedal durch und betete, daß mein altes Auto nicht plötzlich den Geist aufgab. Ich hatte oft böse Träume, in denen der Motor zu stottern anfing und der Wagen unter einem Steinhagel stehenblieb, was dann das Ende bedeutete. Kurz gesagt, ich hatte Angst vor den Genossen, und ich hatte noch mehr Angst, als Spiderman mit einem Hammer in der Hand erschien.

Spiderman war achtzehn. Er hatte einen Haarschnitt wie Grace Jones und das Gesicht und die anmutige Haltung eines äthiopischen Prinzen. Er war ein Amtsträger im örtlichen Jugendverband, in einer Gruppe, die sich Mandela nannte. Sie unterstützte die Absichten und Ziele der Verfechter des Freiheitsmanifests und des ANC. In dieser von Kämpfen heimgesuchten Region war es wichtig, sich mit den Mitgliedern der Gruppe Mandela auf irgendeine Art zu verständigen, wenn man sich in ihrem Revier frei bewegen wollte. Man mußte ihnen klarmachen, daß man kein Bulle war und, besser noch, daß man sie als Führer und Leibwache brauchte. Also kurbelte ich das Fenster herunter und wandte mich an Spiderman. «Ich bin gekommen, um die Wahrheit über den Mord an einem Schwarzen herauszufinden», sagte ich, «und ich möchte, daß ihr mir dabei helft.» Spiderman schlug sich mit dem Hammer auf die Hand und überlegte. Dann ließ er den Hammer fallen und nickte. Er setzte sich auf den Beifahrersitz, sein Kumpel, Halftime, kletterte auf den Rücksitz. Dann fuhren wir los, um noch einen der gewöhnlichen Morde in diesem ungewöhnlichen Land zu untersuchen.

Wir arbeiteten fast eine ganze Woche zusammen, und mit der Zeit hatte ich Spiderman und Halftime richtig gern. Sie machten Zeugen ausfindig, überredeten sie, mir zu vertrauen, und übersetzten mir deren Worte, wenn sie die Sprache der Weißen nicht beherrschten. Ich hatte ihnen viel zu verdanken, und deshalb kaufte ich an meinem letzten Abend in der Stadt zwei Sechserpackungen Bier und lud Spiderman und Halftime zu einer Abschiedsfahrt durch die nächtliche Gegend ein.

Die beiden waren natürlich Sozialisten, aber mit Marx kannten sie sich nicht aus. Das einzige, was sie genau kannten, waren die Ungerechtigkeit und die zahllosen Formen, in denen sie sich in ihrem Leben präsentierte. Das Township war übervölkert, das Trinkwasser schmeckte nach Pisse. Die Behausungen waren aus Lehm und fielen bei jedem Regen zusammen. Die schwarzen Gemeinderäte steckten mit den weißen Behörden unter einer Decke. Die Weißen verschafften ihren schwarzen Freunden Alkohol- und Geschäftslizenzen, und diese wiederum beteiligten die Weißen am Profit. Wettbewerb war untersagt, und so mußten Bewohner des Townships für eine Büchse Sardinen fast das Doppelte des gängigen Preises zahlen. «*Dis 'n smokkel plek hierdie*», sagte Halftime. «Dies ist eine furchtbar unehrliche Stadt.»

Die einzige Arbeit, die es in Halftimes Heimatstadt gab, war, auf weißen Farmen Orangen zu pflücken. Umgerechnet brachte das ungefähr 2,50 Dollar pro Woche. «Es ist harte Arbeit», erzählte Halftime. «Man muß schwere Lasten auf den Schultern schleppen, und man muß Staub schlucken. Orangen darf man nicht essen. Wer eine ißt, wird gefeuert.»

Während er erzählte, fuhren wir durch endlose Orangenhaine – allein in diesem Tal gab es so viele Orangenbäume, daß der Markt häufig übersättigt war. Wenn das passierte, ließ die örtliche Genossenschaft der weißen Farmer die überschüssigen Erträge vernichten. Manchmal wurden die Orangen auch vergiftet, damit die Schwarzen sie nicht stehlen und essen konnten. Von den Schwarzen wurde erwartet, daß sie von 2,50 Dollar in der Woche eine ganze Familie ernährten, kleideten, die Kinder in die Schule schickten und obendrein noch ihre eigenen Orangen kauften. Wagte es ein Schwarzer trotzdem, vom Baum eines weißen Farmers eine Frucht zu stehlen, bekam er sechs Monate. «In der Schule sagt man uns, daß wir Vitamin C brauchen», erklärte Spiderman wütend. «Aber wo sollen wir Vitamin C denn herbekommen?»

Ja, woher? Ich stimmte ihm voll und ganz zu. Im Hinblick auf das Vitamin C und alles andere mußte etwas geschehen. Mittlerweile war der erste Sechserpack schon leer, und wir fühlten uns wirklich wie Kameraden. Wir machten uns über den zweiten Sechserpack her, und als auch dieser leer war, sangen wir Freiheitslieder – «Rolihlahla Mandela, die Freiheit liegt in deinen Händen, zeig uns den

Weg in die Freiheit, in unser Land in Afrika». Ich war kurioserweise gerührt, als ich hörte, daß meine schwarzen Brüder den Ton nicht besser trafen als ich, der Bure. Es war nur eine Kleinigkeit, aber sie war ungeheuer ermutigend. Als ich die beiden im Township absetzte, meinten Spiderman und Halftime, sie hätten zwar schon von Weißen wie mir gehört, aber bisher noch keinen kennengelernt. Ich war so glücklich darüber, daß ich ihnen meine geliebte Kassette mit *Fosatu Worker Choruses* schenkte, eine Sammlung subversiver Gewerkschaftslieder. «Kann sie reden?» fragte Spiderman. Dann verabschiedeten wir uns mit dem komplizierten dreifachen Handschlag der Black Power-Bewegung und schworen ewige Brüderschaft. Als ich wegfuhr, hatte ich wieder einen Kloß im Hals.

Es war ziemlich oft so, auch während des blutigen Aufstands. Ich wollte unbedingt das Vertrauen und die Freundschaft der Schwarzen gewinnen und nichts mehr mit dem ganzen absurden Quatsch zu tun haben, und oft glaubte ich, in den Augen der Schwarzen dieselbe Sehnsucht zu entdecken. Ich will nicht schon wieder von Widersprüchen reden, aber ich glaube, es war ein Zeichen von Liebe. Ich war mein ganzes Leben lang von Schwarzen besessen, und dieses Gefühl unterschied sich kaum von dem der ersten Liebe, einer wirklich intensiven und tragischen ersten Liebe. Es war alles Distanz und Spannung, und ich habe einmal gelesen, daß romantische Liebe etwas damit zu tun hat. Mein Verhältnis zu Schwarzen war immer irgendwie kindisch und gehemmt, voller unbeholfener Annäherungsversuche und unerfüllter Sehnsüchte – und was war das, wenn nicht Liebe? Wir waren alle blind und suchten einander. Meist verfehlten sich unsere Hände, und wenn sie sich tatsächlich berührten, war das herzzerreißend.

In Zululand zum Beispiel arbeitete ich eine Zeitlang mit einem Mann namens Ozias zusammen. Ozias war ein flotter Bursche mit großen schwarzen Augen und einem hübschen Bart. Er war über vierzig und brüstete sich, mit seiner Ehefrau und einer beachtlichen Anzahl von Nebenfrauen dreizehn Kinder gezeugt zu haben, die alle irgendwie von seinen Einkünften als Fußballreporter und Sportfotograf bei der weißen Lokalzeitung lebten. Ozias und ich kamen gut miteinander aus, und nach getaner Arbeit weigerte er sich, Geld von mir anzunehmen. Er sagte, ich sei ein Freund und von Freunden nehme er kein Geld. Ich führte seine Frauen und die vielen Kinder ins Feld und drängte ihm das Geld förmlich auf. Schließlich zuckte er die Achseln und nahm es, aber dann drehte er den Spieß um: Er verpulverte das Geld für eine Party, die er mir zu Ehren veranstaltete.

An dem verabredeten Abend machte ich mich auf zu seiner Wohnung im Township Esikawini. Es war ein stürmischer Abend, und der Wind trieb Regen vom Meer herüber. Ich hatte das übliche ungute Gefühl und wurde wie üblich freundlich empfangen. Es ist eine spezifisch südafrikanische Ironie, daß es in gewissen Kreisen als außerordentlich schick gilt, Freunde zu haben, die einer anderen Rasse angehören. Weiße Liberale versuchen einander in dem Bemühen zu übertreffen, Schwarze für ihre Dinnerparties zu gewinnen, und Schwarze schleifen Weiße manchmal durch jede Kneipe des Bezirks, in dem sie wohnen, nur damit sie in aller Öffentlichkeit einem Weißen den Arm um die Schultern legen und sagen können: «Das ist Rian. Er ist Bure, aber er ist okay.»

Ozias hatte anscheinend in der ganzen Nachbarschaft die Nachricht verbreitet, daß er an diesem Abend einen Weißen zum *braai* zu Gast habe. Ich war eben erst gekommen, saß auf Ozias Bett und stöberte in seiner Sammlung amerikanischer Rhythm and Blues-Platten, als der erste Nachbar hereingepilgert kam, um mir seine Aufwartung zu machen. Ich weiß seinen Namen nicht mehr, aber er trug eine Brille und unterrichtete an einer Schule in der Nähe. Er hatte gehört, daß ich Journalist war, und wollte mir das Schreib- und Leseprogramm vorführen, das gerade im Computer seiner Schule installiert worden war. Ich erklärte ihm, ich würde es mir gern ansehen, aber jetzt sei nicht der richtige Zeitpunkt dafür. Er ging wieder, und an seiner Stelle erschien ein schlanker, spitzbärtiger Dandy in Jeans und mit Afro-Frisur. Wir begrüßten uns mit dem dreifachen Black Power-Handschlag, und der Schwarze sagte, er heiße Tiger.

Tiger hatte erfahren, daß ich mich für schwarze Musik interessierte. Er besaß einen Videorecorder und wollte, daß ich mir ein Konzert mit Teddy Pendergrass ansah. «Ich komme gleich», sagte ich, «ich will nur noch ein paar Platten aussuchen, damit Ozias sie für mich auf Band aufnehmen kann.»

Ein paar Minuten später steckte ein Mann namens Simon den Kopf zur Tür herein. «Ich höre, du willst Musik aufnehmen. Komm mit zu mir. Meine Stereoanlage ist das Beste, was es zur Zeit gibt.» Ich wußte nicht, was ich sagen sollte; schließlich wollte ich alle zufriedenstellen. Ich dachte gerade über meine Optionen nach, als Tigers zehnjähriger Sohn plötzlich neben mir stand und mich am Ärmel zerrte. «Teddy Pendergrass fängt gleich an», sagte er. Ich erklärte Simon, zuerst müsse ich mit dem Jungen gehen. Dann verließ ich mit dem Jungen das Haus.

Wir traten aus der Küchentür hinaus in den tosenden Sturm. Irgendwo in der Nähe hackte jemand im Dunkeln Holz. Ich ging dem Geräusch nach und entdeckte Ozias, der mit einer Axt ein paar Möbel zerhackte. Er wurde verlegen, als ich plötzlich auftauchte. Er habe vergessen, Holz zu besorgen, erklärte er, deshalb wolle er einige alte Möbel verfeuern. Ich sagte: «Mensch, mach doch wegen mir keine Umstände.» Aber er wollte unbedingt alles recht machen und tat meinen Protest mit einer Handbewegung ab. Inzwischen war Tigers Sohn verschwunden, aber dafür tauchte Simon aus dem Dunkel auf, packte mich am Ellbogen und lotste mich zu sich, damit ich mir seine supermoderne Stereoanlage anschaute. Ich trank ein Bier und hörte mir die erste Seite einer Jazzplatte an, dann entschuldigte ich mich und ging zu Ozias' Hof zurück.

Dort erwartete mich ein entsetzlicher Anblick. Der Sturm hatte Ozias' Feuer in eine heftige Feuersbrunst verwandelt. Meterhohe Flammen schlugen in die Höhe, das Fett spritzte, und das Fleisch verkohlte. Ozias tanzte um das Feuer und versuchte, die Flammen zu löschen und seine Würste und Steaks zu retten. Ungefähr zwanzig Freunde und Verwandte sahen zu und erteilten besorgt Ratschläge. Ich stellte mich neben das Feuer und versuchte, Ozias zu trösten, aber er ignorierte mich, und seine Verwandten nannten mich ständig *baas*. Nach ein paar Worten geriet unsere Unterhaltung ins Stocken, und ich war ziemlich erleichtert, als ein kleiner Junge neben mir auftauchte und sagte: «Teddy Pendergrass! Teddy Pendergrass!»

Tiger wohnte gegenüber in einer schicken zweistöckigen Wohnung. Esikawini war eines der neuesten Townships des Landes, und es war so etwas wie ein Paradestück der Apartheid. Tiger war Lehrer und gehörte der Mittelklasse an. Seine Möbel sahen aus, als kämen sie geradewegs aus dem Schaufenster eines Einrichtungshauses. Eine ganze Wand war dem, wie Amerikaner sagen würden, «Mediencenter» vorbehalten: einer ausgezeichneten Stereoanlage, einem Videorecorder, einer großen Schallplattensammlung und einem riesigen Farbfernseher. Teddy Pendergrass stand in der Mitte des Bildschirms. Er hatte die Augen geschlossen, schwitzte und sang sich die Seele aus dem Leib. Tiger, sein Bruder Lawrence und ihre Freunde Wiseman und Zee saßen auf Stühlen und Sofas und schauten zu. Alle vier waren Lehrer. Sie boten mir ein Bier an, dann noch eins. Ich dachte, Ozias wüßte, wo ich war, und Tiger wäre auch sein Gast. Ich dachte, er würde uns rufen, wenn es Zeit zum Essen war. Doch nach einer Stunde wurde ich unruhig und ging hinaus, um zu sehen, was los war.

Der Hof war leer, das Feuer ausgegangen. Ozias saß allein und niedergeschlagen im Haus. Es hatte ein Mißverständnis gegeben. Der weiße Ehrengast war mitten in der Party verschwunden, und Ozias war gedemütigt worden. Seine Freunde und Verwandten hatten das Fleisch gegessen, das Bier getrunken und waren nach Hause gegangen. Bestimmt hatten sie sich über Ozias lustig gemacht.

Ich fühlte mich so erbärmlich, daß ich mir am liebsten Stricknadeln in die Augen gestoßen hätte, aber das hätte auch nicht geholfen. So entschuldigte ich mich nur für meine Dummheit, legte den Arm um Ozias' Schultern und schlug vor, noch auf ein paar Drinks zu Tiger zu gehen. Erst jetzt merkte ich, daß Tiger gar kein Freund von ihm war. «Ich mag den Kerl nicht», sagte Ozias, aber er kam trotzdem mit. In Tigers Wohnzimmer bemühte ich mich, den Schaden, den ich angerichtet hatte, wiedergutzumachen, indem ich meiner Bewunderung für Ozias' journalistische Arbeit, für seine Fähigkeiten als Dolmetscher und sein gutes Auge als Fotograf Ausdruck gab. Sicher, es hörte sich gönnerhaft an, aber was zum Teufel hätte ich tun sollen?

Der Abend zog sich hin, und wir betranken uns. Und dann sprachen wir über Politik. In Zululand mußte man schon betrunken sein, um über Politik zu reden. Schließlich befand sich das Land am Rande eines Bürgerkriegs. In Südafrika gab es viele Konflikte, aber der, der sich gerade in Zululand anbahnte, sollte der blutigste von allen werden und bis heute rund 1800 Menschenleben fordern. Diesmal bekämpften sich die Gefolgsleute Mandelas und Buthelezis: UDF- und ANC-Anhänger auf der einen, die Inkatha, die mitgliederstarke Zulu-«Befreiungsbewegung» unter Führung des Häuptlings Gatsha Buthelezi, auf der anderen Seite. Als wir in Tigers Wohnzimmer saßen, waren die ersten Schüsse bereits gefallen, und die Männer beobachteten einander schon argwöhnisch. Wer für die eine Seite Partei ergriff, erweckte im anderen vielleicht schon Mordgelüste, und umgekehrt.

«Du kannst niemandem trauen», erklärte Tiger. «Also, wenn du mich fragst, was ich von Inkatha halte, dann sage ich nur: Pah! Und wenn du mich nach der UDF fragst, sage ich ebenfalls: Pah! Wenn du mich nach AZAPO, den Buren oder sonstwem fragst, sage ich immer nur: Pah! Es ist gefährlich, etwas anderes zu sagen. Sie sind überall.»

Ich konnte nicht fragen, wen er mit «sie» meinte, aber ich vermutete, daß Tiger auf der Seite der UDF stand und deshalb die Inkatha meinte.

Tiger war mittlerweile betrunken. Wir alle waren betrunken. Er holte die letzten Tropfen aus einer Brandyflasche und wurde dann aggressiv. «Ich zeige euch, wie das funktioniert», sagte er. Er nahm zwei leere Bierflaschen und stellte sie nebeneinander auf den Couchtisch. Die leere Castle-Flasche war braun, die leere Amstel-Flasche grün. «Das ist die eine Seite», sagte er und hob die eine Flasche, «und das ist die andere. Entweder ihr steht auf dieser Seite oder auf dieser. Steht ihr in der Mitte, seid ihr die Schlimmsten. Die Leute in der Mitte sind die gefährlichsten, und man muß sie töten. Wenn ich herausfinde, daß mein Bruder in der Mitte steht, bringe ich ihn um. Solche Leute müssen sterben.» Er zeigte auf seinen Bruder Lawrence. «Er steht in der Mitte.»

Bruder Lawrence lachte nur. «Das Ende der Welt ist gekommen», sagte er.

«Ja, okay.» Tiger ließ den Kopf auf die Brust sinken und schwankte auf seinem Stuhl hin und her. Dann fuhr er betrunken hoch und starrte Ozias an.

«Ozias», sagte er, «ich trau dir nicht.» Ozias sah ängstlich und unbehaglich drein. Er sagte nichts. «Wenn ich rauskriege, daß du ein Verräter bist», fuhr Tiger fort, «bring ich dich um, Ozias.» Er lehnte sich zurück und lachte verbittert. «Ich weiß, Mann, ich weiß. Wir werden uns alle gegenseitig umbringen. Dieses Land ist so schlimm, Mann. Wenn ich nur von hier fort könnte, wenn ich ein Stipendium bekäme, Mann, ich würde meine Kinder nehmen, von hier verschwinden und nie zurückkommen.»

Er sah mich an. «He, du», sagte er, «kannst du mir kein Stipendium in Amerika besorgen?» Ich zuckte die Achseln. «Na ja», meinte Tiger, «das wär's dann.» Er kicherte. «Ozias, komm, wir bringen uns gegenseitig um. Laß es uns jetzt tun, Mann.»

Gott, wie bin ich nur darauf gekommen? Ich wollte eigentlich etwas ganz anderes sagen, aber alle Wege führen irgendwie immer wieder in das Dunkel jenes Winters 1986. Dabei umgab die Finsternis gar nicht mich, sondern Ozias und das Volk der Zulu. Meine weiße Finsternis war etwas völlig anderes. Sie war an tausend Orten, am Ende von tausend Wegen, aber sie war immer gleich. Ich glaube, ich sollte von dem erstenmal erzählen, als ich sie sah, von einer Nacht, die mein Leben veränderte.

Einer der ersten, die ich nach meiner Rückkehr aus dem Exil besuchte, war mein Freund Mike. Ich kannte ihn aus der Zeit, als ich noch der Burenarsch-Reporter beim *Star* war und Mike der großartige schwarze Schreiber, der sich bei der Nachrichtenzentrale herumtrieb und immer sagte, er sei «hier nur der *boy*», als ob er die weißen Liberalen zum Widerspruch reizen wollte. Mike war der stolze schwarze Biko-Mann, der harte Trinker, der in der Kantine des *Star* im vierten Stock nicht hinter mir zurückstand. Ich hätte es ihm nie gesagt, aber unsere Beziehung bedeutete mir viel, und manchmal bildete ich mir ein, dieses Gefühl beruhe auf Gegenseitigkeit. Mike hätte das nie zugegeben, aber manchmal sah ich etwas in seinem kühlen, herausfordernden Blick – amüsierte Nachsicht, vielleicht sogar Zuneigung.

Nach meiner Rückkehr, an meinem ersten Tag in Johannesburg, rief ich ihn an und meldete mich mit *«Speurdersersant Malan van die Veiligheidspolisie»* – Kriminalinspektor Malan von der Geheimpolizei. Beim Klang meiner Stimme lachte er leise und sagte «Du hast dich an mich erinnert», als sei er gerührt. Er machte gerade Werbung für ein amerikanisches Unternehmen im Zentrum von Johannesburg, und so verabredeten wir uns vor einem bekannten Hotel in der Nähe.

An seinem flotten Gang erkannte ich ihn schon auf hundert Meter Entfernung, und mein Herz pochte wie wild. Als er näher kam, bemerkte ich weiße Socken zwischen den Aufschlägen seiner Hose und den Schuhen. Das war nicht der Mike, den ich kannte. Der alte Mike war immer todschick gekleidet. Der neue Mike war acht Jahre älter und der Niederlage acht Jahre näher. Seine einst so herausfordernd blickenden Augen waren jetzt zusammengekniffen, aber anscheinend freute er sich trotzdem, mich zu sehen. Wir gaben uns die Hand und sagten beide gleichzeitig, daß unser Wiedersehen gefeiert werden müsse. Mike setzte sich hinter das Steuer meines Leihwagens, und wir fuhren in Richtung Soweto.

Unterwegs erzählte er mir, daß er sich während meiner Abwesenheit zum Alkoholiker entwickelt habe. «Es kam der Tag», sagte Mike, «da dachte ich mir, ich könnte mich genausogut einfach besaufen. Oder sterben.» Sein Lachen klang so bitter wie eh und je. Während er erzählte, fuhren wir gerade nach Soweto hinein, und der erste Eindruck war für mich wie ein Schlag ins Gesicht. Das Township war so groß, so grau und so trist, und die meisten Schwarzen erschienen mir so arm und verzweifelt. Ich mußte Mike nicht fragen, warum er sich zerstören wollte. Ich wußte es nur zu gut. Einen Grund hatte ich vor meinen Augen. Mike sagte, er sei mit seinem Suchtproblem zu einem *sangoma* gegangen, und der habe eine Wunderkur angewandt. «Ich grabe mich selbst aus dem Grab», sagte er vergnügt. Er trank nicht mehr, meinte aber, ein oder zwei Drinks aus besonderem Anlaß könnten niemandem schaden.

Das Leben in Soweto war härter denn je, aber in den Kneipen herrschte noch immer eine trotzige Ausgelassenheit. Es gab jede Menge Bier, und man lachte und redete sich heiser. Mike stellte mich Anwälten, Gangstern, bebrillten Existentialisten und einigen stark angemalten schwarzen Damen von zweifelhaftem Ruf vor. Wenn jemand fragte, was der Weiße hier zu suchen habe, antwortete Mike für mich. «Er ist ein liberaler Rebell vom *volk* der Afrikaaner», sagte er. «Ich lege die Hand für ihn ins Feuer.» Auch das bedeutete mir viel.

Aus ein oder zwei Drinks wurden mehrere, und weitere sollten folgen. Am Abend saßen wir mit fünf oder sechs Schwarzen zusammen. Es waren Büroangestellte und Lastwagenfahrer, die nach der Arbeit einfach abschalten wollten. Aber wie viele Schwarze in den Großstädten Südafrikas waren sie hochpolitisiert. Sie hatten es satt, «Sklaven und Werkzeuge» zu sein, wie ein redseliger Bursche namens Panky es ausdrückte. Sie sehnten den Tag herbei, an dem «die Hölle losbricht».

Ich wußte nicht mehr, wie ich mich bei solchen Gesprächen verhalten sollte. Einerseits war ich weiß und fürchtete den Tag, an dem die Hölle losbrach. Andererseits wollte ich das nicht zugeben. Ich tat immer noch so, als sei ich der gerechte weiße Mann, und gerechte Weiße mußten die gewaltsame Revolution nun mal für gerechtfertigt halten. Vermutlich stimmte ich Panky für Mikes Geschmack etwas zu begeistert zu. Heuchelei hatte Mike noch nie ertragen können. Er räusperte sich und sagte: «Eine Kleinigkeit hat Mr. Malan euch verschwiegen.» In Harlem hätte er gesagt: «Sag ihnen, daß deine Familie dem Ku-Klux-Klan angehört.» In Jerusalem hätte er gesagt: «Sag ihnen, daß dein Vater ein Nazi war.» Aber in Soweto sagte Mike: «Sag ihnen, daß du ein Malan-Afrikaaner bist, aus *der* Familie Malan.»

«*Vertel die muntoes, man*», meinte er lachend, «Sag's den Kaffern.»

Am Tisch wurde es still.

«Wessen Land ist das?» fuhr Mike fort. Er sprach immer noch in Afrikaans mit mir. Ich war in der Klemme. Ich war acht Jahre weg gewesen, in einer Welt, in der es fast nur Weiße gab. Meine Schlagfertigkeit war eingerostet.

«Das Land des weißen Mannes», sagte ich bemüht witzig. Das Land des weißen Mannes! Es war ein Flop. Es herrschte weiterhin Stille.

«Okay», sagte ich schließlich, «jetzt, wo Mike davon angefangen hat – wie kommt ihr euch vor, wenn ihr mit einem Buren trinkt?»

«Der Afrikaaner will, daß der Schwarze ihm untergeordnet ist», sagte ein Mann namens Sibogang.

«Meint ihr, das gilt auch für mich?» fragte ich.

«Ich glaube nicht», antwortete er. «Aber ein Weißer ist als Weißer gegen den Schwarzen.»

«Solange die Auseinandersetzung dauert», warf Panky ein, «wirst du auf der Seite dessen sein, der deine Hautfarbe hat. Weil es diesen Haß zwischen uns gibt. Wenn wir in ein Hotel gehen würden, zu dem auch Schwarze Zutritt haben, würde ich mich nicht zu dir setzen, Mann. Ich möchte bei meinen eigenen Leuten sitzen. Und bei der Weihnachtsfeier im Büro würden wir dich bitten, dich woanders hinzusetzen. Wir haben nichts gemeinsam. Du lebst in einem weißen Vorort, und ich wohne hier in einer Baracke. Wenn es regnet, tropft es durchs Dach, aber du hast es gemütlich. Aber du kannst nicht in Frieden leben. Du mußt mit einer Kanone unter dem Kopfkissen schlafen. Dieses Monster hast du selbst erschaffen.»

«Glaubst du», fragte ich, «daß wir deshalb Feinde sein müssen?» Ich deutete auf meine weiße Haut. Diesmal war die Pause noch länger. Stevie Wonders Stimme drang durch die Wand.

«Wir können keinen Weißen akzeptieren», sagte Sibogang schließlich. «Niemals. Weil jeder Weiße, den wir sehen, für uns ein Feind ist.»

«Es sei denn», fügte er leutselig hinzu und machte eine einladende Geste, «du setzt sich zu uns und gibst damit zu verstehen, daß du auf unserer Seite bist.»

Wir schlossen Waffenstillstand und tranken weiter. Als es Zeit war zu gehen, torkelten Mike und ich Arm in Arm hinaus in die Nacht. Die Dunkelheit war gnädig. Die Flutlichter zur Verbrechensvorbeugung hingen wie gelbe Monde am Himmel und tauchten die Straßen in ein sanftes, wohltätiges Gelb. So war es leichter – leichter für die Augen. Dafür hat man mehr Angst. Nachts fürchtet man in Soweto das, was man nicht sehen kann. Man hat Angst vor den *tsotsis*, den Messerstechern, die dafür sorgen, daß die Mordrate hier vier- oder fünfmal so hoch ist wie in New York. Mir fiel ein, daß ich vielleicht der einzige Weiße in dieser riesigen schwarzen Stadt war, und ich wurde nervös. Jeder Weiße, den wir sehen, ist für uns ein Feind!

Wie durch einen Schleier sah ich kahle Räume, nackte Glühbirnen und Plakate, auf denen Bikini-Mädchen an Korallenstränden für Alkohol warben. Auf dem Weg zu einer Kneipe tauchte plötzlich in dem sonderbaren gelben Licht ein körperloses schwarzes Gesicht auf und flüsterte Mike in einer Stammessprache etwas zu. «Er will wissen», sagte Mike kichernd, «ob der Weiße reif zum Pflükken ist.» Drinnen in der Kneipe verfinsterten sich die Blicke der Schwarzen beim Anblick meiner weißen Haut, und sogar Mike hielt es für klüger, woandershin zu gehen. Meine alte Psychose meldete sich wieder, und in meinen Eingeweiden rumorte eine animalische, instinktive Angst. Ich sah Malan dabei zu, wie er die Angst zu überspielen versuchte, wie er sein aasiges Lächeln aufsetzte, den Black Power-Handschlag hinfummelte und sagte: «Hallo, Bruder, wie geht's, Bruder?» Sag, Bruder, merkt man mir meine Paranoia an? Ich wollte nach Hause, aber Mike wollte noch einen Drink und dann noch einen. Er hatte wieder angefangen zu trinken, und das nicht zu knapp.

Irgendwann nach Mitternacht saßen wir bei jemandem am Küchentisch und tranken noch einen für unterwegs. Ich war voll. Mike war voll. Der dritte Mann am Tisch hieß Judo. Er hatte nur ein Auge und keine Schuhe. Mike und ich sprachen von unseren Vätern. Mikes alter Herr hatte es irgendwie geschafft, fünf Kinder durch die High School zu bringen, was im schwarzen Südafrika einem Wunder nahekam. Ein Bruder war in Oxford. Ich sagte, daß Mikes alter Herr ein wundervoller Vater gewesen sein müsse.

«Ja», sagte Mike, «er hat sich mit dem System arrangiert, wahrscheinlich mir zuliebe. *Baas* Malan trat ihm in den Arsch, und mein Vater sagte: ‹Okay, so ist es gut.› Später fragte ich, warum wir so waren und der weiße Mann so. Ich fragte: Warum, warum, warum? Und mein Vater antwortete: ‹Junge, du bist noch zu klein; du verstehst das noch nicht.› Aber heute weiß ich es. Ich weiß, warum.»

«Was willst du mir damit sagen?» fragte ich.

«Willst du mir etwa was sagen?» konterte er.

«Du kannst mich», sagte ich.

«Du mich auch», sagte er.

Nach einer Minute betretenen Schweigens wechselte Mike das Thema. Er sprach von der Politisierung des Verbrechens. Früher war es Diebstahl, wenn man einem Weißen die Handtasche entriß. Heute war es eine revolutionäre Handlung, wie unser Saufkumpan

Judo offenbar bestätigen konnte. Mike behauptete, er habe einmal gesehen, wie Judo auf einer Straße in Johannesburg einen Weißen überfallen habe. Judo schüttelte den Kopf und meinte: «Nein, kann ich nicht gewesen sein.» Mike blieb hartnäckig. Er sprang auf und rekonstruierte den Tathergang, wobei er mich als Opfer benutzte.

«Du hast ihn so gepackt», sagte Mike und packte mich mit dem Arm grob am Hals. «Du hast ihm das Messer so in die Seite gedrückt – genau so! Ich habe dich gesehen, *skollie*!» Er lachte, aber es war ein wildes und gewalttätiges Lachen. «Wenn Judo dir in Johannesburg auf der Straße begegnen würde», sagte Mike lachend zu mir, «hätte er dich ausgeraubt. Oder nicht, Judo?»

Ein fremder Schwarzer erschien in der Tür, musterte mich und flüsterte Mike und Judo etwas zu, das ich nicht verstand. Ich stellte mir vor, wie begehrenswert meine Schultertasche für einen Mann sein mußte, der nicht einmal Schuhe besaß. Ich dachte an Mord und Raub und an angespitzte, ins Herz gebohrte Fahrradspeichen, beliebte Mordinstrumente in Soweto.

Mein aasiges Grinsen erstarrte zur Grimasse, und dann erstarb es. Ich stand auf, nickte Mike kurz zu und ging hinaus in die bedrohliche gelbe Nacht. Ein einsamer Weißer, der während eines schwarzen Aufstandes mitten in der Nacht zu Fuß in Soweto unterwegs war, um sein Auto zu suchen, das er ein paar hundert Meter weiter abgestellt hatte. Vielleicht war alles nur Einbildung, aber ich schätzte meine Chancen, den Wagen lebend zu erreichen, eher gering ein.

Ich ging mitten auf der Straße. Ich hielt den Kopf gesenkt und ging schnell. Ich kam an einer Gruppe Jugendlicher vorbei, die in dem unwirklichen gelben Licht auf der Straße herumlungerten. Sie sprachen mich an, aber ich hörte kein Wort. Alles, was ich sah, waren Füße. Kieselsteine glitzerten auf der Straße und warfen ebenso scharfe Schatten wie die auf dem Mond. Die Nacht war so still wie der Weltraum. Ich ging auf dem Mond spazieren. Ich hörte nur das Blut in meinen Schläfen pochen und meinen keuchenden Atem. Ich war außer mir vor Angst, und in diesem Moment fiel bei mir der Groschen: Das war sie, die unsichtbare Kraft, die die Vernunft in Südafrika auslöschte, die Kraft, die den weißen Stamm zusammenhielt und mit der unsere schwitzenden weißen Fäuste die Schalthebel der Macht im Todesgriff umklammert hielten.

Woher kam diese Angst? Nach Auffassung vieler Anthropologen und Soziologen war es die verderbliche Frucht einer rassistischen Erziehung, und ich glaube, da war etwas Wahres dran. Ich war in einem Haushalt aufgewachsen, in dem die schwarzen Dienstboten aus Tassen trinken und aus Schüsseln essen mußten, die vom übrigen Geschirr getrennt waren. Im Umgang mit Schwarzen war mein Vater steif und förmlich, und meine Mutter verhielt sich irgendwie gönnerhaft. Sie mochte Schwarze, aber sie mochte auch Hunde, und ich bin nicht sicher, ob ihr der Unterschied wirklich bewußt war. Viele Erwachsene in meiner Umgebung waren mehr oder weniger rassistisch. Die alte Frau von nebenan zum Beispiel erklärte einmal, sie brauche eine neue Brille, weil sie auf gewisse Entfernung Schwarze nicht mehr von Weißen unterscheiden könne. Sie hatte sich dabei ertappt, daß sie Schwarzen auf der Straße zuwinkte, und das konnte nicht angehen. Solche Dinge hinterließen natürlich ihre Spuren, aber sie hätten eigentlich eher Verachtung als Angst wekken müssen. Die Angst hatte eine völlig andere Ursache.

Manchmal glaube ich, daß die Angst schon in mir war, als ich noch ein Kind war und alle Eingeborenen unterschiedslos liebte. Es ist das Los der Kinder, von chaotischen Ängsten und nächtlichen Horrorvisionen verfolgt zu werden und das Gefühl zu haben, draußen in der Dunkelheit lauere etwas Bedrohliches. Ich glaube, das ist überall so, doch in den weißen Vororten Südafrikas hatte das Schreckgespenst immer ein schwarzes Gesicht. Man steckte den Kopf unter die Bettdecke, starr vor Angst, hörte das Fenster im Wind klappern und wußte genau, daß da draußen ein Schwarzer war.

Ich war ungefähr zwölf, als mein Bruder und meine Eltern eines Abends ausgingen und mich allein zu Hause ließen. Gegen neun pochte Piet, der Gärtner, an die Küchentür. Er war mein Freund, und normalerweise hätte ich ihn ohne Fragen hereingelassen, aber das Pochen hörte sich irgendwie seltsam an. Er klopfte nicht, um hereingelassen zu werden, sondern er wollte die Tür einschlagen. Ich steckte den Kopf aus dem Fenster und fragte, was los sei. Ich sah gleich, daß er halb von Sinnen war. Seine Augen glühten, sein Atem roch nach Brandy, und er redete wirres Zeug von einer Frau, die ihn verraten habe oder so etwas. Ich verstand nicht, was das mit mir zu tun hatte und warum er unbedingt ins Haus wollte, und außerdem hatte ich plötzlich Angst vor ihm. Deshalb weigerte ich mich, die Tür zu öffnen.

Piet ging in den dunklen Garten zurück, blieb dort still stehen und starrte auf die glitzernde Skyline von Johannesburg. Die Nacht war kalt, und sein Atem stieg als weiße Wolke in die Luft. Die Hunde waren unruhig und bellten. Piet schien ganz in Gedanken versunken. Aber mit einemmal drehte er sich um und stürmte wie ein wütender Stier auf das Haus zu. Er knallte mit dem Kopf so heftig gegen die Wand, daß die Scheiben klirrten. Dann kratzte er mit den Fingernägeln über den rauhen Putz – immer wieder sprang er wie wild hoch und kratzte mit den Fingernägeln an der Hauswand herunter, bis ihm die Nägel in blutigen Fetzen von den Fingern hingen. Dann verschwand er in seinem Zimmer und kam nicht mehr heraus.

Am nächsten Tag war Piet wieder nüchtern, aber mürrisch, und an seinen Fingerspitzen waren Blutklumpen. Ich sagte meinem Vater nicht, was passiert war, weil ich Piet mochte und nicht wollte, daß er gefeuert wurde. Aber ich sprach auch mit Piet nicht darüber. Ich konnte nicht. Etwas Schwerwiegendes war zwischen uns getreten, und wir hatten gerade nur so viele Worte und Begriffe gemein, daß es zur Verständigung über Alltägliches reichte. Hätte Piet sich verständlich machen können, er hätte sicher seiner Frustration und Ohnmacht Luft gemacht. Er hatte eine Frau und drei Kinder zu ernähren, aber mein Vater zahlte ihm den für Gärtner üblichen Hungerlohn. Piet träumte immer davon, mehr Geld zu verdienen, aber seine Träume zerplatzten, wie sehr er sich auch bemühte. Hätte ich Piet gefragt, hätte er mir wahrscheinlich erklärt, daß er an einem Punkt angelangt sei, wo er es einfach nicht mehr aushalten konnte. Oder er hätte ganz einfach gesagt: «Ich wollte dich töten, Rian.»

Ich weiß es nicht. Er war Afrikaner, und wir Weißen konnten nicht richtig mit Afrikanern reden. Wir waren durch sprachliche und kulturelle Barrieren voneinander getrennt, und wenn wir versuchten, in die Herzen der Schwarzen zu sehen, sahen wir nur Dunkelheit. Und wer wußte, was in der Dunkelheit lauerte? Wir fürchteten das Schlimmste. Vermutlich war das unser Aberglaube, aber deswegen war es für uns nicht weniger real. Jeder, der an der bedrohlichen Natur Afrikas zweifelte, mußte sich den Dokumentarfilm *Africa addio* ansehen, der im südafrikanischen Fernsehen gezeigt wurde, als ich ungefähr zehn war. *Africa addio* handelte von Dingen, die Anfang der sechziger Jahre in Afrika passierten, nachdem die europäischen Staaten ihre Kolonien in die Unabhängigkeit entlassen hatten. In den meisten Teilen der zivilisierten Welt wurde der Film verboten oder einfach nicht gezeigt, aber weiße Südafrikaner wurden dazu ermutigt, ihn sich anzusehen. Und das sahen wir: Strände voller Leichen in Sansibar, ein Haufen Hände im Kongo, Berge von Toten in Ruanda und Burundi.

Ich erinnere mich, daß meine Eltern immer mit gedämpfter Stimme von solchen Ereignissen sprachen, um uns Kinder nicht zu beunruhigen. Wir hatten Verwandte, die «dort oben» lebten – im Norden Rhodesiens, einer britischen Kolonie, die in die Unabhängigkeit entlassen werden sollte. Meinem Onkel Bernie gefielen der koloniale Lebensstil, der Gin am Abend und die geruhsamen Kricketspiele auf dem grünen Oval des Country Club. Viele Weiße verließen die Kolonie noch vor der Unabhängigkeit, aber mein Onkel Bernie wartete bis zur letzten Minute. Er wartete sogar zu lange. Als seine Familie endlich im Auto saß und die Habseligkeiten auf dem Wagendach verstaut waren, gab es in Mufulira kein Benzin, und auf den Straßen randalierten die Schwarzen. Onkel Bernie suchte in der ganzen Stadt verzweifelt nach einer offenen Tankstelle. Sein Wagen wurde von einer Horde Schwarzer angehalten und hin und her geschaukelt. Sie riefen: «Unabhängigkeit! Unabhängigkeit!» Meine Tante und meine Cousins und Cousinen heulten, weil sie dachten, ihr letztes Stündlein habe geschlagen, aber mein Onkel Bernie stieg aus dem Wagen und stimmte in den Ruf der Schwarzen ein: «Es lebe die Unabhängigkeit!» Daraufhin ließen sie ihn weiterfahren.

Onkel Bernie fuhr mit seiner Familie nach Johannesburg, ohne unterwegs anzuhalten. Als sie bei uns ankamen, kroch eine meiner Cousinen sofort unter ein Bett und weinte, weil sie sich vor Lena, unserem schwarzen Hausmädchen, fürchtete. Catherine war jünger als ich, also kümmerte ich mich um sie. Ich strich ihr übers Haar und sagte: «Ist ja gut, Catherine, ist ja gut. Sie tut dir doch nichts.» Ich amüsierte mich darüber, daß sie solche Angst vor Lena hatte, weil ich Lena mochte und annahm, daß auch sie mich gern hatte. Ich wußte genau, warum Catherine Angst hatte, und doch war mir klar, daß ihre Angst unbegründet war.

Mein Mondspaziergang in Soweto endete mit einer ähnlichen Erfahrung. Ich hörte Schritte hinter mir, und meine Angst wurde immer größer. Eine Hand legte sich auf meine Schulter. Ich drehte mich blitzschnell um, und dann erkannte ich, daß die Werwölfe nur in meiner Phantasie existierten. Der einäuige Judo war barfüßig und freundlich lächelnd in Begleitung eines Jugendlichen hinter mir hergekommen. Mike trottete in einem Abstand von fünfzig Metern murrend hinterdrein. «Hier bist du nicht sicher», sagte Judo zu mir. «Wir begleiten dich.»

Ihre Freundlichkeit überwältigte mich, und ich war zutiefst beschämt. Trotzdem veränderte sich mein Leben in dieser Nacht. Ich behauptete zwar auch weiterhin, daß Apartheid dumm und verwerflich und Rassismus beschränkt und rückständig seien, aber meine Gefühle waren nicht mehr so klar und einfach. Ich hatte die Furcht als das erkannt, was sie war, und sie wurde mein ständiger Begleiter. Sie überkam mich immer dann, wenn schwarze Genossen bei meinem Anblick die Faust erhoben, wenn ihre Steine auf das Dach meines Wagens niederprasselten, wenn ich nicht verstehen konnte, was Schwarze über mich sagten, wenn ich in die Augen schwarzer Anhalter blickte und sogar wenn ich eine Zeitung aufschlug. Es hilft nichts zu sagen, diese Angst sei irrational oder gar krankhaft. Man ist, was man denkt, und Weiße, die Schwarze für eine tödliche Gefahr halten, sind in tödlicher Gefahr. Nach dieser Nacht wußte ich, daß ich die Angst vor den Schwarzen aus meinem Herzen verbannen mußte. Wenn ich es nicht tat, wenn wir alle es nicht taten, gab es keine Hoffnung für uns. Weiße und Schwarze würden sich wie Hunde in Stücke reißen, und dem Sieger blieben nur Gräber und Ruinen. Wir mußten einen Weg finden, den einäugigen schwarzen Judos zu vertrauen und an sie zu glauben, oder wir würden alle enden wie Andries Petrus Hendricks.

Wenn ich gefragt wurde, warum ich inmitten eines großen Rassenkonflikts Nachforschungen über Morde anstellte, erzählte ich immer von dem bedeutsamen Leben und Sterben von Andries Petrus Hendricks. Verglichen mit dem tobenden Kampf war sein Tod ein belangloses kleines Drama, aber er machte das unterschwellige Problem Südafrikas deutlicher als eine ganze Bibliothek von Büchern.

Andries Petrus Hendricks wurde 1910 als jüngster Sohn eines Farmers im Oranje-Freistaat geboren. Der Vater erwartete von ihm, daß er seinen eigenen Weg ging. Anfang der dreißiger Jahre machte sich der junge Andries auf, um sein Glück im «Sperrgebiet» zu suchen – in der verbotenen Zone, jener schauerlichen, verlassenen Küste Südwestafrikas, deren Strände angeblich mit Diamanten übersät waren. Andries und sein Bruder verschwanden mit einem Eselskarren in der Wildnis. Fast wären sie dort umgekommen, doch vier Monate später kehrten sie als reiche Männer zurück, reich genug jedenfalls, so daß Andries sich außerhalb einer Kleinstadt namens Vredefort, in den endlosen öden Maisfeldern im Norden des Oranje-Freistaats, eine Farm mit hundertzwanzig Morgen Land kaufen konnte.

Andries Hendricks war ein seltsam verschrobener Mann, unfähig, einen Menschen zu lieben oder ihm zu vertrauen. Er hatte kein Vertrauen zu Banken, also hortete er sein Geld und seine Goldmünzen in Truhen unter seinem Bett. Er traute Frauen nicht, deshalb dauerte seine einzige Ehe nur neun Monate. Und er traute keinem Mann, deshalb hatte er nur wenige Freunde. Vor allem aber traute er keinem Schwarzen.

In dieser Hinsicht unterschied er sich allerdings kaum von seinen Nachbarn, die zum größten Teil erzkonservative Buren waren. Obwohl die wenigsten von ihnen Schwarze als vollwertige Menschen betrachteten, waren sogar sie darüber entsetzt, wie Oom Andries seine schwarzen Arbeiter behandelte. Nicht, daß er sie schlug oder so etwas, er war einfach gemein und verschlagen, immer auf der Hut und stets darauf bedacht, Schwarze zu betrügen und zu demütigen. Er war so voller Angst und Haß, daß er sich den üblichen weißen Luxus versagte, schwarze Dienstboten im Haus zu haben. Er wollte keine Schwarzen in seiner Nähe. Laut seiner Schwägerin war er derart verschroben, daß er das Kino verließ, wenn auf der Leinwand ein schwarzer Schauspieler erschien.

Ein Verwandter von ihm erzählte folgende Geschichte: «Eines Abends stand der alte Andries um zehn vor meiner Tür. Es war

Erntezeit, und er war seit Sonnenaufgang auf dem Feld gewesen, um sein Getreide einzubringen. Bei einem seiner Wagen war die Achse gebrochen, und jetzt wollte er sich meinen borgen, weil noch eine Fuhre zur Genossenschaft gebracht werden mußte. Er sah aus, als hätte er einen schweren Tag gehabt, deshalb bat ich ihn auf einen Brandy ins Haus.

Ich schaute über seine Schulter und sah draußen einen Kaffer in seinem Lastwagen sitzen. Der Junge war von Kopf bis Fuß mit Staub bedeckt, und er sah jämmerlich aus. Deshalb sagte ich zu Andries: ‹Ruf den Jungen her, Mann, dann gebe ich ihm auch ein Gläschen.› Aber Andries sagte nein. Einfach so. Ohne jeden Grund. Er war eben herzlos. Ich sagte, das sei nicht gerade sehr christlich, doch er meinte, das sei ihm egal. ‹Wenn ich im Himmel bin›, sagte er, ‹und ein Kaffer kommt durchs Tor, dann gehe ich zur Hintertür wieder hinaus.›»

Eine derartige Verschrobenheit ist bei weißen Südafrikanern ziemlich verbreitet, doch Andries war ein besonders schwerer Fall, und das machte sein Leben kaputt. Ein Mann, der haßt, kann nicht erwarten, geliebt zu werden, und Andries machte sich über sein Verhältnis zu Schwarzen keine Illusionen. Er haßte sie und wußte, daß auch sie ihn haßten. Er sagte immer: «Die Kaffern werden mich eines Tages kurz und klein schlagen.» Mit zunehmendem Alter wurde seine Furcht zur Besessenheit, und schließlich führte sie zum Wahnsinn.

Dann war Oom Andries Ende Sechzig und zu alt und zu erschöpft, um seine Farm allein zu bewirtschaften. Da er keine Söhne hatte, die die Farm übernehmen konnten, verkaufte er den ganzen Besitz bis auf einen Streifen Land von rund viereinhalb Meter Breite und 275 Meter Länge. Auf diesem Stück Land errichtete er eine Festung. Der häßliche, dreistöckige und fast fensterlose Betonklotz erhob sich inmitten einer öden Ebene. Die Stahlbetonwände waren fünfunddreißig Zentimeter dick, die massive Stahltür stammte aus dem zerstörten Tresorraum einer Bank. Das Dach war mit Zinnen versehen, und die Mauern hatten Scharten, durch die man auf angreifende Wilde schießen konnte. Der alte Andries bohrte durch den Boden einen Brunnen für das Wasser und legte sich in der Speisekammer einen Vorrat an Konserven an. Er versteckte die drei

Truhen mit dem Gold unter dem Bett und verschweißte sein übriges Geld in Stahlrohren in den Wänden. Er brachte seine Waffen ins Haus (zwei Revolver, eine Schrotflinte und ein Gewehr) und hortete Munition. Dann schloß er sich in diesem Denkmal des Rassenwahns ein und wartete auf die Apokalypse.

Oom Andries hatte jedoch eine für einen Weißen typische Schwäche. Er war zwar bereit, selbst zu kochen und zu putzen, aber beim Waschen und Bügeln hörte es auf. Deshalb öffnete sich die Stahltür seiner Festung zweimal in der Woche, um eine alte Afrikanerin einzulassen, die für ihn die grobe Arbeit erledigte. Sie war die einzige Schwarze, die je einen Fuß in Oom Andries' Burg setzte. Sie entdeckte die Truhen unter dem Bett und wußte von dem Bargeld in den Stahlrohren. Eines Tages brachte sie ihre beiden erwachsenen Söhne mit zur Arbeit, und das war das Ende des alten Andries Hendricks. Seine Leiche wurde in Stücke gehackt und in den Brunnen geworfen. Die alte Frau und ihre Söhne wurden in der Nähe der Grenze in Andries' Lieferwagen geschnappt, vor Gericht gestellt und wegen Mordes gehängt. Als ich nach Vredefort kam, waren fünf Jahre vergangen, und kein Weißer konnte sich mehr an ihre Namen erinnern. Sie waren in der anonymen schwarzen Masse verschwunden. «Jesses», sagte ein Nachbar und lachte leise in sich hinein, «schreiben Sie einfach, die schwarze Gefahr hat ihn erwischt.»

In seinem Testament vermachte der verbitterte und einsame alte Bure jedem Verwandten, der zu seinem Begräbnis kam, fünf englische Pfund. Das restliche Geld sollte für seinen Sarkophag ausgegeben werden. Er starb als recht wohlhabender Mann, und nur ein Hendricks stand an seinem Grab. So war es denn ein Prunkstück von Grabmal, was auf dem einsamen Friedhof von Vredefort aufragte: sechs hohe Marmorsäulen, Scharen von Engeln und Cherubim, ein Apostel in Lebensgröße und ein Sockel mit der bitteren Inschrift, die Andries Hendricks für sich ausgewählt hatte: «Gestorben und vergessen».

Als Stamm und als Nation sind wir alle in einer Festung des Rassenwahns gefangen. Sorgsam horten wir unser Gold und geraten immer tiefer in einen Rassenkrieg, den wir unmöglich gewinnen können. Wir alle wissen das. Unsere Generäle prophezeien es seit

1973. Es gibt keine militärische Lösung, weil der Feind sich im Innern befindet. Er lebt nicht jenseits einer Grenze, wo wir ihn mit Maschinengewehren oder Granaten angreifen, notfalls sogar mit einer Atombombe vernichten könnten – angeblich verfügen wir ja auch über diese Waffe. Der Feind lebt vielmehr in unseren Städten, in unseren eigenen Häusern, er spült Geschirr und beaufsichtigt die Kinder, fährt Lastwagen und arbeitet in den Fabriken. Von moralischen Fragen abgesehen, können wir einen solchen Feind nicht besiegen, ohne uns selbst zu vernichten. Wenn wir das nicht einsehen, werden auch wir in einer großen Orgie des Blutvergießens in Stücke gehackt und von den Mächten der Geschichte ausgelöscht werden. Die Ruinen der Hochhäuser werden unsere Gräber sein, und auch uns wird man nach unserem Tod vergessen.

Wir müssen einen Weg des Vertrauens finden, aber wem sollen wir vertrauen?

Es ist uns gelungen, dem Feind Verluste beizubringen, indem wir Verräter und Spitzel unschädlich machten...
Radio Freedom, Stimme des ANC, November 1985

Und hier sind wir nun im Osten des Geschäftsviertels von Johannesburg, der immer mehr zu einer schwarzen Gegend wird. Tausende schwarzer Büroangestellter strömen jeden Morgen und Abend auf dem Weg von und zur Park Station durch diesen Bezirk. Alle weißen Kaufleute des Viertels sind darauf aus, sich ihren Anteil am Geschäft mit den schwarzen Passanten zu sichern. Möbel- und Bekleidungsgeschäfte machen attraktive Angebote, die es finanziell schlecht gestellten Schwarzen erlauben, Waren zu niedrigen Raten zu kaufen. In den Schaufenstern von Frisiersalons sind Fotos von fabelhaft frisierten schwarzen Modellen zu sehen. Schallplattenläden stellen Lautsprecher auf den Gehsteig, die die Passanten mit dem coolen, urbanen Afro-Discosound von Hotstix Mabuse oder mit *mbaqanga*, Township-Musik, von Obed Ngobeni und den Kurhula Sisters bombardieren.

In der Wanderers Street betrete ich die Eingangshalle eines baufälligen Bürogebäudes. Die Fahrstühle sind außer Betrieb, die Korridore dunkel, weil die Glühbirnen kaputt sind. An den Wänden klebt der Schmutz von Jahrzehnten. Jeder dritte Türrahmen ist zersplittert – das Werk geheimnisvoller nächtlicher Besucher, die Türen aufbrechen, Schreibtische und Aktenschränke durchwühlen und ungesehen wieder verschwinden. Niemand weiß, wer sie sind, doch die Mieter haben einen Verdacht. Schließlich sind sie alle Gegner des Apartheid-Regimes. Das also ist die nationale Zentrale der Black Consciousness-Bewegung, des Netzes von Gewerkschaften und politischen Organisationen unter dem Banner Steve Bikos, des gestürzten Propheten schwarzen Bewußtseins. Ich gehe an den Büros der Baugewerkschaft, der Gewerkschaft des Reinigungspersonals und der Mediengewerkschaft vorbei, und schließlich stoße ich am Ende eines dunklen Korridors auf eine Tür mit «Kauft nicht bei Weißen»-Aufklebern und einem Schild mit der Aufschrift AZAPO. Dies ist die Zentrale der Azanian People's Organization.

Die Büros hinter der Tür sind genauso schmutzig wie der Rest des Gebäudes. Aus dem Sofa im Wartezimmer ragen die Sprungfedern. Auf dem schäbigen Teppich wurden Zigaretten ausgetreten, und in den Ecken des Zimmers sind unter staubigen Plastikabdeckungen Teile von Büromaschinen abgestellt. An der Wand hängt die asanische Flagge, die Flagge Südafrikas, wenn Biko überlebt und die Black Consciousness-Bewegung gesiegt hätte. Die Fahne ist diagonal in ein orangefarbenes und ein schwarzes Feld geteilt, und in der Mitte des organgefarbenen Feldes befindet sich ein roter Stern. Neben der Fahne hängen Porträts der Schutzheiligen der Black Consciousness-Bewegung: Muammar el-Ghaddafi, der Vorsitzende Mao und der heilige Steve Biko, der «Strahlende».

Zehntausend Kilometer entfernt, in London, dreht Sir Richard Attenborough einen Film über Steve Biko und seinen mutigen Kampf gegen die weiße Tyrannei. Biko wird allmählich auch einer breiteren Öffentlichkeit ein Begriff, doch nach der heutigen Besucherzahl im Wartezimmer zu urteilen, hat die Öffentlichkeit kein besonderes Interesse an Bikos noch lebenden Freunden und Genossen. Die Führer der AZAPO äußern sich überaus zynisch über die von Weißen beherrschten Medien der Welt. Sie haben eine Rohfassung von Attenboroughs Drehbuch gelesen. Ihrer Ansicht nach wird Biko darin zu einer zahmen Figur à la Martin Luther King gemacht, zu einem schwarzen Liberalen, der auch für den weißen politischen Feinschmecker akzeptabel ist. Attenborough hat ihnen ihren Märtyrer genommen, und Bischof Tutus Vereinigte Demokratische Front hat ihnen die Schau gestohlen. Wenn Bischof Tutu eine Pressekonferenz einberuft, um das Apartheid-System anzuprangern, kommen die ausländischen Korrespondenten in Scharen. Wenn Bikos Anhänger eine Pressekonferenz abhalten, läßt sich fast niemand blicken außer zwei schwarzen Reportern vom *Star*, einem Korrespondenten von ABC ohne Kamera, zwei oder drei Nachzüglern und mir, Rian Malan.

Ungefähr acht Reporter drängen sich diesmal in das winzige Büro, und die AZAPO-Führer nehmen hinter einem großen Schreibtisch Platz: Genosse Myeza, Genosse Wauchope und Genosse Molala. Die drei Schwarzen haben für ihren Kampf gegen die Apartheid ingesamt fast achtzehn Jahre im Gefängnis oder in Polizeigewahrsam verbracht. Genosse Muntu Myeza mußte wegen politischer Aktivitäten die Universität verlassen. Er wurde von der Geheimpolizei gefoltert und schließlich ins Gefängnis gesteckt, weil er eine Kundgebung organisiert hatte, um den Sturz des Kolonialregimes im benachbarten Moçambique zu feiern. Er verbrachte acht Jahre auf Robben Island, der berüchtigten Gefängnisinsel für politische Häftlinge in der Tafelbucht bei Kapstadt.

Genosse Nkosi Molala hat wegen Sabotage sieben Jahre in Robben Island gesessen. Man sagt, daß so etwas den Willen eines Menschen bricht, doch sobald Molala auf freiem Fuß war, nahm er den Kampf wieder auf. Eine Tränengasgranate der Polizei traf ihn ins Gesicht, und er erblindete auf einem Auge. Der Dritte im Bunde, Genosse George Wauchope, war Mitte der siebziger Jahre Steve Bikos wichtigster Mann in Johannesburg und spielte in dem Prozeß der politischen Organisation und Erziehung, der 1976 im Aufstand von Soweto gipfelte, eine führende Rolle. Die drei Männer sind schon so oft verhaftet worden, daß sie es gar nicht mehr zählen können, und man hatte sie mit solcher Regelmäßigkeit geschlagen und gefoltert, daß sie schon gar nicht mehr darüber reden. Die meiste Zeit ihres Lebens sind sie vor der weißen Geheimpolizei geflohen, aber diesmal fliehen sie vor jemand anderem.

Genosse Präsident Molala eröffnet die Konferenz mit ein paar allgemeinen Bemerkungen über die gegenwärtige Lage der Black Consciousness-Bewegung. «Im Ghetto geht das Gerücht um», erklärt er, «daß wir eliminiert werden sollen.» Er zählt eine Reihe von Angriffen auf, denen Mitglieder seiner Bewegung in letzter Zeit ausgesetzt waren. Häuser wurden durch Brandbomben zerstört oder mit sowjetischen Haftminen in die Luft gesprengt. Anhänger der Bewegung wurden auf der Straße angegriffen oder unter Androhung des Todes von Schulen verwiesen. Mitglieder der Jugendbewegung wurden entführt und ermordet. In einigen Fällen wurden die Eltern und Großeltern dieser Kinder als Geiseln genommen und ebenfalls ermordet. Es sei eine Kampagne im Gange, erklärt Molala, um die AZAPO als politische Kraft auszuschalten, und jeder wisse, wer dahinterstecke: Mitglieder von Bischof Tutus angeblich gewaltloser Vereinigten Demokratischen Front, eines internen Flügels des Afrikanischen Nationalkongresses.

Eigentlich ist es nicht ganz fair, den Bischof in diesem Zusammenhang zu erwähnen. Bischof Tutu ist eine Galionsfigur, kein Führer. Seine wahre Prominenz verdankt er ausländischen Fernsehkameras. Er hat keine Kontrolle über die Genossen, und ganz sicher verfaßt er keine Pamphlete wie jenes, das Genosse Molala hochhält, damit alle es sehen können. Es ist ein zweiseitiges Flugblatt, gedruckt auf Papier mit dem Kopf der Vereinigten Demokratischen Front. Erst gestern sind Tausende davon auf den Straßen Sowetos verteilt worden. Im Text heißt es: «Wir rufen alle Einheiten unserer Front zum Krieg auf. Wir haben die AZAPO schon zu lange geduldet. Sie will unser Ansehen bei der Bevölkerung schmälern, und sie stellt sich all unseren Kampagnen in den Weg... Wir dürfen nicht ruhen, bevor wir nicht jedes Mitglied der AZAPO von Sekhukuniland über Port Elizabeth bis Langa zur Strecke gebracht haben.»

Es ist schwer zu beweisen, aber dieses Flugblatt riecht förmlich nach Fälschung. Es könnte das Werk der weißen Geheimpolizei sein, die es in der Kunst der schwarzen Propaganda und der Spaltung des Widerstands zu wahrer Meisterschaft gebracht hat. Trotzdem könne dem Staat, wie Genosse Molala erklärt, nicht die Schuld an der gegenwärtigen Krise zugeschoben werden; er nutze sie lediglich aus. Die fatale Gesinnung, die in diesem Flugblatt zum Ausdruck komme, stehe in keinem Zusammenhang mit den öffentlichen Erklärungen der Vereinigten Demokratischen Front, doch die Aktionen, zu denen das Flugblatt aufrufe, seien auf der Straße schon im Gang. Die Wahrheit sei: Die Anhänger Nelson Mandelas und Desmond Tutus töten die Anhänger Steve Bikos.

Die erste Frage der Presse lautet natürlich: Warum? Weshalb sollten schwarze Radikale sich mitten in einem erschütternden Kampf gegen ein grausames weißes Regime plötzlich aufeinanderstürzen und einander umbringen? Die Frage wird von Muntu Myeza beantwortet, der bei der AZAPO für Öffentlichkeitsarbeit zuständig ist: «Es ist nicht nur für Außenstehende schwer zu verstehen, warum

Schwarze sich gegenseitig umbringen. Es ist auch für uns schwer zu begreifen.»

Wenn er es nicht versteht, wie sollen wir es dann je verstehen? Aber wir wollen es versuchen.

Ich erinnere mich an Steve Biko. Ich habe ihn nie persönlich kennengelernt oder ihn bei einem seiner Auftritte erlebt, aber er überschattete meine Jugend wie ein Koloß, eine wahrhaft ehrfurchtgebietende Gestalt. Einige linke und rechte Weiße hielten ihn für einen schwarzen Rassisten, aber ich sah ihn nicht so. Aus seinen Schriften und Aussagen vor Gericht sprach für mich die Wahrheit, die reine Wahrheit, nicht jene einfältige Variante, die man in den Schriften weißer Liberaler fand. Weiße Liberale sahen auf schwarze Opfer herab und sagten: «Was für eine Schande.» Steve Biko aber sprach zu den verwundeten Herzen der Schwarzen. «Steht auf», sagte er. «Bekennt euch zu eurer schwarzen Hautfarbe. Seid stolz auf euch. Werdet stark.» Er verachtete die sentimentale Lehre von der Einheit aller Menschen und die weißen Liberalen, die diese Lehre vertraten, aber er tat es ohne Haß. Er hörte sich nie an wie Louis Farrakhan, der militante amerikanische Sektenprediger. Er schlug die gönnerhaft ausgestreckte Hand von Weißen wie mir aus, aber ich war trotzdem nicht beleidigt. Er schien damit sagen zu wollen: «Zuerst müssen die Schwarzen wieder gesund sein. Wir können dann miteinander reden, wenn wir alle richtige Menschen sind.» Nein, ich bin mir nicht sicher, ob Steve Biko tatsächlich eine politische Figur war. Ich glaube, was er wollte, ging über Politik hinaus. In meinem insgeheim rassistischen Herzen konnte ich mir eigentlich gar nicht vorstellen, daß ein Schwarzer so klug und einfühlsam sein konnte, und meine Ehrfurcht vor ihm hatte fast einen religiösen Beigeschmack. Ich mache mich nicht über ihn lustig, wenn ich ihn den heiligen Biko, den Strahlenden nenne. Ich sah ihn so.

Biko war insofern ein Geschöpf des tyrannischen weißen Regimes, als dessen Aktionen ihm überhaupt erst die Bühne freiräumten für seinen unvermeidlichen Auftritt. Nach dem Massaker von Sharpeville im Jahr 1960 verbot der Staat Nelson Mandelas ANC und Robert Sobukwes Panafrikanischen Kongreß. Sobukwe und Mandela kamen später ins Gefängnis, und viele ihrer Anhänger gingen ins Exil. Dort wurde der ANC vor allem von Moskau unterstützt, der PAC von Peking. In Südafrika hörten beide Organisationen praktisch auf zu existieren.

In dieses absolute Vakuum trat Ende der sechziger Jahre Steve Biko. Alle anderen Führer waren aus dem Weg geräumt worden, jede Hoffnung schien dahin, und so wurde Biko von Hunderttausenden von Schwarzen begierig in die leeren, hoffnungslosen Herzen aufgenommen. In meiner Jugend unterstützten alle Schwarzen, die ich kannte, Steve Biko. Sämtliche schwarzen Reporter, mit denen ich in der Kantine des *Star* zusammensaß und trank, waren Anhänger Bikos. An allen schwarzen Universitäten wurden seine Ideen verbreitet, und als Sowetos schwarze Schüler und Studenten am 16. Juni 1976 auf die Straße gingen, hatten sie Steve Bikos Namen auf den Lippen. Natürlich wurden sie niedergeschossen, und ein Jahr später fand auch Biko im Gewahrsam der Geheimpolizei ein tragisches Ende.

Nach seinem Tod drohte erneut eine Revolution. Also hob die Geheimpolizei Bikos Anhänger aus und zerschlug seine Bewegung. Achtzehn Black Consciousness-Organisationen sowie die Zeitungen *The World* und *Weekend World*, die die Ideale der Bewegung unterstützten, wurden verboten. Achtundvierzig Black Consciousness-Führer wurden verhaftet und fast ein Jahr lang ohne Prozeß in Gewahrsam gehalten.

Nach ihrer Freilassung formierten sich diese Männer und Frauen zur AZAPO. Der ANC reagierte in seinem Exil nur langsam auf die Empörung, die die Aufstände in Soweto und Bikos Tod verursachten, und Sobukwes PAC verkümmerte, weil seine chinesischen Sponsoren zu sehr mit ihren eigenen Problemen beschäftigt waren, um den Ereignissen im fernen Afrika viel Beachtung zu schenken. So trug die AZAPO mehrere Jahre hindurch das Banner des schwarzen Kampfs. Die Black Consciousness-Bewegung entwarf eine Flagge für das freie Südafrika der Zukunft und gab ihm sogar einen Namen. Es sollte Asania heißen, nach der alten arabischen Bezeichnung für das unerforschte Land südlich von Sansibar. Es sollte eine schwarze Volksrepublik werden, befreit von der Geißel des «rassistischen Kapitalismus». Die linken Zeitungen der ganzen Welt nannten Südafrika fortan Asania und die schwarzen Südafrikaner

Asanier. Anfang der achtziger Jahre war die Vorherrschaft der AZAPO im schwarzen Widerstand in Südafrika unangefochten.

Der ANC war jedoch die älteste schwarze Befreiungsbewegung und politisch in vielerlei Hinsicht die cleverste. Er war nicht gewillt, Emporkömmlinge die Führerschaft im Kampf zu überlassen. Nach den Aufständen in Soweto begann er, Studentenführer von Bikos Bewegung wegzulocken. Wenige Jahre später versuchte der ANC, die Biko-Legende zu untergraben, indem er den Rekruten in seinem Trainingslager in Angola und der DDR erzählte, der Black Consciousness-Prophet sei ein CIA-Agent gewesen. Anfang der achtziger Jahre begann sich der ANC wieder in Südafrika zu etablieren, und zwar in Form der UDF, der Vereinigten Demokratischen Front, die in Nelson Mandela ihren Führer sah und treu am Programm des ANC festhielt.

Als politische Bewegung hatte das Bündnis zwischen ANC und UDF eine Menge Pluspunkte aufzuweisen: eine gerechte Sache, einen lebenden Märtyrer als Führer, Bischof Tutu als Sprecher und ein Programm, das in den von Weißen beherrschten Medien des Westens Anklang fand. Es basierte auf *nonracialism*, einer Ideologie, in der Rassenzugehörigkeit keine Rolle mehr spielte. Der Kampf um Südafrika wurde zu einer Auseinandersetzung zwischen Gut und Böse erklärt, oder, anders ausgedrückt, zwischen der arbeitenden und der herrschenden Klasse. Weiße, die das Lager wechseln wollten, waren bei ANC und UDF willkommen. Das gefiel westlichen Journalisten, und diese wiederum beeinflußten westliche Kirchen und Regierungen, die daraufhin Geld für die Gehälter von Funktionären, Computer, Büros, T-Shirts, Flugblätter und politische Kampagnen zur Verfügung stellten. Die UDF war 1983 gegründet worden. Innerhalb weniger Monate hatte sie sich zu einer ernst zu nehmenden Kraft in der südafrikanischen Politik entwickelt, und die AZAPO war anscheinend auf dem Nullpunkt angekommen.

Die AZAPO hatte so gut wie keine Ressourcen. Sie hatte so wenig Mittel, daß selbst ihre Führer ehrenamtlich arbeiten mußten. Sie hatte nur wenige Autos, Telefone und Mitarbeiter, und die wenigen ausländischen Helfer waren so weit weg oder besaßen so wenig Einfluß, daß sie außer moralischer Rückenstärkung kaum etwas zu bieten hatten. Das Programm der AZAPO von einem «schwarzen Rassismus» stieß weiße Humanisten im Westen vor den Kopf. Sie konnten schlecht eine Organisation unterstützen, die keine weißen Mitglieder aufnahm. Die AZAPO hatte nichts außer dem Andenken an Biko, der Tradition ihres tapferen Widerstands und einem politischen Programm, das in den Townships recht gut ankam.

Das Programm lautete: Die Weißen sind der Feind. Die AZAPO erklärte, das wahre Ziel des Kampfes sei die Rückeroberung des Landes von den Weißen. UDF und ANC hingegen betrachteten den «Apartheid-Staat» beziehungsweise die «herrschende Klasse» als Feind.

Davon abgesehen, schien mir der Unterschied zwischen beiden Lagern etwa so groß wie zwischen zwölf und einem Dutzend. In Südafrika waren die Weißen die herrschende Klasse, und Rassenkampf war Klassenkampf. Die Begriffe waren mehr oder weniger austauschbar, und zudem waren die Mitglieder der AZAPO wie des ANC ganz offensichtlich Sozialisten und in der überwältigenden Mehrheit schwarz. Dem ANC gehörten nur eine Handvoll Weiße an, und bis 1985 durften sie nicht im Exekutivrat sitzen. Für einen Außenstehenden war es schwer zu verstehen, warum die beiden Organisationen sich nicht zusammenschlossen und die Buren gemeinsam aus dem Land jagten.

Statt dessen wurden sie zu Rivalen. Zunächst verlief die Rivalität friedlich und beschränkte sich auf die ideologische und die politische Ebene. Dann kam 1985 Senator Edward Kennedy auf Einladung der geistlichen Führer der UDF nach Südafrika, und damit ging der Ärger richtig los. Reverend Boesak und Bischof Tutu waren der Meinung, solch ein Besuch werde internationale Aufmerksamkeit auf den Freiheitskampf lenken. Die AZAPO war empört. Sie wollte wissen, welche Sorte von Schwarzen – von Sozialisten ganz zu schweigen – mit einem weißen Millionär aus Boston ins Bett gehen würde. Überall, wo Kennedy erschien, verhöhnte die AZAPO ihn und damit auch die UDF auf Transparenten als Werkzeug des internationalen Kapitalismus. In radikalen Kreisen Südafrikas war dies die schlimmste Beleidigung, die man sich vorstellen konnte. Es kam zu heftigen Auseinandersetzungen und Schlägereien.

In den Medien war von der AZAPO nicht viel zu sehen, doch bei der entscheidenden Auseinandersetzung erwies sie sich als außerordentlich stark. Sie verfügte in der Tat über genügend Einfluß, um Kennedy völlig von Soweto fernzuhalten. Der liberale Senator, der nach Südafrika gekommen war, um sich für die Befreiung der Schwarzen einzusetzen, konnte Südafrikas größte schwarze Stadt nicht betreten, weil die Schwarzen drohten, ihn tätlich anzugreifen. Dieses Propagandadebakel war der Auslöser für offene Feindseligkeiten zwischen AZAPO und UDF.

Ein paar Monate später rief Radio Freedom, das Sprachrohr des ANC, die Anhänger in Südafrika über seinen geheimen Sender irgendwo im Herzen Afrikas auf, «die dritte Kraft» auszuschalten. Wer war die dritte Kraft? Offenbar waren alle diejenigen auf den Straßen gemeint, die sich nicht mit dem ANC und mit Nelson Mandela verbündeten: Gemäßigte, konservative Stammesmitglieder, «Spitzel» des Apartheid-Regimes, «Verräter», Informanten der Polizei, aber auch Anhänger Steve Bikos.

Im Osten der Kap-Provinz, wo Steve Biko gelebt und gearbeitet hatte und wo sein Einfluß einst am stärksten gewesen war, hörte die AZAPO Presseberichten zufolge praktisch auf zu existieren. In Queenstown und Uitenhage wurden Mitglieder der AZAPO aus der Stadt gejagt, ihre Häuser nicht selten anschließend niedergebrannt. Im nahe gelegenen Port Elizabeth, wo Biko in einer Vernehmungszelle der Polizei tödliche Kopfverletzungen erlitten hatte, wurde der örtliche Sekretär der Partei, die Bikos Banner hochhielt, von einer aufgebrachten Menge aus dem Sprechzimmer eines Arztes gezerrt und am hellichten Tag erstochen. Im industrialisierten Vaal-Dreieck waren die Townships in rivalisierende Lager von Mandela- und von Biko-Anhängern gespalten. Es ist schwer zu sagen, wie viele Menschen bei den Auseinandersetzungen zwischen den beiden Lagern ums Leben kamen, weil ihr Tod im allgemeinen Gemetzel in den Townships unterging. Bestimmt waren es Dutzende, womöglich über hundert. Schließlich hatte sich die Lage so zugespitzt, daß nicht einmal mehr die Spitzenleute der AZAPO in ihren eigenen Stützpunkten sicher waren.

Aus diesem Grund hatte Genosse Molala im Zentrum von Johannesburg eine Pressekonferenz einberufen. Er wollte die Aufmerksamkeit der weißen Medien auf die Krise lenken, in der Hoffnung, die UDF dadurch so zu beschämen, daß sie die Gewalt verdammte und ihre Gefolgschaft zur Disziplin aufrief.

Der relativ bescheidenen Zahl der Konferenzteilnehmer nach zu urteilen, war dieser Plan gescheitert. Er schlug allerdings auch in anderer Hinsicht fehl: Keiner der Anwesenden hatte eine überzeugende Erklärung dafür, weshalb das Töten überhaupt stattfand und warum es notwendig war. Deshalb blieb ich noch da, nachdem die anderen Presseleute gegangen waren, und bat die Genossen um Erlaubnis, ein junges Mitglied des AZASM, des Azanian Students' Movement, zu interviewen. Mitglieder dieser Studenten- und Jugendorganisation der Black Consciousness-Bewegung durften ohne Genehmigung nicht mit Vertretern der Presse sprechen. Ich sollte am nächsten Tag wiederkommen und vom Exekutivausschuß der Jugendorganisation überprüft werden.

Vierundzwanzig Stunden später saß ich im selben Büro sechs jungen Schwarzen gegenüber. Sie waren um die zwanzig Jahre alt, aufrichtige und idealistische junge Leute und ernsthaft bemüht, mir die Ursachen ihres Kampfes verständlich zu machen. Sie erzählten mir die Geschichte ihrer Bewegung in allen Einzelheiten und erläuterten die Punkte, in denen sie mit der UDF nicht übereinstimmten.

Die gegnerische Organisation, sagten sie, habe eine Wischiwaschi-Beziehung zum Sozialismus. Außerdem trete sie nicht dafür ein, das von den Weißen eroberte Land für die Schwarzen zurückzufordern. Darin sahen sie den Einfluß der weißen Linken und Kommunisten, die in der UDF und ihrer Mutterorganisation, dem ANC, Schlüsselpositionen innehätten. Die Anwesenheit von Weißen in solchen Positionen habe die Grundsätze von ANC und UDF zwangsläufig verwässert und ihren Drang nach Befreiung geschwächt. Nur die AZAPO halte an Bikos Vision fest.

«Die Schwarzen», schloß Thami Hlekiso, der Vizepräsident der Jugendorganisation, «verstehen unseren Standpunkt. Deshalb sind wir eine Kraft, und darum bringen sie uns um.» Er wußte, wovon er sprach. Er hatte das Haus seiner Eltern verlassen und war seither ständig auf der Flucht. Einige seiner Kameraden aus dem Exekutivrat waren zusammengeschlagen oder aus der Schule ausgeschlossen worden, weil sie sich weigerten, sich von Black Consciousness loszusagen. Alle hatten im Krieg gegen die UDF Freunde verloren, und einer sollte bald einen Bruder verlieren.

Ich fragte Hlekiso, ob die AZAPO die Krise überstehen werde. «Wir haben unser Leben dem Kampf geweiht», antwortete er, «und wenn es nötig ist, werden wir dafür sterben. Deshalb bin ich zuversichtlich, daß Black Consciousness überleben wird.»

Ich war froh, das zu hören, weil mich der Gedanke an ein Südafrika, in dem Steve Bikos Geist ausgelöscht war, traurig stimmte. Ich sagte etwas Entsprechendes, und danach tauten die Genossen ein wenig auf. Sie waren zunächst zurückhaltend und steif gewesen, aber nun wurden sie lockerer. Einer schien mich sogar zu mögen, trotz meiner weißen Haut.

Ich sagte, wie ich die Lage einschätzte. Daß der ANC den Marxismus öffentlich ablehnte, hatte meiner Ansicht nach in erster Linie strategische Gründe: Man wollte Konservativen wie Ronald Reagan oder Margaret Thatcher im Kampf um die internationale öffentliche Meinung keine Munition liefern. Ich erzählte den jungen Schwarzen von Artikeln in *Sechaba*, in denen Führer des ANC die Welt in einen «sozialistischen» und einen «imperialistischen» Block einteilten, zwei rivalisierende Systeme, an deren Spitze die Sowjetunion («das unbezwingliche Bollwerk des Friedens und des sozialen Fortschritts») und die USA («die Speerspitze der internationalen Kräfte der Reaktion») standen. Es gab keinen Zweifel, auf welcher Seite der ANC bei dieser Auseinandersetzung stand: Nach den Worten seines Präsidenten Oliver Tambo war der ANC «völlig und eindeutig antiimperialistisch». «Antiimperialisten der Welt, vereinigt euch!» hatte er erklärt. Hlekiso und seine Genossen hörten aufmerksam zu. Sie hatten die Zeitschrift *Sechaba* noch nie zu Gesicht bekommen, weil sie in Südafrika verboten war. Wir unterhielten uns über eine Stunde. Ich stellte immer wieder die Frage nach dem Warum. Warum schlossen sie sich nicht mit der UDF zusammen? Warum setzte man den Kampf nicht gemeinsam fort und verschob ideologische Haarspaltereien auf später? Gegen Ende des Gesprächs bekam ich eine interessante Antwort.

«Die UDF stiehlt uns unseren Kampf», sagte Hlekiso erregt. «Sie haben uns unser Symbol geklaut...», gemeint war die geballte

Faust der Black Power-Bewegung, «...und sie haben uns unsere Lieder gestohlen.»

«Welche Lieder?» fragte ich.

«Das Zulu-Lied ‹Meine Mutter ist froh, wenn ich einen Weißen schlage›.»

Ich staunte. Die «nichtrassistische» UDF stahl Lieder über Schläge für Weiße, und die doktrinären Sozialisten von Black Consciousness waren darüber höchst erbost. Da steckte eindeutig mehr dahinter. Dem Vizepräsidenten des Azanian Students' Movement müssen meine hochgezogenen Augenbrauen entgangen sein, denn ein paar Minuten später genehmigte er meine Bitte, ein Mitglied seiner Bewegung interviewen zu dürfen.

Wenn Südafrika von Schwarzen regiert würde, wäre die Old Potch Road sechsspurig. Aber weil das Land von Weißen regiert wird, kriechen die Autofahrer von Soweto auf einer mit Schlaglöchern übersäten, zweispurigen, fast zu jeder Tageszeit verstopften Asphaltstraße im Schneckentempo stadtein- und stadtauswärts. Der einzige Vorteil der Old Potch Road ist, daß man langsam fahren muß – so langsam, daß man die Einzelheiten auf sich wirken lassen kann. Wir fahren an einem kleinen Jungen vorbei, der am Straßenrand Autoaufkleber verkauft mit Aufschriften wie «I love Soweto» oder «Gott segne und heile Afrika». Wir passieren die Kathedrale, das Siedlercamp in Kliptown und das Polizeirevier Moroka, das von einem zweieinhalb Meter hohen Zaun umgeben ist.

Innerhalb des Zauns sind Arbeiter damit beschäftigt, einen neuen Wohnkomplex für schwarze Polizeibeamte zu errichten. In diesen Zeiten können schwarze Bullen nicht mehr zusammen mit anderen Schwarzen wohnen. Um am Leben zu bleiben, müssen sie hinter einem bewachten Stacheldrahtverhau leben. Ein kleines Stück weiter kommen wir an einem anderen Zeichen der Zeit vorbei, einem nagelneuen Schnellimbiß namens Chicken Upeo, Frucht der Bemühungen Bothas, einen schwarzen Mittelstand zu schaffen. An einem Transformatorenhäuschen (selbst ein Symbol der «Reform», nämlich der seit kurzem bestehenden Versorgung Sowetos mit elektrischem Strom) sehen wir noch ein aufschlußreiches Detail: ein blutrotes V, Hommage an jene Science-fiction-Serie, in der Freiheitskämpfer in den Vororten von Los Angeles einen grausamen Kampf gegen Eindringlinge aus dem All führen.

In den neun Jahren, seit ich das letzte Mal in Dhlamini war, ist der Ort ein wenig freundlicher geworden. Schwarze haben endlich das Recht auf einen ständigen Wohnsitz im «weißen» Südafrika. Vielen gehören jetzt die Häuser, in denen sie wohnen, und mit dem Besitz kam auch ein gewisses Maß an Stolz. Jede zweite oder dritte Wohnung wurde ausgebaut oder in irgendeiner Form verändert. Hier und da sind Farbtupfer zu sehen – ein heller Verputz, ein blühender Rosengarten, ein neues Auto vor dem Haus des glücklichen Besitzers –, aber die Kulisse bleibt trübselig und bedrückend. Die Reihen schachtelförmiger Häuser ziehen sich bis zu einem schilfbedeckten Sumpf hin und bis zu einem schuttbedeckten Gelände, das als provisorischer Fußballplatz dient.

Heute ist der Platz leer, aber in arglosen Zeiten haben schwarze Schuljungen dort immer Fußball gespielt. Die Spiele waren für die Schüler von Dhlamini 1 und vom angrenzenden Bezirk Dhlamini 2 nach der Schule ein tägliches Ritual. Sie nahmen die Spiele sehr ernst und kämpften immer um den Sieg, aber außerhalb des Spielfeldes waren sie gute Freunde. Sie wohnten in Rufweite voneinander, und oft besuchten sie dieselbe Schule. Sie waren alle schwarz, alle Söhne schwer arbeitender Eltern und alle Opfer des erbärmlichen Bantu-Erziehungsprogramms des Apartheid-Regimes, in überfüllten Klassenzimmern abgespeist von Lehrern, die selbst keine rechte Ausbildung hatten. Und alle waren bis zu einem gewissen Grad politisiert. Einige der Jungen waren Mitglieder der AZAPO, und einige gehörten der UDF an, aber bis vor einem Jahr etwa spielten sie nachmittags immer noch miteinander Fußball. Heute trachten sie einander nach dem Leben.

Ich finde das Haus, das ich suche, und klopfe an die Tür. Vor dieser Tür ist erst vor kurzem eine Brandbombe explodiert. Ein oder zwei Monate später wird man einem Sohn des Hauses auf dem Heimweg hier auflauern, mit Harken auf den Teenager einschlagen und ihn bei lebendigem Leibe verbrennen. Doch jetzt ist es auf der Straße ruhig. Trotzdem ist mir nicht wohl in meiner Haut, und ich schaue ängstlich in die Richtung, aus der die Gefahr kommt, wenn sie kommt. Ich nehme meist einen schwarzen Dolmetscher mit, aber bei dieser speziellen Mission wollte mich niemand begleiten. Alle meinten, es sei zu gefährlich.

Die Tür geht auf, und ich schüttle einem Teenager in T-Shirt und hautengen, modischen Jeans die Hand. Die Haut des Jungen ist goldbraun, und er trägt immer noch etwas Babyspeck mit sich herum. Er heißt Vuyisele Byron Wauchope und ist fünfzehn. Neben ihm steht sein Freund und ideologischer Mentor, Vuyo Kapa, neunzehn. Durch die offene Tür sehe ich flüchtig Byrons Onkel George, den Generalsekretär der AZAPO. In einem Schlafzimmer, das mit Kleidern und anderen Sachen vollgestopft ist, schläft er den Schlaf der Erschöpfung. Er ist ein Flüchtling, denn er, seine Frau und die Kinder haben kein Zuhause mehr. Ihr Haus wurde niedergebrannt. Das bedeutet, daß Byron ebenfalls heimatlos ist.

Byron führt mich ins Eßzimmer, wir setzen uns an den Tisch und unterhalten uns. Vuyo gesellt sich zu uns. Vuyo ist ein sehr ernster junger Mann. Er hat einen Spitzbart wie Trotzki und die dazu passende Einstellung. Er wacht über die Äußerungen des jungen Byron, der zu jung ist, um die Parteilinie schon richtig zu vertreten. Byron ist eben erst fünfzehn geworden, und in Gegenwart eines fremden Erwachsenen neigt er noch dazu, auf seinem Stuhl hin und her zu rutschen und nervös zu kichern. Es ist schwer, sich ihn als Akteur im tödlichen Spiel der Township-Politik vorzustellen. Aber er war keine Ausnahme beim großen Aufstand Mitte der achtziger Jahre. In mancher Hinsicht war es ein Kinder-Kreuzzug.

Byron ist der Sohn von George Wauchopes Schwester, aber er ist im Haus des Führers der Black Consciousness-Bewegung aufgewachsen, und radikale Politik scheint ihm im Blut zu stecken. Er kann sich noch daran erinnern, wie er seinen berühmten Onkel im Gefängnis besuchte, als dieser wieder einmal eine Zeitlang in Haft saß. Byrons Verwandte nahmen den Jungen schon zu Versammlungen und Kongressen von Black Consciousness mit, als er noch nicht einmal laufen oder sprechen konnte. «Mit fünf ging ich in die Politik», sagt der Junge stolz. Kurz darauf kam er zum erstenmal mit Tränengas in Berührung; das war bei einer Kundgebung zum Gedenken an Steve Bikos Tod im Polizeigewahrsam. Mit zwölf wurde er eingetragenes Mitglied der Biko-Jugendbewegung, und bald stieg er zum Schatzmeister der Zelle Dhlamini 1 von AZASM auf.

Sein bester Freund, Fana Mhlongo, war das Maskottchen der Gruppe. Fana war nicht der jüngste Genosse, aber er war einer der kleinsten. Er war klein und dick wie ein Revolver mit kurzem Lauf. Deshalb nannten die anderen ihn Revolvermann – Genosse Revolvermann Mhlongo, ein Soldat von vierzehn Jahren.

Fana wohnte nur ein paar Häuser weiter, und er war seit 1983 Byrons bester Freund. Die Jungen waren bei allem unzertrennlich, nicht nur in der Politik. Sie besuchten dieselbe Grundschule und spielten bei den improvisierten Fußballspielen am Nachmittag in derselben Mannschaft. Sie mochten dieselben Fernsehsendungen – *Knight Rider, The A-Team* und Bill Cosby – und dieselben Popgruppen: Stimela, The Big Dudes und Yvonne Chaka-Chaka. Ihre Lieblingsfilmstars waren «James Bond» und Chuck Norris, ihre Lieblingsfilme *Rambo* und *Die Wildgänse kommen*, ein rassistischer Abenteuerfilm, in dem weiße Söldner einen karikierten afrikanischen Despoten fürchterlich verprügeln. Und ihr Lieblingsspiel, fügte Byron hinzu, sei Monopoly. Ich glaubte schon, er würde als nächstes noch ein paar nette Dinge über Ronald Reagan oder Margaret Thatcher sagen, doch Byron Wauchope war in Wirklichkeit ein revolutionärer Sozialist. Sein Freund Fana übrigens auch.

«Wir haben ein Lied über die Freiheit geschrieben», sagte Byron. Das Lied hieß «Kämpfe unermüdlich für ein sozialistisches Asania», und der Text ging so: «Wenn du ohne Furcht kämpfen kannst, treffe ich dich am Tag der Freiheit. Ich werde für Asania kämpfen, Asania, mein geliebtes Land.»

Ich war beeindruckt und fragte Byron, warum er und Fana sich den Asaniern und nicht der UDF angeschlossen hätten.

«Na ja», sagte Byron, «die UDF sagt ‹Mandela ist unser Vater›, aber wir sagen ‹Biko ist unser Vater›.»

Ich nickte. «Das verstehe ich, aber was ich eigentlich wissen will, ist, warum ihr Black Consciousness vorzieht. Was ist Black Consciousness?»

Byron überlegte und meinte dann: «Steve Biko war ein Mann, und Abraham Tiro sagt, es gibt keinen Kampf ohne Opfer.»

Der verstorbene Abraham Tiro war in den siebziger Jahren ein prominenter Führer der Black Consciouness-Bewegung gewesen. Trotzdem war Byrons Antwort nicht gerade erhellend. Meine Art zu fragen war offensichtlich falsch, also versuchte ich es anders. Anstatt mich nach den Vorzügen von Black Consciousness zu erkundigen, fragte ich, was an der UDF schlecht sei.

«Sie versuchen, die Massen zu verwirren», erklärte Byron.

«Wie das?» Ich war verwundert.

«Als sie merkten, daß wir zu stark waren, sagten sie, wer sich der UDF anschließt, kriegt Geld und T-Shirts.»

An dieser Stelle mischte sich Vuyo ein, um für den Jungen eine schlüssigere Erklärung abzugeben: «Biko wollte die Moral der ausgebeuteten Massen von Asania heben.» Vuyo redete zehn Minuten lang. Er kam auf einige haarsträubende Verschwörungstheorien zu sprechen. Eine besagte, daß der amerikanische Geheimdienst CIA der UDF über den ANC Gelder zukommen ließ und diese dazu benutzt wurden, Biko-Anhänger zu ködern und ins Mandela-Lager zu locken. Er schloß mit einem vertrauten Satz: Nur die Black Consciousness-Bewegung «kämpft für den Sozialismus und die totale Befreiung aller Schwarzen und Unterdrückten», und sie werde nicht ruhen, bis der Sieg errungen sei. Das war alles sehr interessant, aber Byrons Bemerkung über die T-Shirts stand im Raum und verdiente Beachtung.

Nach Byrons Erzählung mußte es zunächst ziemlich aufregend gewesen sein, ein Genosse zu sein. Die Genossen hielten nach der Schule zu Hause Versammlungen und Workshops ab, während ihre Eltern bei der Arbeit waren. Sie diskutierten über die Apartheid und darüber, wie man sie bekämpfte. Ältere Mitglieder hielten Vorträge über Ideologie und Strategie. Als der Kampf richtig in die heiße Phase ging, erklärten sie Dhlamini 1 zur «befreiten Zone» und entwarfen Pläne zu ihrer Verteidigung. Jeder Genosse erhielt eine Liste mit Namen und Telefonnummern, die er neben das Telefon seiner Eltern legte – vorausgesetzt, sie hatten eins –, damit er im Fall eines Angriffs Alarm schlagen konnte. Außerdem dachten die Genossen sich eine Geheimsprache aus, um die allgegenwärtigen Spione des Systems zu täuschen. Wenn ein Genosse sagte «Bring den Kentucky», bedeutete das: «Bring das Gewehr!» Viele Genossen waren noch so jung, daß sie schnell ihre Zigaretten ausdrückten, wenn sie ihre Eltern kommen sahen, aber einige von ihnen hatten Pistolen oder Revolver in ihren Socken stecken.

Die Waffen waren natürlich dafür bestimmt, sich gegen das System zur Wehr zu setzen, nicht für den Einsatz gegen Leute wie Paulos Madonsela. Paulos wohnte drei Häuserblocks von Byron entfernt und spielte nach der Schule oft mit ihm und Fana Fußball. Paulos war ein oder zwei Jahre älter und spielte oft sehr grob. Einmal ging er Byron so hart an, daß er ihm versehentlich den Arm brach, aber das gehörte nun mal dazu. Die Jungen blieben trotz allem Freunde. Selbst als Paulos dem angeblichen Werben der CIA erlag und das gelbe T-Shirt der gegnerischen UDF anzog, blieben er und Byron Freunde. «Wir alle teilten die Sorge um Soweto», erklärte Byron. Doch dann kam Senator Kennedy nach Südafrika, und nichts war mehr wie früher.

Nach Ansicht der Genossen von Black Consciousness konnte der Besuch des Senators bei den geknechteten Menschen in Soweto nur falsche Hoffnungen und Illusionen wecken. Byron: «Die Anhänger des Freiheitsmanifests sagten den Leuten, die von nichts eine Ahnung hatten, jemand aus den USA werde kommen und eine Rede halten. Da dachten die Ungebildeten: Der Mann hat vielleicht gute Nachrichten für uns, wenn er extra aus den Staaten kommt. Aber Black Consciousness erklärte: ‹Nichts dergleichen wird geschehen. Kennedy wird nichts sagen. Er ist nicht erwünscht. Wir wollen Kennedy hier nicht haben.›»

Paulos war anderer Meinung. Er und die übrigen Befürworter des Freiheitsmanifests wollten für den berühmten Amerikaner den roten Teppich ausrollen. Eines Tages sah Paulos Byron auf der Straße und neckte ihn: «Komm doch mit und hör dir den Mann an! Vielleicht kann er dich befreien!» Byron lachte nur und erwiderte: «Paulos, du bist noch neu in der Politik. Du bist ein Amateur.»

An dem bewußten Tag marschierten alle Genossen in Dhlamini den Hügel hinunter zur Kathedrale Regina Mundi, wo Kennedy sprechen sollte. Tausende von Menschen warteten dort, darunter Dutzende von Reportern und Fernsehteams aus der ganzen Welt. Paulos und die Anhänger des Freiheitsmanifests standen vorn in der Halle, Byron, Fana und die restliche Abordnung der Black Consciousness-Bewegung hinten. Bischof Tutu stand mit erhobenen Händen auf dem Podium und flehte die gegnerischen Parteien an, Frieden zu schließen. Es nützte nichts. Die Genossen von Black Consciousness waren fest entschlossen, Kennedy am Sprechen zu hindern. Sie führten sich so gewalttätig und ungestüm auf, daß Tutu die Nerven verlor und seinem Freund Kennedy riet, wegzubleiben. Es war eine Demütigung für die UDF, und sie sollte ihren Preis haben.

Kurz darauf tauchte an einem Transformatorenhäuschen am Rand von Dhlamini 1 der Slogan «Ein Asania, eine Nation» auf. Damit war der Bezirk als Bastion der Zim-zim ausgewiesen. Nur wenige Weiße kannten die Bezeichnung Zim-zim, und in den Artikeln ausländischer Korrespondenten tauchte sie so gut wie nie auf. In Soweto allerdings war es ein wichtiges Wort. Junge Biko-Anhänger wurden Zim-zim genannt wegen der vielen Ismen ihres ideologischen Arsenals: Sozialismus, Rassismus, Kapitalismus, Kolonialismus. Anhänger Mandelas hingegen hießen Warara, eine Verballhornung des afrikaansen Worts *waar-waar*, das «wo-wo» bedeutet. Nach Ansicht der Zim-zim waren alle, die an die nichtrassistische Lehre der UDF glaubten, geistig verwirrt. Sie tappten auf der Suche nach dem wahren Feind im dunkeln und riefen: «Wo? Wo?» Dhlamini 1 wurde zur Bastion der Zim-zim, Dhlamini 2 auf der anderen Straßenseite zur Hochburg der Warara. Auch das übrige Soweto war, in Vorbereitung auf den bevorstehenden Krieg, in ähnlicher Weise geteilt.

Soweit Byron sich erinnern konnte, war Sipho Mngomezulu, ein junger Mann, der in einem Teil Sowetos namens Emdeni das «schwarze Bewußtsein predigte», das erste Opfer. Die Warara entführten ihn vor den Augen seiner hilflosen Eltern, schleiften ihn auf ein unbebautes Grundstück und steinigten ihn zu Tode. Ich wollte die Warara nach ihrer Version des Vorfalls befragen, bekam aber keinen Kontakt zu ihnen. Sie versteckten sich entweder vor den Zim-zim oder waren auf der Flucht vor der Polizei. Hätte ich mit ihnen sprechen können, hätten sie wahrscheinlich erklärt, Mngomezulus Hinrichtung sei die Vergeltung für die Entführung und grausame Ermordung von drei jungen Warara kurz zuvor. Die Zim-zim ihrerseits leugneten jede Beteiligung an diesen Morden und behaupteten, sie seien in Wirklichkeit von der *maKabasa* begangen worden, einer Verbrecherbande, die sich zufällig in einem Zim-zim-

Stützpunkt aufhielt und ihre Befehle wahrscheinlich von der weißen Geheimpolizei bekam. Solche Knoten wird man nie auflösen, nicht in Südafrika.

Sicher ist nur, daß Sipho Mngomezulu am hellichten Tag entführt und getötet wurde. Was alles noch schlimmer machte, war, daß ein Rudel Warara die Totenwache störte, Siphos Sarg anzündete und das Haus seiner Eltern mit einer gestohlenen Planierraupe niederwalzte. Es gelang den Zim-zim, den Sarg zu retten und Sipho zu beerdigen, doch nach dem Begräbnis geschah ein zweiter Mord. Diesmal war der neunundzwanzigjährige Martin Mohau das Opfer. Mohau galt als Held des Kampfes gegen die Apartheid. Er hatte Robben Island «absolviert», das Gefängnis für politische Häftlinge in der Tafelbucht, und war ebenfalls ein Zim-zim. Eine Horde Warara lauerte ihm auf dem Heimweg von Siphos Beerdigung auf und verpaßte ihm die «Halskrause» – zog ihm einen Autoreifen über den Kopf, übergoß ihn mit Benzin und verbrannte ihn bei lebendigem Leib.

«Danach», fuhr Byron fort, «entschied sich jeder für die eine oder die andere Seite.» Die Warara begannen die Zim-zim aus den Schulen in ihren Revieren «auszustoßen». Andersdenkende Jugendliche wurden bedroht oder von ihren Klassenkameraden verprügelt. Einige wurden mit Benzin übergossen, in Autoreifen gesteckt und vor die Alternative gestellt: «Sag Mandela oder stirb.» Oder: «Sag Biko oder stirb.»

Fana besuchte die High School Ibongho, einen schlechten Ort für Anhänger von Black Consciousness. Eines Morgens forderten die Führer der tonangebenden Warara die Lehrer und den Schulleiter auf, sich ins Lehrerzimmer zurückzuziehen. Dann riefen sie die Schüler zu einer Versammlung zusammen. Alle Zim-zim sollten vortreten und widerrufen. Einige taten es, aber Genosse Revolvermann Mhlongo nicht. «Er war bereit, für Black Consciousness zu sterben», sagte der junge Byron. Fana und rund zwanzig standhafte Anhänger von Black Consciousness wurden unter Androhung der Todesstrafe verbannt. «Wenn wir euch hier noch einmal erwischen», warnten die Warara, «dann sagt uns gleich, welche Reifengröße ihr tragt.» Dann wurden die Zim-zim fortgejagt. Fana war ein dicker Junge und konnte nicht schnell rennen. Auf der Flucht verlor er seine Schulmappe, und das war das Ende seiner Ausbildung.

Ein paar Tage später kam es an Byrons Schule zu einem ähnlichen Zwischenfall. Eine Gruppe von Warara unter Führung von Byrons altem Freund Paulos kam auf der Suche nach Byron ins Klassenzimmer. «Wo ist er?» wollten die Warara wissen. «Wir wollen ihm eine Halskrause verpassen.» Byron hatte Glück. Er hatte so etwas wie eine Vorahnung gehabt und war an diesem Tag zu Hause geblieben.

Ich war entsetzt bei dem Gedanken, daß eine Bande von Sechzehnjährigen in das Klassenzimmer einer Schule eindrang, um einen Fünfzehnjährigen umzubringen. Ich fragte Byron nach der Reaktion des Lehrers. «Er hielt den Mund», meinte der Junge kichernd, «weil er wußte, daß sie ihn auch umbringen würden, wenn er ihn aufmachte. Aber als sie weg waren, rief er bei mir zu Hause an und sagte, ich dürfe nicht mehr in die Schule kommen.»

Also blieben Byron und sein bester Freund Fana zu Hause. Sie hatten den ganzen Tag nichts zu tun. Sie hörten Radio Bop aus dem «unabhängigen» Homeland Bophuthatswana. Sie spielten Monopoly oder alberten mit Onkel Georges Recorder herum und sangen ihre Freiheitslieder auf Band. Eines Tages wurden sie auf dem Weg zum Einkaufen von einer Bande Warara überfallen. Fana wehrte mit der bloßen Hand einen Messerstich ab und verlor dabei fast einen Finger. Nach diesem Überfall gingen die Genossen von Black Consciousness nur noch in Gruppen aus. Sie schliefen auch in Gruppen, mal bei dem einen, mal bei dem anderen Genossen. Sie wollten im Fall eines Angriffs zusammensein.

Draußen ging das Morden weiter. Das Haus eines Genossen von Black Consciousness wurde von einer sowjetischen Haftmine zerstört. Als Vergeltung kaperten Zim-zim einen Bus und ließen ihn gegen das Haus eines Warara-Führers krachen. Im Gegenzug kidnappten und töteten Warara nahe Verwandte von Zim-zim. Ein bekannter Sportler und Kirchenführer aus Soweto wurde von Warara entführt und umgebracht, die eigentlich hinter seinem Sohn her waren. Die Großmutter eines Zim-zim ereilte ein ähnliches Schicksal. Eine Straßengang der UDF befahl ihr, ihren Enkel zu holen. Als sie der Aufforderung nicht nachkam, wurde sie umgebracht. Ein paar Tage später wurde ein Warara in ein Auto gezerrt und mit drei

Schüssen getötet. Seine Leiche wurde auf einer Kohlenhalde abgeladen. Und so ging es weiter.

Wie in jedem Krieg gab es auch hier keine unschuldigen Parteien und keine unschuldigen Zuschauer, aber die Zim-zim waren eindeutig die Verlierer. Die AZAPO schien sich aufzulösen, ihre Mitglieder gaben aus Angst um ihr Leben auf, und ihre Führer tauchten unter. Es kam eine Zeit, in der keiner mehr sicher war, am wenigsten die Familie Wauchope. George Wauchope war ein enger Verbündeter Steve Bikos gewesen, aber deswegen durfte er nicht mit Gnade rechnen. Zunächst kamen anonyme Anrufe. Fremde Stimmen warnten George, daß seine Zeit abgelaufen sei. Dann krachte jemand mit einem gestohlenen Pickup gegen die Vorderseite seines Hauses. Ein paar Nächte später wurde eine Brandbombe auf Georges Haus geschleudert. Sie knallte gegen eine Außenwand und verursachte kaum Schaden, dennoch zermürbten ihn diese Vorfälle. George mußte an seine Familie denken – an seine Frau, seine beiden kleinen Kinder, seine kränkliche Mutter und einen jugendlichen Neffen. Deshalb tauchte er unter, in der Hoffnung, die Warara abzulenken. Deshalb war auch kein Mann im Haus Nr. 1454 in Dhlamini, als die Warara kamen, um es niederzubrennen.

Sie kamen um drei Uhr morgens, diesmal in großer Zahl. Byron wurde vom Klirren der Glasscheiben und dem dumpfen Schlag wach, mit dem das Benzin Feuer fing. Nach seiner Schätzung kamen mindestens zwanzig Molotow-Cocktails gleichzeitig durch die Fenster geflogen. Einer landete direkt auf dem Bett seines Cousins Ephraim und setzte dessen Kleider und Bettzeug in Brand. Durch die Flammen wurde es taghell, aber bald war das ganze Haus von Rauch erfüllt. Die Familie lief in panischer Angst hin und her. Byron tastete sich zur Tür vor, aber sie ließ sich nicht öffnen. Jemand hielt sie von außen zu. Die Flammen schlugen immer höher, und die Wauchopes glaubten schon, verbrennen zu müssen. Doch sie hatten Glück. Ihr Geschrei weckte die Nachbarn, die herüberkamen, um zu sehen, was los war. Daraufhin verschwanden die Warara in der Dunkelheit. Die Tür gab plötzlich nach, und die Wauchopes taumelten würgend und um Luft ringend nach draußen.

Niemand war durch das Feuer ernstlich verletzt worden, aber die Wauchopes hatten fast alles verloren, was sie besaßen. Später rief der junge Byron Onkel George in seinem Versteck an und bat ihn, sich den Schaden anzusehen. Als Onkel George eintraf, löschte die Feuerwehr gerade die letzten Flammen in den schwelenden Trümmern seines Hauses.

«Er sagte kein Wort», berichtete Byron. «Er sah nur auf den Boden.»

Mrs. Leah Mhlongo ist alt und müde, und ihr Gesicht ist von Kummer gezeichnet. Sie ist neunundsechzig und trägt ein Tuch über ihrem eisgrauen Haar. Sie sitzt an einem Tisch in ihrer bescheidenen Küche, erzählt, weint und unterbricht die Erzählung immer wieder durch einen seltsamen Zischlaut. Er kommt immer dann, wenn sie von etwas spricht, das sie verloren hat – hier ein Job, da eine Überzeugung, und allzuoft einen Menschen. «Und wo ist der Junge jetzt?» fragt sie. «*Schsch.*» Er ist nicht mehr da.

Mrs. Mhlongo ist die Großmutter von Fana Mhlongo, Byron Wauchopes bestem Freund. Sie gehört zum Stamm der Zulu, und ihre Vorfahren lebten auf dem Land, aber sie verbrachte die meiste Zeit ihres Lebens in Soweto und arbeitete dort in den Büros als Putzfrau. Sie brachte drei Töchter zur Welt, zwei von ihnen – *schsch* – sind an einer Herzkrankheit gestorben. Ihr geliebter Mann ist auch schon tot. Die einzige noch lebende Tochter, Elizabeth, unterrichtet an einer anglikanischen Schule in Wilgespruit. Es ist zu weit weg, um jeden Tag hin und her zu pendeln, deshalb wohnt sie in der Schule, und Großmutter Mhlongo muß ihre fünf Enkel mehr oder weniger allein großziehen. Die alte Frau hatte es nicht leicht, vor allem nicht mit Fana und Yvonne, die vierzehn und fünfzehn waren, als der Aufstand losbrach.

Mrs. Mhlongo ist ein konservativer Mensch. Nicht daß sie den Status quo der Apartheid gutheißt, keineswegs. Aber sie ist eine alte Zulu-Witwe, die sich nicht vorstellen kann, daß es auch anders geht. Sie sagt, sie habe von Anfang an gewußt, daß jeder, der sich am Aufstand beteilige, ein trauriges Ende nehmen werde. Wenn die Buren ihn nicht schnappten, dann bestimmt die Genossen. «Mir gefiel das Ganze nicht», sagt sie. «Ich wußte, daß es zu gefährlich ist.»

Sie knöpfte sich Fana und Yvonne vor und riet ihnen, sich aus der

Politik rauszuhalten und sich nichts zuschulden kommen zu lassen. Sie versprachen es ihr, denn sie waren gehorsame Kinder, doch hinter ihrem Rücken taten sie das, was die meisten Jugendlichen taten: Sie schlossen sich beide der Black Consciousness-Bewegung an und stürzten sich in den Kampf. Als Großmutter Mhlongo das merkte, hielt sie ihnen eine Standpauke, aber die Kinder wollten nicht hören. Sie erklärten ihr, eine neue Welt sei im Entstehen, eine Welt, in der das Leben der Schwarzen leichter sei und alle in Freiheit lebten. Mrs. Mhlongo glaubte nicht daran. Sie wurde ärgerlich, weil sie sich solchen Unsinn anhören mußte. Yvonne und Fana lachten nur. «Ach, Großmutter», sagten sie, «du bist zu alt. Du verstehst das nicht, weil du zu alt bist.»

Die alte Frau seufzt und wischt sich die Tränen aus den Augen. «Ach», sagt sie, «Sie wissen ja, wie Kinder sind. Wenn man ihnen sagt ‹Tut das nicht!›, dann tun sie es gerade. Und wo sind sie jetzt? *Schsch.*» Beide fort.

Yvonne verschwand, als der Krieg zwischen den Anhängern Bikos und Mandelas seinen Höhepunkt erreichte. Sie hatte Angst, umgebracht zu werden, weil sie für Black Consciousness war. Sie lief vor den Ausschreitungen der ANC-treuen Warara davon, aber sie konnte nirgendwohin fliehen, außer in die Arme des ANC. Sie landete in einem Flüchtlingslager des ANC in der Wüste von Botswana, eine unglückliche, einsame Fünfzehnjährige, die unbedingt nach Hause zurück wollte. Aber sie kann nicht, nicht jetzt, vielleicht nie mehr. Wenn sie nach Hause zurückkehrt, wird die südafrikanische Geheimpolizei sie nach der Rückkehr als eine von denen festnehmen, vor denen sie davongelaufen war – als Anhängerin des verbotenen ANC. Sie käme sicher ins Gefängnis.

Und was Fana angeht – Mrs. Mhlongo hat Fana zuletzt an einem Donnerstagmorgen gesehen. Der Junge stand wie immer gegen 7.30 Uhr auf und half ihr bei der Hausarbeit. Zum Frühstück aß er mehrere Scheiben Brot mit Marmelade und trank dazu einen Becher Tee. Dann zog er seine ältesten Klamotten an – rote Shorts und einen abgetragenen Pullover – und erklärte seiner Großmutter, daß er jetzt los müsse. Mrs. Mhlongo wollte wissen, wohin. Zu Genosse Georges Haus, lautete die Antwort. Fana wollte seinem Freund Byron helfen, nach dem Brand den Schutt wegzuräumen.

Großmutter Mhlongo runzelte mißbilligend die Stirn, aber sie konnte nichts machen. Sie riet dem Jungen nur, vorsichtig zu sein, und gab ihm zum Abschied einen Kuß.

Ein paar Stunden später hörte die alte Frau draußen auf der Straße großen Lärm. Sie spähte aus dem Fenster und sah Dutzende von Leuten auf der Straße, einige liefen dem Geräusch von Schüssen nach, einige rannten davor weg. «Es waren zu viele Schüsse an diesem Tag», erinnert sie sich. «Peng! Peng! Peng! Ich dachte: Was ist jetzt los?» Keiner wußte es. Nach einer Weile leerten sich die Straßen, und die Schießerei hörte auf. Mrs. Mhlongo dachte nicht mehr daran, bis ein Junge aus der Nachbarschaft an ihre Tür klopfte. «Hallo, Großmutter», sagte er atemlos. «Die Genossen haben Fana mitgenommen.»

Mrs. Mhlongo raffte ihre Röcke hoch und eilte zum einige hundert Meter entfernten Haus der Wauchopes. Sie fand Byrons Großmutter Ethel weinend und schwach vor Schreck auf der Erde vor ihrem ausgebrannten Haus sitzen. Mehrere ältere Genossen von Black Consciousness standen mit Waffen im Gürtel herum und wußten nicht, was sie tun sollten. Sie erklärten Mrs. Mhlongo, ihr Enkel sei entführt worden.

Fana, Byron und vier Freunde waren gerade dabei gewesen, die rußgeschwärzten Wände im Haus der Wauchopes abzukratzen, als jemand sie warnte, daß sich in der Nähe Warara aufhielten. Fana und Byron gingen vors Haus, und, tatsächlich, da waren sie – eine Horde schwarzer Jugendlicher auf der anderen Straßenseite, unter ihnen Paulos Madonsela, ihr Bolzkumpel, der drei Häuser weiter wohnte. Die Jungen starrten sich feindselig an. «Traue nie einem Freund», sagte Fana. Aber die Zim-zim konnten nichts tun. Sie waren in der Minderheit. Fana und Byron machten sich wieder an die Arbeit.

Kurze Zeit später sahen sie erneut auf die Straße hinaus. Inzwischen hatten sich an beiden Enden des Häuserblocks noch mehr Warara versammelt. Die Jungen bekamen Angst. Byron wollte Hilfe holen. Er sprang über den Zaun hinter dem Haus und rannte über das Nachbargrundstück zur Straße auf der anderen Seite. Aber auch dort wartete ein ganzes Aufgebot von Warara mit Messern, Pistolen und Benzinbomben. Einer hob seine Pistole und zielte auf

Byron. Byron duckte sich, rannte zurück in das abgebrannte Haus und rief: «Der Feind ist da!»

Die Warara kamen hinter ihm her und schossen, und die Zim-zim rannten um ihr Leben. Byron flüchtete sich in ein nahe gelegenes Haus und versteckte sich unter einem Bett. Er hörte Fana draußen im Hof schreien. Dann drangen die Warara in das Haus ein, entdeckten Byron in seinem Versteck und zerrten ihn hinaus auf die Straße. In dem Augenblick bog ein gelber Wagen um die Ecke. Ein Polizeiauto? Die Warara waren einen Moment lang abgelenkt. Byron befreite sich und rannte los. Kugeln pfiffen ihm um die Ohren.

Fana hatte weniger Glück. Byron sah noch, wie sein bester Freund sich gegen ein Dutzend Warara wehrte und schrie: «Was habe ich euch getan? Laßt mich los! Laßt mich los!» Die Warara packten Fana und machten sich im Laufschritt davon. Sie schossen in die Luft, um etwaige Verfolger abzuschrecken. Hundert Meter weiter hielt ein weißer Nissan-Pickup. Die Warara stießen Fana in den Wagen, und – *schsch* – er war verschwunden.

Die Entführung fand am hellichten Tag statt. Es gab eine Menge Zeugen. Die Identität von Fanas Kidnappern war kein Geheimnis. Einige waren Jungen aus der Nachbarschaft, die mit ihm aufgewachsen waren und nach der Schule mit ihm Fußball gespielt hatten. Die meisten gehörten dem Schülerkongreß von Soweto an, einem Ableger der mächtigen UDF, wie die Zim-zim behaupteten. Mrs. Mhlongo nannte den Polizisten auf dem Revier von Moroka ihre Namen, aber die schienen nicht besonders interessiert. «Glauben Sie, Sie sind die einzige, der das passiert?» wurde sie gefragt. «Glauben Sie, Ihr Enkel ist der einzige, der vermißt wird?»

Die Polizisten legten eine Akte an, aber das war auch alles. Manche Leute behaupteten sogar, die Liste der Verdächtigen sei der Geheimpolizei übergeben worden und diese wiederum habe sie den Zim-zim gegeben, damit sie die Sache selbst in die Hand nehmen konnten. Das grausame weiße Spiel nach dem Motto «Teile und herrsche» war leichter als je zuvor.

Die Zim-zim glaubten zu wissen, wo man Fana hingebracht hatte: zu einem Haus, das etwa einen Kilometer von seinem Zuhause entfernt lag, im Revier der Warara auf der anderen Seite der Old Potch Road. Fana hätte ebensogut in Moskau sein können.

Seine Großmutter machte sein Gefängnis tatsächlich ausfindig. Sie trieb sich in der Nähe des Eingangs herum und sprach mit einer Schülerin, die bestätigte, daß die Warara dort drinnen einen Gefangenen verhörten. Großmutter Mhlongo hatte jedoch zu große Angst, um hineinzugehen. «Ich weiß, daß sie jeden schlagen», sagte sie, «und es ist egal, ob man alt oder jung ist.»

Wie saßen in Großmutter Mhlongos Wohnzimmer – die alte Frau, George Wauchope und ich. Der Führer von Black Consciousness sagte ergänzend: «Wenn man ihr Revier betritt, wird man getötet, denn man ist ihnen zahlenmäßig unterlegen. Entweder man steht auf ihrer Seite oder nicht. Einen Mittelweg gibt es nicht.» Er hatte recht. In Südafrikas Townships wagte niemand mehr, die goldene Mitte zu wählen.

Zehn Tage später wurde Fanas Leiche auf einem Golfplatz in Soweto gefunden. Anscheinend hatte man ihn während des «Verhörs» über einen Elektroherd gehalten, denn seine Beine waren mit kreisförmigen Brandwunden bedeckt. Am Kopf und an den Fußsohlen hatte er kleine Einstiche von der Spitze eines scharfen Messers. Schließlich hatte ihm jemand eine Kugel in die Schläfe gejagt, die Leiche auf den Boden geworfen und darauf ein Feuer entzündet. Der Junge war vierzehn Jahre alt und trug kurze Hosen. So ist das.

Selig sind die Toten

Denn sie werden

Nicht verdächtigt
Nicht gejagt
Nicht gemaßregelt
Nicht zu Brennholz gemacht
Nicht getötet

Denn sie sind jetzt

Geschützt vor Feinden
Sicher vor Widersachern
Gerettet vor der Verfolgung dieser Welt

Selig sind die, die tot sind.

Township-Dichter B. M. Themba

Als ich George Wauchope das letzte Mal sah, hatte er getrunken, aber in jenen qualvollen Zeiten tranken viele. Es war ein Werktagnachmittag, und er saß im schäbigen AZAPO-Hauptquartier im Zentrum von Johannesburg und erzählte Geschichten vom Krieg. An der Wand hinter ihm hing ein neues Bild von Steve Biko – das Gemälde eines südamerikanischen Revolutionärs, der den Märtyrer der Black Consciousness-Bewegung mit Heiligenschein gemalt und damit quasi kanonisiert hatte. Neben dem heiligen Biko hing ein Poster mit der Aufschrift «Unsere Geschichte ist mit Blut geschrieben. Unsere Geschichte ist auf Gefängnismauern geschrieben». Und unter dem Poster saß Genosse Wauchope, ein schlaksiger, hoch aufgeschossener Mann in einem alten Sakko, und sprach mit monotoner Stimme. Er füllte für einen weißen Journalisten die Lücken in seiner Vergangenheit.

George Wauchopes Kampf begann Anfang der siebziger Jahre.

Damals war er einundzwanzig und studierte an der schwarzen Universität Fort Hare. Steve Biko lebte im nahe gelegenen King William's Town. Er war bereits unter Bann gestellt, stahl sich aber oft im Schutz der Dunkelheit auf den Campus, um den Schwarzen Mut zu machen und ihr politisches Bewußtsein zu stärken. George gehörte damals noch zu den Gemäßigten, nahm aber trotzdem an einigen Versammlungen Bikos teil und wurde mit Leib und Seele dessen Anhänger. Er wurde der Koordinator der Black Consciousness-Bewegung auf dem Campus, und bald zog er sich das Mißfallen der weißen Universitätsverwaltung zu. Im Jahr 1972 wurden er und siebzehn andere als Unruhestifter von der Universität verwiesen.

George kehrte in seine Heimatstadt Soweto zurück und arbeitete dort für Bikos Black People's Convention. Er wurde Leiter der Zentrale in Johannesburg. Der Prophet von Black Consciousness war damals in eine entfernte Kleinstadt verbannt, und so fiel in erster Linie dem jungen George Wauchope die Aufgabe zu, Bikos Wort in den großen Townships außerhalb Johannesburgs zu verbreiten. Er war ein weithin geachteter Organisator, besonnen, intelligent, zurückhaltend und tüchtig. Er organisierte Schüler, Studenten, Arbeiter, sogar seine eigene Familie. Auf seine Anregung gingen eine Schwester und eine Cousine «nach draußen», über die Grenze, um sich dem ANC im Exil anzuschließen. Damals standen die Bewegungen Mandelas und Bikos noch auf gutem Fuß miteinander: zwei Fäuste, eine Stoßrichtung. Georges Mutter Ethel und ihre Schwester Joyce wurden auch in den Kampf hineingezogen. Beide Frauen wurden aufgrund des Terrorismus-Gesetzes verhaftet und beschuldigt, junge Rebellen zur militärischen Ausbildung außer Landes zu schaffen.

Als im Juni 1976 in Soweto die Revolte losbrach, tauchte George Wauchopes Name auf der Liste der Geheimpolizei mit den Namen der meistgesuchten Männer auf. Am zweiten Tag der Unruhen schnappten sie ihn. Sie hielten ihn – ohne Gerichtsverfahren – länger fest als jeden anderen Häftling, insgesamt 297 Tage. Auf dem Höhepunkt der Kämpfe holten ihn eines Abends weiße Bullen aus der Zelle und brachten ihn in eine behelfsmäßige Leichenhalle. Dort lagen mehrere schwarze Leichen auf dem Boden. Kugeln aus

Automatikgewehren hatten sie übel zugerichtet. «Das kommt dabei raus», sagten die Bullen, «wenn sich Schwarze gegen Weiße auflehnen.» George Wauchope ließ sich nicht abschrecken. Er wußte, wo er stand, und er war bereit, dafür zu sterben. «Wenn man sich in diesem Land mit Politik beschäftigt», erklärte er mir, «weiß man, daß man entweder im Gefängnis landet oder stirbt.»

Sobald er auf freiem Fuß war, stürzte er sich wieder in den Kampf. In Bikos Bewegung war er nun für das Ressort Arbeit zuständig. Der Aufstand in Soweto brachte für die Organisationen von Black Consciousness einen gewaltigen Aufschwung mit sich, und die Bewegung wurde nach Georges Ansicht «ein Staat im Staat». Damit war George praktisch Minister eines Schattenkabinetts, doch seine hohe Stellung war weitgehend ehrenamtlich. Inzwischen hatte er eine Frau, Nozwakaze, und bald würde er zwei Kinder haben. Das Leben war manchmal hart. George verdiente monatelang kein Geld, aber er und seine Familie kamen dennoch über die Runden. «Der Kampf muß weitergehen», sagte George. «Meine Frau wußte, was für einen Job ich hatte, und sie mußte sich eben mit dem Leben abfinden, das wir führten.»

Außerdem wußte Nozwakaze, daß jeder Tag mit ihrem Mann der letzte sein konnte. In Südafrika lebten radikale schwarze Führer von einem Augenblick zum andern. Früher oder später landeten sie im Gefängnis oder starben, wie George gesagt hatte. Im Oktober 1977 starb Steve Biko, und George Wauchope landete wieder hinter Gittern. Für den weißen Staat war er zu gefährlich, als daß man ihn angesichts der drohenden Revolution auf freiem Fuß hätte lassen können. Diesmal wurde er – wieder ohne Prozeß – 281 Tage festgehalten, aber sein Wille war ungebrochen. «Es gibt kein Zurück», sagte er.

Wieder in Freiheit, startete George eine neue Offensive. Sein erstes Ziel war der amerikanische Sänger Ray Charles, der Ende der siebziger Jahre eine Tournee durch Südafrika machte. Eines Abends klopfte es an Charles' Garderobentür. Draußen stand George Wauchope. Er war gekommen, um ein wenig Nachhilfe in schwarzem Bewußtsein zu geben. Der junge Führer von Black Consciousness erklärte dem legendären blinden Soul-Sänger, was es bedeutete, als Schwarzer mit der Apartheid leben zu müssen. Warum Charles nach Südafrika gekommen sei? «Du unterstützt damit unseren Feind», sagte George. Ray Charles war betroffen und schwor, nie wieder südafrikanischen Boden zu betreten.

Das war der Auftakt zu Georges sogenannter Isolations-Kampagne, die darauf angelegt war, die kulturellen Bindungen zwischen dem weißen Südafrika und der übrigen Welt zu kappen. Popstars, die die Bitte, Südafrika fernzubleiben, ignorierten, hatten eine schlechte Presse, und Tourneen durch Südafrika brachten bald mehr Ärger, als die ganze Sache wert war, vor allem seit die Anti-Apartheid-Bewegung in Europa ihre eigene Isolations-Kampagne verstärkt hatte. Der Strom ausländischer Unterhaltungskünstler nach Südafrika verebbte allmählich, und schließlich versiegte er fast völlig. Zu den letzten, die sich dem Boykott widersetzten, gehörte eine amerikanische Rhythm and Blues-Band namens O'Jays; sie wurde auf Schritt und Tritt von Demonstranten verfolgt. George, der die Proteste organisiert hatte, wanderte wieder hinter Gitter.

Das war 1981. Zwei Jahre später wurde die Vereinigte Demokratische Front gegründet, und diese wetteiferte nun mit der Black Consciousness-Bewegung um die Gunst radikaler Schwarzer. Anfangs hatte George noch die «ehrgeizige und sehr idealistische» Vorstellung, die unterschiedlichen Strömungen des Widerstands könnten unter einen Hut gebracht werden, aber das klappte nicht so richtig. Die Black Consciousness-Ideologen wollten ihre Doktrin der rassischen Exklusivität nicht aufgeben, und auch die Achse UDF–ANC schien nicht besonders scharf auf einen Kompromiß. Die wieder auflebende Bewegung Mandelas betrachtete sich von Anfang an als «die einzige authentische Stimme» der unterdrückten schwarzen Südafrikaner. Eins kam zum andern, und Mitte 1986 artete die Rivalität zwischen den beiden Bewegungen in Krieg aus.

Dieser zweite Bürgerkrieg in Soweto fand weitgehend im Verborgenen statt und wurde von der Presse kaum beachtet. Von Zeit zu Zeit berichteten die Zeitungen vom gewaltsamen Tod eines Aktivisten von Black Consciousness, als Täter wurden anonyme «Gruppen von Jugendlichen» oder «Mitglieder einer rivalisierenden Organisation» genannt. Nur selten, wenn überhaupt, wurden die Morde den Anhängern der UDF angelastet – zumindest nicht am

Anfang. «Da gab es eine sehr starke Befangenheit», sagte George. Er schrieb sie einer «rechten» Verschwörung in den Medien zu, aber mir drängte sich eine einfachere Erklärung auf. Die UDF war angeblich eine gewaltlose, demokratische Bewegung, und in den Augen vieler Journalisten war sie eine Quelle der Hoffnung und der Rechtschaffenheit. Es war unvorstellbar, daß solch eine Organisation in eine Vernichtungskampagne verwickelt sein könnte, und so blieben die bohrenden Fragen ungestellt, was wahrscheinlich aber ohnehin nichts ausmachte. Aus der Sicht vieler UDF-Führer gab es überhaupt keinen Krieg; die schwarze Gemeinschaft säuberte sich nur von Kollaborateuren und Mitgliedern rechtsgerichteter Bürgerwehren.

«Sie haben alle die Augen verschlossen», sagte George bitter. «Murphy Morobe, Terror Lekgota, Albertina Sisulu – sie haben sich nie eingestanden, daß dies ein mörderischer Bruderkrieg war. Sie haben nie auch nur den geringsten Versuch gemacht, ihn zu beenden.» Georges Bewegung verurteilte die Gewalt, die UDF bekannte dagegen nur widerwillig Farbe.

Dann wurde Georges Haus niedergebrannt und der junge Fana Mhlongo aus den Trümmern entführt. An dem Tag, an dem das geschah, war George sechsunddreißig, und er war nun seit sechzehn Jahren Revolutionär. Sonst nichts. Er hatte sein ganzes Erwachsenenleben, jeden Arbeitstag von früh bis spät der Sache von Black Consciousness gewidmet, dem schwarzen Stolz, der schwarzen Macht und der radikalen Abkehr von jeglicher Zusammenarbeit mit den Weißen. Die AZAPO bemühte sich nicht um eine positive Darstellung in den von Weißen beherrschten Medien und lehnte die Inanspruchnahme weißer Gerichte, selbst zu rein strategischen Zwecken, kategorisch ab. Doch es kam die Zeit, in der man sich eine derartige Prinzipienstrenge nicht länger erlauben konnte.

Nach Fanas Entführung rang George Wauchope sich zu einem Schritt durch, der ihm das Herz gebrochen haben muß: Er trat, die Mütze in der Hand, vor einen weißen Richter des Obersten Gerichts und bat den Vertreter des weißen Rechtssystems, ihn und seine Familie vor weiteren Angriffen der Warara zu schützen. Das Wort Warara fiel bei dieser Bitte natürlich nicht. George erklärte lediglich, er werde von Mitgliedern des Studentenrats von Soweto, einem Ableger der UDF, angegriffen. Vier Personen wurden namentlich genannt. Da sie jedoch nicht erschienen, um sich zu verteidigen, erließ der Richter eine einstweilige Verfügung, die den Anhängern der UDF weitere gewaltsame Aktionen untersagte. Für Zeitungsartikel war die gerichtliche Verfügung ein guter Aufhänger, ansonsten war sie nicht einmal das Papier wert, auf dem sie geschrieben war – nicht im Soweto des Jahres 1986. «Es ging genauso weiter», sagte George.

Weitere Anschläge auf Georges Leben folgten. Eine seiner Tanten wurde entführt, eine andere mit dem Tod bedroht. Seine Mutter Ethel erholte sich nach dem Brandanschlag nicht mehr von ihrem schweren Schock und starb innerhalb eines Monats an einem Herzinfarkt. Ein Onkel von ihm wäre bei einem Mordanschlag fast ums Leben gekommen, ein anderer Onkel wurde erschossen. Einer seiner Neffen bekam eine Kugel ins Gesicht, ein anderer einen Messerstich in die Hand. Als alles vorbei war, gab es Georges Familie praktisch nicht mehr. Die meisten überlebenden Wauchopes waren in ein Township auf der anderen Seite des Witwatersrand geflüchtet, der junge Byron ging in einer ruhigen Kleinstadt auf dem Land zur Schule. Ein weiterer Verwandter, der siebzehnjährige Ephraim Zitha, saß wegen Mordes im Gefängnis, obwohl er beteuerte, aus Notwehr gehandelt zu haben.

George selbst war vor kurzem von seinem Amt als Generalsekretär der AZAPO zurückgetreten, und seine politische Karriere schien ein tragisches Ende zu nehmen. In Sowetos zweitem Bürgerkrieg wurde auf beiden Seiten gemordet, und nun wurde ihm einer dieser Morde zur Last gelegt. Er sollte sich wegen Mordes vor Gericht verantworten, in einem Land, in dem verurteilte Mörder normalerweise gehängt wurden.

Ich fragte ihn, was passiert sei, aber George schüttelte nur den Kopf. «Ich möchte nicht darüber sprechen», sagte er. Es lag kein Kummer oder Ärger in seiner Stimme. Er war seltsam ruhig, als sei etwas in ihm bereits gestorben.

Es gab so viel Grauen in meinem Land, und es hatte so viele Formen. Da war das Entsetzen der Weißen, und da war das Entsetzen der schwarzen Demonstranten, die auf der Straße niedergeschossen wurden – 412 allein in jenem Jahr. Aber es gab noch eine andere Art des Grauens, nämlich das von Schwarzen vor Schwarzen. Es gab sie von Beginn an, seit jenem Tag im September 1984, als im Township Sebokeng alles anfing. Das erste Opfer des großen Aufstands war ein schwarzer Gemeinderat, ein mutmaßlicher Verräter, der von schwarzem Mob zusammengeschlagen und verbrannt wurde. Danach nahmen die Greueltaten immer mehr zu, bis sie denen der Weißen in nichts mehr nachstanden und sie letztlich weit in den Schatten stellten. Als sich die Umklammerung des weißen Staates lockerte, gingen die Schwarzen aufeinander los, in einem blutigen Machtkampf, der bislang so viele Menschenleben forderte, daß auf jeden von der Bereitschaftspolizei des Apartheid-Regimes getöteten Märtyrer drei schwarze Bürgerkriegsopfer kommen.

Der weiße Staat schrieb das Gemetzel einem kaltblütigen marxistischen Komplott zu, das darauf abzielte, das politische Zentrum zu vernichten, und die Anhänger Mandelas schlossen sich quasi dieser Meinung an. Vertreter der Regierung nannten die Toten «Gemäßigte» oder «gesetzestreue Bürger», die Anhänger Mandelas sprachen dagegen von «Spitzeln» oder «Verrätern», doch das waren lediglich Worthülsen. Beide Seiten wollten einen glauben machen, in diesem Wahnsinn stecke eine Art übergreifender Logik, und beide Seiten redeten baren Unsinn.

Am Ende dieses schrecklichen Jahres zählten Statistiker des liberalen Instituts für Rassenbeziehungen unter 1302 Opfern der Unruhen nur 79 «überführte Kollaborateure». Von den übrigen Opfern wurden 265 dem «internen Konflikt» unter Schwarzen zugeschrieben, weitere 98 «nicht aufgeklärten Konflikten». Außer den Opfern interner und nicht aufgeklärter Gewalt, den «Unfällen» (10 Tote) und den «sonstigen Fällen» (31 Tote) gab es noch die «verbrannten Leichen» – insgesamt 231 Namenlose, von unbekannten Tätern unter Umständen, die niemand näher zu untersuchen wagte, bei lebendigem Leibe verbrannt.

Wer um alles in der Welt waren diese Menschen? Wer hatte ihren Tod befohlen? Anfangs unterstützte der ANC das Verbrennen von Kollaborateuren, doch im Februar 1986 änderte er seine Meinung und veröffentlichte eine Erklärung, in der diese Praxis verurteilt wurde – mit dem Resultat, daß die Morde mittels «Halskrause» rapide zunahmen. Die AZAPO nannte diese Methode ein «Verbrechen an der Menschheit», deshalb war sie sicher nicht dafür verantwortlich. Bischof Tutus UDF bekannte sich zum Gewaltverzicht, genauso die Inkatha von Häuptling Buthelezi, die politische Bewegung der Zulu. Wer hatte die Morde ausgeführt? Wer sagte die Wahrheit? Wer waren die Guten? Wer befahl Fanas Entführung und Ermordung? Wurden die Genossen der UDF, die diese Tat angeblich ausführten, von ihrer gewaltlosen Organisation bestraft? Wo waren die Täter? Wo war die Polizei? Wer war tatsächlich verantwortlich – die vernünftig und rational denkenden schwarzen Führer hinter den Schreibtischen oder die Jugendlichen auf der Straße? Im Winter 1986 gab es in Südafrika auf keine dieser Fragen eine klare Antwort.

Sinn machte das Ganze nur noch in den Blättern der aufgeklärten weißen Weltpresse, wo der Kampf gewöhnlich als hehre Angelegenheit dargestellt wurde. In ihrem weitgehend imaginären Südafrika führten «Anti-Apartheid-Aktivisten» im Namen der Demokratie oder der Bürgerrechte einen «gewaltlosen» und «außerordentlich prinzipientreuen» Kampf gegen das weiße Übel. Die Realität auf den Straßen sah viel düsterer aus. Die Ziele der Genossen waren sicher gerechtfertigt, aber ihre Mittel waren manchmal ebenso grausam wie die der Buren. Sie schnitten Menschen, die sich nicht an Boykotte hielten, die Ohren ab, und sie zwangen pazifistische Zionisten, ihre metallenen Abzeichen zu essen. Menschen wurden hinter Autos hergeschleift oder mußten Reinigungsmittel trinken, weil sie trotz Boykotts bei Weißen gekauft hatten. Tausende gemäßigter Schwarzer mittleren Alters wurden von jungen Genossen zu Begräbnissen und Kundgebungen getrieben; die Jugendlichen rasselten warnend mit Streichholzschachteln, um anzudeuten, was diejenigen erwartete, die sich für den Kampf nicht hinreichend begeisterten. Solch schreckliche Fakten des schwarzen Alltags konnten das Entsetzen schmälern, das auf offener Straße gefolterte oder erschossene Kinder hervorriefen, sie wurden deshalb, wenn möglich, von den westlichen Medien heruntergespielt oder überhaupt nicht erwähnt.

Ein Beispiel dafür ist eine Seite der *New York Times* vom 15. April 1986. Ganz oben steht ein über dreißig Zentimeter langer Artikel über Desmond Tutus Wahl zum Erzbischof von Kapstadt und damit zum Oberhaupt der Anglikanischen Kirche Südafrikas. Der Artikel ist gut geschrieben und beschwört eine feierliche Stimmung, eine ehrfürchtige Stille, durchdrungen vom menschlichen Geist nobelster Prägung und seinem unstillbaren Durst nach Freiheit und Gerechtigkeit. «Plötzlich öffneten sich die Türen. Licht drang aus der Kapelle in die Dunkelheit ... und Bischof Tutu trat ins Freie», um seine bewegende Siegesrede zu halten. Er rief die südafrikanischen Kirchen auf, «den religiösen Glauben in einen politischen Kodex» zu verwandeln, und bekannte sich erneut zum Streben nach «fundamentalem Wandel».

Unter dem Artikel über Bischof Tutu steht eine sehr kleine Überschrift: «Elf Tote in einer Nacht der Gewalt». In einer kurzen Notiz wird ein Bericht der Regierung über die nächtlichen Unruhen zusammengefaßt. Die Polizei hat fünf Schwarze erschossen, außerdem sind sechs unbekannte verbrannte Leichen entdeckt worden. Und darunter wiederum stehen, ohne jede Überschrift, zwei rätselhafte kurze Sätze über einen unbegreiflich grausigen Fund an einem Ort namens Sekhukuniland: Dort hat man die sterblichen Überreste von zweiunddreißig afrikanischen Frauen entdeckt, die lebend in die Flammen geworfen wurden. Es war der schrecklichste Massenmord in der Geschichte Südafrikas, und er stand in einem Zusammenhang, den sich die *Times* offensichtlich nicht erklären konnte. Die sechsundsiebzig schwarzen Jugendlichen, die in Verbindung mit dem Massaker verhaftet wurden, waren allesamt Mitglieder oder Anhänger der UDF – der angeblich gewaltlosen Befreiungsbewegung unter der Führung jenes Nobelpreisträgers, über den oben auf der Seite berichtet wurde. Die zweiunddreißig Opfer wurden verdächtigt, den Freiheitskampf mit Hilfe von Zauberei behindern zu wollen, und wurden im Namen des fundamentalen Wandels verbrannt.

Beim Anblick einer solchen Zeitungsseite wird mir schwindlig. Ich will Bischof Tutu keineswegs verhöhnen oder behaupten, er habe mit diesen Morden irgend etwas zu tun. Ich bringe es sogar übers Herz, den Genossen zu vergeben, die die Hexenverbrennung auf dem Gewissen haben, weil ich eine Handlung, die so weit außerhalb meines Fassungsvermögens liegt, nicht beurteilen kann. Ich hasse keinen der Schwarzen, die in diesem Zeitungsausschnitt erwähnt werden, und doch schnürt mir bei seinem Anblick Wut die Kehle zu. Ich wage nicht weiterzudenken, aus Angst, ich könnte die Beherrschung verlieren, aufspringen und dem nächstbesten aufgeklärten Weißen an die Kehle springen.

Diese Wut ist uralt. Es ist der Geist von Slagtersnek – der Geist jener vergeblichen Rebellion von 1815, der den Beginn des verbalen Krieges und der gegenseitigen moralischen Vorwürfe zwischen Buren und anderen Weißen markierte. Worüber streiten wir? Über Brüderlichkeit, einen Grundpfeiler westlicher Denkart. Ich glaube daran, daß alle Menschen Brüder sind. Ich bin nur nicht sicher, was das in einem Land wie meinem bedeutet. In Südafrika müssen wir eine Definition der Brüderlichkeit finden, die für Afrikaner vom Format Bischof Tutus ebenso gilt wie für junge Stammesangehörige, die in seinem Namen Hexen verbrennen; die politischen Bestrebungen von Schwarzen Rechnung trägt, aber auch die Angst der Weißen mildert, die Afrika so sehr fürchten, daß sie lieber sterben wollen als einen grundlegenden Wandel akzeptieren. Das ist keine leichte Aufgabe. Für Kritiker ist es einfacher, ihre moralischen Ideale zu bewahren, indem sie wegschauen.

Nehmen wir diese Farbfotos, Beweismittel in einem Prozeß, der von der Außenwelt praktisch ignoriert wurde. Sie zeigen die entstellten und verstümmelten Körper zweier jugendlicher Folteropfer, der Brüder Peter und Phillip. (Peter war erst sechzehn, deshalb wurde der Nachname der beiden nach südafrikanischem Recht vom Gericht nicht preisgegeben.) Peter und Phillip sagen, sie seien mitten in der Nacht von maskierten und bewaffneten Männern aus ihren Betten gezerrt und in eine Baracke in einem Hinterhof Sowetos gebracht worden, wo man sie des Verrats am Kampf beschuldigt und ihnen befohlen habe, sich zu bekennen. Als sie sich weigerten, wurde Peter am Hals an den Dachsparren aufgehängt, bis diese brachen. Dann stülpten ihm seine Peiniger eine Plastiktüte über den Kopf und ertränkten ihn fast in einem Eimer Wasser. Anschließend banden ein paar Frauen Phillip die Hände auf den Rücken und zwangen ihn, sich auf einen Stuhl zu setzen. Ein Mann zückte ein Taschenmesser und ritzte Freiheitsparolen in die Haut des Jungen: auf die Brust ein großes «M» für Mandela, auf den Oberschenkel «Viva ANC». Schließlich holte jemand eine Autobatterie, und die Wunden wurden mit Säure in Phillips Fleisch eingeätzt.

Es war in vieler Hinsicht nur eine von vielen Greueltaten, allerdings mit einer Besonderheit: Sie fand angeblich im Haus Winnie Mandelas statt, der First Lady des ANC und Kandidatin für den Friedensnobelpreis, des Objekts Tausender hagiographischer Kurzporträts in Zeitungen und Zeitschriften, mehrerer schmeichlerischer Bücher, mindestens dreier geplanter Hollywoodfilme und einer von Harry Belafonte produzierten TV-Miniserie. «Eine Frau mit außergewöhnlichem Glauben und außergewöhnlicher Liebe zu Gott und dem Land», schwärmte Senator Edward Kennedy, der von Mrs. Mandelas «Liebenswürdigkeit und Entschlossenheit auf rührende, aber bedeutungsvolle Weise» zutiefst bewegt war.

Während ich dies schreibe, sind die Zeitungen voll von Geschichten über ein weiteres Verbrechen in Mrs. Mandelas Hinterhof. Diesmal geht es um Mord: um den Mord an Stompie Mokhetsie Seipie, einem vierzehnjährigen Soldaten im Kampf gegen Apartheid, der sich aus irgendeinem Grund mit seinen Genossen zerstritt. Er wurde angeblich von Mrs. Mandelas Leibwächtern entführt, gefesselt und unter ihrer Aufsicht ausgepeitscht. Man ließ ihn wiederholt auf den Kopf fallen, bis er halb bewußtlos war, und lud ihn schließlich mit durchschnittener Kehle im Busch ab. Die westlichen Medien sind über diese Nachricht schockiert und bestürzt und weinen Krokodilstränen. Der Mord an Stompie ist der dritte, der Leuten aus Mrs. Mandelas Umfeld zugeschrieben wird, und nur insofern ungewöhnlich, als die westlichen Medien diesmal darüber berichten. Zwei frühere Morde und zahllose Aussagen über weitere Brutalitäten und Einschüchterungsversuche wurden von Mrs. Mandelas Sympathisanten in den Medien ignoriert – vermutlich aus Angst, einen Mythos zu untergraben, den sie selbst geschaffen hatten.

Schüler aus Mrs. Mandelas Nachbarschaft bekamen es so satt, von ihren Schlägern schikaniert zu werden, daß sie schließlich am hellen Tag ihr Haus niederbrannten, während die Nachbarn gleichgültig zusahen. Niemand schüttete auch nur einen Becher Wasser in die Flammen. Jeder Journalist in Johannesburg kannte die peinlichen Einzelheiten, aber keine Zeitung, die ich kenne, druckte sie, jedenfalls damals nicht. Warum? Weil weiße Journalisten und Redakteure nicht als Rassisten gebrandmarkt werden wollten und weil schwarze Reporter «vor Angst gelähmt waren», um George Wauchopes Worte zu gebrauchen. Wenn man in Soweto lebte, wagte man über einige Dinge nicht zu sprechen, aus Angst, zum Verräter gestempelt zu werden. Verräter lebten nicht lange. Ein bekannter schwarzer Journalist aus dem Township lachte nur bitter, als ich ihn fragte, warum die ganze Geschichte von dem Brandanschlag auf Winnie Mandelas Haus immer noch nicht veröffentlicht worden sei. «Schreiben Sie es doch», sagte er. «Sie sind weiß, vielleicht kommen Sie ungestraft davon.»

Eine bestürzende Wahrheit? Gut. Will jemand sie bestreiten? Mir von den Übeln der Apartheid erzählen? Über Demokratie und über Bürger- und Menschenrechte sprechen? Gut. Dann schlage ich meine dicken Aktenordner mit Geschichten vom alltäglichen Mord auf. Dann kämpfen wir gegeneinander, jeder mit seinen Waffen, und zerstören uns gegenseitig unsere Überzeugungen.

Wir sind in der Hauptstadt Pretoria. In der Ferne erhebt sich das Voortrekker Monument, jener gewaltige, graue Klotz, der die unbarmherzige Entschlossenheit der burischen Gründerväter symbolisiert. Und hier schlendert ein Bure den Gehsteig entlang und schießt in aller Seelenruhe jeden Schwarzen nieder, der ihm begegnet. Seine blutige Spur zieht sich drei Häuserblöcke entlang – neunundneunzig Schwarze liegen am Boden, sechs davon sind tot. Die Frau neben uns ist schwarz, und sie sagt etwas sehr Seltsames. Sie sagt, der Terrorist sei «schön». Ein burischer heiliger Krieger mit einem glücklichen Lächeln.

Wir stehen in Orlando West, Soweto, vor dem Haus der reizenden Masabata Loate, Schönheitskönigin einer unbeschwerteren Zeit. Sie ist das, was die westliche Presse eine Anti-Apartheid-Aktivistin nennen würde. Sie hat gerade fünf Jahre im Gefängnis verbracht, weil sie für den Sturz des Apartheid-Regimes agitiert hatte. Sie hat erwartet, zu Hause als Heldin empfangen zu werden, aber ihre politischen Ansichten sind zur Zeit nicht gefragt. Da kommt sie um die Ecke. Sie rennt um ihr Leben, eine Horde feindlicher «Anti-Apartheid-Aktivisten» ist ihr dicht auf den Fersen. Sie fällt hin, wird mit Messern gestochen, rappelt sich auf, rennt wieder los und ruft um Hilfe. Sie hämmert bei Nachbarn an die Tür, aber die sind starr vor Angst und machen nicht auf. Schließlich sinkt sie vor der

Tür ihrer Großmutter zu Boden und wird von langen Messern in Stücke gehackt.

Wir sind in Beaufort West im Osten der Karroo-Wüste; aus der bescheidenen Hütte eines Schwarzen dringen lautes Knallen, dumpfe Schläge und Schreie. Die Tür geht auf, und ein UDF-Führer namens Kratshi taumelt mit blutüberströmtem Gesicht ins Freie. Ein weißer Polizist folgt ihm und bedeutet seinen Kollegen, beiseite zu treten. Er sagt etwas wie: «Ich knall dieses Schwein ab.» Und er tut es. Tot.

Wir sind in einem anderen Township bei der Beerdigung eines jungen Schwarzen, eines der Opfer aus der Rubrik «aufgefundene verbrannte Leichen». Der trauernde Vater hat die Genossen gebeten, dem Begräbnis fernzubleiben, aber die Genossen mögen es nicht, wenn man ihnen sagt, was sie tun sollen. Also stoßen sie den Vater in das Grab seines Sohnes und schlagen mit Schaufeln auf ihn ein, als er versucht, herauszuklettern. Schließlich gibt der alte Mann auf, setzt sich auf den Sarg seines toten Sohnes und hält sich den blutigen Kopf. Die Genossen begraben ihn bei lebendigem Leib.

Verwirrende, widerliche Szenen? Aber das ist noch lange nicht alles. Ich werde dem Leser diese Szenen einhämmern, wie Simon mit seinem Hammer auf einen weißen Schädel nach dem anderen einschlug, und ich werde so lange weitermachen, bis sie den Leser vergiften, wie sie mich vergiftet haben.

Wir sind in einem Wald im Homeland Venda und sehen, wie ein Afrikaner seiner Tochter die Arme abhackt. Sie sagt: «Bitte, Vater, laß mich los, ich werde es niemandem erzählen.» Aber ihr Vater hackt weiter auf sie ein. In Venda ist ein politischer Machtkampf im Gange, und er braucht ihre Körperteile für die Kampfmedizin.

Wir befinden uns in einem Stützpunkt der südafrikanischen Polizei und sprechen mit einem burischen Oberst über die Sicherheitslage. Wir reden in der Sprache meines Stammes, in einem verfälschten, gutturalen Holländisch mit einem R, das wie Donner rollt, und einem G, das knirscht wie eine Schaufel im Kies. Es ist eine brutale Sprache, die so gewaltsam von der Zunge geht, daß Amerikaner rasch aufgaben, wenn ich versuchte, ihnen das eine oder andere Wort beizubringen. Oberst Viljoen mustert uns mißtrauisch. Er denkt, dieser Malan sieht ein wenig seltsam aus für einen Buren, und er war zu lange außer Landes, um ganz normal zu sein, aber vielleicht ist er ja in Ordnung. Ich kenne diesen Blick. Es ist ein anerkennender Blick. Er sagt: Vielleicht kann ich ihm trauen; vielleicht ist er einer von uns. Als ich schweige, sagt der Oberst nichts, sondern nimmt eine Karte aus seiner Brieftasche und schiebt sie wortlos über den Schreibtisch. Ich nehme sie in die Hand. Sie ist fachmännisch gedruckt und liebevoll mit Plastikfolie überzogen. Darauf steht ein Ausspruch Albert Schweitzers. Er lautet: «Jeder Weiße, der in Afrika arbeiten will, muß begreifen, daß die Menschen hier unmenschlich sind.» Oder so ähnlich.

Wir sind auf einer Farm in Bonnievale und werden Zeugen unmenschlichen Verhaltens. Eine ältere weiße Frau ist vergewaltigt worden, und ihr Sohn hat einen schwarzen Verdächtigen erwischt. Der Weiße hält dem Schwarzen eine Schrotflinte an den Kopf, gibt ihm ein Messer, mit dem man Schweine kastriert, und befiehlt ihm, es zu benutzen. Der Schwarze weigert sich, und der Weiße schießt ihm ins Bein. Daraufhin knöpft der Schwarze seine blutdurchtränkte Hose auf und benutzt das Kastriermesser. Der Weiße schleudert die Hoden mit einem Stock weg.

Wir sind in Pietermaritzburg und starren auf etwas, das der Polizei in die Hände gefallen ist: einen Koffer voller menschlicher Körperteile und Hoden, die eine Gruppe afrikanischer heiliger Krieger von Leichen abgeschnitten hat, um daraus einen Trank zu brauen, der ihrer Partei im Kampf um den grundlegenden Wandel zum Sieg verhelfen soll.

Wir befinden uns an einer Straßensperre in der Nähe von Soweto, wo weiße Soldaten einen Wagen angehalten haben, der von einem hellhäutigen Schwarzen gelenkt wird. Sie fragen ihn: «Warum bist du so weiß?» Dann schlagen sie ihn mit ihren Helmen tot. «Sie sagten nicht warum», erklärt ein Zeuge. «Ich glaube, sie haben es nur so zum Spaß gemacht.»

Ich könnte so weitererzählen, aber ich will es dem Leser ersparen. Betrachten wir statt dessen ein Foto, das auf der Titelseite der schwarzen Zeitung *City Press* erschien. Es wurde auf den Straßen eines subtropischen Townships aufgenommen. Im Hintergrund sind Palmen zu erkennen. Im Vordergrund liegen in einer Lache aus geschmolzenem Teer die verbrannten Leichen zweier namenloser junger Schwarzer. Das Feuer hat ihr Haar versengt. Ihre Schädel und Gliedmaßen sind so glatt und glänzend wie Keramik. Sie sehen aus wie umgekippte Schaufensterpuppen, ganz verdreht und verrenkt. Hinter ihnen steht ein schwarzes Schulmädchen, das lacht und in die Hände klatscht. Ich habe stundenlang auf dieses Foto gestarrt, mich bemüht, den begeisterten Gesichtsausdruck der Schülerin zu deuten, und studierte das Verhältnis zwischen ihrer Fußstellung und ihrem Schatten. Ich bin nicht sicher, aber ich glaube, sie sprang gerade in die Luft, als auf den Auslöser gedrückt wurde. Ich glaube, sie tanzte.

Die Überschrift lautete: «Dies ist das Gesicht des heutigen Südafrika».

Ich weiß nicht, was ich noch sagen soll. Als ich nach Hause zurückkehrte, um mich meinen Dämonen zu stellen, hörte ich einen Song mit dem Titel *Reggae Vibes Is Cool*, gesungen von Bernoldus Niemand, dem ersten Vertreter des burischen New Wave Rock. Es war ein burischer Reggae-Song, Musik des schwarzen Leids mit einem Text in der Sprache der Verfechter des weißen Supremats. Der Refrain enthielt eine Zeile, die mich erschütterte. Sie lautete: «Wie lebe ich in diesem seltsamen Land?» Das war für mich eine berechtigte Frage. Ich hatte nie gelernt, in meinem Heimatland zu leben. Ich lief davon, weil es mir so fremd war, daß ich es nicht ertragen konnte, und als ich zurückkam, war es fremder denn je. Jeder hatte Blut an den Händen.

Häuptling Gatsha Buthelezis Inkatha-Bewegung versuchte, die Anhänger Mandelas zu zermalmen, und diese übten Vergeltung. Traditionalisten töteten Modernisten, Radikale töteten Gemäßigte. Die Anhänger Mandelas töteten die Anhänger Bikos und umgekehrt. Konservative Mitglieder von Selbstschutzgruppen, Fathers, Väter, genannt, töteten ihre Genossen-Söhne, und jeder tötete die, die er für Verräter hielt. Die Schwarzen brachten sich gegenseitig um, und über dem brodelnden Sumpf thronten die burischen Tyrannen, spielten die verschiedenen Parteien gegeneinander aus und töteten jeden Überlebenden, der sie angreifen konnte. Die südafrikanische Politik hatte sich in einen Spiegelsaal verwandelt, in dem jedes Spiegelbild eine Karikatur seiner selbst war, und im Zentrum von allem stand eine Sphinx und sagte ja: Die Antwort auf alles war Ja. Ja, die schwarze Sache ist gerecht. Ja, die Buren sind Barbaren. Ja, die Schwarzen sind auch Barbaren. Ja, die Dinge stehen im Moment schlecht. Ja, es kann nur schlimmer werden. Die Zeit der Entscheidung war gekommen, aber im Angebot war nichts außer Greueln und absurden Ideologien.

«Eine neue Ära der Freiheit hat begonnen», erklärte Staatspräsident Botha. Er stand auf einem Haufen Leichen.

«Die Sowjetunion ist ein Fackelträger für all unser Hoffen und Streben», erklärte Winnie Mandela auf dem Höhepunkt des angeblichen Freiheitskampfes gegenüber der Nachrichtenagentur TASS. «In Sowjetrußland», sagte sie, «ist der Traum von der wahren Macht des Volkes Realität geworden.»

Die Zeit der Entscheidung war gekommen, aber es gab keine vernünftigen Alternativen.

Doch das war Politik. Neben der Politik gab es die Mythologie und rivalisierende Mythen für Leben und Sterben: für einige Weiße den Mythos vom weißen Supremat, für andere den Mythos vom tapferen und edlen Afrikaner im heroischen Kampf gegen das unsäglich Böse. Als Weißer mußte man sich einen dieser beiden Mythen zu eigen machen und sich von ihm leiten lassen. Wer keinem der beiden glaubte, dem zerbrach das Paradoxon den Schädel, dem grub es seine giftigen Krallen ins Hirn.

Es tut mir leid, daß ich mich so düster ausdrücken muß, aber Südafrika verlangt nach harten, ekelerregenden Worten. Das Land bringt das Hirn zum Brodeln und das Blut zum Kochen. Südafrikaner entwickeln Antikörper gegen das Gift: Sie werden taub und blind. Aber wenn man lange genug außer Landes geht, um sich zu entgiften, und mit klarem Blick zurückkommt, ist es, als berste einem der Schädel. Man sieht zuviel, und was man sieht, macht einen krank. Ich weiß nicht, ob das auch für Schwarze gilt, aber alle mir bekannten Weißen, die im Exil gelebt haben, sind bei ihrer Rückkehr Opfer einer solchen Krankheit geworden. Der Held meiner Kindheit, Leon, Mitglied der neuen Linken, verkroch sich sechs Wochen in einem Wohnwagen, weil er Angst davor hatte, verrückt zu werden, wenn er sich nach draußen wagte. Joji, meine Freundin aus Kindertagen, lebte sieben Jahre in der rationalen Welt. Als sie zurückkam, genügte ein Blick, und sie legte sich ins Bett und weinte wochenlang. Sie wußte noch, wie es war. Wenn es in meinem Kopf zu brodeln begann, nahm sie meine Hand und sagte: «Keine Sorge. Eines Tages wirst du abstumpfen. Eines Tages wirst du wieder blind werden.»

Blindheit und Abgestumpftheit. Das waren keine Metaphern. Im Winter 1986 waren das physische Voraussetzungen in meinem Land. Man konnte es sich nicht leisten, alles zu sehen. Man konnte es sich nicht leisten, von Simons Grab zu den Gräbern seiner Opfer zu gehen oder von Dennis Mosheshwes Grab zu den Gräbern von Fana Mhlongo und Moses Mope. Solche Pilgerfahrten machten einen krank. Sie zwangen einen in die Knie, und man flehte um die Gnade der Anpassung an die himmelschreienden Ungereimtheiten. Man bettelte darum, blind zu werden.

In solch einer Gemütsverfassung machte ich mich auf zu einem Ort namens Msinga.

Buch III

EINE WURZEL IN DÜRREM BODEN

Ich verkaufe dir keine falsche Versöhnlichkeit, ich bin ein verzweifelter Mensch – aber dir geht zuviel vom Leben verloren, geht sein Sinn verloren, wenn du nur durch den Haß lebst und nicht auch durch die Liebe.

Ralph Ellison, Invisible Man

Die Straße nach Msinga beginnt im weißen Südafrika und zieht sich viele Fahrtstunden lang durch adrettes, geordnetes weißes Farmland, dessen Erscheinungsbild sich kaum von dem mancher Gegenden Zentralkaliforniens unterscheidet. Ungefähr sechzehn Kilometer hinter der letzten weißen Stadt passiert man die Grenze zwischen der Ersten und der Dritten Welt, zwischen dem weißen Südafrika und dem schwarzen KwaZulu. Die Grenze ist nicht markiert. Das ist nicht nötig. Man merkt auch so, daß man in ein anderes Land, in eine andere Welt kommt. Der weiße Mittelstreifen auf der Fahrbahn verschwindet, der Wagen fängt an zu springen und zu schaukeln wie ein Kanu im Wildwasser. Die Stimmung der Landschaft schlägt um. Und dann biegt man um eine Kurve, die Teerdecke unter den Rädern löst sich auf, und man hat Afrika zu Füßen: Man blickt in ein weites, brütend heißes Tal mit verstreut liegenden zerklüfteten Hügeln, Lehmhütten und Baracken mit Blechdächern. Vom Rand dieses Steilabbruchs sieht es aus, als habe ein rasender Gott die Landschaft mit einem Messer bearbeitet, Schluchten und Wasserläufe in ihr rotes Fleisch geschnitten und den Boden in schroffe Hügel zerstückelt. Das ist Msinga, ein Verwaltungsbezirk im selbständig regierten KwaZulu, dem Homeland der Zulu.

Als ich das weiße Südafrika hinter mir gelassen hatte, wurde das Land unfruchtbar und staubig. Zäune gab es hier nicht, Ziegen und Rinder trotteten über die Straße. Je tiefer ich nach Msinga hineinfuhr, desto schlimmer wurde es: weniger Gras, weniger Hoffnung, mehr Ziegen und immer mehr hoffnungslose Schwarze, die reglos wie Steine am staubigen Straßenrand hockten. Die Gegend war ein ökologisches Hiroshima. Die letzten großen Bäume sahen aus wie gestrandete Mangroven. Regengüsse hatten die Erde zu ihren Füßen ausgewaschen und durch tiefe Erosionsrinnen in den Fluß geschwemmt, so daß die Baumwurzeln nun auf zwanzig Zentimetern Höhe freigelegt waren. An manchen Stellen gab es überhaupt keine Bodendecke, nur noch graue Schieferplatten und eine Tonschicht, die die Sonne hart wie Beton gebacken hatte. Die heiße Luft, die über dieser Zone der Verwüstung aufstieg, verursachte noch in fast zehn Kilometern Höhe so heftige Turbulenzen, daß die weißen Geschäftsleute, die zwischen Johannesburg und Durban hin- und herjetteten, über Msinga um ihr Mittagessen kamen. Die Fluggesellschaft South African Airways löste das Problem, indem sie neue Routen festlegte. Das war die übliche Antwort des weißen Südafrika auf die Probleme Msingas: Man wich ihnen aus.

Weiße konnten den Anblick Msingas nicht ertragen, denn für die Verwüstung waren sie in hohem Maß selbst verantwortlich. 1849 war Msinga zum Zulu-Reservat erklärt worden. Schon 1878 wiesen staatliche Gutachten darauf hin, daß Msinga ein trockenes, ödes Land sei, in dem Hungersnöte vorprogrammiert seien. In den folgenden hundert Jahren verfünffachte sich die Einwohnerzahl des Bezirks auf ungefähr 120000. Zum natürlichen Wachstum kam in den späten sechziger Jahren noch ein «Bevölkerungsüberschuß» von 22000 Menschen: Schwarze, die vom benachbarten weißen Farmland vertrieben und über die Grenze nach KwaZulu geschickt worden waren. Das Land mußte mindestens doppelt so viele Menschen, Rinder und Ziegen ernähren, wie es verkraften konnte. Deshalb wurde es zur Wüste.

Rund dreißig Kilometer hinter der Grenze ging die Teerstraße in eine unbefestigte Piste über, die am Ufer des Tugela River entlang weiter nach Norden führte. Am Ende dieser schauderhaften, mit Geröll übersäten Holperstraße lag ein landwirtschaftliches Entwicklungsprojekt namens Mdukatshani, Ort des verlorenen Grases. Hier hatte ein gewisser Neil Alcock seine letzten guten Taten vollbracht. Als ich durch das Tor rumpelte, tauchte ein Zulu in zerrissenem Overall und mit großen bunten Scheiben in den Ohrläppchen auf und gab mir ein Zeichen, daß ich halten solle. Nachdem er mich überprüft hatte, setzte er sich in Trab und winkte mich hinter sich her. Einige hundert Meter weiter forderte er mich auf, den Wagen abzustellen. Dann führte er mich durch ein hölzernes Tor in ein Dickicht aus Dornbüschen. Nach einem Gruß verschwand er.

Ich stand auf einem Steilufer, knapp sieben Meter über dem schlammigen Tugela River. Es dämmerte und war schon fast dunkel. In der Baumkrone über mir saß, an einem Ast angebunden, eine Meerkatze. Als ich mich im Halbdunkel umsah, bemerkte ich, daß ich vor einer Art Haus stand. Es bestand aus Lehm, war mit Gras gedeckt und um einen knorrigen, alten Baum gebaut, dessen Äste durch die Wände in den dunklen Himmel aufragten. Das Haus hatte die gleichen Farben wie der Fels, das Gras und der Staub der Umgebung und war im Dämmerlicht fast nicht zu erkennen. Statt Fenstern gab es nur Löcher in den Wänden, die Türen und Läden waren aus rohen Brettern gezimmert und die Wände mit geglättetem rotem Schlamm verputzt. Die Möbel waren ganz aus Stein. Lange graue Schieferplatten dienten als Bänke und Tische, einige Felsblöcke, die der Fluß glattgeschliffen hatte, als Stühle. Nur das Telefon aus Plastik paßte nicht in dieses steinzeitliche Wohnzimmer.

Der Fluß strömte unterhalb des ungewöhnlichen Bauwerks vorbei, bog scharf nach links und ergoß sich in einen stillen Teich am Fuß einer Felswand. Da unten, auf einer Felsplatte neben dem Teich, bewegte sich etwas. Ich glaubte zunächst eine Herde Paviane zu erkennen, die am Fluß tranken, aber dann lief die Gruppe etwas auseinander, die Gestalten kamen auf mich zu und entpuppten sich als eine Frau und mehrere Hunde. Eine weiße Frau um die Vierzig. Auf strammen Waden kam sie in großen Schritten den Pfad herauf, wobei ihr die glatten, blonden Haare vors Gesicht baumelten. Sie trug eine schäbige Strickjacke über einem alten Baumwollkleid. Ihre nackten Waden waren von den Dornen völlig zerkratzt. Als sie schließlich aufsah, sah ich ein Gesicht, das mich an Frauen des Mittelalters erinnerte: Es war vollkommen oval, mit einer hohen breiten Stirn und ovalen Augen, umrahmt vom blonden Haar, das vom Mittelscheitel bis auf die Schultern fiel. Die Frau war erschreckend mager. Die Hand, die sie mir entgegenstreckte, war hart von Schwielen, der Blick dazu beunruhigend kühl.

Das war Creina, Neil Alcocks Witwe, eine Frau von furcht- und respekteinflößendem Ruf. Zulu in den Hügeln der Umgebung flüsterten ehrfürchtig, sie sei eine *sangoma*, eine Zauberdoktorin. Die Weißen in den Städten sprachen ihr einen an Wahnsinn grenzenden Mut zu, weil sie ganz allein an einem Ort lebte, wo überall Gefahren lauerten und das Gesetz nichts galt. Man hatte mich gewarnt, daß sie Dummköpfe, Gaffer und Sensationsreporter nicht leiden könne. Journalisten waren für sie «Aasgeier». Als ich sie am Telefon gefragt hatte, ob ich sie besuchen dürfe, hatte sie geantwortet: «Es gibt bei uns eine Regel, Mr. Malan. Wir lassen Besucher nur zu, wenn sie dem Tal einen greifbaren Nutzen bringen.» Als ich ihr einen Lieferwagen Getreide anbot, lachte sie abschätzig und sagte: «Käuflich sind wir auch nicht.» Schließlich ließ sie sich jedoch erweichen, wenigstens so weit, daß ich ihr mein Anliegen persönlich vortragen durfte.

Creina Alcock machte mir eine Tasse Kaffee, bot mir einen Platz vor der Tür ihrer Hütte an und fragte mich, was ich von ihr wolle. Die Sonne war inzwischen untergegangen, und es war bitter kalt und dunkel. Ich hatte den Verdacht, sie hoffte, daß ich vor lauter Unbehagen gleich wieder in meinen Wagen steigen und ins weiße Südafrika zurückfahren würde. Aber ich hielt durch, obwohl ich es für unwahrscheinlich hielt, daß ich von ihr etwas erfahren würde. Ihr verstorbener Mann war ein berühmter Liberaler gewesen. Zu Neil Alcocks Lebzeiten war Mdukatshani eine Station der südafrikanischen *via dolorosa* gewesen, eine Anlaufstelle für ausländische Diplomaten und Journalisten, die sich aus erster Hand über das Elend der Stämme in den Homelands informieren wollten. Ich hatte mir einen Ordner mit Zeitungsausschnitten über Msinga angelegt, und die Artikel summierten sich zur vernichtendsten Anklage gegen die Apartheid, die ich je gelesen hatte. Die Zulu lebten in unsäglicher Armut und Hoffnungslosigkeit. Es gab keine Arbeit, und der verwüstete Boden gab nicht mehr genug her, um eine Familie zu ernähren. Die Männer aus Msinga fristeten ihr Leben in fernen Städten in Arbeiterbaracken; die Frauen und Kinder verbrachten ihr Leben mit Warten. In Msinga mußten sie froh sein, wenn sie ihren Mann oder Vater einmal im Jahr sahen. Wenn der Ernährer entlassen wurde, einen Arbeitsunfall hatte oder starb, stand die Familie vor dem Hungertod.

Msinga war damals in vielerlei Hinsicht die Horror-Story schlechthin, das Musterbeispiel für die Schrecken der Apartheid, und die Alcocks waren immer für einen kleinen zusätzlichen Artikel gut. Sie hatten zwanzig Jahre wie Schwarzafrikaner unter Schwarzafrikanern gelebt und versucht, einige der Übel zu beseitigen, die die Apartheid angerichtet hatte. Sie hausten in Lehmhütten und verrichteten ihre Bedürfnisse in Löchern im Boden. Sie wuschen sich und ihre Kleider im Tugela River und tranken sein schmutziges Wasser. Besucher fanden in der Zuckerdose Fliegen und Ameisen, und im Kaffee schwammen gekochte Kaulquappen. Die Alcocks waren immer voller Staub und ungepflegt. Sie ertrugen die Bisse der Ameisen in ihren Achselhöhlen und die Ratten in ihren Betten, unerträgliche Hitze im Sommer und eisige Kälte im Winter. Sie waren zerlumpt wie die schwarzen Kleinbauern ihres Projekts und noch magerer als diese. Sie waren die einzigen Weißen im Land, bei denen nicht der geringste Verdacht der Komplizenschaft aufkommen konnte. In gewisser Weise hatte Neil Alcock diesem Projekt sein Leben geopfert, und sein Tod wurde in der Londoner *Times* mit einem Nachruf bedacht – eine seltene Ehre für einen Südafrikaner.

Ich bezweifelte, daß die Witwe eines solchen Mannes für die finsteren Gedanken und unguten Gefühle, die ich Südafrika entgegenbrachte, empfänglich sein würde. Zuerst dachte ich daran, ihr vorzulügen, ich wolle – wie alle anderen vor mir – über Greuel der Apartheid berichten. Aber ich hatte das Lügen satt und sagte ihr die Wahrheit. Ich sagte, ich suche nach Lebensperspektiven in diesem merkwürdigen Land und, sofern möglich, nach einer Alternative zu dem Gesetz Dawid Malans, das einst jenseits des Great Fish River geschrieben worden war. Ich sagte, daß sie und Neil offenbar auch einen Fluß überquert hätten und tiefer in die Geheimnisse Afrikas eingedrungen seien als alle anderen Weißen unserer Zeit. «Ich möchte wissen», sagte ich zum Schluß, «was Sie hier gelernt haben.» Dann lehnte ich mich zurück und erwartete, daß sie mich bitten würde zu gehen.

Aber Creina versank in Schweigen. Sie schwieg so lange, daß ich glaubte, sie sei eingeschlafen. Als sie endlich sprach, tat sie es, um eine Reihe bohrender Fragen zu stellen. Sie wollte wissen, ob ich an die Wahrheit glaube, ob ich der Wahrheit redlich dienen wolle. Sie fragte mich, welche Sünden ich in meinem Leben begangen hätte und was ich unter dem Wort «Liebe» verstünde. Dazwischen zitierte sie D. H. Lawrence und T. S. Eliot. Dann fragte sie mich weiter aus. Ich fühlte mich wie in einer Halluzination. Ich saß in stockdunkler Nacht vor einer Lehmhütte auf dem Dunklen Kontinent und wurde von einer Sphinx befragt. Es war, als hüte sie ein Geheimnis, einen Schatz, als wolle sie mich auf die Probe stellen, ob ich würdig sei, eingeweiht zu werden, ob ich die Tragweite meiner eigenen Frage überhaupt begriffen hätte. Nachdem ich ihr so gut ich konnte geantwortet hatte, schwieg sie wieder. Dann beschloß sie, die Sache zu überschlafen. Sie führte mich im Schein einer Taschenlampe über einen dunklen Pfad zu einer Lehmhütte für Besucher.

Die Nacht war bitter kalt. Die Kälte drang durch den offenen Eingang, die Ritzen in den Lehmwänden und das Grasdach. Kaum hatte ich die Kerze ausgeblasen, huschte von draußen ein Tier herein und trippelte über den Boden. Es wühlte in meiner Tasche herum, trippelte weiter und war plötzlich auf meinem Bett. Dem Gewicht nach mußte es eine Ratte sein. Ich stieß das Tier von mir weg und zündete die Kerze wieder an, aber es war nirgends zu sehen. Ich zog mir die Decke über den Kopf und schlief ein. In der Nacht wurde ich zweimal vom Getrippel kleiner Füße auf meinem Gesicht aus dem Schlaf gerissen. Ich fuhr hoch, schrie und brüllte, aber die Ratte ließ sich nicht verjagen. Sie war völlig furchtlos oder vielleicht auch nur verzweifelt vor Hunger. Im Winter waren in Msinga alle verzweifelt.

Am Morgen standen ein Eimer Wasser und eine Waschschüssel neben meinem Bett, aber ich stank lieber, als mich in dieser Eiseskälte zu waschen. Ein Loch im Boden hinter der Hütte führte hinunter zu einem unterirdischen Raum, in dessen Mitte der «Donnerbalken» stand, ein Kunststoffklo, das auf einer hölzernen Plattform über einer tiefen Senkgrube thronte. Der Sitz war voller Spinnweben, und in den Wänden klafften Löcher und Ritzen, in denen bestimmt Schlangen hausten. Nachdem ich in das Loch uriniert hatte, ging ich zum Fluß hinunter, um mir die Zähne zu putzen. Unter meinen Stiefeln knirschte Eis. Das schlammige Wasser war so kalt, daß meine Gesichtshaut ganz taub wurde und Schockwellen von den Zahnplomben bis ins Hirn drangen. Ich war ganze zwölf

Stunden in Msinga, und schon jetzt fragte ich mich, wie zum Teufel diese Frau das aushielt.

Ich fand Creina in der Open-air-Küche hinter ihrem Haus, wo sie auf einem Gaskocher Wasser heiß machte. Sie kochte Kaffee, und wir tranken ihn auf einer steinernen Terrasse über dem Fluß. Hinter dem Mashunka, einem Berg mit zwei Kuppen, ging die Sonne auf, und die ersten Strahlen vergoldeten das gelbbraune Schwemmland jenseits des Flusses. Der Fluß schlängelte sich durch eine Reihe stiller Teiche, über denen noch Nebelschleier hingen. Das Tal war sehr schön im Morgenlicht. Es war, wie Creina es ausdrückte, eine Landschaft mit «gewaltigem dramatischem Potential».

Über die Jahre hatten Creina und Neil nachts oft hier gesessen, auf Gewehrfeuer in den Bergen gehorcht und die Bahnen von Leuchtkugeln am Himmel beobachtet. Vor einigen Jahren hatten sich die Zulu auf der einen Kuppe des Mashunka mit den Zulu auf der anderen bekriegt. Anschließend waren die Leute der größeren Kuppe gegen die Leute im Tal hinter dem Berg zu Felde gezogen. Ich leerte meinen Blechbecher und entdeckte darin einen Bodensatz aus Flußschlamm. Ein sehr merkwürdiger Ort, wahrhaftig.

Nach einer Weile gewann die Sonne an Kraft, und meine erstarrten Glieder tauten auf. Leider schwand auch meine Kaltblütigkeit, denn für die Frage, die sich mir als erste aufdrängte, brachte ich nicht den Mut auf. Ich wollte fragen: Wo ist es denn? Wo ist das landwirtschaftliche Entwicklungsprojekt? Was haben Sie hier erreicht? Wofür ist Neil gestorben? Ich hatte bestellte Felder, umzäunte Weiden, Ställe und Traktoren erwartet. Statt dessen gab es nichts als eine Gruppe von Gebäuden aus Lehm, die Reste eines Schöpfrads und den öden, einsamen Busch, der sich bis in weite Ferne zog.

Ich spielte vorsichtig darauf an, und Creina antwortete auf meine Andeutungen mit Aphorismen über Afrika. Darüber, wie langsam es sich verändere; wie das Chamäleon vor jedem Schritt schwanke; wie unmerklich langsam sich jeder Wandel vollziehe und wie einschneidend doch jeder sei, so einschneidend, daß man es gar nicht ermessen könne. Schließlich schien sie die Geduld mit mir zu verlieren. Sie schlug mir einen Spaziergang vor, damit ich ein besseres Gefühl für das Land entwickelte, in dem sie lebte.

Das Gelände des Projekts erstreckte sich vom Fluß über eine Hügelkette und die dahinterliegende Ebene. Es war dürres, zerklüftetes Land, durchzogen von tiefen Flußrinnen und überwuchert von Dikkichten aus dornigem Gebüsch. Ich folgte Creina über einen Pfad, der vom Fluß in die Hügel hinaufführte. Gelegentlich blieb sie stehen, rief, wenn sie eine seltene Pflanze entdeckte, oder deutete auf einen Flecken *rooigras*, «rotes Gras». In dieser Region, sagte sie, gebe es viele Gräser, aber das «rote Gras» sei der König unter ihnen, so zart und schmackhaft für das Vieh, daß es bei Überweidung als erstes verschwinde und als letztes wiederkehre. Die wenigen Büschel diese Grases seien ein Schritt des afrikanischen Chamäleons, ein Zeichen, daß das Land gesunde. Die Ranken eines Krautes im Bett einer Wasserrinne waren auch ein gutes Zeichen. Siebzigtausend Jahre benötige die Natur hier, um eine Erdschicht von zwei bis drei Zentimetern zu bilden, sagte sie. Bis sich das Land völlig erholt habe, vergehe eine Ewigkeit.

Das war meine Botanik-Stunde. Die Lehre war: Sei geduldig. Mein Unterricht in Geschichte begann oben auf den Hügeln. Hinter ihnen lag eine endlose Ebene mit Grasland und Dornbüschen. Das Gebiet war so zerklüftet, daß wir Stunden brauchten, um die ersten drei Kilometer zurückzulegen. Es war die Ngongolo-Ebene, Schauplatz des letzten großen Stammeskrieges des Landes, der Schlacht von Ngongolo. Sie wurde 1944 von achttausend überwiegend mit Speeren und Schilden bewaffneten Thembu und Mchunu geschlagen. 76 Männer starben im Kampf um Land, das – zumindest auf dem Papier – seit 1849 Weißen gehörte.

Das Gebiet war früher eine «Kaffernfarm» gewesen, eine Farm für schwarze Arbeitskräfte. Tatsächlich hatte das ganze Land, so weit das Auge reichte, einst weißen Grundbesitzern gehört, die in der Regel nicht hier, sondern auf Zucker- oder Akazienplantagen in fruchtbareren Regionen lebten. Diese Leute hatten einen großen Bedarf an Saisonarbeitern, also hatten sie an den Grenzen zu den afrikanischen Stammesreservaten Land gekauft und Schwarzen gestattet, sich darauf anzusiedeln. Dafür verlangten sie von jedem Mann auf ihrem Besitz, manchmal auch von Frauen und Kindern, sechs Monate Arbeitsdienst auf ihren Plantagen. Die übrige Zeit blieben die Schwarzen völlig sich selbst überlassen. Sie lebten nach ihren Traditionen, unter der Herrschaft von Stammeshäuptlingen. Sie bebauten das Land, weideten ihr Vieh und bestatteten ihre verehrten Vorfahren in der roten Erde. Sie führten sogar Kriege um das Land, wie 1944. In ihren Herzen und in ihren Köpfen war es ihr Land.

Für weiße Liberale hatte das System den üblen Beigeschmack des Feudalismus, und so forderten sie seine Abschaffung. 1969 beugte sich die Apartheid-Regierung dem wachsenden Druck und verbot die Landverpachtung gegen Arbeit. Hunderttausende von schwarzen Pachtarbeitern verloren damit ihre Lebensgrundlage und strandeten im weißen Südafrika. Das brachte den Gesamtplan der Großen Apartheid völlig durcheinander. Pretoria entschied, daß die meisten dorthin zurückkehren sollten, wo sie «hingehörten»: in die Homelands der Stämme.

Anderswo zogen die Pachtarbeiter ohne Aufsehen ab, aber die Zulu in dieser Gegend weigerten sich standhaft zu gehen, bis die Polizei mit Gewehren und Hubschraubern einschritt. Auf dem Land, durch das Creina und ich marschierten, hatten früher überall Hütten der Zulu gestanden. Sie waren alle niedergebrannt und ihre Bewohner ins trostlose Msinga getrieben worden. Es war, als habe ein Hurrikan die Menschen aus dem Land gefegt und sie wie Trümmer auf der anderen Seite der Grenze abgelagert, wo es kein Farmland für sie gab und keine Weiden für ihr Vieh. Wie sie überleben sollten, weiß Gott allein. Vielleicht wurde überhaupt nicht damit gerechnet, daß sie überlebten. Denn offiziell galten sie ja als «Bevölkerungsüberschuß».

Nach ihrer Ankunft in Msinga, erzählte Creina, seien Neil und sie mit einem alten Zulu diesen Pfad gegangen. Der Alte war einer der Tausende, die man von hier vertrieben und zwangsumgesiedelt hatte. Er war ganz ergriffen gewesen. In seinem Herzen war dies sein Land, und er hatte nicht daran geglaubt, es je wiederzusehen. Jeden Baum hatte er mit seinem Namen begrüßt, und als sie zu dem größten Baum der Ebene gekommen waren, hatte er sich in den Schatten gesetzt und gesagt: «All meine Mühsal liegt unter diesem Baum begraben.»

Vom Baum des alten Mannes gingen wir nach Westen weiter und schlugen uns durch das dichte Buschwerk an den Hängen hinunter in die Skhelenge-Schlucht. Als die Alcocks nach Msinga kamen, lebte ein zum Skelett abgemagerter Schwarzer in einer Höhle tief unten in der sonnenlosen Schlucht. Er hieß Delanie Mbatha und war, nachdem ihn die Polizei aus dem Land seiner Ahnen vertrieben hatte, zeitweilig geistesverwirrt. Er dachte bei sich: Dies ist ein schreckliches Land, wo Weiße solche Dinge tun. Ich muß weg, dachte er. Er packte seine Habseligkeiten in einen Sack und machte sich zu Fuß auf, ein anderes Land zu suchen.

Delanie hatte nie einen Atlas gesehen und keine Ahnung, wohin er ging. Er marschierte den ganzen Weg bis nach East London, über tausend Kilometer. Die Schwarzen dort sprachen eine andere Sprache, aber sonst war alles gleich. Es war noch immer Südafrika. Es gab kein Entrinnen. Also kehrte Delanie um und marschierte den ganzen Weg zurück nach Msinga. Er wollte den Schatten seiner Ahnen nahe sein und zog in eine Höhle in den Tiefen der Schlucht, ernährte sich von Wurzeln, Ameisen und Spinnen und wartete auf das Ende der Welt.

Hinter Delanies Höhle kletterten Creina und ich aus der Schlucht. Creina setzte sich auf einen Fels am Rand eines Abgrunds und begann eine Orange zu schälen. Ich war zu müde und zu verstaubt, um noch dumme Fragen zu stellen, und ich denke, das hatte sie beabsichtigt. Sie forderte mich auf, mich neben sie zu setzen, und fing an zu erzählen.

Neil Alcock wurde 1919 in einem kleinen, steinernen Farmhaus geboren. Als erwachsener Mann besaß er eine eigene Farm. Sie hieß Sunset und lag in den Ausläufern der Drakensberge, wo die Luft kühl und die Flüsse so kalt und klar waren, daß Forellen darin überlebten. Neil Alcock hatte eine gewisse Lernschwäche und quälte sich durch die Schule. Aber als Farmer war er in seinem Element. Er kannte alle Bäume, Büsche und Gräser, jedes Tier zu Land und in der Luft. Er verstand die Wege der Natur und die Wechselbeziehungen zwischen den Pflanzen und Lebewesen. Er hegte sein Land und brachte es bald zu Wohlstand. Mitte der fünfziger Jahre baute er sich auf Sunset ein schönes Haus und stattete es mit einer hübschen Frau aus, die zwei Kinder zur Welt brachte, ein Mädchen und einen Jungen, die beide die richtigen «öffentlichen» Schulen besuchten.

Neil Alcock war ein wichtiges Mitglied der örtlichen Farmervereinigung und außerdem Freimaurer.

Nach außen hin unterschied er sich von seinen weißen Nachbarn nur durch sein besonderes Geschick im Umgang mit dem Vieh – er konnte eine kalbende Kuh schon dadurch beruhigen, daß er ihr die Hand auf den Kopf legte – und durch die Art, wie er seine *boys*, seine schwarzafrikanischen Arbeiter, behandelte. Er erlaubte ihnen, eigenes Vieh auf seinem Weideland zu halten, und stellte jedem von ihnen über drei Hektar Land zur eigenen Nutzung zur Verfügung. Wenn ihre Stammeschefs oder Häuptlinge ihn besuchten, bewirtete er sie an seinem Tisch, ließ sie von seinem Porzellan essen und beherbergte sie in bezogenen Betten in seinem Haus, ganz so, als wären sie Weiße. Und dann trat Neil Alcock der Liberalen Partei Alan Patons bei und machte sich daran, die ungewaschenen *boys* im Bezirk als Mitglieder zu gewinnen. Im ländlichen Natal der fünfziger Jahre galt ein solches Verhalten als geradezu krankhaft, aber die Weißen tolerierten es als Marotte eines Mannes, den sie ansonsten respektierten.

Neil Alcock war ein Liberaler, aber keineswegs weich oder sentimental. Er predigte oder moralisierte nie. Wenn er gefragt wurde, warum er sich für die Demokratie einsetzte, brummte er: «Jeder hat ein Recht auf seine Fehler.» Darüber hinaus war er ein Mann voller Tatendrang. Er lief barfuß über Bergkämme, schwamm durch reißende Flüsse und manövrierte lädierte Landrover durch unwegsames Sumpfgebiet. Er reparierte fast jede Maschine und bastelte aus Ersatzteilen einfallsreiche Apparaturen zusammen. «Nichts, was nicht reden kann, kriegt mich unter», rühmte er sich.

Das schafften auch die meisten Menschen nicht. Wer sich dem jungen Neil Alcock in den Weg stellte, aus dem wurden «zehn Arten von Scheiße herausgeprügelt», wie sein ältester Sohn David sagte. Trotzdem war Alcock kein Schlägertyp, und bei aller Gewalttätigkeit war er nie ungerecht. Er hatte einfach nie gelernt, wie man auf zivilisierte Art Kompromisse und Frieden schließt. Wenn etwas nicht war, wie es sein sollte, mußte es richtiggestellt werden, und zwar mit allen Mitteln. Wenn die Umstände es erforderten, stellte Neil Alcock sich sogar einem herandonnernden Zug in den Weg. Genau das hatte er getan, nachdem Funken einer vorbeifahrenden

Dampflokomotive das Grasland in der Nähe seines Hauses in Brand gesetzt hatten: Er jagte dem Zug hinterher, stellte seinen Wagen quer über die Schienen und teilte dem verblüfften Lokomotivführer mit, daß er unter Arrest stehe.

So muß man sich Neil Alcock vorstellen: als Mann mit vor Zorn blitzenden Augen, der es auch mit einem Zug aufnahm, wenn er es für richtig hielt. In einem Land, in dem es soviel Unrecht gab, war diese Haltung tödlich. Früher oder später mußte er an ein Unrecht geraten, das sich nicht zurechtrücken ließ. Diesem Unrecht sollte er in den späten fünfziger Jahren in Form eines randvollen Milcheimers begegnen.

Damals lebte er noch das behagliche Leben eines normalen weißen Farmers, abgesichert und gehätschelt mit staatlichen Krediten, gestützten Preisen und Beihilfen. Sein Wohlstand beruhte auf Milch, die er der staatlichen Milchbehörde zu hoch subventionierten Preisen verkaufte. Als der Markt in den späten fünfziger Jahren mit Milch überschwemmt wurde, hielt die Behörde den Preis hoch, indem sie die Überschüsse ins Meer kippte. Zu dieser Zeit hatten die schwarzen Südafrikaner eine der höchsten Sterblichkeitsraten der Welt, hauptsächlich deshalb, weil sie nicht genug zu essen hatten. Millionen Schwarzer bekamen Milch selten zu Gesicht, weil sie zu arm waren und den Ladenpreis nicht bezahlen konnten.

Für Neil Alcock war das ein Unrecht. Milch war zum Trinken da, nicht zum Wegkippen. Er befestigte eine volle Milchkanne auf dem Gepäckträger eines Fahrrads und schickte einen Arbeiter nach Pholela, um festzustellen, ob die Schwarzen die Milch zum Selbstkostenpreis kaufen würden. Der Zulu kam zurück und berichtete, seine Leute seien sehr dankbar gewesen und ließen anfragen, ob der *baas* nicht noch mehr billige Milch schicken könne. Am nächsten Tag belud Neil einen Laster mit Milchkannen und fuhr selbst nach Pholela. Das war das Ende seines ersten Lebensabschnitts. Er hatte die Tür zu einer anderen Welt aufgestoßen und geriet in ihren Sog, in einen Strudel aus Hoffnungslosigkeit und Elend.

Pholela war ein «Heimatland», und in südafrikanischen Homelands herrschten Armut und Verzweiflung. Als die Weißen Mitte des 19. Jahrhunderts das Land unter ihre Kontrolle gebracht hatten, wurden die Afrikaner in Reservate gesperrt, die gerade groß genug waren, um die damalige Bevölkerung zu ernähren. Um 1960 waren die Homelands so übervölkert, das Land so überweidet und die Böden so ausgelaugt, daß der ökologische Kollaps drohte. Trotzdem versuchten weiterhin etwa sieben Millionen Schwarze, auf den ruinierten Böden traditionelle Subsistenzwirtschaft zu betreiben. Die meisten waren dem Verhungern nahe.

Wie in anderen Homelands starben auch in Pholela vier von zehn Kindern im Säuglingsalter. Viele von denen, die überlebten, blieben geistig zurück oder hatten, verursacht durch Kwashiorkor oder Rachitis, körperliche Defekte. Ihre Mütter waren oft kränklich, und ihre Brüste gaben keine Milch; viele Väter litten an Tuberkulose.

Angesichts dieses Elends war es ein Skandal, überschüssige Milch ins Meer zu kippen. Neil begann, seine gesamte Produktion den Armen von Pholela zum Selbstkostenpreis zu verkaufen. Da die Nachfrage das Angebot überstieg, kaufte er auch die Überschüsse seiner weißen Nachbarn auf. Bald wurde er in der ganzen Provinz bei den weißen Milchbauern vorstellig und sagte ihnen: «Ich bin das Meer. Kippt eure Milch bei mir aus.» Als schließlich auch die nicht mehr ausreichte, fuhr er nach Johannesburg und überredete wohlhabende weiße Philanthropen, ein landesweites Programm zur Verteilung der Überschüsse zu finanzieren. Er nannte die neue Organisation Kupugani, was auf zulu «Steht auf» bedeutet, und verließ seine Farm, um die Organisation zu leiten. Er reiste durch das Land, schnorrte Agrarüberschüsse im weißen Südafrika und richtete Zentren ein, wo man sie zum Selbstkostenpreis an hungernde Schwarze verkaufte.

Neil stieß überall auf Armut und Hunger, auf mehr Elend, als er sich je vorgestellt hatte. Er brachte diese Mißstände an die Öffentlichkeit. In liberalen englischsprachigen Zeitungen erschienen schwarz eingerahmte Artikel mit der Überschrift: «Hunger: eine nationale Schande». Die Geheimpolizei fing an, Neil auf Schritt und Tritt zu beschatten und versuchte, ihn mit imaginären kommunistischen Verschwörungen in Verbindung zu bringen. Einige Weiße warfen ihm vor, das Gleichgewicht der Natur zu stören, und argumentierten, die Schwarzen vermehrten sich zu stark und man müsse jetzt zulassen, daß sich der Bevölkerungsüberschuß von selbst abbaue. Andere waren beschämt. Folksänger aus der Beatnik-Bewegung gaben Benefizkonzerte für Kupugani, und schuldbewußte Liberale griffen tief in die Tasche. Blitzlichter flammten, Spendengelder flossen in Strömen, und Neil Alcock wurde zum Begriff. Als eine weiße Zeitung ihre Leser aufforderte, eine prominente Persönlichkeit auszuwählen, die nach Amerika reisen und sich für einen Hollywood-Werbegag mit Elizabeth Taylor treffen sollte, landete Neil Alcock an zweiter Stelle.

Er war nicht völlig immun gegen Publicity, aber er nahm seinen neuen Ruhm nicht sehr ernst. Was immer Kupugani an Gutem gebracht hatte – es war nicht genug. Es war nicht mehr als ein Anfang. Wie viele Weiße mit politischem Bewußtsein begann Neil, an seinen Privilegien als Weißer zu ersticken. Seine Einkünfte erschienen ihm zu hoch für ein Land, in dem so viele so wenig besaßen, und so verschenkte er sie oder steckte sie in Kupugani. Er löste sich vom weißen Lebensstil und lehnte es ab, in rein weißen Hotels und Restaurants zu übernachten oder zu essen. Innerhalb eines Jahres war Neil zu einem nomadisierenden Asketen geworden, der am Straßenrand schlief und von Milch und nährstoffreichen Keksen aus Armee-Restbeständen lebte. Er verschuldete sich und verlor schließlich seine Farm. Seine Frau und seine Kinder verließen ihn. Als Creina ihn kennenlernte, besaß er nur noch einen alten Peugeot-Kombi, einen verrußten Kochtopf und einen Hund, den er zur Erinnerung an seine weiten Reisen Odysseus getauft hatte.

Creina Bond war damals Anfang Zwanzig und arbeitete als Reporterin im Büro der Durbaner *Daily News* in Pietermaritzburg. Sie war eine der begehrtesten Frauen in der Schickeria der Stadt, die blonde und schöne Begleiterin bekannter Sportler und Yachtbesitzer. Im Grunde war sie aber ein ernsthaftes Mädchen und hatte für das süße weiße Leben wenig übrig. Wie viele Journalisten der englischsprachigen Presse drängte es Creina, für die Sache zu kämpfen, «etwas zu tun» gegen Apartheid oder zumindest über das Leid zu berichten, das diese verursachte. 1963 erfuhr sie, daß der berühmte Mönch von Kupugani am Rand ihrer Stadt in seinem Kombi wohnte. Creina interessierte sich wie Neil für Natur und Ökologie und auch für das Hunger-Problem in den Homelands. Als der Redaktionsleiter vorschlug, jemand solle Alcock auf einer seiner Expeditionen ins leidgeprüfte Afrika begleiten, ergriff Creina die Gelegenheit beim Schopf.

An einem Werktagmorgen zwängten sich Neil, Creina und ihre Schwester Joey auf den Vordersitz des klapprigen alten Peugeot und fuhren los. Neil Alcock war ein stattlicher Mann: Er war 1,90 Meter groß, schlank und drahtig, und er war inzwischen über vierzig und bekam eine Glatze. Da sich sein Kopf nach oben hin verbreiterte, sah er aus wie der afrikanische Vogel *hamerkop*, «Hammerkopf». Sein langes, schmales Gesicht mit der Höckernase, der vorspringenden Stirn und den wilden, buschigen Augenbrauen ähnelte dem eines Raubvogels. Wer ihn nur vom Hörensagen kannte, mußte überrascht feststellen, daß er in natura alles andere als ein verbohrter Prediger war. Die Augen hinter den staubigen Brillengläsern waren voller Humor und Güte. Er lachte viel, nahm sich selbst auf den Arm und erzählte faszinierende Geschichten über Afrika.

Schon nach wenigen Stunden kam Creina zu der Überzeugung, daß Neil Alcock ein außergewöhnlicher Mensch war, für sie der erste Weiße, der sich in der Welt der Schwarzafrikaner völlig unverkrampft bewegte. An jenem Abend stellte Neil sie Gatsha Buthelezi vor, einem unbekannten vornehmen jungen Zulu, der kurz vor dem Aufstieg zu Macht und Berühmtheit stand. Buthelezi umarmte den weißen Mann und begrüßte ihn als «Mein Bruder». Die beiden saßen bis tief in die Nacht zusammen und sprachen über Politik; Neil konnte fließend Zulu. Am folgenden Tag fuhren Neil und seine Begleiterinnen nach Tonga-Land weiter, eine wilde Region nahe der Grenze zu Moçambique. Überall geschah das gleiche: Schwarze Stammesführer umarmten den weißen Mann und nannten ihn ihren Bruder. Während anderswo in Südafrika fast jede Begegnung zwischen den Rassen von Unbeholfenheit und Herablassung geprägt war, war Neils Beziehung zu den Schwarzen locker, einfach und völlig natürlich.

Auf der Fahrt sprach Neil über Afrika und seine prekäre ökologische Lage. In der Schule war er über die zehnte Klasse nicht hinausgekommen, aber er war ein sehr weiser Mann, besonders wenn es um das Land, den Boden und die spezifischen Probleme der afrikanischen Kleinbauern ging. Er war überzeugt, daß die Menschen in den südafrikanischen Homelands letztlich verhungern mußten, wenn man ihnen nicht half, den Boden zu erhalten und die Ernteerträge zu steigern. Dies sei das schlimmste Problem, pflegte er zu sagen, schlimmer als die Apartheid, weil schwerer zu lösen. Neil gab Creina zu denken, und er schien eine Bestimmung zu haben – eine unwiderstehliche Mischung für eine ernste junge Frau. Als Neil ihr einen Antrag machte, heiratete sie ihn gegen den anfänglichen energischen Widerstand ihrer Eltern. Creina war dreiundzwanzig, Neil sechsundvierzig.

Sie wollten irgendwo in der afrikanischen Wildnis getraut werden. Hochzeiten unter freiem Himmel waren in Südafrika jedoch gesetzlich verboten, und so mußten sie doch in der Kirche heiraten. Das Brautpaar wollte auf dem Empfang Champagner servieren, aber auch dem stand ein Gesetz im Weg. Viele Gäste waren Afrikaner, und für Afrikaner waren die alkoholischen Getränke des weißen Manns tabu. Da das Auge des Gesetzes streng über Neil Alcocks Hochzeitsfeier wachte, wurde sie ohne Alkohol begangen. Ehrengast war der Romancier Alan Paton, Neils Trauzeuge der Zulu-Häuptling Gatsha Buthelezi. All das war für das Südafrika des Jahres 1965 so ungewöhnlich, daß Bilder davon auf den Titelseiten der Zeitungen im fernen Johannesburg erschienen.

Die Alcocks hausten in den ersten fünf Jahren ihrer Ehe in einem Auto, in den nächsten zehn im ehemaligen Hühner- und Kaninchenstall auf der Farm einer römisch-katholischen Missionsstation, wo Neil ein landwirtschaftliches Musterprojekt aufzog. Das Land der Mission war überweidet, stark erodiert und bevölkert mit hungernden Menschen, also bestens geeignet für Neils Vorhaben. Er wollte die Schäden am Land beseitigen und den Afrikanern in den Homelands vorführen, wie man das machte.

Zunächst überredete er die Afrikaner am Ort, ihr Vieh gegen Papier einzutauschen, gegen Anteilscheine an einer Genossenschaft von Viehzüchtern. Das war alles andere als leicht. Ein Blatt Papier war keine Kuh, und in der Kultur der afrikanischen Hirtenvölker war ein Mann ohne Kühe kein Mann. Trotzdem ließen es die mißtrauischen Kleinbauern schließlich auf einen Versuch ankommen, und das war die Geburtsstunde der ersten schwarzafrikanischen Viehzüchtergenossenschaft.

Sobald das Vieh zu einer einzigen Herde zusammengefaßt war, konnte man das gemeinsame Land einzäunen und die Rinder von Weide zu Weide umtreiben, damit die abgegrasten Flächen sich erholen konnten. Mit finanzieller Unterstützung des Chairman's Fund, einer wohltätigen Stiftung des Gold- und Diamanten-Trusts Anglo American Corporation, beschäftigte Neil Arbeitslose, die er Flußrinnen an den Hängen mit Steinen und Dornbüschen verstopfen ließ. Die Wunden des Landes begannen zu heilen. An den Hängen wuchs wieder Gras, und ausgetrocknete Brunnen hatten wieder Wasser. Als sich die Weiden erholt hatten, konnte die Genossenschaft ihre Herde zahlenmäßig verdoppeln. In einem Kontinent, in dem die meisten Entwicklungsprojekte fehlschlugen, grenzte das an ein Wunder. Entwicklungshelfer reisten von weit her an, um die saftigen Weiden und das fette Vieh der Mission zu bestaunen und ihr Gefühl für das, was möglich war, aufzufrischen.

Die Alcocks lebten noch immer in dem Schuppen, der vor ihrer Ankunft als Hühner- und Kaninchenstall gedient hatte und ursprünglich ein Weinkeller von Trappisten gewesen war. Die Toilette war ein Plumpsklo, und fließendes Wasser gab es nicht. Das Ehepaar ernährte sich von Gemüse und *putu* und las im Schein von Petroleumlampen. Die beiden besaßen kaum mehr als ein paar Bücher und einige Kleider zum Wechseln. Inzwischen hatten sie zwei Söhne, G. G. und Rauri, zwei rotblonde Jungen, deren Englisch mit einem starken Zulu-Akzent eingefärbt war. Als Direktor einer Organisation namens Church Agricultural Projects (CAP) hatte Neil Anspruch auf ein Gehalt von fünfundsiebzig Dollar im Monat, das er jedoch nie abforderte. Creina gab per Post die kleine Zeitschrift *African Wildlife* heraus. Das brachte fünfzig Dollar im Monat ein, etwa so viel, wie ein Hausangestellter in den besseren Vorstädten von Johannesburg verdiente, aber eine vierköpfige Familie konnte davon leben, vorausgesetzt, Eltern und Kinder lebten wie Schwarze. Neil galt weithin als Visionär, als Guru und sogar als lebender Heiliger.

Ein Heiliger? Pater Barney hatte da seine Zweifel. Er war einer der franziskanischen Priester, die sich um die spirituellen Bedürfnisse der Menschen auf der Missionsstation kümmerten. Er war Ire, und wenn er zu tief ins Glas geschaut hatte, pflegte er zu sagen, die

Apartheid sei nichts im Vergleich zu dem Elend, das die Briten über die Iren gebracht hätten. Pater Barney und seine Brüder mißbilligten Neils Scheidung und waren betrübt zu erfahren, daß Creina Agnostikerin war. Als sie Creina dabei ertappten, wie sie Antibabypillen an schwarze Frauen verteilte, sahen sie ihre schlimmsten Befürchtungen bestätigt. «Einige von ihnen sind nicht einmal verheiratet!» geiferte ein Geistlicher. Die Priester erklärten den Alcocks den Krieg, und es entbrannte ein langer, erbitterter Kampf. Die heiligen Patres gewannen. Der Erzbischof von Natal gab seinem Wunsch Ausdruck, «den katholischen Charakter der Mission» zu bewahren, und lehnte, als der Pachtvertrag mit Neils Genossenschaft ablief, eine Erneuerung ab.

Im Winter 1975 sattelten Neil Alcock und seine loyalen Zulu-Mitarbeiter die Pferde und trieben das Vieh der Genossenschaft vom Farmgelände der Mission. Neils großzügigster Geldgeber, der Chairman's Fund, hatte seine Unterstützung beim Kauf neuen Lands für das Projekt angeboten. Es war ein ausgedehntes Gebiet, fast zweitausendfünfhundert Hektar uneingezäunten, unerschlossenen und stark erodierten Landes. Es lag hundert Kilometer entfernt, durch einen Fluß getrennt von einer Gegend namens Msinga.

Was Msinga ist, läßt sich nur schwer erklären. Msinga ist eine Wildnis, aber Springböcke und Löwen wird man hier vergeblich suchen. Im ganzen Tal findet man wahrscheinlich keine einzige Antilope mehr. Teerstraßen und Überlandleitungen ziehen sich kreuz und quer durch den mit wellblechgedeckten Baracken und Lehmhütten dicht bebauten Bezirk. Msinga ist ein Ort schwindelerregender Gegensätze. Man sieht Schwarze, die Ziegen hüten, und Schwarze, die BMW fahren. Man sieht Zulu-Frauen, die sich vor unbeschreiblichen alten Männern in schlechtsitzenden dreiteiligen Anzügen zu Boden werfen; es sind Stammeschefs oder Häuptlinge, und man erweist ihnen Respekt. Man sieht Zulu-Mädchen mit nackten Brüsten, kahlrasierten Köpfen und perlenbehangenen Leibern. Sie scheinen geradewegs dem Magazin *National Geographic* entsprungen zu sein, aber bei näherem Hinsehen entdeckt man grellbunte Legwarmers und Turnschuhe an ihren Füßen. Man sieht Männer in traditioneller Kleidung Aktenkoffer durch den Busch tragen und

Jugendliche in Schuluniform mit tragbaren Radio-Recordern über den Schultern durch die Einöde tanzen. Msinga hat nichts Malerisches, Msinga ist nicht das Bilderbuch-Afrika. Es ist ein wuchernder ländlicher Slum, in dem es von Haschischschmugglern, Waffenschiebern und Banditen wimmelt. Msinga ist Steinzeit ins 20. Jahrhundert katapultiert. Die Menschen, die den von den Autos aufgewirbelten Staub schlucken, sind nur scheinbar gebrochen, aber in ihren Herzen sind sie stolz und ungebändigt und lassen sich von niemandem beherrschen.

Es ist leicht, für das Elend in Msinga das Apartheid-Regime verantwortlich zu machen, aber auch Nelson Mandela oder Fidel Castro hätten hier wohl nichts besser gemacht. Die Bezirkshauptstadt Tugela Ferry ist ein unbeschreiblich armseliges, schmutziges Kaff am Ufer des Tugela River. Von den Dächern blickt man auf eine weite Ebene mit einem Netz von Kanälen. Die Bewässerungskanäle schlängeln sich von den fernen Hügeln heran und fächern im Flachland aus. Sie werden gespeist von Wasser, das dreizehn Kilometer stromaufwärts vom Tugela River abgeleitet wird, an der Stadt vorbeifließt und wieder in den Fluß mündet – ungenutzt. Es gibt Hunderte von Hektar fruchtbaren Landes, das man künstlich bewässern könnte, genug Land, daß sich Msinga bei intensiver Nutzung selbst versorgen könnte. Doch der größte Teil wird überhaupt nicht bewirtschaftet. Es liegt seit 1928 fast ununterbrochen brach, weil sich Stämme der Zulu-Nation darüber streiten, wem es gehört. Ein Thembu, der seine Pflugschar über diese Ebene zieht, wird mit Sicherheit von den Mabaso getötet und umgekehrt.

Nicht einmal die neutrale Regierung von KwaZulu kann das Land nutzen. Vor einigen Jahren übernahm sie die Kontrolle über einen Teil des Bewässerungssystems und stellte Stammesangehörigen Land zur Verfügung, damit sie es unter staatlicher Aufsicht kultivierten. Ein Beamter, der mit dem Projekt zu tun hatte, wurde ermordet. Daraufhin bildete KwaZulu mit weißen Farmern ein Konsortium und bepflanzte das umstrittene Land mit Erdbeeren. Als die ersten Früchte reif waren, öffneten Unbekannte die Gatter und trieben Hunderte von Rindern und Eseln auf die Erdbeerfelder. Das Konsortium löste sich auf. Die Regierung gab auf. Das Land lag wieder brach, und die Menschen in Msinga hungerten weiter.

Thembu und Mabaso sind sich also feindlich gesonnen, aber das ist nur die vorderste Kampflinie in Msinga. Das Volk der Zulu besteht aus zweihundertfünfzig solcher Teilstämme, von denen sieben in Msinga leben. Diese sieben sind wiederum in Dutzende von *isigodi* unterteilt: Untergruppen – Nachbarschaften, wenn man so will – von drei- bis fünftausend Menschen. Nach solchen *isigodi* heißt ein Hügel Mashunka, das Tal dahinter Ngubo, heißt das Land diesseits eines ausgetrockneten Wasserlaufs Ndlela und das Land jenseits Mhlangaan. Nur ein Einwohner Msingas kann sagen, wo genau die Grenze zwischen den einzelnen *isigodi* verläuft und was ihn erwartet, wenn er sie in Kriegszeiten überschreitet. Äußerlich sind die Menschen auf der einen und auf der anderen Seite nicht zu unterscheiden. Sie sprechen dieselbe Sprache, gehören demselben Volk an, leiden unter den gleichen Entbehrungen. Und doch brechen immer wieder blutige Fehden zwischen ihnen aus.

Warum? Schwer zu sagen. Es gibt mehrere Theorien, aber letztlich muß man wohl jenem alten weißen Polizisten beipflichten, der meinte, er wüßte es nicht.

Feldwebel Jurgen Freese war ein bärbeißiger alter Militarist, der in einem Polizei-Camp am Rand von Tugela Ferry wohnte. 1956 war er von seinen Vorgesetzten nach Msinga abkommandiert worden und von dort seither nicht mehr weggekommen. Damals gab es in Msinga kaum Straßen, und die Polizei ging noch zu Pferd auf Streife. Der Bezirk wurde von Afrika-Veteranen verwaltet, würdevollen Herren aus der Kolonialzeit mit gezwirbelten Schnurrbärten, Tropenhelmen und einer in Jahrzehnten unter afrikanischer Sonne tief gebräunten Haut. Diese Weißen spielten Tennis auf einem alten Rotgrantplatz, schwammen im eigenen Pool und nippten bei Sonnenuntergang auf den Veranden malerischer Bungalows im Kolonialstil an Gläsern mit rötlichen Gin-Cocktails. Tugela Ferry war ein verlorener Außenposten des untergehenden britischen Weltreiches.

Jurgen Freeses Aufgabe in Msinga bestand darin, den Waffenhandel und die «Faktionskämpfe» – so die offizielle Bezeichnung für die Bruderkriege – zu unterbinden. In den fünfziger Jahren waren die blutigen Stammesfehden in Msinga noch ehrenwerte, mannhafte Angelegenheiten, die von halbnackten Kriegern auf freiem Feld und am hellen Tag ausgetragen wurden. Der Blutzoll war gering, und die ganze Sache war schnell erledigt, meist innerhalb eines Tages. Fiel ein Mann im Kampf, stach jeder Krieger des anderen *impi*, des gegnerischen Heeres, nach dem traditionellen Kriegsritual der Zulu noch einmal in den Leichnam.

Wenn ein Mann auf diese Art getötet wurde, galt das bei den weißen Behörden nicht als Mord. Es wurde als Verstoß gegen die Stammesgesetze angesehen und nach afrikanischem Recht geahndet. Hatte es bei einem Faktionskampf einen Toten gegeben, stieg Freese auf sein Pferd, stattete dem Stammeschef, auf dessen Territorium die Bluttat stattgefunden hatte, einen Besuch ab und sagte: «Hört mal, ihr wißt doch, daß ihr das nicht tun dürft. Und jetzt will ich die Namen der Beteiligten.» Dann konferierten der Häuptling und seine Führer mit den verfeindeten Parteien. Man bestimmte einige Krieger als Angeklagte und andere als Zeugen. Entscheidend für die Auswahl war weniger die Schuld als vielmehr die Frage, ob die Betreffenden die Geldstrafe bezahlen konnten. Am festgesetzten Tag erschienen alle Krieger im Gerichtsgebäude von Tugela Ferry vor dem weißen Richter. Jedermann wußte, daß die Verhandlung im Grunde eine Farce war, ein Ritual, das dem weißen Mann half, das Gesicht zu wahren und seine Ehre zu retten. Die Zeugen erzählten abenteuerliche Geschichten, die Angeklagten setzten betretene Mienen auf, der Richter verhängte ein paar Geldstrafen über zwei Pfund, und damit war die Sache erledigt.

Früher beschlagnahmte Freeses Truppe höchstens einmal ein Seitengewehr oder eine Jagdflinte, aber meistens wurden die Kriege in Msinga mit Speeren und aus Ersatzteilen und Klempnerbedarf zusammengebastelten Donnerbüchsen ausgetragen. Als die Wanderarbeiter aus Msinga in die Geldwirtschaft der Weißen einbezogen wurden, tauchten im Bezirk immer mehr Schußwaffen auf. Eine Schlacht, bei der moderne Waffen im Spiel waren, fiel nicht mehr unter die juristische Definition des Faktionskampfes. Krieger, die an ihr teilnahmen, sollten unter Mordanklage gestellt und nach weißem Recht abgeurteilt werden. Diese Neuerung sei gut gemeint gewesen, erklärte Freese, aber er wisse nicht, ob sie auch wirklich gut sei. Kaum hatte das weiße Recht das traditionelle Recht der Zulu verdrängt, da gab es in Msinga praktisch überhaupt kein Recht mehr.

Die Krieger von Msinga sahen in diesen tödlichen Fehden natürlich nichts Unrechtes. Für sie gab es keinen Grund, warum ein Mann, der einen Feind in heldenhaftem Kampf getötet hatte, weggebracht und von einem Weißen aufgehängt werden sollte, und so stellten sie die Zusammenarbeit mit der Polizei ein. Es wurde mühsam, Zeugen zu finden. Freeses bequemen Arrangements mit den Häuptlingen wichen den komplizierten Verhandlungen der weißen Gerichte, in denen weiße Richter die Regeln weißer Beweisführung befolgten und weiße Anwälte es leicht hatten, Zeugen, die Analphabeten waren, durcheinanderzubringen und zu diskreditieren. Die Anklage brach unweigerlich in einem Wirrwarr von Widersprüchen zusammen, und die Schuldigen kamen in den seltenen Fällen, in denen sie überhaupt vor Gericht gestellt wurden, ungeschoren davon.

Es war schwer zu sagen, wie viele Mörder und wie viele Opfer es in Msinga gab: Niemand zählte sie. Jedenfalls lag die Mordrate in Msinga zehn- bis zwanzigmal höher als in New York, während die Aufklärungsrate verschwindend gering war. Früher war es üblich, Fotos von hingerichteten Mördern an der Außenwand des Gerichts von Tugela Ferry auszuhängen. Soweit man sich erinnerte, geschah das zum letztenmal im Jahr 1964.

In den siebziger Jahren gab es eine weitere Veränderung in der Kriegführung, diesmal ausgelöst durch den blühenden Handel mit dem Hauptanbauprodukt des Bezirks, dem Marihuana. Die Zulu von Msinga hatten plötzlich Geld und konnten auf dem Schwarzmarkt massenhaft Waffen kaufen. Südafrikanischen Schwarzen war der Besitz von Schußwaffen verboten, aber die Schwarzen in Msinga verhöhnten das Gesetz des weißen Mannes. Sie benutzten die modernsten automatischen Gewehre Südafrikas schon, bevor die südafrikanische Armee diese Waffen in Angola im Kampf erproben konnte. Sowjetische AK-47, von mutigen Revolutionären ins Land geschmuggelt, waren auf dem Schwarzmarkt billig zu haben und tauchten bei den rivalisierenden Faktionen auf den Hügeln über Tugela Ferry wieder auf.

Die Soldaten Msingas präsentierten sich in Kampfanzügen aus Armeebeständen und verfügten über modernstes Kriegsgerät. Trotzdem blieben ihre Feldzüge seltsam archaisch. Ihre Anführer versuchten mit Zauberei strategische Vorteile zu gewinnen, und die Schießkunst der Soldaten ließ zu wünschen übrig: Sie weigerten sich, während der Schlacht das Visier der Gewehre zu benutzen, denn sie glaubten, daß die Seele eines Kriegers im toten Körper gefangen blieb, wenn er mit geschlossenen Augen fiel. Sie schossen deshalb aus der Hüfte. 1978 heuerten die Sithole einen weißen Scharfschützen für ihren Kampf gegen die Zwane an. Es gab ein fürchterliches Gemetzel. Der Söldner mähte die ersten Reihen der Zwane nieder und schlug die Armee in die Flucht. Am Ende des Tages lagen sechsundfünfzig Tote über die Ebene verstreut. Allerdings waren solche Schlachten selten. Kriege in Msinga waren meistens kurze, überraschende Angriffe, bei denen feindliche Kämpfer auf einsamen Wegen aus dem Hinterhalt überfallen oder nachts in ihren Hütten erschossen, manchmal auch an einer Straßensperre aus dem Bus gezerrt und exekutiert wurden. Kriege, die früher nach einem Tag vorüber waren, schleppten sich jetzt über Monate oder sogar Jahre hin. Nicht einmal die südafrikanische Presse berichtete darüber. Kämpfe gab es in Msinga immer und hatte es immer gegeben.

Im Jahr 1978 übernahmen schwarze Beamte der Regierung von KwaZulu die Bezirksverwaltung, und die meisten Weißen verließen Tugela Ferry. Auf dem Tennisplatz wucherte das Unkraut, und der Swimmingpool füllte sich mit Schutt. Nur Jurgen Freese blieb zurück. Allein saß er in seiner Nissenhütte am Ufer des Flusses, Fliegen schwirrten um seinen Kopf, und der Schweiß lief ihm den Rükken runter. Seine Aufgabe war unerfüllbar. Für jedes Gewehr, das seine Truppe beschlagnahmte, tauchte ein neues auf, es gab immer mehr Leichen, über die Rechenschaft abzulegen war. Es gab eine Zeit, in der er den größten Teil des Tages auf dem Rücken in seiner Hütte lag und durch eine Brandyflasche in die Hölle starrte.

Nach siebenundzwanzig Jahren Fegefeuer zog Freese in eine andere Stadt und gab das Trinken auf. Aber auch Msinga war ein Rauschmittel, und die Anpassung an ein normales Leben fiel Freese schwer. Die südafrikanische Polizei wiederum hatte Schwierigkeiten, ohne ihn auszukommen. So kehrte er, als er darum gebeten wurde, nach Msinga zurück und nahm den zermürbenden Kampf wieder auf. Als ich ihn in seiner Hütte aus Fertigbauteilen besuchte, saß er, umgeben von laut plärrenden Radios, hinter einem Schreibtisch. An den Wänden hingen Landkarten, gespickt mit bunten Stecknadeln und Fähnchen, die Unruheherde markierten. In den dreißig Jahren habe er viel gelernt über Msinga, erklärte er mir bei einer Tasse Tee – genug, um zu wissen, daß er gar nichts wisse. «Man kommt nie richtig dahinter, warum ein Krieg ausbricht», sagte er, «und wenn er erst mal angefangen hat, kann man ihn nicht mehr aufhalten.»

Ich fragte, warum nicht, und der alte Polizist zuckte die Achseln. «Die Zulu sind tapfere Männer», sagte er. «Sie und ich würden es nie auf einen tödlichen Kampf ankommen lassen. Ein Zulu tut das, wenn die Ehre es verlangt. Für ihn hat der Tod keine besondere Bedeutung. Ein Ochse wird geschlachtet und gegessen. Ein Zulu wird getötet, und seine Brüder kümmern sich um die Witwe und die Kinder. So ist das. Es ist keine große Sache. Wenn wir losziehen, um einen Krieg zu stoppen, dann wissen die Männer schon Bescheid. Sie beobachten uns durch Ferngläser, wie wir sie durch Ferngläser beobachten. Gewehre bekommen wir natürlich nicht zu sehen. Und doch sind sie da. Die Zulu haben sie in einem Umkreis von rund hundert Metern versteckt und warten, bis wir vorbei sind. Dann holen sie die Gewehre wieder hervor, und der Kampf geht weiter. Wir können durch unser Erscheinen eine Gefechtspause erzwingen, einen Krieg beenden wir nicht. Das ist uns noch nie gelungen.»

Wenn Krieg drohte, erfuhr es die Polizei von einem Spitzel in dem kleinen Postamt jenseits des Flusses. Daß etwas in der Luft lag, merkte er daran, daß die Frauen Telegramme an ihre Männer, Väter und Brüder in den Städten aufgaben. Es war immer die gleiche Mitteilung: «Wir haben einen Todesfall in der Familie. Komm heim.»

Von denen, die dieser verdeckten Einberufung nicht folgten, wurde erwartet, daß sie die Kriegsanstrengungen ihrer Partei finanziell unterstützten. Doch die meisten Männer kamen. Man konnte dem Krieg nicht entgehen, indem man in Soweto, Kimberley oder Pretoria blieb. Fehden, die auf den Hügeln von Msinga ihren Ausgangspunkt hatten, lösten nicht selten auch in den fernen weißen Städten blutige Kämpfe aus. 1983 forderte solch eine Schlacht in Soweto zweiundvierzig Todesopfer, aber ein Gemetzel dieses Ausmaßes war eine Ausnahme. Meist wurden Männer aus Msinga von

Stoßtrupps eines feindlichen *isigodi* einzeln verfolgt und in einer Baracke für Wanderarbeiter unauffällig umgebracht. Ein Entrinnen gab es nicht.

Deshalb kamen die meisten Männer heim, holten ihre Waffen aus den Verstecken, warfen sich Umhänge über die Schultern und machten sich auf zu den Hügeln, wo sie für die Dauer des Krieges lebten. Sie schliefen im Freien, oben in den Felsschluchten, geplagt von Zecken und Hitze im Sommer, von eisiger Kälte im Winter. Es gab keine Unterbrechung. Der Krieg schleppte sich hin, bis genug Blut geflossen und der Ehre Genüge getan war. Dann wurden die Toten begraben, aber nicht vergessen. Zwei oder fünf oder zehn Jahre später flammte der Krieg wieder auf.

Das ist Msinga. Fragt man Krieger aus Msinga, warum sie kämpfen, sagen sie, 1965 habe jemand den Vater eines anderen erstochen, und diese Beleidigung müsse gerächt werden. Weiße Akademiker vertreten hingegen die These, Landhunger und Frustration, verursacht durch die Apartheid, seien für die Kriege verantwortlich. Das Leben in Msinga ist eine erschreckend mühselige Angelegenheit. Die Mehrheit hungert fast immer. Weil es keine Leitungen gibt, müssen die Frauen das Wasser aus fernen Brunnen und Flüssen auf dem Kopf in die Dörfer tragen. Sogar Brennholz ist Luxus. 1975 gab es in Msinga eine einzige Schule und einen einzigen Absolventen einer High School. Dreiundachtzig Prozent der Bevölkerung sind Analphabeten. In Msinga leben 101 Einwohner auf einem Quadratkilometer gegenüber vierzehn im weißen Südafrika. Etwa achtzig Prozent der Menschen in Msinga haben nicht genug Land, um davon leben zu können.

Es leuchtet vollkommen ein, daß Menschen, die so tief im Elend stecken, zu den Waffen greifen. Das Seltsame an den Kriegen in Msinga ist nur, daß Zulu sich gegenseitig umbringen, anstatt ihre Kräfte zu vereinen und die Weißen über die Grenze zu treiben.

Oom Flip de Bruin – Onkel Flip – ist ein Schrank von einem Mann, groß, breit und mit einem Stiernacken. An seinem muskulösen Körper steckt irgendwo immer eine Waffe griffbereit. Sein Gesicht ist von der Sonne gerötet, und jetzt, da er in den Fünfzigern ist, wird sein Haar schütter. Er hat ein listiges Lächeln und sieht einen mit einem fast schüchternen, fast verschlagenen Blick an. Er wirkt wie ein großer, schlauer Kater, leichtfüßig, schnell im Kopf und eine potentielle Gefahr – die Art von Mann, die leicht und instinktiv, ohne Leidenschaft oder Haß, gewalttätig werden kann. Am Tag meines Besuchs trug er Schuhe, aber keine Socken, und sein buntkariertes Hemd hing über ausgebleichte Jeans. Er erinnerte an einen stämmigen, zu groß geratenen Burenjungen. Wie er mir sagte, war er einmal Meisterringer. «In meinem Körper steckt eine ungeheure Kraft», sagte er. Ich glaubte ihm.

De Bruin wurde auf einer Rinderfarm im äußersten Westen von Transvaal, am Rande der Kalahari-Wüste, geboren. Er wäre auch gern Farmer geworden, aber er war einer der jüngeren Söhne einer armen weißen Familie und hatte nie die Chance. Er verließ die Schule nach der achten Klasse. Den größten Teil seines Lebens als Erwachsener verbrachte er in einer Fabrik. Aber im Herzen war er ein Bure: Er hatte immer irgendwo ein Fleckchen Land, auf dem er ein paar Stück Vieh hielt. Als die Schwarzen von den gepachteten Farmen in Msinga vertrieben wurden und das Land zu Spottpreisen auf den Markt kam, sah er die Chance seines Lebens. Er kaufte sich ein großes Stück Land und wurde hauptberuflicher Farmer.

Oom Flips neue Farm war früher an Schwarze verpachtet gewesen. Die Zulu, die man 1969 von ihr vertrieben hatte, lebten jetzt in Hütten und Baracken am anderen Ufer des Flusses und hatten noch immer einen tiefen Groll. Die neuen burischen Nachbarn waren ihnen alles andere als willkommen. «Das einzige Gesetz, auf das es ankommt, ist das Gesetz im Kopf eines Mannes», heißt es in Msinga. Für die Zulu hatten sich Flip de Bruin und die anderen Weißen Zululand angeeignet. Zwar gab es entlang der Grenze auch Zeiten des Friedens, aber sobald der Regen ausblieb, brachen alte Feindseligkeiten wieder auf. Die Zulu durchschnitten die Zäune der weißen Farmer, raubten Vieh, stahlen Ernten, schnitten Rindern die Sehnen durch und steckten Weideland in Brand. Die meisten Zulu an der Grenze kannten nur ein Gesetz, das Gesetz in ihren Köpfen. Die meisten weißen Farmer hielten sich an ein anderes Gesetz, das Gesetz ihres Gewehrs.

De Bruin war im Bezirk einer der bekanntesten Vertreter der Gesetzgebung mit dem Gewehr. Fünfundneunzig Rinder waren ihm in einem einzigen Jahr getötet oder gestohlen worden. Der Bure vergalt Gleiches mit Gleichem. Er entwickelte neuartige Methoden beim Verhör mutmaßlicher Viehdiebe und schuf sich den Ruf eines Mannes, bei dem die Waffe locker saß. Als er einen Neuankömmling im Bezirk zum erstenmal besuchte, fragte er ihn beiläufig, wie viele Schwarze er in seinem Leben erschossen habe. «Keinen», antwortete der Neue. «Das glaube ich nicht», sagte Flip de Bruin. «Sie waren ihr ganzes Leben Farmer und haben nie einen Schwarzen erschossen?» De Bruin wurde nie eines Mordes überführt, also muß das wohl ein Scherz gewesen sein.

Gleichwohl hatten die Zulu allen Grund zum Haß auf ihren Nachbarn. Als er eines Tages nach Hause kam, lagen seine Wachhunde erschossen vor seinem brennenden Haus. Als Vergeltung brannten de Bruin und sein Sohn die nächste Siedlung der Zulu nieder. Ein oder zwei Wochen später lauerten ihm mehrere bewaffnete Zulu auf einer einsamen Straße auf und versuchten, ihn zu töten. De Bruin überlebte, weil er selbst bewaffnet war und das Feuer erwidern konnte. Flip de Bruin verließ selten das Haus ohne ein Gewehr an der Schulter.

«Wer hier lebt», erklärte er mir, «muß stark sein und eine positive Einstellung zum Leben haben. Er muß zielstrebig sein. Man kann nicht in zwei Richtungen gehen. Man muß gerade und stark sein und an seiner Linie festhalten. Wer schwach ist, hält sich hier nicht lange.»

Ich wollte ihn eben fragen, was er unter Stärke verstehe, als ich eine Art Anschauungsunterricht geboten bekam. Ein athletischer junger Weißer in einem ärmellosen T-Shirt stürzte aufgeregt ins Haus. Es war Oom Flips Neffe. «*Hulle's daar!*» schrie er. «Sie sind da! Sie sind da!» Der Junge rannte zu einem Gewehrständer mit Vorhängeschloß und rüttelte wie ein Besessener daran. Oom Flip fuhr aus seinem Sessel auf, eilte zur Küchentür, legte die Hand über die Augen und spähte in die Ferne, wie ein Pionier in einem Western, der den Horizont nach feindlichen Indianern absucht. Er zuckte mit den Achseln. Er verschwand mit dem Neffen in einem Schlafzimmer und redete im Flüsterton auf ihn ein. Der Junge kam niedergeschlagen heraus und ging. Oom Flip setzte sich wieder, und wir führten unser Gespräch fort. Ich fragte, was geschehen sei. «Ach, der Bursche ist verrückt», sagte er ohne weitere Erklärung. Er lächelte erst verschmitzt, dann grinste er über beide Backen.

Am anderen Ende des Bezirks lernte ich Roy Cuff kennen, der früher an der Grenze nach Msinga eine Farm betrieben hatte. Während seine Frau uns Tee servierte, lehnte sich Cuff in seinem Stuhl zurück und begann, abenteuerliche Geschichten über das Leben an der Grenze zu erzählen. Einmal, so berichtete er, habe er vertriebene Zulu bei sich aufgenommen. Die Feinde der Flüchtlinge hatten daraus geschlossen, daß Cuff ein Bündnis mit ihnen eingegangen war, und man ließ ihn wissen, daß er sich auf einen Angriff gefaßt machen müsse. Kurz darauf wimmelte es in seinem Haus von weißen Polizisten mit Maschinenpistolen. Sie rieten ihm, seine Frau fortzuschicken, nur noch auf dem Boden zu schlafen und von den Fenstern wegzubleiben, alles für den Fall, daß irgendwo da draußen ein Attentäter mit einem weitreichenden Gewehr auf der Lauer lag. Es kam aber nie zum Angriff. Nach ein paar Wochen war der Krieg vorbei und das Leben wieder normal.

Normal hieß in Msinga: Man war weiß und hatte es mehr oder weniger gut; die Leute auf der anderen Seite des Zauns oder des Flusses waren schwarz und hatten keine Hoffnung. Die Schwarzen stahlen von Zeit zu Zeit ein paar Stück Vieh oder schlachteten eine Kuh an Ort und Stelle, zerlegten sie und schleppten die blutigen Keulen nach Msinga. Die Polizei zu rufen, war zwecklos. Die Menschen in Msinga unterstützten die Ermittlungen nicht. Es passierte höchstens, daß einer bei einem weißen Farmer auftauchte und ihm hinter vorgehaltener Hand verriet, wer in Msinga kürzlich Frischfleisch verkauft hatte.

Solche Hinweise durfte der Farmer aber nicht an die Polizei weitergeben. «Wenn er die Polizei einschaltet», erklärte Cuff, «ist das sein Ende. Er ist innerhalb eines Monats tot.» Statt die Polizei zu rufen, so Mr. Cuff, «geht man mit ein paar Freunden um zwei Uhr morgens zum Kral des Verdächtigen. Man verpaßt ihm eine kleine Lektion, damit er nicht vergißt, wessen Kuh er gegessen hat.» Ich fragte Cuff, was für eine Art Lektion das sei. Er zuckte nur mit den Achseln. «Es ist ein übles Leben. Meine beiden Söhne sind hier mit Gewalt und Haß aufgewachsen. Das tut mir leid.»

Cuffs früherer Nachbar, Peter Gill, hatte eine der besseren Privatschulen in Südafrika besucht. Nach der High School ging er in die Wildnis von Angola, wo er sich eine Farm in den unberührten Busch schlug. Als 1975 der angolanische Bürgerkrieg ausbrach, geriet er zwischen die Fronten und wurde vertrieben. Gill verließ Angola bettelarm, marschierte bei Nacht nach Süden, bis er an der namibischen Grenze auf die südafrikanische Armee stieß. Dann ließ er sich in Ian Smiths Rhodesien nieder, wo er zum Schleuderpreis eine Farm in der Kampfzone erwarb. Dort blieb er, bis Robert Mugabes Guerillas mehrere seiner Nachbarn mit Raketen aus ihren befestigten Farmhäusern bombten. Ohne einen Cent kehrte er nach Südafrika zurück und arbeitete auf einer Baustelle, bis er genug Geld zusammen hatte, um die Hälfte einer Farm an der Grenze zu Msinga kaufen zu können. Als er das erste Mal über sein neues Land fuhr, wurde aus dem Busch auf ihn geschossen. Okay, sagte er sich, wenn sie es so haben wollen, werden wir doch mal sehen, wer oben bleibt.

Die meisten Weißen an dieser Grenze waren blinde Rassisten. Gill dagegen war ein kühler Kopf, der die Brutalität der Situation klar erkannte. Als er in Msinga ankam, hatte eine lange, gnadenlose Dürre begonnen. Da die Zulu ihr Vieh auf seinem Land weideten und tränkten, war mit seiner Ankunft ihr Überleben in Gefahr. Gill leugnete das gar nicht, und er rechtfertigte seine Handlungen auch nicht mit Heucheleien über Moral und Gesetz. Er wußte, die Zulu kämpften verzweifelt ums Überleben, aber auch er mußte überleben. Für die Zulu war er reich, für die Weißen arm. Sein Haus unterschied sich kaum von einer Höhle, fließendes Wasser gab es nicht. Seine kleine Tochter verlor er bei einem Unfall, der für die Dritte Welt typisch war: Der Säugling ertrank in einem Eimer herbeigekarrten Trinkwassers. Gill begriff, daß die Zulu litten, sah aber keine Möglichkeit zu Kompromissen. Bei Gill hatte das nichts mit Rassismus zu tun. «Ich mag Schwarze», sagte er nachdrücklich. Er hatte einfach nicht genug Wasser und Weideland, um mit ihnen zu teilen. Und so griff er zum Gewehr und verteidigte die Grenzen seines Gebietes.

Jeder Schwarze, der seinen Fuß auf Peter Gills Land setzte, bekam Ärger. Sogar kleine Kinder, die Wasser oder Feuerholz stahlen, mußten darauf gefaßt sein, daß Kugeln den Staub zu ihren Füßen aufspritzen ließen. Gill hatte in den diversen Kriegen, die er erlebt hatte, einiges von Spezialeinheiten abgeguckt. Nachts schwärzte er sein Gesicht, zog dunkle Sachen an und patrouillierte zu Fuß an seinen Grenzen. «Alles in allem, würde ich sagen, habe ich mein Land so gut verteidigt, wie ich konnte», erklärte er. «Ich habe jede Art von Gewalt angewendet, die nötig war.»

Peter Gill war hart. Was Härte in dieser Gegend bedeutet, mußte ein weißer Farmarbeiter erleben, den Gill angeheuert hatte. Der Farmarbeiter trug immer eine Pistole bei sich, wenn er unterwegs war. Einmal verirrte er sich zu nahe an die Grenze nach Msinga. Ein paar Zulu schlugen ihn nieder, nahmen ihm die Waffe ab, setzten ihm den Lauf an die Schläfe und drückten ab. Die Pistole war jedoch gesichert, so daß der Farmarbeiter überlebte und von seinem Abenteuer berichten konnte. Aber sobald er sich erholt hatte, setzte Gill ihn vor die Tür. «Er war schwach», sagte Gill. «Schon die Tatsache, daß er sich eins über den Schädel hatte ziehen lassen, forderte weitere Angriffe geradezu heraus. Indem ich ihn vor die Tür setzte, habe ich den Zulu zu verstehen gegeben, daß er kein würdiger Gegner war. Hier gibt es kein zweites Mal. Ich bin der schnellste Schütze, und solange das so bleibt, überlebe ich hier. Der Kerl mit dem dicksten Knüppel hat das Sagen.»

Fragt man Peter Gill nach seiner Adresse, wird er «Weenen» sagen, das holländische Wort für «Ort des Weinens». Weenen ist der weiße Verwaltungsbezirk, der an das schwarze Msinga grenzt, und der Name erinnert an die 530 Voortrekker, die 1838 in der Nähe von Zulu niedergemetzelt wurden. Stellt man den Zulu auf der anderen Seite des Grenzzaunes die gleiche Frage, werden sie sagen, Gill wohne in Nobamba, dem «Ort, wo wir die Weißen erwischt haben». Konnte es an einem solchen Ort Hoffnung auf Versöhnung geben? Ich hatte keine. Der Fluß war nur eine weitere Front in dem endlosen Krieg, der in den achtziger Jahren des 18. Jahrhunderts am Great Fish River begann und bis heute andauert. Nichts wurde vergeben, nichts vergessen, nichts bereinigt.

In diesen Strudel aus Haß und Gewalt gerieten Neil und Creina Alcock im Winter des Jahres 1975. Ihre Farm lag am äußersten Ende des weißen Südafrika, im Westen durch einen rostigen Zaun, im Süden durch den Tugela River von Msinga getrennt. Das Land fing am Fluß an, zog sich über eine Kette von Hügeln und erstreckte sich über die weite Ebene dahinter. Am Tag ihrer Ankunft wanderten Neil und Creina über die erodierten Hügel und säten wildes Gras auf das verödete Land. Sie nannten ihre Farm Mdukatshani, Ort des verlorenen Grases, aber sie träumten bereits von einem anderen Msinga, von einem Ort, wo hohes, grünes Gras wuchs.

Neil und Creina hielten ihre Vision in einer Schrift mit dem Titel *Msinga 2000* fest. Der Inhalt war weniger ein konkreter Plan zur Entwicklung des Landes als die Beschreibung des Traums von einem zukünftigen Msinga. In diesem Traum floß Quellwasser durch Rinnen die öden Hänge von Msinga hinab in kleine Gärten, wo Zulu Gemüse anbauten, auf Böden, die mit Mist und phosphatreicher Asche von Viehknochen gedüngt wurden. Jeder Kral wurde von Obstbäumen beschattet und war umgeben von Bienenstöcken. Jeder hatte einen Fischteich, einen Hühnerstall, eine mit Sonnenenergie betriebene Kochstelle und eine Biogasanlage, bestehend aus einem alten Ölfaß, in dem Dung in Methangas umgewandelt wurde. In diesem Traum ersetzte Biogas das Brennholz, so daß die letzten Bäume, die den Boden an den erodierenden Hängen stabilisierten, nicht gefällt werden mußten. Die Rinnen an den Hängen waren mit Steinbrocken zugeschüttet, so daß sie sich allmählich wieder mit Erde füllten. Das Vieh wurde in gemeinschaftlichen Herden gehütet und im Rotationssystem umgetrieben, so daß auf dem Brachland wieder Gras wuchs und das Vieh wieder fett wurde.

Ihr Wissen bezogen die Menschen dieses glücklichen Tals aus Mdukatshani. Im Traum gingen die Kinder in Mdukatshani zur Schule, während ihre Väter an einer «Barfuß-Universität» Landwirtschaft und Naturschutz studierten. In Mdukatshani gab es eine Pflanzenschule, eine Tierklinik und eine Rinderzucht mit Spitzenbullen, die gutes Blut in die magere Herde von Msinga brachten. Am Ende des Traums standen blühende Gärten, überlaufende Milcheimer und gesunde, kräftige Menschen. Aus einer Halbwüste war ein Garten Eden geworden, und das ohne gekaufte Düngemittel und Chemikalien, ohne Traktoren und Benzin. Die konnte man sich in Msinga gar nicht leisten. Um zu überleben und sich selbst zu ernähren, mußte Msinga auf vorhandene Ressourcen zurückgreifen: Sonne, Wasser, Dung und der Hände Arbeit. «Für die Msingas in Afrika», schloß Neil, «gibt es keinen anderen Weg.»

Neils Weg war neu, ein neuer Lösungsansatz für die Probleme eines Kontinents, in dem schon viele andere Ansätze gescheitert waren. 1975 wußte man, daß der Hunger in Afrika zum Dauerzustand zu werden drohte. Gutwillige Menschen aus der westlichen Welt versuchten zu helfen, aber die fremde Agrartechnologie griff in Afrika nicht. Entwicklungshelfer kamen in die Trockengebiete des Kontinents, die Köpfe voller akademischer Theorien und die Taschen voller Geld von der UNO, der EG oder dem amerikanischen Fonds für Entwicklungshilfe. Sie stampfen riesige Dämme aus dem Boden, pflügten Ebenen um, installierten Batterien von Dieselpumpen und legten Bewässerungssysteme an. Und dann gingen sie wieder, und alles brach wieder zusammen. Defekte Maschinen konnten nicht repariert werden. Nur wenige Afrikaner waren imstande, kompliziertes Gerät zu warten, und Ersatzteile gab es sowieso nicht. Nach ein bis zwei Jahren bearbeiteten die Kleinbauern den ausgetrockneten Boden wieder mit Hacken und Holzpflügen, die von Eseln gezogen wurden, und von den Bemühungen der neuen Missionare zeugten bald nur noch die Schrotthaufen der importierten Maschinenparks und die oberflächlichen Kratzer in der Landschaft.

In Südafrika und anderswo sah man darin oft einen Beweis für afrikanische Inkompetenz. Für Neil Alcock war es eher ein Beweis für westliche Arroganz. Da die afrikanischen Kleinbauern von vornherein für zu rückständig gehalten wurden, um richtig zu planen, planten die neuen Missionare für sie. Sie fuhren in vollklimatisierten Caravans in das verwüstete Land und versuchten, ihre Patentrezepte Leuten aufzudrängen, die kaum begriffen, wovon die Rede war.

Neil dagegen war selbst eine Art Kleinbauer, ein weißer Farmer, der die Schule bis zur zehnten Klasse besucht hatte. Er glaubte an die afrikanischen Farmer und traute ihnen genug Verstand zu, selbst Lösungen für ihre Probleme zu finden. Außerdem würden ohnehin nur ihre Lösungen funktionieren – afrikanische Lösungen, auf afrikanischen Methoden und Technologien basierend. Nach Neils Vorstellung sollten die Leute aus dem Westen ihr Wissen in den Dienst der Bauern stellen, sie also beraten, nicht bevormunden. Er wußte auch, daß dies einiges an Geduld erfordern würde. Wenn man lediglich zwei Jahre in einem hungerleidenden afrikanischen Dorf arbeitete, war sicher keinem gedient. Für Neil Alcock mußte ein Entwicklungshelfer wie ein Afrikaner unter Afrikanern leben, bis er die Afrikaner verstand, ihre Probleme zu den seinen wurden und er ihr Leid teilte. Das konnte Jahre, aber auch Jahrzehnte dauern. Um effektiv wirken zu können, mußte der weiße Mann sich bei den Schwarzen Vertrauen und Anerkennung erwerben. Erst dann konnte er zu seinen schwarzen Brüdern sagen: «Wir stecken im Dreck, Freunde. Wir sind schlechter dran und zählen weniger als die Hunde der Weißen. Aber es gibt einen Ausweg, und ich werde ihn euch zeigen.»

Neil war nicht naiv. Er wußte, wie schwer seine Vision zu verwirklichen war. Aber er hatte den Mut, es zu versuchen. Ein Mann mit weniger Format hätte schon am ersten Tag aufgegeben. Neil kam mit einem Stück Papier nach Msinga, demzufolge Church Agricultural Projects zweitausendfünfhundert Hektar Land gehörten. In Msinga war solch ein Blatt Papier nichts wert. Das einzige Land, mit dem er wirklich etwas anfangen konnte, waren die paar Tausend Morgen, die man von der Siedlung am Fluß überblicken konnte. Das Land weiter weg, hinter den Hügeln, war nicht wirklich sein Land und würde es auch nie werden. Die Alcocks nannten es Oberland, und nach dem Gesetz in den Köpfen der Zulu war es Zulu-Land. Die Zulu schlugen dort Holz, jagten und weideten und tränkten ihr Vieh. Wenn überhaupt jemand das Land unter Kontrolle hatte, dann die Viehdiebe und Banditen entlang der Grenze.

Für diese Leute war Neils Ankunft ein unglaublicher Glücksfall. Achthundert Stück Vieh, gut genährt und nur gehütet von einem Weißen ohne Gewehr und einer Handvoll zahmer, christlicher Zulu, die von einer hundert Kilometer entfernten Mission kamen. Neil hatte nicht genug Leute, um das Vieh gegen die Räuber zu schützen. Die Räuber hatten leichte Beute. Die Rinder verschwanden zunächst Stück für Stück, dann zu Dutzenden. Das Vieh wurde nachts durch die Skhelenge-Schlucht über den Fluß ins Innere Msingas getrieben. Da sich die Polizei mit Protokollen begnügte, verfolgten Neil und seine Männer die Viehdiebe selbst und lieferten den Beamten Beweismaterial für ein paar Verurteilungen. Aber das führte nur dazu, daß noch mehr Vieh gestohlen wurde und die Diebe mit Vergeltung drohten. Die Zulu von der Missionsstation gerieten in Panik. Einer nach dem anderen lief davon und kehrte in sicherere Gefilde zurück. In nur zwei Monaten wurden dem Projekt siebzig Stück Vieh gestohlen. Über dreißig gingen an Wassersucht zugrunde. «Wir standen am Rand des Abgrunds, kurz vor der völligen Katastrophe», sagte Creina.

Neils Traum, die Vieh-Genossenschaft auszubauen und schließlich bis nach Msinga auszudehnen, war zerplatzt. Eines war klar geworden: Solange Neil auf dem Gelände seines Projekts Vieh hielt, betrachteten ihn die Zulu als Rivalen und nicht als Freund. Er hätte sie, wie seine weißen Nachbarn, mit Gewehren in Schach halten müssen. Aber anstatt Mdukatshani in ein bewaffnetes Feldlager zu verwandeln, beschlossen die Direktoren des Projekts, die Herde der Genossenschaft zu verkaufen und sich mit den Leuten von Msinga zu einigen. Sie sollten auf dem Land des Projekts auch in Zukunft ihr Vieh weiden und Brennholz sammeln dürfen, vorausgesetzt, sie beteiligten sich an Neils Programm zum Erhalt der Böden. Der ungewöhnlich großzügige Handel brachte dem Grenzgebiet von Mdukatshani ein gewisses Maß an Frieden.

Als das Vieh verkauft war, richtete Neil sein Augenmerk auf die Agrarentwicklung, wie er sie in seiner Schrift *Msinga 2000* beschrieben hatte. Er lud die Männer von Msinga mehrmals zu *indabas*, Zusammenkünften im Freien, ein, bei denen er seine Pläne vorstellte. Die Zulu behielten ihre wahren Gedanken höflich für sich: Der Weiße war verrückt. Er behauptete, man könne in einem staubtrockenen, wasserlosen Gebiet Nutzpflanzen anbauen, ohne daß es Geld kostete. Daß dies Unsinn war, wußte jedes Kind.

Neil und seine Helfer machten sich daran, ihnen das Gegenteil zu beweisen. Sie rissen aus einem stillgelegten Abstellgleis einige Schienen heraus und errichteten am Ufer des Flusses ein turmhohes Gerüst. Dann schnitten sie den Reifen eines Traktors in kleine gebogene Stücke und befestigten sie als Schaufeln an der Nabe eines alten Traktorrads. Mit Hilfe eines Flaschenzugs wurde das Rad ins Wasser gelassen. Die Gummischaufeln tauchten in den reißenden braunen Fluß, und das Rad setzte sich in Bewegung. Über das Ausgleichsgetriebe eines ausgeschlachteten Landrovers trieb das Rad eine Pumpe an, die ein trockenes, steiniges Stück Land einige hundert Meter vom Fluß entfernt bewässerte. Dort, auf einem Boden, der mit Mist und Asche von Viehknochen gedüngt war, bauten Zulu-Frauen Gemüse an und erzielten reiche Ernten. Die Gemeinden der Umgebung waren tief beeindruckt. Von da an ging es mit dem Vorhaben aufwärts.

Neil organisierte einen Ausschuß von Stammesältesten, die das Projekt leiten sollten. Er selbst übernahm die Rolle eines einfachen Mitarbeiters und technischen Beraters. Formal hatte der Ausschuß zwar das Sagen, aber es war Neil, der dafür sorgte, daß die Dinge vorankamen. Er war ein Mann, der auf einem knochentrockenen Hang, Kilometer von der nächsten Wasserstelle entfernt, stehen und den ungläubigen Kleinbauern um ihn herum verkünden konnte: «Hier liegt bald ein Stausee.» Und siehe da, bald gab es dort einen Stausee, oder ein Wehr staute einen Fluß, oder ein Bewässerungsgraben leitete kostbares Wasser von einer entfernten Quelle auf kleine Parzellen bebaubaren Landes. Mit Geldern kirchlicher Stiftungen, ausländischer Regierungen und der Anglo American Corporation heuerte er ganze Armeen von Zulu für das riesige Projekt an. Sie zogen Gräben, bauten Zäune und blockierten mit Steinwällen die Erosionsrinnen. Staudämme wurden mit Schaufeln errichtet, Frauen schafften Erde eimerweise auf ihren Köpfen fort. Seine Pläne zeichnete Neil mit Stöcken in den Sand, und sein bloßes Auge ersetzte die Wasserwaage. Lag beim Graben einer Wasserrinne ein Steinblock im Weg, entfachten die Zulu-Frauen unter ihm ein großes Feuer, erhitzten ihn bis zum Glühen und begossen ihn dann mit Eimern kalten Wassers. Der Fels zerbarst sofort. Zulu-Dynamit nannten sie das.

Im Frühjahr 1977 rieselte das erste Wasser durch die Gräben in die Pioniergärten, und eine Zeitlang schien aus dem Traum Wirklichkeit zu werden. In ihrem monatlichen Rundschreiben an Sponsoren und andere Förderer vermerkte Creina: «Wir spüren, daß eine kleine Revolution in Gang gekommen ist.» Mdukatshani wurde zu einem Wallfahrtsort junger weißer Freiwilliger, die die Sünden ihrer Väter wiedergutmachen wollten. Unablässig strömten ausländische Diplomaten und Entwicklungshelfer herbei, um das Projekt mit eigenen Augen zu sehen.

Der Mann, der sie am Eingangstor empfing, ging inzwischen auf die Sechzig zu. Neil war völlig ergraut und fast kahl. Er trug stets schmutzige Jeans und Sandalen mit Sohlen aus Autoreifen. Als erstes zeigte er den Besuchern das Wasserrad, seinen ganzen Stolz. Dann führte er sie durch einen Komplex von elf Häusern, Hütten und Werkstätten, die alle nach Zulu-Art aus Lehm, Stein und Stroh gebaut waren. Jedes hatte weniger als 125 Dollar gekostet. In den Werkstätten bauten die Zulu experimentelle Solar-Kochstellen zusammen und schmiedeten alte Ölfässer zu prototypischen Biogasanlagen um. Es gab einen Fischteich voller Barsche, und in einer Erdhöhle lagerten glitzernde Glasperlen, Rohmaterial für ein florierendes kunsthandwerkliches Projekt. Unter Creinas Leitung wurden die Perlen zu Zulu-Schmuckstücken von erstaunlicher Schönheit verarbeitet, der in den fernen Städten verkauft wurde.

Bei ihrem Rundgang wurden die Besucher wortkargen, schüchternen Schwarzen vorgestellt: den Leitern des Projekts. Der gewählte Vorsitzende von Mdukatshani hieß Petros Majozi und war früher Koch in einem Johannesburger Hotel gewesen. Der Mechaniker Mphephete Masondo hatte nie eine Schule von innen gesehen. Der ehemalige Polizeiwachtmeister Elijah Mhlongo, der auffällige Farben bevorzugte, war der Sicherheitschef. Der Generaldirektor, Bokide Khumalo, konnte weder lesen noch schreiben, gab aber Freiwilligen mit eindrucksvollen Universitätsabschlüssen Anweisungen.

Manchmal konnte man Neil dabei beobachten, wie er den täglichen Liebesbrief an seine Frau schrieb und ihn dann einem Hirtenjungen übergab, der losrannte und ihn ablieferte. Creina saß tagsüber in ihrem Büro aus Lehm, oben auf dem Kliff, und hämmerte ihre Texte in ihre Reiseschreibmaschine, wobei ihr ein Steinbrocken aus dem Fluß als Schreibtisch diente. Sie gab noch immer per Post die Zeitschrift *African Wildlife* heraus und schrieb in ihrer Freizeit Berichte oder Rundschreiben an die Förderer des Projekts. Die Rundschreiben fielen anfangs recht trocken und sachlich aus, aber als Neil und sie Msinga besser kennenlernten, erhielten sie literarischen Schwung. Phantastische Personen tauchten in ihnen auf und gaben sich höchst unwahrscheinlichen Unternehmungen hin. Ein Zulu, der früher Büchsenmacher war, saß unter einem Dornenbaum im Busch und fertigte mit bloßen Händen und aus Schrott Schrotflinten. Ein Analphabet und Marihuana-Bauer aus dem schroffen Bergland entwarf ein automatisches Bewässerungssystem, für das man an jeder westlichen Universität ein Diplom für Maschinenbau erhalten hätte. Die Rundschreiben waren gleichsam Fenster, die Einblick in eine verborgene Welt gaben – in die Welt der schwarzen Landbewohner Südafrikas, des unsichtbaren Volkes. Creina weigerte sich, sie veröffentlichen zu lassen, und so wurden sie von Hand zu Hand weitergereicht, bis die zusammengehefteten Seiten auseinanderfielen.

Wenn die Besucher großes Glück hatten, ruderte Neil sie über den Fluß und zeigte ihnen die Arbeiten, die in Msinga selbst durchgeführt wurden. Sie bekamen Bewässerungsgräben zu sehen, deren Wasser von den Quellen in den Hügeln kam. Sie sahen die erste Ernte heranreifen in winzigen Gärten mit Umzäunungen, die die Ziegen fernhielten und die mit Krediten des Projekts finanziert worden waren. Besucher begegneten manchmal zerlumpten schwarzen Männern und Frauen, die in gebrochenem Englisch feierliche Erklärungen abgaben. «Wir sind schwach», sagten sie, «aber wenn Neil mit uns ist, sind wir stark. Wir können nicht schreiben, aber Neil zeigt uns, wie wir mit Gras auf den Hügeln schreiben können.» Oder sie sagten einfach: «Gott schickt *Numzaan*, damit er dem Volk hilft.» *Numzaan* ist bei den Zulu ein Ehrentitel und bedeutet soviel wie Gutsherr.

Bei Sonnenuntergang lernten die Besucher dann den Rest der Alcock-Familie kennen: die weißen Söhne G. G. und Rauri und die schwarzen Söhne, sieben barfüßige Zulu-Hirtenjungen, die die Alcocks sozusagen adoptiert hatten. Mboma, der älteste, hatte rotes Haar, als er den Alcocks das erste Mal über den Weg lief – ein Symptom der Mangelkrankheit Kwashiorkor. Er erholte sich bald und entwickelte sich zu einem durchtriebenen Bürschchen, einem außergewöhnlich intelligenten Kind, das Englisch ebenso spielend lernte wie die Kunst, weiße Freiwillige geschickt für seine Zwecke einzuspannen. Creinas Schwester Kathy schrieb ein Kinderbuch über Mbomas Leben und Leiden; Mboma hatte schon als Zehnjähriger auf einer weißen Farm im Bezirk gearbeitet. *The Story of Mboma* wurde in den progressiven Buchläden der Welt zu einem kleinen Bestseller. Mboma Dladlas Name fiel sogar in den Vereinten Nationen, in einer Debatte über Sklavenarbeit in Südafrika.

Mboma war G. G.s bester Freund. Einer von Rauris besten Freunden war Sensilube, den man dabei erwischt hatte, wie er im Schutz der Dunkelheit heimlich Kühe der Alcocks molk. Wie sich herausstellte, waren seine Eltern ermordet worden, so daß er für seine jüngeren Geschwister und sich selbst sorgen mußte. Einer der anderen Jungen hieß Ndudu und war ein witziger kleiner Schieber, der davon träumte, als Erwachsener nach Soweto zu gehen, um dort als Schmuggler Karriere zu machen. Die schwarzen und weißen Söhne schliefen in Hütten, die nebeneinander lagen, sie aßen gemeinsam, spielten miteinander und erkundeten zu Pferd die Umgebung. Die weißen Jungen waren in vielerlei Hinsicht wie Zulu. Sie sprachen Zulu wie Einheimische. Sie wußten, wie man aus einem Loch im Stamm einer Aloe den zähen süßen Saft heraussog und wie man Vögel und kleines Wild mit Schlingen fing. Von Mboma lernten sie ihr schönstes Spiel: nach einem Sommergewitter auf Treibholz den reißenden Fluß hinunterzureiten. Erst als G. G. und Rauri auf eine HighSchool geschickt wurden, merkten sie, welch ungewöhnliche Kindheit sie gehabt hatten.

Und schließlich war da noch Creina. Sie hätte man zuletzt in einer Lehmhütte erwartet. Sie trug zwar Lumpen und Fetzen, verschmähte Make-up und rasierte sich die Beine nie, aber sie blieb eine Schönheit. Sie konnte fast bei jedem Thema kompetent mitreden, ob es sich nun um Literatur, Naturwissenschaften, die Mysterien der Apartheid-Gesetzgebung, die Flora auf dem Dornvelt oder die Agrarproduktion im Sudan handelte. Man saß in einer Lehmhütte, hatte Ameisen in den Schuhen und Kaulquappen im Kaffee und unterhielt sich gepflegt mit einer reizenden Intellektuellen, die ihre geistreiche Rede mit Zitaten bedeutender Philosophen und Dichter würzte. Das Ganze schien höchst unwirklich.

Nach dem Abendessen ließ sich Neil in einen tiefen Korbstuhl fallen und erzählte im Schein des Feuers Anekdoten. Er redete über die Geschichte der Stämme der Region, über die Mechanismen des lokalen Marihuanahandels oder über erfolglose Geheimpolizisten.

Die abenteuerlichsten Geschichten drehten sich um seine weißen Nachbarn. Für viele war er der *groot terroris*, der große Terrorist, wahrscheinlich in Rotchina ausgebildet. Er und seine Frau hatten angeblich «Kaffern» zu Liebhabern, und Creina wusch sich angeblich nackt im Fluß, vor den Augen schwarzer Männer, die zufällig des Wegs kamen.

Und dann hieß es noch, die Alcocks stachelten die Zulu zur Revolte auf und lieferten ihnen sogar Waffen. Von Zeit zu Zeit verhörte die Polizei Zulu-Mitarbeiter des Projekts: Worüber redete Alcock? War er Kommunist? Warum lebte er wie ein «Kaffer»? Was war mit ihm los? War er verrückt? Viele Weiße hielten ihn für verrückt, weil er in einer Lehmhütte hauste und sich von «ekelhafter Krautsuppe» ernährte – oder was immer es war, womit Afrikaner sich am Leben hielten.

Wenn es Zeit wurde, schlafen zu gehen, tasteten sich die Besucher über einen dunklen Weg in die Lehmhütte für Gäste. Dort deckten sie sich mit groben Wolldecken zu, hörten die Stromschnellen des Flusses tosen und starrten in das rußgeschwärzte Stroh des Daches. Viele hatten später Mühe, die Erlebnisse dieses Tages zu schildern. Sie waren weiß und kamen aus einer Kultur, in der man verlernt hatte, über Gefühle zu reden, ohne in Plattheiten zu verfallen oder sie durch zynische Bemerkungen zu entwerten. Einer dieser Besucher bekleidete ein hohes Amt in einer internationalen Organisation. Als ich ihn fragte, was er von Neil Alcock halte, druckste er herum, hüstelte verlegen und sagte: «Man war überrascht über seine unmaterialistische Haltung.»

Das war sicherlich richtig. Mdukatshani war vielleicht das billigste und effizienteste Entwicklungsprojekt in Afrika. Die Unterhaltskosten betrugen zu einem bestimmten Zeitpunkt 1250 Dollar im Monat – soviel wie das Gehalt eines einzigen Entwicklungshelfers der Vereinten Nationen. In den Händen von Neil Alcock hielt dieses Geld ein ganzes Projekt am Leben und deckte die Gehälter von neunundsechzig schwarzen und fünf weißen Mitarbeitern ab. Die Alcocks erhielten davon fünfzig Dollar. Bei einer solchen Summe mußte man sich mit dem Leben in einer Lehmhütte begnügen und wurde leicht mit einem Heiligen, Missionar, Gottesmann und Ähnlichem verwechselt. Aber all das war Neil Alcock nicht.

Er war alles andere als ein bigotter Frömmler. Er zog jede Selbstherrlichkeit ins Lächerliche und machte sich über bärtige Liberale hinter ihrem Rücken lustig. Es störte ihn nicht, daß er in einer Lehmhütte hauste. Es gefiel ihm sogar. Er mochte Ackerbau und Viehzucht und zog den größten Genuß daraus, unter einem Dornenbaum zu sitzen und mit einem Zulu zu streiten. Ein Zulu sagt: «Ich sehe dich mit meinem Herzen.» Neil sah die Zulu mit seinem Herzen und sie ihn mit den ihren.

Als er 1975 im Bezirk angekommen war, hatte er auf der anderen Seite des Grenzzaunes Angst und Bestürzung ausgelöst. Die meisten Zulu trauten den Weißen schon lange nicht mehr. Als Neil verkündete, er sei gekommen, um ihnen zu helfen, hörten sie ihn teilnahmslos an, gingen nach Hause und überlegten, welcher Trick dahinterstecken könnte. Sie berieten sich stundenlang und versuchten herauszubekommen, was er vorhatte und wie er sie betrügen wollte. Gerüchte von seiner Ankunft sickerten bis nach Johannesburg durch, wo sie in den Baracken der Wanderarbeiter diskutiert wurden. Als Johan Dladla erfuhr, daß ein Weißer nach Msinga gekommen sei und dummes Zeug von gemeinsamer Arbeit und gemeinschaftlicher Landnutzung erzähle, schnalzte er ärgerlich mit der Zunge. «Schwarze und Weiße können nie zusammenarbeiten», sagte er.

Bei seiner nächsten Heimreise besichtigte Dladla das Projekt und sagte es Neil ins Gesicht. Neil lachte nur und bat Dladla, sich auf ein Gespräch zu setzen. Sie sahen sich mit ihren Herzen, und Johan Dladla war für die Sache gewonnen und kehrte nie mehr nach Johannesburg zurück. Er kündigte den Job in der Stadt, um mit dem Weißen zusammenzuarbeiten.

Ein anderer, der nicht mehr zurückging, war Petros Majozi, der schließlich Vorsitzender des Projekts wurde. Er trug einen prachtvollen Schnurrbart und war ein schweigsamer ernsthafter Mann, ein philosophischer Autodidakt, der unter den Straßenlaternen von Johannesburg lesen gelernt hatte. Majozi sehnte sich zeit seines Lebens nach einer Existenz als Farmer, aber für eine Zulu-Familie gab es diese Möglichkeit nicht. Der Zulu mußte in den weißen Städten Geld verdienen, damit seine Familie die Produkte der Farmer im Geschäft kaufen konnte. Majozi verbrachte sechsunddreißig Jahre in Johannesburg, wohnte in den einsamen Unterkünften für Dienstboten und hatte Heimweh. Er hatte in Msinga vier Kinder, eine Frau und eine kleine Viehherde, an der sein ganzes Herz hing, aber er sah sein Heim nur einmal im Jahr.

Der 9. Januar 1975 war der letzte Tag von Petros Majozis Jahresurlaub. Als er sein Vieh durch den Busch trieb und bedrückt an die Rückfahrt am nächsten Tag dachte, tauchte ein Weißer vor ihm auf. Majozi zitterten die Knie: Er stand im Niemandsland, auf dem Boden, der dem Papier nach Weißen und in den Köpfen der Zulu ihnen gehörte. Er erwartete, daß der Weiße eine Pistole ziehen, sein Vieh beschlagnahmen und ihn vielleicht sogar festnehmen würde. Statt dessen lächelte Neil ihn an und grüßte auf zulu. Sie setzten sich unter einen Baum und sprachen eine Weile über Land und Vieh. Dann ging Neil weiter. Die Begegnung war für ihn so bedeutungslos, daß er sie sofort wieder vergaß.

Aber Petros Majozi hatte einen Weißen mit dem Herzen gesehen. Am nächsten Morgen nahm er den Bus nach Tugela Ferry, reihte sich in die Schlange im Postamt ein und telefonierte mit seinem weißen Chef in Johannesburg. «Ich komme nicht zurück», sagte er.

Da Majozi als sehr tüchtiger Angestellter galt, wollte der Chef eine Erklärung.

«Ich habe einen Weißen kennengelernt, der mir hilft, Farmer zu werden», sagte Majozi.

«Seit wann kennst du ihn?» fragte der Chef.

«Ich bin ihm nur einmal begegnet», antwortete Majozi.

«Wieviel bezahlt er dir?»

«Nichts.»

«Dann verhungert deine Familie», sagte der Weiße.

«Ich hoffe nicht», sagte Majozi.

«Du verlierst deine Rente», sagte der Weiße.

«Das ist mir egal», sagte Majozi. Der Weiße am anderen Ende der Leitung begriff nicht, wie ein vernünftiger, intelligenter Mensch wegen einer Zufallsbekanntschaft dieses Risiko eingehen konnte. Majozi konnte nicht erklären, warum er dazu bereit war. Er sprach nur gebrochen Englisch, und die Weißen wußten ohnehin nicht, wie man mit dem Herzen sah. «Es tut mir leid», sagte Majozi und legte auf.

Dann nahm er den Bus zurück nach Mdukatshani, ging zu Neil und erklärte ihm, daß auch er an die Zusammenarbeit glaube. «Wir müssen uns die Angst aus dem Herzen reißen und sie in den Fluß werfen», sagte er.

Majozi und viele andere legten ihr Schicksal in Neils Hände, und drei Jahre lang ging alles gut. Mdukatshani wurde zu einem Arkadien, zu einem fast paradiesischen Ort, der – wenn auch nur für kurze Zeit – die Hoffnung weckte, daß Südafrika all seine Probleme lösen könnte. Mdukatshani war nur ein winziges Agrarprojekt im hintersten Winkel des Landes, aber es war einzigartig. Es schlug eine Brücke über die bitterste alte Grenze des Landes, und wenn hier Liebe keimen konnte, dann konnte sie überall keimen.

Jedenfalls sah es so aus.

Afrika ist ein grausames Land; es nimmt dein Herz und zermahlt es zu pulverisiertem Stein – und niemanden stört das.
Elspeth Huxley, *The Flame Trees of Thika*

Die Straße, die Mdukatshani mit dem Dorf Weenen verbindet, ist so schlecht wie alle Straßen in Msinga. Sie windet sich am Flußufer entlang, führt auf einem Damm über den Bushman's River, steigt einen Hügel hinauf und zieht sich dann über die Ebene dahinter. Auf der Straße fährt es sich schlecht im Konvoi. Die Räder des vorderen Fahrzeugs lassen dichte Staubwolken aufsteigen, und dem Nachfolger prasselt ein Regen von Steinchen gegen die Windschutzscheibe. Fährt ein Bus voraus, wird die Fahrt vollends unerträglich. Creina mußte eines Morgens hinter einem Bus herfahren und schluckte über mehrere Kilometer seinen Staub. Auf den holprigen Straßen von Msinga konnte man nur schwer überholen. Schließlich entdeckte sie doch eine Möglichkeit, zog rasch am Bus vorbei und fuhr weiter Richtung Weenen.

Es war in der Weihnachtszeit 1978. Dreieinhalb Jahre lebten die Alcocks inzwischen in Msinga, und sie fühlten sich langsam weniger fremd. Entgegen dem ersten Eindruck von Besuchern waren die ersten Jahre nicht leicht gewesen. Sie mühten sich ab, die Grenzen des Projekts unter Kontrolle zu bringen. Ein Zulu, der in einem Prozeß um gestohlene Ziegen ausgesagt hatte, war ermordet worden. Viele Morde waren geschehen, aber in Msinga war das an der Tagesordnung und viele Ortsnamen sprach davon. Tugela Ferry hieß auf zulu *Mshaya Safa*, was soviel wie «Schlag ihn tot» bedeutet. In Msinga konnte man für alles mögliche totgeschlagen werden: für den falschen Namen, die falsche Adresse oder dafür, daß man umstrittenes Land pflügte. Anton Hlongwane, der schwarze

Buchhalter von Mdukatshani, weigerte sich, säumigen Zulu Mahnungen zu schicken, weil er Angst vor einem Mordanschlag hatte. Die Alcocks ließen sich von keiner Schwierigkeit beirren und glaubten, die schlimmsten Seiten von Msinga bereits zu kennen. Aber sie kannten Msinga überhaupt noch nicht.

Der Bus beispielsweise, den Creina überholt hatte, geriet wenig später in einen Hinterhalt. Als er um die Kurve bog, sprang eine Horde Schwarzer mit Gewehren auf die Straße. Der Fahrer mußte anhalten. Bewaffnete Männer drangen in den Bus ein, zogen fünf männliche Fahrgäste heraus und erschossen sie. Creina bekam davon natürlich nichts mit. Sie fuhr weiter nach Weenen, kaufte Vorräte und fuhr wieder zurück. Auf dem Rückweg stieß sie auf einige große Felsbrocken, die die Fahrbahn versperrten. Da die Zulu im Wagen sich vor Angst nicht rührten, bat Creina einen ihrer Söhne, die Steine wegzurollen. Sie war noch nicht lange genug in Msinga, um zu wissen, wann man Angst haben mußte.

Einige Kilometer weiter, kurz vor dem Projektgelände, bot sich ihr ein furchtbarer Anblick: Der Fahrer eines Lastwagens, ein Zulu, verblutete in Neils Armen; er hatte eine Kugel im Unterleib. Der Fahrer war an einer Straßensperre aus Felsblöcken in einen Hinterhalt geraten. Er war der sechste Tote auf dieser Straße an einem einzigen Morgen. Was in aller Welt hatte das zu bedeuten? Wo war die Polizei? Wo der Krankenwagen? Der tödlich Verwundete lag seit Stunden in der Sonne. Endlich kam die Ambulanz, und die Alcocks zogen sich auf die Felsen über dem Fluß zurück, um sich vom Trauma dieses Tages zu erholen.

Als sie sich umsahen, entdeckten sie etwas Merkwürdiges: Eine Schützenlinie schwerbewaffneter Zulu in Militäruniformen marschierte auf der anderen Seite des Flusses auf sie zu. Drei Jahre waren die Alcocks schon in Msinga, und jetzt sahen sie zum erstenmal ein *impi*, ein Heer der Zulu. Die meisten Weißen wären in Panik davongelaufen, nicht so Neil Alcock. Er stieg zum Ufer hinunter, legte die Hände an den Mund und schrie: «Haut ab! Wir wollen hier keinen mit Waffen!» Die Zulu-Krieger rührten sich nicht von der Stelle. Sie waren die Eskorte für einen ihrer Brüder und rückten nicht eher ab, bis dieser sicher den Fluß überquert hatte und zu ihnen gestoßen war. Dann zogen sie sich in die Hügel zurück.

Damit ging der erste von vielen Schreckenstagen zu Ende. Kriege hatte es im Bezirk auch in den vergangenen drei Jahren gegeben, aber keiner hatte so nahe an Mdukatshani stattgefunden. Soweit Neil und Creina erfuhren, hatte ein junger Zulu von den Majola einige Kilometer flußaufwärts versucht, die Freundin eines Mannes der Madondo zu verführen. Seitdem brachten sich die jungen Männer gegenseitig um. Der Lastwagenfahrer, ein Unbeteiligter, war ihnen zum Opfer gefallen. Der Krieg zwischen Majola und Madondo forderte in den folgenden drei Monaten siebenundzwanzig Tote. Als die Lage sich wieder beruhigte, brach auf der anderen Seite des Flusses ein neuer Krieg aus. Anlaß war der Streit über den Ausgang eines Tanzwettbewerbs der Stämme, der in einem Johannesburger Wohnheim für Wanderarbeiter stattgefunden hatte. Die Verlierer fanden sich mit der Entscheidung des Schiedsrichters nicht ab. Der Zank artete in Gewalttätigkeit aus: Die Wanderarbeiter fuhren nach Hause, griffen zu ihren Waffen und trugen den Streit in den Hügeln von Msinga aus. Der Krieg endete erst, als ein dritter ausbrach. Er entzündete sich am Mord an einem Zulu-Unterhäuptling, dessen Aussage einen Viehdieb hinter Gitter gebracht hatte.

Die Alcocks waren erschüttert. Sie hatten anfangs alle Probleme in Msinga auf den Mangel an Land und auf die Apartheid zurückgeführt. Sie hatten geglaubt, man könne die Probleme mit ein wenig «angewandter Sozialwissenschaft» lösen, wie Creina es ausdrückte. Allmählich begriffen sie, daß das keineswegs so leicht war. Seit 1979 lebten Neil und Creina inmitten ständigen Terrors. Bewaffnete Banden streiften durch die Farm und legten Hinterhalte auf den Straßen, die das Projektgelände durchquerten. Nachts stiegen Leuchtkugeln in den Himmel, und am Tag peitschten Schüsse durch die Schluchten. Die Kriege erschwerten die Entwicklungsarbeit beträchtlich. Sobald ein Schuß fiel, verschwanden die Männer, und auch die Frauen ließen die Arbeit liegen, weil sie den Männern Proviant und Wasser in die Verstecke bringen mußten. Ein Krieg konnte sich über Monate und Jahre hinziehen. In dieser Zeit bestand die Arbeit der Alcocks fast nur noch darin, Tote und Verwundete ins Missionshospital von Tugela Ferry zu schaffen. Ende 1979 schlich sich ein Unterton der Verzweiflung in Creinas Berichte. Einen davon schloß sie mit einem Zitat des Dichters Roy Campbell:

«Die Organe des Chaos brummen jetzt wie Hornissen im Meer aus Sand.»

Als im folgenden Jahr der Regen ausblieb, war das der Anfang vom Ende für Neils Traum. Das Gras vertrocknete, die Ernte verdorrte, und das Vieh der Zulu verendete zu Tausenden. Mitten in der schlimmsten Dürre brachen zwei weitere Kriege aus. Nach den Kriegen kamen Seuchen – erst Cholera, dann Tollwut –, nach den Seuchen kam der Hunger. Als die Dürre anhielt, zerschnitten die Zulu die Zäune entlang der Grenze und trieben ihr ausgemergeltes Vieh auf das Gelände des Projekts. Über tausend Rinder und zahllose Ziegen weideten am Ende des ersten trockenen Winters auf Mdukatshani, und das Projekt wurde seinem Namen gerecht: Ort des verlorenen Grases. Das Land wurde zu einer Wüste aus Stein und Staub.

Im Jahr 1981 blieb der Regen erneut aus. Die Fische in Neils Teich erstickten im fauligen Wasser. Die Biogasanlagen erwiesen sich als unpraktisch und mußten stillgelegt werden. Die Solaranlagen trübten sich und kamen zum Schrott. Weiße Freiwillige hatten es satt, Marx in Lehmhütten zu lesen, und suchten anderswo bequemere Wege, die Apartheid zu bekämpfen. Ein Kommando von Drogenfahndern entdeckte vom Helikopter aus das Bewässerungssystem in Dimbi; sie glaubten, es gehöre zu einer Marihuana-Farm, landeten und zerstörten es. Die Quellen in den Hügeln versiegten, und der Fluß schrumpfte zum Rinnsal.

Von einem gewissen Punkt an verlief das Leben von Neil und Creina wie in einem bösen Märchen: Ein Ereignis folgte dem anderen mit der zusammenhanglosen Zufälligkeit eines Alptraums; die Fabel entwickelte sich nach den Launen grausamer Rachegötter. Die letzte Freiwillige in Mdukatshani erklärte mir, sie wolle aufgeben, weil die Krisen in Msinga kein Ende zu nehmen schienen und sie nicht mehr an eine Lösung glaube. Die Krisen rollten eine nach der anderen an wie Brecher an einen Strand und gönnten den Menschen keine Ruhepause. «Msinga ist ein Chaos und völlig ruiniert», sagte sie. «Ich fühlte mich vollkommen blind und hilflos. Man konnte nichts tun als leidenschaftliche Appelle verschicken.» Neil appellierte. Er appellierte jahrelang an alle möglichen Helfer: an das Rote Kreuz, an weiße Zeitungen, an Hilfsorganisationen, an

Gatsha Buthelezi und sogar an die Regierung der Apartheid. Er appellierte so lange und so heftig, bis selbst seine liberalen Freunde es nicht mehr hören konnten. 1981 verschickte er eine Reihe von Briefen an alte Freunde in der liberalen Bewegung. Er fragte sie, warum sie ihn «der Erschöpfung, der Wirkungslosigkeit und dem Scheitern» preisgegeben hatten, warum sie ihn allein gelassen hatten. Er bekam keine Antwort. Er war auf sich gestellt.

Die Dürre hielt an bis zum Jahr 1982. Dann ging ein furchtbarer Wolkenbruch nieder. Ein Erdrutsch verschüttete den Kanal in Mseleni, die Wassermassen spülten den Damm in Umhlumba fort. Der Tugela River führte Hochwasser und beschädigte Neils geliebtes Wasserrad schwer. Nach dem kurzen Unwetter rissen die Wolken auf, und die Sonne brannte gnadenloser denn je vom Himmel.

Im September 1982 war klar, daß Msinga Neil Alcock in die Knie gezwungen hatte. Nach drei Jahren ohne Regen war von seiner ganzen Arbeit wenig mehr zu sehen als einige ausgetrocknete Rinnen, Stauseen ohne Wasser, ein Flußwehr und ein einziger Garten. In ihm bauten die beiden Witwen eines gewissen Philemon Khoza Gemüse für den eigenen Bedarf an. «Diese beiden Frauen», schrieb Neil in einem erschütternden Bericht an Spender, «geben uns noch ein Beispiel für das, was erreicht werden kann.» Sonst gab es nur noch Staub und Chaos.

Für Außenstehende mag es so aussehen, als seien diese Jahre für Neil und Creina eine einzige Hölle gewesen. Auch ich glaubte das, als ich zum erstenmal von ihrem Los erfuhr. Und doch war es eine richtige Liebesgeschichte, die Geschichte zweier Weißer, die Afrika liebten. Liebe hatte Neil und Creina nach Msinga geführt, und aus Liebe blieben sie dort, in ihrer staubigen Lehmhütte, obwohl dies für Neil das Ende bedeutete. Er hatte Leukämie und rang mit dem Tod. Die Ärzte hatten ihm noch fünf Jahre gegeben, vorausgesetzt, er ernährte sich von Frischfleisch, Milch und Käse. In Mdukatshani gab es keinen elektrischen Strom, also auch keinen Kühlschrank. Im glühendheißen Sommer von Msinga gerann Milch binnen Minuten, Fleisch verdarb innerhalb eines Tages. Wenn Neil weiterleben wollte, mußte er fort. Aber er hatte gelobt, für immer in Msinga zu bleiben, und er hielt sein Gelübde.

Als es dem Ende zuging, lebten Neil und Creina wie die überwältigende Mehrheit auf diesem elenden Kontinent. Sie lebten in den Tag hinein, von Jahreszeit zu Jahreszeit, ohne Hoffnung auf Erlösung und nur mit der Gewißheit des Todes, wie jene stummen hungernden Menschen im Fernsehen, die ihre sterbenden Kinder im Arm wiegen. Lebten sie nicht genauso? Ein Leben ohne Hoffnung? Und doch war es, wenn man Creina hörte, ein Leben in Ekstase. Creina sprach nicht von Verzweiflung und Niederlage, sondern vom heißen Sand zwischen ihren Zehen und vom kühlen Wasser des Flusses auf ihrer Haut. Sie sprach von Männern, die Bäume grüßten, wenn sie durch den Busch gingen, und von Kindern, die sich erschrocken wegduckten, wenn sie ihr Gesicht zum erstenmal im Spiegel sahen. Sie sprach von der Größe und Tapferkeit der Zulu-Krieger und von der Stärke ihrer Witwen, und von Heiligabend, wenn die Wanderarbeiter aus den Städten zurückkehrten und im Tal Hörner und Hupen ertönten und das Freudengeschrei der Kinder, die ihre Väter ein ganzes Jahr nicht gesehen hatten.

Creina erzählte mir auch von der Zeit, als ihre Hütte niederbrannte. Dabei verloren Neil und sie ihre wenigen Habseligkeiten. Als sich die Nachricht von ihrem Unglück verbreitete, kamen Zulu aus einem Umkreis von mehreren Kilometern nach Mdukatshani. Einige waren alt, andere hatten noch nie mit den Weißen zu tun gehabt, und alle waren sie bettelarm. Und doch kamen alle, um den Weißen zu helfen. Manche boten Geld an, und wer nichts hatte, bot seine Muskeln an und wollte beim Wiederaufbau helfen. Ein älterer Mann wollte Neil eine zerfetzte Banknote in die Hand drücken. Er hatte sie jahrelang als Schatz gehütet, und jetzt sollte sie der Weiße haben.

Wenn Neil später gefragt wurde, warum er blieb, obwohl es doch seinen Tod bedeutete, sprach er von diesem Tag, an dem die ärmsten Schwarzen mit ihren Schätzen zu ihm gekommen waren. Das ganze Leben hätten Creina und er sich danach gesehnt, von Afrika aufgenommen zu werden. Schließlich habe Afrika sie aufgenommen und ihre Umarmung erwidert. Nach diesem Tag könne er seine Leute nicht mehr im Stich lassen. Er blieb, und Creina mit ihm. Ende 1982 schien Neils Tod nahe. Sein Körper hatte keine Abwehrkräfte mehr. Der kleinste Kratzer eiterte, und bald waren Gesicht und Beine mit eitrigen Entzündungen übersät. Neil hatte ständig Fieber, und seine

Haut war heiß. Er legte sich in die brütende Hitze auf dem flachen Felsen neben dem rieselnden Fluß und bereitete sich auf den Tod vor. Aber er starb nicht. Er war zu zäh und kam durch. Zum Gehen war er zu schwach, also brachte man ihm ein Pferd bis an die Tür. Auf dem Rücken dieses Pferdes führte er seinen letzten Kreuzzug.

Es war ein heißer Nachmittag im Sommer, und die Hirtenjungen, drei Zulu-Teenager, beobachteten den Himmel. Sie hüteten auf der Ebene von Ngongolo jenseits der Hügel von Mdukatshani die Rinder ihrer Väter. Am Himmel türmten sich Gewitterwolken. Die Jungen hatten Angst vor Blitzen und wollten vom Unwetter nicht auf freiem Feld überrascht werden. Als sich der Himmel weiter verdüsterte und die ersten Tropfen fielen, ließen sie die Herde im Stich und flohen nach Hause. Dort warteten sie das Ende des Gewitters ab. Bald hörte der Regen auf, und die Sonne kam wieder hervor. Die drei Hirtenjungen kehrten auf die regennasse Ebene zurück. Sie stellten fest, daß das Gewitter die Herde auseinandergetrieben hatte. Eine Fährte führte zu einem Loch im Grenzzaun und damit ins weiße Südafrika. Das Land gehörte einem Mann, den man «Soldat» nannte.

In Wirklichkeit hieß er James Christie, aber das wußten die Zulu nicht. Als er sich an der Grenze angesiedelt hatte und von Zulu gefragt worden war, wer er sei, hatte Christie nicht geantwortet. Er komme aus der Welt draußen, sagte er nur und zog dann mit dem Zeigefinger das Lid eines Auges herunter, so daß das Weiße zu sehen war – eine beleidigende und drohende Geste. Das lag ein oder zwei Jahre zurück, und seither war Christie zum Schrecken der Zulu geworden. Er bewirtschaftete seine Farm nicht selbst, kam aber von Zeit zu Zeit vorbei und überzeugte sich, daß die Zulu während seiner Abwesenheit nicht ihr Vieh auf seinem Land weideten. Auf diesen Streifengängen trug er einen Kampfanzug, hatte ein Gewehr dabei und schoß angeblich alle Ziegen und Rinder ab, die sich auf sein Weideland verirrt hatten. Die Afrikaner behaupteten sogar, er habe schon Warnschüsse auf sie abgegeben. Einem Mann, den er auf seinem Land erwischt hatte, sollte er den Kiefer gebrochen haben. Die Hirtenjungen wußten das alles, aber sie hatten keine Wahl. Sie mußten die Grenze überschreiten, um ihr Vieh zurückzuholen.

Sie waren nur wenige Schritte ins weiße Südafrika vorgedrungen, als Christie mit einer Schrotflinte in der Hand hinter einem Busch auftauchte. «*Ja, madoda*», sagte er auf zulu, «was sucht ihr auf meinem Land?» Dann drückte er ab. Die Jungen flohen, einer mit einer Ladung Schrot im Bein, ein anderer mit einer Wunde im Rükken. Erst als sie in Msinga in Sicherheit waren, brach der zweite Junge zusammen. Aus dem Loch in seinem Rücken kamen blutige Blasen.

Der verwundete Junge wurde zu einem Krankenhaus in Pietermaritzburg gefahren. Chirurgen operierten ihn und entfernten Schrotkörner aus der Herzgegend. Eine oder zwei Wochen später, als der Junge schon wieder gehen konnte, fuhren sein Vater und einige Verwandte mit ihm zur Polizeistation in Weenen, wo sie den schießwütigen Weißen anzeigen wollten. Der Polizist hinter dem Schreibtisch war ein Weißer. «Stimmt es», fragte er, «daß ihr auf dem Land eines Weißen gewesen seid, als die Schüsse fielen?»

Der Junge bejahte.

«Na also», sagte der Polizist. «Wenn ich der Farmer gewesen wäre, hätte ich euch die Kugel hierhin verpaßt.» Er deutete mit dem Finger auf die Schläfe des jungen Schwarzen. Damit war die Sache erledigt, zumindest was die Vertreter des Gesetzes anbelangte. Die Schüsse waren nur eine weitere Episode in einem uralten Krieg, dem Krieg der Schwarzen und der Weißen um Land.

Auf beiden Seiten der Grenze von Msinga hielten die Menschen Vieh, aber es gab zuwenig Weideland, vor allem für die Schwarzen. Dem Viehhalter standen in Msinga durchschnittlich rund neun Hektar Stammesland zur Verfügung, ein Weißer in Südafrika besaß dagegen 598 Hektar. Dieser krasse Gegensatz war bestimmend für das Leben an der Grenze und all seine Auswirkungen. Regnete es, herrschte an der Grenze mehr oder weniger Frieden. Blieb der Regen aus, gab es Spannungen. Während der Dürreperioden waren die Weidegebiete rasch abgegrast, und die hungernden Rinder der Zulu drängten sich am Grenzzaun zusammen und starrten ins weiße Südafrika, wo es noch Gras und Wasser gab. Eine Kuh war für einen Zulu mehr als nur ein Nutztier. Jede Kuh hatte ihren Namen, und ihr Besitzer sprach von ihr wie von einem Familienmitglied. Wenn eine hungernde Kuh in die Knie ging und sich nicht mehr aus dem Staub erheben konnte, sank ihr Besitzer neben ihr auf den Boden und jammerte. Bevor Zulu ihr geliebtes Vieh verhungern ließen, schnitten sie die Zäune durch und trieben es auf das Land der Weißen. Die antworteten darauf mit dem Gewehr, und die Grenze wurde praktisch zum Kriegsgebiet.

Manche weißen Farmer begnügten sich damit, die Ziegen und Rinder der Zulu abzuschießen. Andere schlugen Kapital aus dem Krieg. Sie kreisten das fremde Vieh auf ihren Weiden ein und trieben es zur staatlichen Hürde für entlaufenes Vieh. Die Zulu konnten die Tiere dann gegen Zahlung empfindlicher Geldstrafen auslösen. Der größte Teil des Geldes floß direkt dem weißen Farmer zu, als Entgelt für Schäden an seinem Land. Die Zulu beschuldigten die Weißen, das Vieh absichtlich auf ihr Gebiet zu locken, um die Geldstrafe einstreichen zu können. Sie klagten, daß Weiße sofort auf sie schossen, wenn sie deren Land widerrechtlich betraten, aber die weißen Polizisten kümmerten sich selten um solche Beschwerden. Im Fall der Hirtenjungen, die von Christie angeschossen worden waren, nahmen sie zum Beispiel ein paar Aussagen zu Protokoll, machten einige Aufnahmen vom Tatort und ließen es dabei bewenden. Nach über zwei Jahren war noch immer keine Anklage gegen Christie erhoben.

Doch dann tauchte eines Tages ein Gerichtsdiener bei James Christie auf und übergab ihm einen amtlich aussehenden Briefumschlag. Christie riß ihn auf, und dann stieg ihm die Zornesröte ins Gesicht. Die Hirtenjungen belangten ihn wegen versuchten Mordes. Ein ähnliches Schreiben erhielt wenig später auch Flip de Bruin. Ein Zulu, der von ihm als Viehdieb verdächtigt worden war, verklagte ihn wegen seiner Verhörmethoden: Flip de Bruin habe ihn mit einem Speer fast einen Kilometer auf allen vieren durch den Busch getrieben. Auch bei Peter Gill gingen mehrere Anfragen ein, seine Praxis betreffend, das Land mit «jeder Art von Gewalt, die nötig ist», zu verteidigen. Neil Alcocks letzter Kreuzzug hatte begonnen.

Er hatte dabei zwei Verbündete, das Legal Resources Center, eine Rechtshilfeorganisation mit Sitz in Durban, und eine Zulu-Matrone, die sieben Schulklassen durchlaufen hatte. Mrs. Natty Duma war fast so breit wie groß und hatte ein Herz von entsprechender

Weite. Sie war Neils Privatdetektivin. Wann immer ein Weißer die Faust oder das Gewehr gegen einen Schwarzen erhoben hatte, tauchte Natty Duma in der Nähe seiner Farm auf, schnüffelte herum und recherchierte heimlich bei den geschädigten Parteien. Sie berichtete Neil, was sie ermittelt hatte, dieser leitete die Informationen an das Legal Resources Center weiter und ermutigte die Betroffenen, ihre Peiniger vor Gericht zu bringen.

In Neils letzten Lebensjahren untersuchten er und Natty etwa vierzig Fälle, bei denen Weißen aus der Umgebung tätliche Angriffe und Verbrechen zur Last gelegt wurden. In einem Fall beschuldigte ein sechsundachtzigjähriger Schwarzer einen weißen Farmer, er sei von ihm getreten, geschlagen und an der Nase über den Boden geschleift worden. In einem anderen Fall hatte ein schwarzer Farmarbeiter den Fehler begangen, vom *baas* seinen Lohn zu verlangen. Er wurde zusammengeschlagen, in einen Wagen gezerrt, im Busch abgeladen, wieder aufgelesen und zur Polizei geschleppt, wo man ihm Landfriedensbruch zur Last legte. In einem dritten Fall beschuldigte eine Zulu-Frau einen weißen Farmer der Vergewaltigung und verklagte ihn auf Unterhaltszahlung für ihre zwölfjährige Mischlingstochter. Der Angeklagte, ein Weißer namens Phil Opperman von der Farm Darkest Africa, stritt die Anschuldigungen ab. Er wurde durch einen Vaterschaftstest überführt und mußte für das Kind Alimente zahlen.

Der Fall machte Schlagzeilen im ganzen Land. Neil wurde bei den Weißen in der Gegend noch unbeliebter. Ganz besonders verhaßt machte er sich mit einem Prozeß um Wegerechte. Neils erklärtes Ziel war, den Zulu wieder bestimmte traditionelle Wegerechte zu verschaffen, die es ihnen erlaubten, querfeldein von Msinga nach Weenen oder zum Fluß zu ziehen. Neils weiße Nachbarn hielten davon gar nichts. Wenn die Wegerechte wieder in Kraft gesetzt wurden, konnten die Zulu ihr Vieh rechtmäßig über weißes Farmland treiben und es an jedem Wasserlauf tränken, der den Weg kreuzte. Die Weißen sahen schon riesige Herden ausgehungerter Rinder und Ziegen zwischen Msinga und ihren austrocknenden Wasserstellen hin- und herziehen und unterwegs das letzte Weideland kahlfressen. Sie waren außer sich. Sie glaubten, Neil wolle sie von ihrem Land verjagen.

Aber Neils Kampagne richtete sich nicht nur gegen die weißen Farmer. «Zuletzt hat er allen das Leben schwergemacht», sagte mir ein Regierungsbeamter. Neil verklagte die Polizei von Tugela Ferry wegen Folterung von Verdächtigen. Er lief Sturm gegen korrupte Ordnungshüter und gab den Anstoß zu peinlichen Fragen im Parlament. Er übte so lange Druck auf die Regierung aus, bis sie eine Kommission einsetzte, die den Konflikt an der Grenze zwischen Weenen und Msinga beilegen sollte. Mit alldem machte Neil sich zum meistgehaßten Weißen im mittleren Natal. Mitten in der Nacht klingelte bei ihm das Telefon, und anonyme burische Anrufer drohten, ihn zu ermorden. Die Ortsgruppe der regierenden Nationalen Partei verabschiedete eine Resolution, in der sie die Regierung beschwor, Alcock aus der Gegend zu verbannen. Die Geheimpolizei setzte ein Kommando auf Neil an. Es sollte Beweise für den Vorwurf sammeln, Neil «schüre den Rassenhaß». Aber Neil ließ nicht locker. Als die fünf Jahre, die seine Ärzte ihm gegeben hatten, sich dem Ende zuneigten, kämpfte er noch erbitterter.

Im Jahr 1983 blieb der Regen erneut aus. Die Spannungen in Msinga wuchsen. Wieder starben Rinder der Zulu, und die umstrittenen Wegerechte waren noch immer nicht wieder in Kraft gesetzt. Da keine Zeit blieb, den Lauf der Gerechtigkeit abzuwarten, nahm Neil die Dinge selbst in die Hand. Bei Nacht brachen er, seine Söhne und schwarze Helfer mit Spitzhacken und Äxten die Sperre an einer der umstrittenen Straßen auf. Sie durchschlugen die Ketten, zertrümmerten die Vorhängeschlösser, rissen die Tore aus den Angeln und stürzten sie in den nächsten Graben. Die zertrümmerten Ketten und Schlösser warfen sie einem weißen Farmer auf die Treppe vor der Haustür. Im ländlichen Südafrika war eine solche Herausforderung glatter Selbstmord. Neil Alcock suchte Ärger, und es sah so aus, als sollte er ihn bald bekommen.

Einige Kilometer flußaufwärts von Mdukatshani wohnte Tom Uren, ein Weißer mit britischer Staatsbürgerschaft, der mehrere Jahre in Kenia gelebt hatte. Er war erst seit kurzem in Msinga und betrieb eine Farm namens Sun Valley. Bei den Weißen galt Uren als vernünftiger Mensch und fähiger, gewissenhafter Farmer. Bei den Schwarzen war er verhaßt. Sie warfen ihm vor, er kürze ihnen bei

Verstößen gegen willkürliche Vorschriften den Lohn und stecke das Geld in die eigene Tasche. Eines Tages stieg Uren auf einsamer Straße aus seinem Lastwagen, um ein Tor aufzuschließen. Ein Schuß knallte. Uren brach mit einem Loch im Kopf tot zusammen. Einige Weiße machten sofort Neil Alcock dafür verantwortlich. «Überlegen Sie einmal selbst», sagte mir einer. «Er wollte, daß die Kaffern unser Land kriegen, also mußten wir verschwinden. Er hat sie zum Angriff gegen uns ermutigt.»

Bald danach kamen Zulu-Arbeiter nachts nach Mdukatshani und warnten Neil vor Mordplänen ihrer Arbeitgeber. Einmal hieß es, Neil solle von einem Scharfschützen auf einsamer Straße erschossen werden. Dann hieß es, man wolle ihn zu einem Viehkauf locken und in seiner Gegenwart einen Schwarzen verprügeln; falls er in den Kampf eingreifen sollte, wolle man ihn töten und den Mord als Notwehr hinstellen. Neil schlug die Warnungen achselzuckend in den Wind, aber einige Freunde waren besorgt. Sie konnten sich nur zu gut vorstellen, wie er von einer Kugel aus dem Gewehr eines Killers getroffen wurde. Jeder wußte natürlich, von welcher Seite die Gefahr drohte. Doch als der Schuß dann tatsächlich fiel, kam er aus einer ganz anderen Richtung.

Qamatha Sokhelas Haus stand auf einer ausgetrockneten Ebene im sonnenverbrannten, wüsten Msinga, auf halbem Weg zwischen Mdukatshani und dem staubigen Flecken Tugela Ferry. Sokhela war ein alter Mann und hatte das ganze Leben bei der Eisenbahn gearbeitet. Er hatte eine gute Stelle und war reich geworden, so reich, daß er sich drei Frauen und ein hübsches Haus mit fünf großen Zimmern, Wänden aus Backstein, Zementböden, Glasfenstern und einem Blechdach leisten konnte. In dem Haus standen viktorianische Armsessel und richtige Betten, genau wie im Haus eines Weißen. Nach den Maßstäben in Msinga war es ein Herrenhaus, aber das war es nicht, worum die Nachbarn Sokhela beneideten. Sie beneideten ihn, weil man das Blechdach nicht in Brand stecken konnte und Gewehrkugeln nicht durch die Steinmauern drangen, wie bei den Lehmwänden der Hütten einfacherer Leute. In Msinga war Sokhelas Haus eine Festung. Deshalb schliefen am Weihnachtsmorgen 1982 überall in seinem Haus Flüchtlinge auf dem Boden. Die

Frauen und Kinder wagten es nicht, in den eigenen Hütten zu schlafen. Es herrschte Krieg.

Vor Sokhelas Haus erstreckte sich das ausgetrocknete Flußbett des Hyena River. Das Land auf Sokhelas Seite gehörte dem *isigodi* Mhlangaan, das Land auf der anderen Seite den Ndlela. 1982 führten die Mhlangaan gegen die Ndlela Krieg, und der Feind war stark. Manchmal überfiel er nachts das Gebiet der Mhlangaan, schoß mit Maschinenpistolen auf die Hütten und steckte die Strohdächer in Brand. Obwohl Frauen und Kinder nicht als Krieger galten, liefen sie Gefahr, bei den nächtlichen Überfällen von Kugeln getroffen zu werden. Dutzende von ihnen zogen es deshalb vor, in Sokhelas Haus zu übernachten. Ihre Väter, Männer und Brüder kämpften schon seit drei Monaten in den Hügeln und lebten «wie Paviane» in den Schluchten.

Der alte Sokhela hatte auch in den Hügeln gekämpft, aber er war schon zu alt zum Kämpfen, sogar zu alt, um wegzulaufen, wenn es erforderlich war. Schwarze Polizisten aus Tugela Ferry schnappten ihn und wollten von ihm wissen, wo sich das Heer der Mhlangaan versteckt hielt. Sokhela traute den Polizisten nicht. Er fürchtete, sie würden die Verstecke seiner Brüder an die Ndlela verraten. Als er sich weigerte, schlugen die Polizisten ihn mit Gewehrkolben, und er trug innere Verletzungen davon. So stieg er am Heiligabend von den Hügeln herab und übernachtete zu Hause. Im Morgengrauen wollte er aufstehen und aus dem Bezirk fliehen.

Kurz vor Sonnenaufgang riß Gewehrfeuer die Flüchtlinge aus dem Schlaf. Eine Tochter Sokhelas öffnete die Tür und spähte hinaus. Sie hörte Rufe, das Krachen von Türen, die im benachbarten Kral eingetreten wurden, und das Klagen einer alten Frau, deren Mann im Morgengrauen erschossen worden war, als er nach einer verirrten Kuh gesucht hatte. Dann sah sie die Männer: zahllose Schwarze in Uniform, mit Militärmützen und Gewehren. Es war das *impi* der Ndlela, das Heer der Ndlela. Die Flüchtlinge wußten, daß sie keine Minute zu verlieren hatten. Sie liefen aus dem Haus und verschwanden im Busch. Sokhelas Tochter rannte zu ihrem Vater ins Schlafzimmer und rüttelte ihn wach. «Der Krieg ist gekommen», sagte sie.

Sokhela versteckte sich unter dem Bett. Die Tochter stellte sich am Eingang auf und wartete auf den Feind. Sie ließ die Tür offenstehen. Der Feind sollte glauben, das Haus sei leer. Ein Krieger der Ndlela näherte sich.

«Wo ist der Mann von hier?» fragte er.

«Hier ist kein Mann», antwortete sie.

Der Soldat sah durch die Tür hinter ihr, zuckte die Achseln und wandte sich zum Gehen. Genau in diesem Moment bewegte sich der alte Sokhela in seinem Versteck, und das Bett verursachte ein kratzendes Geräusch auf dem Zementboden. Der Soldat drehte sich um und schrie nach seinen Kameraden. Sie sollten kommen, da sei jemand im Haus. Mehrere Krieger der Ndlela stießen die Tochter beiseite und stürmten ins Haus, die Gewehre schußbereit. «Ich ging fort», berichtete sie mir. «Ich wollte nicht sehen. Sie waren gekommen, meinen Vater zu töten. Ich wollte nicht sehen.»

Die Kugeln durchsiebten die Matratze, und einige trafen Sokhela ins Herz. Er war das fünfte Todesopfer eines weiteren sinnlosen Krieges in Msinga. Warum mußte er sterben? Ein hochbetagter Stammesältester aus Sokhelas Faktion erinnerte sich vage an einen Streit um Land, aber wie und wann es dazu gekommen war, wußte er nicht genau. Das sei lange vor seiner Zeit gewesen. Kämpfer der Mhlangaan behaupteten dagegen, der Krieg gehe auf einen Vorfall aus dem Jahr 1965 in einer Baracke für Wanderarbeiter im fernen Kimberley zurück.

«Es fing alles damit an, daß ein junger Mann namens Ntsele ruhig bei einem Bier saß», sagte Masithela Mbatha, ein Stammesältester der Mhlangaan. «Zwei Ndlela-Männer setzten sich zu ihm und tranken von seinem Bier. Ntsele fragte sie, was ihnen einfalle, ungefragt sein Bier zu trinken. Die Ndlela fragten zurück, ob er sie etwa daran hindern wolle.» Ntsele war aus Mhlangaan und berichtete seinen Stammesbrüdern von der Pöbelei. Die Beleidigung fraß wochenlang in ihnen. «Dann kam Weihnachten», fuhr Masithela fort, «und wir Zulu setzten uns alle auf ein Bier zusammen. Wir diskutierten über das, was man Ntsele angetan hatte. Die jungen Männer wollten kämpfen. Ich war dabei. Ich kämpfte mit. Wir kämpften mit Stöcken, Speeren und Messern. Fünf Männer wurden getötet, vier von ihnen und einer von uns.»

Die Männer, die an dem Streit beteiligt waren, wurden verhaftet, aber mangels Beweisen wieder auf freien Fuß gesetzt. Gleich nach ihrer Entlassung kehrten sie nach Msinga zurück und setzten den Krieg in den Hügeln fort. Es gab zahlreiche Tote, aber dann legte sich der Haß schließlich, und an den Ufern des Hyena River kehrte wieder Frieden ein. Aber 1982 war in Ndlela eine neue Generation rachedurstiger Krieger herangewachsen. «Ihr habt unsere Väter getötet», sagten sie, «also töten wir euch.»

Der neue Krieg begann in aller Stille, wie die vorangegangenen Kriege auch. In Johannesburg wurde ein Mhlangaan ermordet, in Msinga wurde zur Vergeltung ein Ndlela getötet. Eines Nachts fiel das Heer der Ndlela in das Gebiet der Mhlangaan ein und schoß mit Maschinengewehren auf einen Kral. Dann zogen die Männer beider Parteien schwerbewaffnet in die Hügel. Der Krieg spitzte sich zu und forderte in den folgenden neun Monaten einundzwanzig Menschenleben, darunter das von Sokhela. Drei Männer wurden in Johannesburger Wohnheimen ermordet, einer in Dundee. Zwei kamen bei einer Schießerei in einem Bus ums Leben. Neils Freund Stezi Mpungose geriet auf einem Pfad in einen Hinterhalt und wurde erschossen und enthauptet. Die Polizei versuchte halbherzig und ohne Erfolg, den Krieg zu beenden. Ein lokaler Stammeshäuptling, der sich um Vermittlung bemühte, scheiterte ebenfalls.

Und dann, an einem Tag im Winter 1983, kamen zwei alte Männer vom Berg herunter und wollten Neil sprechen. Albert Mbatha war ein lustiger Kerl, der als Markenzeichen stets einen Filzhut schräg auf dem Kopf sitzen hatte. Thobola Mutwa war ein schüchterner, unsicherer Mann, der vierzig Jahre Gefängniswärter in Johannesburg gewesen und vor kurzem in den Ruhestand getreten war. Beide waren mit Neil gut befreundet, hatten ihn aber seit längerem nicht mehr gesehen. Sie hatten in den Schluchten aktiven Dienst im *impi* geleistet, dreihundert Tage und Nächte lang. Jetzt waren sie müde, und sie hatten den Kampf satt. «*Numzaan*», rief Albert, «du mußt uns helfen, das Morden zu beenden.»

Das war die eigentliche Tragik der Kriege in Msinga: keiner wollte sie, nur die blutdürstigen jungen Hitzköpfe, die sie auslösten. Die anderen Menschen sehnten sich nach Frieden und Stabilität. Aber ältere Männer wie Albert hatten kein Mittel, ihre Söhne in Schach zu halten. Albert sagte: «Wenn wir ihnen sagen, daß die furchtbare Sache ein Ende haben muß, sagen sie nur: ‹Paß auf, Alter, daß du nicht selbst einen draufkriegst.›» Die jungen Burschen zettelten den Streit an und zogen nach dem Gesetz der kollektiven Vergeltung alle anderen mit hinein. War ein Gemetzel erst einmal in Gang gekommen, konnte man es schlichtweg nicht mehr stoppen. Die Autorität der Stammesführer schwand dahin, und die südafrikanische Polizei versagte völlig. Selbst wenn ein Mord am hellichten Tag geschehen war und Hunderte zugesehen hatten, konnte sie keine Zeugen auftreiben. Vielleicht versuchte sie es auch gar nicht mehr. Von der Polizeiwache in Tugela Ferry hieß es zum Beispiel, man könne sich dort für hundert Dollar von einer Mordanklage freikaufen; bei geringeren Delikten genügten eine oder zwei Ziegen.

In dieser ausweglosen Situation suchten Albert und Mutwa Hilfe bei Neil. Ein Mann mit weniger Mut hätte sofort abgelehnt. Es war äußerst gefährlich, sich in die Fehden von Msinga einzumischen, aber Neil wies niemanden ab, der um Hilfe bat. Als die beiden Alten gegangen waren, nahm er Kontakt mit der Polizei, mit lokalen Stammeshäuptlingen und mit dem Bezirksrichter auf und organisierte eine Friedenskonferenz. Im Umkreis von zehn Kilometern um das Projekt wüteten damals gleich zwei Kriege – Mhlangaan gegen Ndlela und Mashunka gegen Ngubo –, und Neil wollte in beiden Konflikten zugleich vermitteln. Die Vorbereitungen dauerten drei Monate. Die Krieger der verschiedenen Parteien waren mißtrauisch und mußten erst überzeugt werden, daß sie nicht in eine tödliche Falle gingen, wenn sie ihre Verstecke verließen. Neil bemühte sich, ihre Befürchtungen zu zerstreuen: Er überredete einen hohen Polizeibeamten, die Initiative zu unterstützen und einige seiner Leute zur Konferenz zu schicken. Obwohl das nur symbolische Bedeutung hatte, faßten die Krieger Vertrauen. Schließlich wurde ein Termin festgesetzt.

Am vereinbarten Tag fuhr Bob Frean von den *Daily News* in Durban hinaus nach Msinga. Die Friedenskonferenz war die erste ihrer Art, bei seiner Zeitung versprach man sich eine gute Story. Frean kam kurz nach Tagesanbruch in Mdukatshani an und wurde bereits von Neil erwartet. Neil trug wie gewöhnlich abgetragene Jeans und Sandalen mit Sohlen aus Autoreifen.

Nach Einschätzung des Journalisten begann der Tag wenig vielversprechend. Er und Neil stiegen in den projekteigenen japanischen Kleinbus und fuhren zum verabredeten Treffpunkt, wo bereits die Abordnung einer kriegführenden Partei auf sie warten sollte. An dem Treffpunkt war niemand, also warteten sie.

Stunden vergingen. Die Sonne stieg immer höher, und die Hitze wurde unerträglich. In der Ferne flimmerten die staubigen Hügel. Halbnackte Hirtenjungen ließen sich in einiger Entfernung im Schatten von Dornbüschen nieder und starrten die Weißen an. Ausgemergelte Rinder trotteten vorüber. Frean stieg aus dem Wagen und vertrat sich in der staubigen Einöde die Beine. Er sah über die Betonmauer einer Viehtränke und entdeckte in dem schaumigen Wasser einen verwesenden Hund. Ein bedrückendes Gefühl der Ohnmacht überfiel ihn. Er war gerade drei Stunden in Msinga und wollte schon wieder fort. Alcock war acht Jahre hier und klagte noch immer nicht. Er saß hinter dem Steuer des Kleinbusses und schrieb wütende Briefe an Zeitungen und Parlamentsabgeordnete, in denen er die erbärmlichen Zustände in Msinga schilderte. Frean schüttelte den Kopf. Wie hielt der Mann das aus?

Auch Feldwebel Jurgen Freese vom Polizeikommando in Tugela Ferry zweifelte an Neils Vorhaben. Er wartete in der drückenden Hitze des Gerichtssaals in Tugela Ferry, fächelte sich Luft zu und gähnte. Jurgen Freese hielt die Friedenskonferenz für reine Zeitverschwendung. Er wußte, was geschehen würde. Die Krieger würden schließlich erscheinen. Alcock würde eine Rede halten. Dann würden die Schwarzen sich gegenseitig anschreien und sich Vorfälle aus der Zeit ihrer Väter und Großväter vorwerfen, und alles würde beim alten bleiben.

Freese behielt mehr oder weniger recht. Zu gegebener Zeit waren alle vier Abordnungen im Saal versammelt. Neil leitete die Verhandlungen mit einigen Worten ein. «Ihr alle leidet», sagte er zu den Kriegern. «Ihr habt Monate in den Hügeln verbracht. Ihr habt den Schmerz beim Tod eurer Freunde und Verwandten kennengelernt. Aber ihr müßt den Schmerz vergessen, wenn wir einen Weg finden wollen, um das Blutvergießen zu beenden.» Dann gab er den Kriegern das Wort.

Einer nach dem anderen stand auf und versicherte, daß auch

seine Partei den Frieden wolle. Darüber hinaus fanden sie keinen gemeinsamen Nenner. «Es wurde viel geredet», kommentierte Freese, «aber nichts gesagt.» Schließlich verständigten sich die Zulu auf ein weiteres Treffen, und die Konferenz endete in allgemeiner Ernüchterung.

Die Hitze draußen war gnadenlos. Neil schickte einen Jungen zum Gemischtwarenladen, um Getränke zu holen. Die Teilnehmer der Konferenz warteten auf der schattigen Veranda des Gerichts und sahen den Ziegen zu, die gegenüber auf dem staubigen Marktplatz Abfälle nach Futter durchwühlten. Mutwa, Albert und andere Mitglieder der Mhlangaan-Delegation standen auf einer Seite, die Männer der Ndlela auf der anderen. Kein Wort wurde zwischen ihnen gewechselt, kein Blick ausgetauscht. Zeugen behaupteten später, finstere Gestalten seien um das Gebäude geschlichen, hätten einander zugenickt und sich verschwörerisch zugezwinkert, aber damals schenkte ihnen niemand Beachtung, und Neil dachte nicht an mögliche Gefahren. Er glaubte nicht, daß die Zulu ihm Böses wollten. Er war ihr Bruder und Vater. Viele nannten ihn tatsächlich *uBabawethu*, unseren Vater.

Nachdem Albert und die anderen Teilnehmer der Mhlangaan-Delegation ihre Cola-Flaschen geleert hatten, kletterten sie auf einen offenen Laster und traten, mit Creina am Steuer, den Heimweg an. Als sie an den Rand des Ortes kamen, trommelte einer wie wild mit den Fäusten auf das Dach des Fahrerhauses. «Diese Straße dürfen wir nicht nehmen», warnte er Creina; sie führe durch das Gebiet der feindlichen Ndlela und sei zu gefährlich. Creina verstand die Angst nicht recht, schließlich fuhren sie mit einer weißen Flagge. Die Stammesgenossen wollten jedoch unbedingt umdrehen, also fuhr sie zum Gerichtsgebäude zurück. Alberts Delegation erklärte dort, sie würde auf der gefährlichen Straße nur in einem geschlossenen Wagen und mit Neil am Steuer fahren. Creina fuhr allein nach Hause.

Etwa um vier Uhr nachmittags zwängten sich neunzehn schwitzende Zulu in Neils Kleinbus und machten sich auf den Heimweg. Neil nahm eine Straße, deren Teerdecke auf der anderen Seite der Brücke aufhörte. Sie führte am Ufer des Flusses entlang nach Norden ins Gebiet der Ndlela. Für die Angehörigen der Mashunka unter den Fahrgästen war das kein besonderer Grund zur Beunruhigung; sie hatten mit den Ndlela keine Querelen. Dagegen herrschte unter den Mhlangaan Totenstille, als der Kleinbus ins Gebiet ihrer Feinde rumpelte. Sie fürchteten sich zu Recht. Ferngläser waren auf den Bus gerichtet. Kommandos wurden weitergegeben, Verschlüsse klackten, und Magazine rasteten in die Schächte von Maschinenpistolen ein.

Etwa in der Mitte der Gefahrenzone verlor sich die Straße zwischen Haufen dicker Gesteinsbrocken. Als der Bus die Steine erreichte, begannen am Straßenrand kleine Zulu-Jungen in wilder Raserei zu tanzen. «*Ololol*o», schrien sie; es war der Schlachtruf der Zulu und bedeutete soviel wie «Wir haben euch». Das Geschrei alarmierte die Mitfahrer, aber Neil schien es nicht zu bemerken. Er achtete nur auf die Straße.

Als er um eine Kurve fuhr, sprangen fünfzig bis siebzig Ndlela-Krieger aus ihren Verstecken zwischen den Felsblöcken und begannen zu schießen. Sie konzentrierten das Feuer auf den Fahrer. Eine Kugel aus einem automatischen Gewehr traf Neil in den Nacken. Blut spritzte auf die Windschutzscheibe. Der Bus rollte langsamer und kam zum Stehen. Neil öffnete die Tür, wankte hinaus und stürzte zu Boden.

Hinter ihm sprangen Zulu wild durcheinander aus dem Fahrzeug. Kugeln pfiffen ihnen um die Ohren. Die Männer der neutralen Mashunka-Delegation standen auf einer Seite, streckten die Hände hoch und schrien: «*Tshwele baThembu!* – Gnade! Habt Gnade!» Die Soldaten der Ndlela beachteten sie nicht und feuerten auf die fliehenden Mhlangaan. Mehrere waren bereits verwundet, einer humpelte mit einem zerschossenen Fuß weiter, ein anderer hielt mit den Händen seine Eingeweide im Leib und versuchte zu entkommen. Die Ndlela verließen ihre Verstecke und nahmen schießend die Verfolgung auf. Die Schreie und Schüsse verloren sich in der Ferne, und es war still, bis auf das Stöhnen der Verwundeten. Ein Zulu lag sterbend im Bus, vier andere, darunter Mutwa und Albert, waren nicht weit gekommen, bevor sie getötet wurden. Und Neil lag auf dem Gesicht im Staub Afrikas. Tot.

Als die Schießerei vorbei war, liefen Scharen von Zulu-Frauen jammernd und betend am Schauplatz zusammen. Sie sahen mitten auf der Straße einen alten Zulu einsam auf einem Stein sitzen und an Neils Leiche Wache halten. Als Neil zu Boden gestürzt war, hatte sich seine Brieftasche geöffnet. Papiere und Geld lagen verstreut auf der Erde. Jemand hatte dem Alten vorgeschlagen, er solle die Papiere auflesen, aber er hatte abgewinkt. Die Polizei müsse alles so sehen, wie es passiert sei; nichts dürfe angefaßt werden. Deshalb hatte er den Stein geholt, ihn neben Neils Leiche gerollt und sich daraufgesetzt. Er wartete.

Ein oder zwei Wagen kamen vorbei, aber die schwarzen Fahrer waren zu verängstigt, um anzuhalten und zu helfen. Ein großer Bus näherte sich in einer Staubwolke, manövrierte sich langsam durch die Menge, vorbei an Neils Leiche, und fuhr weiter, ohne zu halten. Die Sonne sank tiefer und ging schließlich unter. Als die Polizei eintraf, war die Nacht hereingebrochen.

Der Alte sah auf. Über ihm glühten im Dunkel Zigaretten. Einer der Polizisten tippte Neils Leiche mit der Fußspitze an.

«Hunde heben wir nicht auf», sagte er. «Hebt ihr ihn auf. Das ist euer Jesus.»

Wir drangen tiefer und tiefer in das Herz der Dunkelheit ein. Dort war es sehr still.
Joseph Conrad, *Das Herz der Finsternis*

Neil war tot. Creina konnte es tagelang nicht fassen. Zulu-Frauen brauten Bier und bereiteten Essen für ein Begräbnis vor. Wessen Begräbnis? Ein alter Schwarzer erschien in der Tür, nahm den Hut vom Kopf und drückte ihn an die Brust. «Sie sind jetzt ganz allein», sagte er, «ganz allein.» Alles schien so unwirklich.

An einem der nächsten Morgen, draußen war es noch dunkel, hörte Creina das Klirren von Schaufeln und Spaten. Männer stiegen den Hügel hinauf, um das Grab auszuheben. Später hörte sie, wie ein großer Laster angelassen wurde, und sie wußte, ihr Stiefsohn Dave fuhr los, um die Leichen aus Greytown zu holen. Greytown lag über sechzig Kilometer entfernt, im weißen Südafrika. Man hatte die Leichen dorthin geschafft, weil Gerüchte von einem Komplott aufgetaucht waren. Danach sollten die Toten aus der Leichenhalle von Tugela Ferry gestohlen und zerstückelt werden, um sie anschließend für einen Zaubertrank zur Stärkung der Krieger zu verwenden. Als Dave in Greytown ankam, wollten ihm die Polizisten nicht alle sechs Leichen übergeben. Gerüchten zufolge solle der Laster auf dem Weg nach Msinga überfallen werden, sagten sie. Nur Neil wurde aus der Leichenhalle geholt und in den Sarg gelegt, den man als billige Ausschußware bei einem Bestattungsunternehmen in Weenen gekauft hatte. Der Sarg wurde auf den Laster gehoben. Auf seiner letzten Reise wurde Neil von einem Geleitzug von Fahrzeugen eskortiert, in denen bewaffnete Polizisten saßen.

Er hatte sich gewünscht, oben auf dem Kliff beigesetzt zu werden, an einer Stelle, von der man die Biegung des Flusses und das weite

Schwemmland dahinter überblickte. Eine Menschenmenge wartete unter der sengenden Sonne – zwei prominente Schwarze im Anzug und tausend einfache Menschen aus Msinga in Lumpen und Fetzen und Resten von Stammesschmuck. Viele Trauergäste fanden den Sarg, der aus hellem und dunklem Holz zusammengezimmert war, besonders passend. Es sei der richtige Sarg für einen Mann wie Neil Alcock, meinten sie. Er sei im Herzen halb weiß, halb schwarz gewesen.

Ein alter Zionist sprach ein paar Worte, dann sang die Menge *«Nkosi Sikalel' iAfrika»*, Gott segne Afrika. Der Sarg wurde ins Grab hinuntergelassen und mit Steinen bedeckt. Creina drehte sich um und ging. Eine Weile saß sie unten am Fluß und sah zu, wie die männlichen Trauergäste den gewundenen Pfad zu den flachen Felsen am Ufer hinunterstiegen. Dort legten sie ihre Kleider ab und wuschen sich, wie es das Beerdigungsritual der Zulu vorschrieb. Creina kam alles ganz unwirklich vor, als sei der Fluß nicht der vertraute Tugela River, sondern der Ganges.

Warum hatte Neil sterben müssen? Daß er auf diese Art und Weise gestorben war, machte keinen Sinn. In den fernen Städten nahmen viele Weiße die Nachricht ungläubig auf. Das konnte doch nicht sein, Neil Alcock konnte doch unmöglich von Zulu erschossen worden sein! Die Weißen glaubten felsenfest an ein Komplott, man müsse nur die geheimen Verbindungen aufdecken; sicher sei der Mordauftrag von irgendwo aus dem Innern des weißen Systems gekommen, von der Geheimpolizei oder vom militärischen Geheimdienst. Nach dem Gesetz des Schicksals, nach den Regeln ausgleichender Gerechtigkeit und nach den Regeln jeder Verschwörung könne es nur so gewesen sein. Aber diese Theorie wurde letztlich durch nichts anderes gestützt als durch den Wunsch ihrer Verfechter, daran zu glauben. Es war schwer vorstellbar, daß irgendein Weißer außer Neil selbst bei den Stämmen genug Einfluß hatte, um ein *impi* zur Ausführung eines Geheimauftrags zu überreden.

Die Theorie von der korrupten Polizei war ein wenig zwingender. Kurz vor seinem Tod hatte Neil bei hohen Polizeibeamten endlich durchsetzen können, daß ein Geheimpolizist nach Msinga eingeschleust wurde. Er sollte die Hunderte unaufgeklärter Mordfälle untersuchen und den Korruptionsvorwürfen nachgehen, die im Zusammenhang mit ihnen erhoben wurden. In den Wochen vor dem Überfall hatten sich Neil und der Polizist Fires van Vuuren mehrmals heimlich mit Zulu getroffen. Die Zulu behaupteten, sie hätten Beweise für die Vorwürfe. Unter diesen Umständen hatten manche Angehörige der Polizeigarnison in Tugela Ferry Grund, Neil den Tod zu wünschen. Und sie waren in der Lage, einen Anschlag zu organisieren: Die meisten von ihnen waren Zulu, mehrere davon blutsverwandt mit den Ndlela.

Das Rätsel um Neils Tod wurde nie gelöst, auch wenn die Polizei intensiver ermittelte als gewöhnlich. Alcock war ein *kafferboetie* gewesen, ein «Kaffernfreund», und er hatte den Beamten ständig im Nacken gesessen, aber er war trotz allem ein Weißer gewesen. Deshalb sollte der Mord rasch aufgeklärt werden. Polizeibeamte strömten in den Bezirk, errichteten ein Zeltlager am Rand von Tugela Ferry und trieben das *impi* der Ndlela mit Hubschraubern zusammen. Dutzende von Kriegern wurden festgenommen und ein Dutzend Waffen in Verstecken im Busch aufgespürt. Ballistische Untersuchungen ergaben, daß einige davon bei dem Überfall benutzt worden waren. Aber die Polizisten hatten Mühe zu ermitteln, wem die Waffen gehörten und wer den Finger am Abzug hatte.

Schließlich wurden dreizehn Ndlela des Mordes beschuldigt. Allerdings hatte man gegen sie nicht viel in der Hand. Sechs Männer waren am hellichten Tag auf offener Straße in dichtbesiedeltem Gebiet erschossen worden, aber niemand hatte etwas gesehen. Es war wie immer in Msinga. Nur in einem Punkt wich der Fall von den Tausenden vor ihm ab: Es gab wenigstens eine Zeugin, eine Frau mit Namen Buthelezi, die das Gesetz des Schweigens brach und sich bei der Polizei meldete. Sie berichtete, sie habe eine Schar Männer gesehen, die eine Stunde mit schußbereiten Gewehren auf den Felsen oberhalb des Tatorts gesessen hätten. Achtzehn der Männer identifizierte sie namentlich, dann verschwand sie. Als ich nach ihr fragte, sagten mir Zulu, bei ihnen habe es nie eine Frau dieses Namens gegeben. Ein weißer Polizist schloß daraus, daß sie wahrscheinlich tot war. Ohne sie gab es überhaupt keine stichhaltigen Beweise. Der Staatsanwalt lehnte die Anklage ab, und die dreizehn Verdächtigen wurden auf freien Fuß gesetzt.

Die weiße Justiz hatte ein weiteres Mal versagt. Für einige Männer im Tal schien die Situation nach einer traditionellen Msinga-Lösung zu verlangen. Kurz nach dem Überfall tauchten bei Creina die Heerführer von vier *isigodi* aus der Umgebung auf. Wenn Creina es wünsche, sagten sie, wenn Creina Blutrache wolle, würden sie ihre vereinten Armeen nach Ndlela führen und es dem Erdboden gleich machen. Creina dankte ihnen für die große Ehre, die sie ihrem Mann erweisen wollten, lehnte aber ab. Neil hätte keinen weiteren Krieg gewollt. Die Heerführer gingen nach Hause, und damit war der Fall auch aus der Sicht Msingas abgeschlossen. Jetzt mußte nur noch Creina mit dem Mord fertig werden, und das war das Schwierigste von allem.

Creina glaubte nämlich an die Liebe, nicht an sentimentale oder religiöse Liebe, sondern eben einfach an die Liebe: sich hinzugeben und zu versuchen, Gutes für andere zu tun. Ihre und Neils Bereitschaft zur Liebe hatte sie tiefer nach Afrika hineingeführt als alle anderen Weißen, und Creina hatte geglaubt, die Liebe werde sie dort beschützen. Sie hatte sich getäuscht. «Nach Neils Tod», sagte sie, «erschien mir mein ganzes Leben sinnlos. Ich glaubte, mich in allem geirrt zu haben, was mir je wichtig war – daß es von Anfang an nie einen Sinn gegeben hat.»

Nach längerem Nachdenken kam Creina zu dem Schluß, in der Liebe versagt zu haben, nicht genug geliebt oder sich nicht genug aufgeopfert zu haben, um ihren Mann vor den Mächten in Msinga zu schützen. Sie glaubte, daß Neils Leben nur dann einen Sinn hatte, wenn sie in Msinga blieb. Sie weigerte sich, das Projekt aufzugeben. Freunde, Verwandte und die Polizei wollten sie zum Fortgehen überreden, konnten sie aber nicht von ihrem Entschluß abbringen. «Haben Sie je einen Baum gepflanzt?» fragte sie einen weißen Polizisten. «Neil und ich haben einen Baum gepflanzt. Ich muß hierbleiben, damit ich ihn wachsen sehe.» Die weißen Freunde und Verwandten gaben schließlich auf, kehrten in ihre Städte zurück und ließen Creina und ihre Söhne allein zurück.

Creina legte auf Neils Grab einen Steingarten an und bepflanzte ihn mit Aloen, wilden Blumen und Gräsern. Endlose Stunden und manchmal eine ganze Nacht hindurch saß sie am Grab und versuchte, sich davon zu überzeugen, daß die Welt nicht zum Stillstand gekommen sei, daß es noch immer Leben und Bewegung gebe und daß auch dann, wenn sie in einer Mulde auf dem Grab ihres Mannes saß, die Erde um die Sonne kreiste.

In der Zeit nach Neils Tod magerte Creina stark ab. Freunde sorgten sich um ihren Geisteszustand, wenn sie in der Verzweiflung von Neil sprach, als lebe er noch. Sie drängten sie, Mdukatshani zu verlassen, aber sie wollte nichts hören. «Jedesmal wenn ich wegfuhr, war mir, als müsse ich sterben», sagte sie. «Nur die Farm war wirklich, die Welt draußen war so fremd.»

Ein Jahr verging, ein bitteres und schweres Jahr für eine Frau, die in Afrika allein und zudem Witwe war. Nach afrikanischen Maßstäben stand sie auf einer so tiefen Stufe der sozialen Leiter, daß sie praktisch nicht mehr existierte. Creina sprach nur schlecht Zulu, und von der Landwirtschaft verstand sie so gut wie nichts; um diese Dinge hatte sich fast immer Neil gekümmert. Überhaupt hatte er sich um fast alles gekümmert, und jetzt war er tot. «Die mittlere Stütze ist gefallen», sagten die Zulu in Anspielung auf jenen Mittelpfosten, der ihre Gebäude aus Lehm und Schlamm trug. Sie bezweifelten, daß das Projekt ohne Neil überleben würde und daß Creina den Mut haben würde dazubleiben. Mdukatshani war für sie dem Untergang geweiht; einige dachten nur noch an die eigenen Interessen. Es gab eine Menge kleiner Diebstähle. Einer von Neils Stellvertretern pflügte und bewirtschaftete ein bislang unberührtes Schutzgebiet. Ein anderer stieg ins Transportgeschäft ein und karrte Güter und Menschen mit dem Laster des Projekts durch den Bezirk. Ein anderer Fahrer benutzte den Laster für nächtliche Eskapaden. Als Creina ihn bat, dies zu unterlassen, schlug er vor, sie möge sich um ihre Angelegenheiten kümmern.

Creinas Büro stand immer offen, abschließen konnte man es nicht. Eines Tages fehlten die einzigen Wertsachen, die es darin gegeben hatte: ein defekter Kassettenrecorder und die Reiseschreibmaschine, die Neil Creina geschenkt hatte. Als der Diebstahl entdeckt und nach einem Schuldigen gesucht wurde, dachte jeder sofort an Mboma, an Mboma Dladla, den kleinen Zulu und Hungerleider, der von jeher zum Haushalt der Alcocks gehört hatte. Creina hatte ihn aufgepäppelt, er war G. G.s bester Freund geworden, und man hatte ihn zur Titelfigur des Bestsellers *The Story of Mboma* gemacht. Mboma, Ndudu und Sensilube waren jene drei der Hirtenjungen gewesen, die die Alcocks aufgenommen hatten. Sie waren die besten Freunde ihrer Söhne gewesen und hatten zur Familie gehört. Sensilube war der Junge, der heimlich Kühe gemolken hatte, damit er seine verwaisten Geschwister ernähren konnte. Ndudu war der aufgeweckte Junge, der sich als Schwarzhändler betätigt hatte, und Mboma der besonders gerissene, gewitzte Bursche. Von ihm hatte Neil im Scherz gesagt, er werde es entweder zum Premierminister bringen oder am Galgen enden.

Mehrere Jahre waren seither vergangen. Inzwischen waren Mboma, Ndudu und Sensilube um die Zwanzig. Während Ndudu und Sensilube noch in Creinas Nähe wohnten, hatte man Mboma hinausgeworfen. Es sah ganz so aus, als solle sich Neils düstere Prophezeiung erfüllen. Mboma war erwischt worden, als er seine Zulu-Arbeitskollegen bestahl. Auf deren Drängen hin mußte er das Projekt verlassen. Mboma stellte die Vorwürfe als Verleumdung dar. Die anderen hätten ihn verhext. Sie seien eifersüchtig gewesen, weil er Neil und den weißen Jungen besonders nahe gestanden habe. Wie dem auch sei, Mboma mußte die Alcocks verlassen und zog zu seinem Vater. Wie die Alcocks erfuhren, soll er dem alten Mann das Gewehr und später Kleider gestohlen und alles verkauft haben. Mboma wurde erneut verjagt und verschwand im Dunkel Sowetos.

Einige Monate nach dem Überfall auf Neil tauchte Mboma wieder in Msinga auf. Er war zu einem untersetzten jungen Mann mit trägen Bewegungen, Vollmondgesicht und dem gewinnenden Lächeln eines Betrügers geworden. Im Komitee der Farm hatte man offenbar vergessen, daß man ihm Hausverbot erteilt hatte, und Creina hatte nicht genug Autorität, dieses Verbot durchzusetzen. Immer wenn sie durch die Tore des Projektgeländes hinausfuhr, stand Mboma am Straßenrand, starrte sie durch seine gelehrtenhafte Bifokalbrille an und streckte den Daumen hoch. Sie nahm ihn stets mit, wußte aber aus langer Erfahrung, daß sie auf der Hut sein mußte. Auch an dem Tag, als ihre Schreibmaschine verschwand, trieb sich Mboma auf dem Projektgelände herum. Alles deutete darauf hin, daß er sie gestohlen hatte.

Creina hielt es für übertrieben, die Polizei einzuschalten. Da die Schreibmaschine für sie aber Erinnerungswert hatte, bat sie Mbomas Stammesgenossen um Hilfe. Ein oder zwei Tage später tauchten zwei der rauhesten Burschen aus Msinga bei ihr auf und verkündeten, sie wollten den Fall der gestohlenen Schreibmaschine lösen. Kunene war ein professioneller Autodieb und Zwane ein berüchtigter Krieger, der schon zahlreiche Gegner auf dem Gewissen hatte. «Ein sehr netter Mann», sagte Creina ohne jeden Sarkasmus. Wer in Msinga bei Freundschaften wählerisch war, hatte überhaupt keine Freunde. Die beiden unangenehmen Kerle liehen sich einen Kleinbus des Projekts und fuhren los, um nach Mboma zu suchen.

An jenem Abend wurde Creina im Busch von rufenden Zulu angehalten. Die Männer winkten sie näher und erklärten ihr, sie hätten Mboma und ihren anderen Pflegesohn Sensilube mit einem kleinen Koffer gefaßt. Ob das die verschwundene Maschine sei, wollten sie wissen. Sie war es. Creina liefen die Freudentränen über die Wangen. Die Männer um sie herum strahlten. Es war nur eine Kleinigkeit, aber Creina war plötzlich von Hoffnung und Vertrauen erfüllt. Indem diese Zulu-Männer sich um sie versammelten, schienen sie zu sagen, daß auch sie nun dazugehörte, wie Neil dazugehört hatte.

Zur gleichen Zeit, als die Übergabezeremonie stattfand, waren Mboma und Sensilube unterwegs zur Polizeistation von Tugela Ferry. Sie zeigten den Krieger Zwane an; er hatte sie mit einem Revolver bedroht. Daraufhin suchte die Polizei ihn wegen unerlaubten Waffenbesitzes. Zwane tauchte in Johannesburg unter, und sobald er von der Bildfläche verschwunden war, stolzierten Mboma und Sensilube ohne jede Zerknirschung über das Projektgelände. Als Creina das nächste Mal durch das Tor der Farm fuhr, stand Mboma wie gewöhnlich dort, lächelte und winkte, als sei nichts geschehen. Creina konnte nicht anders, als zurückzulächeln, anzuhalten und ihn mitzunehmen.

Ein weiteres Jahr verging. Eines Tages schwebte der südafrikanische Justizminister im Helikopter in Msinga ein, landete in Tugela Ferry und gab eine Pressekonferenz. Der Minister tönte, man werde Ordnung im Bezirk schaffen und die Not lindern. Aber das Morden ging weiter, der Hunger und das Elend blieben. Da Creina weder die Sprachkenntnisse noch die Autorität von Neil hatte, fand sie sich in der komplizierten Politik der Stämme auf der anderen Seite des Flusses nur schwer zurecht. Dennoch beschlossen sie und das Farmkomitee, die Gärten auf dem Gelände von Mdukatshani auszudehnen. Entlang dem Fluß wurden mehrere hundert weitere Parzellen angelegt, Dämme errichtet. Eine Pumpe wurde installiert, und die Frauen im Tal wurden aufgefordert zu hacken, zu säen und zu jäten. Die Gärten warfen große Erträge ab, und Creinas Geschäft mit Perlen ging besser denn je. Sie erhielt Aufträge von großen Modehäusern in Europa. Msinga-Perlen schmückten die Vitrinen von Yves St. Laurent, die Hälse von *Vogue*-Modellen und die Handgelenke von Hollywood-Stars.

Einmal im Monat war Perlentag. Am Tag davor fuhr Creina nach Greytown und hob auf der Bank den Erlös der Perlenverkäufe ab. Am nächsten Morgen kam eine Schar Zulu-Frauen in purpurnen Umhängen und mit ockerfarbenen Frisuren aus den Hügeln herbei, falteten ihre steifen Lederröcke unter den Oberschenkeln zusammen und ließen sich plaudernd im Schatten eines gewaltigen Dornenbaums nieder. Creina setzte sich mit einer Schalenwaage und Säckchen mit rubinroten, aquamarinfarbenen und smaragdgrünen Glasperlen zu ihnen und tauschte lose Perlen gegen fertige Schmuckstücke ein. Auch anderes wurde ausgetauscht, Klatsch, Kriegsgerüchte, Nachrufe und Beileidsbekundungen für kürzlich gefallene Väter, Ehemänner und Söhne. Creina mochte ihre Perlenfrauen und glaubte, daß auch die sie mochten.

Am Vorabend eines solchen Perlentages kamen Creinas Söhne mit einer Wagenladung Brote und anderer Lebensmittel aus der Stadt zurück. Im Inneren des Kleinbusses lag außerdem eine Mappe mit zweitausend Dollar in bar, dem Lohngeld der Perlenfrauen. Da es schon dunkel war, entluden die Brüder den Wagen nicht und ließen auch die Mappe an Ort und Stelle. Am nächsten Morgen war der Benzintank leer, und alle Lebensmittel und die Mappe mit dem Bargeld waren verschwunden.

Creina konnte sich nicht vorstellen, wie der Dieb oder die Diebe eine ganze Wagenladung Beute zu Fuß fortgeschafft haben konnten. Während sie noch grübelnd vor dem Kleinbus stand, berichteten einige Mitarbeiter des Projekts, sie hätten gesehen, wie Mboma Dladla und ein paar Kameraden einen defekten kleinen Pickup voller Pappkartons und Einkaufstüten die Straße entlanggeschoben hätten. Creina zählte zwei und zwei zusammen und rief die Polizei an. Es stellte sich heraus, daß besagter Lieferwagen in einer weißen Stadt in der Nähe gestohlen worden war. Einige der vermißten Lebensmittel und achthundert Dollar in bar wurden in Verstecken im Kral von Mbomas Großmutter entdeckt. Der Rest des Geldes blieb verschwunden. «Welches Geld?» sagte Mboma. «Ich weiß gar nicht, wovon Sie reden.»

Mboma wurde, seine Unschuld beteuernd, abgeführt. Er hatte Creina in eine üble Zwangslage gebracht. Unter dem Dornenbaum vor ihrer Hütte warteten vierzig bis fünfzig Zulu-Frauen auf den Lohn für ihren Perlenschmuck. Creina war deprimiert. Sie glaubte, fahrlässig gehandelt zu haben, und fühlte sich an dem Diebstahl mitschuldig. Also fuhr sie in die Stadt zurück und nahm einen Kredit auf, um die Löhne bezahlen zu können. Sie beschloß, den Gürtel enger zu schnallen und das Geld aus eigener Tasche zurückzuzahlen – von ihren fünfundsiebzig Dollar im Monat.

Immerhin war es ein Trost, daß Mboma hinter Gittern saß und wahrscheinlich einige Zeit dort bleiben würde. Der Trost währte nicht lange. An einem Sonntag, sechs Wochen nach seiner Verhaftung, kehrte er lachend nach Hause zurück. Creina war außer sich. Sie rief bei der Polizei an und erfuhr, daß man Mboma wegen eines «schlimmen Auges» entlassen habe. Es war ein Beispiel für die merkwürdige Art, wie man dem Gesetz in Msinga Geltung verschaffte.

Mboma war in seinem ganzen Leben nie einer geregelten Arbeit nachgegangen, aber jetzt schien er plötzlich eine Menge Geld zu haben. Er warf Hirtenjungen Münzen zu und beschenkte Bedürftige mit Lebensmitteln. Jemand wollte gesehen haben, wie Mboma unter einem Felsen beim Kral seiner Familie in der Erde gewühlt und mit Händen voller Geld wieder aufgetaucht sei. Singend und tanzend habe er die Scheine in die Luft geworfen und den Vorfahren gedankt, daß sie ihm so viel Glück beschert hätten. Auf die Frage, woher er das Geld habe, soll er lachend geantwortet haben: «Wenn man ans Wasser geht und unterwegs etwas findet, darf man es behalten.»

Creina wollte gar nicht wissen, wie viele Male Mboma sie verraten hatte. Sie hatte den Jungen praktisch großgezogen. Sie sorgte dafür, daß seine Großmutter Glasperlen verarbeiten und damit ein geregeltes Einkommen beziehen konnte, und Neil hatte gelogen, damit Mbomas Großvater eine staatliche Altersrente bekam. Sie und Neil hatten viel für Mbomas Stammesangehörige getan – für die Ndlela, deren Heer am Ende dann Neil ermordet hatte. Tatsächlich hatte auch ein Onkel Mbomas dem *impi* angehört, das die Morde beging, und als die Polizei mit Helikoptern anrückte, hatten seine Verwandten Creinas Telefon benutzt, um für ihn einen Unterschlupf in der Stadt zu organisieren. Damals war noch eine Ndlela-Frau bereit gewesen, zum Überfall auszusagen. Diesmal würde niemand aussagen, wer die Lohngelder der Perlenfrauen gestohlen hatte, nicht einmal Creinas geliebte Perlenfrauen selbst. Zu allem Überfluß ging Mboma aus der Affäre auch noch als eine Art Held hervor. Kleine Zulu-Jungen lobten ihn gegenüber Creina: «Mboma ist so nett. Er gibt uns Geschenke.» Und die Mütter standen strahlend daneben. Was hätte Creina tun sollen? Sie verzieh, wie sie immer verziehen hatte.

Rechtlich gesehen war der Raub des Lohngeldes nur ein Gelegenheitsdiebstahl, aber in Msinga waren zweitausend Dollar ein Vermögen. Im Tal hatte sich niemand vorstellen können, daß in Mdukatshani solche Reichtümer lagen, bei denen man nur zuzugreifen brauchte. Wer in Msinga etwas Wertvolles besaß, schützte es mit Waffen, Wächtern und Stacheldraht. Aber Creina war allein und wehrlos.

Eines Nachts wurde sie durch den Strahl einer Taschenlampe auf ihrem Gesicht geweckt. Neben ihrem Bett standen zwei junge Schwarze. Sie hielten einen Revolver auf Creina gerichtet. «Wir wollen Geld», sagten sie. «Wir töten dich.» Creina stand auf und ging zum Safe, wo die Löhne der Perlenfrauen lagen. Den Schwarzen ging es nicht schnell genug, und sie schlugen mit dem Pistolenkolben zu. Creina ging zu Boden, blutend und halb ohnmächtig, aber die beiden zerrten sie wieder hoch und befahlen ihr, sich zu beeilen. Creina übergab ihnen das Bündel Geldscheine, und sie verschwanden in der Dunkelheit.

Creina wußte natürlich nicht, wer sie waren, und Ndudu hätte sie zuallerletzt verdächtigt. Ndudu war einer der besten Freunde ihres jüngsten Sohnes. Er arbeitete nicht mehr für das Projekt, kam aber fast jeden Sonntag zum Mittagessen. Wie gewöhnlich war er auch nach dem Überfall zur Stelle, voller Teilnahme, und fragte sich laut, wer eine so feige Tat begangen haben könnte. Er wußte jedoch mehr, als er sagte. Er wußte, zu welchem Zeitpunkt Creina Geld holte, wieviel sie holte und wo sie es versteckte. Creinas Hunde kannten Ndudu. Einen oder zwei Tage später saß er in Polizeigewahrsam und gestand, daß er die Räuber zum Haus geführt und die bellenden Hunde beruhigt und festgehalten hatte, während die Komplizen drinnen seine weiße Mutter mit der Pistole niederschlugen.

Nach Ndudus Raub verfinsterte sich Creinas Welt. Wenn nicht einmal Mboma, Sensilube und Ndudu zu ihr standen, wem konnte sie dann überhaupt noch trauen im Tal? Plötzlich erschien ihr alles verdächtig. Fremde sprachen Mitarbeiter des Projekts an und stellten seltsame Fragen nach den Hunden. Oft klingelte mitten in der Nacht das Telefon. Ein Schwarzer meldete sich und fragte nach Personen, von denen sie nie gehört hatte. Zum erstenmal in ihrem Leben hatte Creina Angst. Sie fing an, sich vor dem Sonnenuntergang zu fürchten. Sie lag oft bis spät in die Nacht wach, horchte nach Schritten draußen vor ihrer Hütte und betete, daß die Verbrecher sie diesmal wenigstens nicht schlagen würden. Seit dem Raubüberfall Ndudus war eine Gesichtshälfte gelähmt, und Creina hätte beinahe ein Auge verloren.

Dann kam die Jahreswende, und es war 1985. Der Winter wurde hart, so hart wie seit Menschengedenken nicht. Im August hatte es seit zehn Monaten nicht mehr geregnet. Das Gras war völlig abgefressen, und wieder verendete Vieh. Selbst die Ratten hungerten, verloren in ihrer Verzweiflung jede Scheu vor dem Menschen und fielen in die Häuser in Msinga ein. Wenn Creina nachts das Licht löschte und auf den nächsten Ndudu wartete, huschten die Ratten ins Haus und sprangen über ihr Gesicht.

Wenn die Sonne aufging, war der Himmel blau und wolkenlos, die Luft kalt. Über die Hänge Msingas bewegten sich in einer Staubwolke ausgemergelte Rinder. Nach den Rindern kamen die Ziegen, riesige, ausgehungerte Herden. Sie trotteten durch zerschnittene Zäune auf das Projektgelände und fraßen die letzten Halme von den staubigen Hügeln Mdukatshanis. Für Creina waren die Besitzer der Ziegen entlang der Grenze des Projekts Freunde. Sie bat sie inständig, die Ziegen nicht auf das Projektgelände zu lassen. Die

Besitzer versprachen es bereitwillig, und ein oder zwei Tage war keine Ziege zu sehen. Doch dann waren die Versprechen vergessen, und die Ziegen kamen wieder, stöberten im Staub am Flußufer nach Nahrung und kamen sogar in Creinas Lehmhaus. Wenn sie abends nach Hause kam, waren die Fensterbretter und der ganze Boden mit Ziegenmist bedeckt.

Creina hatte das Reden satt. Sie, Neil und ihre Zulu-Mitarbeiter hatten jetzt über zehn Jahre lang den Bewohnern von Msinga gut zugeredet, aber geändert hatte sich eigentlich nichts. So war es schon immer gewesen, schon als Neil noch lebte, während seines letzten Kreuzzuges, als er die Tore zu den Straßen durch weißes Farmland aufgebrochen und Zulu begleitet hatte, die um Mitternacht mit ihrer Herde zu den Wasserstellen der weißen Nachbarn zogen. Die Zulu wußten, daß ihre Tiere weder abgeschossen noch beschlagnahmt würden, wenn sie auf Mdukatshani weideten. Einige nutzten das schamlos aus und zerschnitten die Zäune, die das Projektgelände umgaben. Man konnte sie nicht daran hindern, wenn man nicht Gewalt anwenden wollte. Neils engste Verbündete unter den Zulu, seine Blutsbrüder Majozi und Nxongo, waren die obersten *indunas* oder «Premierminister» ihrer Zulu-Unterstämme geworden. Beide drängten die Missetäter aus Msinga, mit dem Projekt zu kooperieren. Beide erhielten als Antwort, sie sollten sich um ihre eigenen Angelegenheiten kümmern, oder sie würden sterben. Ein Zwischenfall verlieh der Drohung Nachdruck: Ein Zulu, der dafür zu sorgen hatte, daß auf Mdukatshani keine grünen Bäume gefällt wurden, geriet in einen Hinterhalt und wurde fast zu Tode geprügelt.

Neil hatte die Nöte der Bevölkerung in Msinga gekannt. Er wußte von der tiefen Verzweiflung, die die Menschen zu solchen Taten trieb, und vergab ihnen, wie er immer vergeben hatte. Aber das fiel mit den Jahren und mit zunehmender Weidepiraterie immer schwerer. So beschlossen Neil und seine Zulu-Mitarbeiter schließlich, zurückzuschlagen. Sie trieben die fremden Ziegen und Rinder, die auf dem Gelände von Mdukatshani grasten, zusammen und machten sich mit ihnen auf den Weg zum Kral des nächsten Stammeshäuptlings. Sie wollten ihn bitten, die Besitzer nach traditionellem afrikanischem Recht zu bestrafen. Sie kamen mit der Herde nicht weit. Unterwegs stellte sich ihnen eine aufgebrachte Menge von Zulu in den Weg. Die Zulu schwangen Stöcke und warfen Neil wutentbrannt vor, er stehle ihr Vieh. Als sie loszuschlagen drohten, blieb Neil nichts anderes übrig, als Warnschüsse abzugeben und die Ziegen und Rinder mit ihren Besitzern ziehen zu lassen.

«Es gibt zwei Methoden, Zäune zu schützen», vermerkte Creina im nächsten Bericht. «Schießen oder Verhandeln. Unsere Nachbarn wenden die erste Methode an, wir die zweite. Die Zäune unserer Nachbarn sind zerschnitten, aber die von Mdukatshani auch. Wenn Schüsse, Drohungen und Verhandlungen nichts nützen, was bleibt dann? Nur ein Mittel, das schrecklich langsam wirkt.»

Das Mittel wirkte in der Tat schrecklich langsam. Im letzten Jahr seines Lebens drängte Neil die Stammeschefs immer wieder, das Projekt zu unterstützen und wenigstens den Anschein von Gesetz und Recht aufrechtzuerhalten. Die Häuptlinge waren in einer sehr schwierigen Situation. Da ihre Autorität ohnehin im Schwinden begriffen war, widerstrebte es ihnen, gegen die eigenen Leute vorzugehen und ein Projekt zu unterstützen, was von einem Weißen geleitet wurde. Kurz vor seinem Tod bat Neil die regionale Verwaltungsbehörde von Msinga, den Rat der Stammeshäuptlinge, eine Sitzung einzuberufen, und das heikle Thema des widerrechtlich weidenden Viehs auf die Tagesordnung zu setzen. Am vereinbarten Tag wartete Neil vier Stunden am Treffpunkt, aber die Stammeschefs kamen nicht. Er konnte nicht mehr in Erfahrung bringen, warum sie nicht erschienen waren. Eine Woche später war er tot, am hellichten Tag erschossen von Zulu, in Hörweite Hunderter von Zulu, die alle nichts hörten.

Jetzt, im Winter 1985, war die Lage schlimmer denn je. Wann immer Creina zum Horizont blickte, sah sie Scharen von Ziegen. Nachdem sie alles andere kahlgefressen hatten, fielen sie über Neils Grab her, rissen die Blumen und Gräser aus der Erde und beschmutzten es mit ihren Exkrementen. «Ich war völlig verzweifelt», sagte Creina. «Wir redeten mit allen möglichen Leuten, ein Gespräch folgte dem anderen. ‹Um Himmels willen›, sagte ich, ‹könnt ihr nicht dafür sorgen, daß die Ziegen von den Gärten wegbleiben?› Sie hatten meinen Garten kahlgefressen. Sie hatten alle Gärten kahlgefressen. Tag für Tag sahen wir sie von überall kommen und ausschwärmen. Ich sagte den Leuten: ‹Könnt ihr nicht Kinder Wache stehen lassen? Sie können doch im Fluß schwimmen und die Ziegen verscheuchen.›» Ein oder zwei Tage standen kleine Jungen Wache, aber dann war nichts mehr von ihnen zu sehen, und die Invasion der Ziegen begann von neuem.

Eines frühen Morgens im Winter verließ Creina mit ihren Hunden das Haus. Insiswa, wie die anderen eine Promenadenmischung, war ein gelbbraunes Scheusal, das aussah wie ein Schakal und Besuchern am liebsten an die Kehle gesprungen wäre. Als er noch jung war, hatte er oft Ziegen angefallen, aber man hatte ihm diese Unsitte ausgetrieben und ihn zu einem braven Hund erzogen. Creina führte die Meute über die ungeteerte Straße in die Vorberge hinauf zu einem Feld, das sie wieder urbar machen wollte. Sie arbeitete allein und errichtete kleine Steinwälle gegen die Erosion. Dann tauchte die erste Herde Ziegen auf. Creina fuchtelte mit den Armen herum, schrie und warf Steine nach ihnen. Die Ziegen liefen auseinander. Kaum hatte Creina ihnen den Rücken zugewandt, waren sie wieder da. Creina verjagte sie mehrmals, aber die Ziegen kamen immer wieder.

Bald erschienen zwei weitere Herden. Während sie die eine verjagte, stürmte hinter ihr schon die nächste auf das Feld. Dieses Scharmützel wiederholte sich jeden Morgen, und es raubte Creina allmählich den Nerv. Als Neil ermordet worden war, hatte sie geglaubt, keinen Zorn mehr empfinden zu können. Jetzt kochte sie vor Wut. Vielleicht, so dachte sie, konnte man sich hier tatsächlich nur durchsetzen, wenn man die Probleme so löste, wie es in Msinga üblich war.

In Msinga löste man Probleme mit Mord und Totschlag, und die Spielregel, wie Creina sie sah, lautete: Auge um Auge, Zahn um Zahn, Hand um Hand, Fuß um Fuß. Dieses Gesetz galt auf der schwarzen wie auf der weißen Seite der Grenze. Wenn die Ziegen schwarzer Besitzer in weißes Gebiet eindrangen, wurden sie von Weißen abgeschossen oder beschlagnahmt. Den schwarzen Besitzern der Ziegen drohten die Weißen mit der gleichen Behandlung: Sie würden ihnen eine Kugel zwischen die Augen verpassen und ihre verwesenden Körper in so dichtes Dornengestrüpp werfen, daß man sie nur durch den Aasgeruch aufspüren würde. Das war Teil der alten burischen Devise *kragdadigheid,* einer Art Gesetz des Stärkeren: Man nahm sich, was man wollte, und verteidigte es mit den Fäusten und mit dem Gewehr. Creina und Neil Alcock hatten ihr ganzes Leben gegen Weiße gekämpft, die nach dieser barbarischen Methode vorgingen. Jetzt beschloß Creina, dieselbe Methode auszuprobieren.

Ihr Entschluß fiel im August 1985, fast zwei Jahrhunderte, nachdem Dawid Malan den Great Fish River überquert hatte. Creina war wie Malan aufgeklärt nach Afrika gekommen, erfüllt von den Idealen der Vernunft und Rationalität, begeistert von D. H. Lawrence und T. S. Eliot. Sie war eine liebenswerte Person, die man leicht zu Tränen rühren konnte. Gewalt war ihr so zuwider, daß sie sich einen Film, in dem Blut floß, nicht zu Ende ansehen konnte. Sie hatte es immer mit Liebe versucht. Jetzt wollte sie töten.

Als die nächste Herde kam, pfiff sie Insiswa zu sich, ging mit ihm auf die Ziegen los und stachelte den Hund an, sie anzugreifen. Insiswa, der Prügel bezogen hatte, weil er Ziegen gebissen hatte, reagierte zunächst verunsichert und verwirrt. Doch Creina setzte ihm zu, bis er schließlich losjagte. Sie verlor ihn aus den Augen und hörte nur noch den Angstschrei eines Tieres in den Büschen. Da wußte sie, daß der Hund eine Ziege gepackt und getötet hatte. Als Insiswa schwanzwedelnd zu Creina zurückkehrte, empfand sie mitleidlose Genugtuung.

Sie hetzte den Hund auf eine weitere Ziege, dann auf noch eine und noch eine. Als der Hund zwei Ziegen getötet und zwei so schwer verletzt hatte, daß sie nicht mehr laufen konnten, war Creina schließlich zufrieden. Sie ging zu den Gärten der Zulu und sagte den Frauen, was sie getan hatte. «Insiswa hat eben eure Ziegen getötet», rief sie. «Es war kein Unfall. Ich wollte sie töten. Ich werde noch mehr Ziegen töten, wenn sie wieder auf die Farm kommen. Geht nach Hause und sagt das euren Männern!»

Am nächsten Morgen kehrte Creina zum Schauplatz des Geschehens zurück. Eine tote Ziege lag noch dort, halb aufgefressen von einem Aasfresser. Creina machte sich an die Arbeit und schleppte Steine hin und her. In der Luft hing Verwesungsgeruch. Eine alte Zulu-Frau, eine Verwandte Mbomas, kam zu ihr und bat um Dekken und Lebensmittel. Creina schrie: «Verschwinde, du schreckliches altes Weib!» Den ganzen Morgen über arbeitete sie wie besessen. Die Ziegen tauchten nicht auf. Auf dem ganzen Gelände war keine einzige zu sehen. Keine einzige.

«Ich dachte schon, ich hätte gewonnen», sagte Creina, «ich hätte Msinga bezwungen. Ich hätte eine Sprache gefunden, die man in Msinga verstand.»

Sie war tatsächlich verstanden worden, aber Msinga antwortete in der gleichen Sprache.

Drei Wochen später schickte der Besitzer einer der getöteten Ziegen ihr eine Morddrohung. Creina wurde bewußt, was sie getan hatte. Es war wie das Erwachen aus einem bösen Traum, einem Alptraum, in dem sie einer scheußlichen Mißgeburt aus den unerforschten Tiefen ihrer Seele begegnet war. Sie war bis ins Mark erschüttert. Sie hatte sich benommen wie eine Wilde, wie die Buren, wie alle Weißen entlang der Grenze, die das Vieh der Zulu auf ihrem Gebiet abschossen oder beschlagnahmten und den Besitzern drohten, das gleiche mit ihnen zu tun. Ihr war zumute, als habe sie alles verraten, wofür sie gelebt hatte und wofür Neil gestorben war. Sie fiel vor dem geschädigten Ziegenbesitzer in die Knie, bat um Vergebung, entschuldigte sich für ihr unkontrollierbares Temperament und versprach Wiedergutmachung.

Das war ein Fehler. Sie hatte damit lediglich ein weiteres Mal gezeigt, wie verwundbar sie war und wie man sie ausnutzen konnte. Schon bald darauf erhielt sie mit der Post einen zweiten Brief. Ein Zulu beschuldigte sie, sie habe acht seiner Ziegen getötet, an einem Ort, an dem sie noch nie gewesen war. Er verlangte eine Entschädigung und setzte unter das Schreiben einen kleinen Zusatz, der ganz der Tradition des grausamen Kontinents entsprach: «Wenn du nicht zahlst, töte ich dich.»

Creina hatte fast eine Woche lang jede Nacht in meinen Kassettenrecorder gesprochen. Jetzt war sie heiser. Sie hatte noch immer nicht alles gesagt, schwieg aber eine Weile. Ich ließ den Kopf in die Hände sinken und wollte nichts mehr hören. Ich dachte an die Afrikaaner, an Dawid Malan und die Doppers, jene Menschen an der Grenze, die das Licht der Aufklärung in ihren Köpfen ausgelöscht hatten, weil sie an einem Ort der Finsternis lebten, wo Liebe die Sache der Schwachen und Zweifelnden war. Creinas Wille, zu lieben und Licht in die Finsternis zu bringen, hatte sie tiefer nach Afrika hineingeführt als jeden anderen Weißen, von dem ich je gehört hatte. Offenbar hatte sie erfahren müssen, daß die Doppers recht hatten. Wer liebte, war verwundbar, und wer verwundbar war, war schwach, und wer in Afrika schwach war, der wurde geprügelt, immer und immer wieder, bis er es nicht mehr aushielt.

Der Winter war fast vorbei, und die Zulu brannten das Gras am Fluß ab, damit gleich nach den ersten Regenfällen wieder etwas Grün sprießen konnte. Der Wind trug beißenden Brandgeruch zu uns herüber, und der Himmel war in einen orangefarbenen Schimmer getaucht. Wir saßen in der Dunkelheit, eine Frau aus einer anderen Welt und ich. Unsere Gesichter leuchteten im Schein des Feuers, der heiße Wind fuhr uns durch die Haare, und mir war, als säße ich mitten in einem Höllenfeuer, als starrte ich in die Hölle.

Dann sprach Creina weiter und beantwortete schließlich die Frage, die ich ihr nach meiner Ankunft gestellt hatte, in jener Nacht, als sie mir Rätsel aufgegeben hatte wie eine Sphinx. Wie sie in diesem merkwürdigen Land lebe, hatte ich sie gefragt, und jetzt kam sie auf die Frage zurück. «Ich legte den zweiten Brief mit der Morddrohung beiseite», sagte sie leise. «Ich sah zur Tür hinaus und hatte plötzlich entsetzliche Angst. Ich fühlte mich wie in stockdunkler Nacht, schlimmer noch als damals, als Neil ums Leben kam. Ich glaubte, nicht mehr in Msinga leben zu können, weil ich es einfach nicht fertigbrachte, nach den dortigen Spielregeln zu leben. Ich war einmal mit zwei Ziegen fertig geworden, aber auf Dauer würde ich mich nie durchsetzen können. Ich fühlte mich in meiner Liebe völlig verraten. Alles, was man mir je über Liebe erzählt hatte, war einfach gelogen. Es waren falsche Versprechungen. Ich hatte geglaubt, daß Liebe Sicherheit und Schutz bedeute, daß man für Liebe durch Gegenliebe belohnt würde oder man zumindest nicht Schaden durch sie litt. Aber das stimmte nicht, nichts davon. Ich wußte, was mich erwartete, wenn ich blieb: Es würde nie besser werden. Es würde bleiben, wie es war, oder noch schlimmer kommen. Ich dachte, wenn du wirklich in Afrika leben willst, dann mußt du dir Afrika genau ansehen und sagen können: Das ist der Weg der Liebe, diese Straße entlang, sieh genau hin – dahin führt er dich.

Ich denke, Sie werden mich verstehen, wenn ich sage, daß Liebe solange nichts wert ist, wie sie nicht an ihrer eigenen Niederlage erprobt worden ist. Ich fühlte, daß ich versuchen mußte, so sehr zu lieben, daß ich vor den Konsequenzen der Liebe keine Angst mehr zu haben brauchte. Mir wurde klar, daß Liebe, selbst wenn sie in die Niederlage führt, einem eine Art Ehre gibt. Ohne Liebe hat man dagegen überhaupt keine Ehre. Ich glaube, ich habe gerade das mein ganzes Leben lang falsch verstanden. Die Liebe muß einen fähig machen, über die Niederlage hinwegzukommen.

Sie haben gesagt, man könne durch dieses Land kaputtgemacht werden. Ich glaube, daß man sich nur selbst kaputtmachen kann durch das, was man sich antut. Nicht die äußeren Umstände machen einen kaputt, sondern unsere eigene Wahl. Wer irgendwo auf der Welt leben will, muß wissen, wie er in Afrika lebt. Das einzige, was man tun kann, ist lieben, weil Liebe das einzige ist, was einem Licht gibt in der totalen, vernichtenden Finsternis.»

Ich bin unendlich müde. All dies hat vor sehr, sehr langer Zeit begonnen. Ich bin so verstrickt in die Halbwahrheiten und Fiktionen über mich, daß ich mich davon nur befreien kann, indem ich die Wahrheit sage. Dieses Buch ist nicht mehr das gleiche, zu dem ich mich vor langer Zeit einem New Yorker Verleger gegenüber verpflichtet habe. Ich bin nicht einmal mehr sicher, ob ich die Person bin, die zu sein ich vorgab. Ich hatte ein ganz bestimmtes Buch schreiben wollen, und jetzt ist etwas völlig anderes herausgekommen. Ich hatte über die Sippe der Malans berichten wollen, über ihren blutigen Weg in drei Jahrhunderten afrikanischer Geschichte. Das Buch sollte mit Dawid Malan beginnen und die Entwicklung der Apartheid vom ersten Keim bis zu den giftigen Früchten nachzeichnen. Aber ich bin Journalist und wühle von Berufs wegen im Schmutz. Ich habe im Schmutz meiner eigenen Erinnerungen gewühlt und bin auf eine andere Geschichte gestoßen, die viel mehr aussagt als die, die ich ursprünglich erzählen wollte.

Diese andere Geschichte beginnt vor langer Zeit in einer Höhle an einem namenlosen Fluß, am Ufer eines namenlosen grünen Sees. In dieser Höhle lebten Kreaturen, die anders waren als alle anderen. Sie waren groß, kräftig, dunkelhäutig und fast unbehaart. Sie benutzten Werkzeuge, jagten mit Waffen, bemalten ihre Körper mit

Ocker und begruben ihre Toten – Zeichen, daß sie sich ihrer selbst bewußt waren. Man hätte einen von ihnen in einen Anzug stecken und nach Manhattan schicken können, und niemand hätte sich nach ihm umgedreht, denn diese Menschen sahen aus wie wir. Und sie waren tatsächlich wie wir: Sie gehörten zur Spezies *Homo sapiens sapiens* und waren die ersten Jetztmenschen. Einige dieser Menschen blieben in der Höhle und ihrer Umgebung, andere zogen fort, um neues Land zu erobern. Sie verließen den Kontinent, den wir Afrika nennen, und verschwanden im Dunkel der Vorgeschichte.

Etwa 45 000 Jahre später lebten die in Afrika gebliebenen dunkelhäutigen Menschen noch immer in der Umgebung der Höhle. Eines Tages entdeckten sie am Horizont zwei Reiter, eine schwarze Frau und einen weißen Mann. Das war im August 1788. Dawid Malan kehrte gewissermaßen zu seinen Vorfahren zurück, auch wenn er es nicht so sah. Wie hätte er es auch wissen sollen? Damals war das unmöglich. Für Dawid Malan war der namenlose Fluß nur eines der vielen Hindernisse, das er auf seiner überstürzten Flucht vor den Gesetzeshütern überwinden mußte. Er und Sara ritten einfach weiter. Zwei weitere Jahrhunderte mußten vergehen, bevor Archäologen die Höhle an der Mündung des Klasies River entdeckten und in ihr die ältesten Relikte jener Spezies, die wir Menschen nennen.

Einige Tage später kamen die Reiter zu einem weiteren Fluß, zum Great Fish River. Jenseits von ihm lag Afrika. Dawid Malan hatte sich weit von seinen Vorfahren entfernt. Seine Haut war weiß, sie hatte sich im Laufe von Jahrtausenden angepaßt an ein Leben in Nebel und Schnee. In seinem Herzen herrschte die Kälte des nordischen Winters. Eine Ewigkeit war vergangen, in der sich seine Rasse herausgebildet hatte, die weiße Rasse, die sich als die überlegene Rasse fühlte, sich von anderen Rassen abgrenzte und Krieg gegen sie führte. Als Dawid Malan auf seinem Pferd durch den Fluß sprengte, muß er sich gefragt haben: Was soll ich tun? Was würde geschehen, wenn er das Gewehr senkte und sich den Afrikanern mit offenen Armen näherte? Würden sie ihn als Bruder aufnehmen oder die Situation ausnutzen und ihm ihre Speere in die Brust stoßen?

In diesem Augenblick bleibt die Zeit stehen. Dawid Malan und seine Generation lernten nie, den Afrikanern zu trauen. Sie unterwarfen den schwarzen Mann und stellten das Gesetz auf, daß man ihn für immer und ewig unterdrücken müsse. Zwischen diesem Augenblick und dem Tag, an dem ich nach acht Jahren Flucht in mein Land zurückkehrte, hatte sich fast nichts geändert. Noch immer stand mein Volk Wache mit entsichertem Gewehr, noch immer hielt es Afrika mit dem Stiefel am Boden. Und ich gehörte zu diesem Volk. Ich mußte nicht erst in Archiven kramen, um Dawid Malan zu begegnen. Ich brauchte nur in den Spiegel zu sehen, dann stand er vor mir. Die Grenze, an die er gekommen war, existierte in meinem Kopf und folgte mir, wohin ich auch ging. Wenn ich die Grenze zu den von Unruhen erschütterten Townships passierte und sich meine Eingeweide vor Angst zusammenzogen, dachte ich stets an Dawid Malan. Ich dachte: Was soll ich tun? Wenn ich mich diesen Leuten unbewaffnet und in aller Freundschaft nähere, werden sie mich mit offenen Armen als Bruder aufnehmen? Oder werden sie, sobald sie mich sehen, Steine aufheben und damit nach meinem Auto werfen? Zwei Jahrhunderte waren vergangen, aber die Kernfrage war noch immer die gleiche. Wenn Dawid Malan seelisch krank war, dann war es auch Rian Malan.

Ich gab deshalb das ursprünglich geplante Projekt – das Buch über die Malans – auf und suchte nach einer Form, in der ich mein eigentliches Anliegen vortragen konnte: in Geschichten, wie die Südafrikaner sich gegenseitig umbrachten. Es war die Zeit des Todes und des Sterbens, die Zeit der harten Entscheidungen im Winter 1986. Ich wanderte von Grab zu Grab und sammelte Geschichten, die sich letztlich in ihren Bedeutungen gegenseitig aufhoben.

«Wer so spricht wie du, dem gehört die Fresse poliert», sagte Augie de Koker.

«*Ek het vokol*», sagte Samuel Mope, «ich bin schwarz und zähle einen Dreck.»

«Ein Weißer ist ein Weißer gegen die Schwarzen», sagte Sibogang in einer Schnapsbude in Soweto. «Für uns ist jeder Weiße ein Feind.»

«Es gibt keine Gerechtigkeit in dieser Welt», sagte Simon, der Mann mit dem Hammer.

«Junge», sagte Allen Pizzey von CBS News, «wenn der Tag kommt, bist du noch immer ein Weißer.»

«Frikkie haßte die Kaffern», sagte der Stiefvater einer erschlagenen weißen Polizisten.

«Themba haßte die Weißen», sagte der Gewerkschafter Blackie Mshotshiza.

«Die in der Mitte sind am gefährlichsten», sagte Tiger aus Zululand und jonglierte mit leeren Bierflaschen. «Die in der Mitte müssen sterben.»

«Wenn du dich in ihre Hochburg wagst, wirst du mit Sicherheit getötet», sagte George Wauchope mitten im Bürgerkrieg in Soweto. «Es gibt keine Politik der Mitte.»

Am Ende gab es nirgendwo eine Mitte, kein Entrinnen vor der Wahl, nicht einmal in meinem Kopf. Ich hatte immer zu zwei Völkern gehört: Ich war der gerechte Weiße gewesen, der sich über die grausame Behandlung der Schwarzafrikaner durch die Afrikaaner empörte, und ein Schwarzafrikaner, der entsetzt war, welche Grausamkeiten die Schwarzafrikaner einander zufügten und eines Tages vielleicht auch den Weißen zufügen würden. Ich sah stets zwei Wege vor mir und fühlte stets, wie zwei widerstreitende Kräfte kämpften in meinem Verräterherz.

Der erste Weg führte in die tiefe Kälte und Finsternis eines Universums der Ideologien, an einen Punkt, von dem aus die Erde als winzige blaue Kugel erschien. Südafrika war nur ein kleiner Flecken im Gesicht der Erde, bevölkert von unbedeutenden ameisenhaften Wesen, die man gegebenenfalls auch opfern konnte. Schwarze im Aufstand? Wenn das so ist, tötet sie. Sperrt sie ein, dreißigtausend auf einmal. Werft ihre Führer ins Gefängnis oder schickt sie in die Verbannung. Zensiert ihre Zeitungen. Zerschlagt ihre Organisationen. Schickt Todesschwadronen in die Townships. Jagt die Gebäude der Gewerkschaften und Kirchen in die Luft. Tötet ihre Führer im Exil. Schließt die Augen und tut in der Dunkelheit, was getan werden muß, damit der weiße Fels auch weiterhin in der stürmischen afrikanischen See aufragt.

In Joseph Conrads Geschichte *Das Herz der Finsternis* bäumt sich Kurtz auf dem Sterbebett noch einmal auf und krächzt: «Das Grauen! das Grauen!» Kritiker haben sich immer wieder gefragt, worauf sie diese Worte beziehen sollen. Ich weiß es nur zu gut. Ich habe im Winter 1986 für eine Weile im Grauen gelebt. Ich habe die Haltung der Weißen zu verstehen versucht, aber ich konnte es nicht. Es kommt etwas spät, wenn ich sage, daß einige meiner besten Freunde Schwarze sind. Deshalb sage ich einfach: Ich schloß die Augen und stellte mir vor, daß ich einem Afrikaner im Namen der burischen Herrscher ein Gewehr an die Schläfe setzte. Ich brachte es nicht fertig abzudrücken. Ich hatte, wie sich Oberst Swanepoel, der «Rote Russe», bei einer Tasse Tee im *Blue Hotel* ausdrückte, «keinen Saft mehr». Vielleicht habe ich nie welchen gehabt. Vielleicht war der «Rote Russe» ein Vieh und ich nur ein bißchen mehr.

Wenn das so war, gab es für Leute wie mich nur einen Weg: den Weg nach Afrika, einen Weg ohne Garantien. Dawid Malan hatte 1788 auch keine Garantien für seine Sicherheit gehabt, und die weißen Südafrikaner im Jahre 1986 hatten sie ebensowenig. Ich ging an einen Ort, der vollkommen anders war als jenes Reservat der Weißen, in dem ich geboren worden war. In Afrika erwarteten uns Weiße fremdartige Schrecken und Verzückungen, und wir standen vor der Wahl: Entweder wir blieben, wie wir waren, gefangen in unserer Paranoia, deformiert durch Angst und Habgier, oder wir öffneten die Tür nach Afrika und brachen auf ins Unbekannte.

Es gab andere Wege ins Unbekannte, vermute ich, aber ich nahm den nach Msinga, der mich über eine unsichtbare Grenze in eine andere Welt führte. Dort lebte in einem Lehmhaus eine merkwürdige, geheimnisvolle Frau. Creina und Neil Alcock waren Pioniere jenes Landes, zu dem sich Südafrika eines Tages entwickeln wird – eines wirklich afrikanischen Landes, in dem es für Weiße keine Garantien gibt. Sie waren Jahre vor den anderen nach Afrika gegangen, und was ihnen dort widerfuhr, habe ich berichtet. Es war eine Geschichte von bestürzender Gewalt und von Verrat, und doch gab es in ihr einen Hoffnungsschimmer – ein winziges Licht in der Dunkelheit, gerade hell genug, um uns den Weg zu weisen.

Creina lebt immer noch in Msinga. Während ich dies schreibe, hallt dort in den Schluchten Gewehrfeuer wider, und Leuchtkugeln steigen in den nächtlichen Himmel. Die Kriege gehen weiter wie eh und je, und niemand berichtet über sie. Eines Nachts wurde das Dorf auf der anderen Seite des Flusses niedergebrannt. Von Creinas

Felsen aus bot sich ein Bild, das an das Berlin am Ende des Zweiten Weltkriegs erinnerte. Auf die Dürre Anfang der achtziger Jahre folgte eine Periode der Überschwemmungen. Creinas Haus war vorübergehend unter einer viereinhalb Meter dicken Schlammschicht begraben.

Vor einiger Zeit überfielen Bewaffnete das Projektgelände, um einen Stammeshäuptling der Zulu, der dort wohnte, zu töten. Sie umstellten Creinas Haus, schnitten die Telefonleitung durch und schossen auf den Nachtwächter. Creina kletterte durch das Fenster und floh. In der Dunkelheit lief sie einem Krieger in die Arme. Er hob sein Gewehr und drückte zweimal ab. Als Creinas Mitarbeiter die Schüsse hörten, glaubten sie, Creina sei tot. Sie fanden sie am Morgen zitternd vor Angst in einem Versteck am Ufer des Flusses. Wieder versuchten Menschen, die Creina liebten, sie zum Gehen zu überreden. Aber Creina war entschlossen zu bleiben. «Vertrauen ist keine Festung», sagte sie, «kein sicherer Schutz vor dem Leben. Vertrauen ist gefährlich. Aber ohne Vertrauen gibt es keine Hoffnung auf Liebe, und Liebe ist alles, was wir der Dunkelheit entgegenhalten können.»

Trotz allem, was geschehen ist, kann man nicht sagen, daß die Liebe der Alcocks unbelohnt geblieben ist. Die langen Jahre des Kampfes gegen den Vormarsch der Wüste scheinen Früchte zu tragen. Dort, wo kein Halm zu sehen war, wächst jetzt Gras, und die Erosionsrinnen füllen sich langsam mit Erde. Zulu-Kinder bauen an den Hängen kleine Steinwälle gegen die Erosion. Ihre Väter träumen, wie Neil, von einem grünen Tal. Die Spannungen entlang der Grenze haben abgenommen. Die weißen Farmer führen das darauf zurück, daß es den Unruhestifter Alcock nicht mehr gibt. Aber vielleicht sind sie friedfertiger geworden, weil sie Neils letzten Kreuzzug noch in Erinnerung haben. Creina zitiert gern eine Zeile aus T. S. Eliot: «Sei zufrieden, daß du genug Licht hast für den nächsten Tritt.» Sie hat in Afrika Tritt gefaßt, und das, was ihr Mann an Liebe investiert hat, scheint sich auszuzahlen.

An einem frühen Morgen im Winter 1988 stiegen zwei ältere Zulu in einen Pickup und fuhren zu der Kurve, an der Neil getötet worden war. Sie hatten Neil geliebt und verehrt und wollten etwas tun, was zuvor noch niemand getan hatte und nach Ansicht traditionsbewußter Zulu auch niemand hätte tun dürfen. Als die beiden Zulu später gefragt wurden, warum sie es getan hätten, antworteten sie, Neil sei ein Schwarzer gewesen; seine Haut sei weiß, aber sein Herz wie das eines Schwarzen gewesen.

Der eine Zulu war Petros Majozi, der Mann, der seine Arbeit und seine Rente aufgegeben hatte, weil er für einen kurzen Augenblick einen Weißen mit dem Herzen gesehen hatte. Der andere war Majozi Nxongo, der Stammeskrieger und -führer, der einst einem wißbegierigen weißen Journalisten geholfen hatte, das Geheimnis von Simon dem Hammermörder zu lüften. Die beiden standen an der Stelle, an der ihr weißer Bruder getötet worden war, und beschworen seinen Geist, in den heiligen Stab zu fahren, den sie mitgebracht hatten. «*Numzaan*», sagten sie, «wir sind gekommen, dich zu holen. Komm, laß uns nach Hause gehen.» Dann steckten sie den Stab in eine Plastiktüte und brachten Neils Geist in feierlicher Stille heim zum Lehmhaus am Fluß.

Am folgenden Tag versammelte sich eine riesige Menge vor Creinas Haus. Die Zulu hatten sich für die Feier zerlumpter und elender gekleidet denn je. Sie zogen bei solchen Zeremonien immer die ältesten Kleider an, damit der zurückkehrende Geist sie erkennen konnte und nicht durch einen ungewohnten Anblick verwirrt wurde. In der Menge befanden sich mehrere *sangomas*, geschmückt mit Perlen und Totems und mit aufgepusteten Schweinsblasen im Haar. Gleich neben ihnen stand ein alter Freund von Neil aus den Townships – ein Schwarzer mit Anzug und Krawatte, der von den Vorgängen ebenso fasziniert war wie die anwesenden Weißen. Zwei Rinder wurden gebracht und mit Messern abgestochen. Ihr Gebrüll sollte die Schatten von Msinga wecken und anrufen. Die Kadaver wurden zerlegt und die großen blutigen Stücke in Creinas Schlafzimmer gehängt. Als die Zeremonie vorbei war, erinnerte der Raum an ein Leichenhaus: Blut an den Wänden, Blut auf dem Boden; Blut, das die Sünden und das Leid der Vergangenheit abwusch.

Nach der Zeremonie begann ein Fest. Von überall her kamen Zulu, um daran teilzunehmen. Zweitausend Liter Bier wurden getrunken, Berge von Lebensmitteln verzehrt, und zwei Tage lang wurde getanzt. Es war ein berauschendes Schauspiel. Füße stampften in rhythmischem Gleichklang, Schweißperlen glitzerten auf schwarzer Haut, und Staub stieg in den Himmel. Die Zulu tanzten und schrien ausgelassen, zogen eine weiße Frau in ihre Mitte und zeigten ihr, wie man tanzt. Creina lächelte schüchtern. Ihre Bewegungen waren steif, aber ein Anfang mußte gemacht werden, beim Tanzen wie bei der Begegnung mit Afrika.

Als die Sonne unterging, strömten die Gäste nach Hause. Die Hörner der geopferten Rinder hatte man an das Dach von Creinas Haus genagelt. Sie erinnerten an die Zeremonie des Tages und waren ein Zeichen, daß die Bewohner des Hauses die Schatten geehrt hatten. In einem Kontinent, in dem die Menschen ihre Ahnen verehren, war Neil Alcock ein Gott geworden – der erste weiße Gott Afrikas, soweit man weiß. Eine Ewigkeit, nachdem unsere Vorfahren fortgezogen waren, war der erste Weiße nach Afrika heimgekehrt und geblieben.

Eine Welt für alle
Lesebuch Dritte Welt

382 Seiten · rororo aktuell 12734

Dieses Buch erzählt vom Leben und vom Sterben in der Dritten Welt – und davon, was *wir* mit Hunger und Armut, mit Krieg und Unterdrückung in dieser anderen, scheinbar so fernen Welt zu tun haben, warum die Kluft zwischen den reichen Industriestaaten des Nordens und dem ausgeplünderten Süden immer größer wird.

Es enthält Texte von Wortführern der Befreiungsbewegungen in der Dritten Welt wie Winnie Mandela oder Salvador Allende, von engagierten Autorinnen und Autoren aus dem Norden wie Dorothee Sölle oder Rainer Grießhammer – aber auch die Berichte und Geschichten unbekannter, «namenloser» Menschen aus dem Süden. Eine Slumbewohnerin aus Bombay, ein gefolterter Bauer aus Guatemala, palästinensische Jugendliche aus dem Gaza-Streifen kommen zu Wort, ein iranischer Kindersoldat schildert den Schreckensmarsch durch die Minenfelder in Chusistan, eine junge Asylbewerberin aus Eritrea beschreibt ihre Flucht vor den afghanischen Soldaten.

Doch nicht nur von Elend und Unterdrückung ist in diesem Buch die Rede, sondern auch von den gelungenen Momenten des Widerstands, des Aufbruchs, der Mitmenschlichkeit. Von der Vision, daß diese Erde «Eine Welt für alle» werden kann.

Mike Nicol
Die Feuer der Macht

Roman
Deutsch von Thomas Piltz
288 Seiten. Gebunden.

«Was diese Allegorie zu einem großen Roman macht, ist die Schaffung einer kleinen Welt, in der all das lebendig wird, was wir im Großen aus den Augen zu verlieren drohen, die einzelnen mit ihren Leiden und Freuden und ihrer individuellen Geschichte als Teil der Weltgeschichte. Und vor allem: die Sprachkraft dieses Autors, der virtuos ebenso zärtlich wie deftig, traurig und komisch schreiben kann. Daß uns diese seltene Glanzleistung offenbar ungeschmälert erreicht, dafür ist auch dem Übersetzer, Thomas Piltz, zu danken.» *Deutsches Allgemeines Sonntagsblatt*

«Der Roman «Die Feuer der Macht» ist von einem souveränen Blickwinkel aus geschrieben, mit einer Art Weitwinkelobjektiv. Man vermißt diesen Blick und das Buch noch eine ganze Weile, nachdem man es längst ausgelesen hat.» *Die Zeit*

«Ein First-Class-Roman von packend poetischer Wucht.»
Abendzeitung, München